国家社会科学基金重大项目：中国古代的"中国"认同与中华民族形成研究
（项目批准号：15ZDB027）

历史上的"中国"
与中国历史疆域研究

赵永春◎著

吉林大学出版社

图书在版编目（CIP）数据

历史上的"中国"与中国历史疆域研究 / 赵永春著.—
长春: 吉林大学出版社, 2017.5
ISBN 978-7-5677-9995-0

Ⅰ.①历… Ⅱ.①赵… Ⅲ.①疆域—历史地理—研究—
中国 Ⅳ.①K928.1

中国版本图书馆CIP数据核字(2017)第122582号

书　　名：历史上的"中国"与中国历史疆域研究
　　　　　LISHI SHANG DE "ZHONGGUO" YU ZHONGGUO LISHI JIANGYU YANJIU

作　　者：赵永春　著
策划编辑：邵宇彤
责任编辑：邵宇彤
责任校对：邵宇彤
装帧设计：林　雪
出版发行：吉林大学出版社
社　　址：长春市朝阳区明德路501号
邮政编码：130021
发行电话：0431–89580028/29/21
网　　址：http://www.jlup.com.cn
电子邮箱：jlup@mail.jlu.edu.cn
印　　刷：长春惠天印刷有限责任公司
开　　本：787×1092　　 1/16
印　　张：27.25
字　　数：482千字
版　　次：2017年5月第1版
印　　次：2017年5月第1次
书　　号：ISBN 978-7-5677-9995-0
定　　价：109.00元

前　言

有关历史上的"中国"与中国历史疆域问题，是一个十分重要且十分敏感的问题，也是我们研究中国历史、中国民族关系史、中外关系史都无法回避的问题，因此也成了中外史学界重点探讨的问题之一。然仁者见仁，智者见智，至今也没有形成对这一问题的统一认识。

笔者大学毕业以后，逐渐将自己的研究重点调整到金宋关系史研究方面，所遇到的首要问题就是有关金宋关系史的历史定位问题，即金宋关系史是属于中国民族关系史研究范围，还是属于中外关系史研究范围的问题。如果我们将金宋关系史定位为中国民族关系史研究范围，那么，这一定位的理论根据是什么？毫无疑问，这是我们亟需解决的问题。

为此，笔者在研究金宋关系的具体史实的同时，也开始关注金宋关系史的历史定位问题。关注金宋关系史的历史定位问题，就要关注历史上的"中国"与中国历史疆域问题，为此，笔者先后发表了《关于处理中国历史上民族政权之间关系的几点看法》（《四平师院学报》1981 年 4 期）、《关于中国历史疆域问题的几点认识》（《中国边疆史地研究》2002 年第 3 期，《新华文摘》2003 年第 1 期转载）等文，提出了中国历史疆域应该是多民族共同疆域的观点，也就是说，中国历史疆域不应该仅仅是汉族王朝或中原王朝的疆域，应该包括各个少数民族及其政权的疆域，既要关注各个民族起源的多源范围，又要关注各个民族发展过程中的多元范围，明确各个民族由多元形成一体的发展进程中的各个历史时期的中国疆域。然而，中国历史疆域应该包括哪些民族和政权的疆域，不应该包括哪些民族和政权的疆域，又成了一个十分棘手的问题。为了解决这一问题，只好根据历史继承原则，借助于今天中国疆域所包括的民族，于是，我们提出了"认识中国历史疆域应该以今天中国的疆域所包括的民族为出发点去上溯中国各个民族的历史和疆域，凡是今天生活在中国疆域内的民族以及历史上生活在今天中国疆域内而今天已经消失了的民族都是中华民族的组成部分，他们的历史（内向迁徙的外来民族作为中国民族的历史只能从他们迁入中国之后算起）都是中国历史的组成部分，他们在历史上活动的地区及其建立政权的疆域也都是中国历史上疆域的组成部分"的观点，并提出运用这一基本原则去认识中国历史疆域时需要把握的五项具体原则，即"历史共享"原则、"最早发现和占有"原则、"行政管辖"原则、"民族自我认同"原则和"民族发展变化"原则。我们所提出的这一观点被刘清涛《60年来中国历史疆域问题研究》（《中国边疆史地研究》2009年第3期）一文概括为"多民族共同范围说"。

随后，我们先后承担了国家社会科学基金"中国历史疆域问题研究"、"中国古代的'中国'观与中国疆域的形成研究"、"中国古代的'中国'认同与中华民族形成研究"等项目，加大力度对历史上的"中国"与中国历史疆域问题进行探讨和研究，相继写出一些论文。

本书就是笔者多年对历史上的"中国"与中国历史疆域问题进行思考和探讨的论文选集，共收相关论文26篇。

《中国古代的"国号"与历史上的"中国"》《中国古代的"中国"与"国号"的分离与重合——中国古代"中国"国家观念的演进》《中国古代"中国不是一个国家"论辩》三篇文章主要对中国历史上的"中国"与各个政权的"国号"之间的关系等问题进行探讨，认为中国古代的国号只代表各个政权中的某一个政权，而"中国"的含义则有很多，既有指称一国之中心的"京师"、中原、"华夏汉族"、"诸侯用夷礼则夷之，夷而进于中国则中国之"的文化含义以外，还有指称国家政权的含义，等等。用来指称国家政权时，常常不指一个政权，或指同时并立的几个政权，或指历史上以中原地区为主且有相互递嬗关系的多个政权。元朝以前，各个政权多自称"中国"，"中国"并非仅指一个政权，与各个政权的国号存在分离现象。元朝在对外交往中开始出现用"中国"一词代替"大元"国号的现象，到了清朝初年，"中国"一词正式出现在《中俄尼布楚议界条约》等外交文件上，作为政治学上具有近代国家含义的"中国"最终形成，"中国"和国号出现了重合。中华民国成立，"中国"一词正式成为我们国家的国号，"中国"与"国号"最终实现了统一。《中国古代"中国不是一个国家"论辩》一文则针对有人认为中国古代"中国不是一个国家"，只是"一个文明"或只是"一个文化共同体"等说法，进行了论辩，认为中国古代不仅华夏汉族建立的国家政权称"中国"，少数民族建立的国家政权也称"中国"，才使"中国"国家历代相承、连绵不断地延续下来，才使众多的"中国"国家逐渐凝聚到一起，逐步发展成为清朝以至今天的中国国家。因此，中国古代的"中国"不仅"是一个文明"，"是一个文化共同体"，也是一个历代相承、连绵不断的国家。

《试论辽人的"中国"观》《契丹自称"炎黄子孙"考论》《辽人自称"北朝"考论》《辽人自称"中国"考论》《契丹的"中国"认同》四篇文章，

主要对契丹人（辽人）的"中国"观和"正统观"等问题进行了讨论，认为契丹人（辽人）存在自称"炎黄子孙"、自称"北朝"、认同中国传统文化、自称"中国"等现象。同时认为，契丹自称"中国"与自称"正统"并非完全是一回事，契丹建国之初即受其先祖鲜卑人以及隋唐契丹"化内人"的影响，就以"中国"自居了，到了辽圣宗以后，又开始自称"正统"。契丹人自称"正统"，虽然存在不承认宋朝为"正统"（即将宋朝列入闰位）的现象，但契丹人自称"中国"，则不反对宋人自称"中国"，具有辽人和宋人同为"中国"的"中国"认同意识，也是我们常说的"中华（中国）多元一体"的中国认同意识。契丹的"中国"认同意识，为统一的多民族的"中国"的形成、"中国"国号的确立以及中华民族的形成作出了不可磨灭的贡献。

《试论金人的"中国"观》《金人自称"中国"的阶段性特点及其发展进程》《金人自称"正统"的理论诉求及其影响》三篇文章，主要对金人的"中国"观和"正统观"等问题进行了探讨，认为金朝太祖太宗时期，虽然以继承辽统为由而自称正统，但没有明确自称"中国"，是金人自称"中国"意识的孕育和萌生时期。熙宗完颜亶迫使南宋奉表称臣，开始自称"中国"，金人自称"中国"观念正式确立。海陵王完颜亮时期，金人自称"中国"明确见于史书记载。金世宗时期，金人自称"中国"的史料日见增多。金章宗时期，通过"德运"问题大讨论，进一步强化了金人自称"中国"的思想意识。卫绍王至哀宗时期，金人自称"中国"的思想意识得到了全面发展和普及。金人自称"中国"，主要是因为那时没有一个政权用"中国"一词作为自己政权的国号，"中国"一词未成为某一个民族和政权所独有的专有名词，而援引历史上"中原即中国""懂礼即中国"等理论而自称"中国"，当然，也有对"中国"文化认同以及方便统治汉族等各族人民之用意。文章认为金熙宗自称"正统"，主要是依据金政权在"封贡体系"中的优势地位，即"倒过来的朝贡"[①] 的理论和思想；海陵王完颜亮自称"正统"则依据"自古帝王混一天下，然后可为正统"的理论和思想；金世宗主要依据"我国家绌辽、宋主，据天下之正"以及"有德"者应该为"正统"的理论和思想，向天下宣示，金朝没有统一天下，仍然是"中国正统"；金章宗和金宣宗则主要是依据"五德终始"的"正统"理论和学说，试图为金政权自称"中国

---

① 西方学者杨联陞等人认为，宋人向辽人交纳岁币是"倒过来的朝贡（逆向朝项）"。见费正清主编《中国的世界秩序：传统中国的对外关系》，哈佛大学出版社1968年。转引自田浩《西方学者眼中的澶渊之盟》，见张希卿主编《澶渊之盟新论》，上海人民出版社2007年版，第93页。

正统"再加理论依据的砝码。金人自称"中国"、自称"正统"也具有不反对宋人自称"中国"、自称"正统"的思想倾向,为元朝正统理论中的多统观念的形成奠定了基础。

《关于辽金的"正统性"问题——以元明清时期"辽宋金三史分修"问题讨论为中心》《"中国多元一体"与辽金史研究》《明人"普遍否认辽金正统"说质疑》《试论清人的辽金"正统观"——以辽宋金"三史分修""各与正统"问题讨论为中心》四篇文章,主要对辽金的"正统性"问题进行探讨,重点探讨元明清等朝代对辽人自称"中国正统"、金人自称"中国正统"的态度和认识。认为,元朝确立了辽宋金"三史分修""各与正统"修撰"中国正史"的修史方案,承认同时并立的辽、宋、金三朝都是"中国正统",正式创立了同时并立的各个政权可以存在多个正统的"多统"的正统理论。明朝虽然有人反对元修辽宋金三史时所确立的辽宋金"各与正统"的思想,否定辽金的正统地位,但并非是普遍否认辽金正统,这从明朝官方未支持有关重修《宋史》的建议,并由国子监主持刊行包括《辽史》和《金史》在内的中国正史"二十一史",以及"二十一史"在明朝的广泛传播等方面就能看出来。这说明,试图否认辽金正统一派的观点并未为明朝主流正统观念所采纳,"宋辽金三史的正统体系"在明代并未被颠覆。清朝,虽然也有人对元修辽宋金三史时所确立的辽宋金"各与正统"的思想存在不同看法,但基本上赞成辽宋金"各与正统"的观点。文章不同意有人提出的"清朝统治者从北方民族王朝立场转向中国大一统王朝立场之后,最终也否定了辽金正统","从一个侧面彰显了近千年来华夷观念的演变轨迹"的观点,认为清朝统治者无论是在坚持北方民族王朝立场阶段还是从北方民族王朝立场转向中国大一统王朝立场之后,都承认辽宋金"各与正统"的地位,这从乾隆皇帝并没有"抑辽金",允许四库馆臣在编修《四库全书》时持辽宋金"各与正统"的观点,以及钦定了包括《辽史》和《金史》在内的中国正史"二十二史""二十三史"和"二十四史"等方面就能看出来。文章认为明人和清人并非全部反对辽宋金"三史分修""各与正统"的地位,"宋辽金三史的正统体系"始终未被颠覆。说明逐渐强化"华夷之辨",并按照"尊夏贱夷"思想区分正统和非正统,并未为明人和清人普遍接受,不能从一个侧面彰显出近千年来华夷观念的演变轨迹,而逐渐淡化"华夷之辨",倡导"华夷一家"才能从一个侧面彰显出近千年来华夷观念的演变轨迹。

《不能用"国族"或"族群"颠覆"民族"》一文,对与历史上的"中国"与中国历史疆域问题具有直接关系的民族、国族、族群等问题进行了探讨，认为民族应该划分为狭义民族和广义民族两种，狭义民族是指具备斯大林所说的民族四大特征或中央民族工作会议上提出的民族六大特征的具体的某一个民族共同体，如汉族、匈奴族、蒙古族，等等；广义民族则指具有或某种程度具有民族特征的包括两个狭义民族以上的多个狭义民族的人们共同体，如原始民族、古代民族、游牧民族、中华民族（即国族），等等。认为一些学者所引用的西方和日本学者有关民族"是一个政治共同体"的民族定义，不过是广义的"国族"定义而已，既不包括狭义民族，也不包括其余的广义民族，不能颠覆具有普遍意义的民族概念。认为从西方传入的"族群"概念含义模糊，如果说"族群"是处于"政治共同体"的"民族"下位的话，那么，"族群"就具有发展成为"政治共同体"的"民族"并建立自己民族国家的必然前景，是十分有害的；如果说"族群"是指斯大林所说的具有四特征的"民族"下位的话，不见得比斯大林所说的"部族"高明多少；如果说"族群"是指斯大林四特征的民族的话，更没有必要用"族群"颠覆"民族"。文章认为，我国学者已经在吸取、改造斯大林民族理论的基础之上形成了我们自己的民族理论体系，没有必要以西方没有形成统一认识的民族理论为圭臬，并按照他们的理论用"国族"和"族群"去颠覆民族，应该有我们自己有关民族理论的话语权。

《关于中国古代华夷关系演变规律的理性思考——华夷关系的历史定位、演变轨迹与文化选择》一文，主要对与历史上的"中国"与中国历史疆域问题具有直接关系的华夷关系及其演变规律等问题进行探讨，认为"中华（中国）多元一体"观念不仅是一个政治概念，也是一个学术概念，符合中国多民族国家历史发展的实际。"中华多元一体格局"之内的华夷两大势力经过碰撞、冲突，以至此消彼长、互为主导，加深了各方的了解和民族认同，淡化了"华夷之辨""尊夏贱夷"等观念，促使各民族逐步凝聚在一起，最终形成了中华民族。华夏汉族王朝和夷狄族王朝的文化建设，都不仅仅是一元化的"汉文化"继承和选择，而是对前朝及同时并立的各民族王朝的多元文化作出重新选择、吸收和整合工作，从而建立起一种有别于以前的"汉文化"，也不同于西方学者所说的"第三文化"的新质文化。中华民族的文化正是在这种多元文化的不断选择、吸收和整合过程中发展起来的。这种多元文化的选择、吸收和整合，为中华民族的形成和发展作出了重要贡献。

《关于中国历史疆域问题的几点认识》《认识中国历史疆域的几个原则》《关于中国历史疆域理论界定的再思考——兼答殷丽萍〈论中国历史疆域的理论界定〉一文的质疑》《论认识历史疆域的"历史共享"原则》《关于中国

古代民族内外迁徙及其归属问题》《"炎黄子孙"与中华各族心理认同》六篇文章，主要对认识中国历史疆域的基本原则以及运用这一基本原则去认识中国历史疆域时需要把握的五项具体原则等问题进行了探讨。认为历史是回溯，研究中国历史疆域也是回溯中国历史上各个历史时期的历史疆域。在这种认识的基础之上，提出了"认识中国历史疆域应该以今天中国的疆域所包括的民族为出发点去上溯中国各个民族的历史和疆域，凡是今天生活在中国疆域内的民族以及历史上生活在今天中国疆域内而今天已经消失了的民族都是中华民族的组成部分，他们的历史（内向迁徙的外来民族作为中国民族的历史只能从他们迁入中国之后算起）都是中国历史的组成部分，他们在历史上活动的地区及其建立政权的疆域也都是中国历史上疆域的组成部分"的观点。

同时，又提出运用这一基本原则去认识中国历史疆域时需要把握的五项具体原则。一是"历史共享"原则，即认为世界各国认识本国的历史和疆域，都应该以今天该国疆域包括的民族为出发点去上溯本国的历史和疆域，各国在按照这一原则上溯本国的历史和疆域时，如果没有出现与其他国家的历史和疆域重合的现象，则其历史与疆域就应该为那个国家所独有；如果出现与其他国家的历史和疆域重合的现象，则其历史和疆域就应该为那几个国家所共享；二是"最早发现和占有"原则，即某一民族和政权最早占有和开发了那些荒无人烟地区，或者最先占有了那些有民族活动但并未建立政权也未被任何政权管辖过的地区，其地区就应该归属于这个国家政权；三是"行政管辖"原则，根据国际关系中通行的驻军、设置、收税等原则，我们认为，行政管辖原则即某一政权在其地设置军政机构或者派遣官员对其地进行管理和巡视，该地要向这一政权交纳赋税（有人认为朝贡是一种变相地交纳赋税），其地就应该归属于该政权的原则。主张运用"行政管辖"原则去认识中国历史疆域时，也要在基本原则的规范和指导下进行，不仅要注意汉族政权或中原政权的行政管辖，还要注意少数民族政权或边疆民族政权的行政管辖。认为历史上的中国对边疆地区的行政管辖，主要有采取设置州（郡）县的方式对边疆地区进行直接管辖、采用设置羁縻府州等形式对边疆地区进行直接和间接相结合的管辖、采用册封藩属的方式对边疆民族或民族政权进行间接管辖三种形式；四是"民族自我认同"原则，即历史上的民族自认为自己属于何国何族的原则，中国古代历史上的少数民族均存在自认为自己是"炎黄子孙"是"中国"的观念，是他们具有"表现于共同文化上的共同心理素质"的表现，也是他们具有"中国"认同思想观念的表现；五是

"民族发展变化"原则，即民族经常处于游动变化之中，如果历史上的一些民族外迁加入外族政权，就应该归属于那个外族政权，不再归属于原来的民族政权；如果外迁民族在外迁当时没有建立政权，而是隔了一段时间以后又重新建立政权，应视为外迁民族加入外族并与外族融合以后重新建立政权，其民族及其政权均属于外族及其政权，不再属于原来的民族政权。

《也论中国古代历史上的"双边疆"》一文，认为拉铁摩尔和巴菲尔德创建的"双边疆"理论，主要强调生产方式和民族的不同，忽视边疆概念中"国家"政权的硬件条件，难以解决中国古代复杂的边疆问题。文章认为中国古代存在"各个政权的边疆"和"中国的边疆"两种边疆的"双边疆"，"中国的边疆"又存在中国内部的边疆（内边疆）和外部边疆（外边疆）区分的另一种形式的"双边疆"。中国古代"各个政权的边疆"与"中国的边疆"存在分离和重合现象，各个政权的"内边疆"不是中国的边疆，各个政权分立时期的各个政权的"外边疆"只代表中国边疆的一部分，不代表中国边疆的全部，只有各个政权"外边疆"合起来才能共同构成中国的边疆。各个政权的边疆在中国古代没有完全实现统一的情况下，与中国的边疆是不一致的，只有在实现大统一的元朝和清朝的边疆才与中国的边疆重合在一起，完全等同于中国的边疆。

《辽金与高丽的"保州"交涉》一文，对"保州"问题的由来以及辽金与高丽的"保州"交涉等问题进行了探讨，认为，辽圣宗以高丽称臣纳贡以及与宋断绝外交关系为条件，将"鸭绿江东数百里地"赐给高丽，高丽在其地建"六城"等。后来，因为高丽没有遵守自己的承诺，辽朝又出兵收取江东六城，并在辽朝控制的鸭绿江东南岸修筑"保州"（今朝鲜平安北道义州），作为进攻和控制高丽的军事重镇。战后，高丽屡次请求毁弃保州并进一步请求"收回"保州，辽朝始终未允。金朝建立以后，高丽仍请求"收回"保州，后经双方反复交涉，金朝仍以高丽称臣为条件，将"保州"之地赐给高丽。从辽金与高丽的"保州"交涉中可以看出，辽金注重"仁义"外交，在土地和名分的问题上，更加重视名分；高丽则注重"智者"外交，在土地和名分的问题上，更加重视土地等实际利益，并最终获得了实惠。辽金通过对高丽的"仁者"外交以及高丽不惜虚名的"事大"外交，不断化解双方的矛盾，避免了战争的爆发及升级，为辽金与高丽的睦邻友好关系的建立与发展创造了极为有利的条件。

《从复数"中国"到单数"中国"——试论统一多民族中国及其疆域的形成》一文，对统一多民族的中国及其疆域的形成等问题进行了探讨，认为中国古代不仅存在少数民族及其政权自称"中国"的现象，也存在一些当时没有自称"中国"而被后来继承者称为"中国"的现象，致使中国古代不仅在秦统一之前存在复数"中国"的现象，而且在秦统一以后仍然存在复数"中国"的现象，经过秦汉、魏晋南北朝、隋唐、辽宋夏金的发展，到了元朝统一全国，复数"中国"开始过渡为单数"中国"，明朝时期，元朝所形成的单数"中国"又出现一些反复，到了清朝统一全国，复数"中国"又重新转化为单数"中国"，作为单数概念的"中国"最终确定下来，统一的多民族的"中国"及其疆域也随之最终形成和确立下来。

　　以上仅是笔者对历史上的"中国"与中国历史疆域问题的一些思考，可能会有这样或那样的问题和错误，敬请读者批评指正。

赵永春

2016 年 10 月

目　录

中国古代的"国号"与历史上的"中国" …………………………………… 1

中国古代的"中国"与"国号"的分离与重合——中国古代"中国"
　国家观念的演进 …………………………………………………………… 17

中国古代"中国不是一个国家"论辩 ………………………………………… 31

试论辽人的"中国"观 ………………………………………………………… 64

契丹自称"炎黄子孙"考论 ………………………………………………… 90

辽人自称"北朝"考论 ……………………………………………………… 99

辽人自称"中国"考论 ……………………………………………………… 114

契丹的"中国"认同 ………………………………………………………… 129

试论金人的"中国"观 ……………………………………………………… 140

金人自称"中国"的阶段性特点及其发展进程 ………………………… 156

金人自称"正统"的理论诉求及其影响 ………………………………… 170

关于辽金的'正统性'问题——以元明清时期"辽宋金三史分修"问题
　讨论为中心 ……………………………………………………………… 188

"中国多元一体"与辽金史研究 ………………………………………… 213

明人"普遍否认辽金正统"说质疑 ……………………………………… 232

试论清人的辽金"正统观"——以辽宋金"三史分修""各与正统"
　问题讨论为中心 ………………………………………………………… 250

不能用"国族"或"族群"颠覆"民族" ………………………………… 263

关于中国古代华夷关系演变规律的理性思考——华夷关系的历史
　定位、演变轨迹与文化选择 …………………………………………… 277

关于中国历史疆域问题的几点认识 ……………………………………… 297

认识中国历史疆域的几个原则 ··· 313

关于中国历史疆域理论界定的再思考——兼答殷丽萍《论中国历史
　疆域的理论界定》一文的质疑 ··· 328

论认识历史疆域的"历史共享"原则 ··· 341

关于中国古代民族内外迁徙及其归属问题 ·································· 351

"炎黄子孙"与中华各族心理认同 ··· 360

也论中国古代历史上的"双边疆" ··· 366

辽金与高丽的"保州"交涉 ··· 380

从复数"中国"到单数"中国"——试论统一多民族中国及其
　疆域的形成 ··· 405

后　记 ··· 422

中国古代的"国号"与历史上的"中国"

关于如何认识中国历史疆域问题，人们一直存在不同认识，时至今日，仍然众说纷纭，莫衷一是。究其原因，还是一个对历史中国如何理解的问题，亦即何为"中国"的问题，有些学者还是难于摆脱华夏和汉族政权即中国、中原政权即中国的羁绊，特别是有些外国学者更是有意无意地把华夏和汉族政权说成是中国，少数民族及其政权不是中国，少数民族只有他们加入"中国"之后才是中国，等等。因此，关于如何认识历史上"中国"的问题，学者们虽然多有讨论①，但为了加深对中国历史疆域问题的理解，笔者认为仍有进一步讨论的必要。下面仅就中国古代的国号与历史上"中国"的关系谈点不成熟的看法。不正确之处，敬请读者批评指正。

一

"国号"，顾名思义，就是国家的称号，也就是我们经常说的政权的名称。中国古代自夏、商、周开始，举凡拥土聚众建立政权者，不论是少数民族，还是汉族，不论是局处一隅偏安一方的政权，还是拥有中原统御四方的政权，都给自己的政权确立一个名称，这个名称就是"国号"。有人认为，中国古代的国号，就是中国古代历史上各个朝代的名称。因为，中国古代多实行王（皇）位世袭制，某一姓帝王家族的延续统治，就被称为一朝或一代，一直使用一个相同的朝代名称，也就是使用一个相同的国号。如果某一姓帝王家族的统治走向灭亡，改换成另一姓帝王家族的统治，就出现了改朝换代的现象，也就是说原来的"国"灭亡了，于是，又出现了新建立的

①于省吾：《释中国》，《中华学术论集》，中华书局，1981 年；顾颉刚，王树民：《"夏"和"中国"——祖国古代的称号》，《中国历史地理论丛》第 1 辑，陕西人民出版社，1981 年版；陈登原：《国名疏故》，商务印书馆，1936 年；王尔敏：《中国名称溯源及其近代诠释》，台北：《中华文化复兴月刊》，1973 年第 5 卷第 8 期；陈连开：《中国·华夷·蕃汉·中华·中华民族》，《中华民族多元一体格局》，中央民族大学出版社，1999 年版；于溶春：《"中国"一词的由来、演变及其与民族的关系》，《内蒙古社会科学》，1986 年 2 期；陈玉屏：《略论中国古代的"天下"国家"和"中国"观》，《民族研究》，2005 年 1 期；胡耀华：《对"中国"概念演变及地缘内涵的分析》，《江西师范大学学报》，2004 年 5 期；张环宙：《试论"中国"含义的发展》，《中国地理》，1995 年 2 期；胡阿祥：《中国古今称谓探微》，《中国地名》，2003 年 5 期；谭其骧：《历史上的中国和中国历代疆域》，《中国边疆史地研究》，1991 年第 1 期。

"国",朝代的名称也就随之发生了新的变动,出现了改变国号的现象。当然,也有人不同意用朝代的称号来代替国号,认为那些历代递嬗的政权可以称为朝代,而有些不在这些政权递嬗之列或与这些递嬗政权同时并存的政权,就不能用朝代来称呼,认为这些政权所创建的是"国",而不是朝代,国号与朝代不能完全等同。还有人认为,中国古代的"朝",并非全部指一朝一代,有时还用来指称某一帝王统治的时代,如太祖朝、太宗朝,等等。不管怎么说,这些政权都已经"按地区来划分它的国民",并且完成了"公共权力的设立"①,设有管理民众的一套官僚机构和军队、法庭、监狱等国家机器,具备一般国家形态,可以称之为"国"或"国家"。

中国古代的"国",名目众多,难以历数,据说,夏朝建立前后,多至"万国"②,商代有方国3000多个,西周初年封国1800多个,到了春秋时期,还有100多个国家,后经不断兼并,战国时期主要形成了七个国家,号称"战国七雄"。后来,国家虽然时有统一和分裂,但"国"的数目仍然不少。这些"国"或"国家"都很重视为自己的政权确立一个国号。

关于中国古代国号的来源及其释义,学者们多有研究,清人赵翼曾说"三代以下建国号者,多以国邑旧名",元朝取《易经》"大哉乾元"之义,建国号为"大元""始用文义"③。侯绍文、陈学霖等认为,中国古代"国号"的来源及其取意主要有六类:一是有因封号以为名者,二是有因治地以为名者,三是有稽之姓系以为名者,四是有托之前代以为名者,五是有夸其权力以为名者,六是有沿袭宗教迷信以为名者④。黄蓉则认为,中国古代的国号主要有五个来源:一是由部族或部落联盟的名称而来,二是由创建者原有的封号和爵位而来,三是由创建者原始所在或政权统治区域而来,四是由宗族关系继承而来,五是由寓意吉祥而定⑤,等等。实际上,中国古代国号的来源和取意不仅这几个方面,还有一些少数民族,在初兴之时,常常以本民族的名称作为"国号"。不管怎么说,这些"国"都很重视自己的政权,

①恩格斯:《家族、私有制和国家的起源》,《马克思恩格斯选集》第四卷,人民出版社,1972年版,第166、167页。

②《左传》哀公七年曾记载说"禹合诸侯于涂山,执玉帛者万国",《战国策·齐策》说"古大禹之时,诸侯万国",《吕氏春秋·用民》说"当禹之时,天下万国"等等,说明夏朝建立前后,方国很多,这些方国,虽然有很多不具备国家形态,但习惯上仍把它们称为"国"。

③赵翼:《廿二史劄记》卷29《元建国号始用文义》,中华书局,1984年王树民校证本,第670页。

④侯绍文:《中国历代国号之缘起》,台北:《中华文化复兴月刊》1977年第6期;陈学霖:《金国号之起源及其释义》,《辽金史论集》第三辑,书目文献出版社,1987年版,第280页。

⑤黄蓉:《各朝代名称的来历》,《中州今古》,2004年第4期。

都想给自己的政权取一个具有美义的称号，以彰显自己政权的历史地位和时代意义。

中国古代以国号为代表的如此众多的"国"，大体上可以分为三类：第一类是占据中原的统一的或大体统一的"国"，如夏、商、周、秦、西汉、新、东汉、西晋、隋、唐、武周、元、明、清等，这类"国"虽然有一些一时边界模糊，但由于这些"国"势力强大，不仅具有独立处理本国事务的权力，还常常控制其他小国。国王或皇帝具有一定的或绝对的权威，国王或皇帝之下，有一套完善的官僚机构和众多官员，国家机器健全，完全具备古代国家形态，可以说这些政权都是独立的政权或国家。第二类是分裂时期的"国"，如战国时期的齐、楚、燕、韩、赵、魏、秦，三国时期的魏、蜀、吴，东晋十六国时期的东晋、前燕、前秦等，南北朝时期的宋、齐、梁、陈和北魏、东魏、西魏、北齐、北周等，五代十国时期的后梁、后唐、后晋、后汉、后周、南唐、前蜀、后蜀等，宋辽金时期的宋、辽、西夏、金等，这类政权也都有国王或皇帝，也有一套完善的官僚机构和众多官员，国家机器健全，也可以独立处理本国事务，且多数政权疆界清楚，具备古代国家形态，也分别是一个独立政权或国家。第三类是边疆民族政权，如匈奴、夫余、高句丽、乌桓、鲜卑、渤海、吐蕃、南诏、东夏等，这类政权虽然也有国王或皇帝一类最高统治者，但有的政权在初建之时官僚机构和国家机器不够健全，多数政权接受中原政权的册封，并承担对中原政权朝贡的义务，虽然有的政权可以独立处理本国事务，但多数政权在处理本国事务时要受到中原政权的干涉或控制，具有不完全的独立性。这类政权虽然具有不完全独立性，但他们与一国内部的郡县还不完全一样，仍然具有一定的国家特征，在当时也可以称之为"国"。

不管是具有独立性的"国"，还是不完全具有独立性的"国"，各自的国号都是其政权的象征，都代表各自政权的历史存在。也就是说，每一个国号所代表的政权仅仅是某一个政权，并不包括其他政权。我们在认识这些政权之时，就是要通过这些国号去分别认识各个不同的政权，以便将这些政权互相区别开来，并进一步探讨这个政权的实际内涵及其深远的历史影响。

二

中国古代以"国号"为代表的政权虽然很多，但却没有一个以"中国"为国号的政权，说明中国古代的"中国"并非仅仅是一个政权的名称，其含义主要有以下几个方面：

第一，古代的"中国"曾用来指一国的中心，即"中央""中央之城"

"都城""京师""国中""王畿"的意思。如《史记·五帝本纪》记载，舜"夫而后之中国，践天子位焉"，南朝宋裴骃《史记集解》引东汉刘熙的话解释说："帝王所都为中，故曰中国"，就是说，这时"中国"的含义之一是指一国之中心的都城。《毛诗·大雅·民劳》说，"惠此中国，以绥四方"，又说"惠此京师，以绥四国"，将"中国"与"京师"对举，表明其涵义相同，故尔《毛诗传》解释说"中国，京师也"，认为中国的含义是京师的意思。《孟子·公孙丑下》曾记载说，"王谓时子曰：'我欲中国而授孟子室'"，意思是说："王欲于国中央为孟子筑室"①，说明这里所说的"中国"是指国家的中央，也就是国家的中心地区。《春秋穀梁传·昭公三十年》也记载说："公在乾侯，中国不存公"，是说季孙不让鲁昭公在中国存身，晋范宁《集解》曰，"中国，犹国中也"②，也认为"中国"是"国中"的意思。春秋战国以后，中国的含义不断发展变化，但作为"京师""中央""国中"这一含义，仍时而被人们使用。如，《汉书·地理志上》记载"咸则三壤，成赋中国"，颜师古注曰："言皆随其土田上中下三品，而成其赋于中国也。中国，京师也。"按颜师古的解释，这里的"中国"也是指京师。《汉书·扬雄传》记载，娄敬"建不拔之策，举中国徙之长安"，颜师古解释说"中国谓京师"，说明这里的中国也是指京师。陈连开曾指出"直到清朝，此义一直在沿用"③。

第二，古代的"中国"也用来指称中原，引申为中原王朝，主要指的是一个地域概念。西周以前，"中国"一词多指一国之中心，到了春秋战国以后，"中国"一词已经由一国之中心引申为天下之中心。如，《战国策》说"今韩、魏，中国之处，而天下之枢也"④，明确赋予中国以天下中心之义。《扬子法言·问道》说"中于天地者为中国"⑤，《盐铁论·轻重》说"中国，天地之中，阴阳之际也"⑥，也赋予中国以天下中心之义。宋人石介也说，"居天地之中者曰中国，居天地之偏者曰四夷。四夷外也，中国内也"⑦，将中国为天下中心之义说得更加明白。由于受时代和条件的限制，古人以为黄河流域的中原地区就是天下的中心地区，因称黄河流域的中原地区及其所建

---

① 《孟子》卷 4《公孙丑下》赵岐注，四部丛刊初编本。
② 《春秋穀梁传》卷 10，昭公三十年正月，范宁集解，四部丛刊初编本。
③ 费孝通等：《中华民族多元一体格局》，中央民族大学出版社，1999 年版，第 229 页。
④ 刘向集录，何建章注释：《战国策》卷 5《秦策三》，中华书局，1990 年，第 172 页。
⑤ 扬雄：《扬子法言》卷 4《问道》，四部丛刊初编本。
⑥ 《盐铁论》卷 3《轻重第十四》，四部丛刊初编本。
⑦ 石介：《中国论》，《徂徕集》卷 10，四库全书本。

立的政权为"中国"。如，春秋战国时期，人们将地处中原地区的周、卫、齐、鲁、晋、宋、郑等看成是中国，而将中原以外的秦、楚、吴、越看成是夷狄，不是中国。如，楚国国王熊渠自己就承认"我蛮夷也，不与中国之号谥"①；《史记·秦本纪》记载说，秦"僻在雍州，不与中国诸侯之会盟，夷翟遇之"；《史记·吴太伯世家》说，"中国之虞灭二世，而夷蛮之吴兴"；《史记·越王句践世家》说"越兴师北伐齐，西伐楚，与中国争强"，都说秦、楚、吴、越是夷狄，不是中国。到了秦朝"以兵灭六王，并中国"②以后，不仅称中原地区为"中国"，也称秦朝的统治区域为"中国"，此后，人们常常"谓中国人为秦人"③。两汉时期，人们在承认秦地为中国的基础上，既以中原地区为"中国"，又以汉朝统治区域为"中国"，如，《汉书》记载，"东粤请举国徙中国，乃悉与众处江淮之间"④，陆贾称南越王尉佗（赵佗）为"中国人"，曾说尉佗所据之地"譬若汉一郡""何乃比于汉！"尉佗大笑说，"吾不起中国，故王此。使我居中国，何遽不若汉？"⑤即以"中国"指中原地区。同书又记载说，匈奴"南与中国界于故塞"⑥，则以"中国"指汉朝及汉朝的统治区域。到了三国时期，仍以中原和中原王朝为"中国"。由于魏国据有中原，因此，魏国被看成是中国，蜀国虽然声称继承汉室，也不被看成是中国，吴国更被视为边鄙，比如，孙资曾说"数年之间，中国日盛，吴蜀二虏必自罢弊"⑦。诸葛亮也曾对孙权说"若能以吴、越之众与中国抗衡，不如早与之绝"⑧。都把魏国说成是中国，甚至有人把汉人建立的吴、蜀二国说成是夷虏。东晋十六国时期，也有人以中原为"中国"，如，《晋书》说，有女子"自中国来至江东"⑨，又说"石季龙死，中国乱"⑩，等等，所说中国都指中原。南北朝时期，仍有人以中原为中国。如，高闾曾说："汉之名臣，皆不以江南为中国。且三代之境，亦不能远。"高祖曰："淮海惟扬州，荆及衡阳惟荆州，此非近中国乎？"⑪ 所说"中国"均指中

---

① 司马迁：《史记》卷 40《楚世家》，中华书局，1959 年版，第 1692 页。

② 司马迁：《史记》卷 27《天官书》，中华书局，1959 年版，第 1348 页。

③ 班固：《汉书》卷 96《西域传下》颜师古注，中华书局，1962 年版，第 3914 页。

④ 班固：《汉书》卷 95《西南夷两粤朝鲜传》，中华书局，1962 年版，3860 页。

⑤ 班固：《汉书》卷 43《陆贾传》，中华书局，1962 年版，第 2111-2112 页。

⑥ 班固：《汉书》卷 94 上《匈奴传》，中华书局，1962 年版，第 3749 页。

⑦ 陈寿：《三国志》卷 14《刘放传附孙资传》引《资别传》，中华书局，1959 年版，第 458 页。

⑧ 陈寿：《三国志》卷 35《蜀书·诸葛亮传》，中华书局，1959 年版，第 915 页。

⑨ 房玄龄等：《晋书》卷 25《五行志》，中华书局，1974 年版，第 909 页。

⑩ 房玄龄等：《晋书》卷 37《司马勖传》，中华书局，1974 年版，第 1102 页。

⑪ 魏收：《魏书》卷 54《高闾传》，中华书局，1974 年版，第 1208 页。

原。北朝据有中原，因之自称中国。隋唐也都占有中原，自然属于中国。五代十国时期，也是以中原为中国，并将占据中原的梁、唐、晋、汉、周视为中国，而认为"四夷、十国，皆非中国"①，十国虽多为汉人建立的政权，但也不被称为中国。继五代之后而起的北宋，占有中原，也被视为中国。金人据有中原，自称中国②。南宋人也有以中原为中国者，如，陈亮曾说，"东晋自元帝息心于一隅，而胡、羯、鲜卑、氐、羌迭起中国，中国无岁不寻干戈，而江左亦不得一日宁"，他在上宋孝宗疏中说，不要"忘君父之大仇，而置中国于度外"，建议经略荆襄，"以争衡于中国"③，所说"中国"均指中原以及占据中原的金朝。元、明、清都占据中原，均以中原及各自政权为中国。可见，中国历史上"中国"一词的一个重要含义就是指中原地区，主要指的是一区域地理概念，并由此引申为中原地区所建立的政权及其所控制的区域。杜荣坤曾指出，历史上"中国"一词"泛指中原王朝所直接管辖的地区"④，就是这个意思。

第三，古代的"中国"还用来指华夏、汉族，引申为华夏、汉族建立的政权。古人所说的"中国"，最初指一国之中心，并引申为天下之中心，那时居住在所谓的"天下中心"地区的居民主要是华夏族，于是，"中国"一词又引申为"华夏"之意，又引申为华夏人建立的政权。如，孔颖达为《尚书》"华夏"一语作疏曰："华夏，谓中国也"⑤。《春秋左传》记载"诸夏亲昵，不可弃也"，晋杜预作注曰"诸夏，中国也"⑥。《论语·八佾》记载，孔子曰："夷狄之有君，不如诸夏之亡也"，何晏引包氏之文解释说"诸夏，中国"⑦。都认为华夏即是"中国"。此外，《诗·六月序》"《小雅》尽废，则四夷交侵，中国微矣。"《礼记·中庸》"足以声名洋溢乎中国，施及蛮貊。"《礼记·王制》称"中国、夷、蛮、戎、狄"为"五方之民"，等等。都以"中国"与"蛮貊""四夷"对举，显然是以"中国"指华夏族，并引申为华夏族建立的政权，而以蛮貊、夷狄等指四夷等少数民族，并引申为少数民族建立的政权。西汉政权建立以后，华夏族发展为汉族，汉族及汉族建

①欧阳修：《新五代史》卷71《十国世家年谱第十一》，中华书局，1974年版，第881页。

②详见赵永春《金人对"中国"的认识》，待刊稿。

③陈亮：《陈亮集》卷1《上孝宗皇帝第一书》，中华书局，1974年版，第1、4、8页。

④杜荣坤：《试论我国历史上的统一与分裂》，翁独健主编《中国民族关系史研究》，中国社会科学出版社，1984年版。

⑤《尚书》卷11《周书·武成》，中华书局，《十三经注疏》本，1980年版，第185页。

⑥《春秋左传》卷11，闵公元年，中华书局，《十三经注疏》本，1980年版，第1786页。

⑦《论语注疏》卷3《八佾》，中华书局，《十三经注疏》本，1980年版，第2466页。

立的政权又成了"中国"的代名词。于是，汉族及其建立的西汉、新、东汉都是中国，匈奴、乌桓、鲜卑等少数民族及其建立的政权则被一些人视为不是中国。三国时期，汉族人及其建立的蜀汉和东吴虽然不称"中国"，但后人均以其为汉族建立的政权，与曹魏一起并称中国。西晋、东晋和南朝的宋、齐、梁、陈都是汉族建立的政权，也被视为中国，而匈奴、鲜卑、羯、氐、羌等少数民族及其建立的政权则不被视为中国。隋、唐是汉族建立的政权，自然也是中国，而回纥、突厥、南诏、吐蕃等少数民族及其建立的政权则不被视为中国。北宋和南宋都是汉族建立的政权，也是中国，而契丹人建立的辽、党项人建立的西夏、女真人建立的金则被一些人视为不是中国。元朝是以蒙古族为统治者建立的政权，也有人认为元朝不是中国，要"驱逐胡虏，恢复中华"①。明朝是汉族人建立的政权，有人认为属于中国复兴。清朝是以满族为统治者建立的政权，也有人说他们是"鞑虏"，不承认他们是中国。孙祚民认为"可以以'汉族'或'王朝'来'代替中国'"②，就是从这个意义上认识问题的。

第四，古代的"中国"又在天下中心的基础上派生出文化中心的含义。如前所述，在古人所认为的天下中心地区主要居住华夏族。孔颖达为《尚书》"华夏"一语作注云，"冕服采章曰华，大国曰夏"，正义曰"冕服采章对被发左衽，则为有光华也"③。孔颖达又为《春秋左传》作疏曰，华夏"言有礼仪之大，有文章之华也"④。元吴澄也曾解释说"夏犹四时之夏，明而大也，中国文明之地，故曰华夏"⑤。华夏即是中国，于是，中国又被赋予华丽、光华、光明、文明、高贵等含义。《礼记·王制篇》说，"中国戎夷，五方之民，皆有性也，不可推移。东方曰夷，被发文身，有不火食者矣；南方曰蛮，雕题交趾，有不火食者矣；西方曰戎，被发衣皮，有不粒食者矣；北方曰狄，衣羽毛穴居，有不粒食者矣。中国、夷、蛮、戎、狄，皆有安居，和味，宜服，利用，备器。五方之民，言语不通，嗜欲不同"⑥。认为，中国与夷、蛮、戎、狄四夷由于生活方式不同，存在着文化差异。战国时赵公子成说："臣闻之：中国者，聪明睿知之所居也，万物财用之所聚也，贤圣之所教也，仁义之所施也，诗、书、礼、乐之所用也，异敏技艺之

①《明太祖高皇帝实录》卷26，台湾"中研院"历史语言研究所，1962年校印本，第402页。
②孙祚民：《中国古代史中有关祖国疆域和少数民族的问题》，《文汇报》，1961年11月4日。
③《尚书》卷11《周书·武成》，中华书局，《十三经注疏》本，1980年版，第185页。
④《春秋左传》卷11，闵公元年，中华书局，《十三经注疏》本，1980年版，第1786页。
⑤吴澄：《书纂言》卷1《虞书》，文渊阁四库全书本。
⑥《礼记》卷12《王制》，中华书局，《十三经注疏》本，1980年版，第1338页。

所试也，远方之所观赴也，蛮夷之所义行也"①。汉朝侯应说"中国有礼仪之教，刑罚之诛"②。认为，"中国"文化水平最高，懂文明，知礼义，有教养，最为高贵。古人认为，中国与四夷的文化差异最突出的表现是是否懂"礼"，所行合乎"礼"的要求即是"中国"，不符合"礼"的要求，即是夷狄，赋予中国以超越种族的文明含义。春秋时期南方的吴国，虽是西周正统姬姓周太王及其后人所建，但由于他们没有奉行"中国"之礼，也不是中国。"礼"的标准高于族类的区别，昭示出"中国"和"夷狄"并非完全是种族概念，而是先进与落后、文明与野蛮的文化概念。孔子十分注意以"礼"区分中国和四夷，并认为中国和四夷可以互相转变。韩愈在概括孔子这一思想时说："孔子之作《春秋》也，诸侯用夷礼则夷之，夷而进于中国则中国之"③，也就是说，不管你原来的种族如何，只要遵循中国（中原）之礼就是中国华夏，遵循夷礼就是夷狄。这种用"礼"来区分中国和夷狄以及中国和夷狄可以互相变化的思想，为后来许多思想家所接受，汉代董仲舒就曾指出，"春秋无通辞，从变而移。今晋变而为夷狄，楚变而为君子"④。唐朝的皇甫湜也说，"所以为中国者，以礼义也；所以为夷狄者，无礼义也，岂系于地哉？杞用夷礼，杞即夷矣"⑤。北宋程颢和程颐也说过，中国"礼一失则为夷狄，再失则为禽兽"⑥，赋予中国和夷狄以文明与野蛮、尊贵与卑贱之意，文化的意义大于种族意义。辽人也接受了这种懂礼即为中国的观点，据洪皓《松漠纪闻》记载，"大辽道宗朝，有汉人讲《论语》，至'北辰居其所而众星拱之'，道宗曰：'吾闻北极之下为中国，此岂其地邪？'至'夷狄之有君'，疾读不敢讲。则又曰：'上世獯鬻、猃狁，荡无礼法，故谓之夷。吾修文物彬彬，不异中华（中国），何嫌之有！'卒令讲之。"⑦ 即将"礼法""文物"亦即文明视为区分华（中国）夷的标志，认为契丹文明已同中华无异，因此不必忌讳⑧。金人也反对用种族来区分尊贵和卑贱，也就是反对用种族来区分中国和四夷，完颜亮曾对蔡松年等人说："朕每读《鲁论》，至于'夷狄虽有君，不如诸夏之亡也'，朕窃恶之，岂非渠以南北之区

①刘向集录，何建章注释：《战国策》卷19《赵策二》，中华书局，1990年版，第678页。

②班固：《汉书》卷94下《匈奴传》，中华书局，1962年版，第3804页。

③（宋）魏仲举编：《五百家注昌黎文集》卷11《原道》，文渊阁四库全书本。

④董仲舒：《春秋繁露》卷2《竹林第三》，文渊阁四库全书本。

⑤皇甫湜：《皇甫持正文集》卷2《论序·东晋元魏帝正闰论》，文渊阁四库全书本。

⑥程颢，程颐：《二程遗书》卷2上，文渊阁四库全书本。

⑦洪皓：《松漠纪闻》，吉林文史出版社，1986年版，第22页。

⑧宋德金：《辽朝正统观念的形成与发展》，《传统文化与现代化》，1996年第1期。

分、同类之比周而贵彼贱我也"。对汉儒视"夷狄"为卑贱的民族大为不满，主张按文化区分贵贱尊卑，按文化区分中国和夷狄。冯友兰先生曾指出，中国一词在古代文化意义上最甚，民族意义较少，国体意义尚无①。

学界对中国古代"中国"一词涵义的宽泛性已经有了足够的认识，据王尔敏先生研究，在先秦古籍中"中国"一词共出现 178 次，其含义主要有五种，一为京师之意，凡 9 次；二为国境之内之意，凡 17 次；三为诸夏之领域之意，凡 145 次；四为中等之国之意，凡 6 次；五为中央之国之意，凡 1 次②。翁独健先生认为，古代中国一词"只是地域的、文化的概念，或者是一种褒称"③。陈玉屏则认为"'中国'之'中'，并非源自地域位置，而是源自'以我为中心'的政治理念"④，等等。说明，中国古代的"中国"一词并非仅仅是一个政权的名称。然而，由于传统的观念根深蒂固，还是有一些人自觉不自觉地用中原政权或汉族政权来代表"中国"，实际上这是不正确的。

三

中国古代的"国号"是一个政权的名称，代表各自的政权，而"中国"一词，则含义众多，并非是一个政权的名称，但有时也用来指称政权。

在中国古代历史上，"中国"一词用来指称政权时，主要有两种情况：一种是以"国号"为代表的各个政权的自称，一种是他称。

中国古代，华夏和汉族虽然都没有建立一个以"中国"为国号的政权，但他们大多自称"中国"，这已经成为大家所熟知的事情，勿庸论述。同时，少数民族及其政权也积极地认同于中原政权及其华夏和汉族政权，常常以华夏、汉族政权的继承者自居，也自称"中国"。如：魏晋十六国时期，匈奴人承认司马迁关于"匈奴，其先祖夏后氏之苗裔"⑤的说法，以"汉高祖以宗女为公主，以妻冒顿，约为兄弟，故其子孙遂冒姓刘氏"⑥，"自谓其先本汉室之甥"⑦。因此，匈奴人刘渊在建立政权之时，拒绝了其叔父刘宣恢复"匈奴"国号的建议，特定国号为"汉"，声称"吾又汉氏之甥，约为兄弟，

①冯友兰：《中国哲学简史》，北京大学出版社，1985 年版，第 222 页。

②王尔敏：《中国名称溯源及其近代诠释》，《中国近代思想史稿》，社会科学文献出版社，2003 年版，第 371 页。

③翁独健：《在中国民族关系史研究学术座谈会闭幕会上的讲话》，《中央民族学院学报》，1981 年第 4 期。

④陈玉屏：《略论中国古代的"天下""国家"和"中国"观》，《民族研究》，2005 年 1 期。

⑤司马迁：《史记》卷 110《匈奴列传》，中华书局，1959 年版，第 2879 页。

⑥房玄龄等：《晋书》卷 101《刘元海载记》，中华书局，1974 年版，第 2645 页。

⑦司马光：《资治通鉴》卷 75《魏纪七》，嘉平三年八月条，中华书局，1956 年版，第 2391 页。

兄亡弟绍，不亦可乎？且可称汉"①，就是以汉高祖刘邦的传人自居，要继承两汉之统，光大两汉之业。匈奴人赫连勃勃建立政权之时，也"自以匈奴夏后氏之苗裔也"，定国号为"大夏"，目的是要"复大禹之业"②。巴氏李寿定国号为"汉"（即成汉），定年号为"汉兴"，也是为了"与刘备的汉乃至刘邦的汉攀上关系"③。羯族人石勒建立后赵，"据赵旧都"④，是以战国时期华夏人建立的赵国为继承对象，自视为"中国帝王"⑤。慕容鲜卑建立燕国也是"远遵周室，近准汉初"⑥，即以周初封召公奭于燕建立燕国和汉初封卢绾于燕重建燕国为继承对象。氐人苻坚建立的前秦、羌人姚苌建立的后秦、鲜卑人乞伏国仁建立的西秦，则是以秦为继承对象。南北朝时期，拓跋鲜卑人建立以"魏"为国号的北魏政权，是因为"魏者，大名，神州之上国"，是为了远承战国时期华夏人建立的魏国和近承三国时期汉人建立的曹魏，意欲与晋争夺中华正统⑦，宇文鲜卑建立的周（北周），则是意欲绍述华夏建立的西周和东周而选择的国号。五代十国时期的沙陀人李克用建立的后唐，是以汉人建立的唐朝为继承对象，沙陀人石敬瑭建立后晋，亦寓继承先秦时期华夏人建立的晋国以及汉人建立的西晋、东晋之意。沙陀人刘知远"居于太原。及得中国，自以姓刘，遂言为东汉显宗第八子淮阳王昺之后，国号曰汉"⑧。沙陀人刘崇仍定国号为"汉"（史称北汉），是"以高祖之业一朝坠地"⑨，欲绍袭高祖刘知远之业，后汉高祖刘知远绍袭两汉建立后汉政权，刘崇绍袭后汉高祖，也有以继承汉人建立的两汉之业而自居的意思。宋辽金时期，回鹘人建立的黑汗王朝的统治者称"桃花石汗"，也是自称为中国之汗。契丹人建立的辽政权，用契丹文字称自己建立政权的国号为"大中央契丹辽国"或"大中央辽契丹国"，也是自称中国之意⑩，辽道宗时

---

①房玄龄等：《晋书》卷 101《刘元海载记》，中华书局，1974 年版，第 2649 页。

②房玄龄等：《晋书》卷 130《赫连勃勃载记》，中华书局，1974 年版，第 3202、3205 页。

③胡阿祥：《中国历史上的汉国号》，《江苏行政学院学报》，2005 年 5 期。

④房玄龄等：《晋书》卷 104《石勒载记上》，中华书局，1974 年版，第 2721 页。

⑤房玄龄等：《晋书》卷 105《石勒载记下·石弘》，中华书局，1974 年版，第 2753 页。

⑥房玄龄等：《晋书》卷 108《慕容廆载记》，中华书局，1974 年版，第 2810-2811 页。

⑦参见何德章：《北魏国号与正统问题》，《历史研究》，1992 年第 3 期。

⑧司马光：《资治通鉴》卷 286《后汉纪一》，胡三省注，中华书局，1956 年版，第 9327 页。

⑨司马光：《资治通鉴》卷 290《后周纪一》，中华书局，1956 年版，第 9454 页。

⑩辽朝的国号，有时称辽，有时称契丹。据刘凤翥先生研究，在汉字文献称国号为契丹的时期，在契丹文字中记录的国号是"大中央契丹辽国"，在汉字文献称国号为辽的时期，在契丹文字中记录的国号是"大中央辽契丹国"，刘凤翥认为，"大中央契丹辽国"和"大中央辽契丹国"中的"中央"也可视为国号"中国"的"中"。（参见刘凤翥《从契丹文字的解读探讨辽代中晚期的国号》，载《辽金契丹女真史研究》2006 年第 2 期）。

期，刘辉曾上书说，"西边诸番为患，士卒远戍，中国之民疲于飞挽，非长久之策。为今之务，莫若城于盐泺，实以汉户，使耕田聚粮，以为西北之费"[①]，所使用的"中国"一词，就指辽人。金人也自称"中国"，《金史·完颜纲传》记载，依附于宋朝的吐蕃族系人青宜可等"以宋政令不常，有改事中国之意"[②]，所说的"中国"就是指金朝。此外，党项族李元昊建立的西夏，女真族蒲鲜万奴建立的东夏，等等，也都是袭用华夏、汉族政权的国号，也寓有继承华夏、汉族政权之意，说明他们建立政权之初，就以华夏、汉族政权的继承者所自居，视自己的政权为中国。元、明、清三朝之中有两个朝代是少数民族建立的政权，他们也都自称"中国"。

中国古代用"中国"一词指称政权的他称主要有三种情况：一种是几个政权并立之时，地处中原之外的政权常常依据中原即中国的地理观念称占据中原地区的政权为"中国"，这也是人们所熟知的事情，勿庸论述。

第二种是后来的政权对以前某一个政权的称呼或后来的政权在追述本朝历史、议论以前各个朝代时，对历史上以中原地区为主且有相互递嬗关系或没有递嬗关系但为自己政权所继承的多个政权的通称。后来的政权在追述本朝历史或议论以前各个朝代之时，因为所涉及到的以"国号"为代表的政权众多，难以一一列举且无法用某一个"国号"代替时，就用大家都愿意接受的"中国"一词统而贯之，这样称呼以前连绵不断的各个政权，既方便简捷，又符合以"国号"为代表的各个政权均自称"中国"的事实，因而成为中国古代"中国"一词指称政权的主要内容，也就是说，古代"中国"一词用来指称政权时，主要的是后来政权对前朝的称呼。众所周知，夏朝和商朝并没有自称"中国"[③]，西周出现的"中国"一词也主要是指"京师"，不过是一个地理概念而已，但后来的各个朝代皆以夏、商、周三代为典型的"中国"，以尧、舜、禹、汤、文、武为中国圣人，并无疑义。春秋战国时期，地处中原地区的周、卫、齐、鲁、晋（韩、赵、魏）、宋、郑等政权被视为"中国"，秦、楚、吴、越等政权则被看成是夷狄，不是"中国"，即使到了秦统一以后，还有人说秦是夷狄，不是"中国"，但后来的各个政权并没有

①脱脱等：《辽史》卷104《刘辉传》，中华书局，1974年版，第1455页。
②脱脱等：《金史》卷98《完颜纲传》，中华书局，1975年版，第2175页。
③当然，也有人认为，"中国"称谓起源于商。如胡厚宣即认为，商也称中商，"当即后世中国称谓的起源"，见胡厚宣《论五方观念及中国称谓之起源》，《甲骨学商史论丛初集》第二册，成都齐鲁大学国学研究所，1944年版；田倩君也认为商称大邑商就是称中国之义，"准此'中国'称谓的起源定然是从商代开始的"（见田倩君《"中国"与"华夏"称谓之寻原》，台湾《大陆杂志》，1966年第31卷第1期。然商朝毕竟没有出现"中国"一词，不能作为商朝始称"中国"之依据。

将秦、楚、吴、越排除到"中国"之外,均承认秦是"中国",常常"谓中国人为秦人"①。三国时期,吴、蜀二国虽然没有自称"中国",但后来的各个政权在用"中国"一词指称政权时,都承认三国是"中国",并没有疑义②。东晋十六国时期,晋人不承认北方的十六国为"中国",后人有人不承认十六国为"中国",但也有人承认十六国与古之列国相同,如司马光就曾在他所撰写的《资治通鉴》中说,"苟不能使九州合为一统,皆有天子之名而无其实者也。虽华夷仁暴,大小强弱,或时不同,要皆与古之列国无异,岂得独尊奖一国谓之正统,而其余皆为僭伪哉!"③ 反对称十六国等政权为僭伪政权,认为这些政权与古之列国无异,就是承认这些政权是"中国"。南北朝时期,虽然南朝不承认北朝是"中国",但后来的政权均承认北朝是"中国",如隋朝曾按五德终始学说,确定自己政权的德运为"火"德,就是承继北周"木"德而来,说明隋朝是以承继北朝自居,承认北朝为中国正统的地位。唐朝李延寿将南北朝历史改写成《南史》和《北史》,则是对隋唐所继承的南北朝各个政权都是中国的承认,后来,《魏书》《北齐书》《周书》《北史》均被列入中国历史"正史"系列,也是后来政权对北朝是"中国"的承认。五代十国时期,十国虽然没有自称"中国",但后来的各个政权都说十国是"中国"。宋辽金时期,虽然有人不承认辽金是"中国",但元人分别撰写《辽史》《宋史》和《金史》,"三国各与正统,各系其年号"④,就是对辽金也是"中国"正统的承认,后来各个王朝均将辽、宋、金三史列入中国历史的"正史"系列,也是对辽、宋、金都是中国的承认。元朝时期,虽然有人仍然抱着汉族和汉族政权是"中国"的观念不放,不承认元朝是"中国",要"驱逐胡虏,恢复中华",但后人多承认元朝是"中国",明人所修《元史》以及近人所修《新元史》被列入中国历史正史"二十四史"和"二十五史"系列就是最好的证明。清朝时期,也曾有人不承认清朝是"中国",但后人也都承认清朝是"中国",后人编写的《清史稿》被列入中国历史正史"二十五史"和"二十六史"系列以及中华民国以清朝继承者自居改国号为"中国"就是最好的证明。

中国古代用"中国"一词指称政权的"他称"的第三种情况是当时和后来的"域外"政权对中国历史上某一政权或有相互递嬗关系的各个政权的通

---

①班固:《汉书》卷 96《西域传下》颜师古注,中华书局,1962 年版,第 3914 页。

②后人对三国何为正统问题争议较大,有人主张以魏国为正统,有人主张以蜀汉为正统,他们所说的正统都是指中国正统,非正统也是中国非正统,正统和非正统都是中国。

③司马光:《资治通鉴》卷 69,黄初二年三月条,中华书局,1956 年版,第 2187 页。

④权衡撰,任崇岳笺证:《庚申外史笺证》卷上,中州古籍出版社,1991 年版,第 44 页。

称。据胡阿祥先生研究,"域外有关中国的称谓,其中影响最大、使用最广的,除了汉、唐、中国、中华这些源于国号、名号的称谓外,还另有支那(China,或译真丹、震旦等)、赛里斯（Serice,或译舍里斯、赛里丝等）、桃花石（Taugas,或译陶格司、汤姆格岌等）、契丹（Cathay,或译乞塔、契泰、迦太等）四个系列"①。在这四个系列当中,除赛里斯系列以外,其余三个系列都与中国历史上的少数民族有关。如:欧洲多称中国为 China 或 Cina,一般认为,Cina 又译作脂那、至那、支那、震旦等。早在 1655 年,传教士卫匡国就提出 China 和"支那"是"秦"字的音译的观点②,为后来大多数学者所接受。如,姚从吾先生就曾指出,"西欧各国和美国,称我国为 China,即是出自'支那'的。推究由来,可能是'秦'（Sinos,Ghina-Thin）字的转译"③,认为 China 是"支那"的音译,"支那"又是"秦"的音译。如果这一观点能够成立的话,"China"或"支那"就都和中国历史上的"秦"攀上了关系,也就是说,域外称"中国"为"China"或"支那",就是称"中国"为"秦",这里所说的"秦",毫无疑问就是指中国历史上的"秦朝"。中国历史上由秦始皇建立起来的统一的"秦朝"是由春秋战国时期的秦国发展而来,而春秋战国时期秦朝的前身则是由西戎发展而来,最初是一个由少数民族建立的政权,在春秋战国时期还不被中原各国看成是"中国",到了秦朝统一以后才被世界公认为"中国"了。刘镇清也认为英语中 China 一词是起源于春秋时期的秦国国名"秦",认为"秦"和"秦国"两词首先进入波斯语成为 Chin 和 Chinistan,再经波斯语进入梵语成为 Cina 和 Chinasthana,最后经梵语进入英语成为 China。④ 可见,外国称中国为"秦",并没有将中国历史上的少数民族排除在中国之外。再如,自公元 7 世纪直至 13—14 世纪,欧洲、阿拉伯、突厥、回鹘等文献中,大量地出现"Taugas、Tamghac、Tabghaq、Tavghaq"等词,这些词的汉语译音都是"桃花石",一般认为是指中国。在宋人笔记和元人李志常撰写的《长春真人西游记》中也说域外一些国家以及西北的一些少数民族称中国为"桃花石"。关于桃花石的语源和语义,人们认识不一,主要有"大魏""唐家""大贺氏""拓跋""天子""敦煌或太岳""大汗""大汉"等多种说法。法国学者

①胡阿祥:《中国古今称谓探微》,《中国地名》,2003 年 5 期。

②忻剑飞:《世界的中国观——近二千年来世界对中国的认识史纲》,学林出版社,1991 年版,第 39 页。

③姚从吾:《契丹汉化的分析——从契丹汉化看国史上东北草原文化与中原农业文化的合流》,《大陆杂志》,第 4 卷第 4 期,1952 年。

④刘镇清:《China 和 Cathay 词源新探》,《华侨大学学报》,2000 年第 4 期。

伯希和最早提出桃花石是元魏拓跋译名的观点，对后世影响很大，日本学者白鸟库吉等人均同意此说，中国学者也多持此论，认为桃花石为拓跋的对音[①]。"拓跋"即为中国历史上的拓跋鲜卑，曾建立北魏政权，常被人们称为大魏，是一个地地道道的以少数民族为主建立的政权。如果将"桃花石"一语说成是拓跋对音的话，那么，我们就可以认为，这些域外民族和国家实际上是用拓跋鲜卑或拓跋鲜卑建立的魏政权来称"中国"了。此外，历史上，"大陆邻邦，如俄罗斯、波斯（伊朗）等国，称我国为 Ki-tan 或 Ki-tai"，至今，俄语称中国之词仍为 Китай。姚从吾先生认为，这些词"确是导源于第十第十一世纪建立辽朝的契丹，或西辽（喀剌契丹）"。又说，"蒙古文中'中国'与'乞塔'有时不分，更与'契丹'有关。至于英文德文China 以外，在诗歌或书名中，有时也称我国叫 Cathay 或 Kathay，它的意思是指'古代北中国'，自然也是契丹的转译"[②]。刘镇清也认为，英语中 Cathay 一词源于我国北方契丹国（辽）的国名"契丹（Khyattan）"。认为Khyattan 入突厥语成为 Khitay，经阿拉伯语的 Khyattan 而入拉丁语为Cathaya，最后由拉丁语进入英语。[③] 俄语 Китай，是"契丹"的音译，学界似乎没有疑义。毫无疑问，契丹是中国历史上的一个少数民族，曾建立强大的辽政权，辽政权走向衰亡之际，耶律大石率众西迁，又建立了西辽政权，也称喀剌契丹或哈喇契丹。辽和西辽都是由中国历史上的少数民族契丹族为主建立的政权，俄罗斯等国称"中国"为"契丹"，无疑是承认契丹和哈喇契丹都属于中国。从上述域外政权对中国的他称来看，中国历史上的"中国"也与少数民族及其建立的政权有着不解之缘，这说明，外国不但没有仅仅认为华夏和汉族建立的政权是中国，反而认为西戎建立的秦、拓跋鲜卑建立的魏、契丹建立的辽是"中国"的代表，并用这些少数民族及其政权的称谓来统称中国。说明这些少数民族作为中国的代表，并不逊于以华夏和汉族及其建立的政权来代表中国，相反，倒比华夏、汉族及其所建政权在代表中国方面有着更加广泛的影响。

① 阿地力，楠：《百年来关于"桃花石"问题研究综述》，《中国史研究动态》，2006 年 2 期。
② 姚从吾：《契丹汉化的分析——从契丹汉化看国史上东北草原文化与中原农业文化的合流》，《大陆杂志》第 4 卷第 4 期，1952 年。
③ 刘镇清：《China 和 Cathay 词源新探》，《华侨大学学报》，2000 年第 4 期。

四

综上所述，可以看出，中国古代的"国号"与"中国"并不是一个概念，中国古代的"国号"分别代表某一个政权，而"中国"的涵义则有很多，主要的并非是国家政权的名称，即使用来指称政权，最初也不是代表一个政权，而是代表多个政权。罗志田先生曾指出，"居天下之中的'中国'概念""有一个由复数到单数的过程"，所论极是，但他认为，"到中国的概念变为单数时，大致已是夷夏以地分的局势基本固定之后了"，也就是说，到了秦统一之后，复数的"中国"就已经变成了单数的"中国"，并将"中国"限定在"华夏人居住"的"政教所及之区"①。其实不然，秦统一以后仍然存在"中国"概念是一个复数的现象，如魏、蜀、吴三国，南北朝各个政权以及宋、辽、金政权均自称中国，等等，尤其是还存在后来政权称历史上以中原地区为主且有相互递嬗关系的多个政权为"中国"的复数现象。实际上，直到元朝，"中国"作为政权的概念才最终完成由复数到单数的转变②。到了清朝初年，"中国"一词正式出现在《中俄尼布楚议界条约》等外交文件上，作为政治学上具有近代国家涵义的"中国"最终形成。但那时的"中国"一词还没有把朝代名称和国家的国号完全统一起来，直到1912年中华民国成立，"中国"一词才成为我们国家的正式国号。据此，我们可以认为，历史上的"中国"与以"国号"为代表的各个政权虽然存在一定的联系，但也有着严格的区别。以国号为代表的各个政权只能代表各自的政权，不能单独代表整个"中国"，如果我们用国体意义上的"中国"去指称当时的政权，就是用后来"中国"政权的观念去指称各个历史时期的"中国"，就应该包括历史上以中原地区为主且有相互递嬗关系或没有递嬗关系但为自己政权所继承的各个政权。同一道理，认识中国历史上的疆域，也应该采取历史上后来政权称以前有相互递嬗关系或没有递嬗关系但为自己政权所继承的各个政权为"中国"的办法，去追述中国历史疆域，承认为今天中国所继承的各个民族和各个政权都是"中国"，承认这些民族及其建立政权所控制的疆域为中国疆域③。我们认为，这样认识问题，虽然不符合"汉族

①罗志田：《先秦的五服制与古代的天下中国观》，《学人》，第10辑。

②元朝时期，作为中原地区和文化意义上的"中国"的概念仍为人们所使用，但更多的则是用"中国"一词来指称元朝。忽必烈在给日本的国书中有"朕惟日本自昔通好中国"等语，称元朝为中国，将日本、高丽、安南、缅甸、占城、暹罗、爪哇等国列为"外夷"（参见《元史》卷208《外夷·高丽传》，中华书局，1976年版，第4618页）。

③赵永春：《关于中国历史疆域问题的几点认识》，《中国边疆史地研究》，2002年3期。

政权是中国""中原政权是中国"的观念，但符合历史上各个政权自称"中国"以及后来政权称历史上以中原地区为主且有相互递嬗关系或没有递嬗关系但为自己政权所继承的各个政权为"中国"的历史实际，符合中国是一个由"多元一体"构成的多民族国家的历史发展实际。

该文与贾淑荣合作，原载《吉林师范大学学报》2009 年第 5 期。

中国古代的"中国"与"国号"的分离与重合

——中国古代"中国"国家观念的演进

关于如何认识中国历史疆域问题，人们一直存在不同认识，时至今日，仍然众说纷纭，莫衷一是。究其原因，还是一个对历史中国如何理解的问题，亦即何为"中国"的问题。古代汉儒常常将"中原政权"或"汉族政权"视为中国，由此导致一些外国学者视中国为单一民族国家，出现"中国乃汉族国家""长城以外非中国论"等论调。后经学者们多方讨论，逐渐形成了历史上的"中国"并非汉族所独有、并非中原政权所独有的新认识，但也存在不同意见，时至今日，仍然有人认为，"中国是指中原王朝直接控制下的区域"等等。实际上，历史上的"中国"与"中原政权"或"汉族政权"并非是一个概念，"中原政权"或"汉族政权"等各个朝代的政权均有各自的国号，用以代表各自的国家政权。而中国古代的"中国"一词主要的并非是一个政权的概念，用以指称政权时，除了是一些政权习惯自称以外，更多的则是后来的政权对历史上以中原地区为主且有相互递嬗关系以及为自己国家所继承的多个政权的通称，历史上的"中国"实为各个民族所共有。因此，我们认识中国历史上的疆域，就应该像各个后来政权称其前相互递嬗的政权为"中国"一样，也应该承认今天中国所继承的历史上相互递嬗的各个政权都是"中国"，按照这一认识去认识中国历史上的疆域，应该符合中国历史实际。本文即想在相关研究的基础上对这一问题做进一步探讨，不正确之处，敬请读者批评指正。

一、中国古代的"国号"及其国家观念

中国古代自夏朝建立以后，相继出现众多朝代和政权，这些朝代和政权都给自己的政权确立一个名称，这个名称就是"国号"。有人认为，中国古代的国号，就是中国古代历史上各个朝代的名称。因为，中国古代多实行王（皇）位世袭制，某一姓帝王家族的延续统治，就被称为一朝或一代，一直使用一个相同的朝代名称，也就是使用一个相同的国号。如果某一姓帝王家族的统治走向灭亡，改换成另一姓帝王家族的统治，就出现了改朝换代的现象，也就是说原

来的"国"灭亡了，于是，又出现了新建立的"国"，朝代的名称也就随之发生了新的变动，出现了改变国号的现象。当然，也有人不同意用朝代的称号来代替国号，认为那些历代递嬗的政权可以称为朝代，而有些不在这些政权递嬗之列或与这些递嬗政权同时并存的政权，就不能用朝代来称呼，认为这些政权所创建的是"国"，而不是朝代，国号与朝代不能完全等同，等等。但不管怎么说，这些确立了国号的政权都已经"按地区来划分它的国民"，并且完成了"公共权力的设立"①，设有管理民众的一套官僚机构和军队、法庭、监狱等国家机器，具备一般国家形态，可以称之为"国"或"国家"。

中国古代以国号为代表的众多的"国家"，大体上可以分为三类：第一类是占据中原的统一的或大体上统一的"国家"，如夏、商、周、秦、西汉、新、东汉、西晋、隋、唐、武周、元、明、清等，这类"国"虽然有的一时边界模糊，但由于这些"国"势力强大，不仅具有独立处理本国事务的权力，还常常控制其他小国。国王或皇帝具有一定的或绝对的权威，国王或皇帝之下，有一套完善的官僚机构和众多官员，国家机器健全，完全具备古代国家形态，可以说这些政权都是独立的政权或国家。第二类是分裂时期的"国"，如战国时期的齐、楚、燕、韩、赵、魏、秦，三国时期的魏、蜀、吴，东晋十六国时期的东晋、前燕、前秦等，南北朝时期的宋、齐、梁、陈和北魏、东魏、西魏、北齐、北周等，五代十国时期的后梁、后唐、后晋、后汉、后周、南唐、前蜀、后蜀等，宋辽金时期的宋、辽、西夏、金等，这类政权也都有国王或皇帝，也有一套完善的官僚机构和众多官员，国家机器健全，也可以独立处理本国事务，且多数政权疆界清楚，具备古代国家形态，也分别是一个独立政权或国家。第三类是边疆民族政权，如匈奴、夫余、高句丽、乌桓、鲜卑、渤海、吐蕃、南诏、东夏等，这类政权虽然也有国王或皇帝一类最高统治者，但有的政权在初建之时官僚机构和国家机器不够健全，多数政权接受中原政权的册封，并承担对中原政权朝贡的义务，虽然有的政权可以独立处理本国事务，但多数政权在处理本国事务时要受到中原政权的干涉或控制，具有不完全的独立性。这类政权虽然具有不完全独立性，但他们与一国内部的郡县还不完全一样，仍然具有一定的国家特征，在当时也可以称之为"国"或"国家"。

有论者指出，中国古代不存在国家与国家之间的界限，或者说不存在平等国家之间的界限，认为"中国古代并没有真正意义上的国家观"。如果说

---

① 恩格斯：《家族、私有制和国家的起源》，《马克思恩格斯选集》第四卷，人民出版社，1972年版，第166、167页。

中国古代没有近代以后"国家"意义上的国家观或者说没有"中国"国家观，在一定程度上还说得过去，但要是说中国古代没有以国号为代表的各个具体政权的古代国家观，就有进一步研究的必要了。事实上，中国古代以国号为代表的各个具体政权的古代国家观是存在的。

由于夏商周时期流传下来的史料较少，我们从那时的原始资料中较少见到"国家"一词连用的情况，但那时的"国"字除了具有"城邑"之意以外，也开始有了后世所说的天子所建立的、"国家机器"健全的"国家"的含义，夏朝"东渐于海，西被于流沙，朔南暨声教，讫于四海"①，西周"魏、骀、芮、岐、毕，吾西土也"；"蒲姑、商奄，吾东土也；巴濮、楚、邓，吾南土也；肃慎、燕、亳，吾北土也"②，虽非明确的边界，但也能看出夏商周已经有了一定的疆域观念，也就是说有了一定的国家观念。到了春秋战国时期，不但天子所建之国称为"国家"，诸侯所建之国也被称为"国家"，如《春秋左传·桓公元年》所说"天子建国，诸侯立家"，即将天子所分封的诸侯国称之为"国"。宋人孙奭为《孟子》"天下国家"作疏时称"天子有天下谓之天下，诸侯有国谓之国。然有国者不可以称天下，有天下者或可以称国，故诸侯谓之邦国，天子谓之王国"③，即将天子所建之王国和诸侯所建之邦国都称之为"国"。这一时期，诸侯所建之国，一般情况下，疆域都是清楚的，因为在天子分封诸侯"授民授疆土"之时，就大体上明确了各个诸侯国的管辖范围。后来，诸侯国互相混战，但疆域变动情况一般都是比较清楚的。如秦为了破坏齐楚联盟，曾派张仪使楚，许以商于之地六百里；秦王要用十五座城换取赵国的"和氏璧"；燕太子丹欲利用督亢地图刺杀秦王；等等，都是这方面的事例。这一时期，各个诸侯国的国民意识也开始出现，如楚国屈原面对楚国被秦国灭亡，悲愤地投汨罗江而死，被历代视为爱国主义的表现。可见，这一时期，以各个国号为代表的各个诸侯国的国家观是存在的。但这些诸侯国的"国家"与周天子的"国家"是不平等的，是两种性质的"国家"，属于"国中之国"。

秦汉以后，以国号为代表的"国家"虽然多数都是不平等的，但平等的且疆域大体清楚的"国家"也是存在的。如：汉朝初年，高祖刘邦"使刘敬奉宗室女翁主为单于阏氏，岁奉匈奴絮缯酒食物各有数，约为兄弟以和

①《尚书》卷6《禹贡》，中华书局，《十三经注疏》，1980年版，第153页。
②《春秋左传》卷45，昭公九年二月，中华书局，《十三经注疏》，1980年版，2056页。
③《孟子》卷7上《离娄上》，中华书局，《十三经注疏》，1980年版，第2718页。

亲"①，西汉通过盟约形式与匈奴确立了以长城为界的"兄弟之国"的平等关系。三国时期的魏、蜀、吴地位也基本上是平等的，三方在一定时期内所控制的地域也是清楚的。北朝的北魏、东魏、西魏、北齐、北周与南朝的宋、齐、梁、陈地位也是平等的，其军事控制线就成了各自政权的边界线。唐朝和吐蕃也是一种平等对立的关系，双方曾多次会盟、议界、划界，竖立界碑等②，不仅具备古代国家形态，甚至与近代国家形态也有一些相似之处。宋辽金也是这样，宋辽通过"澶渊之盟"，约定双方为"兄弟之国"，互称南朝、北朝，地位平等，同时对双方现有疆域通过盟约形式确立下来③，后来，又通过划界交涉，将边界地区的两属地进一步明确下来，似乎符合近代国家的法理精神。宋金则通过"绍兴和议"（也称"皇统和议"），确定双方为君臣之国，少数民族王朝第一次将汉族王朝降至臣属地位，并明确划分了双方"东以淮水西至大散关为界"的国界，打破了中国古代历史上汉族政权未遇到过强大对手的神话。这一时期，各个政权的国民观念也逐渐得到增强，像岳飞、文天祥等人的"爱国"精神，不仅得到时人的广泛张扬，也为后世各个朝代所传颂。应该说，辽宋夏金时期，已经具备了接近近代的国家观念。到了元明清时期，这种国家观念有了进一步发展和增强，不再赘述。

以上可以看出，中国古代凡是明确建有国号的政权，都具备国家形态，并且逐步形成了以"国号"为代表的各个具体政权的"国家"观念。这些以国号为代表的各个具体政权，不管是具有独立性的"国"，还是不完全具有独立性的"国"，都以各自的国号向世人昭示自己政权的存在。毫无疑问，这些以国号为代表的各个政权中的任何一个政权都只能代表各自的政权，无法代表其他政权，更无法代表整个"中国"政权（元清两朝除外）。

二、中国古代"中国"国家观念的演进

中国古代以国号为代表的各个政权为什么只能代表各自的政权，不能代表整个"中国"政权呢？其中原因之一，就是那时还没有一个以"中国"为国号的政权，"中国"一词主要的还不是一个政权的名称，其涵义十分广泛。

据王尔敏先生研究，在先秦古籍中"中国"一词共出现178次，其含义主要有五种：一为京师之意，凡9次；二为国境之内之意，凡17次；三为

①班固《汉书》卷94上《匈奴传上》，中华书局，1962年版，第3754页。
②司马光：《资治通鉴》卷211，唐开元二年五月己酉条；《新唐书》卷216《吐蕃传》等。
③即宋人承认辽对燕云十六州（瀛、莫、易等关南十县土地除外）等地的占有，辽人承认宋人对周世宗以来收复的瀛、莫、易等关南十县土地的占有。

诸夏之领域之意，凡 145 次；四为中等之国之意，凡 6 次；五为中央之国之意，凡 1 次①。翁独健先生认为，古代中国一词"只是地域的、文化的概念，或者是一种褒称"②。冯友兰先生也指出，中国一词在古代文化意义上最甚，民族意义较少，国体意义尚无③。陈玉屏则认为"'中国'之'中'，并非源自地域位置，而是源自'以我为中心'的政治理念"④，等等。

正由于古代中国的涵义十分广泛，又未被任何一个政权确定为自己的国号，就为中国古代各个民族、各个政权自称"中国"留下了空间。

中国古代"中国"一词虽然含义众多，主要的并非是一个政权的名称，但有时也用来指称政权。在中国古代历史上，"中国"一词用来指称政权时，主要有两种情况，一种是以"国号"为代表的各个政权的自称和同时期一些政权对某一个政权的他称。一种是后来的政权在追述本朝历史或议论以前各个朝代时，对历史上以中原地区为主且有相互递嬗关系或没有递嬗关系但为自己政权所继承的多个政权的通称。后来的政权在追述本朝历史或议论以前各个朝代之时，因为所涉及到的以"国号"为代表的政权众多，难以一一列举且无法用某一个"国号"代替时，就用大家都愿意接受的"中国"一词统而贯之，这样称呼以前连绵不断的各个政权，既方便简捷，又符合以"国号"为代表的各个政权均自称"中国"的事实，因而成为中国古代"中国"一词指称政权的主要内容，也就是说，古代"中国"一词用来指称政权时，主要的是后来政权对前朝的称呼。

众所周知，夏朝和商朝并没有自称"中国"⑤，西周出现的"中国"一词也主要是指"京师"⑥，不过是一个地域概念而已，但后来的各个朝代皆

①王尔敏：《中国名称溯源及其近代诠释》，《中国近代思想史稿》，社会科学文献出版社，2003年版，第 371 页。

②翁独健《在中国民族关系史研究学术座谈会闭幕会上的讲话》，《中央民族学院学报》，1981年第 4 期。

③冯友兰：《中国哲学简史》，北京大学出版社，1985 年版，第 222 页。

④陈玉屏：《略论中国古代的"天下""国家"和"中国"观》，《民族研究》，2005 年 1 期。

⑤当然，也有人认为"中国"称谓起源于商朝。如，胡厚宣即认为，商也称中商，"当即后世中国称谓的起源"，见胡厚宣《论五方观念及中国称谓之起源》，《甲骨学商史论丛初集》第二册，成都齐鲁大学国学研究所，1944 年版。田倩君也认为商称大邑商就是称中国之义，"准此'中国'称谓的起源定然是从商代开始的"（见田倩君《"中国"与"华夏"称谓之寻原》，台湾《大陆杂志》1966 年第 31 卷第 1 期）。然商朝毕竟没有出现"中国"一词，不能作为商朝始称"中国"之依据。

⑥1963 年在陕西宝鸡出土的《何尊》铭文，记周武王克商，廷告上天曰："余其宅兹中或（国），自之义民。"《尚书·周书·梓材》记载周成王说"皇天既付中国民，越厥疆土于先王。"这两则史料是目前所发现的最早出现"中国"一词的史料，多数学者将这两则史料中的"中国"一词释为"指以洛阳为中心的地区"，即京师之意。西周用"中国"一词指称"京师"的史料很多，不再赘述。

以夏、商、周三代为典型的"中国",以尧、舜、禹、汤、文、武为中国圣人,并无疑义。孟子曾说,"舜生于诸冯,迁于负夏,卒于鸣条,东夷之人也。文王生于岐周,卒于毕郢,西夷之人也。地之相去也,千有余里,世之相后也,千有余岁,得志行乎中国,若合符节。先圣后圣,其揆一也"[①],明确将舜及其后人所建夏朝、文王及其后人所建西周称"中国",同时认为舜和周文王分别是"东夷"和"西夷"之人,并没有将"东夷""西夷"等少数民族排除到中国之外。汉代赵岐为《孟子》"天下国家"作注时称"天下谓天子之所主,国谓诸侯之国"[②],唐人孔颖达为《礼记·礼运》"天下国家"作疏时也称"天下,谓天子;国,谓诸侯"[③],将周天子所建之国称为"天下",西周天子所建之国被称为"中国",又被称为"天下",在这里,"天下"与"中国"已经出现了重合。当然,也有人认为在"天下"体系中有"中国"和"四夷"之分,将"中国"和"四夷"对举,"中国"的涵义无疑是指华夏和汉族,绝非指国家政权,因为那时所建立的任何一个国家都不是单一民族政权,而是包括华夏、汉族和四夷在内的政权,宋人刘敞曾说"子欲居九夷,盖徐州莒鲁之间,中国之夷非海外之夷也"[④],即将孔子欲居之"九夷",说成是"中国之夷",并非是"海外之夷",就是这个意思。这也是中国历史上以"中国"自称的各个政权都是多民族政权而非单一民族政权的根本所在。

春秋战国时期,地处中原地区的周、卫、齐、鲁、晋(韩、赵、魏)、宋、郑等政权被视为"中国",秦、楚、吴、越等政权则被看成是夷狄,不是"中国"。"中国"一词虽被用来指称政权,但并非指一个政权,而是指中原地区的多个政权。到了秦朝"以兵灭六王,并中国"[⑤] 以后,按照五德终始学说,以其代周火德为水德,自称"中国"正统,不但秦朝被视为"中国",就连被秦朝所继承的春秋战国时期的秦、楚、吴、越等政权也被视为"中国"了。汉朝初年,曾有人不承认秦朝的中国正统地位,以汉朝直接代周火德自为水德,到了汉武帝时期,又开始承认秦朝代周的中国正统地位,以西汉代秦水德为土德。后来,虽有一些政权仍不承认秦朝的中国正统地位,但都承认秦朝是中国,常常"谓中国人为秦人"[⑥]。不但中国后来的各

---

①《孟子》卷8上《离娄下》,中华书局,《十三经注疏》本,1980年版,第2725页。

②《孟子》卷7上《离娄上》,中华书局,《十三经注疏》本,1980年版,第2718页。

③《礼记》卷21《礼运》,中华书局,《十三经注疏》本,1980年版,第1415页。

④刘敞:《公是先生七经小传》卷下《论语》,四部丛刊续编本。

⑤司马迁:《史记》卷27《天官书》,中华书局,1959年版,第1348页。

⑥班固:《汉书》卷96《西域传下》颜师古注,中华书局,1962年版,第3913页。

个朝代都承认秦朝是"中国",就是域外政权也承认秦朝是"中国",并用"秦"作为"中国"的代名词,比如,欧洲多称中国为 China 或 Cina,一般认为,Cina 又译作脂那、至那、支那、震旦等。早在 1655 年,传教士卫匡国就提出 China 和"支那"是"秦"字的音译的观点①,为后来大多数学者所接受。中国学者姚从吾先生就曾指出,"西欧各国和美国,称我国为 China,即是出自'支那'的。推究由来,可能是'秦'(Sinos,Ghina-Thin)字的转译"②,认为 China 是"支那"的音译,"支那"又是"秦"的音译。如果这一观点能够成立的话,"China"或"支那"就都和中国历史上的"秦"攀上了关系,也就是说,域外称"中国"为"China"或"支那",就是称"中国"为"秦",这里所说的"秦",毫无疑问就是指中国历史上的"秦朝"。中国历史上由秦始皇建立起来的统一的"秦朝"是由春秋战国时期的秦朝发展而来,而春秋战国时期秦朝的前身则是由西戎发展而来,最初是一个少数民族建立的政权,在春秋战国时期还不被中原各国看成是"中国",到了秦朝统一以后才被世界公认为"中国"了。刘镇清就认为英语中 China 一词是起源于春秋时期的秦国国名,认为春秋战国时期的"秦"和"秦国"两词首先进入波斯语成为 Chin 和 Chinistan,再经波斯语进入梵语成为 Cina 和 Chinasthana,最后经梵语进入英语成为 China③。如果此论能够成立的话,则说明域外政权也承认春秋战国时期不被人们视为"中国"的"秦"也属于"中国"了。

两汉时期,"中国"一词除了指"中原""汉族"以外,也用来指称两汉政权的统治区域,"中国"一词也就具有了国家政权的含义。实际上,汉朝是"中国"的这一含义,还是一个"中原政权"的概念。我们知道,汉人在称汉朝为"中国"赋予"中国"以国家含义的同时,又构建了中国各个民族皆为"炎黄子孙"的血统体系,如司马迁和班固在他们所撰写的史书《史记》和《汉书》中不仅称汉人为炎黄子孙,也称匈奴等少数民族为炎黄子孙④。"炎黄子孙"也是"中国"的代称之一,司马迁和班固将少数民族说成是"炎黄子孙",其涵义与孟子所说的"天下""中国"相重合之义以及不排除东夷、西夷为中国的观念完全一致,是否司马迁、班固等人在"中国"

①忻剑飞:《世界的中国观——近二千年来世界对中国的认识史纲》,学林出版社,1991 年版,第 39 页。

②姚从吾:《契丹汉化的分析——从契丹汉化看国史上东北草原文化与中原农业文化的合流》,《大陆杂志》第 4 卷第 4 期,1952 年。

③刘镇清《China 和 Cathay 词源新探》,《华侨大学学报》,2000 年第 4 期。

④赵永春:《"炎黄子孙"与中华各族心理认同》,《东北史地》,2005 年第 1 期。

指称"中原政权"这一概念之外又创立了一个包括匈奴等少数民族的"中国"概念呢？实在是一个值得我们进一步研究和深思的问题。

三国时期，仍以中原和中原王朝为"中国"。由于魏国据有中原，因此，魏国被看成是中国，蜀国虽然声称继承汉室，也不被看成是中国，吴国更被视为边鄙，比如，孙资曾说"数年之间，中国日盛，吴蜀二虏必自罢弊"[①]。诸葛亮也曾对孙权说"若能以吴、越之众与中国抗衡，不如早与之绝"[②]。都把魏国说成是中国，认为汉人建立的吴、蜀二国不是中国，甚至有人把吴蜀二国说成是夷虏。当时虽然不承认蜀、吴为"中国"，但后来的各个政权在用"中国"一词指称政权时，皆承认三国都是"中国"，少有疑义[③]。

东晋十六国时期，也以中原为"中国"，"中国"一词主要的仍然是一个地理概念，但也有人用以指称政权。如东晋就有人强调汉人或汉人政权为"中国"，认为东晋是"中国"，不承认北方的少数民族政权是"中国"。而北方的少数民族政权则以其为"炎黄子孙"并进入中原为依据，也自称"中国"，如匈奴人承认司马迁关于"匈奴，其先祖夏后氏之苗裔"[④]的说法，"汉高祖以宗女为公主，以妻冒顿，约为兄弟，故其子孙遂冒姓刘氏"[⑤]，"自谓其先本汉室之甥"[⑥]。因此，匈奴人刘渊在建立政权之时，拒绝了其叔父刘宣恢复"匈奴"国号的建议，特定国号为"汉"，声称"吾又汉氏之甥，约为兄弟，兄亡弟绍，不亦可乎？且可称汉"[⑦]，就是以汉高祖刘邦的传人自居，要继承两汉之统，光大两汉之业。匈奴人赫连勃勃建立政权之时，也"自以匈奴夏后氏之苗裔也"，定国号为"大夏"，目的是要"复大禹之业"[⑧]。巴氏李寿定国号为"汉"（即成汉），定年号为"汉兴"，也是为了"与刘备的汉乃至刘邦的汉攀上关系"[⑨]。羯族人石勒建立后赵，"据赵旧都"[⑩]，是以战国时期华夏人建立的赵国为继承对象，自视为"中国帝王"[⑪]。

①陈寿：《三国志》卷14《刘放传附孙资传》引《资别传》，中华书局，1959年版，第458页。

②陈寿：《三国志》卷35《蜀书·诸葛亮传》，中华书局，1982年版，第915页。

③后人对三国何为正统问题争议较大，有人主张以魏国为正统，有人主张以蜀汉为正统，他们所说的正统都是指中国正统，非正统也是中国非正统，正统和非正统都是中国。

④司马迁：《史记》卷110《匈奴列传》，中华书局，1959年版，第2879页。

⑤房玄龄等：《晋书》卷101《刘元海载记》，中华书局，1974年版，第2645页。

⑥司马光：《资治通鉴》卷75《魏纪七》，嘉平三年八月条，中华书局，1956年版，第2391页。

⑦房玄龄等：《晋书》卷101《刘元海载记》，中华书局，1974年版，第2649页。

⑧房玄龄等：《晋书》卷130《赫连勃勃载记》，中华书局，1974年版，第3202、3205页。

⑨胡阿祥：《中国历史上的汉国号》，《江苏行政学院学报》，2005年5期。

⑩房玄龄等：《晋书》卷104《石勒载记上》，中华书局，1974年版，第2721页。

⑪房玄龄等：《晋书》卷105《石勒载记下·石弘》，中华书局，1974年版，第2753页。

慕容鲜卑建立燕国也是"远遵周室，近准汉初"①，即以周初封召公奭于燕建立燕国和汉初封卢绾于燕重建燕国为继承对象，此外，氐人苻坚所建立的秦（前秦），羌人姚苌所建立的秦（后秦），鲜卑人乞伏国仁所建立的秦（西秦），都是袭用华夏、汉族政权的国号，也寓有继承华夏、汉族政权为"中国"之意。可见，在东晋十六国时期，不仅东晋称"中国"，十六国也称"中国"。后世虽有人不承认十六国为中国正统，如唐房玄龄等人编撰的《晋书》就将十六国的帝王列入《载记》之中，但也有人承认十六国的正统地位，如北魏高闾就曾主张北魏政权应该承继夏、商、周、汉以及十六国时期的匈奴汉国、慕容鲜卑燕国、苻氏秦国，为中国正统王朝②，后来北魏虽然改为承继西晋为中国正统，但也说明北魏曾有人既想承认十六国为中国正统，又想承认汉晋为中国正统，实际上是想承认十六国和汉晋都是中国。后来，司马光则从另一个角度表达了这方面的思想，他说，"苟不能使九州合为一统，皆有天子之名而无其实者也。虽华夷仁暴，大小强弱，或时不同，要皆以古之列国无异，岂得独尊奖一国谓之正统，而其余皆为僭伪哉！"③认为在政权分立割据之时，不必区分正统与非正统，对待各个政权应该像对待"古之列国"一样，也应该承认这些政权的合法性，实际上，司马光已将分裂时期的各个政权，都看成是"中国"了。

南北朝时期，虽然"中国"一词多用来指中原地区，如，北魏高闾曾说："汉之名臣，皆不以江南为中国。且三代之境，亦不能远。"高祖曰："淮海惟扬州，荆及衡阳惟荆州，此非近中国乎?"④所说"中国"均指中原地区。但也有人用"中国"来指称政权，南朝各个政权即坚持汉人和汉人政权是"中国"的观念，自称"中国"。北朝的各个政权也以其进入中原地区，坚持以中原和中原政权为"中国"的观念，自称"中国"。南朝的一些汉人虽然不愿意承认北朝是"中国"，但北朝属于"中国"的观点还是得到了大多数人的承认，如，蠕蠕（柔然）豆仑可汗时，"其臣侯医垔、石洛候数以忠言谏之，又劝与国通和，勿侵中国"⑤，所说"中国"当为拓跋鲜卑建立的北魏政权，西魏末年"突厥以（史）宁所图必破，皆畏惮之，咸曰：'此中国神智人也'"⑥，所说"中国"当指宇文泰建立的西魏政权，说明蠕蠕、

①房玄龄等：《晋书》卷108《慕容廆载记》，中华书局，1974年版，第2810-2811页。
②张德寿：《高闾民族观述论》，《中国边疆史地研究》，2003年第2期。
③司马光：《资治通鉴》卷69，黄初二年三月条，中华书局，1956年版，第2187页。
④魏收：《魏书》卷54《高闾传》，中华书局，1974年版，第1208页。
⑤魏收：《魏书》卷103《蠕蠕传》，中华书局，1974年版，第2296页。
⑥令狐德棻等：《周书》卷28《史宁传》，中华书局，1971年版，第468页。

突厥等少数民族承认北魏、西魏等政权是中国。北朝属于中国不但得到少数民族的承认，也为后来的隋唐政权所承认，隋朝即按五德终始学说，确定自己政权的德运为"火"德，就是承继北周"木"德而来，说明隋朝是以承继北朝自居，承认北朝为中国正统的地位。唐朝李延寿将南北朝历史改写成《南史》和《北史》，则是对隋唐所继承的南北朝各个政权都是中国的承认。后来，《魏书》、《北齐书》、《周书》、《宋书》、《南齐书》、《梁书》、《陈书》、《南史》、《北史》均被列入中国历史"正史"系列，也是后来政权对以前各个政权都是中国的承认。

隋唐时期，"中国"一词除了用以指称汉族、中原地区以外，也用来指称隋唐的统治区域及其前代各个政权，也具有国家政权的含义。隋唐政权是中国，后人并无疑义，但需要说明的是，"中国"一词用以指称隋唐政权时，绝非"单一的汉民族国家"的概念。大家都知道，隋唐直接承继北朝鲜卑人而来，隋文帝杨坚长期生活在鲜卑人之中，并娶匈奴鲜卑化之独孤氏为妻，所生之子隋炀帝起码有一半胡人血统。唐太宗李世民的祖父也娶鲜卑化之独孤氏为妻，其父李渊则娶鲜卑纥豆陵氏（窦氏）为妻，自己也娶鲜卑长孙氏为妻，到了其子唐高宗李治之时，已经很少汉人血统了。无怪乎有人不承认隋唐为汉人建立的政权，称隋唐的建立者为夷狄之裔，如鼎鼎大名的朱熹就曾说"唐源流出于夷狄"[①]，宋末元初的郑思肖也说，"李唐为《晋·载记》凉武昭王李暠七世孙，实夷狄之裔"[②]，认为隋唐并非是汉人建立的国家。此说虽然有所偏颇，但也说明古人已经意识到隋唐绝不是一个单一的汉民族国家的历史事实。唐朝还将蕃夷划分为"化外人"和"化内人"两种，化外人是指"声教之外四夷之人"[③]，不属于唐朝直接管辖之内的"国人"，化内人则是指"归化"或"归附"唐朝的少数民族，属于唐朝国内民族，唐朝对"外蕃之人投化者"给予"复十年"[④] 的优惠待遇，并规定"凡内附后所生子，即同百姓，不得为蕃户也"[⑤]，与唐人同等看待。也就是说，在唐朝之时，凡归附唐朝的少数民族皆被视为唐人。如突厥、回纥、契丹等都曾归附唐朝成为"化内人"。"化内人"是唐人，唐人是"中国"，毫无疑问，这些归附唐朝的"蕃夷"，受唐朝管辖，也就成了中国人。此外，唐朝还按文化

①黎靖德编、王星贤点校：《朱子语类》卷 136《历代三》，中华书局，1994 年版，第 3245 页。
②郑思肖：《心史·杂文·古今正统大论》，上海广智书局，光绪三十一年（1905 年）版，第 106 页。
③长孙无忌等：《唐律疏议》卷 16《擅兴》，中华书局，1983 年版，第 307 页。
④杜佑：《通典》6《食货六·赋税下》，中华书局，1984 年版，第 33 页。
⑤唐玄宗等：《大唐六典》卷 3《尚书户部》李林甫等注，（日）广池千九郎训诂、内田智雄补订，广池学园事业部昭和四十八年十二月一日版，第 69 页。

区分"中国"和"四夷",陈黯曾作《华心》说,"苟以地言之,则有华夷也;以教言之,有华夷乎?夫华夷者辩在乎心,辩心在察其趣向。有生于中州而行戾乎礼义,是形华而心夷也;生于夷域而行合乎礼义,是形夷而心华也"①。程晏也曾作《内夷檄》称,四夷"虽身出异域,能驰心于华,吾不谓之夷矣。中国之民长有倔强王化,忘弃仁义忠信,虽身出于华,反窜心于夷,吾不谓之华矣。……是知弃仁义忠信于中国者,即为中国之夷矣。……四夷内向,乐我仁义忠信,愿为人伦齿者,岂不为四夷之华乎?"② 他们都认为,不论地域和民族,只要其行为合乎礼义,就是华,就是"中国",中国人弃掉仁义礼智就是"中国之夷",四夷的行为合乎礼义,就应该是"四夷之华"。归附唐朝受唐朝管辖的夷人是"中国",未受唐朝管辖的夷人只要懂礼也是"华"也是"中国",显然是一种华夷都是中国的思想。

辽宋夏金时期,"中国"一词的中原概念、汉民族概念和文化概念都得到了不同程度的彰显,同时,"中国"一词作为国家政权的观念也被广泛应用,不仅两宋政权自称中国,辽夏金等政权也自称中国。如《辽史·刘辉传》曾记载,"大安末,(刘辉)为太子洗马,上书言:'西边诸番为患,士卒远戍,中国之民疲于飞挽,非长久之策。为今之务,莫若城于盐泺,实以汉户,使耕田聚粮,以为西北之费。'"③ 刘辉在这里所使用的"中国"一词,就是指辽人,主要指契丹人,而"诸蕃"一词则指辽朝周边的少数民族。契丹人为了表明自己是中国正统王朝,称自己建立政权的国号为"大中央契丹辽国"或"大中央辽契丹国",所使用的"大中央"一语就是"大中国"的意思④。党项族李元昊建立的西夏,以"夏"为国号,就是袭用历史上"夏"的国号,寓有继承华夏、汉族政权之意。金人也自称"中国",《金史·完颜纲传》记载,依附于宋朝的吐蕃族系人青宜可等"以宋政令不常,有改事中国之意"⑤,这里所说的"中国"就指金朝。金人自称"中国",虽不为大多数宋人所接受,但也有人依据中原即中国的理念,承认金人占据的中原地区是中国,并引申金朝为中国。如陈亮就曾在上孝宗皇帝书中,劝皇

①陈黯:《华心》,见李昉等《文苑英华》卷 364《辩论二》,中华书局,1966 年版,第 364 页。

②(清)董浩等辑:《全唐文》卷 821,上海古籍出版社,1990 年版,第 3834 页。

③脱脱等:《辽史》卷 104《刘辉传》,中华书局,1974 年版,第 1455 页。

④辽朝的国号,有时称辽,有时称契丹。据刘凤翥先生研究,在汉字文献称国号为契丹的时期,在契丹文字中记录的国号是"大中央契丹辽国",在汉字文献称国号为辽的时期,在契丹文字中记录的国号是"大中央辽契丹国",刘凤翥认为,"大中央契丹辽国"和"大中央辽契丹国"中"中央"的"中"也可视为"中国"的"中"。(参见刘凤翥《从契丹文字的解读探讨辽代中晚期的国号》,载《辽金契丹女真史研究》2006 年第 2 期)。

⑤脱脱等:《金史》卷 98《完颜纲传》,中华书局,1975 年版,第 2175 页。

帝不要"忘君父之大仇,而置中国于度外",建议经略荆襄,"以争衡于中国"①,所使用的"中国"一词,就是指中原地区及占据中原地区的金朝。与辽宋大体处于同一时期的回鹘人建立的黑汗王朝,其统治者自称"桃花石汗",据学者们研究,"桃花石汗"就是中国之汗的意思②。马合木德·喀什噶里《突厥语大词典》在对"桃花石"进行释义时,将"中国"分为上秦(指宋朝)、中秦(指契丹)、下秦(黑汗王朝统治的喀什噶尔等地)三个部分,认为当时的辽、宋和黑汗王朝都是"中国"。这种辽宋夏金都是"中国"的观念为后来各个王朝以及域外政权所承认。元人分别撰写《辽史》《宋史》和《金史》,"三国各与正统,各系其年号"③,并被列入中国历史的"正史"系列,就是后来王朝对辽、宋、金都是中国的承认。姚从吾先生曾指出,"大陆邻邦,如俄罗斯、波斯(伊朗)等国,称我国为 Ki-tan 或 Ki-tai""确是导源于第十第十一世纪建立辽朝的契丹,或西辽(喀剌契丹)"。又说,"蒙古文中'中国'与'乞塔'有时不分,更与'契丹'有关。至于英文德文 China 以外,在诗歌或书名中,有时也称我国叫 Cathay 或 Kathay,它的意思是指'古代北中国',自然也是契丹的转译"④,等等。说明域外政权也承认辽宋夏金等政权都是中国。

元朝时期,作为中原地区和文化意义上的"中国"的概念仍为人们所使用,但更多的则是用"中国"一词来指称元朝,元世祖忽必烈在给日本的国书中就有"朕惟日本自昔通好中国"等语⑤,称元朝为"中国",此"中国"无疑是一个国家的概念,应该指元朝统治下的区域。《元史·地理志》称"自封建变为郡县,有天下者,汉、隋、唐、宋为盛,然幅员之广,咸不逮元。汉梗于北狄,隋不能服东夷,唐患在西戎,宋患常在西北。若元,则起朔漠,并西域,平西夏,灭女真,臣高丽,定南诏,遂下江南,而天下为一。故其地北踰阴山,西极流沙,东尽辽左,南越海表。"吐蕃成为元朝控制下的一个区域,也就是成了"中国"统治的一部分。而蒙古在西征过程中,所建立的金帐汗国和伊儿汗国,由于只是名义上从属于元朝且有自己的国号,元朝并未加以有效控制,常不被时人以及后人视为元朝统治的一部

---

①陈亮:《陈亮集》卷1《书疏·上孝宗皇帝第一书》,中华书局,1974年版,第4、8页。

②关于桃花石的语源和语义,人们认识不一,主要有"大魏""唐家""大贺氏""拓跋""天子""敦煌或太岳""大汗""大汉"等多种说法。多数学者认为是"拓跋"之意。

③权衡撰,任崇岳笺证:《庚申外史笺证》卷上,中州古籍出版社,1991年版,第44页。

④姚从吾:《契丹汉化的分析——从契丹汉化看国史上东北草原文化与中原农业文化的合流》,《大陆杂志》第4卷第4期,1952年。

⑤宋濂等:《元史》卷208《外夷·高丽传》,中华书局,1976年版,第4618页。

分，明人所修的《元史·地理志》中只列中书省和 11 个行省的地理范围就是最好的说明。而日本、安南、缅国、占城、暹国、爪哇等国皆有自己的国号，明确地被元人视为"外夷"。作为政权的"中国"与国号的"元朝"已经出现重合的趋势。据此，有人认为"一个朝代自称'中国'，始于元朝"①，"中国"一词开始向近代国家概念过渡。后来虽然有人仍然抱着汉族和汉族政权是"中国"的观念不放，不承认元朝是"中国"，要"驱逐胡虏，恢复中华"②，但并没有为大多数人所接受，明人所修《元史》以及近人所修《新元史》被列入中国历史正史"二十四史"和"二十五"系列就是最好的证明。

明朝时期，"中国"一词仍有中原、汉人及汉人建立的政权等涵义，但更多的则是用来指称明朝，仍然是一个国家概念。到了清朝，"中国"一词正式成为清朝的代名词。1689 年，清朝在同沙俄签订《中俄尼布楚议界条约》时，正式使用"中国"一词代替"大清"，"中国"与"国号"最终走向了重合。这里，我们说清朝"中国"与"国号"走向重合，是指"中国"和"大清"在指称政权时的概念已经基本一致，但"中国"和"大清"两个词汇仍然存在，所以我们称之为重合，也就是说，那时的"中国"还没有成为"国号"，直到 1912 年中华民国成立时，"中国"一词才正式成为具有近代国家意义的国号，"中国"和"国号"最终发展成为一个统一的词汇，成为中国国家的正式名称。

三、结束语

综上所述，可以看出，中国古代的"中国"与"国号"存在分离和重合现象。中国古代存在众多以"国号"为代表的政权，这些政权虽然具有完全独立性和不完全独立性的区别，但都具备一般国家形态，可以称之为古代国家。这些以"国号"为代表的古代政权虽然可以称之为国家，但他们当中的任何一个国家（元朝和清朝除外）都不能代表整个中国，也就是说以"中原政权"或"汉族政权"为代表的各个政权都不能单独代表中国，他们只能代表各自以国号为代表的各自国家。因为，那时的"中国"一词还不是一个政权的"国号"，主要的还不是一个政权的名称，涵义十分广泛，与以国号为代表的各个政权并非是一回事，"中国"与"国号"存在分离现象。中国古代的"中国"虽然主要的并不是一个政权的名称，但有时也用来指称政权。

①冯天瑜等：《中国文化史》，高等教育出版社，2005 年版，第 3 页。
②《明太祖高皇帝实录》卷 26，台湾"中研院"历史语言研究所，1962 年校印本，第 402 页。

古人用"中国"一词指称政权时，主要有两种情况：一是以"国号"为代表的各个政权的自称，中国古代以"国号"为代表的各个政权自称"中国"时，虽然赋予"中国"以国家观念，但在中国处于分裂之时，各个政权所自称的"中国"与分裂时期的各个政权自称的共同的"中国"并非是同一概念，与以"国号"为代表的各个政权的"国号"仍然存在分离现象，只有在历史中国处于统一的情况下，以"国号"为代表的政权自称"中国"时才会出现"中国"与"国号"的某种重合，这种重合经过元明时期的发展，到了清朝时期最终完成，直到1912年，中华民国成立，"中国"与"国号"才最后实现了统一。中国古代的"中国"用来指称政权的另一种情况是后来的政权在追述本朝历史或议论以前各个朝代时，对历史上以中原地区为主且有相互递嬗关系或没有递嬗关系但为自己政权所继承的多个政权的通称。后来的政权在追述本朝历史或议论以前各个朝代之时，因为所涉及到的以"国号"为代表的政权众多，难以一一列举且无法用某一个"国号"代替时，就用大家都愿意接受的"中国"一词统而贯之，这样称呼以前连绵不断的各个政权，既方便简捷，又符合以"国号"为代表的各个政权均自称"中国"的事实。这样的"中国"称呼，虽然与以"国号"为代表的某个政权的"国号"相分离，但除了个别人站在大汉族主义立场上坚持不承认少数民族政权是中国以外，基本上符合后来政权继承前朝政权及其构建自己政权历史的实际，常常与后来"中国"与"国号"相重合的政权相吻合。从中国古代这种"中国"政权的称呼来看，我们完全可以说，中国古代作为政权概念的"中国"也是后来政权追述前代对以前各个朝代的通称。同一道理，我们今天认识今天中国的历史时，也应该按照古人称以前各个朝代为"中国"的惯例，采取追述的办法去认识中国历史，承认为今天中国所继承的各个民族和各个政权为"中国"。同一道理，认识中国历史上的疆域，也应该采取追述的办法，本着各个少数民族及其政权为中国国家所继承的原则，实事求是地、动态地认识中国历史上各个时期的疆域①。我们认为，这样认识问题，符合历史唯物主义原则，符合中国历史发展的实际。

原载《学习与探索》2008年第4期。

———————————

① 赵永春：《关于中国历史上疆域问题的几点认识》，《中国边疆史地研究》，2002年3期；《认识中国历史疆域的几个原则》，见厉声等主编《高句丽历史问题研究论文集》，延边大学出版社，2005年版。

中国古代"中国不是一个国家"论辩

一、问题的提出

民国十九年（1930 年），陈嘉异曾写信给梁漱溟，称英国学者罗素（B. Russel）初至中国在上海演说时提出了"中国实为一文化体而非国家"的观点，又称"其后，泛观欧西学者论吾国文化之书，始知此语已有先罗素而道之者"①。《罗素在中国》一文称，罗素于 1920 年 10 月 12 日抵达中国上海，后去北京②。据此可知，罗素初至中国在上海演说的时间应该在 1920 年 10 月。在罗素之前就有西方学者提出过此种观点，那一定是在 1920 年之前。也就是说在 1920 年或之前，罗素等人提出"中国不是一个国家"的观点以后，对西方国家产生了重要影响。民国二十三年（1934 年）美国社会学家派克（Robert E. Park）在燕京大学演讲时也表达了"中国不是一国家，而实为一大文化社会"③ 的认识。祖籍荷兰的美国人房龙在 1938 年出版的《人类的艺术》一书中说"有人说，中国不是一个国家的名称，而是一种文化的名称，我对这一问题，素无研究。但我认为，说这话的人，是个聪明人"④，也对"中国不是一个国家"的观点表示赞赏。美国学者列文森（Joseph R. Levenson）也认为中国不是一个"国家"，而是一个"文明"⑤。费正清、郝延平、王尔敏等人均赞成这一观点，也认为"中国不是一个国家，而是整个文明社会的本身"⑥。

西方学者提出"中国不是一个国家"的观点以后，迅速为日本等学者接受并作了进一步发挥。日本学者矢野仁一在其 1923 年出版的《近代支那论》

---

①转引自梁漱溟：《中国文化要义》，上海人民出版社，2005 年版，第 21-22 页。

②尼克：《哲学评书》，浙江大学出版社，2014 年版，第 51 页。

③转引自梁漱溟：《中国文化要义》，上海人民出版社，2005 年版，第 22 页。

④（美）房龙著，衣成信译：《人类的艺术》，中国文联出版公司，1989 年版，第 582 页。房龙：《人类的艺术》第 2 卷，河北教育出版社，2002 年，第 452 页。

⑤列文森著，郑大华，任菁译：《儒教中国及其现代命运》，中国社会科学出版社，2000 年版，第 86 页。

⑥费正清：《剑桥中国晚清史》下卷，中国社会科学出版社，1985 年版，第 209 页。该部分为郝延平、王尔敏撰写。

中提出了"支那非国论"的观点①，后来又在其所著《大东亚史的构想》一书中系统地论述了"中国不是一个国家"，只是一个"文明"的观点②，对日本学界产生了重要影响，并成为日本进行侵华辩护的重要理论根据之一，"以此为分割中国的理由"③。松冈洋右就曾在国联大会上，大肆咆哮并竭力诋毁中国，说"中国不是一个国家，而仅仅是一个地理上的名词"④。孙之俊曾在1932年画了一张《日本说中国不是一个国家》的漫画⑤，就是为了揭露一些日本人的险恶用心。

中国人对日本人别有用心地说"中国不是一个国家"十分反感，但对西方学者所说的"中国不是一个国家"并不讨厌，一些学者常持赞成态度。如，梁漱溟在1935年所著《乡村建设理论》一书中就说，中国是"又大又老、又老又大的一个文化体"，声称"有人说中国不是一个国家，只是一个大的文化体，颇近是"⑥，雷海宗在1940年出版的《中国文化与中国的兵》一书中，也认为"二千年来的中国"，只能说是"一个具有松散政治形态的大文化区"⑦。施蛰存十分推崇美国人房龙的观点，认为应该将房龙认为中国不是一个国家的《人类的艺术》一书推荐给青少年阅读⑧。著名的国学大师钱穆也赞成这一观点，更为今日一些学者所接受，有关中国古代的"中国"不是一个国家而"是一普遍的文教系统"⑨，"近代以前的中国不是一个'国家'，而只是一个'文化共同体'"⑩，"'中国'不是一个国家，更是一个

①矢野仁一：《近代支那论》，东京弘文堂书房，1923年版。
②矢野仁一：《大东亚史的构想》，目黑书店，1944年版，第34页。
③陈舜臣著，邱岭译、范闽仙校：《日本人和中国人》，文化艺术出版社，1990年版，第119页。
④梅小璈，梅小侃编：《梅汝璈东京审判文稿》，上海交通大学出版社，2013年版，第254页。
⑤孙之俊：《日本说中国不是一个国家》，《北洋画报》，1932年11月10日第855期；另见孙之俊《思想·手迹·足迹》，人民文学出版社，2008年版，第112页。
⑥中国文化书院学术委员会编：《梁漱溟全集》第二卷，山东人民出版社，1990年版，第164页。
⑦雷海宗：《中国文化与中国的兵》，商务印书馆1940年初版，中国华侨出版社，2013年版，第60页。
⑧施蛰存：《〈人类的艺术〉应当推荐给青少年阅读》，语文学习编辑部编：《专家教授推荐青少年成长必读书》，上海教育出版社，2000年版，第326页。
⑨牟宗三：《历史哲学》，吉林出版集团有限责任公司，2010年版，第68页。
⑩朱苏力：《现代化视野中的中国法治》，载汪丁丁等：《学问中国》，江西教育出版社，1997年版；金太军：《村庄治理与权力结构》，广东人民出版社，2008年版，第29页。

文化"①,"中国不是一个国家单位,而是一个文化单位"②,"古代中国是一文化共同体而非国家"③,等等说法,比比皆是。

如果说,中国古代没有具备近代民族国家意义的"中国"国家,或者说中国古代的"中国"大部分时期不是一个而是多个"国家"(元朝和清朝除外)的统称(即中国古代的"中国"是一个具有多元一体特征的国家),我们是赞成的。但如果说中国古代各个政权"不成其为国"④,或者说中国古代没有被称为"中国"的国家,"'中国'作为一个国家的名称,开始于辛亥革命(1912年)以后"⑤,我们是不赞成的。有关中国古代中原政权和边疆民族政权都是具有国家性质的国家政权,彭丰文等人已经进行过申论⑥,不再赘述,本文仅就中国古代没有被称为"中国"的国家的说法谈点自己的看法,不正确之处,敬请读者批评指正。

二、中国古代汉民族建立的国家都称"中国"

学界多认为华夏族建立的夏王朝已经具备国家形态,到了两汉时朝,华夏族又在融合其他各族的基础上形成为汉族,并建立了西汉和东汉政权。西汉和东汉时期,"中国"一词,虽然仍有指称一国之中心的京师、华夏汉族、中原地区、文化中心等各种含义,但也用来指称西汉和东汉国家政权。当

---

①葛兆光:《不只问"我们是谁"也问"谁是我们"》,《信睿》,2015年9月号。

②唐文明:《隐秘的颠覆:牟宗三、康德与原始儒家》,生活·读书·新知三联书店,2012年版,第283页。

③汪文学:《正统论:发现东方政治智慧》,陕西人民出版社,2002年版,第127页。

④梁启超:《爱国论》,见《饮冰室合集·文集》之三,中华书局,1989年版,第66页。

⑤施蛰存著,刘凌、刘效礼编:《施蛰存全集》第四卷,华东师范大学出版社,2011年版,第1246页。如果说"中国"被确定为一个国家的国号,始于辛亥革命以后,我们是赞成的,但说"中国"作为一个国家的名称,开始于辛亥革命以后,我们是不赞成的,因为早在辛亥革命之前,"中国"作为一个国家的名称就已被广泛应用了。

⑥彭丰文在其所著《两晋时期国家认同研究》(民族出版社,2009年版)的《绪论·关于中国古代国家实体的争鸣与界定》部分,对中国古代以汉民族为主建立的政权和以少数民族为统治者建立的政权都可以称之为国家,进行了论述。英国学者安东尼·吉登斯根据世界各国历史发展状况,将国家分为传统国家、绝对主义国家(16—17世纪出现于欧洲)、现代民族国家三种类型(参见(英)安东尼·吉登斯著,胡宗泽、赵立涛译,王铭铭校:《民族—国家与暴力》,北京:生活·读书·新知三联书店,1998年版)。笔者以为国家可以分为古代国家、近代国家和现代国家三种类型,并在《中国古代的"中国"与"国号"的背离与重合——中国古代"中国"国家观念的演进》(《学习与探索》,2008年第4期)等文中认为,中国古代所建立的以国号为代表的各个民族所建立的政权,都已经"按地区来划分它的国民",并且完成了"公共权力的设立",具备国家形态,虽与近代民族国家有所不同,但可以称之为古代国家。此外,也有学者认为中国古代存在"王朝国家"(王权国家)或"帝制国家"等等说法,也都承认中国古代有国家。

时，西汉和东汉的国号虽然都称作"汉"或"大汉"，但汉人一直称西汉和东汉为"中国"，并得到周边各个政权的认同。如，《太平御览》引《三辅故事》称，汉初大臣"娄敬曰：'臣愿为高车使者，持节往至匈奴庭，与其分土定界。'敬至，曰：'汝本处北海之滨，秦乱，汝侵其界，居中国地。今婚姻已成，当还汝本牧，还我中国地。'作丹书铁券，曰：'自海以南，冠盖之士处焉；自海以北，控弦之士处焉。'割土盟誓，然后求还"①。娄敬赴匈奴"与其分土定界"，称匈奴"本处北海之滨"，乘秦乱，侵入"中国"地，并称"自海以南，冠盖之士处焉；自海以北，控弦之士处焉。""冠盖之士"即指前述"中国"之地的汉人，"控弦之士"则指匈奴等游牧民族。所说"中国"无疑具有西汉国家的含义。汉武帝时，晁错曾上书讨论西汉与匈奴的形势，认为"今匈奴地形技艺与中国异。上下山阪，出入溪涧，中国之马弗与也；险道倾仄，且驰且射，中国之骑弗与也；风雨罢劳，饥渴不困，中国之人弗与也""匈奴之长技三，中国之长技五"②。这里所说的"中国"，与匈奴国家对举，无疑都是指西汉国家政权。汉人在讨论是否对匈奴用兵时，王恢曾说"今边竟数惊，士卒伤死，中国槥车相望，此仁人之所隐也。臣故曰击之便。"韩安国则"以为远方绝地不牧之民，不足烦中国也"，不同意对匈奴用兵。王恢不赞成韩安国的观点，说"匈奴独可以威服，不可以仁畜也。今以中国之盛，万倍之资，遣百分之一以攻匈奴，譬犹以强弩射且溃之痈也，必不留行矣"，坚持对匈奴用兵③。王恢所说的"边竟"，无疑是指西汉王朝的边境，具有边境的政权，无疑具备国家形态，因此，王恢在这里所说"中国"即是指具备国家形态的西汉王朝，韩安国在这里所说的"中国"，意思相同，也是西汉国家的代称。东汉时期，臧宫与马武曾于建武二十七年（51年）上书光武帝刘秀，说"匈奴贪利，无有礼信，穷则稽首，安则侵盗，缘边被其毒痛，中国忧其抵突。虏今人畜疫死，旱蝗赤地，疫困之力，不当中国一郡"④。所说"缘边"，无疑是指东汉政权的边疆地区，又认为匈奴"不当中国一郡"，无疑是指匈奴不当东汉政权设置的一个郡，只有国家政权才会有"缘边"地区，只有国家政权才会设置郡县，因此，这里用"中国"一词指称东汉国家政权的意思非常明显。据袁宏《后汉纪》记载，尚书宋意曾于章和元年（87年）上疏说"呼韩邪单于奉蕃，然中国亦疲于送迎

---

① 李昉等：《太平御览》卷779《奉使下》，中华书局，1960年影印本，第3452页。
② 班固：《汉书》卷49《晁错传》，中华书局，1962年版，第2281页。
③ 班固：《汉书》卷52《韩安国传》，中华书局，1962年版，第2400-2402页。
④ 范晔：《后汉书》卷18《臧宫传》，中华书局，1965年版，第695页。

之劳矣""今鲜卑奉顺威灵,斩获北单于名王已下万计,中国坐享其功"①,这里所说的"中国"也是指东汉王朝。说明西汉和东汉都自称"中国"。

西汉和东汉自称"中国",不仅是汉人所形成的共识,也得到了周边国家的承认。如匈奴冒顿曾派使者给汉高祖刘邦寡妻吕后送去一封书信,谓"孤偾之君,生于沮泽之中,长于平野牛马之域,数至边境,愿游中国。陛下独立,孤偾独居。两主不乐,无以自虞,愿以所有,易其所无"②。冒顿称匈奴"数至边境",无疑是指匈奴与汉朝的边境,只有有了国家,才会有边境,因此,"愿游中国"的"中国"无疑是指汉朝国家政权。后来,进入匈奴的汉人中行说与汉朝使者谈到匈奴"父死,妻其后母;兄弟死,尽取其妻妻之"的风俗时说,匈奴"父子兄弟死,取其妻妻之,恶种姓之失也。""今中国虽详不取其父兄之妻,亲属益疏则相杀"③。中行说本为汉族人,这时站在匈奴人的立场上所说的"中国",不具有包括他自己这一汉族人的含义,而是指称西汉国家政权的意思。王昭君入匈奴后曾与匈奴单于生有女儿伊墨居次云,据史书记载,伊墨居次云"常欲与中国和亲"④,这里所说的"中国",无疑是指汉朝国家。

西汉和东汉是"中国"国家,不仅得到周边国家的承认,也得到后人的承认,宋人朱彧曾说"汉威令行于西北,故西北呼中国为汉"⑤,宋末元初胡三省为《资治通鉴》作注时说"鲜卑谓中国人为汉"⑥,称"汉家威加四夷,故夷人率谓中国人为汉人"⑦,又说"唐及国朝则谓中国为汉,如汉人、汉儿之类,皆习故而言"⑧,又在为契丹"朝廷制度,并用汉礼"作注时说"北方谓中国为汉"⑨。明人于慎行也说"西北诸虏称中国为汉人"⑩,等等。说明,两汉时期,不仅汉人称自己的国家是"中国",匈奴等政权以及后来政权也称汉朝为"中国","中国"虽不是当时汉王朝的国号,但也被当作国

①袁宏:《后汉纪·孝章皇帝纪下卷第十二》,章和元年十月条,中华书局,2002年版,第240页。

②班固:《汉书》卷94《匈奴传上》,中华书局,1962年版,第3754、3755页。

③司马迁:《史记》卷110《匈奴列传》,中华书局,1959年版,第2900页。

④班固:《汉书》卷94《匈奴传下》,中华书局,1962年版,第3827页。

⑤朱彧:《萍洲可谈》卷2,丛书集成初编本,商务印书馆,1936年版,第25页。

⑥司马光:《资治通鉴》卷167《陈纪》,永定二年十一月甲午条胡注,中华书局,1956年版,第5180页。

⑦司马光:《资治通鉴》卷202《唐纪》,调露元年七月己卯条胡注,中华书局,1956年版,第6391页。

⑧司马光:《资治通鉴》卷22《汉纪十四》,征和四年六月丁巳条,中华书局,1956年版,第739页。

⑨司马光:《资治通鉴》卷285《后晋纪六》,开运三年十二月己卯条,中华书局,1956年版,第9325页。

⑩于慎行:《穀山笔麈》卷13《称谓》,中华书局,1984年版,第148页。

号来使用的意思非常明显,"中国"一词无疑具有指称西汉和东汉国家的含义。

汉族人建立的隋唐王朝①,虽然用"隋""唐"作国号,没有用"中国"一词作国号,"中国"一词,也有指称一国之中心的京师、内地、华夏汉族、中原地区、文化中心等含义,且出现超越"夷夏"论中国的思想②,但同时,隋人和唐人又都称自己的国家为"中国"。如隋炀帝时,高颎不满意隋炀帝对突厥"启民可汗恩礼过厚",曾对太府卿何稠说:"此虏颇知中国虚实、山川险易,恐为后患。""复谓观王雄曰:'近来朝廷殊无纲纪'"③,所说"中国"与后面所说的"朝廷"连用,应该具有指称隋朝国家的含义。《旧唐书》记载,贞观五年四月"以金帛购中国人因隋乱没突厥者男女八万人,尽还其家属"④,所说"中国"也指隋王朝。唐太宗时,礼部侍郎李百药曾说"突厥虽云一国,然其种类区分,各有酋帅""各自保全,必不能抗衡中国"⑤。认为突厥"一国"不能与"中国"抗衡,称突厥为"一国"并与"中国"对举,用"中国"一词指称唐朝国家政权的意思十分明显。唐人王方庆辑《魏郑公谏录》称"高丽等三蕃僧,求学至中国,游莱州,莱州以闻。太宗曰:'不须遣来,此非为学问,但觇国家虚实耳。'"⑥唐太宗认为前来唐朝求学的高丽僧,并非是来"中国"求学,而是要探听唐朝国家的虚实。所说"中国"与后面的"国家"连用,无疑是指唐朝国家。王方庆在武

①也有人认为隋唐王朝并非汉族人所建,如宋人朱熹曾说"唐源流出于夷狄"(《朱子语类》卷136《历代三》,中华书局,1994年版,第3245页)。宋末元初人郑思肖也认为"普六茹坚小字那罗延,僭称隋,僭谥文帝,普六茹译姓曰杨,夺伪周字文辟之土,而并僭陈之天下,本夷狄也",谓隋文帝杨坚为"夷狄"。又称"李唐为《晋·载记》凉武昭王李暠七世孙,实夷狄之裔",认为建立唐王朝的唐高祖李渊、唐太宗李世民也是"夷狄之裔"(郑思肖:《心史·杂文·古今正统大论》,上海广智书局光绪三十一年本,第106-107页)。但大多数学者仍认为隋唐王朝为汉族人所建,因此本文仍称隋唐王朝为汉族人建立的国家。

②唐朝曾出现超越"夷夏"论"中国"的思想,如程晏在其所作《内夷檄》中称,四夷"虽身也异域,能驰心于华,吾不谓之夷矣。中国之民长有偏强王化,忘弃仁义忠信,虽身出于华,反窜心于夷,吾不谓之华矣。……是知弃仁义忠信于中国者,即为中国之夷矣。……四夷内向,乐我仁义忠信,愿为人伦齿者,岂不为四夷之华乎?"主张按文化来区分"中国"和"四夷"(程晏《内夷檄》,董浩等编《全唐文》卷821,中华书局,1983年版,第8650页)。

③魏征等:《隋书》卷41《高颎传》,中华书局,1973年版,第1184页。

④刘昫等:《旧唐书》卷3《太宗本纪》,中华书局,1975年版,第41页。

⑤司马光:《资治通鉴》卷193,贞观四年(630)三月丙子条,中华书局,1956年版,第6075-6076页。

⑥王方庆辑:《魏郑公谏录》卷4《对高丽等三蕃僧求学》,丛书集成新编影印畿辅丛书本,台北新文丰出版公司,1985年版,第77页。

则天时期"拜广州都督。广州地际南海，每岁有昆仑乘舶以珍物与中国交市"①，"中国"包括广州在内，不是指中原，不是指汉民族，应该是指唐朝国家。李华撰《东都圣善寺无畏三藏碑》称，善无畏"其先自中天竺回""路出吐蕃"即至"中国西境"②，无疑是用"中国"指称唐朝国家。韩愈在其所作《送郑尚书序》中讲了"耽浮罗、流求、毛人、夷亶之州，林邑、扶南、真腊、于陀利之属"等"海外杂国"之后说，"外国之货日至，珠香象犀玳瑁奇物，溢于中国，不可胜用"③。所说"中国"与"外国"对举，"中国"一词指唐朝国家，当无疑义。唐德宗时，陆贽曾上疏称"国家自禄山构乱、河陇用兵以来""中国不遑振旅，四十余年""复乃远征士马，列戍疆陲"④，所使用"中国"一词，前有"国家"，后有"疆陲"，指称唐朝国家之意甚明。陆贽还说"今四夷最强盛者，莫如吐蕃。举吐蕃众，未当中国十数大郡，而内虞外备与中国不殊，所以能寇边者无几"⑤。这条史料所说的吐蕃"未当中国十数大郡"，应该是说吐蕃国家还没有唐朝十多个郡大，"寇边"，应该是指吐蕃侵犯唐朝边境的意思。设置郡县，是国家管理的一种形式，具有边境则是国家形成的一种表现，毫无疑问，这条史料所说的"中国"，也是指唐朝国家政权。长庆三年（823 年）正月，穆宗下诏"敕不得买新罗人为奴婢，已在中国者即放归其国"⑥。唐穆宗所说"中国"也是指唐朝国家。唐懿宗"尝幸左军，见观音像，礼之，而像陷地四尺。问左右，对曰：'陛下，中国之天子；菩萨，地上之道人'。上悦之"⑦。唐朝大臣说唐懿宗是"中国之天子"，中国只有建有国家才会有天子，毫无疑问，唐朝大臣在这里所说的"中国"也是指唐朝国家。

隋唐王朝自称"中国"也得到周边国家政权的承认。如，隋炀帝西巡，"次燕支山，高昌王、伊吾设等，及西蕃胡二十七国，谒于道左"，随行队伍，大张旗鼓，"以示中国之盛"。又"遣掌蕃率蛮夷与民贸易""蛮夷嗟叹，谓中国为神仙"⑧。蛮夷所说的有似神仙的"中国"，无疑是指隋王朝。唐高祖武德年间，百济遣使向唐朝朝贡，"高祖抚劳甚厚"，百济"因讼高丽闭其

---

① 刘昫等：《旧唐书》卷 89《王方庆传》，中华书局，1975 年版，第 2897 页。

② 李华：《东都圣善寺无畏三藏碑》，董浩等编《全唐文》卷 319，上海古籍出版社，1990 年版，第 1431、1432 页。

③ 韩愈撰，马其昶校注：《韩昌黎文集校注》，上海古籍出版社，1986 年版，第 284 页。

④ 刘昫等：《旧唐书》卷 139《陆贽传》，中华书局，1975 年版，第 3806-3807 页。

⑤ 欧阳修等：《新唐书》卷 157《陆贽传》，中华书局，1975 年版，第 4928 页。

⑥ 刘昫等：《旧唐书》卷 16《穆宗纪》，中华书局，1975 年版，第 502 页。

⑦ 王谠撰，周勋初校证：《唐语林校证》卷 7，中华书局，1987 年版，第 660 页。

⑧ 魏征等：《隋书》卷 67《裴矩传》，中华书局，1973 年版，第 1580-1581 页。

道路，不许来通中国"，唐高祖"诏遣朱子奢往和之"①。百济所说的"中国"也是指唐朝国家政权。新罗人张保皋曾来到唐朝并任"军中小将"，后回国，对新罗王说"遍中国以新罗人为奴婢"②，所说"中国"也是指唐王朝。另据《新唐书》记载，唐代宗大历年间，萧昕出使回纥，回纥指责萧昕说"中国乱，非我无以平，奈何市马不时归我直?"③《旧唐书》在记载回纥指责萧昕所说的话则作"禄山、思明之乱，非我无以平定，唐国奈何市马而失信，不时归价?"④ 用"禄山、思明"替代"中国""奈何"二字之前增加"唐国"二字。至于当时回纥到底说的是"中国乱"，还是"禄山、思明之乱"，我们已经很难说清楚了，但有一点是可以说清楚的，那就是将唐朝的"安史之乱"说成是"中国之乱"，则是当时习以为常之事，我们再结合《旧唐书》所增加"唐国"二字分析，这里所说"中国"用以指称"唐国"的意思是非常明显的。说明，隋唐时期，不仅隋人和唐人称自己的国家为"中国"，百济等政权也称隋朝和唐朝为"中国"。

宋人朱彧曾说"唐威令行于东南，故蛮夷呼中国为唐"⑤。同为宋人的江少虞引《倦游录》说"南蕃呼中国为唐"，并说"太宗泪明皇擒中天竺王，取龟兹为四镇，以至城郭诸国皆列为郡县。至今广州胡人，呼中国为唐家"⑥。明人于慎行也说"东南海夷称中国为唐人"⑦，又说："唐开元、天宝间，中国强盛，自长安西门，西尽唐境，万二千里""所谓万二千里，盖包西域属国而言"⑧，显然是用"中国"指称唐朝国家管辖地区。清人王士祺也说"昔予在礼部，见四译进贡之使，或谓中国为汉人，或曰唐人。谓唐人者，如荷兰、暹罗诸国。盖自唐始通中国，故相沿云尔"⑨，认为"自唐始通中国"者，均称唐为"中国"。清人孙元衡为"大唐"一词作注时也称"南夷类称中国曰唐"⑩。这说明，隋唐时期，不仅隋唐及其周边国家称隋唐

①刘昫等：《旧唐书》卷199上《百济传》，中华书局，1975年版，第5329页。

②杜牧：《张保皋、郑年传》，董浩等编《全唐文》卷756，上海古籍出版社，1990年版，第3476、3477页。

③欧阳修等：《新唐书》卷159《萧昕传》，中华书局，1975年版，第4951页。

④刘昫等：《旧唐书》卷146《萧昕传》，中华书局，1975年版，第3962页。

⑤朱彧：《萍洲可谈》卷2，丛书集成初编本，商务印书馆，1936年版，第25页。

⑥江少虞：《宋朝事实类苑》卷77《安边御寇·南蕃呼中国为唐》，上海古籍出版社，1981年版，第1009页。

⑦于慎行：《穀山笔麈》卷13《称谓》，中华书局，1984年版，第148页。

⑧于慎行：《穀山笔麈》卷12《形势》，中华书局，1984年版，第135页。

⑨王士祺：《池北偶谈》卷21《谈异二·汉人唐人秦人》，中华书局，1982年版，第506页。

⑩孙元衡：《赤嵌崁集·裸人丛笑篇》，台湾文献丛刊第10种，台北台湾银行排印本，1958年版，第25页。

为中国国家，后人也称隋唐为"中国"国家。以上可以看出，"中国"虽不是当时隋王朝和唐王朝的国号，但也被当作隋王朝和唐王朝的国号来使用，"中国"无疑具有指称隋王朝和唐王朝国家的意思。

汉民族建立的北宋和南宋王朝，也没有用"中国"一词作国号，"中国"一词，仍有指称华夏汉族、中原地区、文化中心等含义，且按文化论"中国"的思想有所提升，但宋人仍然用"中国"一词指称宋朝国家政权。如北宋知镇戎军曹玮曾说：西夏李继迁"擅河南地二十年，兵不解甲，使中国有西顾之忧。今其国危子弱，部族离心，不即乘此捕灭，后更强盛，不可制矣"[1]，试图乘李德明初立之机，进攻西夏。文中称李继迁的势力为"国"，并与"中国"对举，所说"中国"无疑是指北宋国家。北宋大臣苏洵曾说"国家分十八路，河朔、陕右、广南、川峡实为要区。何朔、陕右，二虏之防，而中国之所恃以安"[2]，所说"国家分十八路"，即指北宋天圣以后所设18路，所使用"中国"一词，无疑是指北宋国家十八路管辖地区，用以指称"国家"的意思十分清楚。北宋御史中丞贾昌朝在庆历二年（1042年）曾向宋仁宗上疏说"今远蕃荡然与中国通。北方诸国则臣契丹，其西诸国则臣元昊，而西、北合从，以掎角中国之势。""契丹近岁兼用燕人，治国建官，一同中夏。昊贼据河南列郡，而行赏罚，善于用人，此中国之患也"[3]，将"中国"与"诸国"中的契丹和西夏李元昊对举，"中国"一词指称宋朝国家，也无疑义。辽兴宗时期，乘北宋忙于对西夏战争，遣使赴宋以求取"关南地"为名，对宋朝进行要挟。北宋不愿意与辽发生战争，遂派遣富弼出使辽朝，进行和谈。富弼到达辽朝之后，曾对辽兴宗说"北朝与中国通好，则人主专其利，而臣下无所获；若用兵，则利归臣下，而人主任其祸。"[4]富弼所说的"中国"，也是指宋朝国家。再据李和文《遗事》记载，宋"仁宗尝服美玉带，侍臣皆注目。上还宫，谓内侍曰：'侍臣目带不已，何耶？'对曰：'未尝见此奇异者。'上曰：'当以遗虏主。'左右皆曰：'此天下至宝，赐外夷可惜。'上曰：'中国以人安为宝，此何足惜！'臣下皆呼万

①吴广成：《西夏书事》卷8景德元年四月条，续修四库全书本，上海古籍出版社，2002年版，第354页。
②苏洵著，曾枣庄、金成礼笺注：《嘉祐集笺注》卷4《衡论·重远》，上海古籍出版社，1993年版，第100页。"何朔"，宋刻本作"河朔"，是。此处作"何"，误。
③李焘：《续资治通鉴长编》卷138，仁宗庆历二年十月戊辰条，中华书局，1985年版，第3318-3319页。
④吴曾：《能改斋漫录》卷8《沿袭·富郑公之言出于元璘》引苏轼《富郑公神道碑》，中华书局，1960年版，第237页。另见《续资治通鉴长编》卷137仁宗庆历二年七月壬戌条。

岁"①。宋仁宗将"中国"与"虏"对举,"中国"一词指称宋朝国家,也无疑义。北宋神宗时期,"朝廷遣沈起、刘彝相继知桂州,以图交趾。""岭南进士徐百祥屡举不中第,阴遗交趾书",称"百祥才略不在人后,而不用于中国,愿得佐大王下风。今中国欲大举以灭交趾,兵法:'先人有夺人之心',不若先举兵入寇,百祥请为内应。""于是交趾大发兵入寇,陷钦、廉、邕三州。"后,"朝廷命宣徽使郭逵讨交趾,交趾请降,曰:'我本不入寇,中国人呼我耳。'"② 岭南进士徐百祥认为自己有才略,但屡试不中,不得重用,因此对"中国"怀恨在心,向交趾告密说"今中国欲大举以灭交趾",劝交趾先发制人,进攻"中国"。徐百祥所说的"中国",就是指北宋国家。后交趾入寇,被宋国打败,请降,曰:我本来没想入寇,是中国人徐百祥呼我入寇耳。交趾称徐百祥为"中国人",所说"中国"无疑是指管辖范围包括岭南地区的北宋国家。宋神宗曾说:"中国兼燕、秦、楚、越万里之地,古所以胜外敌之国皆有之。能修政刑,则契丹诚不足畏。"③ 文中所说"中国"包括楚、越且与契丹对举,用以指称北宋无疑;"古所以胜外敌之国皆有之"一句中有"国"字,用"中国"一词指称北宋国家,也无疑义。宋人方腊在起兵反宋时也曾说"岁赂西北二虏银绢以百万计,皆吾东南赤子膏血也。二虏得此益轻中国,岁岁侵扰不已,朝廷奉之不敢废,宰相以为安边之长策也"④。文中以契丹、西夏"二虏"与"中国"对举,用"中国"指北宋无疑,文中还有"朝廷""安边"等词汇,用"中国"指称北宋国家,也无疑义。宋金战争爆发以后,宰臣李纲言"国家御戎"之策时曾说"金人初来,未知中国虚实"⑤,无疑是用"中国"指称北宋国家。靖康元年(1126年),在金国灭亡北宋之时,秦桧曾上疏金人,反对立张邦昌为帝时曾说,"大金自去岁问罪中国,入境征伐,已逾岁矣。然所攻必克者,无他,以大金久习兵革,中国承平百年,士卒弛练,将佐不得其人而然也。且英雄世不乏材,使士卒异日精练,若唐藩镇之兵;将相得人,若唐肃、代之臣,大金之于中国,能必其胜负哉?"⑥ 所说"中国",与"大金"对称,无疑是指北

①王明清:《挥麈录·前录》卷1,引李和文《遗事》,中华书局,1961年版,第6页。

②司马光:《涑水记闻》卷13,中华书局,1989年版,第248页。

③李焘:《续资治通鉴长编》卷262,神宗熙宁八年四月戊寅条,中华书局,1986年版,第6401页。

④方勺:《青溪寇轨》,《全宋笔记》第2编第8册,大象出版社,2006年版,第236页。

⑤李心传:《建炎以来系年要录》卷6,建炎元年六月辛巳条,中华书局,1988年版,第164页。

⑥王明清:《挥麈录·第三录》卷2,中华书局,1961年版,第243-244页。《三朝北盟会编》《建炎以来系年要录》记载此事,文字稍有异同。

宋，又说大金"入境征伐"中国，"中国"无疑是指具有"边境"的国家政权。

古人常常谓"中国，天地之中"①，"中于天地者为中国"②，而南宋建都临安，离开了"天地之中"的中原地区，但南宋人仍称自己的国家为"中国"，甚至有人为了附会南宋为"中国"的说法，"谓今中国于地为东南"③，其说虽为一些学者所纠正，但宋人称南宋为中国的认识并没有改变。如，建炎二年（1128 年），南宋人杨应诚出使高丽回国以后，具言高丽王王楷君臣拒绝与宋朝交好，南宋高宗甚怒。尚书右丞朱胜非曰："彼国与金为邻，而与中国隔海，远近利害甚明，此乃曩时待之太厚，安能责报"④。朱胜非所说的"中国"与金国、高丽对称，用以指称南宋国家的意思也非常清楚。南宋人李心传在《建炎以来朝野杂记》一书中列举了张俊、陈思恭、吴玠、韩世忠、杨沂中、刘锜、李宝、邵宏渊、虞允文、张子盖等南宋将领自建炎三年（1129 年）十二月以后，率军打败金人的一些战役以后，说"此皆渡江以来中国胜捷之可称者也"⑤，即是称渡江而南并建都于临安的南宋国家政权为"中国"。南宋宗室赵与时在其成书于南宋嘉定十七年（1224 年）的《宾退录》一书中称"汉儋耳郡，本朱崖之地，唐为儋州，本朝为昌化军，中国极南之地也"⑥。据文中之意分析，所说"中国"既指汉朝，又指唐朝和"本朝"。据《宋史·地理志》记载，北宋熙宁六年（1173 年）改儋州为昌化军，绍兴六年改为昌化县，绍兴十四年复为昌化军。可知赵与时在这里所称"本朝"，或指北宋，或指南宋，或指两宋。再据赵与时主要活动于南宋时期分析，"本朝"当主要指绍兴十四年以后的南宋王朝。所说"中国"的含义与此相同，也应该指称南宋国家政权。南宋中后期，权臣韩侂胄北伐金国，宋将吴曦叛附金国，李道传十分愤怒，遣其客间道持书遗安抚使杨辅曰："彼素非雄才，犯顺首乱，人心离怨，因人心而用之，可坐而缚也。诚决此举，不惟内变可定，抑使金知中国有人，稍息窥觎。"⑦ 所说"中国"

---

①桓宽：《盐铁论》卷 3《轻重第十四》，四部丛刊初编本，上海商务印书馆，1922 年版，第 96 页。

②扬雄：《扬子法言》卷 4《问道》，四部丛刊初编本，上海商务印书馆，1922 年版，第 41 页。

③脱脱等：《宋史》卷 48《天文志一》，中华书局，1977 年版，第 956 页。

④李心传：《建炎以来系年要录》卷 18，建炎二年十月甲寅条，中华书局，1988 年版，第 357 页。

⑤李心传：《建炎以来朝野杂记》甲集卷 19《边防一·十三次战功》，中华书局，2000 年版，第 449 页。

⑥赵与时：《宾退录》卷 4，上海古籍出版社，1983 年版，第 54 页。

⑦脱脱等：《宋史》卷 436《李道传传》，中华书局，1977 年版，第 12945 页。

无疑是指并未据有中原地区的南宋偏安政权。南宋后期，大臣乔行简曾言"金有必亡之形，中国宜静以观变"①。后来，真德秀也曾上疏言"金有必亡之势，亦可为中国忧。盖金亡则上恬下嬉，忧不在敌而在我，多事之端恐自此始。"② 所说"中国"都是指南宋国家政权。

北宋和南宋王朝自称"中国"也获得了周边国家的承认。如西夏景宗元昊临终遗言曾谓"异日势衰力微，宜附中国，誓不可胁从契丹。中国仁爱而契丹负心，若附中国，则子孙安宁，又得官爵；若为契丹所胁，则吾族被戮无孑遗矣"③。西夏崇宗乾顺的庶弟察哥也曾向朝廷建议说"羌部弓弱矢短，技射不精。今宜选蕃、汉壮勇，教以强弩，兼以摽牌，平居则带弓而锄，临戎则分番而进。以我国之短，易中国之长，如此则无敌于天下矣"④，所说"中国"都是指北宋国家政权，说明西夏承认宋朝是"中国"。辽宋夏时期，高丽受契丹封册，同时也寻求与宋朝交好，契丹曾诘责高丽向宋朝修贡，高丽遂上表谢称"中国，三甲子方得一朝；大邦，一周天每修六贡"⑤，"中国"与"大邦"对称，"大邦"指契丹，"中国"无疑是指宋朝。南宋曾派遣杨应诚等出使高丽，试图借道高丽出使金国，高丽不敢答应，在回答宋使杨应诚等反复恳求时说，"上朝先是降诏，令小国往谕女真来朝，小国窃虑女真不可使窥中国富盛，不敢奉诏。朝廷不以为然，遂多方招谕，厚赐金帛。彼既知中国虚实，窥心一动，长驱深入，骚扰京师"⑥，所称"中国"与女真、小国（高丽自称）对举，指称宋朝国家的意思非常明显。说明高丽也承认宋朝是"中国"。宝元二年（1039 年），宋朝派遣屯田员外郎刘涣出使唃厮啰，希望与唃厮啰交好，"俾掎捔以攻元昊，厮啰谢恩大喜，请举兵助中国讨贼，自此元昊始病于牵制，而唃氏复与中国通矣"⑦，唃厮啰请举兵助中国讨伐西夏李元昊，所说"中国"无疑是指北宋国家政权，说明唃厮啰等小国也承认宋朝是"中国"。

以汉族为主体民族建立的明朝，所使用的"中国"一词，虽然仍有指称"汉人""中原""内地"以及文化等含义，但"中国"一词的国体意义增强，

①脱脱等：《宋史》卷 417《乔行简传》，中华书局，1977 年版，12489 页。

②脱脱等：《宋史》卷 437《真德秀传》，中华书局，1977 年版，12958 页。

③李焘：《续资治通鉴长编》卷 312，神宗元丰四年四月丙子条，中华书局，1990 年版，第 7568 页。

④吴广成：《西夏书事》卷 31，崇宁二年九月条，续修四库全书本，上海古籍出版社，2002 年版第 546 页。

⑤脱脱等：《宋史》卷 487《高丽传》，中华书局，1977 年版，第 14050 页。

⑥郑麟趾：《高丽史》卷 15《仁宗世家一》，齐鲁书社，《四库全书存目丛书》1996 年版，第 324 页。

⑦魏泰：《东轩笔录》卷 3，中华书局，1983 年版，第 33 页。

用以指称明朝国家政权的频率大增，并成为当时"中国"一词使用的主导形态。如：洪武十一年（1378年）高丽内部发生动乱，恭愍王王颛被权臣杀害，随后，明朝派往高丽的使者也被高丽护送官杀害，明太祖朱元璋严厉谴责高丽统治者说："尔杀中国无罪之使，其罪深矣。非尔国执政大臣来朝及岁贡如约，则不能免问罪之师"①，称明朝国家使者为"中国无罪之使"；洪武十二年（1379年），明朝赐占城国王大统历及销金文绮纱罗衣服等物，明太祖并以玺书谕之曰"尔占城介居西南，限山隔海，而能臣事中国，数贡方物。顷者遣使贡象，诚意可嘉。表言：尚与安南构兵，至今未息。然占城与安南疆界已定，自昔而然，各宜保境安民，勿事纷争"②，将占城称臣于明朝说成是"臣事中国"；洪武十四年（1381年），思明府称安南脱峒二县兵攻思明府永平等寨，安南则称思明府攻其脱峒等处，明太祖乘安南国王遣使来贡时，以书谴责安南国王，"言其作奸肆侮、生隙构患、欺诳中国之罪。复敕广西布政使司，自今安南入贡并勿纳"③，将安南欺诳明朝说成"欺诳中国"；洪武三十年（1397年），明太祖针对"礼部奏诸番国使臣客旅不通"之事，称"洪武初，海外诸番与中国往来使臣不绝，商贾便之。近者安南、占城、真腊、暹罗、爪哇、大琉球、三佛齐、渤尼、彭亨、百花、苏门答剌、西洋邦哈剌等凡三十国，以胡惟庸谋乱，三佛齐乃生间谍，给我使臣，至彼爪哇国王闻知其事，戒饬三佛齐礼送还朝。是后使臣商旅阻绝，诸国王之意遂尔不通"④，将海外诸番与明朝往来，说成是"与中国往来"；等等。明太祖在这里所说的"中国"，都具有国体意义，均用来指称明朝国家政权。据余继登《典故纪闻》记载，明太祖曾对省台诸臣说"海外蛮夷之国，有为患于中国者，不可不讨，不为中国患者，不可辄自用兵。古人有言，地广非久安之计，民劳乃易乱之源。卿等当知朕此意"⑤。所说"中国"也是指明朝国家。

永乐元年（1403年）九月，礼部尚书李至刚奏："日本国遣使入贡，已至宁波府。凡番使入中国，不得私载兵器、刀槊之类鬻于民。具其禁令，宜

①《明太祖实录》卷121，洪武十一年（1378）十二月条，台湾"中研院"历史语言研究所，1962年校印本，第1967页。
②《明太祖实录》卷126，洪武十二年十月甲子条，台湾"中研院"历史语言研究所，1962年校印本，第2017页。
③《明太祖实录》137，洪武十四年六月丙辰条，台湾"中研院"历史语言研究所，1962年校印本，第2169页。
④《明太祖实录》卷254，洪武三十年八月丙午条，台湾"中研院"历史语言研究所，1962年校印本，第3671页。
⑤余继登：《典故纪闻》卷3，中华书局，1981年版，第43页。

命有司会检番舶中有兵器、刀槊之类，籍封送京师。"明成祖朱棣称"外夷向慕中国，来修朝贡，危踏海波，跋涉万里，道路既远，赀费亦多，其各有赍以助路费，亦人情也，岂当一切拘之禁令。"李至刚又奏"刀槊之类，在民间不许私有，则亦无所鬻，惟当籍封送官。"明成祖又说"无所鬻，则官为准中国之直市之，毋拘法禁，以失朝廷宽大之意，且阻远人归慕之心"①。礼部尚书李至刚和明成祖在这里针对日本使者是否私带兵器等问题时所说的"中国"，无疑都指明朝国家。同年十月，明成祖又对礼部官员说，"近西洋回回哈只等在暹罗闻朝使至，即随来朝。远夷知尊中国，亦可嘉也。今遣之归，尔礼部给文为验，经过官司毋阻。自今诸番国人，愿入中国者听"②，将西洋回回哈只等人入明说成是"远夷知尊中国"，称诸番国人入明为"入中国"，用"中国"指称明朝国家的意思非常明显。永乐二年（1404年）八月，明成祖朱棣因安南屡侵占城，特"遣使赍敕谕安南国王"，称"前以尔屡侵占城，故谕尔讲信修睦""而广西思明府亦奏尔夺其禄州、西平州、永平寨之地，此乃中国土疆，尔夺而有之，肆无忌惮，所为如此，盖速亡者也"③，针对安南称属于明朝的禄州、西平州、永平寨之地为"中国土疆"，也是用"中国"指称明朝国家。永乐二年（1404年）九月，明朝中官等出使真腊，将回国，"有从行军三人遁，索之不得"，真腊国王"以其国中三人从中官归"，以补其缺。使者回到明朝之后，明成祖说"中国人自遁，何预彼事而责偿"，准备将真腊所补三人遣送回真腊。尚书李至刚等言"臣意中国人必非遁于彼者，或为彼所匿，则此三人亦不当遣"④。明成祖和李至刚等人所说"中国人"，无疑是指明朝国家的人，用"中国"指称明朝国家的意思是非常清楚的。永乐十五年（1417年），明成祖曾对病卒于明朝德州的苏禄国东王巴都葛叭答剌的长子都麻含说"尔父知尊中国，躬率家属陪臣，经涉海道万里来朝""尔以嫡长，为国人所属，宜即继承，以绥藩服，今特命尔为苏禄国东王"⑤，称苏禄国赴明朝朝贡是"知尊中国"，也是用"中

①《明太宗实录》卷23，永乐元年九月己亥条，台湾"中研院"历史语言研究所，1962年校印本，第426-427页。

②《明太宗实录》卷24，永乐元年十月辛亥条台湾"中研院"历史语言研究所，1962年校印本，第435页。

③《明太宗实录》卷33，永乐二年八月壬申条，台湾"中研院"历史语言研究所，1962年校印本，第583页。

④《明太宗实录》卷34，永乐二年九月壬寅条，台湾"中研院"历史语言研究所，1962年校印本，第597-598页。

⑤《明太宗实录》卷192，永乐十五年九月乙丑条，台湾"中研院"历史语言研究所，1962年校印本，第2027-2028页。

国"指称明朝国家。明人于慎行在《穀山笔麈》一书中记载说"安南，古交州地。汉、唐以来，皆入版图。国初，其王陈日煊内附，太祖封之，已而其臣黎季犛篡盗，成祖命将讨平。求陈氏后，无人，遂郡县其地，设交趾布政司。久之，黎利作乱，中国不能守，遂以界之"①。即认为明朝初年，明朝曾在安南设置交趾布政使司，将安南纳入中国版图，后因黎利作乱，"中国不能守"，遂将其地划归安南。针对安南国家所说的"中国"，无疑也是指明朝国家。

洪熙元年（1425年），兴州左屯卫军士范济在上疏中说，"天命我国家混一天下，物阜民安，九夷八蛮朝贡中国"②。宣德六年（1431年），明朝礼部官员因撒马儿罕使臣"卜颜剳法儿等进速来蛮石一万斤，多不堪用"，请求"薄其赏"。明宣宗说"厚往薄来，怀远之道。撒马儿罕去中国最远，毋屑屑与较，可加厚遣之"③。宣德九年（1434年），宣宗又敕令"撒马儿罕及诸外夷使回，不许挟带中国之人及买中国童幼出境"④。针对九夷八蛮、撒马儿罕等国所说的"中国"，无疑是指明朝国家。成化七年（1471年），因安南国王黎灏遣人来诉占城侵凌其地，宪宗赐敕戒谕曰"尔安南与占城，俱受朝廷爵土，世修职贡，为中国藩屏，岂可构怨兴兵，自相攻击"⑤。弘治十年（1497），安南国王黎晖继位，明朝"赐晖皮弁服、金犀带。其使臣言，国主受王封，赐服与臣下无别，乞改赐"。明朝礼官称："安南名为王，实中国臣也。嗣王新立，必赐皮弁冠服，使不失主宰一国之尊，又赐一品常服，俾不忘臣事中国之义"⑥。称安南与占城为明朝藩屏为"中国藩屏"，称安南为明朝国家之臣为"中国臣"，称安南不忘臣事明朝为"不忘臣事中国"，所说"中国"无疑都是指明朝国家。

万历二十年（1592年），倭人侵入朝鲜，明朝派兵援救，"恐其不胜"，欲调"暹罗之兵，使由海道捣其巢穴""方议调兵时，有一当路过东，驻车

①于慎行：《穀山笔麈》卷18《夷考》，中华书局，1984年版，第213-214页。
②《明宣宗实录》卷6，洪熙元年闰七月甲寅条，台湾"中研院"历史语言研究所，1962年校印本，第152页。
③《明宣宗实录》卷75，宣德六年正月甲午条，台湾"中研院"历史语言研究所，1962年校印本，第1749页。
④《明宣宗实录》卷112，宣德九年八月丙寅条，台湾"中研院"历史语言研究所，1962年校印本，第2521页。
⑤《明宪宗实录》卷91，成化七年五月庚子条，台湾"中研院"历史语言研究所，1962年校印本，第1772页。
⑥张廷玉等：《明史》卷321《安南传》，中华书局，1974年版，第8329页。

相访，语次，叹曰：'暹罗可调否？恐其兵人中国，多所蹂践，奈何？'"①
称暹罗兵进入明朝为进"入中国"。同年，刘东星在谈到倭患时说，"窃计倭
虽强，不及中国什一"②，称倭不及明朝什一为"不及中国什一"。万历二十
一年（1593 年）二月，兵部称，明朝抗倭援朝大军"甫至平壤，遂一鼓而
下，前后节据揭报，大约擒斩倭奴一千六百有余，焚溺死者以万计，中国之
威已大振矣"③，称明朝军威大振为"中国"军威大振。同年九月，明朝在
打败倭寇之后，讨论如何保卫朝鲜时，兵部职方司主事曾伟芳主张，"今日
之计则惟却其贡而严其守，顾以朝鲜而守朝鲜则易，中国为朝鲜守则难，不
留兵乎，将前功尽弃，欲宿重兵则师老力困，祸无已时，恐外藩未固，内变
先作"④，主张让朝鲜人自己守卫朝鲜国土，明朝不能去守卫朝鲜国土。尚
宝司卿赵崇善则认为"欲安中国，必守朝鲜，欲安朝鲜，必守全庆"⑤，主
张重点加强对全庆的守卫。所说"中国"与倭寇、朝鲜对称，用以指称明朝
国家并无疑义。后来，明朝兵部官员又说，"倭自釜山遁去十余年来，海波
不沸，然其心未尝一日忘中国也"⑥，认为倭国并未忘记向明朝复仇，建议
明朝时时刻刻都不要忘记国家战备。王士性在谈到海运和漕运的时候说，
"只今朝鲜多事，恐此海道（指永乐年间试行之海道）他日为倭夷占用而中
国不敢行"⑦，称倭国占据海道，明朝无法通行为"中国不敢行"。黄国鼎也
说过"中国苦倭久矣，而闽泉郡为甚"⑧，称明朝屡受倭患为"中国苦倭"。
万历四十三年（1615 年），"刑科给事中姜性自闽差还疏陈闽事"时说，"琉
球归命中国，无岁不来"⑨，称琉球归命明朝为"归命中国"。所说"中国"

---

①于慎行：《穀山笔麈》卷 11《筹边》，中华书局，1984 年版，第 122-123 页。

②《明神宗实录》卷 252，万历二十年九月乙亥条，台湾"中研院"历史语言研究所，1962 年校印本，第 4697 页。

③《明神宗实录》卷 257，万历二十一年二月丙戌条，台湾"中研院"历史语言研究所，1962 年校印本，第 4775 页。

④《明神宗实录》卷 264，万历二十一年九月庚午条，台湾"中研院"历史语言研究所，1962 年校印本，第 4921-4922 页。

⑤《明神宗实录》卷 272，万历二十二年四月癸酉条，台湾"中研院"历史语言研究所，1962 年校印本，第 5053 页。

⑥《明神宗实录》卷 498，万历四十年八月丁卯条，台湾"中研院"历史语言研究所，1962 年校印本，第 9385 页。

⑦王士性：《广志绎》卷 3，中华书局，1981 年版，第 58 页。

⑧黄国鼎：《石湖爱民碑》，见沈有容《闽海赠言》卷 1，台湾文献史料丛刊第 8 辑，台湾大通书局，1987 年版，第 8 页。

⑨《明神宗实录》卷 539，万历四十三年十一月己亥条，台湾"中研院"历史语言研究所，1962 年校印本，第 10258 页。

都是指明朝国家。宋应星在《天工开物》一书中称,"凡宝石皆出井中,西番诸域最盛,中国惟出云南金齿卫与丽江两处"①,称云南金齿卫与丽江为"中国",显然,"中国"一词不是指中原、内地、汉族和文化,而是指包括云南等地的明朝国家。

明朝自称"中国"也得到了周边国家的承认。如:永乐七年(1409年),明成祖"命中官郑和等持诏"封哥罗富沙国王西利主儿速剌"为满剌加国王,赐银印、冠带、袍服。使者言王慕义,愿同中国属郡,岁效职贡。"使者称满剌加"愿同中国属郡",所说的"中国"一定是指明朝国家。永乐十一年(1413年),满剌加国王"遣人至爪哇国索旧港地,谓请于中国,已许之矣。上诏爪哇勿听"②。满剌加国王向爪哇国索旧港地,并说"请于中国",中国已许之矣。明成祖令爪哇国将旧港地划归满剌加,爪哇不听命。满剌加国王所说的"中国",无疑也是指明朝国家,说明满剌加承认明朝是"中国"。永乐十四年(1416年),"古里、爪哇、满剌加、占城、锡兰山、木骨都束、溜山、喃渤利、不剌哇、阿丹、苏门答剌、麻林、剌撒、忽鲁谟斯、柯枝、南巫里、沙里湾泥、彭亨诸国及旧港宣慰使司"来明朝贡的使臣辞还,"悉赐文绮、袭衣,遣中官郑和等赍敕及锦绮、纱罗、彩绢等物,偕往赐各国王",赐柯枝国王可亦里印诰,明成祖亲制碑文,谓"柯枝国,远在西南钜海之滨,出诸番国之外,慕中华而歆王化久矣。命令之至,奉踶鼓舞,顺附如归,咸仰天而拜曰:'何幸中国圣人之教,沾及于我。'"③ 柯枝国人所说的"中国圣人之教",有"中国"自孔子以来各朝"圣人之教"的含义,但他们主要是针对明朝册封而言,当主要是指明朝的"圣人之教"。也就是说,"中国圣人之教"中的"圣人之教"指文化,而"中国"则是指明朝国家。说明柯枝等国也承认明朝国家是"中国"。明朝平定安南之后,曾在其地设置交阯布政司,任命黄福尚书掌管交阯事务,黄福务从宽政,交阯一时比较安定。宣德元年(1426年),黄福离任以后,交阯发生叛乱,明朝急调黄福"还抚交阯",途中为叛军所执,欲自杀,叛军泣曰"公,交民父母也,公不去,我曹不至此",劝黄福不要自杀。叛军头目黎利向明朝上表说:"中国遣官吏治交阯,使人人如黄尚书,我岂得反哉!"④ 将明朝遣官治理交阯说成是"中国遣官吏治交阯",所说"中国"也是指明朝国家。宣

---

① 宋应星:《天工开物》卷下《珠玉第十八·宝》,崇祯刻本,第58页A面。

② 严从简:《殊域周咨录》卷8《满剌加》,中华书局,1993年版,第287、288页。

③《明太宗实录》卷183,永乐十四年十二月丁卯条,台湾"中研院"历史语言研究所,1962年校印本,第1969-1971页。

④ 张廷玉等:《明史》卷154《黄福传》,中华书局,1974年版,第4226页。

德二年（1427年）交趾黎利再次反叛，明朝兴师南征，"黎利又上表请降，云陈氏有陈皓者，为故主陈日煃三世嫡孙，窜身老挝者二十年，欲立之以事中国。上许之，命罢兵"①。黎利称其再次起兵是为了迎取窜身老挝二十余年的陈皓即位"以事中国"，所说"中国"无疑是指明朝国家，说明安南也称明朝为"中国"。焦竑《玉堂丛语》记载，"嘉靖初，朝鲜国奏：'状元吕柟、主事马理为中国人材第一，朝廷宜从厚遇。仍乞颁赐其所为文，使本国传诵为式'。"② 吕柟和马理都是明朝人，朝鲜国所说的"中国"是指明朝，当无疑义，说明朝鲜国也承认明朝是"中国"。明朝末年，清军入关，鲁王朱以海在绍兴监国后逃亡海上，冯京第与黄孝卿赴日本借兵，至长琦岛，长琦王不纳，冯京第等在船中痛哭，"撒斯玛王闻长崎王之拒中国也，曰：'中国丧乱，我不遑恤，而使其臣哭于我国，我国之耻也'。与大将军言之，议发各岛罪人"③。日本撒斯玛王所说的明朝因清兵入关所造成的丧乱为"中国丧乱"，所说"中国"无疑是指明朝，说明日本也称明朝为"中国"。明朝周边国家都称明朝为"中国""中国"一词具有国家称谓的意思应该是毋庸置疑的。

以上可以看出，汉、唐、宋、明等汉民族建立的国家政权，虽然没有用"中国"做自己国家的国号，但都标榜自己是"中国"。在出现"中国"一词的史料中，"中国"与外国或国、国家、疆、土疆、郡县等连用，说明"中国"一词具有国家性质，实际上成了这些国家政权的非正式国号，也是国家的名称。

三、中国古代少数民族建立的国家也称"中国"

中国古代，汉民族建立的国家，虽然都没有用"中国"做国号，但他们都自称"中国"。少数民族建立的国家，虽然有人没有称他们是"中国"，但大多数少数民族政权都没有自外于"中国"，他们积极地认同于中原政权及其华夏和汉族政权，常常以华夏、汉族政权的继承者自居，也认为自己属于"中国"，并获得了一部分时人和后人的认可和赞同，无疑也属于中国的国家。

比如，秦朝在春秋战国时期，还被视为西戎，"夷翟遇之"，但又认为

---

① 沈德符：《万历野获编·补遗》卷4《老挝反复》，中华书局，1959年版，第932页。

② 焦竑：《玉堂丛语》卷7，中华书局，1981年版，第231页。

③ 三余氏：《南明野史》附录一《鲁监国载略》，台湾文献史料丛刊第5辑，台湾大通书局，1987年版，第262页。此事，《海外恸哭记·附录一》《靖海志·附录三·日本乞师记》《张苍水诗文集·附录一》也有记载。

"秦之先,帝颛顼之苗裔"①,认为秦人是"炎黄子孙"。到了秦始皇"以兵灭六王,并中国"②以后,按照五德终始的"正统"理论学说中的五行相克的说法,认为秦朝灭亡东周,可以成为继承西周和东周的"中国"政权,因之确定秦朝为水德,以克周朝的火德,自为继承西周和东周的"中国"正统政权。汉朝初年,曾有人不承认秦朝的"中国"正统地位,以汉朝直接代周火德而自为水德,但到了汉武帝时期,又开始承认秦朝代周的"中国"正统地位,以西汉代秦水德而自为土德,承认了秦朝的"中国"正统地位。后来,虽然有一些政权仍不承认秦朝是"中国"正统,但都承认秦朝是"中国",常常"谓中国人为秦人"③。秦朝自称"中国",也得到了当时的匈奴等少数民族以及后人的认同,如,宋末元初人胡三省曾说"汉时匈奴谓汉人为秦人"④,又说"汉时匈奴谓中国人为秦人"⑤,"秦威服四夷,故夷人率谓中国人为秦人"⑥。明人于慎行也说,"汉初,朔方匈奴亦称中国为秦人"⑦,清人王士禛在为"马永卿引《西域传》言秦人"的"秦人"作注时也称"谓中国人为秦人"⑧,等等,都承认秦朝是"中国"。不仅中国后来的各个朝代多承认秦朝是"中国",就是域外的一些政权也承认秦朝是"中国",并用"秦"作为"中国"的代名词,比如,欧洲多称中国为 China 或 Cina,一般认为,Cina 又译作脂那、至那、支那、震旦等。早在 1655 年,传教士卫匡国就提出 China 和"支那"是"秦"字的音译的观点⑨,为后来大多数学者所接受。中国学者姚从吾先生就曾指出,"西欧各国和美国,称我国为 China,即是出自'支那'的。推究由来,可能是'秦'(Sinos,Ghina—Thin)字的转译"⑩,认为 China 是"支那"的音译,"支那"又是"秦"的音译。如果这一观点能够成立的话,"China"或"支那"就都和中

---

①司马迁:《史记》卷 5《秦本纪》,中华书局,1959 年版,第 173 页。

②司马迁:《史记》卷 27《天官书》,中华书局,1959 年版,第 1348 页。

③班固:《汉书》卷 96《西域传下》颜师古注,中华书局,1962 年版,第 3914 页。

④司马光:《资治通鉴》卷 202《唐纪十八》,调露元年七月己卯条胡注,中华书局,1956 年版,第 6391 页。

⑤司马光:《资治通鉴》卷 22《汉纪十四》,征和四年六月丁巳条,中华书局,1956 年版,第 739 页。

⑥司马光:《资治通鉴》卷 47《汉世三十九》,章和二年十月乙亥条,胡三省注,中华书局,1956 年版,第 1518 页。

⑦于慎行:《穀山笔麈》卷 13《称谓》,中华书局,1984 年版,第 148 页。

⑧王士禛:《池北偶谈》卷 21《谈异·汉人唐人秦人》,中华书局,1982 年版,第 506 页。

⑨忻剑飞:《世界的中国观——近二千年来世界对中国的认识史纲》,学林出版社,1991 年版第 39 页。

⑩姚从吾:《契丹汉化的分析——从契丹汉化看国史上东北草原文化与中原农业文化的合流》,《大陆杂志》第 4 卷第 4 期,1952 年。

国历史上的"秦"攀上了关系，也就是说，域外称"中国"为"China"或
"支那"，就是称"中国"为"秦"，"秦"就是指中国历史上的"秦朝"。刘
镇清认为英语中"China"一词是起源于春秋时期的秦国国名，认为春秋战
国时期的"秦"和"秦国"两词首先进入波斯语成为 Chin 和 Chinistan，再
经波斯语进入梵语成为 Cina 和 Chi nasthana，最后经梵语进入英语成为
China①。如果此论能够成立的话，则说明一些域外政权也承认秦朝是"中
国"。

匈奴是中国历史上少数民族建立的政权，也没有自外于中国。司马迁在
《史记·匈奴列传》中曾说"匈奴，其先祖夏后氏之苗裔也，曰淳维"，《索
隐》称"乐产②《括地谱》云'夏桀无道，汤放之鸣条，三年而死。其子獯
粥妻桀之众妾，避居北野，随畜移徙，中国（中原）谓之匈奴'。其言夏后
苗裔，或当然也"③。即认为匈奴是"炎黄子孙"。魏晋十六国时期，建立汉
政权的一支匈奴人即认同这一说法，又以"汉高祖以宗女为公主，以妻冒
顿，约为兄弟，故其子孙遂冒姓刘氏"④，"自谓其先本汉室之甥"⑤。因此，
匈奴人刘渊在建立政权之时，拒绝其叔父刘宣恢复"匈奴"国号的建议，特
定国号为"汉"，声称"汉有天下世长，恩德结于人心""吾又汉氏之甥，约
为兄弟，兄亡弟绍，不亦可乎？且可称汉"，就是以汉高祖刘邦的继承人自
居，宣称要继承两汉之统，光大两汉之业，"遂立汉高祖以下三祖五宗神主
而祭之"⑥。两汉是"中国"，得到了匈奴等少数民族以及后来各个政权的承
认，匈奴人建立汉政权，欲继承两汉之业，就是继承"中国"之业，无疑是
他们自称"中国"的一种表现。此外，匈奴人赫连勃勃建立政权之时，也
"自以匈奴夏后氏之苗裔也"，特定国号为"大夏"。他曾明确表示"朕大禹
之后，世居幽朔"，建立大夏政权，目的就是要"复大禹之业"⑦。明确标榜
自己是以大禹为代表的夏政权的继承者，夏王朝是华夏族建立的政权，属于
"中国"，已成为学界普遍共识，匈奴人赫连勃勃的大夏政权欲继承夏王朝的
事业，就是继承"中国"的事业，自称"中国"的意思也非常明显。

十六国时期，巴氏李寿建立政权，定国号为"汉"（即成汉），定年号为

①刘镇清：《China 和 Cathay 词源新探》，《华侨大学学报》，2000 年第 4 期。
②乐产：《资治通鉴》注作"乐彦"。
③司马迁：《史记》卷110《匈奴列传》，中华书局，1959 年版，第 2879-2880 页。
④房玄龄等：《晋书》卷 101《刘元海载记》，中华书局，1974 年版，第 2645 页。
⑤司马光：《资治通鉴》卷 75《魏纪七》，嘉平三年八月条，中华书局，1956 年版，第 2391 页。
⑥房玄龄等：《晋书》卷 101《刘元海载记》，中华书局，1974 年版，第 2649-2650 页。
⑦房玄龄等：《晋书》卷 130《赫连勃勃载记》，中华书局，1974 年版，第 3202、3205 页。

"汉兴",也是为了"与刘备的汉乃至刘邦的汉攀上关系"①。

羯族人石勒建立后赵,"据赵旧都"②,是以战国时期被人们视为"中国"的华夏人建立的赵国为继承对象③,并按照"五德终始"的正统学说,标榜继承西晋金德而自以为水德,试图跻身为"中国"正统之行列。据《晋书》记载,石勒曾担心:"吴蜀未平,书轨不一,司马家犹不绝于丹杨,恐后之人将以吾为不应符箓",即担心别人不承认后赵政权为"中国"正统,完全道出了他意欲为"中国"正统的意愿。徐光则劝慰石勒说"魏承汉运,为正朔帝王,刘备虽绍兴巴蜀,亦不可谓汉不灭也。吴虽跨江东,岂有亏魏美?陛下既苞括二都,为中国帝王,彼司马家儿复何异玄德,李氏亦犹孙权。符箓不在陛下,竟欲安归?"④ 明确表示,石勒没有完成全国统一,也可以称"中国帝王",可以称"中国"正统。石勒的继任者石虎(字季龙)死后,后赵大乱,史称"石季龙死,中国大乱"⑤,"石季龙死,中国乱"⑥,将后赵大乱说成是"中国大乱",说明羯族人石勒建立的后赵政权,一直以"中国"自居,并得到了一些人的认可。

慕容鲜卑建立的燕政权,也自称"中国"。史称慕容鲜卑"其先有熊氏之苗裔,世居北夷,邑于紫蒙之野,号曰东胡"⑦。或称"昔高辛氏游于海滨,留少子厌越以君北夷,世居辽左,号曰东胡"⑧,认为慕容鲜卑是有熊氏(黄帝)之后裔高辛氏(帝喾)之后裔东胡的后人,一直以"炎黄子孙"自居。慕容鲜卑后来建立燕国,声称"远遵周室,近准汉初"⑨,即以周初封召公奭于燕建立燕国和汉初封卢绾于燕重建燕国的国家政权为继承对象。慕容儁"自谓获传国玺,改元元玺",利用得传国玺者为"中国"正统之说,对东晋使者说"汝还白汝天子,我承人乏,为中国所推,已为帝矣!"⑩ 明确表示自己已经当上了中国皇帝。后来又按照"五德终始"的正统学说,标

①胡阿祥:《中国历史上的汉国号》,《江苏行政学院学报》,2005 年 5 期。

②房玄龄等:《晋书》卷 104《石勒载记上》,中华书局,1974 年版,第 2721 页。

③司马光:《资治通鉴》卷 98,胡三省在为"赵人"做注时称,"赵人,谓中国人也",虽非为羯族石勒建立后赵做注,但所论"赵人"为"中国人"的精神应该是一致的。

④房玄龄等:《晋书》卷 105《石勒载记下·石弘》,中华书局,1974 年版,第 2753 页。

⑤房玄龄等:《晋书》卷 77《蔡谟传》,中华书局,1974 年版,第 2039 页。

⑥房玄龄等:《晋书》卷 37《宗室·济南惠王遂传附勋传》,中华书局,1974 年版,第 1102 页。

⑦房玄龄等:《晋书》卷 108《慕容廆载记》,中华书局,1974 年版,第 2803 页。

⑧崔鸿:《十六国春秋·前燕录·慕容廆》,四部备要本,中华书局,1989 年版,第 13 页。

⑨房玄龄等:《晋书》卷 108《慕容廆载记》,中华书局,1974 年版,第 2810-2811 页。

⑩司马光:《资治通鉴》卷 99《晋纪二十一》,永和八年十一月丁卯条,中华书局,1956 年版,第 3131 页。

榜前燕继承后赵水德而自为木德,一心跻身于"中国"正统行列。

氐人苻坚所建立的前秦,也自称"中国"。他们声称"其先盖有扈之苗裔,世为西戎酋长"①,标榜自己是黄帝的后人。氐人建立前秦政权以后,也按"五德终始"的正统学说,以继承慕容燕(前燕)的木德为运,确立自己的政权为火德,也标榜自己的政权为"中国"正统。据《资治通鉴》记载,前秦攻克凉州以后,议讨伐西边氐、羌,秦王苻坚曰:"彼种落杂居,不相统一,不能为中国大患,宜先抚谕,征其租税,若不从命,然后讨之"②,将氐、羌不能成为前秦大患说成是不能成为"中国大患",所说"中国"无疑是指前秦。《晋书》记载,苻坚曾赴太学,"召涉翼犍问曰:'中国以学养性,而人寿考,漠北啖牛羊而人不寿,何也?'"③将"中国"与"漠北"对称,虽然"中国"有指称中原和汉族政权的意思,但也有指称前秦政权的意思。前秦在讨论出兵西域时,"苻融以虚耗中国,投兵万里之外,得其人不可役,得其地不可耕,固谏以为不可。"苻坚没有采纳苻融的意见,明年,派遣吕光率兵进攻西域,苻坚送于建章宫,对吕光说"西戎荒俗,非礼义之邦。羁縻之道,服而赦之,示以中国之威,导以王化之法,勿极武穷兵,过深残掠"④。苻融将前秦讨伐西域将会虚耗前秦说成是"虚耗中国",苻坚将前秦军队至西域地区可以示前秦之威,说成是"示以中国之威",所说"中国",无疑都是指称前秦国家。《晋书》又记载,苻坚听说天竺佛教徒鸠摩罗什很有才学,"密有迎罗什之意。会太史奏云:'有星见外国分野,当有大智入辅中国。'"⑤将鸠摩罗什入辅前秦说成是"入辅中国",也是称前秦为"中国"。说明前秦政权一直自称"中国"⑥。此外,以"其先有虞氏之苗裔""姚氏舜后,轩辕之苗裔"⑦自居的羌人姚苌所建立的后秦,鲜卑人乞伏国仁所建立的西秦,也是袭用号称"中国"的"秦"的国号,也寓有他

①房玄龄等:《晋书》卷112《苻洪载记》,中华书局,1974年版,第2867页。

②司马光:《资治通鉴》卷104《晋纪》,太元元年十二月条,中华书局,1956年版,第3280页。

③房玄龄等:《晋书》卷113《苻坚载记上》,中华书局,1974年版,第2899页。

④房玄龄等:《晋书》卷114《苻坚载记下》,中华书局,1974年版,第2911、2914页。

⑤房玄龄等:《晋书》卷95《鸠摩罗什传》,中华书局,1974年版,第2500页。

⑥李方认为"苻秦称中国,'中国'不仅具有占据中原的地理含义,而且具有不分汉族与四夷、民族融合的政治含义""苻秦'中国'称号的内涵比后赵'中国'称号的内涵也丰富得多"(见《前秦苻坚的中国观与民族观》,《西北民族研究》,2010年第1期)。彭丰文认为,石赵、前秦等政权自称"中国""开启了'中国'包含胡人政权的先河"(见氏著《试论两晋时期的"中国"认同》,《中国社会科学院民族学与人类学研究所青年学术论坛2011年》,社会科学文献出版社,2013年版,第107页)。

⑦房玄龄等:《晋书》卷129《沮渠蒙逊载记》,中华书局,1974年版,第3198页。

们是"中国"的继承者的意思。

鲜卑人建立的北魏以及后来分裂的东魏、西魏和北齐、北周政权，也自称"中国"。拓跋鲜卑一直以"炎黄子孙"自居，并在建立政权之时，确立国号为"魏"（史称北魏），是因为"魏者，大名，神州之上国"，宋末元初胡三省为此所说的魏国作注时称"战国之时，魏为大国。中国谓之神州。"①三国时期的曹魏也自称"中国"正统。所以，拓跋鲜卑建立北魏政权，完全是以远承战国时期华夏人建立的魏国和近承三国时期汉人建立曹魏的"魏国"的继承人自居，目的就是标榜北魏政权是"中国"政权的继承者。为了标榜北魏政权是中国正统，大臣高闾曾主张北魏应该按照"五德终始"的正统理论，继承夏、商、周、汉以及十六国时期的匈奴汉国、慕容鲜卑的燕国，并以直接继承苻氏秦国的火德而自为土德，为中国正统王朝②，后来，北魏政权又改为继承西晋的金德，而自为水德，以汉人建立的西晋为继承对象，也是为了与东晋争夺中华正统③。北魏自称"中国"的史料，频繁见于史书，如，北魏太和十六年（492 年），宕昌王弥机朝于北魏，"殊无风礼"，朝罢，北魏孝文帝对大臣们说："'夷狄之有君，不如诸夏之亡也。'宕昌王虽为边方之主，乃不如中国一吏。"④ 所说"中国"虽有历代中原或汉族王朝的含义，但这里实际上是将宕昌王不如前秦的官吏说成是"不如中国一吏"，用"中国"指称北魏的意思也很明显。说明北魏孝文帝已经明确地称北魏政权为"中国"了。正始元年（504 年），北魏大臣源怀曾上表说，"蠕蠕不羁，自古而尔。游魂鸟集，水草为家，中国患者，皆斯类耳。历代驱逐，莫之能制。虽北拓榆中，远临瀚海，而智臣勇将，力算俱竭，胡人颇遁，中国以疲。"⑤ 北魏大臣源怀所说的蠕蠕（柔然）为"中国患者"，以及由于北方少数民族的骚扰导致的"中国以疲"的"中国"，无疑都是指北魏国家政权。北魏正光五年（524 年），广阳王深（《魏书·本纪》作"渊"）在其上书中称："及阿那瓌背恩，纵掠窃奔，命师追之，十五万众度沙漠，不日而还。边人见此援师，便自意轻中国。"⑥ 谓柔然阿那瓌叛魏以后，北

---

①司马光：《资治通鉴》卷 110《晋纪三十二》，隆安二年六月丙子条，中华书局，1956 年版，第 3471 页。

②张德寿：《高闾民族观述论》，《中国边疆史地研究》，2003 年第 2 期。

③何德章：《北魏国号与正统问题》，《历史研究》，1992 年第 3 期。

④魏收：《魏书》卷 101《宕昌羌传》，中华书局，1974 年版，第 2242 页。据陈启生先生考证，此次朝于北魏者，并非是宕昌王弥机，而是大臣弥承。见氏著《宕昌历史研究》，甘肃人民出版社，2006 年版，第 11 页。

⑤魏收：《魏书》卷 41《源贺传附子怀传》，中华书局，1974 年版，第 927 页。

⑥魏收：《魏书》卷 18《太武五王·广阳王建传附嘉子深传》，中华书局，1974 年版，430 页。

魏派遣 15 万大军征伐，却不日而还，未能剿除叛军，促使边镇萌生异心的权臣悍将更是轻视"中国"，将北魏边臣轻视北魏说成是轻视"中国"，所说"中国"，无疑是指北魏政权。到了东魏孝静帝初年，大臣李谐曾奉命出使南梁，南梁派遣主客郎范胥迎接，范胥曾说："金陵王气兆于先代，黄旗紫盖，本出东南，君临万邦，故宜在此。"李谐则回答说："帝王符命，岂得与中国比隆？紫盖黄旗，终于入洛。"① 范胥为了帮助南梁争正统，称南梁首都金陵（建康，今南京）"王气兆于先代"，正统自应在南梁。李谐为了帮助北魏争正统，则认为南梁的"帝王符命"无法"与中国比隆"，正统自然应该归于占据天下中心的洛阳地区的魏国。李谐所说的"中国"也应该是指包括北魏、东魏、西魏在内的魏国。从上述几条史料完全可以看出，鲜卑人建立的魏国一直以"中国"自居。鲜卑人建立的魏国自称"中国"，不但得到境内人士的认可，也得到北方少数民族的认同。如，蠕蠕（柔然）豆仑可汗时，"其臣侯医垔、石洛候数以忠言谏之，又劝与国通和，勿侵中国"②，柔然大臣侯医垔、石洛候认为柔然应该与北魏通和，不要侵扰北魏，所说"中国"无疑就是指拓跋鲜卑建立的北魏政权。西魏末年，"突厥以（史）宁所图必破，皆畏惮之，咸曰：'此中国神智人也'"③，突厥人称北魏、西魏大将史宁是"中国神智人也"，所说"中国"，应该是指鲜卑人建立的北魏和西魏政权。说明柔然、突厥等少数民族都承认鲜卑人建立的北魏、西魏和东魏等政权是"中国"。鲜卑人建立的魏国自称"中国"，不但得到同时期其他少数民族的认同，也为一些后来的政权所承认。如隋朝即按"五德终始"学说，确定自己政权的德运为"火"德，就是承继北周"木"德而来，说明隋朝是以承继北周自居，承认北周及其前身北齐、西魏、东魏和北魏为中国正统王朝。唐朝李延寿将南北朝历史改写成《南史》和《北史》，则是对隋唐所继承的南北朝各个政权都是"中国"的承认。明人沈德符《万历野获编》称"中国赐外夷最厚而缛者"，一是"元魏明帝正光二年（521 年），蠕蠕主阿那瓖归国"时所赐之物；二是"宋靖康初元，斡离不入犯"④ 之后，宋金议和时宋朝赐金国之物。明确将北魏政权与北宋政权同等看待，并称"中国"。沈德符又说"古来中国娶夷女者，如魏文帝悼后郁久闾氏，为蠕蠕主阿那瓖长女，文帝至废元配乙弗氏而纳之，复以悼后妒，令乙弗自杀。而阿那瓖次

---

① 魏收：《魏书》卷 65《李平传附李谐传》，中华书局，1974 年版，第 1460-1461 页。
② 魏收：《魏书》卷 103《蠕蠕传》，中华书局，1974 年版，第 2296 页。
③ 令狐德棻等：《周书》卷 28《史宁传》，中华书局，1971 年版，第 468 页。
④ 沈德符：《万历野获编》卷 30《外国·瓦剌厚赏》，中华书局，1959 年版，第 777 页。

女又为齐神武后，盖中国仰其鼻息，以为盛衰。及突厥灭蠕蠕，其强大弥甚，中国争倚以为援，宇文与高氏本欲共求其女为后，终为周所得，赖以灭齐"①。将西魏文帝元宝炬娶柔然阿那瓌长女、北齐神武帝娶柔然阿那瓌次女以及西魏和东魏、北齐和北周争相与突厥和亲称为"中国娶夷女"，明确称鲜卑人建立的北魏、东魏、西魏、北齐、北周为"中国"，而称柔然、突厥等其他少数民族为"夷"。宋人王曾也曾说"中国衣冠，自北齐以来，乃全用胡服，窄袖绯绿"，承认北齐是"中国"②。可见，这些人都承认鲜卑人建立的北魏、东魏、西魏、北齐、北周为"中国"。

五代十国时期，以沙陀人为统治者建立的后唐、后晋、后汉等国家，也都自称"中国"。沙陀人李克用、李存勖建立后唐，是以唐朝的继承者自居，特定国号为"唐"。沙陀人石敬瑭建立后晋，是以先秦时期华夏人建立的晋国以及汉人建立的西晋、东晋为继承对象而自称"中国"。后晋大臣景延广曾对契丹说"先皇帝北朝所立，今天子中国自册，可以为孙，而不可为臣"③，即认为后晋皇帝石敬瑭是契丹所立，而石重贵则是"中国"自立，完全以"中国"自居。建立后汉国家的沙陀人刘知远"居于太原。及得中国，自以姓刘，遂言为东汉显宗第八子淮阳王昺之后，国号曰汉"④，以两汉继承者自居而自称"中国"。建立北汉政权的沙陀人刘崇，自称"以（汉）高祖之业一朝坠地"⑤，欲绍袭后汉高祖刘知远之业，因此确定国号为汉（史称北汉），后汉高祖刘知远绍袭两汉建立政权，刘崇欲绍袭后汉高祖之业，也是以继承汉人建立的两汉政权自居，视自己的政权为"中国"。沙陀人建立的后唐、后晋、后汉等政权自称"中国"，不但得到了时人的普遍认同，也得到了后人的普遍认同，都承认这几个国家是"中国"，并无疑义。

契丹人建立的辽政权，也自称"中国"。辽朝的国号，有时称"辽"，有时称"契丹"。据刘凤翥先生研究，在汉字文献称国号为契丹的时期，在契丹文字中记录的国号是"大中央契丹辽国"，在汉字文献称国号为辽的时期，在契丹文字中记录的国号是"大中央辽契丹国"，刘凤翥认为，"大中央契丹

①沈德符：《万历野获编·补遗》卷1《宗藩·亲王娶夷女》，中华书局，1959年版，第806-807页。

②解缙等：《永乐大典》卷19792《服·公服》，引《王沂公笔谈》，中华书局，1986年版，第7475页。

③欧阳修：《新五代史》卷29《晋臣·景延广传》，中华书局，1974年版，第322页。

④司马光：《资治通鉴》卷286《后汉纪一》，胡三省注，中华书局，1956年版，第9327页。

⑤司马光：《资治通鉴》卷290《后周纪一》，中华书局，1956年版，第9454页。

辽国"和"大中央辽契丹国"中的"中央"也可视为国号"中国"的"中"①。实际上，他们所说的"大中央"就是"大中国"的意思，具有自称"中国"之意。辽道宗时期，太子洗马刘辉曾上书说，"西边诸番为患，士卒远戍，中国之民疲于飞挽，非长久之策。为今之务，莫若城于盐泺，实以汉户，使耕田聚粮，以为西北之费"②，所说"中国"，就是指契丹，说明辽朝时期，辽人已经明确地自称"中国"了。辽朝自称"中国"，也得到一些域外国家的承认，姚从吾先生曾指出，"大陆邻邦，如俄罗斯、波斯（伊朗）等国，称我国为 Ki-tan 或 Ki-tai""确是导源于第十第十一世纪建立辽朝的契丹，或西辽（喀剌契丹）"。又说，"蒙古文中'中国'与'乞塔'有时不分，更与'契丹'有关。至于英文、德文 China 以外，在诗歌或书名中，有时也称我国叫 Cathay 或 Kathay。它的意思是指'古代北中国'，自然也是契丹的转译"③ 等等。说明一些域外政权也承认辽朝国家是中国国家。

女真人建立的金国，也自称"中国"。如，海陵王完颜亮意欲伐宋，以实现天下一统，其嫡母徒单氏则表示反对，特劝谏说："国家世居上京（今黑龙江阿城），既徙中都（今北京），又自中都至汴（今河南开封），今又兴兵涉江、淮伐宋，疲弊中国"④，认为金朝兴兵攻宋，只能给金朝带来灾难，不会给金朝带来好处，显然，这里所说的"中国"是指金朝；金世宗时期，依附于宋朝的吐蕃族系人青宜可等"以宋政令不常，有改事中国之意"⑤，青宜可等人对宋朝不断改变政令甚为不满，意欲弃宋归金，因此，这条史料中所说的"中国"，也是指占据中原地区的金朝；金章宗时期，由于金人大量购买宋人茶叶，引起国家财政紧张，有人上书金章宗说："茶乃宋土草芽，而易中国丝绵锦绢有益之物，不可也"⑥，认为用"中国"的丝绵锦绢有益之物去换取宋朝的茶叶是不合适的，建议金朝不要购买宋朝的茶叶，所说"中国"与"宋"对称，用以指称金朝，是非常明显的；金朝末年，元好问曾称赞赵秉文说，"人知为五朝之老臣，不知其为中国百年之元气"⑦，认为金人赵秉文代表了金朝百余年来民族的基本精神，称金朝为"中国"。又说

①刘凤翥：《从契丹文字的解读探讨辽代中晚期的国号》，《辽金契丹女真史研究》，2006 年第 2 期。
②脱脱等：《辽史》卷 104《刘辉传》，中华书局，1974 年版，第 1455 页。
③姚从吾：《契丹汉化的分析——从契丹汉化看国史上东北草原文化与中原农业文化的合流》，《大陆杂志》，1952 年，第 4 卷第 4 期。
④脱脱等：《金史》卷 63《后妃传·海陵嫡母徒单氏》，中华书局，1975 年版，第 1506 页。
⑤脱脱等：《金史》卷 98《完颜纲传》，中华书局，1975 年版，第 2175 页。
⑥脱脱等：《金史》卷 49《食货志四》，中华书局，1975 年版，第 1109 页。
⑦元好问：《遗山先生文集》卷 38《赞·赵闲闲真赞二首》，四部丛刊初编本。

张公理（张氏字公理）曾论"公大夫士仕于中国全盛时，立功立事，易于取称，故大定明昌间多名臣"①，将"大定（金世宗年号）明昌（金章宗年号）"时说成是"中国全盛时"，所说"中国"无疑是指金朝。金人自称"中国"，虽不为大多数宋人所接受，但也有人依据中原即中国的理念，偶尔承认金人占据的中原地区是中国，并引申金朝国家为中国国家。如陈亮就曾在上孝宗皇帝书中，劝皇帝不要"忘君父之大仇，而置中国于度外"，建议经略荆襄，"以争衡于中国"②，所使用的"中国"一词，就是指中原地区及占据中原地区的金朝。

元朝时期，作为中原地区和文化意义上的"中国"的概念虽然仍为人们所使用，但更多的则是用"中国"一词来指称元朝国家。如，元世祖时期，大臣郝经在《与宋国两淮制置使书》中说，"今日能用士，而能行中国之道，则中国之主也"③。认为元世祖忽必烈善用士人，"能行中国之道"，就应该是"中国"的皇帝，承认元朝是"中国"。元朝大臣魏初则在"帝宴群臣于上都行宫，有不能爵大卮者，免其冠服"时上疏说："臣闻君犹天也，臣犹地也，尊卑之礼，不可不肃。方今内有太常、有史官、有起居注，以议典礼、记言动；外有高丽、安南使者入贡，以观中国之仪。"提醒元世祖注意"威仪""以尊朝廷、正上下"④。魏初在这里所说的"高丽、安南使者入贡，以观中国之仪"中的"中国"无疑是指元朝国家。至元二十年（1283 年），江南行台监察御史申屠致远也曾向元世祖建议说，"占城、日本，不可涉海远征，徒费中国"⑤，认为元朝征伐占城和日本，会耗费元朝大量人力和物力，所说"中国"，无疑是指元朝国家。至元二十八年（1291 年），元世祖欲发兵征伐安南，丞相完泽、平章不忽木劝谏说："蛮夷小邦，不足以劳中国。张立道尝再使安南有功，今复使往，宜无不奉命。"⑥ 认为安南不过是一个"蛮夷小邦"，不必劳烦"中国"出动大军去征伐，只要派遣张立道出使，安南就会一切听命的。将劳烦元朝说成是劳烦"中国"，用"中国"指称元朝国家的意思非常明显。元朝大臣吴莱也认为，征伐日本，"取其地不能以益国，掠其人不可以强兵，徒以中国之大而使见侮于小夷，则四方何所

---

① 元好问：《遗山先生文集》卷 20《资善大夫吏部尚书张公神道碑铭并引》，四部丛刊初编本。
② 陈亮：《陈亮集》卷 1《书疏·上孝宗皇帝第一书》，中华书局，1974 年版，第 4、8 页。
③ 郝经著，秦雪清点校：《郝文忠公陵川文集》卷 37《使宋文移·与宋国两淮制置使书》，太原：山西人民出版社，2006 年版，第 515 页。
④ 宋濂等：《元史》卷 164《魏初传》，中华书局，1976 年版，第 3858 页。
⑤ 宋濂等：《元史》卷 170《申屠致远传》，中华书局，1976 年版，第 3990 页。
⑥ 宋濂等：《元史》卷 167《张立道传》，中华书局，1976 年版，第 3917 页。

观仰哉"。主张继续遣使日本,向日本晓之以理,谓"海东之地,曾不能当中国一大州,其兵众之多寡,可料而知也。以今中国之盛,不即加诛于海东者,天子之德,不忍烦兵于远,非有爱于海东也"①。所说"中国"都是指元朝国家。元朝平定江南以后,有人主张"以损中国无用之货,易远方难致之物"②,与远方各国开展广泛的商业贸易。赵天麟则反对通过武力征服去寻求外方奇珍异宝,他认为,劳师远征,"身膏异域之风沙,及其纳款,则吾之军士亦已伤矣。且吾之军士,皆中国之民也。中国之民,皆国家之赤子,为民父母者,因无用之地而伤其赤子,亦独何心哉!"③ 认为,通过武力征服,"虽尽获彼国之怪物,何以赎中国士卒之痛哉!"④ 即认为元朝通过武力征服所获得的物资难以抵当武力征服时所损伤的士卒,得不偿失。文中所说的"中国"无疑都是指元朝国家。大德五年(1301年),又有人主张出兵征服"未奉正朔"的八百媳妇国,中书左丞相哈剌哈孙说:"山峤小夷,辽绝万里,可谕之使来,不足以烦中国"⑤,即认为,八百媳妇国不过"山峤小夷",不必劳烦大元王朝出兵远征,只要派出一介之使,令其称臣纳贡即可。所说"中国"指称元朝国家的意思是非常清楚的。至正二年(1342年),日本国王派遣间谍入元"刺探国事",有一位日本僧人将这一情况密告元朝,元朝宰相铁木儿塔识对这位日本僧人说:"刺探在敌国固有之,今六合一家,何以刺探为。设果有之,正可令睹中国之盛,归告其主,使知向化"⑥,称日本间谍到元朝"刺探国事",正好让他们看看元朝盛况,所说"中国"就是指元朝国家。

元朝自称"中国",不仅是元朝君臣的普遍共识,也得到了周边国家以及后人的认同。如,大德十一年(1307年),元朝命曹鉴"伴送安南使者,沿途问难倡和,应答如响,使者叹服,以为中国有人"⑦。安南使者佩服元朝使者曹鉴知识渊博,"以为中国有人",就是佩服"中国"有曹鉴这样的人才。安南使者用"中国"指称元朝的意思是十分清楚的。元朝时期,常赴高

---

①吴莱:《渊颖集》卷5《论倭》,文渊阁四库全书,台湾商务印书馆影印本第1209册,第86-87页。

②苏天爵:《元文类》卷40《经世大典序录·市舶》,吉林人民出版社,1998年版,第701页。

③黄淮,杨士奇等辑:《历代名臣奏议》卷350《夷狄》,上海古籍出版社影印明永乐十四年内府刊本,1989年版,第4543页。

④黄淮、杨士奇等辑:《历代名臣奏议》卷195《戒佚欲》,上海古籍出版社影印明永乐十四年内府刊本,1989年版,第2555页。

⑤宋濂等:《元史》卷136《哈剌哈孙传》,中华书局,1976年版,第3293页。

⑥宋濂等:《元史》卷140《铁木儿塔识传》,中华书局,1976年版,3373页。

⑦宋濂等:《元史》卷186《曹鉴传》,中华书局,1976年版,第4282页。

丽求取童女，高丽大臣李穀十分反感，"言于御史台，请罢之"，并代作疏文，谓"每有使臣至自中国，便失色相顾曰：'胡为乎来哉？非取童女者耶？非取妻妾者耶？'"①说高丽人每次听到元朝派遣使者来，便惊慌失措，谓"中国"派遣使者来干什么？是不是又来征取童女或征取妻妾来了？这条史料记载的高丽人所说的"中国"，无疑是指元朝国家。说明元朝周边国家也称元朝为"中国"。据《元史》记载，延祐四年（1317 年），元朝大臣王克敬受命赴四明监管元朝与倭人贸易，有位吴人在元朝征伐日本时"陷于倭"，这时，随从倭商回"至中国，诉于克敬，愿还本乡"②。这条史料所说的"中国"，当为《元史》作者叙述元朝史事时所使用的语言。《元史》是明人宋濂等人编写的，说明明人也称元朝为"中国"，承认元朝是"中国"国家。

以上可以看出，元人在称自己的国家为元朝的同时，也称自己的国家为"中国"，周边国家和后人也称元朝为"中国"，"中国"成了不是正式国号的国号，无疑是一个国家的概念，具有指称元朝统治区域和人民的意思。

满族建立的清朝，虽然有时称原来的明朝及中原和汉人为"中国"，但也称清朝国家为"中国"，用"中国"指称清朝国家管辖范围和人民，成为清入关后清人使用"中国"一词的主要用语。如，康熙七年（1668 年），康熙为其父顺治皇帝建《孝陵神功圣德碑》，盛赞顺治皇帝完成"大一统之业"，称"东至使鹿使犬等国，西至厄内忒黑、吐鲁番等国，北至喀尔喀、俄罗斯等国，南至琉球、暹罗、荷兰、西洋、海外等数百国，见海不扬波，咸曰：中国有圣主出焉。梯山航海。莫不重译来王"③，即称顺治皇帝为"中国圣主"。康熙二十八年（1689 年）理藩院尚书阿喇尼赴厄鲁特噶尔丹之地颁敕书赏物，噶尔丹曾因泽卜尊丹巴、土谢图汗归附清朝而责问清朝使者阿喇尼，阿喇尼回答说"泽卜尊丹巴、土谢图汗等，穷迫亡命来归，我皇上为统驭天下中国之主，此一二人之命，有不思全之者乎"④，称康熙皇帝为"天下中国之主"，所说"中国"无疑是指清朝国家。同年，康熙皇帝与俄国签订《中俄尼布楚议界条约》，划定中俄东段边界，正式用"中国"一词代替"大清"。条约签订之后，康熙又"遣官立碑于界""勒满汉字、及鄂罗斯喇第讷蒙古字于上"，其中的汉文碑文保存在《清圣祖实录》之中，"一、将由北流入黑龙江之绰尔纳，即乌伦穆河，相近格尔必齐河为界。循

---

① 郑麟趾：《高丽史》卷 109《李穀传》，齐鲁书社，《四库全书存目丛书》161 册，1996 年版，第 694 页。

② 宋濂等：《元史》卷 184《王克敬传》，中华书局，1976 年版，第 4232 页。

③《清圣祖仁皇帝实录》卷 25，康熙七年正月丁未条，中华书局，1985 年版，第 346 页。

④《清圣祖仁皇帝实录》卷 142，康熙二十八年十月乙酉条，中华书局，1985 年版，第 569 页。

此河上流不毛之地，有石大兴安以至于海。凡山南一带、流入黑龙江之溪河，尽属中国。山北一带之溪河，尽属鄂罗斯。一、将流入黑龙江之额尔古纳河为界。河之南岸，属于中国。河之北岸，属于鄂罗斯……仍与中国和好，毋起争端。一、从前一切旧事不议外。中国所有鄂罗斯之人，鄂罗斯所有中国之人，仍留不必遣还。"① 所立之碑虽称《大清国遣大臣与鄂罗斯国议定边界之碑》，但碑文中凡与俄罗斯对称之处，皆用"中国"，不用"大清"，显然，清人所使用的"中国"和"大清"是同一概念，"中国"就是"大清"的代名词。此后，康熙皇帝一直称清朝国家为"中国"。如，康熙四十三年（1704年）谕旨称"朝鲜国王，因中国商人王富等一百余人船只遭风，漂至其国，即给与口粮食物，差官护送来京""可下谕旨褒美之"②，将清朝商人称之为"中国"商人。康熙五十年（1711年）又说，"朕前特差能算善画之人，将东北一带山川地里，俱照天上度数推算，详加绘图视之。混同江，自长白山后流出，由船厂打牲乌喇向东北流，会于黑龙江入海，此皆系中国地方。鸭绿江，自长白山东南流出，向西南而往，由凤凰城、朝鲜国义州、两间流入于海，鸭绿江之西北，系中国地方。江之东南，系朝鲜地方，以江为界。土门江，自长白山东边流出，向东南流入于海。土门江西南，系朝鲜地方。江之东北，系中国地方，亦以江为界。"③ 文中与朝鲜对称的"中国"，都是指清朝国家。康熙五十二年（1713年），康熙对大学士等说，"中国与西洋地方，俱在赤道北四十度内。海洋行船，中国人多论更次。西洋人多论度数。自彼国南行八十度，至大狼山，始复北行入广东界。常六阅月在海中，不见一山。又自西洋至中国，有陆路可通"④康熙五十五年（1716年），又说"海外如西洋等国，千百年后中国恐受其累"⑤。文中与西洋等国对称的"中国"，都是指清朝国家。

雍正君臣也称清朝为"中国"。如雍正三年（1725年），曾对西洋教化王伯纳地哆表示，"西洋寓居中国之人，朕以万物一体为怀"⑥，所说"中国"就是指清朝国家。雍正五年（1727年），福建总督高其倬曾上疏"请复

①《清圣祖仁皇帝实录》卷142，康熙二十八年十二月丙子条，中华书局，1985年版，第578页。

②《清圣祖仁皇帝实录》卷218，康熙四十三年十二月乙酉条，中华书局，1985年版，第206-207页。

③《清圣祖仁皇帝实录》卷246，康熙五十年五月癸巳条，中华书局，1985年版，第440-441页。

④《清圣祖仁皇帝实录》卷253，康熙五十二年二月甲寅条，中华书局，1985年版，第505页。

⑤《清圣祖仁皇帝实录》卷270，康熙五十五年十月壬子条，中华书局，1985年版，第650页。

⑥《清世宗宪皇帝实录》卷37，雍正三年十月癸酉条，中华书局，1985年版，第549页。

开洋禁",谓"外国皆产米之地,不藉资于中国。且洋盗多在沿海直洋,而商船皆在横洋,道路并不相同。又虑有逗漏消息之处,现今外国之船许至中国,广东之船许至外国,彼来此往,历年守法安静。又虑有私贩船料之事,外国船大,中国船小,所有板片桅柁,不足资彼处之用。应请复开洋禁,以惠商民。"①所说"中国"也是指大清王朝。雍正七年(1729年),雍正皇帝在辨华夷关系问题时指出,"自我朝入主中土,君临天下,并蒙古极边诸部落俱归版图,是中国之疆土,开拓广远,乃中国臣民之大幸。何得尚有华夷中外之分论哉"②。主动将自己纳入"中国多元一体"之中,认为自己也是"中国"的一部分,清朝入关灭亡明朝,并非是"中国"灭亡,而是"中国"得到了进一步发扬光大,即认为清朝继承了明朝事业,使"中国"的疆域得到了进一步发展和开拓,用"中国"指称包括满族在内的清朝国家的意思是非常明显的。

乾隆皇帝更是强调清朝国家是"中国",自己是"中国之主",尤其是在对外关系中,多用"中国"一词代替大清王朝。如,乾隆五年(1740年)谕"中国商民,出洋遭风,朝鲜国王加意资助,俾获安全,甚属可嘉"③。乾隆七年(1742年),又谕"中国商民,被风飘入外洋,该琉球国王加意照看,养赡资送,不令失所,甚属可嘉。著该部行文传旨嘉奖之"④。将清朝商民得到朝鲜国和琉球国资助说成是"中国"商民得到了资助,用"中国"指称清朝国家的意思是十分明显的。乾隆三十二年(1767年)正月,乾隆皇帝在云贵总督杨应琚等奏报"缅酋"愿意乞降时,批曰:"缅亦一大部落,彼若乞降,当有国王之表,同安南、暹罗之例。或可将就了事,然亦必将蛮暮、新街,献于中国方可"。"既而该督以木邦、蛮暮等处,相率投诚,请中国发兵保护为奏",乾隆皇帝又说"该督前奏蛮暮等投诚时,已令其薙发留辫,并将我兵驻劄新街,占据地势。则此两处,皆为中国版字"⑤。文中与缅甸对称的"中国",都指清朝国家政权。乾隆三十二年(1767年)五月,乾隆对臣下与缅甸往来文书中写有劝缅甸"归汉"之语,十分不满,谓"传谕外夷,立言亦自有体,乃其中有数应归汉一语,实属舛谬。夫对远人颂述朝廷,或称天朝,或称中国,乃一定之理。况我国家中外一统,即蛮荒亦无

①《清世宗宪皇帝实录》卷54,雍正五年三月辛丑条,中华书局,1985年版,第822页。
②《清世宗宪皇帝实录》卷86,雍正七年九月癸未条,中华书局,1985年版,第148-149页。
③《清高宗纯皇帝实录》卷113,乾隆五年三月丙寅条,中华书局,1985年版,第659页。
④《清高宗纯皇帝实录》卷167,乾隆七年五月丁亥条,中华书局,1985年版,第123页。
⑤《清高宗纯皇帝实录》卷777,乾隆三十二年正月庚寅、辛卯条,中华书局,1985年版,第533、535、538页。

不知大清声教，何忽撰此归汉不经之语，妄行宣示，悖诞已极"①。认为大清王朝可以称 "中国"，可以称 "天朝"，但不能称 "汉"。"汉" 只能是指 "汉族" 或 "汉文化"，而 "中国"（大清王朝）则是指包括汉族在内的多民族国家，"汉" 是不能代表大清王朝或 "中国" 的。因此，他将大臣劝缅甸 "归汉" 视为 "不经之语"。这种将 "汉" 和 "中国" 进行了严格区分的思想是十分可取的。乾隆三十五年（1770 年），乾隆又在一次谕军机大臣时指出，缅甸 "贡表不至" "是缅匪毫无畏惧中国之意"②。乾隆四十年（1775年）又在针对暹罗国郑昭等 "情愿合击缅匪" 之事时说，"中国当此全盛之时，如果欲征剿缅甸，何必借助于海外小邦"。并谕示大臣回答郑昭等人说，"中国之欲平缅匪与否，圣主自有权衡，固非我守土之臣所敢料。亦非尔之所当请问也。"③ 又说，"中国现在并不征剿缅匪"④。如果暹罗与缅匪争战，"听其自为，若欲仰藉中国助兵，则断无此理。犹之缅匪现已投顺天朝，或将来缅匪因与暹罗争衅，求助中国，亦断不允其所请也"⑤。所说 "中国"，与缅匪等对称，无疑都是指清朝国家。

嘉庆皇帝也称清朝为 "中国"，如，嘉庆十三年（1808 年）针对吴熊光等奏 "英咭唎国夷兵擅入澳门一事"，说，"大西洋与法兰哂彼此构衅，自相争杀。原属外夷情事之常，中国并不过问。即如近年缅甸、暹罗二国互相仇杀，节经叩关求援，大皇帝一视同仁，毫无偏向。至于中国外藩，自有一定疆界。试思中国兵船，从无远涉外洋，向尔国地方屯剳之事。而尔国兵船，辄敢驶进澳门，登岸居住，冒昧已极"。勒令其 "速彻兵开帆，不敢片刻逗遛"。同时，指示吴熊光等大臣 "边疆重地，外夷敢心存觊觎，饰词尝试，不可稍示以弱" "以天朝禁令綦严，不容稍有越犯"⑥。用 "中国" 与英吉利、法兰西、大西洋等对称，无疑是用 "中国" 代替大清王朝，用 "中国" 指称清朝国家的意思非常清楚。嘉庆十九年（1814 年），嘉庆皇帝又针对 "盘获广东贡生卢赞跟随仆人张四携带鸦片烟一案"，敕谕严禁鸦片，"不许丝毫透入内地，则外夷商人，皆知鸦片烟为中国厉禁之物，不能售卖获利，

---

①《清高宗纯皇帝实录》卷 784，乾隆三十二年五月庚午条，中华书局，1985 年版，第 643 页。

②《清高宗纯皇帝实录》卷 858，乾隆三十五年五月戊子条，中华书局，1985 年版，第 494 页。

③《清高宗纯皇帝实录》卷 990，乾隆四十年九月乙卯条，中华书局，1985 年版，第 223-224 页。

④《清高宗纯皇帝实录》卷 1022，乾隆四十一年十二月丁未条，中华书局，1985 年版，第 701 页。

⑤《清高宗纯皇帝实录》卷 1036，乾隆四十二年七月乙亥条，中华书局，1985 年版，第 884 页。

⑥《清仁宗睿皇帝实录》卷 201，嘉庆十三年九月己丑条，中华书局，1985 年版，第 682 页。

自必不复携带。如仍有违禁，私与中国商民交易者，查出按例治罪。杜其来源，较之内地纷纷查拏，实为事半功倍"①。也用"中国"指称清朝国家。

可见，清朝入关以后，清朝皇帝一直称自己的国家为"中国"，至于清朝大臣称清朝国家为"中国"的史料，更是屡见不鲜，不再赘述。

清人称自己的国家为"中国"，也得到了周边国家的承认，如哈萨克汗阿布赉向清朝皇帝上表称，"哈萨克小汗臣阿布赉，谨奏中国大皇帝御前"，愿意"永为中国臣仆"②。称乾隆皇帝为"中国大皇帝"，承认清朝是"中国"，等等。后来，清朝为中华民国所取代，国号与代国号的"中国"完全重合在一起，"中国"一词成了中国国家的专有名词，"中国"国家一词的明确内涵最后确定下来。

综上所述，可以看出，中国古代所建各个政权，皆以"国"相称，具备国家形态，可以称之为古代国家。在这些古代国家之中，汉族建立的国家都称"中国"，少数民族建立的国家也没有自外于"中国"，也都称"中国"，无疑都是"中国"的国家。中国古代各个国家政权的名称虽然众多而异，但却用"中国"国家的统称连接起来，才使"中国"的国家历代相承、连绵不断地延续下来，才使众多"中国"国家凝聚到一起，逐步发展成为清朝以至今天的中国国家。可见，中国古代的"中国"，不仅"是一个文明""是一个文化共同体"，也是一个国家。实际上，文明和文化共同体都不应该是空的，不应该是虚的，都应该有一个承载其文化和文明的载体，这个载体就是"中国"国家，这些文化和文明都是"中国"国家的人们创造的，是一个能够看得见并有踪迹可寻的实体文化和文明。因此，中国古代的"中国"也是一个国家是不应该否定的。

原载《社会科学辑刊》2017 年第 3 期

---

①《清仁宗睿皇帝实录》卷 290，嘉庆十九年五月甲午条，中华书局，1985 年版，第 966 页。
②《清高宗纯皇帝实录》卷 543，乾隆二十二年七月丁未条，中华书局，1985 年版，第 892 页。

试论辽人的"中国"观

学界虽然对辽代华夷观、正统观问题有所研究①,但对辽人"中国观"问题尚无专文讨论。有人以为辽人的"中国观"与"正统观""华夷观"是一回事,实际上,辽人的"中国观"与"正统观""华夷观"并非是一个完全相同的概念,而是一个既有联系又有区别的概念。辽人的"中国观"具有辽宋同为中国、华夷懂礼即为中国以及"正统"和"非正统"同为"中国"等特点。本文拟在学界相关研究的基础上,对辽人的"中国观"问题作进一步讨论。不正确之处,敬请读者批评指正。

一

关于辽人自称"中国"的问题,学界虽然已经取得了共识,但在辽人何时开始自称"中国"的问题上,仍有进一步讨论的必要。

有人认为,"辽朝人中国意识的觉醒,大致是兴宗以后的事情"②,其实并非如此,早在契丹建国之初,契丹人受其先祖鲜卑人以及隋唐契丹"化内人"的影响,就已经因袭鲜卑人附会"炎黄子孙"的观念,以"炎黄子孙"自诩,开始站在"中国"人的立场上以"中国"自居了。据《辽史·世表》记载,契丹族称其先世出于东胡,"(匈奴)冒顿可汗以兵袭东胡,灭之,余众保鲜卑山,因号鲜卑。"后来,为"慕容晃(皝)所灭,鲜卑众散为宇文氏,或为库莫奚,或为契丹。"于是,契丹族便从鲜卑族的分支宇文鲜卑中分离出来,走上了独自发展的道路。契丹的先世东胡和鲜卑早已自称"炎黄子孙",并被一些汉族史学家和少数民族史学家记载到相关的史书之中,如,《晋书·慕容廆载记》认为,慕容鲜卑"其先有熊氏之苗裔,世居北夷,邑于紫蒙之野,号曰东胡",《十六国春秋·前燕录》则更加具体地说"昔高辛氏游于海滨,留少子厌越以君北夷,邑于紫蒙之野,世居辽左,号曰东胡",

---

①孟古托力:《辽人"汉契一体"的中华观念述论》,载《辽金史论集》第五辑,文津出版社,1991年版;宋德金《辽朝正统观念的形成与发展》,载《传统文化与现代化》1996年第1期;齐春风《论金人的中州观》,《辽宁师范大学学报》,1995年第3期;武玉环《论契丹民族华夷同风的社会观》,《史学集刊》,1998年第1期;郭康松《辽朝夷夏观的演变》,《中国史研究》,2001年2期;刘浦江《德运之争与辽金王朝的正统性问题》,《中国社会科学》,2004年2期。

②《德运之争与辽金王朝的正统性问题》,《中国社会科学》,2004年2期。

有熊氏即黄帝，高辛氏帝喾是黄帝的后代，将东胡族说成是有熊氏的后代或帝喾少子厌越的后代，就是认为东胡是黄帝的后代。由东胡族分出来的鲜卑族也称自己是黄帝或炎帝的后代，如《魏书·序纪》认为，建立北魏政权的拓跋鲜卑就以黄帝之子昌意少子为自己的直接祖先，他们认为"黄帝以土德王，北俗谓土为托，谓后为跋"①，因称自己为鲜卑拓跋氏。《周书》则称控制西魏政权的宇文鲜卑宇文泰"其先出自炎帝神农氏，为黄帝所灭，子孙遁居朔野"②。宇文泰的儿子建立北周政权的宇文觉更为明确地说"予本自神农"③，将自己所从出的宇文鲜卑说成是炎帝神农后裔。契丹族认为自己是从鲜卑族中分离出来，也承认自己是炎黄子孙。如，《辽史·世表》记载说："庖牺氏降，炎帝氏、黄帝氏子孙众多，王畿之封建有限，王政之布濩无穷，故君四方者，多二帝子孙，而自服土中者本同出也。考之宇文周之书，辽本炎帝之后，而耶律俨称辽为轩辕后。俨志晚出，盖从《周书》。"认为"辽之先，出自炎帝，世为审吉国"④。辽朝史官耶律俨在修《辽史》时，依据契丹源于东胡、鲜卑的说法，取《晋书》《魏书》等书以东胡、慕容鲜卑、拓跋鲜卑为黄帝之后的观点，认为契丹为轩辕（黄帝）之后，将契丹人说成是黄帝子孙。元人编写的《辽史》认为契丹族是从鲜卑族中的宇文鲜卑直接发展而来，因此，取《周书》宇文鲜卑自称为炎帝之后的说法，并经过考证，认为契丹出于"炎帝之裔曰葛乌菟者"，将契丹说成是炎帝子孙。炎帝和黄帝是兄弟，同出于少典，契丹人有关自己始祖的说法虽然有黄帝和炎帝之不同，但最终还是一源。契丹人自称炎黄子孙还表现在他们对汉人的攀附方面，史称，"太祖慕汉高皇帝，故耶律兼称刘氏；以乙室、拔里比萧相国，遂为萧氏"⑤，契丹皇族慕汉刘邦改为汉姓刘氏，后族亦因慕汉萧何改为汉姓萧氏，无疑是在与汉人攀附亲戚并试图说明契丹与汉人同源，都是"炎黄子孙"。关于契丹人自称"炎黄子孙"问题，不仅见于文献记载，也为近年来的考古发现所证实，如辽《永清公主墓志》记载说"国家系轩辕皇帝之后"⑥，《大契丹国夫人萧氏墓志》称萧氏丈夫耶律污翰里"其先出自虞

①魏收：《魏书》卷1《序纪》，中华书局，1974年版，第1页。
②令狐德棻等：《周书》卷1《文帝纪上》，中华书局，1971年版，第1页。
③令狐德棻等：《周书》卷3《孝闵帝纪》，中华书局，1971年版，第46页。
④脱脱等：《辽史》卷2《太祖纪下》，中华书局，1974年版，第24页。
⑤脱脱等：《辽史》卷71《后妃传序》，中华书局，1974年版，第1198页。
⑥袁海波，李宇峰：《辽代汉文〈永清公主墓志〉考释》，《中国历史文物》，2004年第5期。

舜"①，辽圣宗在《赐圆空国师诏》中，亦有"上从轩皇，下逮周发，皆资师保，用福邦家"② 等等，均将契丹说成是黄帝之后。显而易见，契丹人称自己为"炎黄子孙"，应该受到其先祖鲜卑人的影响。据史书记载，契丹族从鲜卑族中分离出来以后，与鲜卑族建立的北魏等政权接触频繁，"贡献不绝"③，他们对鲜卑人附会自己为"炎黄子孙"以及北魏等政权"自为中国之位号"④ 的情况应该有所了解，不能不受其影响。到了唐太宗贞观二年（628 年），契丹族首领"摩会率其部落来降"⑤，贞观二十二年（648 年），契丹族首领窟哥又"举部内属"，唐太宗设置"松漠都督府，以窟哥为使持节十州诸军事、松漠都督，封无极男，赐氏李"⑥，又先后在内迁营州附近的契丹人地区设置归诚州、昌州、带州、玄州、沃州、信州、辽州等，在松漠都督府地区设置弹汗州等八州，以各部首领为刺史，这些契丹人开始成为唐朝的"化内人"。此后，契丹人开始以唐人自居，如武则天万岁通天元年（696 年）契丹松漠都督李尽忠、归诚州刺史孙万荣等起兵反抗，曾以"还我庐陵（唐中宗李显）相王（唐睿宗李旦）来"⑦ 相号召，公开打出了反对武周政权、保卫唐朝的旗号，说明那时的契丹"化内人"已经以唐人自居了，唐人自称"中国"，并为后世普遍承认，常用唐人指称"中国"⑧，契丹人以唐人自居，无疑具有自谕为"中国人"的思想倾向。唐代契丹"化内人"虽非契丹全部，但对契丹及其后裔产生了十分重要的影响。如果我们从契丹人以鲜卑人为其祖先以及契丹有着与北朝和隋唐长时期交往的经历并且

---

① 金永田：《大契丹国夫人萧氏墓志及画像石初探》，载苏赫主编《中国北方古代文化国际学术讨论会论文集》，中国文化出版社，1995 年。

② 陈述《全辽文》卷 1，引《圆空国师胜妙塔碑》，中华书局，1982 年版，第 15 页。

③ 魏收：《魏书》卷 100《契丹传》，中华书局，1974 年版，第 2223 页。

④ 洪迈《容斋随笔》卷 9《皇甫湜正闰论》，中国世界语出版社，1995 年版，第 73 页。鲜卑人建立的北魏等政权自称"中国"，已经得到了北方少数民族的承认，如，蠕蠕（柔然）豆仑可汗时，"其臣侯医垔、石洛候数以忠言谏之，又劝与国通和，勿侵中国"（魏收：《魏书》卷 103《蠕蠕传》，中华书局，1974 年版，第 2296 页），所说的"中国"即指拓跋鲜卑建立的北魏政权，西魏末年"突厥以（史）宁所图必破，皆畏惮之，咸曰：'此中国神智人也'"（令狐德棻等《周书》卷 28《史宁传》，中华书局，1971 年版，第 468 页），所说"中国"即指鲜卑人宇文泰建立的西魏政权。

⑤ 刘昫：《旧唐书》卷 199《契丹传》，中华书局，1975 年版，第 5350 页。

⑥ 欧阳修等：《新唐书》卷 219《契丹传》，中华书局，1975 年版，第 6168 页。

⑦ （唐）张鷟撰，赵守俨点校《朝野佥载》卷 3，中华书局，1979 年版第 30 页。另见韩偓《金銮密记》，陶宗仪《说郛》卷 49；《太平广记》卷 277《梦二·天后》，文渊阁四库全书本。

⑧ （宋）朱彧《萍洲可谈》卷 2 记载"汉威令行于西北，故西北呼中国为汉，唐威令行于东南，故蛮夷呼中国为唐。"又说"边俗指中国为唐"等；（宋）江少虞《宋朝事实类苑》卷 77《南蕃呼中国为唐》，引《倦游录》称"至今广州胡人，呼中国为唐家，华言为唐言"，等等，均用"唐"指称中国。

一度成为唐朝"化内人"分析，他们应该很早就知道他们的先人鲜卑人自称"炎黄子孙"以及在北朝自称"中国"的情况，也应该知道他们的先人自比唐人的情况。都兴智先生曾撰文，认为辽朝初年宗室耶律氏就以漆水为郡望封爵，太祖耶律阿保机自称刘氏，就是他们视黄帝为其远祖的重要表现，认为辽朝初年契丹就以"炎黄子孙"自居了①，所论甚有道理。此外，《旧五代史》还记载，辽太宗耶律德光在天显十一年（936年）册封石敬瑭为大晋皇帝文中曾说，"尔惟近戚，实系本枝，所以余视尔若子，尔待予犹父也"，与石敬瑭约为"父子之邦"。石敬瑭是汉化沙陀人，沙陀人属突厥族系，与契丹人并非同一族系，辽太宗将石敬瑭说成是契丹"近戚""本枝"，又约为父子，不像是与突厥人攀亲戚，而是看中了石敬瑭的汉化身份以及视后晋政权为汉人政权而与汉人攀亲戚的缘故。如辽太宗在册文中还希望石敬瑭"补百王之阙礼""成千载之大义"②，就是希望石敬瑭能够继承和发展"中国"传统，成为"中国"传人，也说明辽太宗说石敬瑭是契丹"近戚""本枝"是在与汉人攀亲戚。如是，则说明辽太宗早已自视为汉人"近戚""本枝"，也就是说，辽太宗早已自视为炎黄子孙了。辽太宗自视为炎黄子孙，绝不会一朝一夕突然形成，而应该早有基础。据此，我们完全可以说，至迟在契丹建国之初，契丹人就开始以"炎黄子孙"自居了。契丹人将自己说成是"炎黄子孙"，难免有附会之嫌，但从中完全可以看出他们视自己为"中国"的思想倾向。

近年来，学者对契丹文字研究有了新的进展，即实先生认为1930年出土的《辽道宗哀册》篆盖上的契丹小字"契丹"二字于义为"大中""契丹国"就是"大中国"的意思③。刘凤翥亦认为契丹小字中"契丹"二字乃是"K'ei-duan"的音译，其原意是"中央"④。学界虽对即实、刘凤翥对"契丹"二字的诠释尚存异义，但他们的观点已为大多数人所接受，并被收入到清格尔泰、刘凤翥、陈乃雄、于宝林、邢复礼等人编著的《契丹小字研究》一书之中⑤。刘凤翥在此基础之上，对辽朝使用"契丹"和"辽"两种国号

①都兴智：《契丹族与黄帝》，韩世明《辽金史论集》第10辑，中国社会科学出版社，2007年版。
②薛居正：《旧五代史》卷75《晋书·高祖纪》，中华书局，1976年版，第986-987页。该书将此册文系于辽天显九年，陈述《全辽文》根据《辽史·太宗纪》记载，认为辽太宗册石敬瑭为大晋皇帝应在天显十一年。
③即实：《契丹小字字源举隅》，《民族语文》，1982年3期。
④刘凤翥：《契丹小字道宗哀册篆盖的解读》，《民族研究》，1984年第5期。
⑤清格尔泰，刘凤翥，陈乃雄，于宝林，邢复礼《契丹小字研究》，中国社会科学出版社，1985年版，第515页。

问题进行了探讨，认为在辽统和元年（983 年）至咸雍二年（1066 年）汉字文献记录辽朝国号为"契丹"时，契丹文字记录的国号则是"大中央契丹辽国"，将契丹放在辽之前。在咸雍二年（1066 年）至保大五年（1125 年）汉字文献记录辽朝国号为"辽"时，契丹文字记录的国号则是"大中央辽契丹国"，将辽放在契丹之前，无论是将"辽"放在契丹之前，还是放在"契丹"之后，前面均冠有"大中央"一词。"大中央"为何意？刘凤翥先生认为"'中央'也可视为国号'中国'的'中'。倘如此，则是同时使用'中、契丹、辽'三个国号。"① 刘凤翥先生将"中央"释为"中"，没有进一步释为"中国"。其实，这些石刻契丹文字中的"大中央"以及即实、刘凤翥等人所释契丹小字"契丹"其义为"中央""大中"等就是"中国""大中国"的意思。因为历史上"中国"一词就有"中央之国""天下之中"的意思。如《盐铁论·轻重篇》就称"中国，天地之中，阴阳之际也。"宋人石介也说"居天地之中者曰中国"②。历史上多以中原地区为"天地之中"，而辽人则认为他们所居住的地区"北极"是天地之中，如辽道宗曾说"吾闻北极之下为中国"③，郭璞在为此句出于《论语》的原文作注疏时称"北极，天之中"④，说明辽人是以"天下之中"的中央之国自居而自称"中国"。我们将辽代石刻契丹文字"大中央"释为"大中国"，也可以从辽代石刻中汉文墓志铭的有关记叙中得到验证。如，刻于辽天祚帝天庆八年（1118 年）的《鲜演大师墓碑》中就有"大辽中国"一语⑤，这里的"大辽中国"与契丹文字中的"大中央辽国"两个词组的前后顺序不同，但无疑"中国"和"中央"出现了重合，这就为我们将石刻契丹文字中的"中央""大中央"解释成"中国""大中国"提供了证据。如是，我们完全可以认为辽人无论是称自己的国号为"契丹"还是称自己的国号为"辽"，都有自视为"中国"的意思。众所周知，契丹建国之初，即以"契丹"为国号，契丹小字"契丹"是"大中"或"中央"的意思，那么，说契丹建国之初就有自称"中国"的思想倾向，应该不算过分吧。

我们认为，契丹人在建国之初就开始以"中国"自诩，不仅从契丹自称

①刘凤翥：从契丹文字的解读谈辽代契丹语中的双国号——兼论"哈喇契丹"》，《东北史研究》，2006 年 2 期；《从契丹文字的解读探讨辽代中晚期的国号》，《辽金契丹女真史研究》，2006 年 2 期。

②石介：《徂徕石先生文集》卷 10《论·中国论》，中华书局，1984 年陈植锷点校本，第 116 页。

③洪皓：《松漠纪闻》，吉林文史出版社，1986 年版，第 22 页。

④孔子：《论语》卷 2《为政》邢昺疏引郭璞语，中华书局，《十三经注疏》本，1980 年版，第 2461 页。

⑤向南：《辽代石刻文编·天祚编·鲜演大师墓碑》，河北教育出版社，1995 年版，第 668 页。

"炎黄子孙",以及石刻契丹文字等考古资料中看出一些蛛丝马迹,还可以从文献记载中得到验证。如,《辽史》就曾记载,辽太祖耶律阿保机曾"问侍臣曰:'受命之君,当事天敬神。有大功德者,朕欲祀之,何先?'皆以佛对。太祖曰:'佛非中国教。'(耶律)倍曰:'孔子大圣,万世所尊,宜先。'太祖大悦,即建孔子庙,诏皇太子春秋释奠。"① 这则史料,固然表达了辽太祖对"中国"的无比仰慕,但也说明他开始以"中国"自诩了。因为我们既可以将这条史料理解为辽朝统治者积极主张学习"中国"文化,也可以理解为佛非中国教,中国人不能尊崇佛教,孔子是中国的大圣人,中国人应该尊崇孔子所创立的儒教。后一种解释与唐代道士赵归真"每对,排毁释氏,言非中国之教"②,韦氏子"自幼宗儒,非儒不言,故以释氏为胡法,非中国宜兴"③ 等站在"中国"人的立场上讲述"佛非中国教",简直如出一辙。如果按此理解,此语应该是辽人站在中国立场上以"中国"人自居的一种表现。这也说明辽太祖在建立政权之初就以"中国"自居了。

以上可以看出,无论是从辽人附会自己为"炎黄子孙"、石刻契丹文字,还是传世文献中都可以找到辽朝在建立政权之初就以"中国"自诩的蛛丝马迹,并非是到了辽兴宗以后才出现"中国意识的觉醒"。

二

辽人在自称"中国"的同时,也承认宋朝是"中国",具有辽宋同为中国的思想倾向。主要理由如下:

第一,史料中明确记载,辽人自称"中国"的同时,也承认宋朝是"中国",即使在学界普遍认同的辽兴宗明确自称"中国"以后,仍然称宋朝为"中国"。如,宋辽签订"澶渊之盟"以后,宋朝准备东封泰山,恐调动军队引起契丹猜虑,遂"命都官员外郎孙奭至契丹境上,告以将有事于泰山。"辽圣宗在回宋书中称:"中国自行大礼,何烦告谕?"④ 宋真宗死,辽圣宗闻讯后,"集蕃汉大臣,举哀号恸",又"谓其妻萧氏曰:'汝可致书大宋皇太后,使汝名传中国。'"⑤ 辽圣宗在这里所使用的"中国"一词皆指宋朝。据

---

① 脱脱等:《辽史》卷72《义宗倍传》,中华书局,1974年版,第1209页。
② 刘昫:《旧唐书》卷18上《武宗本纪》,中华书局,1975年版,第600页。
③ 《太平广记》卷101引《续玄怪录·韦氏子》,中华书局,1961年版,第676页。
④ 李焘:《续资治通鉴长编》卷69,真宗大中祥符元年六月甲午条,中华书局,1980年版,第1548页。
⑤ 李焘:《续资治通鉴长编》卷98,真宗乾兴元年六月乙巳条,中华书局,1985年版,第2282页。

《契丹国志》记载，辽圣宗还说过："五百年来中国之英主，远则唐太宗，次则后唐明宗，近则今宋太祖、太宗也。"① 将宋太祖和宋太宗视为中国英主，无疑是承认宋朝是"中国"的一种表现。辽圣宗时期，不仅皇帝称宋朝为"中国"，一般大臣也称宋朝为"中国"，如太平七年（1027 年）契丹派遣萧蕴、杜防等人使宋贺乾元节，萧蕴曾出示位图说："中国使者至契丹，坐殿上，位高；今契丹使至中国，位下，请升之。"② 契丹使者萧蕴所使用的"中国"一词无疑是指宋朝。可见，辽朝初年一直称北宋为"中国"，就是到了学界普遍认同的辽兴宗明确自称"中国"以后，辽人也未将宋朝排除到"中国"之外，仍然承认宋朝是中国，如，重熙十三年（1044 年），辽兴宗欲伐夏，遣使告宋书称"元昊负中国当诛"③，宋德金先生认为，这里的"中国"应指宋朝，而非契丹自谓④。再如，重熙十七年（1048 年），宋人韩综出使契丹，"辽主问其家世，综言父亿在先朝已尝持礼来，辽主喜曰：'与中国通好久，父子继奉使，宜酌我。'"⑤ 辽兴宗在这里所说的"中国"也是指宋朝。辽兴宗的继任者辽道宗是一个明确称辽为中国的皇帝，这已得到了学界的普遍认同，但他在自称"中国"的同时，也称宋朝为"中国"，如，他在即位之前，曾在开泰寺铸银佛，铭其背曰："愿后世生中国"⑥。道宗镌于佛背的"中国"一词，虽然不能明确说指宋朝，但绝非指契丹或辽朝，应该含有汉地、汉人政权或中原、中原政权之义，北宋是汉人建立的政权，也是中原政权，如是，则应包括宋朝在内。辽道宗不但在即位前称宋朝为"中国"，在即位以后，仍然称宋朝为"中国"，如，他曾向宋朝"求仁皇帝御容"，当宋朝派人将宋仁宗画像送到辽朝，辽道宗"盛仪卫亲出迎，一见惊肃，再拜，语其下曰：'真圣主也，我若生中国，不过与之执鞭捧盖，为一都虞候耳。'"⑦ 辽道宗在这里所说的"中国"无疑是指宋朝。李焘《续资治通鉴长编》还记载，宋人起用司马光为相，"辽人敕其边吏曰：'中国相司马矣，切无生事开边隙。'"⑧ 辽人在这里所说的"中国"，无疑也是指宋朝。辽道宗朝不仅皇帝在自称"中国"的同时，仍然承认宋朝是"中国"，一般

---

① 叶隆礼：《契丹国志》卷 7《圣宗天辅皇帝》，上海古籍出版社，1985 年版，第 71 页。
② 李焘：《续资治通鉴长编》卷 105，天圣五年四月辛巳条，中华书局，1985 年版，第 2439 页。
③ 李焘：《续资治通鉴长编》卷 151，庆历四年七月癸未条，中华书局，1985 年版，第 3668 页。
④ 宋德金：《辽朝正统观念的形成与发展》，《传统文化与现代化》，1996 年第 1 期。
⑤ 李焘：《续资治通鉴长编》卷 163，仁宗庆历八年二月壬午条，中华书局，1985 年版，第 3919 页。
⑥ 陈述：《全辽文》卷 2《银佛背铭》，中华书局，1982 年版，第 32 页。
⑦ 邵博：《邵氏闻见后录》卷 1，中华书局，1983 年版，第 4 页。
⑧ 李焘：《续资治通鉴长编》卷 387，哲宗元祐元年九月丙辰条，中华书局，1985 年版，第 9415 页。

大臣也承认宋朝是"中国",如,辽道宗大康八年（1082年）宋朝韩忠彦使辽,辽人"使参知政事王言敷燕于馆,言敷问:'夏国何大罪,而中国兵不解也?'"① 指责宋朝对夏用兵,这里所说的"中国"也是指宋朝。像这样辽人在自称"中国"以后,仍然称宋朝为"中国"的例子还有很多,不再赘述。

　　第二,辽人有关辽宋同为"中国"的观念还表现在双方的"南北朝"称呼上。有人以为,"自重熙年间起,辽朝开始以北朝自称"②,将辽人称自己为"北朝"的时间确定在辽兴宗以后,似乎与史实存在较大距离。实际上,早在辽宋交往之初,就已经有了"南朝"和"北朝"的称呼③,到了辽圣宗与宋签订"澶渊之盟"时,已经正式确定下来。据李焘《续资治通鉴长编》记载,宋辽在"澶渊之盟"通和之初,"所致书,皆以南、北朝冠国号之上。"④ 但将作监丞王曾不同意,说"古者尊中国贱夷狄,直若首足。二汉始失,乃议和亲,然礼亦不至均。今若是,是与之亢立,首足并处,失孰甚焉,狄固不可启。臣恐久之,非但并处,又病倒植,愿如其国号契丹足矣。"宋真宗虽然认为王曾所说有理,但仍以"使者业已往,又重变,遂已"⑤。其后,辽朝遣使贺宋乾元节,其国书"去其国号,止称'南朝''北朝'",宋人大为不满,经过中书省和枢密院"二府"讨论之后,于皇祐四年（1052年）五月下诏学士院,自今答契丹书,仍旧称'大宋''大契丹'"⑥。关于"澶渊之盟"通和之初双方"皆以南、北朝冠国号之上"的国书,我们现在

①李焘:《续资治通鉴长编》卷329,神宗元丰五年八月辛未条,中华书局,1986年版,第7923页。

②《德运之争与辽金王朝的正统性问题》,《中国社会科学》,2004年2期。

③契丹在五代时就称晋汉周等政权为南朝,自称北朝,如大同元年（947年）,辽太宗"使谓（刘）知远曰:'汝不事南朝,又不事北朝,意欲何所俟邪?'"（《资治通鉴》卷286后汉高祖天福十二年正月癸丑条）。北宋建立以后,辽也称北宋为南朝,自称北朝,如辽景宗乾亨三年（981年）赵衡所撰《张正嵩墓志》称"我北朝大圣皇帝,初创乾坤"（向南《辽代石刻文编·太宗、世宗、穆宗、景宗编》;辽圣宗统和二十二年（1004年）闰九月,"澶渊之盟"签订前夕,为辽所用的王继忠在上北宋书中说"北朝以臣早事宫庭,尝荷边寄,被以殊宠,列于诸臣。……况北朝钦闻圣德,愿修旧好"（《续资治通鉴长编》卷57景德元年闰九月癸酉条）;十一月契丹"复令王继忠具奏求和好,且言北朝顿兵,不敢劫掠,以待王人。……（继忠）复具奏,乞自澶州别遣使者至北朝,免致缓误"（《续资治通鉴长编》卷58景德元年十一月庚午条）等等。这方面的史料很多,不再赘述。说明,辽人并非在重熙年间以后才称北朝,而是早在"澶渊之盟"以前就已经自称北朝了。

④李焘:《续资治通鉴长编》卷58,宋真宗景德元年十二月辛丑条,中华书局,1980年版,第1299页。

⑤富弼:《王文正公曾行状》,见宋杜大珪编《名臣碑传琬琰集》中卷44,文渊阁四库全书本;李焘《续资治通鉴长编》卷58有节文,可参阅。

⑥徐松辑:《宋会要辑稿》蕃夷二之一七,中华书局,1957年版,第7700页。此事还见李焘《续资治通鉴长编》卷172、王暐《道山清话》、王珪《华阳集·梁庄肃公适墓志铭》等。

见不到了，但我们从《澶渊誓书》中完全可以看出，宋辽签订"澶渊之盟"
之时，已经有"南朝、北朝"的用语了，如宋辽在《澶渊誓书》中称："以
风土之宜，助军旅之费，每岁以绢二十万匹、银一十万两，更不差使臣专往
北朝，……至于陇亩稼穑，南北勿纵惊骚。所有两朝城池，并可依旧存
守。"① 誓书中已经明确地使用了"北朝"一语，"南北""两朝"也是指
"南朝"和"北朝"。应该说，宋辽签订"澶渊之盟"时，确有双方以"南
朝""北朝"相称的约定。我们现在见不到"澶渊之盟"通和之初以南朝、
北朝冠双方国号之上的国书，大约是宋朝经王曾建议之后，即不在国书中
"以南、北朝冠国号之上"，后来也不同意辽人在国书中仅仅使用"南朝、北
朝"的称呼，而在此之前"以南、北朝冠国号之上"的国书也因为史家笔削
而不复存在了。我们从宋人不同意使用"南朝"和"北朝"称呼的记叙中，
可以看出，双方签订"澶渊之盟"时，有关"南朝"和"北朝"的称呼，一
定是辽人提出来的，说明在宋辽"澶渊之盟"签订之前，辽人就已经自称
"北朝"了，并非是到了辽兴宗重熙年间以后才自称"北朝"。辽人为何积极
主张使用"南朝"和"北朝"的称呼，其原因何在？笔者以为，辽人积极主
张与宋互称"南朝"和"北朝"，除了学者们强调的辽人意欲提高自己以取
得和北宋平等地位以外，还应该寓有更深层次的涵义。我们知道，"澶渊之
盟"签订之时，双方强调宋辽为兄弟之国，辽圣宗称宋真宗为兄，宋真宗称
辽圣宗为弟，辽人曾声称"书称大宋、大契丹"不以"南朝""北朝"相称，
"非兄弟之义"②，辽圣宗之弟耶律隆庆也曾强调"今与中朝结好，事同一
家"③。后来，辽兴宗在致宋仁宗的信中也说，辽宋"两朝事同一家"④，辽
道宗也在致宋书中指出，辽宋"虽境分二国""而义若一家"⑤，所强调的无
疑具有"一家二国"或"一家二朝"之意。也就是说，南朝和北朝是兄弟，
都是一家人，他们所说的"一家"应该指"中国"，南朝和北朝都是"中
国"，南朝是中国的南朝，北朝是中国的北朝。如果按此理解，我们完全可
以说，辽圣宗在与宋朝签订"澶渊之盟"时，不仅主张以"中国"自居，自

---

　　①李焘：《续资治通鉴长编》卷58，宋景德元年十二月辛丑条注引宋辽誓书，中华书局，1980
年版，第1299页；另见叶隆礼《契丹国志》卷20《澶渊誓书》，上海古籍出版社，1985年版，第
189-190页，个别文字略有出入。
　　②李焘：《续资治通鉴长编》卷172，仁宗皇祐四年四月丙戌条，中华书局，1985年版，第4141
页。
　　③李焘：《续资治通鉴长编》卷61，景德二年十月甲午条，中华书局，1980年版，第1371页。
　　④李焘：《续资治通鉴长编》卷142，庆历三年七月癸巳条，中华书局，1985年版，第3408页。
　　⑤李焘：《续资治通鉴长编》卷251，熙宁七年三月丙辰条，中华书局，1986年版，第6122页。

称"北朝",而且承认宋朝也是"中国",认为辽朝与宋朝是一家人,同为"中国"。

宋辽签订"澶渊之盟"以后,北宋官方虽然不愿意在国书中使用"南朝"和"北朝"的称呼,但"南朝"和"北朝"的称呼已经深入人心,逐渐成为宋辽人民的通用之语,并出现"南朝"和"中国"互称的现象,如前引《续资治通鉴长编》所载"契丹主闻真宗崩""谓其妻萧氏曰:'汝可致书大宋皇太后,使汝名传中国。'"① 而《契丹国志》在记载此事时则说,契丹主谓后曰:"汝可先贻书与南朝太后,备述姐娣之媛,人使往来,名传南朝。"②《续资治通鉴长编》所使用的"中国"一词在《契丹国志》中变成了"南朝"一词,说明,当时"中国"和"南朝"二词常常混用。"南朝"即是中国,那么,辽人所强调的"北朝"自然也含有用来指称"中国"的意思了。

第三,辽人为了制造自称"中国"的理论根据,曾袭用"中原"即"中国""九州"即"中国"的理念,以为自己部分进入中原地区且在"九州"中国之内,应该属于中国,同时,也承认宋朝在"九州"之内,也是"中国"。历史上"中国"的含义很多,其中之一是用来指称中原地区,主要的是一个地理概念。至于中原所包括的范围,并没有人认真界定,但一般认为,幽云地区多在中原政权管辖范围之内,属于中原,属于中国。如《辽史》记载,"吴主李昇献猛火油,以水沃之愈炽。太祖选三万骑以攻幽州。后曰:'岂有试油而攻人国者?'指帐前树曰:'无皮可以生乎?'太祖曰:'不可。'后曰:'幽州之有土有民,亦犹是耳。吾以三千骑掠其四野,不过数年,困而归我矣,何必为此?万一不胜,为中国笑,吾部落不亦解体乎!'"③ 述律皇后在这里所使用的"中国"一词,无疑是指包括幽州一带在内的地区。史书记载,契丹"陷中国平、营二州。石晋有国,割幽、蓟、瀛、莫、涿、檀、顺、新、妫、儒、武、云、应、寰、朔、蔚十六州赂之。周世宗复收瀛、莫,宋陷易州,后契丹尽有奚、达靼、室韦、渤海、扶余及中国十八州之地。其振武、丰州,旧在胡中,而中国置吏领之,寻亦陷"④。"契丹遂入中国"⑤。辽人虽然没有全部占有"中国"(中原)地区,只是部

---

①李焘:《续资治通鉴长编》卷98,乾兴元年六月乙巳条,中华书局,1985年版,第2282页。
②叶隆礼:《契丹国志》卷7《圣宗天辅皇帝》,上海古籍出版社,1985年版,第73页。
③脱脱等:《辽史》卷71《后妃传·太祖淳钦皇后述律氏传》,中华书局,1974年版,第1200页。
④曾公亮等:《武经总要·前集》卷22,文渊阁四库全书本。
⑤曾巩:《元丰类稿》卷10《太祖皇帝总叙》,四部丛刊初编本。

分占有"中国"(中原)地区,但也算进入"中国"地区。元人所撰《辽史》说,辽"太祖帝北方,太宗制中国"①,辽"太宗兼制中国"② 等,就是这个意思。宋人富弼曾说,辽人"得中国土地,役中国人力,称中国位号,仿中国官属,任中国贤才,读中国书籍,用中国车服,行中国法令","皆与中国等"③,如此,辽人自称"中国"也就是很自然的事了。

此外,中国古代对"中国"和世界的认识,还有"九州"和"大九州"之说。《尚书·禹贡》较早构建了"九州"天下体系,谓"禹别九州""冀州既载""济河惟兖州""海岱惟青州""海岱及淮惟徐州""淮海惟扬州""荆及衡阳惟荆州""荆河惟豫州""华阳黑水惟梁州""黑水西河惟雍州"④。在《禹贡》所构建的天下"九州"体系中,冀州是中心,为"帝都"⑤之所在。有关冀州的地域范围,《禹贡》并没有明确论述,但冀州条下有"岛夷皮服,夹右碣石,入于河"等记载,孔安国传引"马云'岛夷,北夷国。'"孔颖达疏又引"王肃云:'鸟夷(即"岛夷"),东北夷国名也。'"孔颖达疏又称"渤海北距碣石五百余里"⑥,按此构想,则知冀州地域范围十分广远,已达东北之地⑦。由于冀州地域广远,"禹治水之后,舜分冀州为幽州、并州,分青州为营州,始置十二州"⑧。马融亦谓"禹平水土,置九州。舜以冀州之北广大,分置并州。燕、齐辽远,分燕置幽州,分齐为营州。于是为十二州也"⑨。按照此种说法,幽州及并州皆是从冀州中分割出来,营州则是从青州或齐州中分割出来。《大明一统志》在记述此事时说"舜分冀东北为幽州,即今广宁(今辽宁北镇)以西之地;青东北为营州,即今广宁以东之

---

① 脱脱等:《辽史》卷 56《仪卫志二》,中华书局,1974 年版,第 905 页。

② 脱脱等:《辽史》卷 58《仪卫志四》,中华书局,1974 年版,第 918 页。

③ 富弼:《条上河北守御十二策》,见《续资治通鉴长编》卷 150,仁宗庆历四年六月戊午条,中华书局,1985 年版,第 3641 页。

④《尚书》卷 6《夏书·禹贡》,中华书局,《十三经注疏》本,1980 年版,第 146-150 页。关于"九州"州名,史书记载不一,《尔雅·释地》有幽州、营州,无青州、梁州;《周礼·夏官·职方氏》有幽州、并州,无徐州、梁州;《吕氏春秋·有始览·有始》有幽州,无梁州。

⑤ 孔颖达为《禹贡》作疏称"冀州,帝都,于九州近北,故首从冀起",中华书局,1980 年版《十三经注疏》本,第 146 页。

⑥《尚书》卷 6《夏书·禹贡》孔氏传及孔颖达疏,中华书局,《十三经注疏》本,1980 年版,第 146 页。

⑦ 关于冀州分布范围,古代学者就有不同意见,众说纷纭。其实,"九州"之说本身就是一种构想,各州地域范围也就成了一种假说,很难说清楚各州实指范围。

⑧《尚书》卷 3《虞书·舜典》孔氏传,中华书局,《十三经注疏》本,1980 年版,第 128 页。

⑨ 司马迁:《史记》卷 1《五帝本纪》裴骃集解引马融之语,中华书局,1982 年版,第 27 页。关于十二州之说,史书亦记载不一,《汉书·地理志》等书谓禹平水土之前已有十二州。

地。”清人顾炎武在论述此问题时，称“禹别九州，而舜又肇十二州，其分为幽、并、营者，皆在冀之东北”，认为“幽则今涿易以北，至塞外之地，并则今忻代以北，至塞外之地，营则今辽东大宁之地”①。按此推论，则幽、并、营三州已达北方塞外及东北远夷之地。《周礼·职方》称“东北曰幽州，其山镇曰医无闾”，虽然没有说幽州是从冀州中分离出来，但将幽州直接列在“九州”之内，郑玄为其作注称“医无闾在辽东”②，说明《周礼》九州也包括辽东之地。孔颖达在为《尚书·舜典》作疏时则称“《职方》幽、并山川于《禹贡》皆冀州之域，知分冀州之域为之也”，朱熹也说，“及舜即位，以冀、青地广，始分冀东恒山之地为并州，其东北医无闾之地为幽州，又分青之东北辽东等处为营州”③，也赞成幽、并从冀州分离出来的说法。按照此种说法，远达塞外之地的幽并等州原来都属于冀州，冀州为“九州”之中心，为“中国”，无怪乎在南宋皇帝降元之后，陆威中等人为了讨好元人，称“禹贡之别九州，冀为中国”④。元人撰写《辽史》时也持此说，谓“帝尧画天下为九州。舜以冀、青地大，分幽、并、营，为州十有二。幽州在渤、碣之间，并州北有代、朔，营州东暨辽海。其地负山带海，其民执干戈，奋武卫，风气刚劲，自古为用武之地”⑤。将辽人活动地域说成是《禹贡》“九州”之冀、青分出来的幽、并、营州地域，幽、并、营州地域原在“九州”之内，后在“十二州”之内，“九州”“十二州”是“中国”，辽人活动的地域自然就成了中国之地域。《礼记·王制篇》亦称“四海之内九州”，认为九州在四海之内，四海之内应该包括辽人活动地域，如果按此理解，辽人活动地域亦应包括在《禹贡》《职方》“九州”以及后来“十二州”范围之内，辽天祚帝即持此说，他曾在册封完颜阿骨打的册文中称“荷祖宗之丕业，九州四海属在统临”⑥，不仅将辽人活动地域说成在“九州四海”之内，而且将“九州四海”说成都在他的统治之下。到了春秋战国时期，邹衍进一步发挥了《禹贡》“九州”学说，又构建了“大九州”学说，“以为儒者所谓中国者，于天下乃八十一分居其一分耳。中国名曰赤县神州。赤县神州内自

①顾炎武著，黄汝成集释：《日知录集释》卷22《九州》，上海古籍出版社，1985年版，第1637-1638页。顾炎武虽有此论述，但同文又称“幽、并、营三州在《禹贡》九州之外”，认为“先儒以冀青二州地广而分之殆非也”。

②《周礼》卷33《夏官·职方氏》，中华书局，《十三经注疏》本，1980年版，第863页。

③丘浚：《大学衍义补》卷19引，文渊阁四库全书本。

④周密：《癸辛杂识》别集下《德祐表诏》，中华书局，1988年吴企明点校本，第286页。

⑤脱脱等：《辽史》卷37《地理志一》，中华书局，1974年版，第437页。

⑥徐梦莘：《三朝北盟会编》卷3，重和二年正月十日条，上海古籍出版社，1987年版，第22页。

有九州，禹之序九州是也，不得为州数。中国外如赤县神州者九，乃所谓九州也"①，认为禹贡所说的"九州"合起来只能算一个州，即"赤县神州"，就是汉儒所说的"中国"，赤县神州之外像赤县神州大小的州尚有八个，赤县神州不过是他所构想的天下体系的八十一分之一而已。按照邹衍"大九州"的假想学说，原来《禹贡》所说的"九州"为"赤县神州"，都应该称"中国"，而辽人所居之地则在《禹贡》所构想的天下体系"九州"之中②，《禹贡》"九州"是"赤县神州"，是中国，辽人也就理所当然地应该称"中国"了。辽人认为他们在"九州"之内，并没有将宋人排除到"九州"之外，无疑也是承认宋朝是中国的意思。

古人还把神秘的天空看作神界，将二十八宿等众星拱卫的北极看作是"天中"。如《宋史·天文志》就明确指出，"极星之在紫垣，为七曜、三垣、二十八宿众星所拱，是谓北极，为天之正中。而自唐以来，历家以仪象考测，则中国南北极之正，实去极星之北一度有半，此盖中原地势之度数也。"③ 认为，"二十八舍（宿）主十二州"④，二十八宿拱卫的北极所笼罩之地就是"中国"。辽人何时开始依据"九州"和"十二州"学说自称中国，我们已经不得而知。但《松漠纪闻》记载了一条为大家所熟知的史料，"大辽道宗朝，有汉人讲《论语》，至'北辰居其所而众星拱之'，道宗曰：'吾闻北极之下为中国，此岂其地邪?'"⑤ 从这则史料中可以看出，在辽道宗朝，"九州"和"十二州"学说已经广为流传了。这条史料中所称《论语》的原文是："为政以德，譬如北辰居其所而众星共之。"各家注释多强调"北极，天之中，以正四时"⑥，少有直称"中国"者。辽道宗特别强调众星拱卫的北极之下为"中国"，无疑是在强调二十八宿拱卫的北极主十二州，应该包括《禹贡》"九州"及舜时的"十二州"，也就是说应该包括辽朝在内，辽朝也是中国的一部分。当然，也有人认为"以二十八宿配十二州分野，最为疏诞"，认为"五星二十八宿，在中国而不在四夷"⑦，反对五星二十八宿

---

① 司马迁：《史记》卷74《孟子荀卿列传》，中华书局，1982 年版，第 2344 页。

② 关于禹贡"九州"所指范围，学界有不同认识，有人认为禹贡九州仅指中原地区，不包括少数民族地区；也有人认为禹贡"九州"包括少数民族地区，而邹衍"大九州"学说中的"小九州"则仅指中原地区，不包括少数民族地区；等等。

③ 脱脱等：《宋史》卷48《天文志一》，中华书局，1975 年版，第 967 页。

④ 司马迁：《史记》卷 27《天官书》，中华书局，1982 年版，第 1346 页。

⑤ 洪皓：《松漠纪闻》，吉林文史出版社，1986 年版，第 22 页。

⑥ 孔子：《论语》卷 2《为政》及邢昺疏引郭璞语，中华书局，《十三经注疏》本，1980 年版，第 2461 页。

⑦ 周密：《癸辛杂识》后集《十二分野》，中华书局，1988 年吴企明点校本，第 81-82 页。

所主之地包括四夷，但他们反驳此说，正可以从反面说明有人曾认为五星二十八宿所主"九州""十二州"应该包括四夷。如果这一推论能够成立的话，那么坚持五星二十八宿拱卫的北极所主"九州""十二州"应该包括四夷者一定是"四夷"之人，或是在"四夷"所建政权之内生活的各族人，在宋辽时期就应该是辽人，也就是说，在宋辽时期，有可能是辽人附会此说，这与辽道宗强调"北极之下为中国"，辽人也是"中国"是一脉相承的。

辽人认为自己部分进入中原地区且在"九州"和"十二州"之内，应该属于"中国"，同时也承认北宋在"中原"，也在"九州"和"十二州"之内，也是"中国"，毫无疑义，这也是辽宋同为"中国"的思想观念。

第四，辽人袭用佛经"南赡部洲"之说，自称"中国"，但并不否认宋朝也在佛经所说的"南赡部洲"之内，也是"中国"。关于辽人自称"南赡部洲"问题，刘浦江曾经有所注意，他依据向南先生《辽代石刻文编》所著录的石刻，称重熙四年《张哥墓志》、重熙十三年《沈州无垢净光舍利塔石函记》、重熙十四年《沈州卓望山无垢净光塔石棺记》的石刻文都称辽为"南赡部州大契丹国"；大安五年《萧孝忠墓志》、乾统七年《释迦佛舍利生天塔石匣记》的石刻文都称辽为"南赡部州大辽国"[①]。其实，有关辽人石刻，不仅此五篇汉文石刻称辽为"南赡部州大契丹国"或"南赡部州大辽国"，有关契丹文石刻中也有类似记录，如契丹小字《耶律迪烈墓志铭》志盖上就有篆书阴刻汉字"南赡部洲大辽国故迪烈王墓志文"的字样[②]，说明辽人在其国号前加称"南赡部州"之说非常普遍。辽人缘何在其国号前加称"南赡部洲"，其含义如何？这是一个值得深思的问题。有人认为"南赡部洲"指华夏之邦，且引用郑樵"释氏谓华夏为南赡部洲"之说，谓"辽人既自称为南赡部洲，则是自比于华夏之邦"[③]，似乎有些不妥。实际上，郑樵的观点并不正确，早已为马端临所纠正。郑樵此论原文为："天之所覆者广，而华夏所占者牛、女下十二国耳，牛、女在东南，故释氏谓华夏为南赡部洲。"[④] 按郑樵的理解，释氏所谓的"南赡部洲"不过指牛、女二星所主之华夏而已。其实，这是一种误解。马端临在其《文献通考》一书中对郑樵的观点提出了疑义，他说："郑氏因牛、女间有十二国星，而以为华夏所占者

①参见《德运之争与辽金王朝的正统性问题》，《中国社会科学》，2004 年 2 期。

②卢迎红，周峰：《契丹小字〈耶律迪烈墓志铭〉考释》，《民族语文》，2000 年 1 期；包联群《〈南赡部洲大辽国故迪烈王墓志文〉的补充考释》，《内蒙古大学学报》，2002 年 3 期。

③《德运之争与辽金王朝的正统性问题》，《中国社会科学》，2004 年 2 期。

④郑樵：《通志》卷 38《天文略一·天文序·北方》，周密赞成郑樵的观点，见《癸辛杂识》后集《十二分野》，中华书局，1988 年吴企明点校本，第 82 页。

牛、女二宿，且引释氏南赡部州说以为证，然以十二次言之，牛、女虽属扬州，而华夏之地所谓十二国者，则不特扬州而已，又扬州虽可言东南，而牛、女在天则北方宿也，与南赡部州之说异矣。"① 认为牛、女二星所主之地仅为"九州"之中的扬州之地，并非全部华夏之地，与佛教所说的"南赡部洲"并非是一回事。确实，佛教所构想的"南赡部洲"不仅比牛、女二星所主扬州之地大得多，就是与古人所说的"中原""华夏"以及"九州"之"中国"相比，还要大许多。

查佛教经典，"南赡部洲"（也作"南赡部州""南瞻部洲""南瞻部州""南澹部州""南潬部州""赡部洲""瞻部洲"等）是佛教有关大千世界地理体系构想的"四大部洲"之一，按照佛教典籍《俱舍论》的说法，在无边无际的宇宙之中，人类居住的世界分为"四大洲""一南赡部洲，二东胜身洲，三西牛货洲，四北俱卢洲"②。《大唐西域记》也称"七山七海，环峙环列；山间海水，具八功德。七金山外，乃咸海也。海中可居者，大略有四洲焉。东毗提诃洲（旧曰弗婆提，又曰弗于逮，讹也）、南赡部洲（旧曰阎浮提洲，又曰剡浮洲，讹也）、西瞿陁尼洲（旧曰瞿耶尼，又曰劬伽尼，讹也）、北拘卢洲（旧曰郁单越，又曰鸠楼，讹也）③。按照佛教"四大部洲"的假说，不仅中国应当属于"四大部洲"中的"南赡部洲"，印度、日本也属于"四大部洲"中的"南赡部洲"。只要我们翻开日本所修《大正新修大藏经》，就会看到有关"赡部洲有佛出世"④，"南赡部州中天笁（竺）国"⑤等语，说明，佛教的"南赡部洲"不仅包括中国，还包括天竺在内。此外，日本僧人也常常称自己的国家为"南赡部洲"，在《大正新修大藏经》中，有关"娑婆世界南瞻部洲大日本国""南赡部洲大日本国"等记载比比皆是⑥，说明，佛教的"南赡部洲"不仅包括中国、天竺，也包括日本国在

---

① 马端临：《文献通考》卷 279《象纬考二·二十八宿》，中华书局，1986 年版，第 2215 页。

② 玄奘译：《阿毗达磨俱舍论》卷 8《分别世品第三之一》，《大正新修大藏经》29 册《毗云部四》，新文丰出版有限公司，1983 年版，第 41 页。

③ 玄奘：《大唐西域记》卷 1《三十四国》，上海商务印书馆《国学基本丛书》，1937 年版，第 4 页。

④ 玄奘等译：《大宝积经》卷 47《菩萨藏会·毗梨耶波罗蜜多品第九之三》，《大正新修大藏经》第 11 册《宝积部上》，新文丰出版有限公司，1983 年版，第 278 页。

⑤（日）光定撰：《传述一心戒文》卷上《荷表与之四条式达殿上文》，《大正新修大藏经》第 74 册《续诸宗部五》，新文丰出版有限公司，1983 年，第 637 页。

⑥《大正新修大藏经》76 册《行林》、78 册《秘藏金宝钞》、79 册《秘钞问答》、80 册《圆通大应国师语录》、80 册《义堂和尚语录》、81 册《佛日真照禅师雪江和尚语录》、81 册《大兴心宗佛德广通国师虎穴录》、81 册《东阳和尚少林无孔笛》、81 册《西源特芳和尚语录》、81 册《诸回向清规式》、81 册《圆满本地光国师见桃录》、81 册《西源特芳和尚语录》、82 册《禅林普济禅师语录》等。

内。佛教所赋予"南赡部洲"这一含义，在中国学者的有关论述中也有所反映。比如，朱熹就曾在回答"佛家'天地四洲'之说果有之否"的问题时指出，"佛经有之。中国为南潬部洲，天竺诸国皆在南潬部内；东弗于逮，西瞿耶尼，北郁单越。亦如邹衍所说'赤县'之类。四洲统名'娑婆世界'。"① 毫无疑义，朱熹认为佛教所说的"南赡部洲"不仅包括"中国"，也包括天竺等国，他所说的"中国为南潬部洲"，应是中国属于南赡部洲之意，并无将中国与南赡部洲完全等同的意思。当然，历史上也有人称"南赡部洲"为"中国"②，如果按上述所论理解，"南赡部洲"这个"中国"就不是历史上仅指"中原"以及"中原政权"的中国，也不是仅指"华夏"及"华夏汉人政权"的中国，而是指包括天竺等国在内的"中国"。按照佛教"四大部洲"的说法，辽朝亦在"南赡部洲"之内，也就是说辽朝也在包括天竺等国的"中国"之内，辽人在其国号前加称"南赡部洲"，既有辽朝属于南赡部洲之意，也有辽朝属于"中国"之意，如果说辽人自称"南赡部洲"就是自称中国，也是认为"南赡部洲"这一"中国"也应该包括辽朝之意，并非是自比于郑樵所说的仅为牛女二星所主的"华夏之邦"。

佛教的"南赡部洲"虽非仅指中原地区的"中国"，但在佛教"四大部洲"之说传入中国以后，确有人依据"中国"属于"四大部洲"之义，以"南赡部洲"指称中原政权或汉族政权的"中国"。如，唐朝鉴虚曾对唐德宗说："玄元皇帝（老子），天下之圣人；文宣王（孔子），古今之圣人；释迦如来，西方之圣人；今皇帝陛下，是南赡部洲之圣人。"③ 即以"南赡部洲"指称唐朝。白居易在其所撰《画弥勒上生帧记》《画弥勒上生帧赞并序》等文中称"南赡部州大唐国"④，虽有大唐属于"南赡部洲"之意，也有用"南赡部洲"指称唐朝的意思。辽人在其国号前加称"南赡部洲"，与其在国号前加称"大中央"一样，除了具有辽朝属于"南赡部洲"之意以外，也有用"南赡部洲"指称辽朝的意思。如果按此理解，辽人自称"南赡部洲"确有自诩属于"中国"的意思，但辽人在自称"南赡部洲"，自诩属于"中国"的同时，并没有否认宋朝也属于"南赡部洲"，也就是没有否认宋朝也属于"中国"，这种思想无疑是辽人和宋人都属于"南赡部洲"，都是"中国"的意思。即使我们退一步讲，仍然按有些人的理解，将"南赡部洲"释为"华

①黎靖德编：《朱子语类》卷86《礼·周礼·地官》，中华书局，1994年版，第2212页。
②佛教中也有人认为，南赡部洲为天下之中，可以称"中国"。
③王谠：《唐语林》卷6《补遗》，上海古籍出版社，1978年版，第193页。
④（清）董浩等编：《全唐文》卷六百七十六、卷六百七十七，上海古籍出版社，1990年版，第3059、3064页。

夏之邦"的话，也是辽人在自比"华夏之邦"的同时，仍然承认宋朝是"华夏之邦"，同样是辽人和宋人都是"华夏之邦"的意思，仍然是辽宋同为"中国"的思想观念。

<h1 style="text-align:center">三</h1>

辽人认为，夷人懂礼即为"中国"，汉人懂礼亦为"中国"，具有华夷懂礼即同为"中国"的思想认识。

历史上的"中国"除了具有"华夏"、"汉人"、"中原政权"、"汉族政权"等含义以外，还是一个文化概念。《礼记·王制篇》说，"中国戎夷，五方之民，皆有性也，不可推移。东方曰夷，被发文身，有不火食者矣；南方曰蛮，雕题交趾，有不火食者矣；西方曰戎，被发衣皮，有不粒食者矣；北方曰狄，衣羽毛穴居，有不粒食者矣。中国、夷、蛮、戎、狄，皆有安居，和味，宜服，利用，备器。五方之民，言语不通，嗜欲不同"①。将生产和生活方式亦即文化的不同，作为区别"中国"和"四夷"的主要内容。战国时赵公子成说："臣闻之：中国者，聪明睿知之所居也，万物财用之所聚也，贤圣之所教也，仁义之所施也，诗、书、礼、乐之所用也，异敏技艺之所试也，远方之所观赴也，蛮夷之所义行也。"② 认为"中国"是文明、进步的象征。孔子十分注意以"礼"区分中国和四夷，并认为中国和四夷可以互相转变。韩愈在概括孔子这一思想时说："孔子之作《春秋》也，诸侯用夷礼则夷之，进于中国则中国之。"③ 这种用"礼"来区分中国和夷狄以及中国和夷狄可以互相变化的思想，为后来许多思想家所接受，唐朝的皇甫湜曾说，"所以为中国者，以礼义也，所谓夷狄者，无礼义也，岂系于地哉。杞用夷礼，杞即夷矣"④。北宋程颢和程颐也说过，中国"礼一失则为夷狄，再失则为禽兽"⑤，赋予中国和夷狄以文明与野蛮、尊贵与卑贱之意，文化的意义大于种族和地域意义。这种思想对辽人产生极其重要的影响。

有人认为"契丹人以'蕃'自居，自外于'中国'"⑥。其实并不尽然。辽朝初期，辽人由于对汉儒所说"中国""四夷"的文野意义认识不足，并没有意识到称自己为"蕃"或称自己为"夷"有什么不好，因此，心甘情愿

①《礼记》卷12《王制》，中华书局，《十三经注疏》本，1980年版，第1338页。
②刘向集录，何建章注释：《战国策》卷19《赵策二》，中华书局，1990年版，第678页。
③韩愈撰，朱熹考异：《朱文公校昌黎先生文集》卷11《原道》，四部丛刊初编本。
④皇甫湜：《皇甫持正集》卷2《东晋元魏正闰论》，文渊阁四库全书，1078册，第73页。
⑤程颢，程颐：《二程遗书》卷2上，文渊阁四库全书本。
⑥《德运之争与辽金王朝的正统性问题》，《中国社会科学》，2004年2期。

地称自己为"蕃",为"夷"。那时,辽人在称自己为"蕃"时,也常常称中原政权为"中国",不过,那时辽人所使用的"中国"概念,多为"中原"的地理概念,如同三国时期蜀、吴以及五代十国时期的吴越、南唐不称自己为"中国"一样,并非完全是自外于"中国"的表现,刘浦江曾指出,在北京房山县北郑村辽塔塔基中发现的"大蕃天显岁次戊戌五月拾三日己未"文字砖中的"大蕃""应该是当地汉人对辽朝的尊称,意若'大朝',而非正式的国号"①。如果按此推论,辽人自称为"蕃"似无贬意,也很难说"契丹人以'蕃'自居",就是"自外于'中国'"。后来,契丹"颇取中国典章礼义"②,"治国建官,一同中夏"③,"改服中国衣冠"④,"饮食服玩之盛,尽习汉风"⑤,使自己的文化迅速跻身于中国文化之行列。契丹人开始意识到汉儒所说的"蕃""夷"等带有低于汉人甚至被视为禽兽等贬意,开始产生视自己为"蕃""夷"的厌恶心理。如辽圣宗泰和初年,萧和尚"使宋贺正,将宴,典仪者告,班节度使下。和尚曰:'班次如此,是不以大国之使相礼。且以锦服为贶,如待蕃部。若果如是,吾不预宴。'"⑥ 萧和尚极力反对宋朝像对待"蕃部"一样以低于宋朝之礼对待辽朝使者,说明那时的辽人已经意识到汉儒所说的"蕃"是低于汉人一等甚至几等之人,因此,极力反对宋朝视辽为"蕃部",以求得与宋朝同等地位。至于辽朝境内深知汉文化"蕃""夷"含义的汉人,在与宋朝交往过程中,更是极力反对称辽人为"蕃",为"夷"。如刘辉得知宋人欧阳修遵循汉人的夷夏观念修撰《新五代史》,将契丹列入《四夷附录》,十分不满,特上书说:"宋欧阳修编五代史,附我朝于四夷,妄加贬訾。且宋人赖我朝宽大,许通和好,得尽兄弟之礼。今反令臣下妄意作史,恬不经意。臣请以赵氏初起事迹,详附国史。"⑦ 刘辉反对欧阳修将契丹列入《四夷附录》,主要是反对欧阳修视契丹为夷狄而卑视契丹的作法,力求取得与宋朝平等甚至高于宋朝的地位。这说明,契丹人反对称

①刘浦江:《辽朝国号考释》,《历史研究》,2001年第6期。

②李焘:《续资治通鉴长编》卷284,神宗熙宁十年八月己丑条,中华书局,1985年版,第6952页。

③李焘:《续资治通鉴长编》卷138,仁宗庆历二年十月戊辰条,中华书局,1985年版,第3319页。

④司马光:《资治通鉴》卷286,后汉高祖天福十二年正月癸巳条,中华书局,1956年版,第9337页。

⑤李焘:《续资治通鉴长编》卷142,仁宗庆历三年七月甲午条,中华书局,1985年版,第3412页。

⑥脱脱等:《辽史》卷86《萧和尚传》,中华书局,1974年版,第1326页。

⑦脱脱等:《辽史》卷104《刘辉传》,中华书局,1974年版,第1455页。

自己为"蕃""夷",主要是反对汉人卑视蕃夷的思想观念,如果认为蕃夷具有与汉人同等地位,并不低下的话,辽人并不反对称自己为"蕃""夷"。如,辽道宗清宁三年(公元1057年),"帝以《君臣同志华夷同风诗》进皇太后"①,同时,懿德皇后又作《君臣同志华夷同风应制诗》②等,大力宣扬"华夷同风"。辽道宗和懿德皇后在这里所说的"夷",我们可以理解为辽朝境内的少数民族以及辽朝四周的少数民族,也可以理解为主要指契丹人,孟古托力和宋德金先生就认为指契丹人③,如是,则可以看出,早已明确称辽为"中国"的辽道宗并未避讳称自己为"夷",他认为契丹人与汉人已经"同风",契丹文化与汉文化已经渐趋一致,基本上没有什么差别,认为,具有与"华"文化相等的"夷"并不比"华"低下,应该同等看待,同为"中国"。可见,辽道宗以夷自居并非是自外于"中国"的表现。再如,《松漠纪闻》卷上记载:"大辽道宗朝,有汉人讲《论语》,……至'夷狄之有君',疾读不敢讲。(道宗)则又曰:'上世獯鬻、猃狁,荡无礼法,故谓之夷。吾修文物彬彬,不异中华(中国),何嫌之有!'卒令讲之。"④说的也是这个意思,说明辽道宗认为契丹(夷)文明不异于中华,就是"中华"(中国),不必避讳称自己为"夷",也是没有自外于"中国"的意思。唐朝陈黯曾作《华心》说,"苟以地言之,则有华夷也;以教言之,有华夷乎?夫华夷者辩在乎心,辩心在察其趣向。有生于中州而行戾乎礼义,是形华而心夷也;生于夷域而行合乎礼义,是形夷而心华也。"⑤程晏也曾作《内夷檄》称,四夷"虽身出异域,能驰心于华,吾不谓之夷矣。中国之民长有倔强王化,忘弃仁义忠信,虽身出于华,反窜心于夷,吾不谓之华矣。……是知弃仁义忠信于中国者,即为中国之夷矣。……四夷内向,乐我仁义忠信,愿为人伦齿者,岂不为四夷之华乎?"⑥均认为,不论地域和民族,只要其行为合乎礼义,就是华,就是"中国",中国人弃掉仁义礼智就是"中国之夷",四夷人的行为合乎礼义,就应该是"四夷之华",这种思想应该是华夷同为"中国"

①脱脱等:《辽史》卷21《道宗纪一》,中华书局,1974年版,第255页。
②道宗所作《君臣同志华夷同风诗》没有保存下来,懿德皇后所作应制诗则保存下来了,其诗为"虞廷开盛轨,王会合奇琛。到处承天意,皆同捧日心。文章通鹿蠡(一作谷蠡或蠡谷),声教薄鸡林。大寓看交泰,应知无古今。"(见王鼎《焚椒录》,陶宗仪《说郛》卷110,民国十六年(1927年)上海商务印书馆排印本)。
③孟古托力:《辽人"汉契一体"的中华观念述论》,《辽金史论集》第五辑;宋德金《辽朝正统观念的形成与发展》,《传统文化与现代化》,1996年第1期。
④洪皓:《松漠纪闻》,吉林文史出版社,1986年版,第22页。
⑤陈黯:《华心》,见李昉等《文苑英华》卷364《辩论二》,中华书局,1966年版,第364页。
⑥(清)董浩等辑:《全唐文》卷821,上海古籍出版社,1990年版,第3834页。

的思想。辽道宗的思想实际上是与陈黯、程晏的思想一脉相承的，也应该是华夷同为"中国"的思想观念。

语出韩愈《原道》的"夷而进于中国则中国之"，除了具有夷狄用"中国"之礼即为"中国"之意以外，还应具有夷狄进入"中国"之地即为"中国"的意思。这里的"中国"有时可以理解为"中原"，有时可以理解为以"中国"自居的汉族等各个政权，也就是说，只要在"中国"范围之内，不论华夷都是中国。如，宋人刘敞曾说"子欲居九夷，盖徐州莒鲁之间，中国之夷非海外之夷也"①，即将孔子欲居之"九夷"，说成是"中国之夷"，并非是"海外之夷"。朱熹也曾说过，"古者中国亦有夷狄，如鲁有淮夷，周有伊雒之戎是也"②，均认为"中国"之内也有"夷"，无疑是华夷同处于"中国"一个政权之内即为"中国"的思想。再如，唐人以中国自居，也称四周少数民族为蕃夷，但他们将蕃夷划分为"化外人"和"化内人"两种，化外人是指"声教之外四夷之人"③，不属于唐朝的"国人"，化内人则是指"归化"或"归附"唐朝的少数民族，属于唐朝国内民族，唐朝对"外蕃之人投化者"给予"复十年"④的优惠待遇，并规定"凡内附后所生子，即同百姓，不得为蕃户也"⑤，与唐人同等看待。唐朝是中国，这些归附的"蕃夷"，受唐朝管辖，列入唐朝户籍，也就成了中国人，无疑是在一个政权之内既可以有"华"也可以有"夷"的思想，也就是华夷同为中国的思想。这种进入"中国"之境且受"中国"管辖之人，就是中国的思想，应该是中国历史上以"中国"自称的各个政权都是多民族政权的根本所在。历史上各个王朝均有这种思想，契丹人也不例外，他们在唐朝时期，曾一度归附唐朝，成为唐朝的"化内人"。等到契丹人建立政权之后，仍称燕云十六州等地进入辽境之人为汉人、华人，也就是承认他们是中国人，同时也认为契丹人的文化与汉文化已无差别，也是"中国"，华夷同为"中国"。《辽史·刘辉传》曾记载，"大安末，（刘辉）为太子洗马，上书言：'西边诸番为患，士卒远戍，中国之民疲于飞挽，非长久之策。为今之务，莫若城于盐泺，实以汉

---

① 刘敞：《公是先生七经小传》卷下《论语》，四部丛刊续编本。
② 黎靖德编：《朱子语类》卷36《论语·子罕篇上·子欲居九夷章》，中华书局，1994年版，第972页。
③ 长孙无忌等：《唐律疏议》卷16《擅兴》，中华书局，1983年版，第307页。
④ 杜佑：《通典》卷6《食货六·赋税下》，中华书局，1984年版，第33页。
⑤ 唐玄宗等：《大唐六典》卷3《尚书户部》李林甫等注，（日）广池千九郎训诂、内田智雄补订，广池学园事业部昭和四十八年十二月一日版，第69页。

户，使耕田聚粮，以为西北之费.'"① 刘辉在这里所使用的"中国"一词，就是指辽人，主要指契丹人，而"诸蕃"一词则指辽朝周边的少数民族，"汉户"则主要指进入契丹境内的汉人。在契丹人看来，契丹是"中国"，契丹管辖下的汉人也是"中国"，契丹人没有管辖的汉人也是"中国"，显而易见，这就是一种华夷同为"中国"的思想。如果我们将"契丹人以'蕃'自居"，说成是"自外于'中国'"的话，就等于将中国历史上的"中国"政权说成是单一的汉民族政权，这是不符合历史实际的。

以上可以看出，辽人依据自孔子以来汉儒有关"诸侯用夷礼则夷之，进于中国则中国之"的思想学说，在大力张扬夷人懂礼即为"中国"的同时，并没有将汉人或汉人政权排除到"中国"之外，而是认为汉人懂礼是"中国"，汉人不懂礼也会变成夷狄，不是"中国"。也就是说，辽人已经具有夷人懂礼为"中国"，汉人懂礼亦为"中国"，不论华夷，只要懂礼即为"中国"的思想观念。这种思想观念显然是一种华夷同为"中国"的思想观念。恐怕这也是辽人在明确称自己为"中国"之时，仍然称宋为"中国"且不避讳称自己为"夷"的原因之一吧。

四

辽人在自称"中国"之初，并没有自称"正统"，直到辽圣宗后期才明确地自称"正统"，同时，以"五德终始"学说为理论根据，将宋朝列入"非正统"之闰位，不承认宋朝的"正统"地位。辽人虽然不承认宋朝的"正统"地位，但并不否认宋朝也是"中国"，具有"中国"与"正统"既有联系又有区别、"正统"与"非正统"都是"中国"的思想观念。

有人认为，辽人自称"正统"就是"中国"意识的觉醒，就是自称"中国"，将"中国"和"正统"混为一谈②。其实，"中国"和"正统"并非是一对完全相同的概念，而是一对既有联系又有区别的概念。比如，春秋战国时期，东周、鲁、卫、晋、宋、郑、陈、许等国皆称"中国"，但并非都是正统，后世一直以天子所在的"东周"为正统。西汉王朝与王莽新朝都是"中国"，但并非都是"正统"，人们习惯上以西汉为正统，而以王莽新朝为非正统。魏、蜀、吴三国都是"中国"，人们或以魏为正统或以蜀为正统，南朝、北朝皆自称"中国"，隋朝按照"五德终始"学说，标榜自己继承北周"木德"以"火德"为运，实际上是承认北朝为"中国正统"，但他们在

---

① 脱脱等：《辽史》卷104《刘辉传》，中华书局，1974年版，第1455页。
② 《德运之争与辽金王朝的正统性问题》，《中国社会科学》，2004年2期。

承认北朝为中国正统的同时，也不否认南朝称"中国"。这种"中国"与"正统"并非完全一致的思想，对后世产生了一定影响。如宋末元初文人郑思肖就曾指出，"自古以来，诸国之名仍存之，盖出于天子之所封也"。认为中国历史上的一些朝代可以称"中国"，但不能全部称"正统""若论古今正统，则三皇、五帝、三代、西汉、东汉、蜀汉、大宋而已。"认为只有这几个政权可以称正统，而"两晋、宋、齐、梁、陈，可以中国与之，不可列之于正统。"认为这几个政权可以称"中国"但不可以称"正统"。郑思肖又认为"李唐为《晋·载记》凉武昭王李暠七世孙，实夷狄之裔"，虽有"贞观、开元太平气象，东汉而下未之有也"，但只能"列之于中国，特不可以正统言"，认为唐朝可以称"中国"，但不可以称"正统"。又认为"夷狄行中国之事曰'僭'，人臣篡人君之位曰'逆'，斯二者天理必诛。王莽、曹操为汉臣，逆也；普六茹坚（隋文帝杨坚）乃夷狄，吕后、武后乃妇人，五代八姓乃夷狄盗贼之徒，俱僭也，非天明命也""得中国者，未可以言正统"[①]，认为这些政权均可以称"中国"，但不能称"正统"。郑思肖是一位"华夷之辨"思想十分严重之人，他认为两晋、宋、齐、梁、陈以及隋、唐和五代，都不能称"正统"，但都可以称"中国"，无疑是一种带有偏见的思想，但他将"中国"和"正统"区别开来，承认少数民族建立的政权也可以称"中国"，还是有一定积极意义的。辽人对"中国"和"正统"的认识，就存在这方面的思想倾向。

从上述辽人自称"中国"的情况，可以看出，辽朝建立政权之初，虽然萌生了"中国"意识，以"中国"自称，但并未称"正统"。如，辽圣宗初年，与宋签订"澶渊之盟"，只是希望取得与宋朝对等地位，主张与宋互称"南朝""北朝"，虽然也产生一些意欲比宋朝为优的思想意识，但实际上并未取得高于宋朝的政治地位，双方仍以"兄弟之国"相称，如景德元年（1004年）十二月七日宋真宗在给辽圣宗的书信中称"章圣皇帝谨致书于弟大辽皇帝阙下"[②]，辽圣宗还要称宋真宗为兄等等。开泰（1012—1021年）初年，萧和尚出使宋朝，虽以大国相称，但主要的还是反对宋朝用对待"蕃部"之礼对待辽使，也是要取得与宋朝对等地位，并没有高于宋朝的过多企求。

到了太平元年（开泰十年，1021年）七月，辽圣宗"遣骨里取石晋所

①郑思肖：《心史·杂文·古今正统大论》，上海广智书局光绪三十一年（1905年）版，第106-107页。

②徐梦莘：《三朝北盟会编》卷6引《封氏编年》，上海古籍出版社，1987年版，第44页。

上玉玺于中京"①，表明辽圣宗开始以"中国正统"自居了。据《辽史·仪
卫志》记载，"会同九年（946年），太宗伐晋，末帝表上传国宝一、金印
三，天子符瑞于是归辽。"以辽太宗从后晋手中得到的传国宝为"秦始皇
作"②。据说，秦始皇用蓝田山玉制成一枚玉玺，刻有李斯书"受命于天，
既寿永昌"八字，号曰传国玺。汉高祖定三秦，秦王子婴将其献于汉高祖。
"王莽篡位，就元后求玺，后乃出以投地，上螭一角缺"③。后传东汉光武
帝，汉末军阀割据，孙坚入洛，得传国玺于井中，传于孙权，"后归魏"，魏
文帝又在此传国玺上用隶书刻写了"大魏受汉传国之宝"几个字。后由魏传
晋，"晋怀帝永嘉五年（311年）六月，帝蒙尘平阳，玺入前赵刘聪。至东
晋成帝咸和四年（329年），石勒灭前赵，得玺。穆帝永和八年（352年），
石勒为慕容俊灭，濮阳太守戴施入邺，得玺，使何融送晋。传宋，宋传南
齐，南齐传梁。梁传至天正二年（552年），侯景破梁，至广陵，北齐将辛
术定广陵，得玺，送北齐。至周建德六年（577年）正月，平北齐，玺入
周。周传隋，隋传唐④，唐改名为"受命宝"。历代王朝均以为得秦传国玺
者为"中国正统"，因此"往往模拟私制"⑤，据宋人所撰《册府元龟》记
载，后周太祖广顺三年（953年）有司曾言，南北朝时期北朝和南朝均传有
"神玺"（传国宝），并认为真玺由唐传后梁，后梁传后唐，后唐末帝兵败
"以传国宝随身自焚而死，其宝遂亡失"，后晋高祖石敬瑭在天福初年"以传
国宝为清泰（后唐末帝李从珂）所焚，特置宝一坐"，后在辽太宗灭晋时，
由晋出帝"皇子延煦等奉国宝并命印三面送与虏主"，辽太宗知"其国宝即
天福初所造"之假传国宝，称"所进国宝，验来非真传国宝"，令晋出帝将
"其真宝速进来"，晋出帝奏称"真传国宝因清泰末伪主从珂以宝自焚，自此
亡失，先帝登极之初，特制此宝，左右臣寮备知，固不敢别有藏匿"⑥。说
明辽人知道他们从晋人手中得到的传国宝是假宝，再加上那时的辽人大约还
不知道历史上有关"以得玺者为正统"⑦的说法，或者是那时的辽人根本就
没有自称"中国正统"的意图，因此，对所得假传国宝并未十分珍视。直到

---

①脱脱等：《辽史》卷16《圣宗纪七》，中华书局，1974年版，第189页。

②脱脱等：《辽史》卷57《仪卫志三》，中华书局，1974年版，第913页。

③范晔：《后汉书》卷48《徐璆列传》李贤等注引卫宏语，中华书局，1965年版，第1621页。

④司马迁：《史记》卷6《秦始皇本纪》张守节正义引《吴志》，中华书局，1982年第2版，第227页。

⑤脱脱等：《辽史》卷57《仪卫志三》，中华书局，1974年版，第913页。

⑥王钦若等：《册府元龟》卷594《掌礼部·奏议》，中华书局，1960年版，第1799页。

⑦（明）王圻：《续文献通考》卷127《王礼考·符玺·宝玺·郝经传国玺》，明万历三十年刻本。

太平元年（1021 年），圣宗萌生了称"中国正统"的思想意识，才想起这枚假传国宝，特派遣骨里等"驰驿取石晋所上玉玺于中京（今内蒙古宁城西大明城）"①，并作《传国玺诗》云："一时制美宝，千载助兴王。中原既失守，此宝归北方。子孙宜慎守，世业当永昌。"②辽圣宗为何突发奇想，派遣使者将这枚假传国宝取至中京，并作《传国玺诗》，一定是接受了传统中国以为得到秦朝传国玺即为"中国正统"的思想，就是想利用这枚假传国宝，假戏真做，用以标榜自己从后晋手中得到了传国宝，就应该成为继承后晋正统的"中国正统"王朝。关于辽朝按五德终始学说确立继承后晋为"中国正统"之事，我们可以从金人讨论德运问题时，秘书郎吕贞幹等人曾提到"辽以水为德"的问题中得到证实。金章宗泰和年间，为了争正统，开展了一场德运问题大讨论，吕贞幹、赵泌等人主张金朝应该继承辽朝为正统，谓"辽以水为德，水生木"，金朝应该"承辽运为木德"③。说明辽朝确实曾按照"五德终始学说"以继承后晋"金"德自居，确定自己的德运为"水"。辽人主张继承后晋为"中国正统"，实际上是按"五德终始学说"，将后汉、后周以及北宋列入所谓的"非正统"的"闰位"，不承认后汉、后周和北宋政权为"中国正统"。这从后来辽圣宗的一些表现中也能看出来。如，辽圣宗太平七年（1027 年），萧蕴、杜防等使宋与宋朝馆伴使程琳等争论使者坐次时说"大国之卿，当小国之卿，可乎?"④足见辽人已经不将宋辽平等的"兄弟之国"的规定放在眼里，开始以"大国"自居而卑视宋朝了。说明辽圣宗"驰驿取石晋所上玉玺于中京"之时，辽朝就已经以"中国正统"自居了，并非是到了辽兴宗以后才自称"中国正统"。

应该说，辽兴宗即位以后，正统意识进一步增强，意欲高于宋朝的愿望与日俱增，重熙七年（1038 年），辽兴宗"以《有传国宝者为正统》赋试进

①脱脱等：《辽史》卷 57《仪卫志三》，中华书局，1974 年版，第 913-914 页。
②此诗初见宋人孔平仲《珩璜新论》，称"仁宗朝有使北者见北主传国玺诗云"，并未明确说明此诗出自辽朝哪位皇帝之手，（清）厉鹗《辽史拾遗》、周春《增订辽诗话》、近人陈衍《辽诗纪事》、陈述《全辽文》以及今人阎凤梧等《全辽金诗》均将此诗列在圣宗名下，陈述《全辽文》加有按语云"检审仁宗当朝亘四十余年，历辽圣宗、兴宗、道宗三帝，辽主者，不得他证，未可必谓为圣宗也。"此诗虽无他证必为辽圣宗所作，但从圣宗派遣骨里等人驰驿取后晋所上传国宝来看，以其诗为圣宗所作，应当不误。
③（金）佚名编：《大金德运图说》，文渊阁四库全书本。
④李焘：《续资治通鉴长编》卷 105，天圣五年四月辛巳条，中华书局，1985 年版，第 2439 页。《宋史》卷 288《程琳传》在记载此事时则称，杜防说："大国之卿，可以当小国之君"，辽朝以大国自居之语意更加明确。

士"①，利用辽人从后晋手中得到的这枚假传国宝，为辽人承晋为"中国正统"大造声势。辽人这种正统观念在后来宋辽"增币交涉"时表现得更加突出。据宋人记载，庆历二年（1042 年）在宋辽讨论增加岁币之时，辽兴宗提出，宋人向辽交纳岁币，"须于誓书中加一'献'字乃可。"宋人富弼说"'献'字乃下奉上之辞，非可施于敌国。况南朝为兄，岂有兄献于弟乎？"辽兴宗又说"南朝以厚币遗我，是惧我也，'献'字何惜？"既而又说"改为'纳'字如何？"富弼仍然不同意，且于回国之时建议朝廷不要答应辽人的请求，后来，宋仁宗并未听从富弼的意见，"许称'纳'字"②。这是宋人的说法，而在辽人的记载中则说，"会宋遣使增岁币以易十县"，刘六符与耶律仁先等使宋，"定'进贡'名，宋难之。"刘六符曰："本朝兵强将勇，海内共知，人人愿从事于宋。若恣其俘获以饱所欲，与'进贡'字孰多？况大兵驻燕，万一南进，何以御之！顾小节，忘大患，悔将何及！""宋乃从之，岁币称'贡'"③。按辽人的说法，辽人并非是要求宋人用"献"或"纳"字，而是向宋人提出用"贡"字，且说宋人已经同意使用"贡"字，与宋人的记载差异很大。无论是辽人说用"贡"字还是宋人说用"献"字或"纳"字，都反映了辽人意欲凌驾于宋人之上以"中国正统"自居的思想愿望。也就是说，辽人早已不满意与宋人对等交往，意欲做宋人的宗主国了，毫无疑问，这种思想应该是辽人有关正统在辽而不在宋观念的突出表现。

辽道宗以后，辽人声称自己是中国"正统"的史料更是频繁出现，如辽道宗咸雍八年（1072 年）刻石《创建静安寺碑铭》中宣称："今太祖天皇帝，总百年（一作"绍百世"）之正统，开万世之宝系。"④ 寿昌六年（1100年），辽道宗派遣萧好古等前往高丽册封高丽太子，声称"朕荷七圣之丕图，绍百王之正统"⑤。天祚帝即位后又在册封高丽王的册文中称"朕祗遹先猷，

①脱脱等：《辽史》卷 57《仪卫志三·符印》，中华书局，1974 年版，第 914 页。
②李焘：《续资治通鉴长编》卷 137，仁宗庆历二年九月癸亥条，中华书局，1985 年版，第3292-3293 页。
③脱脱等：《辽史》卷 86《刘六符传》，中华书局，1974 年版，第 1323 页。此外，《辽史》卷 19《兴宗纪二》亦记载说："宋岁增银、绢十万两、匹，文书称'贡'"；卷 96《耶律仁先传》称："仁先与刘六符使宋，仍议书'贡'……乃定议增银、绢十万两、匹，仍称'贡'"；卷 96《姚景行传》又记载，姚景行在道宗朝说："自圣宗皇帝以威德怀远，宋修职贡，追今几六十年。"
④向南：《辽代石刻文编·道宗编上·创建静安寺碑铭》，河北教育出版社，1995 年版，第 360 页。
⑤郑麟趾：《高丽史》卷 11《肃宗世家一》，肃宗五年十月壬子条，朝鲜民主主义人民共和国科学院，1957 年版，第 165 页。

绍隆正统",在给高丽国王的诏书中称"朕绍开正统,奄宅多方"①。就是到了天祚帝被金人俘虏,在其所上投降书中仍然念念不忘表白:"伏念臣祖宗开先,顺天人而建业,子孙传嗣,赖功德以守成。奄有大辽,权持正统。拓土周数万里,享国逾二百年,从古以来,未之或有。"② 足见,辽圣宗以后,辽人已经明确地以继承后晋为"中国正统"自居,明确地称自己为"中国正统"王朝了。

如前所述,辽人在辽圣宗后期称自己为"正统"以后,仍称宋朝是"中国",但没有称宋朝是"正统",这说明辽人并没有将"中国"和"正统"看成是一回事,而是认为"中国"与"正统"既有联系又有区别,即在各个政权分立割据之时,各个政权都可以称"中国",但不能都称"正统","正统"应该是各个割据政权中占据主导地位的王朝。按此理解,辽人所说的"正统"应该是指中国的正统,"非正统"也是指中国的非正统,无论是"正统"王朝还是"非正统"王朝都可以称中国。显而易见,这种思想观念与后来郑思肖所说的一些王朝可以称中国,但不可以称正统的思想是很有些相似的。

综上所述,可以看出,契丹人受其先祖鲜卑人以及隋唐契丹"化内人"的影响,建国之后即因袭鲜卑人附会自己为"炎黄子孙"自称"中国"的观念,开始以"中国"自居了。契丹人自称"中国"之初,并没有自称"正统",直到辽圣宗后期才萌生了自称"中国正统"的思想意识,并遵循"五德终始"学说,将宋朝列入"非正统"之闰位。辽人在自称"中国"的同时,仍然称宋朝为"中国",在强调夷人懂礼是"中国"的同时,并不反对汉人懂礼也是"中国",在自称"正统"的同时,仍然称宋朝是"中国",具有辽宋同为中国、华夷懂礼同为中国以及"正统"与"非正统"都是"中国"等特点。辽人的这种"中国观",实际上是一种"中国多元一体"的"中国观",这种"中国观"对后来的金元等王朝产生了十分重要的影响。

原载《文史哲》2010 年第 3 期;中国人民大学复印报刊资料《宋辽金元史》2010 年第 4 期全文转载。

---

①郑麟趾:《高丽史》卷 12《肃宗世家二》,肃宗九年四月甲子条,朝鲜民主主义人民共和国科学院,1957 年版,第 173 页。

②(金)佚名编,金少英校补,李庆善整理:《大金吊伐录》第 189 篇《辽主耶律延禧降表》,中华书局,2001 年版,第 508 页。

契丹自称"炎黄子孙"考论

自从《辽史》称契丹人自称"炎黄子孙"以来，很少有人对契丹人自称"炎黄子孙"问题提出疑问。近年来，有人对此提出不同看法，认为其说是由辽末天祚帝时期汉族史官耶律俨在纂修《皇朝实录》时附会《魏书·序记》虚构出来，并非是契丹人自称。看来，有关契丹自称"炎黄子孙"问题，仍有进一步讨论的必要。因作此文，对契丹自称"炎黄子孙"问题作进一步探讨，不正确之处，敬请方家指正。

一

《辽史·太祖纪赞》认为："辽之先，出自炎帝，世为审吉国。"《辽史·世表》也说："庖牺氏降，炎帝氏、黄帝氏子孙众多，王畿之封建有限，王政之布濩无穷，故君四方者，多二帝子孙，而自服土中者本同出也。考之宇文周之书，辽本炎帝之后，而耶律俨称辽为轩辕后。俨志晚出，盍从《周书》。盖炎帝之裔曰葛乌菟者，世雄朔陲，后为冒顿可汗所袭，保鲜卑山以居，号鲜卑氏。既而慕容燕破之，析其部曰宇文，曰库莫奚，曰契丹。契丹之名，昉见于此。"这是元朝史官修《辽史》时写下来的话语，据学者们研究，元修《辽史》主要参考金人陈大任所修《辽史》，陈大任修《辽史》主要参考金人萧永祺等人所修《辽史》以及辽朝史官耶律俨所修《皇朝实录》，也就是说，这段话主要是据耶律俨所撰辽朝《皇朝实录》改编而成。从文中所述内容可知，辽朝史官耶律俨在修《辽史》时，依据契丹源于东胡之后鲜卑之说，取《晋书》、《魏书》等书以东胡、慕容鲜卑、拓跋鲜卑为黄帝之后的观点，认为契丹为轩辕（黄帝）后，将契丹人说成是黄帝子孙。元人编写的《辽史》则认为契丹族是从鲜卑族中的宇文鲜卑直接发展而来，因此，取《周书》宇文鲜卑自称为炎帝之后的说法，将契丹说成是炎帝子孙。炎帝和黄帝是兄弟，同出于少典，有关契丹人始祖的说法虽然有黄帝和炎帝之不同，但最终还是一源，都是炎黄子孙。

长期以来，人们对《辽史》的这一记载，并无疑义，近年来有人提出不同看法，认为"不管是耶律俨的黄帝说，还是元朝史官的炎帝说，都是受汉文化影响的结果，与青牛白马说和三汗说这些契丹本民族的历史传说相比较，它们显然是后起的说法。"又说"耶律俨所主张的黄帝苗裔说，是在辽末天祚帝时纂修的《皇朝实录》中才出现的"①,认为有关契丹是"炎黄子孙"的说法并非是由契丹本民族创造出来的传说,而是由汉人耶律俨(原名李俨,汉人李仲禧之子)于辽朝末年纂修《皇朝实录》时附会《魏书·序记》时虚构出来的。即认为在辽朝末年以前并没有契丹人是"炎黄子孙"的说法。这种看法恐怕与史实相去甚远。

老实说,由于流传至今的契丹史料不多,我们在《辽史》之外还真拿不出辽朝末年天祚帝时期,契丹人自称"炎黄子孙"的十分有力的有如碑刻等方面记载的直接的确凿证据。但是,我们完全可以从辽朝末年契丹人早已自称"中国"、自称中国"正统"等事实中看出,契丹人自称"炎黄子孙"之事,应该是毋庸置疑的。据《辽史·刘辉传》记载,辽道宗时期,太子洗马刘辉曾上书说"西边诸番为患,士卒远戍,中国之民疲于飞挽,非长久之策。为今之务,莫若城于盐泺,实以汉户,使耕田聚粮,以为西北之费。"这里所说的"中国",就是指契丹。说明契丹在辽朝时期已经明确地自称"中国"了。至于契丹人自称中国"正统"的史料,在辽朝末年更是频繁出现,如辽道宗咸雍八年(1072年)刻石《创建静安寺碑铭》中宣称"今太祖天皇帝,总百年(一作"绍百世")之正统,开万世之宝系"②。寿昌六年(1100年),辽道宗派遣萧好古等前往高丽册封高丽太子,声称"朕荷七圣之丕图,绍百王之正统"③。天祚帝即位后又在册封高丽王的册文中称"朕祇遹先猷,绍隆正统",在给高丽国王的诏书中称"朕绍开正统,奄宅多方"④。就是到了天祚帝被金人俘虏,在其所上投降书中仍然念念不忘表白自己是"正统",谓"伏念臣祖宗开先,顺天人而建业,子孙传嗣,赖功德以守成。奄有大辽,权持正统。拓土周数万里,享国逾二百年,从古以来,未之或有"⑤。契丹人一再表明自己是中国"正统",虽然不能直接证明契丹人自称"炎黄子孙",但从中也能看出契丹人试图继承"中国"传统、附会为"中国"后裔的某些端倪。

---

①《契丹族的历史记忆——以"青牛白马"说为中心》,见《漆侠先生纪念文集》,河北大学出版社,2002年版。

②向南:《辽代石刻文编·道宗编上·创建静安寺碑铭》,河北教育出版社,1995年版,第360页。

③郑麟趾:《高丽史》卷11《肃宗世家一》,朝鲜民主主义人民共和国科学院,1957年版,第165页。

④郑麟趾:《高丽史》卷12《肃宗世家二》,朝鲜民主主义人民共和国科学院,1957年版,第173页。

⑤(金)佚名编,金少英校补,李庆善整理:《大金吊伐录》第189篇《辽主耶律延禧降表》,中华书局,2001年版,第508页。

二

我们虽然没有发现辽朝末年天祚帝时期契丹人明确自称"炎黄子孙"的文献资料和碑刻资料，但多数学者对辽朝末年契丹人自称"炎黄子孙"之事并不怀疑。这不仅是他们相信《辽史》的记载，相信史官尤其是作正史的史官不会随意虚构史实等方面的原因以外，还能从辽朝中期契丹人早已自称"炎黄子孙"等事实中看出来。

辽朝中期，契丹人自称"炎黄子孙"之事，已见于考古发现的契丹人墓志碑刻以及相关文献资料。

据史书记载，辽圣宗在《赐圆空国师诏》中，使用了"上从轩皇，下逮周发，皆资师保，用福邦家，斯所以累德象贤"① 等词语，武玉环据此认为辽圣宗时期契丹人就已经以轩皇（黄帝）为自己的祖先了②，笔者十分赞同这一观点。此外，《辽史》中还记载，圣宗统和十三年（995 年）八月"壬辰，诏修山泽祠宇、先哲庙貌，以时祀之"③。厉鹗《辽史拾遗》引用《宣府镇志》对圣宗此诏作了进一步说明，谓"契丹统和十三年，帝在炭山，诏归化等处守臣，修山泽祠宇、先哲庙貌，以时祀之。于是，诸州孔子庙及奉圣黄帝祠、儒州舜祠、大翮山王次仲祠，俱为一新"④。这条史料明确记载，辽朝官员奉圣宗之命，自辽统和十三年（995 年），开始在奉圣州重建黄帝祠，在儒州重建舜祠，"四时祭祀"。辽圣宗重建黄帝庙和舜祠，四时祭祀黄帝及黄帝的后人虞舜，应该是契丹人以黄帝为先祖的一种表现。

辽代中期，契丹人自称"炎黄子孙"，不仅见于上述历史文献和方志的记载，也见于契丹人的墓志碑刻。比如，1989 年内蒙古赤峰市巴林左旗杨家营子镇石匠沟辽墓出土了《大契丹国夫人萧氏墓志》，墓志在谈到萧氏的丈夫契丹人耶律污斡里时说"公讳污斡里，其先出自虞舜"，明确将黄帝之子昌意的七世孙虞舜说成是契丹人耶律污斡里的祖先，无疑是契丹人自称"炎黄子孙"的直接的确凿的记录⑤。萧氏丈夫耶律污斡里在辽圣宗时曾任上京留守，萧氏死于辽圣宗统和二十七年（1009 年），该墓志即撰刻于萧氏

---

①陈述：《全辽文》卷 1，引《圆空国师胜妙塔碑》，中华书局，1982 年版，第 15 页。

②武玉环：《论契丹民族华夷同风的社会观》，《史学集刊》，1998 年第 1 期

③脱脱等：《辽史》卷 13《圣宗纪四》，中华书局，1974 年版，第 147 页。

④厉鹗：《辽史拾遗》卷 7《圣宗四》引《宣府镇志》，张舜徽主编《二十五史三编》本，岳麓书社，1994 年版，第 44 页。

⑤金永田：《大契丹国夫人萧氏墓志及画像石初探》，载苏赫主编《中国北方古代文化国际学术讨论会论文集》，中国文史出版社，1995 年，第 118 页。

逝世之年，这说明契丹在辽末天祚帝之前的圣宗时期就已经自称"炎黄子孙"，此墓志就是辽圣宗时期契丹自称"炎黄子孙"的直接的、十分有力的确凿证据。契丹人自称"炎黄子孙"的碑刻并非仅此一件，2003 年辽宁阜新蒙古族自治县平安地乡阿汉土村宋家梁屯北山辽墓又出土了《永清公主墓志》，墓志中记载说"盖国家系轩辕皇帝之后"，轩辕即黄帝，也明确记载了契丹人自称为"炎黄子孙"的事实，成为契丹人自称"炎黄子孙"的又一铁证。据袁海波、李宇峰研究，永清公主是辽景宗第三子辽圣宗之弟耶律隆裕（《辽史》作耶律隆祐）的孙女，其父契丹人耶律宗熙（贴不）历辽圣宗、兴宗、道宗三朝，该墓志撰刻于辽道宗寿昌元年（1095 年）①，不仅说明契丹人自称"炎黄子孙"之事是铁定的事实，也说明契丹自称"炎黄子孙"之事并非出现在辽末天祚帝时期，而是早在天祚帝之前的圣宗和道宗时期，契丹人就已经自称"炎黄子孙"了，还能说明契丹人是"炎黄子孙"的说法并非是汉人耶律俨（原名李俨，汉人李仲禧之子）在纂修《皇朝实录》时附会《魏书·序记》虚构出来的，而是契丹人自称。

有人说，仅据"两条石刻文字资料"来支撑契丹自称"炎黄子孙"的论点，"实在太过单薄"，不知何意？笔者认为，不要说是两条，就是有一条史料能够直接、确凿地证明契丹人自称"炎黄子孙"之事，那么我们就应该承认契丹自称"炎黄子孙"就是一个毋庸置疑的铁定的事实，就不应该按自己的主观臆测随意地怀疑史书记载之事实为史官虚构，应该相信大多数史官尤其是修正史的史官在撰写历史时都十分注意证据，并非随意虚构。

三

契丹自称"炎黄子孙"之事已经见诸于辽中后期的圣宗和道宗时期的墓志碑刻和文献记载，那么，这些文字记载的来源和依据是什么呢？愚意以为，主要应该依据于契丹人祖辈的世世代代的口头传说。辽中期，契丹自称"炎黄子孙"之事已经见诸于文字记载，那么，这一记载所依据的契丹人世世代代口耳相传的传说一定出现的更早。实际上，契丹人早在辽朝建国之初就已经与汉人攀附亲戚而自称"炎黄子孙"了。

据《辽史·后妃传序》记载，"太祖慕汉高皇帝，故耶律兼称刘氏；以乙室、拔里比萧相国，遂为萧氏。"关于辽太祖耶律阿保机慕汉高祖刘邦以刘为姓之事，史书有不同说法。宋人庞元英在《文昌杂录》中说"余尝见枢密都承旨张诚一说：昔年使北虏，因问耶律、萧姓所起，彼人云：'昔天皇

---

① 袁海波，李宇峰：《辽代汉文〈永清公主墓志〉考释》，《中国历史文物》，2004 年第 5 期。

王（耶律保机）问大臣云：自古帝王英武为谁耶？其大臣对曰：莫如汉高祖。又问：将相勋臣孰为优？对以萧何。'天皇王遂姓耶律氏，译云刘也。其后亦锡姓萧氏。"所记与《辽史·后妃传序》记载大体相同。庞元英接着又记载说，"欧阳少师作《五代史》乃曰：天皇王阿保机，以其所居横帐地名为姓世里，世里，译者谓邪（耶）律。昔萧翰为契丹大族，其号阿钵，本无姓氏，李松为制姓名曰萧翰，于是姓萧。"并说"二者不知孰是也？"① 其实，说契丹萧姓是因李松而得，不见他书记载，似无道理，应以契丹人自己所说慕汉高祖刘邦和萧何所得为准。既然契丹人主张攀附刘邦、萧何之姓为自己的姓氏，无疑是在和汉人攀附亲戚，具有承认自己是刘邦、萧何后裔的意思。刘邦、萧何是人们公认的"炎黄子孙"，那么，契丹人也就成了"炎黄子孙"。到了辽太宗时期，契丹与汉人攀附亲戚的观念有了进一步发展，据《旧五代史》记载，辽太宗耶律德光在天显十一年（936 年）册封石敬瑭为大晋皇帝文中曾说，"尔惟近戚，实系本枝，所以余视尔若子，尔待予犹父也"，与石敬瑭约为"父子之邦"。石敬瑭是汉化沙陀人，沙陀人属突厥族系，与契丹人并非同一族系，辽太宗将石敬瑭说成是"近戚""本枝"，并约为父子，不像是与突厥人攀亲戚，倒像是看中了石敬瑭的汉化身份以及视后晋政权为汉人政权而与汉人攀附亲戚的缘故。辽太宗在册文中还希望石敬瑭"补百王之阙礼""成千载之大义"②，就是希望石敬瑭能够继承和发展"中国"传统，成为"中国"传人，足以说明辽太宗说石敬瑭是"近戚""本枝"并与之约为父子，是在与汉人攀亲戚。如是，则说明辽太宗时期，契丹人自视为汉人"近戚""本枝"，也就是自视为"炎黄子孙"的意思。既可以说明，那时的契丹人已经自称"炎黄子孙"，又可以说明契丹称"炎黄子孙"并非是直至辽末天祚帝时才由耶律俨虚构出来。

近年来，都兴智曾根据辽朝初年宗室耶律氏就以漆水为郡望封爵，太祖耶律阿保机自称刘氏，颏昱在世宗天禄三年（949 年）被封为漆水郡王等视黄帝为其远祖的资料，指出"辽代契丹族炎黄子孙的文化心理认同""早在辽初就已经形成了"③，所论甚是。

辽朝初年为了和汉人攀附亲戚而自称"炎黄子孙"，应该是受其先祖鲜

①庞元英：《文昌杂录》卷 5，中华书局，1958 年版第 65-66 页。

②薛居正：《旧五代史》卷 75《晋书·高祖纪》，中华书局，1976 年版，第 986 页。该书将此册文系于辽天显九年，陈述《全辽文》根据《辽史·太宗纪》记载，认为辽太宗册石敬瑭为大晋皇帝应在天显十一年。

③都兴智：《契丹族与黄帝》，韩世明《辽金史论集》第 10 辑，中国社会科学出版社，2007 年版，第 4 页。

卑人以及隋唐契丹"化内人"影响的结果。

虽然有人对契丹自称"炎黄子孙"问题持怀疑态度，但对契丹人源于东胡族系并由鲜卑族直接发展而来的观点则没有人提出质疑。据《辽史·世表》记载，契丹族称其先世出于东胡，"（匈奴）冒顿可汗以兵袭东胡，灭之。余众保鲜卑山，因号鲜卑。"后来，为"慕容晃（皝）所灭，鲜卑众散为宇文氏，或为库莫奚，或为契丹。"于是，契丹族便从鲜卑族的分支宇文鲜卑中分离出来，走上了独自发展的道路。契丹族的先世东胡和鲜卑早已自称"炎黄子孙"，并被一些汉族史学家和少数民族史学家记载到相关的史书之中。如，《晋书·慕容廆载记》认为，慕容鲜卑"其先有熊氏之苗裔，世居北夷，邑于紫蒙之野，号曰东胡"，《十六国春秋·前燕录》则更加具体地说"昔高辛氏游于海滨，留少子厌越以君北夷，邑于紫蒙之野，世居辽左，号曰东胡"。有熊氏即黄帝，高辛氏帝喾是黄帝的后代，将东胡族说成是有熊氏的后代或帝喾少子厌越的后代，就是认为东胡是黄帝的后代。由东胡族分出来的鲜卑族也称自己是黄帝或炎帝的后代。如《魏书·序纪》认为，建立北魏政权的拓跋鲜卑就以黄帝之子昌意少子为自己的直接祖先，他们认为"黄帝以土德王，北俗谓土为托，谓后为跋"[1]，因称自己为鲜卑拓跋氏。《周书》则称控制西魏政权的宇文鲜卑宇文泰"其先出自炎帝神农氏，为黄帝所灭，子孙遁居朔野"[2]。宇文泰的儿子建立北周政权的宇文觉更明确地说"予本自神农"[3]，将自己所从出的宇文鲜卑说成是炎帝神农后裔。契丹人认为自己是"炎黄子孙"，应该是受其先祖鲜卑人影响的结果。据史书记载，契丹族从鲜卑族中分离出来以后，与鲜卑族建立的北魏等政权接触频繁，"贡献不绝"[4]，他们对鲜卑人附会自己为"炎黄子孙"以及北魏等政权自称"中国"的情况应该有所了解[5]，不能不受其影响。到了唐太宗贞观二年（628年），契丹族首领"摩会率其部落来降"[6]，贞观二十二年（648

①魏收：《魏书》卷1《序纪》，中华书局，1974年版，第1页。
②令狐德棻等：《周书》卷1《文帝纪上》，中华书局，1971年版，第1页。
③令狐德棻等：《周书》卷3《孝闵帝纪》，中华书局，1971年版，第46页。
④魏收：《魏书》卷100《契丹传》，中华书局，1974年版，第2223页。
⑤鲜卑人建立的北魏政权进入中原以后，也自称"中国"，并且得到了北方少数民族的承认，如，蠕蠕（柔然）豆仑可汗时，"其臣侯医垔、石洛候数以忠言谏之，又劝与国通和，勿侵中国"（魏收：《魏书》卷103《蠕蠕传》，中华书局，1974年版，第2296页），所说的"中国"即指拓跋鲜卑建立的北魏政权，西魏末年"突厥以（史）宁所图必破，皆畏惮之，咸曰：'此中国神智人也'"（令狐德棻等《周书》卷28《史宁传》，中华书局，1971年版，第468页），所说"中国"即指鲜卑人宇文泰建立的西魏政权。
⑥刘昫：《旧唐书》卷199《契丹传》，中华书局，1975年版，第5350页。

年），契丹族首领窟哥又"举部内属"，唐太宗设置"松漠都督府，以窟哥为使持节十州诸军事、松漠都督，封无极男，赐氏李"①，又在内迁营州附近的契丹人地区设置归诚州、玄州和辽州等，在松漠都督府地区设置弹汗州等八州，以各部首领为刺史，契丹开始成为唐朝的"化内人"。此后，契丹人开始以唐人自居，如武则天万岁通天元年（696 年）契丹松漠都督李尽忠、归诚州刺史孙万荣等起兵反抗武则天的武周政权，曾以"还我庐陵（唐中宗李显）相王（唐睿宗李旦）来"② 相号召，公开打出了反对武周政权、保卫唐朝的旗号，说明那时的契丹"化内人"已经以唐人自居了，唐人自称"中国"，并为后世普遍承认，常用唐人指称"中国"③，契丹人以唐人自居，无疑具有自诩为"唐人"，即"中国人"的思想倾向。唐代契丹"化内人"虽非契丹全部，但应该对契丹及其后裔产生了十分重要的影响。

如果我们从契丹人以鲜卑人为其祖先以及契丹有着与北朝和隋唐长时期交往的经历并且一度成为唐朝"化内人"分析，他们应该很早就知道他们的先人鲜卑人自称"炎黄子孙"以及在北朝自称"中国"的情况，也应该知道他们的先人自比唐人（即中国人）的情况，据此，我们认为，至迟在辽太祖建立契丹国之初，契丹人就开始以"炎黄子孙"自居了。

有人说，"即便某些史书载有鲜卑人自称炎黄之后的文字，也是出于撰著史书的史家之笔，无法印证其确是鲜卑人之'自称'，因而，也就不能作为'影响'辽初契丹人'自称''炎黄子孙'的依据。"将史书记载的有关鲜卑人自称炎黄之后的文字，说成是"史家之笔"，也就是认为出于史家虚构的意思，如果研究历史的人都去按自己的意思去臆测"史家之笔"，符合自己观点的撰述可以视为史实，不符合自己观点的撰述都视为虚构，恐怕我们的历史研究就要走向主观臆测史学了。

其实，史书记载的鲜卑人自称"炎黄子孙"之事，并非全部是"史家之笔"，有的史家已经明确说明是鲜卑人自称，如《周书》中记载的宇文鲜卑人宇文觉说"予本自神农"④，无疑是宇文鲜卑之"自称"。像这样鲜卑人自称"炎黄子孙"的史料，不仅见诸于文献记载，也见诸于有关金石碑刻。

---

①欧阳修等：《新唐书》卷 219《契丹传》，中华书局，1975 年版，第 6165 页。

②（唐）张鷟撰，赵守俨点校：《朝野佥载》卷 3，中华书局，1979 年版，第 30 页。另见韩偓《金銮密记》，陶宗仪《说郛》卷 49；《太平广记》卷 277《梦二·天后》，文渊阁四库全书本。

③朱彧：《萍洲可谈》卷 2 记载"汉威令行于西北，故西北呼中国为汉，唐威令行于东南，故蛮夷呼中国为唐。"又说"边俗指中国为唐"等；（宋）江少虞《宋朝事实类苑》卷 77《南蕃呼中国为唐》，引《倦游录》称"至今广州胡人，呼中国为唐家，华言为唐言"，等等，均用"唐"指称中国。

④令狐德棻等：《周书》卷 3《孝闵帝纪》，中华书局，1971 年版，第 46 页。

如,《蜀州青城县令达奚君神道碑》称"天命昌意,启我幽都;帝封始均,天雄弱水。积六十七叶,凡九十九姓。豫邻之代,分为诸国,兄弟七人,各统一部,天伦之盛,达奚居上"①。认为这位以"达奚"为姓的鲜卑家族的先祖始均出自于黄帝之子昌意,即是鲜卑人自称"炎黄子孙"的一个例证。再如,《唐故河南宇文府君墓志铭》称出自于宇文鲜卑的宇文琬,"代郡武川人也,炎帝为所出之先普回日受符之祖,则有定侯岳峙,文皇龙跃,承家翊魏,开国称周,弈荣英华,斯为盛矣"②,称鲜卑人宇文琬的先祖出自于炎帝,也是鲜卑人自称"炎黄子孙"的一个例证。此外,出土于宁夏固原南郊乡王涝坝村的鲜卑人宇文猛墓志亦称"其先颛顼之苗裔"③。颛顼为黄帝之孙,称鲜卑人宇文猛为颛顼之苗裔,就是认为鲜卑人是"炎黄子孙"的意思。这充分说明鲜卑人早以自称"炎黄子孙",对契丹人自称"炎黄子孙"产生影响恐怕不是天方夜谭,而应该是毋庸置疑之事。

有人认为,"在辽朝前期契丹族汉化程度不高的情况下,不大可能将契丹人附会为炎黄子孙"④。这里我们且不说将契丹人自称"炎黄子孙"与汉化绝对联系起来是否正确,即使将契丹人自称"炎黄子孙"与汉化联系起来,但认为辽朝前期汉化程度不高,恐怕也存在低估契丹文化水平的问题。明人于慎行曾在其所著《读史漫录》中指出,辽金元"三虏国俗,元不如金,金不如辽""契丹自唐盛时,附在北鄙,衣冠食用,渐有华风,故其建国以来,声名政教,与宋不相远也。女真起自海上,不通中土,风俗鄙朴矣。至于蒙古,又出达靼部落,在漠北绝远之地,有国数十年,法度风俗,鸿濛未凿,即楚材创造于先,世祖润色于后,声教纪纲,渐入中华,而风俗文物,依然北荒之朴。较之辽金,有径庭焉。故曰:元不如金,金不如辽"⑤。明人于慎行对契丹、女真、蒙古文化的论述不一定完全正确,但他说出了一个重要史实,那就是契丹早在隋唐时期就已深受汉文化影响,"渐有华风",至于所说契丹建国之后"声名政教,与宋不相远",可能存在对契丹文化估计过高的倾向,但也可以说明契丹在建国之初的汉文化水平绝不会

①董浩等编:《全唐文》卷165《蜀州青城县令达奚君神道碑》,上海古籍出版社,1990年版,第741页。

②陆增祥:《八琼室金石补正》卷57唐29《唐故河南宇文府君墓志铭》,文物出版社,1985年版,第391页。

③宁夏回族自治区固原博物馆、中日原州联合考古队编:《原州古墓集成》,文物出版社,1999年版,第16页。

④《契丹族的历史记忆——以"青牛白马"说为中心》,见《漆侠先生纪念文集》,河北大学出版社,2002年版,第171页。

⑤于慎行:《读史漫录》卷14《辽金元》,齐鲁书社,1996年版,第491页。

像有些人所估计的那样低。有的西方学者在对中国古代少数民族包括契丹族进行研究之后，指出"所谓野蛮民族并不像一般所相信的那么文化低落，侵略中国而获得成功的边疆民族都有他们一套相当可观的文化"①。西方著名学者沙畹也说过辽朝的第二代皇帝使辽成了一个"真正的汉族王朝"②。既然契丹人早在隋唐时期就已经"渐有华风"，辽代第二代皇帝辽太宗耶律德光时就建成了一个"真正的汉族王朝"，建国之初的汉文化水平就不应该估计过低，如是，契丹人在建国之初自称"炎黄子孙"，也应该成为顺理成章之事，不应该有什么怀疑吧？

综上所述，可以看出，契丹人由于受其先祖鲜卑人以及隋唐契丹"化内人"自称"炎黄子孙"、自称"中国"的影响，早在辽太祖建国之初就已经自称"炎黄子孙"了，并非是直至辽末天祚帝时期才由汉族史官耶律俨在纂修《皇朝实录》时附会《魏书·序记》虚构出来。应该说，契丹人自称"炎黄子孙"，不无与汉人攀附亲戚之嫌，并无科学根据。因为中华民族和文明的起源并非一源，而是多源，具有"多元一体"的特点，这已为中国长江流域、黄河流域、燕辽地区丰富的远古人类考古及其文化所证明，已经成为学界的普遍共识。但契丹人自称"炎黄子孙"，足以反映契丹人对"中国"的心理认同③，且契丹人在自称"炎黄子孙"的同时，并不否认汉人也是"炎黄子孙"，毫无疑问，这是一种具有契丹人和汉人都是"炎黄子孙"，都是"中华一体""中华一家"中重要成员的思想意识。说明张博泉、费孝通等人提出的"中华多元一体"观念，并非完全"是一个政治概念而非学术概念"，无数事实证明，这一概念的提出，完全符合中国多民族国家历史发展的实际。"中华多元一体"观念，不仅是一个政治概念，也是一个学术概念。

原载《西南大学学报》2012 年第 6 期；《新华文摘》2013 年第 3 期论点摘编栏目摘录论点；《高等学校文科学术文摘》2013 年第 1 期学术卡片栏目摘录论点。

---

①赖德懋（O. Lattimore），Inner Asian Frontiers of China, New York：Beacon Press, 1962, P238-251，542-549. 转引自陶晋生《历史上汉族与边疆民族关系的几种解释》，《边疆史研究集——宋金时期》，台湾商务印书馆，1971 年版，第 17 页。

②转引自魏特夫：《中国社会史——辽（907—1125）总论》，参见王承礼等主编：《辽金契丹女真史译文集》，吉林文史出版社，1990 年版，第 7 页。

③梁启超曾指出，在全世界范围内，"凡遇一他族而立刻有'我中国人'之一观念浮于其脑际者，此人即中华民族之一员也"（《饮冰室合集·专集》第 11 册《中国历史上民族之研究》，上海中华书局，1948 年版）。契丹自称"炎黄子孙"，即是他们认同汉族的先祖黄帝和炎帝，具有与汉族"同是中国人"的"共同心理素质"思想意识的一种表现，也是契丹人能够融入中华民族的历史原因和文化动力。

辽人自称"北朝"考论

陈述先生在 1948 年出版的《契丹史论证稿》一书中①，较早使用了辽宋为"北南王朝"的概念，1982 年又发表《要重视辽金史的研究》一文②，正式提出了"宋辽金时期是祖国历史上再一次南北朝"的观点，1983 年所撰《辽金两朝在祖国历史上的地位》一文③，又说"辽金是中国史上的第二次北朝"。陈述先生所提出的宋辽金是中国历史上第二次南北朝的观点，逐渐为海内外学者所接受。然陈述先生并未对宋辽金互称"南北朝"问题进行深入讨论，后人有关文章虽然有所涉及，但仍存在一些模糊不清以及认识不一的问题，因此，笔者不避浅陋，拟就辽人自称"北朝"问题做进一步讨论，不正确之处，敬请读者批评指正。

一

关于辽人自称"北朝"的问题，学界已经取得了共识，但在辽人何时开始自称"北朝"的问题上，还存在不同意见。有人以为，"自重熙年间起，辽朝开始以北朝自称"④，将辽人自称"北朝"的时间确定在辽兴宗以后，似乎与史实存在较大距离。

实际上，早在契丹与五代并立时期⑤，就已经有了"南朝"和"北朝"的称呼。据史书记载，后晋政权建立之后就开始称契丹为"北朝"，契丹则称后晋为"南朝"而自称"北朝"。如，后晋天福元年（936 年），石敬瑭在契丹帮助下当上了"儿皇帝"，闰十一月大赦天下，称"遇北朝皇帝英明鉴古""俾成大业"⑥，即称契丹为"北朝"。天福三年（938 年），契丹派遣中书令韩颖（颎）赴晋册晋高祖石敬瑭为"英武明义皇帝"⑦，石敬瑭为了回

①陈述：《契丹史论证稿》，国立北平研究院史学研究所，1948 年 9 月版。
②陈述：《要重视辽金史的研究》，《光明日报》，1982 年 8 月 30 日。
③陈述：《辽金两朝在祖国历史上的地位》，《辽金史论集》，上海古籍出版社，1987 年版。
④刘浦江：《德运之争与辽金王朝的正统性问题》，《中国社会科学》，2004 年 2 期。
⑤辽朝数变国号，有时用"契丹"，有时用"辽"，因此，文中"契丹"与"辽"并用。
⑥王钦若等：《册府元龟》卷 93《帝王部·赦宥第十二》，中华书局，1960 年版，第 1116 页；另见（清）董浩等辑《全唐文》卷 117《晋高祖·御文明殿大赦文》，上海古籍出版社，1990 年版。
⑦欧阳修：《新五代史》卷 8《晋本纪》，中华书局，1974 年版，第 83 页。

报契丹，拟遣兵部尚书王权出使契丹，为契丹主耶律德光及其母上尊号，"权辞以老病"不肯行①，石敬瑭下诏罢去王权兵部尚书之职，称"王权昨差北朝国信使，坚不肯收接敕牒"② 等，诏文中所说的"北朝"，即指契丹。随后，石敬瑭改派赵莹、冯道等赴辽为辽太宗及其母上尊号，冯道在受任时回答石敬瑭的话说："陛下受北朝恩，臣受陛下恩，何有不可！"③ 冯道到达契丹以后，曾对辽太宗耶律德光说，"南朝为子，北朝为父，两朝皆为臣，岂有分别哉！"④ 分别称后晋为"南朝"，称契丹为"北朝"。天福八年（943年）石敬瑭死，少帝石重贵即位，遣使告哀契丹，"无表致书，去臣称孙"⑤，并下诏罢去"太原往例每年差人押送葡萄往北朝"之贡物等⑥，契丹大怒，遣使赴晋责问，晋臣景延广令契丹回图使乔荣"归语而主，先帝为北朝所立，故称臣奉表。今上乃中国所立，所以降志于北朝者，正以不敢忘先帝盟约故耳。为邻称孙，足矣，无称臣之理。北朝皇帝勿信赵延寿诳诱，轻侮中国。"⑦ 天福九年（944年）正月，晋少帝又在所下亲征契丹诏书中说"朕以恭承先旨，尊奉北朝"⑧ 等等，所说"北朝"都是指契丹。从上述史料中可以看出，后晋政权建立之初，后晋皇帝及其大臣就已经明确地称契丹为"北朝"了。据此分析，契丹为了与晋人称契丹为"北朝"相呼应，也应该称后晋为"南朝"而自称"北朝"，由于史书缺少这方面的记载，我们还不敢断言晋政权建立之初，契丹就已经自称"北朝"了。但到了辽太宗灭亡后晋以后，契丹自称"北朝"的史料就已经屡见不鲜了，比如，辽太宗于会同十年（947年）正月，灭亡后晋以后，曾对尚未建立后汉政权的刘知远说"汝不事南朝，又不事北朝，意欲何所俟邪？"⑨ 又曾说："我破南朝，祗得李崧一人而已。"⑩ 辽太宗在这里所说的"南朝"无疑是指后晋政权，"北朝"则是指契丹。《新五代史》还记载，辽太宗灭亡后晋，意欲仿照中原制

①王钦若等：《册府元龟》卷 329《宰辅部·奉使》，中华书局，1960 年版，第 3892 页。

②董浩等辑：《全唐文》卷 114《晋高祖·停兵部尚书王权官诏》，上海古籍出版社，1990 年版，第 512 页。

③薛居正：《旧五代史》卷 126《冯道传》，中华书局，1976 年版，第 1658 页。

④薛居正：《旧五代史》卷 126《冯道传》引杨亿《谈苑》，中华书局，1976 年版，第 1659 页。

⑤薛居正：《旧五代史》卷 88《晋书·景延广传》，中华书局，1976 年版，第 1144 页。

⑥王钦若等：《册府元龟》卷 46《帝王部·智识》，中华书局，1960 年版，第 529 页。

⑦司马光等：《资治通鉴》卷 283，后晋天福八年九月戊子条，中华书局，1956 年版，第 9253 页。

⑧董浩等辑：《全唐文》卷 118《晋少帝·亲征诏》，上海古籍出版社，1990 年版；王钦若等：《册府元龟》卷 118《帝王部·亲征》，中华书局，1960 年版，第 525 页。

⑨司马光等：《资治通鉴》卷 286，后汉高祖天福十二年正月癸丑条，中华书局，1956 年版，第 9336 页。

⑩薛居正：《旧五代史》卷 108《李崧传》，中华书局，1976 年版，第 1421 页。

度"将视朝""有司给（韩）延寿貂蝉冠"，给张砺"三品冠服"，张砺不肯受，说"吾在上国时，晋遣冯道奉册北朝，道赍二貂冠，其一宰相韩延徽冠之，其一命我冠之。今其可降服邪！"① 张砺在这里所说的"北朝"也是指"契丹"。张砺虽然是由中原进入契丹的汉人，但他已为契丹所用，并以契丹自居，因此，他称契丹为"北朝"也寓有辽人自称之意。如是，我们完全可以说，早在辽人灭亡后晋之时，辽人就已经明确地自称"北朝"了，并非是到了辽兴宗重熙年间（1032—1048 年）以后，才开始自称"北朝"。

辽人不仅在五代时期称后晋等政权为"南朝"而自称"北朝"，到了北宋政权建立之后，也称北宋为"南朝"而自称"北朝"。如，建隆二年（961年）十一月，契丹涿州刺史耶律琮在致宋知雄州孙全兴的书信中称"切思南北两地，古今所同""今兹两朝，本无纤隙"②，书中虽未明确称宋辽为"南朝"和"北朝"，但书中先称"南北"后称"两朝"，似亦寓有"南朝""北朝"之义。其实，北宋政权建立之初，也称辽朝为"北朝"，如，辽景宗乾亨元年（979 年）正月乙酉，辽朝派遣"挞马长寿使宋，问兴师伐刘继元之故。丙申，长寿还，言'河东（指北汉刘继元）逆命，所当问罪。若北朝不援，和约如旧，不然则战。'"③ 宋太宗在这里所说的"北朝"就是指辽朝，说明北宋初年并不避讳称辽为"北朝"。既然北宋称辽为"北朝"，辽自然也就以"北朝"自居了。此后，有关辽人自称"北朝"的史料不仅见于文献记载，也见于有关石刻资料，如辽景宗乾亨三年（981 年）赵衡所撰《张正嵩墓志》就称"我北朝大圣皇帝，初创乾坤"④，就是辽人自称"北朝"的一个实例。至于文献记载辽人自称"北朝"的事例就更多了，比如，辽圣宗统和二十二年（1004 年）闰九月，为辽所用的王继忠意欲为宋辽"澶渊议和"穿针引线，特在《请宋帝遣使议和状》中说，自己原为宋人，在"望都之战"中"为北朝所擒""北朝以臣早事宫庭，尝荷边寄，被以殊宠，列于诸臣。……况北朝钦闻圣德，愿修旧好"⑤，王继忠在这里所说的"北朝"都是指契丹，王继忠虽然是由宋入辽之人，但他作为辽人与宋和谈代表之一，所称契丹为"北朝"应该具有以辽人自居而自称"北朝"之意。统和二十二年（1004 年）十月，王继忠又在上宋书中说"北朝日候朝廷使者，今尚未

①欧阳修：《新五代史》卷72，《四夷附录》，中华书局，1974 年版，第898 页。

②徐松辑：《宋会要辑稿》蕃夷一之一、蕃夷一之二，中华书局，1957 年版，第7673 页。

③脱脱等：《辽史》卷9《景宗纪下》，中华书局，1974 年版，第101 页。

④向南《辽代石刻文编·太宗、世宗、穆宗、景宗编·张正嵩墓志》，河北教育出版社，1995 年版，第68 页。

⑤李焘：《续资治通鉴长编》卷57，景德元年闰九月癸酉条，中华书局，1980 年版，第1268 页。

至，乞早差人至此商量"①。十一月，契丹"复令王继忠具奏求和好，且言北朝顿兵，不敢劫掠，以待王人。……（继忠）复具奏，乞自澶州别遣使者至北朝，免致缓误"② 等等。可见，由宋人辽的王继忠在代表辽方与宋人洽谈时，一直称宋为"南朝"，称辽为"北朝"，说明在宋辽"澶渊之盟"签订之前，辽人一直以"北朝"自居。台湾学者陶晋生先生曾指出，"南北朝的称呼，在誓书（指"澶渊之盟"宋辽双方签订的誓书）之前虽不见于双方来往的文字，却已经是交涉中口头上常用之词"③，所论甚是。

如果说在宋辽签订"澶渊之盟"以前，宋辽互称"南朝"和"北朝"，只是一种民间以及个别官员或个别皇帝的个人行为，还没有形成制度的话，那么，到了辽圣宗与宋朝签订"澶渊之盟"时，宋辽的"南朝"和"北朝"的称呼就已经被双方正式确定下来了。据李焘《续资治通鉴长编》记载，宋辽和议成，宋人"录契丹誓书，颁河北、河东诸州军。始，通和所致书，皆以南、北朝冠国号之上。"④ 但将作监丞王曾不同意，说"古者尊中国贱夷狄，直若首足。二汉始失，乃议和亲，然礼亦不至均。今若是，是与之亢立，首足并处，失执甚焉，狄固不可启。臣恐久之，非但并处，又病倒植，愿如其国号契丹足矣。"宋真宗虽然认为王曾所说有理，但仍以"使者业已往，又重变，遂已"⑤。从这条史料记载中，可以看出，宋辽在签订"澶渊之盟"时，双方曾有互致国书应以"南朝""北朝"冠国号之上的约定。李焘在记载此事之后，附上了宋辽双方签订"澶渊之盟"时所上的"誓书"，宋致辽誓书称"大宋皇帝谨致誓书于大契丹皇帝阙下"，辽致宋誓书称"大契丹皇帝谨致誓书于大宋皇帝阙下"，均未以"南朝""北朝"冠国号之上，因此，李焘很不理解，说"此誓书俱不称南、北朝，不知王曾何故云'事已行，不果改'，当考。"⑥ 关于宋辽"澶渊之盟"通和之初双方"皆以南、北朝冠国号之上"的国书，生活在南宋时期的李焘都没有看到，我们今天就更看不到了。虽然如此，并不能说明这条有关"以南、北朝冠国号之上"的记载纯属子虚乌有，只要我们打开宋辽签订"澶渊之盟"时双方所上誓书，就

①徐松辑：《宋会要辑稿》蕃夷一之三十，中华书局，1957 年版，第 7687 页。

②李焘：《续资治通鉴长编》卷 58，景德元年十一月庚午条，中华书局，1980 年版，第 1283 页。

③陶晋生：《宋辽关系史研究》，台北联经出版事业公司，1984 年版，第 30 页。

④李焘：《续资治通鉴长编》卷 58，宋真宗景德元年十二月辛丑条，中华书局，1980 年版，第 1299 页。

⑤富弼：《王文正公曾行状》，见宋杜大珪编《名臣碑传琬琰集》中卷 44，四库全书本；李焘《续资治通鉴长编》卷 58 有节文，可参阅。

⑥李焘：《续资治通鉴长编》卷 58，宋真宗景德元年十二月辛丑条，中华书局，1980 年版，第 1299 页。

会看到，宋辽签订"澶渊之盟"时，已经使用了"南朝""北朝"的用语，如宋致辽的《澶渊誓书》称："以风土之宜，助军旅之费，每岁以绢二十万匹、银一十万两，更不差使臣专往北朝，……至于陇亩稼穑，南北勿纵惊骚。所有两朝城池，并可依旧存守"①，辽致宋誓书与此相同。可见，誓书中已经明确地使用了"北朝"一语，"南北""两朝"也是指"南朝"和"北朝"。宋真宗在与契丹交换誓书以后，又在《赐王继忠诏》中说，"北朝人使□回，寻令继昌同去，备陈书誓，明达诚怀。两朝既议于欢盟，百姓必期于安堵。遂令诸州放出老小，各遂营生，仍戒诸路部署州军，不得更出兵马。……或北朝流散从人，侦知不出军兵，遂结党类，恣行骚动，已命署司量出兵甲，剪除贼盗，安抚人民。若遇北界兵，并令具述事意，卿可以此达于北朝。若有探骑游兵，请即抽取，免令相见，或致难明。仍闻北朝诸寨幕之中，犹带老小前去，流离愁叹，诚可悯嗟。卿宜细具敷扬，尽令归复，共守和平之义，免伤南北之情。同卜岁寒，不渝誓约。"② 这说明，宋辽在签订"澶渊之盟"时，确有双方以"南朝""北朝"相称的约定。至于我们今天看不到"以南、北朝冠国号之上"的国书，恐怕与宋人存在不同意见而导致后来反对互称"南、北朝"有关。从上述史料中可以看出，宋人王曾等人不同意使用"南朝"和"北朝"的称呼，从中完全可以透漏出这样的信息，即辽人积极主张使用"南朝"和"北朝"的称呼，宋人最初并不反对，后来王曾等人提出了不同意见，宋真宗认为很有道理，遂在此后致辽的国书中不在"以南、北朝冠国号之上"了，而在此之前"以南、北朝冠国号之上"的国书也因为史家笔削而不复存在了。李焘在记载此事时曾加有按语称"两朝誓书册内有景德元年誓书本，不知真宗实录，何故不载"③，真宗实录不载宋辽签订"澶渊之盟"时双方往来的国书，恐怕与宋人不愿意保存"以南、北朝冠国号之上"的国书有关，如果这一推论能够成立的话，真宗实录不载宋辽签订"澶渊之盟"时双方往来的国书就很好理解了，"两朝誓书册内"的"景德元年誓书本"见不到"以南、北朝冠国号之上"的称呼也就不足为奇了。

据《续资治通鉴长编》记载，辽重熙二十一年（宋皇祐四年，1052 年）

①李焘：《续资治通鉴长编》卷58，宋景德元年十二月辛丑条注引宋辽誓书，中华书局，1980年版，第1299页；另见叶隆礼《契丹国志》卷20《澶渊誓书》，上海古籍出版社，1985年版，第189-190页，个别文字略有出入。

②《宋大诏令集》卷232《四裔五·契丹五·赐王继忠诏》，中华书局，1962年版，第904页。（司义祖校订1997，2006）

③李焘：《续资治通鉴长编》卷58，宋景德元年十二月辛丑条，中华书局，1980年版，第1299页。

辽遣使贺宋乾元节,"其国书始去国号,而称南、北朝;且言书称大宋、大契丹非兄弟之义。帝召二府议之,参知政事梁适曰:'宋之为宋,受之于天,不可改。契丹亦其国名。自古岂有无名之国。'又下两制、台谏官议,皆以讲和以来,国书有定式,不可辄许。乃诏学士院答契丹书,仍旧称大宋、大契丹。其后契丹复有书,亦称契丹如故。"① 有人认为"自重熙年间起,辽朝开始以北朝自称",当主要依据这一史料。其实,依据这一史料很难作出"辽自重熙年间起才开始自称北朝"的结论。这一史料虽然称辽重熙二十一年(1052年)致宋国书"始去国号,而称南北朝",但并没有说辽人自此才开始自称"北朝",而是强调"始去国号",恐怕与"澶渊之盟"双方所约定的"以南、北朝冠国号之上"是不相同的。"以南、北朝冠国号之上"并没有去掉国号,而是在国号之前加称"南朝""北朝""南、北朝"与国号并存,"始去国号"则是在国书中不书写国号,只书"南、北朝",《宋史·韩综传》在记载此事时曾说"使者欲为书称北朝而去契丹号"②,《宋会要辑稿》在记载此事时也明确说"去其国号,止称南朝、北朝"③,并非是"北朝"与国号相重叠。显而易见,辽统和二十二年(1004年)"以南、北朝冠国号之上"和辽重熙二十一年(1052年)"始去国号"并非是一件事。李焘分别将这两件事写在宋真宗景德元年十二月辛丑条和宋仁宗皇祐四年四月丙戌条之下,就说明他没有将这两件事混为一谈。如果说,景德元年(1004年)宋辽双方约定"以南、北朝冠国号之上"因宋人王曾反对而没有实施的话,那么,皇祐四年(重熙二十一年,1052年)辽人"始去国号,只称南北朝"的要求也因宋人反对而没有实施,同样没有实施,为什么不将辽人自称"北朝"的时间提前到景德元年,而非要确定在皇祐四年(重熙二十一年)呢!

实际情况应该是,辽人自五代时期就已经明确地自称"北朝"了,到了宋辽签订"澶渊之盟"时,双方约定"以南、北朝冠国号之上",但由于宋人反对,宋朝方面即不在致辽国书中"以南、北朝冠国号之上"了,至于辽人是否在致宋书中"以南、北朝冠国号之上",由于宋人的笔削以及辽人没有将相关的国书保存下来,我们已经无从得知了,但有一点是可以肯定的,就是在宋人不在国书中"以南、北朝冠国号之上"以后,辽人致宋书中仍有

① 李焘:《续资治通鉴长编》卷172,宋仁宗皇祐四年四月丙戌条,中华书局,1985年版,第4141页。此事还见徐松辑《宋会要辑稿》蕃夷二之一七、王称《东都事略·梁适传》、王暐《道山清话》、王珪《华阳集·梁庄肃公适墓志铭》、张方平《乐全集·昌黎韩君墓志铭》等,所记大同小异。

② 脱脱等:《宋史》卷315《韩亿传附子综传》,中华书局,1977年版,第10300页。

③ 徐松辑:《宋会要辑稿》蕃夷二之一七,中华书局,1957年版,第7700页。

自称"北朝"的情况,如辽重熙十一年(1042 年)二月,辽人派遣刘六符等使宋交涉关南地,辽兴宗在致宋书中说"李元昊于北朝久已称藩,累曾尚主"①。同年八月辽兴宗又在致宋书中写有"南朝河北缘边州军,北朝自古北口以南军兵民夫"② 等语。重熙十二年(1043 年),辽兴宗又在答宋仁宗书中称"北朝曾封夏国主……今两朝事同一家,若元昊请罪,其封册礼待,亦宜一如北朝"③ 等等,辽人在这些致宋书中所说的"北朝"均指辽朝,说明宋人不同意"以南、北朝冠国号之上"以后,辽人并未放弃使用"南、北朝"的称呼,并希望宋人也能同意"以南、北朝冠国号之上",因此才有重熙二十一年(1052 年)"其国书始去国号,而称南、北朝"事件的发生。辽人主动地在国书中"称北朝而去契丹号"之举,虽然未能得到宋人同意,但他们试图与宋朝以"南北朝"相称的愿望并未泯灭,此后,辽人不但在国书行文中继续自称"北朝",还在有关石刻中出现了"以北朝冠国号上"的情况,如道宗大康七年(1081 年)《萧孝恭墓志》,首行即称"北朝大辽国……萧孝恭墓志铭"④。更应该引起我们关注的是,辽人还在与宋交往过程中积极争取宋人也同意他们使用"北朝"的称呼,如,《续资治通鉴长编》记载,宋哲宗元祐元年(辽道宗大安二年,1086 年),"雄州言:'得涿州牒,今后若委所司于生饩目之内,书写北朝国信使、副并三节人从,经久为便,本朝有司不空南朝字,亦议别行改更。'诏:'令雄州移牒北朝涿郡,今后所赐国信使生饩,客省目子并折支,目内并书北朝贺逐节名国信使、副并国信下三节人从。'"⑤ 从中可以看出,辽人不仅在致宋书中自称"北朝",还建议宋朝在双方使节往来互赐生饩等礼物时,在有关文件中注明"北朝"贺宋某某节国信使、副及三节人从等,需要书写宋朝有司之时,也不能"空南朝字",无疑是在要求宋朝与辽以"南北朝"相称。当时,宋哲宗对辽人的要求表示谅解,同意在使节往来互赐生饩等礼物的有关文件中书写"北朝"字样。再如,宋哲宗元符二年(辽道宗寿昌五年,1099 年),宋朝馆伴

---

①李焘:《续资治通鉴长编》卷 135,仁宗庆历二年三月己巳条,中华书局,1985 年版,第 3230 页。《契丹国志》卷 8 谓书中称"李元昊于北朝为甥舅之亲,设罪合致讨,曷不以一介为报",与此记载稍异。该书卷 8 与卷 20 均将此书系之于重熙十年,岁次壬午,误,"壬午"年应为重熙十一年。

②徐松辑:《宋会要辑稿》蕃夷二之一五,中华书局,1957 年版,第 7699 页。此书亦见《长编》卷 137、《契丹国志》卷 20、《太平治迹统类》卷 8 等,文字稍有出入,陈述《全辽文》卷 2 有考异。

③李焘:《续资治通鉴长编》卷 142 仁宗庆历三年七月癸巳条,中华书局,1985 年版,第 3408 页。

④盖之庸:《内蒙古辽代石刻文研究》,内蒙古大学出版社,2002 年版,第 250 页。

⑤李焘:《续资治通鉴长编》卷 377,哲宗元祐元年五月壬戌条,中华书局,1985 年版,第 9161 页。

所官员曾称，辽朝"信使欲改大辽国信所为北朝字，从之。以元祐中，因敌使授生饩劄子欲改大辽为北朝，既降旨从其所请，又令今后却提空南朝字，彼亦不敢违。馆伴所亦难以北朝白劄子内有南宋字。"① 辽人不仅要求宋人在宋辽使节往来互赐生饩等礼物的有关文件中书写"北朝"字样，还要求将"大辽国信所"改为"北朝国信所"或"北朝大辽国信所"，宋哲宗亦表示谅解，全部答应了辽人的请求。这不仅说明辽人一直没有放弃与宋朝的"南北朝"称呼，也说明宋人不同意"以南、北朝冠国号之上"以及不同意在国书中"去国号，而称南、北朝"的观念逐渐有了松弛。

其实，宋人自建立政权之日起就沿袭五代以来有关"南北朝"的称呼，与辽互称"南北朝"，到了有些宋人不同意"以南、北朝冠国号之上"，不同意"去国号而称南、北朝"以后，也没有间断使用"南北朝"的称呼，这在宋朝致辽国书中也能见到，比如，庆历四年（1044年），宋仁宗在《回契丹书》中说"北朝未知元昊今夏有奏来……若以其于北朝失事大之礼。则自宜问罪。若以其于本朝稽效顺之故。则不烦出师。况今月五日延州奏。元昊已遣杨宗素赍誓文入界。若不依自初约束。则犹可沮还。如尽已遵承。则南朝何以却之。"② 书中所说"北朝"无疑是指"辽朝"，"南朝"则是指宋朝。就是在宋人不同意"去国号而称南、北朝"不久的嘉祐三年（1058），"契丹告国母哀。使人到阙入见，皇帝（宋仁宗）问云：'卿离北朝日，侄皇帝悲苦之中，圣躬万福。'朝辞日，即云：'皇帝传语北朝侄皇帝，婶太皇太后上仙，远劳人使讣告。春寒，善保圣躬。'中书、枢密以下待制已上，赴驿吊慰云：'窃审北朝太皇太后上仙，伏惟悲苦。'"③ 宋仁宗仍称"辽朝"为"北朝"。元符二年（1099年），宋哲宗又在辽使归国所授"白札子"中称"夏人自知罪恶深重，乃更缔造诡词，饰非文过，干告北朝，求为救助。……缘南北两朝百年和好，情义至厚，有同一家，夏国犯顺，罪恶如此，北朝所当共怒。……深惟北朝兴宗皇帝敦笃劝和……所筑城寨，并无与北朝边界相近之处，即非有违两朝信誓。必料北朝臣僚，不曾检会往日书词及所立

① 李焘《续资治通鉴长编》卷509，哲宗元符二年四月辛卯条，中华书局，1986年版，第12119-12120页。
② 《宋大诏令集》卷228《四裔一·契丹一·回契丹书》，中华书局，1962年版，第884页。李焘《续资治通鉴长编》卷151仁宗庆历四年八月戊戌条亦记载了这一《回契丹书》，文字略有不同。
③ 脱脱等：《宋史》卷124《礼志二十七·凶礼三·外国丧礼及入吊仪》，中华书局，1977年版，第2898-2899页。

誓约，……今以北朝遣使劝和之故，见令边臣与之商量"① 等等，均称"辽朝"为"北朝"。至于宋朝在本国国内所下诏书以及与辽朝大臣交往时使用"南朝""北朝"之语，更是比比皆是。说明宋辽一直习惯互称"南朝""北朝"，后来虽然有一些宋人极力反对，但没有办法贯彻实施，早已深入人心的"南朝""北朝"之称呼并没有改变，且逐渐成为宋辽官方和民众的通用之语。

二

宋辽对峙时期，辽人为何积极主张使用"南朝"和"北朝"的称呼，其用意何在？这也是一个值得深入探讨的问题。

根据现存资料显示，似乎是后晋政权在与辽朝交往过程中较早使用了"南朝"和"北朝"的称呼。后晋政权是在辽朝的帮助下建立起来的政权，双方约定为"父子之国"，后晋高祖石敬瑭对辽称臣、称子，每年还要向辽"输帛三十万"②，双方地位并不平等。石敬瑭也知道这并不是什么光彩之事，因此，他在建立政权之后，主动地称辽为"北朝"而自称"南朝"，无疑具有掩盖其向辽称臣之用意，试图给人们造成一种双方平等往来的假象。但契丹也心甘情愿地接受了这一称呼，原因是什么？值得我们深思。即实先生通过对刻于辽道宗咸雍八年（1072 年）的契丹小字《糺邻墓志》（《耶律仁先墓志》）称宋辽为"南朝""北朝"的研究，认为在契丹语中"南"亦有"下"之意③，如是，在契丹语中，"北朝"和"南朝"则应该具有"上国"和"下国"的意思。确实，辽朝有"重北"之倾向，"北面官"要比"南面官"受到重视，但这时的契丹在"南朝"和"北朝"的称呼问题上是否也存在这种不平等的观念，则有待于进一步考证和研究。笔者认为，这时的契丹人在"南朝"和"北朝"的称呼上还没有形成重北轻南的不平等的观念，这从"南朝"和"北朝"的称呼首先是由后晋人提出来以及契丹人在自称"北朝"时并没有表现出来某种自尊的倾向等方面就能看出来。实际上，这时契丹人接受了后晋有关"南朝"和"北朝"的称呼，主要的是他们对后晋使用"南朝""北朝"称呼的深层涵义并未进行深究，不过是遵循当时按照南北方位互称南北并立政权为"南北朝"的一种习惯称呼而已。应该说隋唐五代时

①李焘《续资治通鉴长编》卷 509，哲宗元符二年四月辛卯条，中华书局，1986 年版，第12114-12116 页。《宋大诏令集》卷 232 亦收有此书。
②薛居正：《旧五代史》卷 137《契丹传》，中华书局，1976 年版，第 1833 页。
③即实：《谜林问径——契丹小字解读新程》，辽宁民族出版社，1996 年版，第 233 页。

期存在按照南北方位互称南北并立政权为"南北朝"的习惯，如《南诏德化碑》就有"五诏已平，南国止戈，北朝分政"[①] 等语，即用"北朝"指称南诏北方的政权。再如，《册府元龟》记载，"解元龟道士以明宗天成三年（928 年）三月自西川至，见于便殿……帝谓侍臣曰：'此人老耄，自远来北朝，别有异见，反为身名，甚堪笑也。"[②] 后唐明宗所说"北朝"当是相对于西川而自称后唐为"北朝"。《册府元龟》还记载，后唐乌昭遇出使吴越"指两地则云南朝、北朝"[③]，即用"南朝""北朝"指称吴越和后唐。宋人石袞撰《江南野史》也说，宋初令南唐"后主入朝，煜不应诏""有商人上密事，请窃往江陵焚烧北朝所造楼船战舰数千艘，乞割符验。后主惧事泄，不敢听。"[④] 文中所说"北朝"，当指与南唐相对的北宋政权。说明历史上确曾有根据南北方位而称南北不同政权为"南北朝"的情况。辽朝初年，相对于南方的五代政权而自称"北朝"，也应该是他们沿袭当时的"南朝""北朝"称呼的一种习惯用语。

如果说后唐与辽互称"南朝""北朝"是否具有对等往来的观念还有些说不清楚的话，那么，到了辽人与北宋签订"澶渊之盟"时提出"以南、北朝冠国号之上"时，辽人试图与北宋对等交往的意思就十分清楚了。据史书记载，宋辽签订"澶渊之盟"时，双方约定为"兄弟之国"，即双方确立为对等之国。宋辽有关"兄弟之国"的约定，虽然不见于《澶渊誓书》，但从有关史料记载中可以看出，在宋辽澶渊和谈、双方互致誓书之前就已经确立了。据李焘《续资治通鉴长编》记载，在宋朝和谈使者曹利用答应每年给辽"绢二十万匹、银一十万两"之后，契丹复遣王继忠见曹利用，言："南北通和，实为美事。国主（指辽圣宗）年少，愿兄事南朝"[⑤]。可见，有关"兄弟之国"的约定是辽人首先提出来的，当时，宋真宗比辽圣宗年长，辽人主动提出辽圣宗以宋真宗为兄，宋真宗以辽圣宗为弟，宋真宗称辽圣宗之母承天太后为叔母。辽人提出辽圣宗以宋真宗为兄，无疑不具有辽朝高于宋朝之意，也就是说，辽人主动提出以"南朝""北朝"相称，主要的还是要与宋朝建立对等的外交往来关系。辽人提议双方为"兄弟之国"，宋人并未反对，

---

①郑回：《南诏德化碑》，见（清）董浩等辑《全唐文》卷 999，上海古籍出版社，1990 年版，第 4589 页。

②王钦若等：《册府元龟》卷 922《总录部·妖妄第二》，中华书局，1960 年版，第 10895 页。

③王钦若等：《册府元龟》卷 933《总录部·诬构第二》，中华书局，1960 年版，第 11002 页。

④龙袞：《江南野史》卷 3《后主》，文渊阁四库全书本。

⑤李焘：《续资治通鉴长编》卷 58，景德元年十二月癸未条，中华书局，1980 年版，第 1291 页。

说明宋辽签订"澶渊之盟"时就已经确立了"兄弟之国"的对等交往关系。之后，双方即按照这种"兄弟之国"的亲属关系进行称呼。宋真宗死后，其子宋仁宗即位，称辽圣宗耶律隆绪为叔；辽圣宗死后，其子兴宗即位，宋仁宗年长于辽兴宗，宋仁宗为兄，辽兴宗为弟；辽兴宗死后，其子道宗即位，称宋仁宗为伯，辽道宗为侄；宋仁宗死，其侄英宗即位，宋英宗年长于辽道宗，为兄，辽道宗为弟；宋英宗死，其子宋神宗即位，称辽道宗为叔，称辽道宗之母为叔母；宋神宗死，其子宋哲宗即位，称辽道宗为叔祖；辽道宗死，其孙天祚帝即位，宋哲宗年长于天祚帝，为兄，辽天祚帝为弟；宋哲宗死，其弟宋徽宗即位，宋徽宗年长于天祚帝，为兄，辽天祚帝仍为弟。宋真宗和辽圣宗在"澶渊之盟"时所确立的这种"兄弟之国"的关系，并非辽朝皇帝一定要称宋朝皇帝为兄，宋朝皇帝一定要称辽朝皇帝为弟，而是"以年齿约为兄弟"①，即根据皇帝的年岁和辈份来确定亲属称呼，所体现的完全是一种对等的交往关系。宋辽"澶渊之盟"在确立双方皇帝以兄弟相称的同时，双方皇太后也和对方皇帝、皇太后建立了对等的亲属称呼关系，经常遣使通问。宋人叶梦得曾在《石林燕语》一书中说："契丹既修兄弟之好，仁宗初，隆绪在位，于仁宗为伯。故明肃太后临朝，生辰正旦，虏皆遣使致书太后，本朝亦遣使报之，犹娣妇通书于伯母，无嫌也。至和二年，宗真卒，洪基嗣位，宗真妻临朝，则仁宗之弟妇也，与隆绪时异。众议：每遣使但致书洪基，使专达礼意，其报亦如之，最为得体。元祐初，宣仁临朝，洪基亦英宗之弟，因用至和故事。"②从中完全可以看出，宋辽签订"澶渊之盟"之时，即正式确立了双方"兄弟之国"的对等交往关系，说明宋辽签订"澶渊之盟"时，辽人主动提出来的双方应该以"南朝""北朝"相称呼，也是要与宋朝建立一种对等交往关系，并不具有不平等之意。然而，由于历史"中国"自夏商周确立"五服"制度以来，就形成了边疆少数民族向中原华夏和汉族王朝进行朝贡的华夷秩序，华夏、汉族政权与少数民族政权交往一直是不平等的，如今属于少数民族契丹人建立的辽政权主动提出要与汉人建立的北宋政权平等往来，对于那些具有"古者尊中国贱夷狄"思想比较严重的宋人来说，殊难接受，因此，才有宋人王曾"是与之亢立，首足并处，失执甚焉"的议论，正是在王曾等人的反对下，宋人才不同意"以南、北朝冠国号之上"。从王曾的议论中也能看出，宋人反对"以南、北朝冠国号之上"主要是反对与辽人对等往来，这也能从反面说明辽人主张与宋互称"南北

---

①庄绰：《鸡肋编》卷中《唐明皇敕突厥可汗书》，中华书局，1983年版，第50页。
②叶梦得：《石林燕语》卷2，中华书局，1984年版，第18页。

朝"就是要与宋朝对等交往。

王曾在反对"以南、北朝冠国号之上"时，曾有一种担心，"臣恐久之，非但并处，又病倒植"①，即害怕时间一长，辽朝取得高于宋朝的地位，出现"倒过来的朝贡（逆向朝贡）"②的现象。应该说，王曾的担心后来确实出现了。据史书记载，宋辽签订"澶渊之盟"以后，辽人确实按照"兄弟之国"的约定，与宋朝平等往来。开泰（1012—1021年）初年，萧和尚出使宋朝，"将宴，典仪者告，班节度使下。和尚曰：'班次如此，是不以大国之使相礼。且以锦服为贶，如待蕃部。若果如是，吾不预宴。'宋臣不能对，易以紫服，位视执政，使礼始定。"③萧和尚虽以大国相称，但主要的还是反对宋朝用对待"蕃部"之礼对待辽使，无疑是要取得与宋朝对等地位，并没有高于宋朝的过多企求。到了辽圣宗太平七年（1027年），萧蕴、杜防等使宋与宋朝馆伴使程琳等争论使者座次时说："中国使者至契丹，坐殿上，位高；今契丹使至中国，位下，请升之。"程琳说："此真宗皇帝所定，不可易。"杜防又说："大国之卿，当小国之卿，可乎？"④辽人开始以"大国"自居而小视宋朝了。辽兴宗即位以后，随着辽朝自称"中国正统"欲望的发展，又产生了意欲做宋朝宗主国的想法，据宋人记载，庆历二年（1042年）在宋辽讨论增加岁币之时，辽兴宗提出，宋人向辽交纳岁币，"须于誓书中加一'献'字乃可。"宋人富弼说"'献'字乃下奉上之辞，非可施于敌国。况南朝为兄，岂有兄献于弟乎？"辽兴宗又说"南朝以厚币遗我，是惧我也，'献'字何惜？"既而又说"改为'纳'字如何？"富弼仍然不同意，且于回国之时建议朝廷不要答应辽人的请求，后来，宋仁宗并未听从富弼的意见，"许称'纳'字。"⑤这是宋人的说法，而在辽人的记载中则说，"会宋遣使增岁币以易十县"，刘六符与耶律仁先等使宋，"定'进贡'名，宋难之。"刘六符曰："本朝兵强将勇，海内共知，人人愿从事于宋。若恣其俘获以饱所欲，与'进贡'字孰多？况大兵驻燕，万一南进，何以御之！顾小节，忘

---

①富弼：《王文正公曾行状》，见宋杜大珪编《名臣碑传琬琰集》中卷44，四库全书本。

②西方学者杨联陞等人认为，宋人向辽交纳岁币是"倒过来的朝贡（逆向朝贡）"。见费正清主编《中国的世界秩序：传统中国的对外关系》，哈佛大学出版社，1968年。转引自田浩《西方学者眼中的澶渊之盟》，见张希卿主编《澶渊之盟新论》，上海人民出版社，2007年版，第93页。

③脱脱等：《辽史》卷86《萧和尚传》，中华书局，1974年版，第1326页。

④李焘：《续资治通鉴长编》卷105，天圣五年四月辛巳条，中华书局，1985年版，第2439页。《宋史》卷288《程琳传》在记载此事时则称，杜防说："大国之卿，可以当小国之君"，辽朝以大国自居之语意更加明确。

⑤李焘：《续资治通鉴长编》卷137，仁宗庆历二年九月癸亥条，中华书局，1985年版，第3292-3293页。

大患，悔将何及！""宋乃从之，岁币称'贡'。"① 按辽人的说法，辽人并非是要求宋人用"献"或"纳"字，而是向宋人要求用"贡"字，且说宋人已经同意使用"贡"字，与宋人的记载差异很大。无论是辽人说用"贡"字还是宋人说用"献"字或"纳"字，都反映了辽人意欲凌驾于宋人之上的思想愿望。也就是说，辽人已经不满意与宋人对等交往，意欲做宋人的宗主国了。正是在这样的情况下，才出现了辽重熙二十一年（宋皇祐四年，1052年）遣使贺宋乾元节"其国书始去国号，而称南、北朝"之事，辽人虽然声称"称大宋大契丹，似非兄弟之国"②，但骨子里所强调的恐怕并非是双方对等往来之意，恐怕与即时先生所说的在契丹语中"南"亦有"下"之意有些关系了，这与张方平在为韩综撰写墓志铭时所说"北主通书称北朝而去契丹号，意以自尊大"③，亦相吻合。如是，我们完全可以说，此后，辽人所强调的"南朝""北朝"恐怕已经不是一个对等国家的概念，而是赋予"北朝"高于"南朝"之意了。这恐怕也是辽人在宋人多次反对之后仍然热衷于"改大辽国信所"为"北朝国信所"等一系列要求的真正企图了。

辽人积极主张与五代和宋朝互称"南朝"和"北朝"，不仅具有沿袭历史上对南北不同政权的习惯称谓、辽人意欲提高自己以取得和北宋平等地位以及后来意欲凌驾于北宋之上的用意，还应该寓有更深层次的涵义，那就是强调"南朝"和"北朝"是"一家"。早在天显十一年（936年），辽太宗耶律德光就在册石敬瑭为大晋皇帝文中说，"尔惟近戚，实系本枝，所以余视尔若子，尔待予犹父也。"与石敬瑭约为"父子之邦"。石敬瑭本为汉化沙陀人，与契丹人并非同一族系，辽太宗将他说成是契丹"近戚""本枝"，又约为父子，无疑具有强调辽朝和后晋是"一家"的用意。石敬瑭虽为沙陀部人，但由于他在中原地区建立后晋政权，一直被人们视为"中国"。辽太宗在册文中也希望石敬瑭"补百王之阙礼""成千载之大义"④，也就是希望石敬瑭能够继承和发展"中国"传统，成为"中国"传人，换另一句话说，也将石敬瑭所建后晋政权看成是"中国"。如是，辽太宗所强调的与后晋是

---

① 脱脱等：《辽史》卷86《刘六符传》，中华书局，1974年版，第1323页。此外，《辽史》卷19《兴宗纪二》亦记载说："宋岁增银、绢十万两、匹，文书称'贡'"；卷96《耶律仁先传》称："仁先与刘六符使宋，仍议书'贡'……乃定议增银、绢十万两、匹，仍称'贡'"；卷96《姚景行传》又记载，姚景行在道宗朝说："自圣宗皇帝以威德怀远，宋修职贡，迨今几六十年。"

② 宋王珪：《华阳集》卷58，《梁庄肃公适墓志铭》，文渊阁四库全书本。

③ 张方平：《乐全集》卷39《墓志铭·昌黎韩君墓志铭并序》，文渊阁四库全书本。

④ 薛居正：《旧五代史》卷75《晋书·高祖纪》，中华书局，1976年版，第986页。该书将此册文系于辽天显九年，陈述《全辽文》根据《辽史·太宗纪》记载，认为辽太宗册石敬瑭为大晋皇帝应在天显十一年。

"一家"也就具有了与"中国"是"一家"的涵义。这种思想在后来的辽宋交往中表现得更为突出。

如前所述，宋辽签订"澶渊之盟"时，辽人就与宋朝约为"兄弟之国"，辽圣宗称宋真宗为兄，宋真宗称辽圣宗为弟。随后，辽圣宗之弟耶律隆庆就极力强调"今与中朝结好，事同一家"①，赞成辽宋为"一家"之说。辽兴宗即位以后，在致宋仁宗的信中也说，"封圻殊两国之名，方册纪一家之美"②，辽宋"两朝事同一家"③，并提出在宋辽互致国书中不称国号、只称"南朝"和"北朝"的主张，声称"书称大宋、大契丹"不以"南朝""北朝"相称，"非兄弟之义"④。辽道宗也在致宋书中指出，辽宋"虽境分二国""而义若一家"⑤，"三朝通五世之欢，二国敦一家之睦"⑥，等等。辽人所强调的辽宋为"一家"，无疑具有"一家二国"或"一家二朝"之意。辽人承认五代和宋朝是"中国"，那么，他们所强调的"一家"，就是辽朝与"中国"为"一家"的意思。学界又普遍认为，辽人也自称"中国"⑦，那么，辽人所强调的"一家"，就更应该指"中国"了。如是，辽人积极主张与五代和宋朝互称"南朝"和"北朝"，就具有了"南朝"是中国的南朝，"北朝"是中国的北朝，南朝和北朝都是"中国"的意思了。

另据李焘《续资治通鉴长编》记载，"契丹主闻真宗崩，集蕃汉大臣，举哀号恸"，契丹主"谓其妻萧氏曰：'汝可致书大宋皇太后，使汝名传中国。'"《契丹国志》在记载此事时则说，契丹主谓后曰："汝可先贻书与南朝太后，备述姒娣之媛，人使往来，名传南朝。"《续资治通鉴长编》记载的"中国"一词在《契丹国志》一书中变成了"南朝"一词。辽圣宗在讲此事时，到底是使用"中国"一词，还是使用"南朝"一词，我们现在已经说不清楚了，但有一点是可以说清楚的，那就是宋人在当时常常是"中国"和"南朝"二词混用，因此，他们在写书时，常常会自觉不自觉地将"中国"写成"南朝"，将"南朝"写成"中国"。可见，当时"南朝"和"中国"二词是相通的，南朝北朝是一家，"南朝"是中国，"北朝"也应该是"中国"。恐

---

①李焘：《续资治通鉴长编》卷61，真宗景德二年十月甲午条，中华书局，1980年版，第1371页。
②李焘：《续资治通鉴长编》卷135，仁宗庆历二年三月己巳条，中华书局，1985年版，第3229页。
③李焘：《续资治通鉴长编》卷142，仁宗庆历三年七月癸巳条，中华书局，1985年版，第3408页。
④李焘：《续资治通鉴长编》卷172，仁宗皇祐四年四月丙戌条，中华书局，1985年版，第4141页。
⑤李焘：《续资治通鉴长编》卷251，熙宁七年三月丙辰条，中华书局，1986年版，第6122页。
⑥李焘：《续资治通鉴长编》卷507，哲宗元符二年三月壬戌条，中华书局，1986年版，第12081页。
⑦关于辽人自称"中国"的问题，学界已经取得了共识，但在辽人何时开始自称"中国"的问题上，还存在不同意见。笔者认为，辽朝初年，辽人自称"北朝"，就开始以"中国"自居了。

怕这就是辽人积极主张与五代和宋朝互称"南朝"和"北朝"的真正用意了。

三

综合以上论述，可以得出如下结论：

第一，辽人自从五代后晋时期开始，就已经自称"北朝"了，并非是"自重熙年间起"，才"开始以北朝自称"，即使从宋辽签订"澶渊之盟"双方约定以"南朝""北朝"相称算起，也要比辽重熙年间自称"北朝"早上四五十年。

第二，辽人在五代后晋时期自称"北朝"，主要是遵循当时按照南北方位互称南北并立政权为"南北朝"的一种习惯称呼，并无"北朝"高于"南朝"之意。

第三，辽人在与宋人签订"澶渊之盟"时，积极主动提出与宋朝以"南朝""北朝"相称，具有意欲提高自己政治地位以取得和北宋对等往来的意图，表明那时的辽人具有与宋对等往来的良好愿望。

第四，"澶渊之盟"以后，随着辽人"正统"意识的增强，辽人意欲凌驾于北宋之上的欲望大增，辽重熙二十一年（1052 年）"其国书始去国号，而称南、北朝"，就是辽人"意以自尊大"①，意欲凌驾于北宋之上的突出表现。后来，辽人不顾北宋的反对仍提出"改大辽国信所为北朝字"等一系列要求，也说明了这一点。

第五，辽人无论是沿袭当时按照南北方位互称南北并立政权为"南北朝"的习惯，还是意欲提高自己以取得和北宋对等地位以及后来意欲凌驾于北宋之上而自称"北朝"，都具有强调"南朝""北朝"是"一家"的用意。当时，被称为"南朝"的五代和宋朝，自称是"中国"，辽人所强调的"一家"就是与"中国"为一家的意思。同时，被称为"北朝"的辽朝也自称是"中国"，辽人所强调的"一家"也是与"中国"为一家的意思。按此理解，辽人所强调的"一家"无疑是指"中国""南朝""北朝"是一家人，就是"南朝""北朝"都是"中国"的意思。如是，辽朝初年自称"北朝"就有了自称"中国"的思想倾向了，所体现的应该是一种中国多元一体的思想倾向。

原载《史学集刊》2008 年 5 期；中国人民大学复印报刊资料《宋辽金元史》2009 年第 1 期全文转载。

---

① 张方平：《乐全集》卷 39《墓志铭·昌黎韩君墓志铭并序》，文渊阁四库全书本。

辽人自称"中国"考论

学界虽然在探讨辽代华夷观和正统观问题时对辽人"中国观"问题有所涉及，但至今尚未见到有人对辽人"中国观"问题进行专文讨论，不但存在对辽人"中国观"探讨不够深入的问题，也有认识不甚一致之处。比如，有人认为，"辽朝人中国意识的觉醒，大致是兴宗以后的事情"①。其实并非如此，早在契丹建国之初，契丹人受其先祖鲜卑人以及隋唐契丹"化内人"的影响，就已经因袭鲜卑人附会"炎黄子孙"自称"中国"的观念，开始以"炎黄子孙"自诩，并站在"中国"人的立场上以"中国"自居了。到了辽圣宗时期，正统意识觉醒，辽人开始自称正统。辽兴宗以后，中国正统意识进一步增强，公开向国人及宋、高丽等国宣称辽朝是中国正统。实际上，辽人自始至终都在利用和发挥历史上比较宽泛的"中国"概念，以中国自居，并没有自外于中国②。下面仅对辽人自称"中国"问题作进一步讨论，不正确之处，敬请读者批评指正。

一、辽太祖太宗时期，契丹人因袭鲜卑人附会"炎黄子孙"的观念，开始以"中国"自居。

辽太祖太宗时期，契丹人以"中国"自居，主要表现在以下几个方面：
第一，辽太祖以"中国"自诩，辽太宗"兼制中国"。

辽太祖明确自称"中国"的史料记载不多，但从有关记载中也能看出一些蛛丝马迹。如《辽史·耶律倍传》记载，辽太祖曾"问侍臣曰：'受命之君，当事天敬神。有大功德者，朕欲祀之，何先？'皆以佛对。太祖曰：'佛非中国教。'（耶律）倍曰：'孔子大圣，万世所尊，宜先。'太祖大悦，即建孔子庙，诏皇太子春秋释奠。"③ 这则史料，固然表达了辽太祖对"中国"的无比仰慕，但也说明他开始以"中国"自诩了。因为我们既可以将这条史料理解为辽朝统治者积极主张学习"中国"文化，也可以理解为佛非中国

---

① 《德运之争与辽金王朝的正统性问题》，《中国社会科学》，2004 年 2 期。
② 有关中国历史上比较宽泛的"中国"概念，参见赵永春、贾淑荣《中国古代的"国号"与历史上的"中国"》，《吉林师范大学学报》，2009 年第 5 期；赵永春《中国古代的"中国"与"国号"的背离与重合——中国古代"中国"国家观念的演进》，《学习与探索》，2008 年 4 期。
③ 脱脱等：《辽史》卷 72《义宗倍传》，中华书局，1974 年版，第 1209 页。

教，中国人不能尊崇佛教，孔子是中国的大圣人，中国人应该尊崇孔子所创立的儒教。后一种解释与唐代道士赵归真"每对，排毁释氏，言非中国之教"①，韦氏子"自幼宗儒，非儒不言，故以释氏为胡法，非中国宜兴"② 等站在"中国"人的立场上讲述"佛非中国教"，简直如出一辙。如果按此理解，此语应该是辽人站在中国立场上以"中国"人自诩的一种表现。如是，完全可以说明辽太祖在建立政权之初就产生了以"中国"自居的思想倾向。

众所周知，历史上"中国"的含义很多，其中之一是用来指称中原地区，主要的是一个地理概念。至于中原所包括的范围，并没有人认真界定，但一般认为，幽云地区多在中原政权管辖范围之内，属于中原，属于中国。史书记载，契丹"陷中国平、营二州。石晋有国，割幽、蓟、瀛、莫、涿、檀、顺、新、妫、儒、武、云、应、寰、朔、蔚十六州赂之。周世宗复收瀛、莫，宋陷易州，后契丹尽有奚、达靼、室韦、渤海、扶余及中国十八州之地。其振武、丰州，旧在胡中，而中国置吏领之，寻亦陷"③。"契丹遂入中国"④。可见，契丹占有的幽州等"十八州"之地，向来被看成是"中国"。辽人虽然没有全部占有"中国"（中原）地区，只是部分占有"中国"（中原）地区，但也算进入"中国"地区。元人所撰《辽史》说，辽"太祖帝北方，太宗制中国"⑤，辽"太宗兼制中国"⑥ 等，就是这个意思。宋人富弼曾说，辽人"得中国土地，役中国人力，称中国位号，仿中国官属，任中国贤才，读中国书籍，用中国车服，行中国法令"，"皆与中国等"⑦，如此，辽人自称"中国"也就是很自然的事了。

第二，辽太祖定国号为"契丹"，辽太宗改国号为"辽"，均有自称"中央"之国（中国）的意思。

辽太祖建国时定国号为"契丹"，一直延用到辽太宗时期。天显十三年（938 年），辽太宗从后晋石敬瑭手中获得幽云十六州等地以后，"乃以幽州为燕京，改天显十一年（应为天显十三年）为会同元年，更其国号大辽，置百官，皆依中国，参用中国之人。"会同十年（947 年）正月，辽太宗灭亡

①刘昫：《旧唐书》卷 18 上《武宗本纪》，中华书局，1975 年版，第 600 页。
②李昉等：《太平广记》卷 101 引《续玄怪录·韦氏子》，中华书局，1961 年版，第 676 页。
③曾公亮等：《武经总要·前集》卷 22，文渊阁四库全书本。
④曾巩：《元丰类稿》卷 10《太祖皇帝总叙》，四部丛刊初编本。
⑤脱脱等：《辽史》卷 56《仪卫志二》，中华书局，1974 年版，第 905 页。
⑥脱脱等：《辽史》卷 58《仪卫志四》，中华书局，1974 年版，第 918 页。
⑦富弼：《条上河北守御十二策》，《续资治通鉴长编》卷 150，中华书局，1985 年版，第 3641 页。

后晋，备法驾进入汴京（今河南开封），二月"德光冠通天冠，服绛纱袍，执大珪以视朝，大赦，改晋国为大辽国，开运四年为会同十年"①，旋又改元大同②。刘浦江认为契丹以辽为国号是"汉地的国号"，且认为，辽改年号为会同"意味着'蕃汉一家'"，后来改元大同，则是"语出《礼记·礼运》，是'天下为公，四海一家'的意思，与'会同'的寓意一脉相承"③。辽太宗改用"中国"国号和年号，穿上"中国"皇帝的服装，任用"中国"官员，袭用"中国"礼仪，且主张"蕃汉一家""四海一家"，自然是以"中国"自居了。

有人认为，辽太宗改国号为"辽"是"只用于燕云汉地"的国号，"在长城以北的契丹本土仍继续采用'大契丹'为国号"④。意谓辽太宗改国号为"辽"是进入燕云汉地学习汉文化的结果，而采用"契丹"国号则是没有学习汉文化仍然保留契丹游牧国家的称谓。如是，则无法解释汉化程度比辽太宗深得多的辽圣宗于统和元年（983 年）将"大辽"国号改为"大契丹"的问题，毫无疑问，如果将辽圣宗改国号为"大契丹"释为试图恢复游牧国家恐怕是大错而特错了。实际上，不仅辽太宗改国号为"辽"是袭用汉地（中国）国号，辽太祖定国号为"契丹"也有自称"中央"（中国）之国的意思。

近年来，学者对契丹文字研究有了新的进展，即实先生认为 1930 年出土的《辽道宗哀册》篆盖上的契丹小字"契丹"二字于义为"大中""契丹国"就是"大中国"的意思⑤。刘凤翥亦认为契丹小字中"契丹"二字乃是"K'ei-duan"的音译，其原意是"中央"⑥。学界虽对即实、刘凤翥对"契丹"二字的诠释尚存异义，但他们的观点已为大多数人所接受，并被收入到清格尔泰、刘凤翥、陈乃雄、于宝林、邢复礼等人编著的《契丹小字研究》一书之中⑦。刘凤翥在此基础之上，对辽朝使用"契丹"和"辽"两种国号问题进行了探讨，认为在辽统和元年（983 年）至咸雍二年（1066 年）汉字文献记录辽朝国号为"契丹"时，契丹文字记录的国号则是"大中央契丹辽

①马端临：《文献通考》卷 345《四裔考·契丹上》，中华书局，1986 年版，第 2703 页。

②脱脱等：《辽史》卷 4《太宗纪下》，中华书局，1974 年版，第 59 页。

③《辽朝国号考释》，《历史研究》，2001 年第 6 期。

④《辽朝国号考释》，《历史研究》，2001 年第 6 期。

⑤即实：《契丹小字字源举隅》，《民族语文》，1982 年 3 期。

⑥刘凤翥：《契丹小字道宗哀册篆盖的解读》，《民族研究》，1984 年第 5 期。

⑦清格尔泰，刘凤翥，陈乃雄，于宝林，邢复礼：《契丹小字研究》，中国社会科学出版社，1985 年版，第 515 页。

国",将契丹放在辽之前。在咸雍二年（1066 年）至保大五年（1125 年）汉字文献记录辽朝国号为"辽"时，契丹文字记录的国号则是"大中央辽契丹国"，将辽放在契丹之前。无论是将"辽"放在契丹之前，还是放在"契丹"之后，前面均冠有"大中央"一词。"大中央"为何意？刘凤翥先生认为"'中央'也可视为国号'中国'的'中'。倘如此，则是同时使用'中、契丹、辽'三个国号。"[①] 刘凤翥先生将"中央"释为"中"，没有进一步释为"中国"。其实，这些石刻契丹文字中的"大中央"以及即实、刘凤翥等人所释契丹小字"契丹"于义为"中央""大中"等就是"中国""大中国"的意思。因为历史上"中国"一词就有"中央之国""天下之中"的意思。如《盐铁论·轻重篇》就称"中国，天地之中，阴阳之际也。"宋人石介也说"居天地之中者曰中国"[②]。历史上多以中原地区为"天地之中"，而辽人则认为他们所居住的地区"北极"是天地之中。如《松漠纪闻》记载，"大辽道宗朝，有汉人讲《论语》，至'北辰居其所而众星拱之'，道宗曰：'吾闻北极之下为中国，此岂其地邪？'"[③] 这条史料中所称《论语》的原文是："为政以德，譬如北辰居其所而众星共之。"各家注释多强调"北极，天之中"[④]，少有直称"中国"者。辽道宗特别强调众星拱卫的北极之下为"中国"，无疑是以"天下之中"的中央之国自居而自称"中国"的一种表现。我们将辽代石刻契丹文字"大中央"释为"大中国"，也可以从辽代石刻中汉文墓志铭的有关记叙中得到验证。如，刻于辽天祚帝天庆八年（1118 年）的《鲜演大师墓碑》中就有"大辽中国"一语[⑤]，这里的"大辽中国"与契丹文字中的"大中央辽国"两个词组的前后顺序不同，但无疑出现了"中国"和"中央"两个词组的重合，这就为我们将石刻契丹文字中的"中央""大中央"解释成"中国""大中国"提供了石刻证据。如是，我们完全可以认为辽人无论是称自己的国号为"契丹"还是称自己的国号为"辽"，都有自视为"中国"的意思。刘凤翥和即实先生的研究成果虽然主要是依据辽圣宗以后的契丹文碑刻得出的结论，但也应该适用于辽圣宗以前，因为"契

---

①刘凤翥：《从契丹文字的解读谈辽代契丹语中的双国号——兼论"哈喇契丹"》，《东北史研究》，2006 年 2 期；《从契丹文字的解读探讨辽代中晚期的国号》，《辽金契丹女真史研究》，2006 年 2 期。

②石介：《徂徕石先生文集》卷 10《论·中国论》，中华书局，1984 年陈植锷点校本，第 116 页。

③洪皓：《松漠纪闻》，吉林文史出版社，1986 年版，第 22 页。

④孔子：《论语》卷 2《为政》及邢昺疏引郭璞语，中华书局，《十三经注疏》本，1980 年版，第 2461 页。

⑤向南：《辽代石刻文编·天祚编·鲜演大师墓碑》，河北教育出版社，1995 年版，第 668 页。

丹"一词的涵义似应前后一致,在辽圣宗前后不会发生什么太大的变化!如是,我们完全可以说,辽太祖定国号为"契丹"也有"大中"或"中央"之意,这也说明辽太祖时期就有自称"中国"的思想倾向了。

第三,契丹因袭鲜卑人附会"炎黄子孙"的观念,自称"炎黄子孙",自称"中国"。

元人所修《辽史》,比较系统地记载了契丹人自称"炎黄子孙"的情况,如《辽史·太祖纪赞》称:"辽之先,出自炎帝,世为审吉国。"《辽史·世表》也说:"庖牺氏降,炎帝氏、黄帝氏子孙众多,王畿之封建有限,王政之布濩无穷,故君四方者,多二帝子孙,而自服土中者本同出也。考之宇文周之书,辽本炎帝之后,而耶律俨称辽为轩辕后。俨志晚出,盖从《周书》。盖炎帝之裔曰葛乌菟者,世雄朔陲,后为冒顿可汗所袭,保鲜卑山以居,号鲜卑氏。既而慕容燕破之,析其部曰宇文,曰库莫奚,曰契丹。契丹之名,昉见于此。"元人所修《辽史》主要根据辽人耶律俨修撰的《辽史》等资料修成。我们根据上述史料,可以知道,辽朝史官耶律俨在修《辽史》时,曾依据契丹源于东胡之后鲜卑之说,取《晋书》《魏书》等书以东胡、慕容鲜卑、拓跋鲜卑为黄帝之后的观点,认为契丹为轩辕(黄帝)后,将契丹人说成是黄帝子孙。而元人编写的《辽史》则认为契丹族是从鲜卑族中的宇文鲜卑直接发展而来,因此,取《周书》宇文鲜卑自称为炎帝之后的说法,将契丹说成是炎帝子孙。炎帝和黄帝是兄弟,同出于少典,有关契丹人始祖的说法虽然有黄帝和炎帝之不同,但最终还是一源,都是炎黄子孙。

有人认为"不管是耶律俨的黄帝说,还是元朝史官的炎帝说,都是受汉文化影响的结果,与青牛白马说和三汗说这些契丹本民族的历史传说相比较,它们显然是后起的说法。"又说"耶律俨所主张的黄帝苗裔说,是在辽末天祚帝时纂修的《皇朝实录》中才出现的",认为有关契丹是炎黄子孙的说法并非是由契丹族自己创造出来的传说,而是由耶律俨(原名李俨,汉人李仲禧之子)于辽朝末年纂修《皇朝实录》时附会《魏书·序记》时虚构出来的[①],这种看法恐怕与史实相去甚远。

这位学者虽然对契丹自称"炎黄子孙"问题持怀疑态度,但对契丹人源于东胡族系并由鲜卑族直接发展而来的观点则没有提出质疑,实际上,学界对契丹源于东胡族系并由鲜卑族直接发展而来的观点基本上形成了共识,少有不同意见。史书记载,契丹人的先祖东胡和鲜卑早已自称"炎黄子孙",

---

① 《契丹族的历史记忆——以"青牛白马"说为中心》,见《漆侠先生纪念文集》,河北大学出版社,2002年版。

辽代契丹人自称"炎黄子孙"就是受其先祖鲜卑人以及隋唐契丹"化内人"影响的产物。

据《辽史·世表》记载，契丹族称其先世出于东胡，"（匈奴）冒顿可汗以兵袭东胡，灭之。余众保鲜卑山，因号鲜卑。"后来，为"慕容晃（皝）所灭，鲜卑众散为宇文氏，或为库莫奚，或为契丹。"于是，契丹族便从鲜卑族的分支宇文鲜卑中分离出来，走上了独自发展的道路。契丹的先世东胡和鲜卑早已自称"炎黄子孙"，并被一些汉族史学家和少数民族史学家记载到相关的史书之中，如，《晋书·慕容廆载记》认为，慕容鲜卑"其先有熊氏之苗裔，世居北夷，邑于紫蒙之野，号曰东胡"，《十六国春秋·前燕录》则更加具体地说"昔高辛氏游于海滨，留少子厌越以君北夷，邑于紫蒙之野，世居辽左，号曰东胡"，有熊氏即黄帝，高辛氏帝喾是黄帝的后代，将东胡族说成是有熊氏的后代或帝喾少子厌越的后代，就是认为东胡是黄帝的后代。由东胡族分出来的鲜卑族也称自己是黄帝或炎帝的后代，如《魏书·序纪》认为，建立北魏政权的拓跋鲜卑就以黄帝之子昌意少子为自己的直接祖先，他们认为"黄帝以土德王，北俗谓土为托，谓后为跋"[1]，因称自己为鲜卑拓跋氏。《周书》则称控制西魏政权的宇文鲜卑宇文泰"其先出自炎帝神农氏，为黄帝所灭，子孙遁居朔野"[2]。宇文泰的儿子建立北周政权的宇文觉更明确地说"予本自神农"[3]，将自己所从出的宇文鲜卑说成是炎帝神农后裔。契丹人认为自己是"炎黄子孙"，应该是受其先祖鲜卑人影响的结果。据史书记载，契丹族从鲜卑族中分离出来以后，与鲜卑族建立的北魏等政权接触频繁，"贡献不绝"[4]，他们对鲜卑人附会自己为"炎黄子孙"以及北魏等政权自称"中国"的情况应该有所了解[5]，不能不受其影响。到了唐太宗贞观二年（628 年），契丹族首领"摩会率其部落来降"[6]，贞观二十二年（648 年），契丹族首领窟哥又"举部内属"，唐太宗设置"松漠都督

---

[1] 魏收：《魏书》卷 1《序纪》，中华书局，1974 年版，第 1 页。

[2] 令狐德棻等：《周书》卷 1《文帝纪上》，中华书局，1971 年版，第 1 页。

[3] 令狐德棻等：《周书》卷 3《孝闵帝纪》，中华书局，1971 年版，第 46 页。

[4] 魏收：《魏书》卷 100《契丹传》，中华书局，1974 年版，第 2223 页。

[5] 鲜卑人建立的北魏政权进入中原以后，也自称"中国"，并且得到了北方少数民族的承认，如，蠕蠕（柔然）豆仑可汗时，"其臣侯医垔、石洛候数以忠言谏之，又劝与国通和，勿侵中国"（魏收：《魏书》卷 103《蠕蠕传》，中华书局，1974 年版，第 2296 页），所说的"中国"即指拓跋鲜卑建立的北魏政权，西魏末年"突厥以（史）宁所图必破，皆畏惮之，咸曰：'此中国神智人也'"（令狐德棻等《周书》卷 28《史宁传》，中华书局，1971 年版，第 468 页），所说"中国"即指鲜卑人宇文泰建立的西魏政权。

[6] 刘昫：《旧唐书》卷 199《契丹传》，中华书局，1975 年版，第 5350 页。

府，以窟哥为使持节十州诸军事、松漠都督，封无极男，赐氏李"①，又在内迁营州附近的契丹人地区设置归诚州、玄州和辽州等，在松漠都督府地区设置弹汗州等八州，以各部首领为刺史，契丹开始成为唐朝的"化内人"。此后，契丹人开始以唐人自居，如武则天万岁通天元年（696 年）契丹松漠都督李尽忠、归诚州刺史孙万荣等起兵反抗武周政权，曾以"还我庐陵（唐中宗李显）相王（唐睿宗李旦）来"② 相号召，公开打出了反对武周政权、保卫唐朝的旗号，说明那时的契丹"化内人"已经以唐人自居了，唐人自称"中国"，并为后世普遍承认，常用唐人指称"中国"③，契丹人以唐人自居，无疑具有自诩为"中国人"的思想倾向。唐代契丹"化内人"虽非契丹全部，但对契丹及其后裔产生了十分重要的影响。如果我们从契丹人以鲜卑人为其祖先以及契丹有着与北朝和隋唐长时期交往的经历并且一度成为唐朝"化内人"分析，他们应该很早就知道他们的先人鲜卑人自称"炎黄子孙"以及在北朝自称"中国"的情况，也应该知道他们的先人自比唐人的情况，据此，我们认为，至迟在辽太祖建立契丹国之初，契丹人就开始以"炎黄子孙"自居了，这从辽太祖时期契丹热衷于与汉人攀亲戚也能看出来，据《辽史·后妃传序》记载，"太祖慕汉高皇帝，故耶律兼称刘氏；以乙室、拔里比萧相国，遂为萧氏"，耶律、乙室和拔里自视为炎黄直系子孙刘姓和萧姓的后人，无疑是在和汉人攀亲戚。到了辽太宗时期，契丹与汉人攀亲戚有了进一步发展，《旧五代史》记载，辽太宗耶律德光在天显十一年（936 年）册封石敬瑭为大晋皇帝文中曾说，"尔惟近戚，实系本枝，所以余视尔若子，尔待予犹父也"，与石敬瑭约为"父子之邦"。石敬瑭是汉化沙陀人，沙陀人属突厥族系，与契丹人并非同一族系，辽太宗将石敬瑭说成是"近戚""本枝"，并约为父子，不像是与突厥人攀亲戚，倒像是看中了石敬瑭的汉化身份以及视后晋政权为汉人政权而与汉人攀亲戚的缘故。辽太宗在册文中还希望石敬瑭"补百王之阙礼""成千载之大义"④，就是希望石敬瑭能够继承和

---

①欧阳修等：《新唐书》卷 219《契丹传》，中华书局，1975 年版，第 6165 页。

②（唐）张鷟撰，赵守俨点校：《朝野佥载》卷 3，中华书局，1979 年版，第 30 页。另见韩偓《金銮密记》，陶宗仪《说郛》卷 49；《太平广记》卷 277《梦二·天后》，文渊阁四库全书本。

③（宋）朱彧：《萍洲可谈》卷 2 记载"汉威令行于西北，故西北呼中国为汉，唐威令行于东南，故蛮夷呼中国为唐。"又说"边俗指中国为唐"等；（宋）江少虞《宋朝事实类苑》卷 77《南蕃呼中国为唐》，引《倦游录》称"至今广州胡人，呼中国为唐家，华言为唐言"，等等，均用"唐"指称中国。

④（宋）薛居正：《旧五代史》卷 75《晋书·高祖纪》，中华书局，1976 年版，第 986 页。该书将此册文系于辽天显九年，陈述《全辽文》根据《辽史·太宗纪》记载，认为辽太宗册石敬瑭为大晋皇帝应在天显十一年。

发展"中国"传统,成为"中国"传人,足以说明辽太宗说石敬瑭是"近戚""本枝"并与之约为父子,是在与汉人攀亲戚。如是,则说明辽太宗时期,契丹人自视为汉人"近戚""本枝",也就是自视为"炎黄子孙"的意思,既可以说明,那时的契丹人已经自称"炎黄子孙",又可以说明契丹称"炎黄子孙"并非是直至辽末才由汉族史官虚构出来。

近年来,都兴智曾根据辽朝初年宗室耶律氏就以漆水为郡望封爵,太祖耶律阿保机自称刘氏,颓昱在世宗天禄三年(949年)被封为漆水郡王等视黄帝为其远祖的资料,指出"辽代契丹族炎黄子孙的文化心理认同""早在辽初就已经形成了"[①],所论甚是。但也有人不同意都兴智的说法,认为"在辽朝前期契丹族汉化程度不高的情况下,不大可能将契丹人附会为炎黄子孙"[②]。这里我们且不说将契丹人自称"炎黄子孙"与汉化绝对联系起来是否正确,就是认为辽朝前期汉化程度不高恐怕也存在低估契丹文化水平的问题。明人于慎行曾在其所著《读史漫录》中指出,辽金元"三虏国俗,元不如金,金不如辽""契丹自唐盛时,附在北鄙,衣冠食用,渐有华风,故其建国以来,声名政教,与宋不相远也。女真起自海上,不通中土,风俗鄙朴矣。至于蒙古,又出达靼部落,在漠北绝远之地,有国数十年,法度风俗,鸿濛未凿,即楚材创造于先,世祖润色于后,声教纪纲,渐入中华,而风俗文物,依然北荒之朴。较之辽金,有径庭焉。故曰:元不如金,金不如辽。"[③] 于慎行对契丹、女真、蒙古文化的论述不一定完全正确,但他说出了一个重要史实,那就是契丹早在隋唐时期就已深受汉文化影响,"渐有华风",至于所说契丹建国之后"声名政教,与宋不相远",可能存在对契丹文化估计过高之处,但也可以说明契丹在建国之初的汉文化水平绝不会像有些人所估计的那样低。既然契丹人早在隋唐时期就已经"渐有华风",建国之初的汉文化水平就不应该估计过低,如是,契丹人在建国之初自称"炎黄子孙",恐怕不是天方夜谭吧。

不承认契丹人会在辽初自称"炎黄子孙"学者的观点主要是建立在他的"耶律俨所主张的黄帝苗裔说,是在辽末天祚帝时纂修的《皇朝实录》"时虚构出来的传说的理论基础之上,既然契丹称"炎黄子孙"是辽末汉人耶律俨虚构出来的,不是契丹人自己的称呼,自然就不会在辽初出现契丹自称"炎

---

①都兴智:《契丹族与黄帝》,韩世明《辽金史论集》第10辑,中国社会科学出版社,2007年版,第4页。

②《契丹族的历史记忆——以"青牛白马"说为中心》,见《漆侠先生纪念文集》,河北大学出版社,2002年版,第171页。

③(明)于慎行:《读史漫录》卷14《辽金元》,齐鲁书社,1996年版,第491页。

黄子孙"之事了。这种观点好象是没有任何史料支持的主观臆测。实际上，契丹自称"炎黄子孙"问题，不仅见于上述《辽史》等相关文献记载，也见于契丹人的墓志碑刻。比如，1989 年内蒙古赤峰巴林左旗杨家营子镇石匠沟辽墓出土了《大契丹国夫人萧氏墓志》，碑文在谈到萧氏的丈夫耶律污斡里时说"公讳污斡里，其先出自虞舜"，明确将黄帝之子昌意的七世孙虞舜说成是耶律污斡里的祖先，无疑是契丹人将自己说成是"炎黄子孙"的一个铁证[①]。萧氏丈夫耶律污斡里在辽圣宗时曾任上京留守，萧氏死于圣宗统和二十七年（1009 年），该墓志即撰刻于萧氏逝世之年，反映了契丹在辽末天祚帝之前的圣宗时期就已经自称"炎黄子孙"问题早已是一个不争的事实。2003 年辽宁阜新蒙古族自治县平安地乡阿汉土村宋家梁屯北山辽墓出土了《永清公主墓志》，其碑文记载说"盖国家系轩辕皇帝之后"，轩辕即黄帝，明确记载了契丹人自称为黄帝之后的事实，成为契丹人自称"炎黄子孙"的又一铁证。据袁海波、李宇峰研究，永清公主是辽景宗第三子辽圣宗之弟耶律隆裕（《辽史》作耶律隆祐）的孙女，其父耶律宗熙（贴不）历圣宗、兴宗、道宗三朝，该墓志撰刻于辽道宗寿昌元年（1095 年）[②]，说明辽天祚帝之前的道宗时期契丹人也早已明确地自称"炎黄子孙"了。这些墓志碑刻的记述，虽然不能直接说明契丹在建国之初就已经自称"炎黄子孙"了，但可以说明在辽末天祚帝之前的圣宗和道宗时期，契丹人就已经明确地自称"炎黄子孙"是一个不争的事实，并非是直至辽末天祚帝时期耶律俨纂修《皇朝实录》时附会《魏书》才虚构出来。既然在辽圣宗和道宗时期契丹自称"炎黄子孙"之事勿庸置疑，那么，契丹人靠世世代代口耳相传下来的"炎黄子孙"之传说，恐怕也不会仅仅在辽圣宗和道宗时期才出现，应该说，辽圣宗和道宗时期的契丹人自称"炎黄子孙"一定是从他们的祖先那里流传下来的，如是，我们把契丹自称"炎黄子孙"的史实追溯到辽朝初年，也不算过分吧。

以上可以看出，契丹人由于受其先祖鲜卑人以及隋唐契丹"化内人"的影响，在辽太祖建国之初就已自称"炎黄子孙"，自称"中国"了，并非是到了辽兴宗以后才出现"中国意识的觉醒"。

---

①金永田：《大契丹国夫人萧氏墓志及画像石初探》，载苏赫主编《中国北方古代文化国际学术讨论会论文集》，中国文史出版社，1995 年，第 118 页。

②袁海波，李宇峰：《辽代汉文〈永清公主墓志〉考释》，《中国历史文物》，2004 年第 5 期。

二、辽圣宗时期，自称"中国"意识增强，正统意识觉醒，辽人开始自称"正统"

辽圣宗时期自称"中国"意识增强的突出表现是他们积极主张与宋朝互称"南北朝"并坚持自称"北朝"。实际上，辽人自称"北朝"并非始于辽圣宗，早在五代时期，辽人就遵循历史上称南北并立政权为"南北朝"的习惯而自称"北朝"了，如，辽太宗于会同十年（947年）正月，灭亡后晋以后，曾对尚未建立后汉政权的刘知远说"汝不事南朝，又不事北朝，意欲何所俟邪？"①辽太宗在这里所说的"南朝"无疑是指后晋政权，"北朝"则是指契丹。但那时最先主张与辽互称"南北朝"的并非是契丹，而是后晋政权，比如后晋天福元年（936年），石敬瑭在契丹帮助下当上了"儿皇帝"，闰十一月大赦天下，称"遇北朝皇帝英明鉴古""俾成大业"②，即称契丹为"北朝"。可见，那时的契丹自称"北朝"不过是赞成后晋所提出的"南北朝"称呼而已。但到了辽圣宗时期则不同了，辽圣宗时期开始对"南北朝"的称呼有了新的认识，并积极主动地提出与宋朝互称"南北朝"而自称"北朝"。比如，辽圣宗统和二十二年（1004年）闰九月，为辽所用的王继忠意欲为宋辽"澶渊议和"穿针引线，特在《请宋帝遣使议和状》中说，自己原为宋人，在"望都之战"中"为北朝所擒""北朝钦闻圣德，愿修旧好"，③所说"北朝"都是指契丹。统和二十二年（1004年）十月，王继忠又在上宋书中说"北朝日候朝廷使者，今尚未至，乞早差人至此商量"④。十一月，契丹"复令王继忠具奏求和好，且言北朝顿兵，不敢劫掠，以待王人。……（继忠）复具奏，乞自澶州别遣使者至北朝，免致缓误"⑤等等，说明王继忠在代表辽方与宋人洽谈和议时，一直称宋为"南朝"，称辽为"北朝"。到了辽圣宗与宋签订"澶渊之盟"时，辽朝与宋朝正式确立了"南朝"和"北朝"的称呼。据史书记载，宋辽签订澶渊之盟，"所致书，皆以南、北朝冠

①司马光等：《资治通鉴》卷286，后汉高祖天福十二年正月癸丑条，中华书局，1956年版，第9336页。

②王钦若等：《册府元龟》卷93《帝王部·赦宥第十二》，中华书局，1960年版，第1116页；另见（清）董浩等辑《全唐文》卷117《晋高祖·御文明殿大赦文》，上海古籍出版社，1990年版。

③李焘：《续资治通鉴长编》卷57，景德元年闰九月癸酉条，中华书局，1980年版，第1268页。

④徐松辑：《宋会要辑稿》蕃夷一之三十，中华书局，1957年版，第7687页。

⑤李焘：《续资治通鉴长编》卷58，景德元年十一月庚午条，中华书局，1980年版，第1283页。

国号之上。"① 宋将作监王曾不同意,说:"古者尊中国贱夷狄,直若首足。二汉始失,乃议和亲,然礼亦不至均。今若是,是与之亢立,首足并处,失孰甚焉,狄固不可启。臣恐久之,非但并处,又病倒植,愿如其国号契丹足矣。"宋真宗虽然认为王曾所说有理,但仍以"使者业已往,又重变,遂已"②。从中可以看出,宋辽签订"澶渊之盟"时,宋人对称自己为"南朝",称辽朝为"北朝",存在不同意见,甚至可以说宋人是不情愿的。这说明澶渊之盟签订之时,有关"南朝"和"北朝"的称呼,并非是宋人提出来的,而是辽人提出来的。后来,辽朝遣使贺宋乾元节,其国书"去其国号,止称'南朝'、'北朝'",宋人大为不满,经过中书省和枢密院"二府"讨论之后,特下"诏学士院,自今答契丹书,仍旧称'大宋'、'大契丹'"③。宋人不同意用"南朝"和"北朝"的称呼,而辽人则坚持自己使用"南朝"和"北朝"的称呼,其原因何在? 笔者以为,辽人积极主张与宋互称"南朝"和"北朝",除了学者们强调的辽人意欲提高自己的地位以取得和北宋平等地位以外,还应该寓有更深层次的涵义,就是辽人为其自称"中国"张目。我们知道,"澶渊之盟"签订之时,双方强调宋辽为兄弟之国,辽圣宗称宋真宗为兄,宋真宗称辽圣宗为弟,辽人强调"书称大宋、大契丹"不以"南朝""北朝"相称,"非兄弟之义"④,所强调的无疑具有南朝北朝是"一家"的意思⑤。另据《续资治通鉴长编》记载,"契丹主闻真宗崩,集蕃汉大臣,举哀号恸",契丹主"谓其妻萧氏曰:'汝可致书大宋皇太后,使汝名传中国。'"⑥《契丹国志》在记载此事时则说,契丹主谓后曰:"汝可先贻书与南朝太后,备述姻娅之媛,人使往来,名传南朝。"⑦《续资治通鉴长编》中"中国"一词在《契丹国志》中变成了"南朝"一词。辽圣宗在讲此事时,到底是使用"中国"一词,还是使用"南朝"一词,我们现在已经说不清楚

①李焘:《续资治通鉴长编》卷58,宋真宗景德元年十二月辛丑条,中华书局,1980年版,第1299页。

②富弼:《王文正公曾行状》,见宋杜大珪编《名臣碑传琬琰集》中卷44,四库全书本;李焘《续资治通鉴长编》卷58有节文,可参阅。

③徐松辑:《宋会要辑稿》蕃夷二之一七,中华书局,1957年版,第7700页。此事还见李焘《续资治通鉴长编》卷172、王暐《道山清话》、张方平《乐全集·昌黎韩君墓志铭》等。

④李焘:《续资治通鉴长编》卷172,仁宗皇祐四年四月丙戌条,中华书局,1985年版,第4141页。

⑤后来辽兴宗致宋仁宗信曾说,辽宋"两朝事同一家"(《续资通鉴长编》卷142仁宗庆历三年七月癸巳条),辽道宗在致宋书中指出,辽宋"虽境分二国"而"义若一家"(《续资治通鉴长编》卷251神宗熙宁七年三月丙辰条),所说皆为南朝北朝是"一家"的意思。

⑥李焘:《续资治通鉴长编》卷98,真宗乾兴元年六月乙巳条,中华书局,1985年版,第2282页。

⑦叶隆礼:《契丹国志》卷七《圣宗天辅皇帝》,上海古籍出版社,1985年版,第73页。

了，但有一点是可以说清楚的，那就是宋人在当时常常是"中国"和"南朝"二词混用，因此，他们在写书时，常常会自觉不自觉地将"中国"写成"南朝"，将"南朝"写成"中国"。可见，当时"南朝"和"中国"二词是相通的，南朝北朝是一家，"南朝"是中国，"北朝"也应该是"中国"，恐怕这就是辽圣宗坚持自称"北朝"的主要原因吧！①

辽圣宗时期，自称"中国"意识增强的另一表现是正统意识觉醒，开始自称"正统"。辽人自从建国之初即因袭其祖先鲜卑人附会"炎黄子孙"的观念，自称"炎黄子孙"，自称"中国"，但还没有自称"正统"。宋末元初文人郑思肖曾提出王莽新朝、曹魏政权、武周政权以及少数民族建立的政权都不能称正统，但可以称"中国"的观点，②明确地将"中国"和"正统"两个词的涵义作了区分。辽人对"中国"和"正统"的认识，也存在这方面的思想倾向，他们在建国之初自称"中国"之时，还没有想到自称"正统"的问题，直到辽圣宗后期，才想到自称"正统"的问题。据《辽史·圣宗纪》记载，辽圣宗于太平元年（开泰十年，1021 年）七月"遣骨里取石晋所上玉玺于中京（今内蒙古宁城西大明城）"③，并作《传国玺诗》云："一时制美宝，千载助兴王。中原既失守，此宝归北方。子孙宜慎守，世业当永昌"④，明确表达了自称"正统"的思想。

原来，中国古代曾有得到传国玺方为中国正统的说法，因此，各个朝代都非常重视传国玺。据说，秦始皇用蓝田山玉制成一枚玉玺，刻有李斯书"受命于天，既寿永昌"八字，号曰传国玺。汉高祖定三秦，秦王子婴将其献于汉高祖。"王莽篡位，就元后求玺，后乃出以投地，上螭一角缺"⑤。后传东汉光武帝，汉末军阀割据，孙坚入洛，得传国玺于井中，传于孙权，"后归魏"，魏文帝又在此传国玺上用隶书刻写了"大魏受汉传国之宝"几个字。后由魏传晋，"晋怀帝永嘉五年（311 年）六月，帝蒙尘平阳，玺入前赵刘聪。至东晋成帝咸和四年（329 年），石勒灭前赵，得玺。穆帝永和八年（352 年），石勒为慕容俊灭，濮阳太守戴施入邺，得玺，使何融送晋。传宋，宋传南齐，南齐传梁。梁传至天正二年（552 年），侯景破梁，至广陵，北齐将辛术定广陵，得玺，送北齐。至周建德六年（577 年）正月，平

---

①赵永春：《辽人自称"北朝"考论》，《史学集刊》，2008 年 5 期。

②郑思肖：《心史·杂文·古今正统大论》，上海广智书局，光绪三十一年（1905 年）版，第106-107 页。

③脱脱等：《辽史》卷 16《圣宗纪七》，中华书局，1974 年版，第 189 页。

④宋孔平仲：《珩璜新论》卷 4，丛书集成新编本，台北新文丰出版公司，1980 年，第 310 页。

⑤范晔：《后汉书》卷 48《徐璆列传》李贤等注引卫宏语，中华书局，1965 年版，第 1622 页。

北齐，玺入周。周传隋，隋传唐"①，唐改名为"受命宝"。历代王朝均以为得秦传国玺者为"中国正统"，因此"往往模拟私制"②。据宋人王钦若等撰《册府元龟》记载，后周太祖广顺三年（953 年）太常寺官员上疏说，南北朝时期北朝和南朝均传有"神玺"（传国宝），并认为真玺由唐传后梁，后梁传后唐，后唐末帝兵败"以传国宝随身自焚而死，其宝遂亡失"，后晋高祖石敬瑭在天福初年"以传国宝为清泰（后唐末帝李从珂）所焚，特置宝一坐"，后在辽太宗灭晋时，由晋出帝"皇子延煦等奉国宝并命印三面送与辽主"，辽太宗知"其国宝即天福初所造"之假传国宝，称"所进国宝，验来非真传国宝"，令晋出帝将"其真宝速进来"，晋出帝奏称"真传国宝因清泰末伪主从珂以宝自焚，自此亡失，先帝登极之初，特制此宝，左右臣寮备知，固不敢别有藏匿"③。说明辽人知道他们于会同九年（946 年）从后晋手中得到的传国宝是假宝，再加上那时的辽人并没有自称"正统"的思想，因此，对那枚假传国宝并未珍视。事隔 60 年以后，辽圣宗突然想起了这枚假传国宝，特派骨里等驰驿取至中京，无疑是他接受了传统中国以为得到秦朝传国玺即为"中国正统"的思想，就是想利用这枚假传国宝，为自己与宋朝争夺中国正统地位增加砝码。这从辽圣宗的一些表现中也能看出来。比如，辽圣宗太平七年（1027 年），萧蕴、杜防等使宋与宋朝馆伴使程琳等争论使者坐次时说"大国之卿，当小国之卿，可乎？"④，根本不把澶渊之盟时宋辽双方有关平等的"兄弟之国"的规定放在眼里，开始以"大国"自居而卑视宋朝。说明辽圣宗"驰驿取石晋所上玉玺于中京"之时，辽朝就已经以"正统"自居了。辽圣宗以"中国正统"自居，无疑是辽人自称"中国"意识增强的一种表现。

三、辽兴宗以后，公开宣称辽人是"中国"，堂而皇之地自称"中国正统"

关于明确记载辽人自从建国之初就已经开始自称"中国"的直接史料甚少，只有辽太祖耶律阿保机站在中国人的立场上以"佛非中国教"为由反对

①司马迁：《史记》卷 6《秦始皇本纪》张守节正义引《吴志》，中华书局，1982 年第 2 版，第 227 页。

②脱脱等：《辽史》卷 57《仪卫志三》，中华书局，1974 年版，第 913 页。

③王钦若等：《册府元龟》卷 594《掌礼部·奏议》，中华书局，1960 年版，第 7115 页。

④李焘：《续资治通鉴长编》卷 105，天圣五年四月辛巳条，中华书局，1985 年版，第 2439 页。《宋史》卷 288《程琳传》在记载此事时则称，杜防说："大国之卿，可以当小国之君"，辽朝以大国自居之语意更加明确。

祀佛的一条史料[①]，但到了辽兴宗以后就不同了，辽人明确自称"中国"的史料也明确地见诸于文献记载和墓志碑刻，如《辽史·刘辉传》记载，辽道宗"大安（1085—1094 年）末，（刘辉）为太子洗马，上书言：'西边诸番为患，士卒远戍，中国之民疲于飞挽，非长久之策。为今之务，莫若城于盐泺，实以汉户，使耕田聚粮，以为西北之费。'"[②] 辽人刘辉在这里所使用的"中国"一词，就是指辽人，主要指契丹人，而"诸番"一词则指辽朝周边的少数民族，"汉户"则主要指进入契丹境内的汉人。此外，刻于辽天祚帝天庆八年（1118 年）的《鲜演大师墓碑》中有"大辽中国"一语[③]，明确地称大辽为"中国"。说明，辽兴宗以后辽人已经公开宣称自己是"中国"了。

辽兴宗以后，辽人公开宣称自己是"中国"的另一表现是在全国掀起一场自称中国正统的运动，公开宣称辽朝是中国正统。辽圣宗时期萌生自称中国正统意识仅仅表现在圣宗派遣骨里将后晋所上传国玺取至中京以及亲自作了一首《传国玺诗》，辽兴宗即位以后则在全国开展了一场有关辽人自称正统的大讨论，公开宣称辽朝是中国正统。据《辽史·仪卫志》记载，辽兴宗重熙七年（1038 年），"以《有传国宝者为正统》赋试进士"[④]，将辽人称正统问题作为科举考试试题令参加科举的士人回答，说明在此之前，辽人已经在社会上掀起了一场有关辽人称正统问题的大讨论，并在有关学校的学习内容中灌输辽人称正统的思想，不然不会在科举考试时出这样考题。辽兴宗利用辽人从后晋手中得到的传国玺，为辽人承晋为"中国正统"大造声势的活动，我们从辽兴宗与宋朝进行"增币交涉"的讨论中也能看出来。据宋人记载，庆历二年（1042 年）辽兴宗以收复周世宗攻取的"关南十县"为名向宋朝进行要挟，宋朝不愿意发生战争，提出增给辽朝岁币的问题，在宋辽讨论增加岁币之时，辽兴宗提出，宋人向辽交纳岁币，"须于誓书中加一'献'字乃可。"宋人富弼说"'献'字乃下奉上之辞，非可施于敌国。况南朝为兄，岂有兄献于弟乎？"辽兴宗又说"南朝以厚币遗我，是惧我也，'献'字何惜？"既而又说"改为'纳'字如何？"富弼仍然不同意，并于回国之时建议朝廷不要答应辽人的请求，后来，宋仁宗并未听从富弼的意见，"许称'纳'字"[⑤]。这是宋人的说法，而在辽人的记载中则说，"会宋遣使增岁币

①脱脱等《辽史》卷 72《义宗倍传》，中华书局，1974 年版，第 1209 页。
②脱脱等：《辽史》卷 104《刘辉传》，中华书局，1974 年版，第 1455 页。
③向南：《辽代石刻文编·天祚帝·鲜演大师墓碑》，河北教育出版社，1995 年版，第 668 页。
④脱脱等：《辽史》卷 57《仪卫志三·符印》，中华书局，1974 年版，第 914 页。
⑤李焘：《续资治通鉴长编》卷 137，仁宗庆历二年九月癸亥条，中华书局，1985 年版，第 3292-3293 页。

以易十县",刘六符与耶律仁先等使宋,"宋乃从之,岁币称'贡'"①。按辽人的说法,辽人并非是要求宋人用"献"或"纳"字,而是要求宋人用"贡"字,并说宋人已经同意使用"贡"字,与宋人的记载差异很大。无论是辽人说用"贡"字还是宋人说用"献"字或"纳"字,都反映了辽人意欲凌驾于宋人之上并向宋人公开宣称自己才是"中国正统"的思想意愿。

辽道宗以后,辽人声称自己是中国"正统"的史料更是频繁出现,如辽道宗咸雍八年(1072年)刻石《创建静安寺碑铭》中宣称"今太祖天皇帝,总百年(一作"绍百世")之正统,开万世之宝系"②。寿昌六年(1100年),辽道宗派遣萧好古等前往高丽册封高丽太子,声称"朕荷七圣之丕图,绍百王之正统"③。天祚帝即位以后,也自称中国"正统",如天祚帝在册封高丽王的册文中曾称"朕祗遹先猷,绍隆正统",在给高丽国王的诏书中称"朕绍开正统,奄宅多方"④。就是到了天祚帝被金人俘虏,在其所上投降书中仍然念念不忘表白"伏念臣祖宗开先,顺天人而建业,子孙传嗣,赖功德以守成。奄有大辽,权持正统。"⑤可见,辽兴宗以后,辽人已经公开地向宋朝和高丽等国宣称自己是"中国正统"了。

以上可以看出,辽人"中国意识的觉醒",并非是到了辽兴宗以后才出现,而是早在契丹建国之初,契丹人由于受其先祖鲜卑人以及隋唐契丹"化内人"的影响,就已经因袭鲜卑人附会"炎黄子孙"自称"中国"的观念,开始以"炎黄子孙"自诩,并站在"中国"人的立场上以"中国"自居了。到了辽圣宗时期,由于契丹人正统意识觉醒,又在自称"中国"的基础上,开始自称正统。辽兴宗以后,中国正统意识增强,公开向国人及宋、高丽等国宣称辽朝是中国正统。可见,辽人自始至终都在利用和发挥历史上比较宽泛的"中国"概念,以中国自居,并没有自外于中国。

该文与李玉君合作,原载《社会科学辑刊》2010年5期。

①脱脱等:《辽史》卷86《刘六符传》,中华书局,1974年版,第1323页。此外,《辽史》卷19《兴宗纪二》亦记载说:"宋岁增银、绢十万两、匹,文书称'贡'";卷96《耶律仁先传》称:"仁先与刘六符使宋,仍议币'贡'……乃定议增银、绢十万两、匹,仍称'贡'";卷96《姚景行传》又记载,姚景行在道宗朝说:"自圣宗皇帝以威德怀远,宋修职贡,迨今几六十年。"

②向南:《辽代石刻文编·道宗编上·创建静安寺碑铭》,河北教育出版社,1995年版,第360页。

③郑麟趾:《高丽史》卷11《肃宗世家一》,朝鲜民主主义人民共和国科学院,1957年版,第165页。

④郑麟趾:《高丽史》卷12《肃宗世家二》,朝鲜民主主义人民共和国科学院,1957年版,第173页。

⑤(金)佚名编,金少英校补、李庆善整理:《大金吊伐录》第189篇《辽主耶律延禧降表》,中华书局,2001年版,第508页。

契丹的"中国"认同

中国古代的"中国"一词，是一个比较宽泛的概念，既有"中央""中央之城""都城""京师""国中""王畿""一国之中心""天下之中心""中原及中原政权""汉族及汉族政权"等多种涵义①，又有"诸侯用夷礼则夷之，夷而进于中国则中国之"的文化涵义等等。兴起于东北地区的契丹族挺进中原建立辽政权（也称契丹政权），即利用和发挥了历史上比较宽泛的"中国"概念，根据自己的需要，在不同时期取"中国"一词的不同涵义而自称"中国"，形成了他们的"中国"认同观念。由于历史上"中国"一词既是一个地理概念、民族概念、文化概念，又是一个政权概念，因此，契丹人的"中国"认同也就包涵有民族认同、文化认同、政治认同和国家认同等多方面的内涵，而契丹人自称"中国"则是这些认同的最高表现形式。

综合各种史书记载，我们认为，契丹人的"中国"认同观念，主要表现在以下几个方面：

第一，自称炎黄子孙，属于"中国"。

元人所修《辽史》，比较系统地记载了契丹人自称"炎黄子孙"的情况，如《辽史》卷2《太祖纪赞》称："辽之先，出自炎帝，世为审吉国。"《辽史》卷63《世表》也说："庖牺氏降，炎帝氏、黄帝氏子孙众多，王畿之封建有限，王政之布濩无穷，故君四方者，多二帝子孙，而自服土中者本同出也。考之宇文周之书，辽本炎帝之后，而耶律俨称辽为轩辕后。俨志晚出，盖从《周书》。盖炎帝之裔曰葛乌菟者，世雄朔陲，后为冒顿可汗所袭，保鲜卑山以居，号鲜卑氏。既而慕容燕破之，析其部曰宇文，曰库莫奚，曰契丹。契丹之名，昉见于此。"元人所修《辽史》主要根据辽人耶律俨修撰的《辽史》等资料修成。我们根据上述史料，可以知道，辽朝史官耶律俨在修《辽史》时，曾依据契丹源于东胡之后鲜卑之说，取《晋书》《魏书》等书以东胡、慕容鲜卑、拓跋鲜卑为黄帝之后的观点，认为契丹为轩辕（黄帝）后，将契丹人说成是黄帝子孙。而元人编写的《辽史》则认为契丹族是从鲜卑族中的宇文鲜卑直接发展而来，因此，取《周书》宇文鲜卑自称为炎帝之

①赵永春：《中国古代的"中国"与"国号"的背离与重合》，《学习与探索》，2008年4期；《中国古代的"国号"与历史上的"中国"》，《吉林师范大学学报》，2009年第5期。

后的说法，将契丹说成是炎帝子孙。传说炎帝和黄帝是兄弟，同出于少典，有关契丹人始祖的说法虽然有黄帝和炎帝之不同，但最终还是一源，都是炎黄子孙。

《辽史》中有关契丹人自称"炎黄子孙"的记载，为近年来考古出土的契丹人的墓志碑刻所证实。如 1989 年内蒙古赤峰巴林左旗杨家营子镇石匠沟辽墓出土了《大契丹国夫人萧氏墓志》，碑文在谈到萧氏的丈夫耶律污斡里时说："公讳污斡里，其先出自虞舜"，明确将黄帝之子昌意的七世孙虞舜说成是契丹人耶律污斡里的祖先①。2003 年辽宁阜新蒙古族自治县平安地乡阿汉土村宋家梁屯北山辽墓出土了《永清公主墓志》，其碑文称"盖国家系轩辕皇帝之后"②，轩辕即黄帝，明确地将契丹人说成是黄帝之后。说明，契丹人自称"炎黄子孙"是勿庸置疑之事。

第二，袭用"中原"即"中国""九州"即"中国"的理念，自称"中国"。

历史上"中国"的含义之一是用来指称中原地区，主要的是一个地理概念。至于中原所包括的范围，并没有人认真进行界定，但一般认为，幽云地区多在中原政权管辖范围之内，属于中原，属于中国。因此，史家认为，辽太宗耶律德光占领幽云十六州地区，就是进入"中国"，故称辽"太祖帝北方，太宗制中国"③。

中国古代对"中国"和世界的认识，还有"九州"和"大九州""十二州"之说。在《尚书·禹贡》较早构建的"九州"天下体系之中，冀州是中心，为"帝都"之所在。有关冀州的地域范围，《禹贡》并没有明确论述，但"冀州"条下有"岛夷皮服，夹右碣石，入于河"等记载，王肃和孔颖达等人在为《禹贡》作注疏时，认为"岛夷"即"东北夷国名也""渤海北距碣石五百余里"，如果按这种解释，可知冀州地域范围十分广远，已经到达东北之地。由于冀州地域广远，"禹治水之后，舜分冀州为幽州、并州，分青州为营州，始置十二州"④。《大明一统志》在记载此事时说"舜分冀东北为幽州，即今广宁（今辽宁北镇）以西之地；青东北为营州，即今广宁以东之地。"按此推论，则幽、并、营三州已达北方塞外及东北广宁以东的远夷之地。按照此种说法，远达塞外之地的幽、并等州原来都属于冀州，冀州为

①金永田：《大契丹国夫人萧氏墓志及画像石初探》，载苏赫主编《中国北方古代文化国际学术讨论会论文集》，中国文史出版社，1995 年，第 118 页。

②袁海波、李宇峰：《辽代汉文〈永清公主墓志〉考释》，《中国历史文物》，2004 年第 5 期。

③脱脱等：《辽史》卷 56《仪卫志二》，中华书局，1974 年版，第 905 页。

④《尚书》卷 3《虞书·舜典》孔氏传，中华书局，《十三经注疏》本，1980 年版，第 128 页。

"九州"之中心,为"中国",无怪乎在南宋皇帝降元之后,陆威中等人为了讨好元人,称"禹贡之别九州,冀为中国"①。元人撰写《辽史》时即持此说,谓"帝尧画天下为九州。舜以冀、青地大,分幽、并、营,为州十有二。幽州在渤、碣之间,并州北有代、朔,营州东暨辽海。其地负山带海,其民执干戈,奋武卫,风气刚劲,自古为用武之地"②,将辽人活动地域说成是《禹贡》"九州"之冀、青分出来的幽、并、营州地域,幽、并、营州地域原在"九州"之内,后在"十二州"之内,"九州"、"十二州"是"中国",辽人活动的地域自然就成了中国之地域。《礼记·王制篇》亦称"四海之内九州",认为九州在四海之内,四海之内应该包括辽人活动地域,辽天祚帝耶律延禧即持此说,他曾在册封完颜阿骨打的册文中称"荷祖宗之丕业,九州四海属在统临"③,不仅将辽人活动地域说成在"九州四海"之内,而且将"九州四海"说成都在他天祚帝的统治之下。

古人还把神秘的天空看作神界,将二十八宿等众星拱卫的北极看作是"天中"。认为,"二十八舍(宿)主十二州"④,二十八宿拱卫的北极所笼罩之地就是"中国"。《松漠纪闻》记载了一条为大家所熟知的史料,"大辽道宗朝,有汉人讲《论语》,至'北辰居其所而众星拱之',道宗曰:'吾闻北极之下为中国,此岂其地邪?'"⑤ 这则史料中所称《论语》的原文是:"为政以德,譬如北辰,居其所而众星共之。"各家注释多强调"北极,天之中,以正四时"⑥,很少有人直称"中国"者。辽道宗将各家注释所说的众星拱卫的北极之下为"天之中"说成是"中国",无疑是在强调二十八宿拱卫的北极主十二州,应该包括《禹贡》"九州"及舜时的"十二州",也就是说应该包括辽朝在内,辽朝也是中国的一部分。

第三,袭用佛经"南赡部州"之说,自称"中国"。

契丹人在其国号"辽"或"契丹"之前加称"南赡部州"的石刻资料很多,其义为何?是一个值得研究的问题。郑樵《通志》认为"释氏谓华夏为南赡部州"。马端临《文献通考》对郑樵的观点提出了质疑,谓"郑氏因牛、

---

① 周密:《癸辛杂识》别集下《德祐表诏》,中华书局,1988年吴企明点校本,第286页。

② 脱脱等:《辽史》卷37《地理志一》,中华书局,1974年版,第437页。

③ 徐梦莘:《三朝北盟会编》卷3,重和二年正月十日条,上海古籍出版社,1987年版,第22页。

④ 司马迁:《史记》卷27《天官书》,中华书局,1959年版,第1346页。

⑤ 洪皓:《松漠纪闻》,吉林文史出版社,1986年版,第22页。

⑥ 孔子:《论语》卷2《为政》及邢昺疏引郭璞语,中华书局,《十三经注疏》本,1980年版,第2461页。

女间有十二国星，而以为华夏所占者牛、女二宿，且引释氏南赡部州说以为证，然以十二次言之，牛、女虽属扬州，而华夏之地所谓十二国者，则不特扬州而已，又扬州虽可言东南，而牛、女在天则北方宿也，与南赡部州之说异矣"[1]，认为牛、女二星所主之地仅为"九州"之中的扬州之地，并非是全部的华夏之地，与佛教所说的"南赡部洲"并非是一回事。

确实，"南赡部洲"是佛教有关大千世界地理体系构想的"四大部洲"之一，按佛教经典《俱舍论》的说法，在无边无际的宇宙之中，人类居住的世界分为"四大洲""一南赡部洲，二东胜身洲，三西牛货洲，四北俱卢洲"。其中，"南赡部洲"，不仅包括中国，也包括天竺、日本等地。朱熹曾说"中国为南潭部洲，天竺诸国皆在南潭部内"[2]。由于"中国"在"南赡部洲"之内，因此，历史上也有人称"南赡部洲"为"中国"。契丹人在其国号前加称"南赡部洲"，既有契丹属于南赡部洲之意，也有契丹属于"中国"之意。这也是契丹人自称"中国"的一种表现。

第四，袭用历史上"夷狄用'中国'之礼则中国之"的思想观念，自称"中国"。

中国古代历史上的"中国"一词，除了具有"华夏""汉人""中原政权""汉族政权"等涵义以外，还是一个文化概念。孔子十分注意以"礼"区分中国和四夷，并认为中国和四夷可以互相转化。韩愈《原道》在概括孔子这一思想时说："孔子之作《春秋》也，诸侯用夷礼则夷之，进于中国则中国之"[3]，这种用"礼"来区分中国和四夷以及中国和四夷可以互相转化的思想，对后世产生了深远影响。契丹人即接受了"所以为中国者，以礼义也，所以为夷狄者，无礼义也"[4] 的思想观念，认为自己有文化，懂礼仪，可以称"中国"。洪皓《松漠纪闻》中记载了一条大家所熟知的史料："大辽道宗朝，有汉人讲《论语》，……至'夷狄之有君'，疾读不敢讲。（道宗）则又曰：'上世獯鬻、猃狁，荡无礼法，故谓之夷。吾修文物彬彬，不异中华（中国），何嫌之有！'卒令讲之。"就是将"礼法""文物"亦即文明视为区分华（中国）夷的标志，认为契丹人有文明，已经同中华无异，也应该称"中国"。

①马端临：《文献通考》卷279《象纬考二·二十八宿》，中华书局，1986年版，第2215页。

②黎靖德：《朱子语类》卷86《礼·周礼·地官》，中华书局，1994年版，第2212页。

③韩愈：《韩昌黎全集》卷11《原道》，世界书局，1935年版，第174页。

④皇甫湜：《皇甫持正文集》卷2《论序·东晋元魏帝正闰论》，四部丛刊初编本。文渊阁四库全书本《皇甫持正文集》作《皇甫持正集》，《东晋元魏帝正闰论》作《东晋元魏正闰论》，"所以为夷狄者"作"所谓夷狄者"。

第五，自称"北朝"。

契丹人自称"北朝"之事，在历史上颇有影响。根据史书记载，早在辽太宗时期，契丹人就已经遵循历史上称南北并立政权为"南北朝"的习惯而自称"北朝"了。北宋政权建立之后，辽人仍称北宋为"南朝"而自称"北朝"。如辽景宗乾亨三年（981年）辽人赵衡所撰《张正嵩墓志》称："我北朝大圣皇帝，初创乾坤"[①]，就是契丹人明确自称"北朝"的一个实例。此后，契丹人自称"北朝"的事例就更多了。如辽圣宗统和二十二年（1004年）十月，投降契丹并为契丹所任用的王继忠在代表契丹向宋朝上书时曾说："北朝日候朝廷使者"[②]，用"北朝"指称契丹，用"朝廷"指称宋朝。十一月，王继忠再致宋书称："乞自澶州别遣使者至北朝，免致缓误"[③]等等，所说的"北朝"都是指契丹。辽圣宗与宋签订"澶渊之盟"，正式确立了"南朝"和"北朝"的称呼。据《续资治通鉴长编》等书记载，宋辽签订澶渊之盟，"所致书，皆以南、北朝冠国号之上"[④]。宋将作监王曾不同意，认为古时候"尊中国（指汉族），贱夷狄"，如果现在与契丹互称南北朝，"是与之亢立，首足并处"，担心以后"又病倒植"，即担心以后契丹由"足"变为"首"，而北宋由"首"变为"足"，建议只称其"国号契丹足矣"。宋真宗虽然认为王曾说的有理，但仍以"使者业已往，又重变，遂已"[⑤]。从中可以看出，宋辽签订"澶渊之盟"时，宋人对称自己为"南朝"，称契丹为"北朝"，存在不同认识，甚至可以说宋人是不情愿的。这就说明"澶渊之盟"签订之时，有关"南朝"和"北朝"的称呼，并非是宋人提出来的，而是契丹人提出来的。后来，契丹遣使贺宋乾元节，其国书"去其国号，止称'南朝''北朝'"，宋人大为不满，经过中书省和枢密院"二府"讨论之后，特下诏"学士院，自今答契丹书，仍旧称'大宋''大契丹'"[⑥]。但契丹人仍然坚持使用"南朝"和"北朝"的称呼。其原因除了学者们强调的契丹人意欲提高自己的政治地位以取得和北宋平等地位以外，还应该寓有更深

---

①向南：《辽代石刻文编·太宗、世宗、穆宗、景宗编·张正嵩墓志》，河北教育出版社，1995年版，第68页。

②徐松辑：《宋会要辑稿》蕃夷一之三十，中华书局，1957年版，第7687页。

③李焘：《续资治通鉴长编》卷58，景德元年十一月庚午条，中华书局，1980年版，第1283页。

④李焘：《续资治通鉴长编》卷58，宋真宗景德元年十二月辛丑条，中华书局，1980年版，第1299页。

⑤富弼：《王文正公曾行状》，见宋杜大珪编《名臣碑传琬琰集》中卷44，四库全书本；李焘《续资治通鉴长编》卷58有节文，可参阅。

⑥徐松辑：《宋会要辑稿》蕃夷二之一七，中华书局，1957年版，第7780页。此事还见李焘《续资治通鉴长编》卷172、王暐《道山清话》、王珪《华阳集·梁庄肃公适墓志铭》等。

层次的涵义，就是契丹人为其自称"中国"大造舆论。我们知道，"澶渊之盟"签订之时，宋辽强调双方为兄弟之国，辽圣宗称宋真宗为兄，宋真宗称辽圣宗为弟，契丹人强调"书称大宋、大契丹"不以"南朝""北朝"相称，"非兄弟之义"①，所强调的无疑具有南朝北朝是"一家兄弟"的意思。另据李焘《续资治通鉴长编》记载，"契丹主闻真宗崩，集蕃汉大臣，举哀号恸"，契丹主"谓其妻萧氏曰：'汝可致书大宋皇太后，使汝名传中国。'"《契丹国志》在记载此事时则说，契丹主谓后曰："汝可先赍书与南朝太后，备述姒娣之媛，人使往来，名传南朝。"《续资治通鉴长编》记载的"中国"一词在《契丹国志》一书中变成了"南朝"一词。辽圣宗在讲此事时，到底是使用"中国"一词，还是使用"南朝"一词，我们现在已经说不清楚了，但有一点是可以说清楚的，那就是宋人在当时常常是"中国"和"南朝"二词混用，因此，他们在写书时，常常会自觉不自觉地将"中国"写成"南朝"，将"南朝"写成"中国"。可见，当时"南朝"和"中国"二词是相通的，南朝北朝是一家，"南朝"是中国，"北朝"也应该是"中国"，恐怕这就是辽圣宗坚持自称"北朝"的真实用意。

第六，契丹人声称他们拥有"传国宝"，应为"中国正统"。

中国古代曾有得到传国宝者方为中国正统的说法。据说，秦始皇用蓝田山玉制成一枚玉玺，刻有李斯书写的"受命于天，既寿永昌"八个字，号曰传国玺。汉高祖刘邦灭亡秦朝，秦王子婴将这枚传国玺献于汉高祖。王莽篡夺西汉皇帝之位时，"就元后求玺，后乃出以投地"，被摔坏一角②。后来，此玺又传东汉光武帝，汉末军阀割据，东吴孙坚进入洛阳，从井中捞出此传国玺，传于孙权，"后归魏"，魏文帝又在此传国玺上用隶书刻写了"大魏受汉传国之宝"几个字。后来，此传国玺又由魏传晋，西晋灭亡后，"玺入前赵刘聪。至东晋成帝咸和四年（329 年），石勒灭前赵，得玺。穆帝永和八年（352 年），石勒为慕容俊灭，濮阳太守戴施入邺，得玺，使何融送晋。传宋，宋传南齐，南齐传梁。梁传至天正二年（552 年），侯景破梁，至广陵，北齐将辛术定广陵，得玺，送北齐。至周建德六年（577 年）正月，平北齐，玺入周。周传隋，隋传唐"③，唐改名为"受命宝"。历代王朝均以为得到秦朝传国宝者为"中国正统"，因此"往往模拟私制"。据宋人王钦若等

①徐松辑：《宋会要辑稿》蕃夷二之一七，中华书局，1957 年版，第 7700 页。

②范晔：《后汉书》卷 48《徐璆列传》李贤等注引卫宏语，中华书局，1965 年版，第 1622 页。

③司马迁：《史记》卷 6《秦始皇本纪》张守节正义引《吴志》，中华书局，1959 年版，第 227 页。

撰《册府元龟》记载，后周太祖广顺三年（953 年），太常寺官员上疏说，南北朝时期，北朝和南朝均传有"神玺"（传国宝），并认为真玺由唐传后梁，后梁传后唐，后唐末帝兵败，"以传国宝随身自焚而死，其宝遂亡失"，后晋高祖石敬瑭在天福初年，"以传国宝为清泰（后唐末帝李从珂）所焚，特置宝一坐"，又重新制作一枚假传国宝，后在辽太宗灭亡后晋时，由晋出帝"皇子延煦等奉国宝并命印三面送与辽主"，辽太宗知"其国宝即天福初所造"之假传国宝，称"所进国宝，验来非真传国宝"，令晋出帝将"其真宝速进来"，晋出帝奏称"真传国宝因清泰末伪主从珂以宝自焚，自此亡失，先帝登极之初，特制此宝，左右臣寮备知，固不敢别有藏匿"[1]。说明会同九年（946 年）契丹人从后晋手中得到的传国宝不过是一枚假传国宝，再加上那时的契丹人并没有自称"中国正统"的想法，因此，对那枚假传国宝并未十分重视。

到了辽圣宗时期，契丹人萌生了自称中国正统的思想，圣宗于太平元年（开泰十年，1021 年）七月"遣骨里取石晋所上玉玺于中京（今内蒙古宁城西大明城）"[2]，并作《传国玺诗》云："一时制美宝，千载助兴王。中原既失守，此宝归北方。子孙宜慎守，世业当永昌"[3]，明确表达了契丹人自称"中国正统"的思想。辽兴宗即位以后，又"以《有传国宝者为正统》赋试进士"[4]，将辽人称正统问题作为科举考试试题令参加科举的士人进行论述，说明在此之前，契丹人已经在社会上掀起了一场有关契丹人称"中国正统"问题的大讨论，并在有关学校的学习内容中灌输契丹人称中国正统的思想。契丹人利用他们从后晋手中得到的这枚假传国宝，为契丹承后晋为"中国正统"大造声势，表明契丹人自称中国正统意识十分强烈。

辽道宗以后，辽人声称自己是"中国正统"的史料更是屡见不鲜，如辽道宗咸雍八年（1072 年）刻石《创建静安寺碑铭》中称："今太祖天皇帝，总百年（一作"绍百世"）之正统，开万世之宝系"[5]。李氏朝鲜郑麟趾撰写

---

[1] 王钦若等：《册府元龟》卷 594《掌礼部·奏议》，中华书局，1960 年版，第 7115 页。

[2] 脱脱等：《辽史》卷 57《仪卫志三》，中华书局，1974 年版，第 913 页。

[3] 此诗初见宋人孔平仲《珩璜新论》，称"仁宗朝有使北者见北主传国玺诗云"，并未明确说明此诗出自辽朝哪位皇帝之手，（清）厉鹗《辽史拾遗》、周春《增订辽诗话》、近人陈衍《辽诗纪事》、陈述《全辽文》以及今人阎凤梧等《全辽金诗》均将此诗列在圣宗名下，陈述《全辽文》加有按语云"检宋仁宗当朝亘四十余年，历辽圣宗、兴宗、道宗三帝，辽主者，不得他证，未可必谓为圣宗也。"此诗虽无他证必为辽圣宗所作，但从圣宗派遣骨里等人驰驿取后晋所上传国宝来看，以其诗为圣宗所作，应当不误。

[4] 脱脱等：《辽史》卷 57《仪卫志三·符印》，中华书局，1974 年版，第 914 页。

[5] 向南：《辽代石刻文编·道宗编上·创建静安寺碑铭》，河北教育出版社，1995 年版，第 360 页。

的《高丽史》记载,寿昌六年(1100年),辽道宗派遣萧好古等前往高丽册封高丽太子,声称"朕荷七圣之丕图,绍百王之正统"①。天祚帝在册封高丽王的册文中称"朕祗遹先猷,绍隆正统",在给高丽国王的诏书中称"朕绍开正统,奄宅多方"②。就是到了天祚帝被金人俘虏,在其所上投降书中仍然念念不忘表白:"伏念臣祖宗开先,顺天人而建业,子孙传嗣,赖功德以守成。奄有大辽,权持正统"③。说明自辽圣宗以后,契丹人已经明确自称"中国正统",并公开向宋朝和高丽等国宣称自己是"中国正统"。

第七,契丹认同中国传统文化。

兴起于东北地区的契丹人,进入中原以后,就以中原政权继承者自居,视中国传统文化为自己的历史文化。因此,他们尊崇炎帝和黄帝以及历代有为帝王,积极学习历史上中国各个朝代的治国经验,并制定了"尊孔崇儒"的基本国策,接受了历史上"中国以诗书礼乐法度为政"④,"中国尚礼义"⑤,"中国者,礼义之所存"⑥,"中国者,礼义之所由出也"⑦ 等儒家思想观念,"颇取中国典章礼义"⑧,"治国建官,一同中夏"⑨,"改服中国(主要指汉族)衣冠"⑩,"饮食服玩之盛,尽习汉风"⑪,使自己的文化迅速跻身于中国文化之行列。宋人富弼曾说,契丹人"得中国(主要指中原和汉族,下同)土地,役中国人力,称中国位号,仿中国官属,任中国贤才,读中国书籍,用中国车服,行中国法令""皆与中国等"⑫。成为契丹人自称"中国"的重要理论根据。

第八,明确称契丹为"中国"。

① 郑麟趾:《高丽史》卷11《肃宗世家一》,肃宗五年十月壬子条,朝鲜民主主义人民共和国科学院,1957年版,第165页。

② 郑麟趾:《高丽史》卷12《肃宗世家二》,肃宗九年四月甲子条,朝鲜民主主义人民共和国科学院,1957年版,第173页。

③ 佚名编,金少英校补、李庆善整理:《大金吊伐录》第189篇《辽主耶律延禧降表》,中华书局,2001年版,第508页。

④ 司马迁:《史记》卷5《秦本纪》,中华书局,1959年版,第192页。

⑤ 司马光:《资治通鉴》卷232,唐德宗贞元三年正月丙午条,中华书局,1956年版,第7480页。

⑥ 李焘:《续资治通鉴长编》卷331,神宗元丰五年十一月条,中华书局,1985年版,第7979页。

⑦ 李焘:《续资治通鉴长编》卷389,哲宗元祐元年十月戊戌条,中华书局,1985年版,第9473页。

⑧ 李焘:《续资治通鉴长编》卷284,神宗熙宁十年八月己丑条,中华书局,1985年版,第6952页。

⑨ 李焘:《续资治通鉴长编》卷138,仁宗庆历二年十月戊辰条,中华书局,1985年版,第3319页。

⑩ 司马光:《资治通鉴》卷286,后汉高祖天福十二年正月癸巳条,中华书局,1956年版,第9337页。

⑪ 李焘:《续资治通鉴长编》卷142,仁宗庆历三年七月甲午条,中华书局,1985年版,第3412页。

⑫ 富弼:《条上河北守御十二策》,《续资治通鉴长编》卷150,仁宗庆历四年六月戊午条,中华书局,1985年版,第3641页。

　　契丹人不仅通过自称"炎黄子孙"、自称"北朝"、自称"南赡部洲"、自称懂礼等表达自己是"中国"的思想认识，有时也直接称自己为"中国"。如《辽史·耶律倍传》记载，辽太祖耶律阿保机曾"问侍臣曰：'受命之君，当事天敬神。有大功德者，朕欲祀之，何先？'皆以佛对。太祖曰：'佛非中国教。'（耶律）倍曰：'孔子大圣，万世所尊，宜先。'太祖大悦，即建孔子庙，诏皇太子春秋释奠"①。这则史料，固然表达了辽太祖耶律阿保机对"中国"的无比仰慕，但也说明他开始以"中国"自居了。《辽史》卷 104《文学·刘辉传》又记载，辽道宗时，身为太子洗马的刘辉曾上书说，"西边诸番为患，士卒远戍，中国之民疲于飞挽，非长久之策。为今之务，莫若城于盐泺，实以汉户，使耕田聚粮，以为西北之费"②，将"中国"一词与"诸番""汉户"对举，说明他所说的"中国"，就是指契丹。陈述先生也曾指出，"道宗以大辽为中国，刘辉所说中国之民也正是指大辽齐民。'汉户'即契丹治下的汉族百姓"③。此外，刻于辽天祚帝天庆八年（1118 年）的《鲜演大师墓碑》中也称"高丽外邦，僧统倾心；大辽中国，师徒翘首"④以"大辽"对"高丽"，以"中国"对"外邦"，无疑也是用"中国"一词指称契丹辽朝。

　　近年来，学者对契丹文字研究有了新的进展，即实先生认为 1930 年出土的《辽道宗哀册》篆盖上的契丹小字"契丹"二字于义为"大中""契丹国"就是"大中国"的意思⑤。刘凤翥又从出土契丹文字中发现，契丹人用契丹文字称自己建立政权的国号为"大中央契丹辽国""大中央辽契丹国"等，在"契丹辽国"或"辽契丹国"双国号前冠有"大中央"一词。他认为"'中央'也可视为国号'中国'的'中'。倘如此，则是同时使用'中、契丹、辽'三个国号"⑥。刘凤翥先生将"中央"释为"中"，没有进一步释为"中国"。其实，这些石刻契丹文字中的"大中央""中央""大中"等就是"中国""大中国"的意思。如前述《鲜演大师墓碑》所记载的"大辽中国"一语，虽然与契丹文字中的"大中央辽国"两个词组的前后顺序不同，但意

---

①脱脱等：《辽史》卷 72《义宗倍传》，中华书局，1974 年版，第 1209 页。

②脱脱等：《辽史》卷 104《刘辉传》，中华书局，1974 年版，第 1455 页。

③陈述：《汉儿汉子说》，《社会科学战线》，1986 年第 1 期 294 页。

④向南：《辽代石刻文编·天祚编·鲜演大师墓碑》，河北教育出版社，1995 年版，第 668 页。

⑤即实：《契丹小字字源举隅》，《民族语文》，1982 年第 3 期。

⑥刘凤翥：《从契丹文字的解读谈辽代契丹语中的双国号——兼论"哈喇契丹"》，《东北史研究》，2006 年 2 期；《从契丹文字的解读探讨辽代中晚期的国号》，《辽金契丹女真史研究》，2006 年 2 期。

思是一样的,这就为我们将石刻契丹文字中的"中央""大中央"解释成"中国""大中国"提供了有力证据。契丹人将"中国"一词作为自己同时使用的双国号或三个国号之一,恐怕这就是俄语称"契丹"为"中国"的重要原因之一。

以上可以看出,契丹人一直自称"中国",具有强烈的"中国"认同意识。并非像有些人所说的那样,契丹人实行南北面官制,仍然奉行"草原本位"政策,不可能有"中国"认同意识。其实,契丹人是否具有"中国"认同意识,与契丹汉化或者没有汉化亦即奉行"草原本位"问题并没有必然联系。

我们认为,契丹自称"中国",主要原因是那时还没有一个政权用"中国"一词作为自己政权的国号,也就是说,"中国"一词并没有成为某一民族或某一政权所独有的专有名词,因此,你可以称"中国",我也可以称"中国",大家都可以称"中国"。另外,中国古代"中国"一词常常用来指称"中原",契丹人进入中原即可据以自称"中国"。中国古代"中国"一词还用来指称文明礼仪,是一个高贵的美称,因此,契丹人也愿意使用这一美称,以显示自己高贵,有文化,懂礼仪。当然,契丹人自称"中国"也有为其便于统治中原各族人民服务的用意,等等。

正由于,契丹人自称"中国"与契丹"汉化"问题没有必然联系,主要是为其统治中原各族人民服务,因此契丹人在自称"中国"的同时,并不反对宋朝和其他政权称"中国",仍然承认宋朝和汉人是"中国"。据史书记载,契丹一直称五代、北宋以及历史上的中原政权为"中国",如《辽史》一书"中国"一词共出现 15 次,其中 6 次为辽人所使用,除一次明确指辽人以外,均指中原及占据中原的五代政权。司马光《资治通鉴》"中国"一词共出现 594 次,其中为辽人使用共 6 次,皆指中原或中原政权。欧阳修《新五代史》"中国"一词共出现 134 次,其中辽人使用 5 次,均指中原和中原政权。李焘《续资治通鉴长编》"中国"一词共出现 756 次,其中辽人使用 7 次,皆指占据中原地区的北宋政权。《契丹国志》"中国"一词共出现 58 次,其中辽人使用 9 次,皆指中原及中原政权。可见,辽人自建立政权之始,即承认五代、北宋以及历史上的中原政权是中国。

此外,我们还可以看到,契丹人自称炎黄子孙,并没有否认汉人是炎黄子孙的意思;他们以为自己部分进入中原地区且在"九州"和"十二州"之内,应该属于"中国",并没有否认北宋在"中原",也在"九州"和"十二州"范围之内的意思;他们依据佛教"南赡部洲"之说,自称"中国",并没有否认宋朝也属于"南赡部洲";他们在接受"诸侯用夷礼则夷之,进于中国则中国之"等赋予"中国"以文化意义的观点、大力张扬夷人懂礼即为"中国"的同时,并没有否认汉人懂礼也是"中国"的意思。实际上,他们认为历史上"中国"一词并非为汉人所独有,契丹人也可以称"中国",这就是契丹人的"中国"认同意识,也是我们常说的"中华(中国)多元一体"的思想认识。

正由于契丹等各个民族具有"中国"认同意识,才将中国各个民族逐渐凝聚在一起,共同形成中华民族。因此,我们完全可以说,契丹等各个民族"中国"认同意识萌生和发展,为统一的多民族的"中国"的形成、"中国"国号的确立以及中华民族的形成作出了不可磨灭的贡献。

该文与张喜丰合作,原载《黑龙江民族丛刊》2015 年第 1 期;中国人民大学复印报刊资料《民族问题研究》2015 年第 5 期全文转载。

试论金人的"中国"观

在辽宋夏金对峙时期，金人一直自称"中国"，《金史》一书，"中国"一词共出现 14 次，除了 3 次指中原地区以外，其余均指金朝。此外，"中国"一词在元好问《遗山先生文集》一书中共出现 14 次，在元好问《中州集》一书中共出现 4 次，在赵秉文《闲闲老人滏水文集》一书中共出现 5 次，在王若虚《滹南遗老集》一书中共出现 6 次，在李俊民《庄靖集》一书中共出现 2 次，在刘祁《归潜志》一书中共出现 10 次，在《大金德运图说》一书中出现 1 次，在杨奂《还山遗稿》一书中共出现 3 次，在这些金人著作中所出现的"中国"一词，除了指历史上的中原政权以外，全部指金朝。金人如此强烈地自称"中国"，其理论依据是什么，当时金人对"中国"又是如何理解和认识的？这些问题对于我们理解历史上的"中国"以及认识中国历史上的疆域等问题，无疑具有十分重要的意义。学界对金代正统观、华夷观等问题虽然多有研究①，对金人自称"中国"问题也有涉及，但至今还没有全面系统论述金代"中国观"的专文面世。因此，笔者不避浅陋，拟在先贤有关研究的基础上，就金人的"中国观"问题做进一步讨论，不正确之处，敬请读者批评指正。

一

金人自称"中国"的理论依据之一，就是"夷而进于中国则中国之"②。"中国"一词在历史上有多种含义，其中之一是用来指称中原和中原政权。春秋战国时期，人们将地处中原地区的周、卫、齐、鲁、晋、宋、郑等看成

---

① 有关金代正统观、华夷观的论著主要有：陈学霖《金国号之起源及其释义》，《辽金史论集》第 3 辑，北京书目文献出版社，1987 年；陈学霖《中国史上之正统：金代德运仪研究》（英文版），美国西雅图华盛顿大学出版社，1985 年；宋德金《正统观与金代文化》，《历史研究》，1990 年第 1 期；齐春风《论金朝华夷观的演化》，《社会科学辑刊》，2002 年 6 期；刘浦江《德运之争与辽金王朝的正统性问题》中国社会科学，2004 年 2 期；刘扬忠《论金代文学中所表现的"中国"意识和华夏正统观念》，《吉林大学社会科学学报》，2005 年第 5 期等。

② 赵秉文：《闲闲老人滏水文集》卷 14《论·蜀汉正名论》，四部丛刊初编本。原文称"春秋诸侯用夷礼则夷之，夷而进于中国则中国之"，此语原出韩愈《原道》。笔者认为，这里的"夷而进于中国则中国之"，具有夷狄进入"中国"（中原）即为"中国"，夷狄用"中国"之礼即为"中国"等意，本部分取夷狄进入"中国"（中原）即为"中国"之意。

是中国，而将中原以外的秦、楚、吴、越看成是夷狄。到了秦朝占据中原、统一六国以后，秦又成了中国的代表，此后，人们常常"谓中国人为秦人"①。两汉据有中原，也是中国。到了三国时期，因为魏国据有中原，魏国也被看成是中国，蜀国虽然声称继承汉室，也不被看成是中国，吴国更被视为边鄙，比如，孙资就曾说过"数年之间，中国日盛，吴蜀二虏必自罢弊"②。诸葛亮也曾对孙权说"若能以吴、越之众与中国抗衡，不如早与之绝"③。都承认占据中原的魏国是"中国"，甚至有人视吴、蜀为夷虏。隋唐都占有中原，也被视为中国。五代十国时期，也是将占据中原的梁、唐、晋、汉、周视为中国，而认为"四夷、十国，皆非中国"④，后唐、后晋、后汉三个政权虽为少数民族沙陀人建立的政权，但由于他们占据中原，仍被视为中国，十国虽多为汉人建立的政权，但由于他们不在中原，也不被视为中国。继五代之后而起的北宋，占有中原，也被视为中国。可见，中国历史上"中国"一词的一个重要含义就是指中原地区，主要的是一个地域概念，并由此引申为中原地区所建立的政权及其所控制的区域。杜荣坤曾指出，历史上"中国"一词"泛指中原王朝所直接管辖的地区"⑤，就是这个意思。

金人进据中原以后，即沿袭汉族儒士这种"中原政权即是中国"的传统观念，认为自己占据中原，就是占据"中国"，《金史·哀宗纪》所说"太祖、太宗威制中国"以及《金史·兵志》所说"及其得志中国"之中的"中国"，就是这个意思。金人张行信所说"魏晋以降，刘、石、燕、秦迭据中国"⑥，以及宋人王明清所说"虏人（指金人）议立张邦昌以主中国"⑦，等等，都是用中原及中原政权来代表"中国"。金章宗时，金人曾对宋人说"昔江左六朝之时，淮南屡尝属中国矣"⑧，也是以淮南地区在魏晋南北朝时曾屡次归属北朝等史实，来表达他们用中原政权来代表"中国"的思想。金

---

①班固：《汉书》卷96《西域传下》颜师古注，中华书局，1962年版，第3914页。司马光《资治通鉴》卷22胡三省注也说"汉时匈奴谓中国人为秦人"；卷47又说"秦威服四夷，故夷人率谓中国人为秦人。"

②陈寿：《三国志》卷14《魏书·刘放传附孙资传》引《资别传》，中华书局，1959年版，第458页。

③陈寿：《三国志》卷35《蜀书·诸葛亮传》，中华书局，1959年版，第915页。

④欧阳修：《新五代史》卷71《十国世家年谱第十一》，中华书局，1974年版，第881页。

⑤杜荣坤：《试论我国历史上的统一与分裂》，翁独健主编《中国民族关系史研究》，中国社会科学出版社，1984年版。

⑥（金）佚名：《大金德运图说》，文渊阁四库全书本。

⑦王明清：《挥麈录·余话》卷2，中华书局，1961年版，第310页。

⑧脱脱等：《金史》卷93《完颜宗浩传》，中华书局，1975年版，第2078页。

朝末年，修端曾说"自建炎之后，中国非宋所有"①，认为金人占据了"中国"，也是用"中国"一词指称中原。金人以为，他们占据了中原就是占据了"中国"，就应该理所当然地称为"中国"。从现存史料来看，金人自称中国，多依据这一理念。如：海陵王完颜亮意欲伐宋，其嫡母徒单氏表示反对，曾劝谏说，"国家世居上京（今黑龙江阿城），既徙中都（今北京），又自中都至汴（今河南开封），今又兴兵涉江、淮伐宋，疲弊中国"②；梁珫则劝完颜亮伐宋，"议者言珫与宋通谋，劝帝伐宋，征天下兵以疲弊中国"③；金世宗时，由于北边蒙古兴起，不断南下骚扰，逐渐成为金朝北边威胁，"朝廷欲发民穿深堑（修界壕）以御之"，李石与丞相纥石烈良弼不同意，说"古筑长城备北，徒耗民力，无益于事。北俗无定居，出没不常，惟当以德柔之。若徒深堑，必当置戍，而塞北多风沙，曾未期年，堑已平矣。不可疲中国有用之力，为此无益"④；后来，依附于宋朝的吐蕃族系人青宜可等"以宋政令不常，有改事中国之意"⑤，等等。这些史料中所说的"中国"，显然都是指占据中原地区的金朝。金章宗时期，宋人韩侂胄为了树立盖世功名，积极准备北伐，而金章宗和一些大臣不相信宋人会败盟，完颜匡说"彼（指宋朝）置忠义保捷军，取先世开宝、天禧纪元（指南宋改年号为"开禧"），岂忘中国者哉"⑥。独吉思忠也说："宋虽羁栖江表，未尝一日忘中国，但力不足耳"⑦。毫无疑问，这两条史料所使用的"中国"一词，也是指金人所占据的原北宋的中原之地，并引申为整个金朝。后来，韩侂胄发动北伐战争，宋将吴曦叛宋投金，《金史》说吴曦"恃中国为援"⑧，也是指吴曦要以金朝为援，所说"中国"仍指金朝。金章宗后期，由于金人大量购买宋人茶叶，引起财政紧张，"言事者以茶乃宋土草芽，而易中国丝绵锦绢有益之物，不可也"⑨，将宋与"中国"对举，"中国"一词也是指金朝。后来，蒙古为了进攻金朝而先攻西夏，西夏遣使向金朝求援，金章宗说"敌人相攻，中国之福，吾何患焉"，没有答应西夏的请求⑩。金宣宗贞祐初年，

---

① 王恽：《秋涧先生大全文集》卷100《玉堂嘉话卷之八》，四部丛刊初编本。
② 脱脱等：《金史》卷63《后妃传·海陵嫡母徒单氏》，中华书局，1975年版，第1506页。
③ 脱脱等：《金史》卷131《梁珫传》，中华书局，1975年版，第2808页。
④ 脱脱等：《金史》卷86《李石传》，中华书局，1975年版，第1915页。
⑤ 脱脱等：《金史》卷98《完颜纲传》，中华书局，1975年版，第2175页。
⑥ 脱脱等：《金史》卷98《完颜匡传》，中华书局，1975年版，第2167页。
⑦ 脱脱等：《金史》卷93《独吉思忠传》，中华书局，1975年版，第2064页。
⑧ 脱脱等：《金史》卷98《完颜纲传》，中华书局，1975年版，第2180页。
⑨ 脱脱等：《金史》卷49《食货志四》，中华书局，1975年版，第1109页。
⑩ 宇文懋昭撰，崔文印校证：《大金国志校证》卷21《章宗皇帝下》，中华书局，1986版，第288页。

"中国仍岁被兵",在蒙古进攻下,金宣宗不敢留驻中都(今北京),赵秉文乘时上书言三事,"一迁都,二导河,三封建。大约谓中国无古北之险则燕塞,车驾幸山东为便"①。这几条史料中所使用的"中国"一词,也指金朝。金哀宗时期,面对蒙古的进攻,形势越来越不利,但他们仍然不把宋人放在眼里,哀宗曾说"北兵(指蒙古兵)所以常取全胜者,恃北方之马力,就中国之技巧耳。我实难与之敌,至于宋人,何足道哉"②,这里将蒙古、宋人与"中国"对举,"中国"一词无疑指中原地区以及占据中原地区的金朝。后来,金将完颜陈和尚与蒙古战败被俘,不屈而死,一些将士曾说"中国百数年,唯养得一陈和尚耳!"③十分自然地称金朝为"中国"。至于李纯甫著《中庸集解》《鸣道集解》等书,号"中国心学、西方文教"④,以金朝为"中国",更为大家所熟知。可见,金人进入中原地区以后,即继承汉儒有关"中原即中国"的理念,上至皇帝下至一般民众,都以"中国"自居。从中可以看出,金人对金朝即是"中国"的认识,并非是一个人两个人的认识,而是金朝上下十分普遍的认识。金人这种以自己进入中原地区即为"中国"的理念,经金末杨奂等人概括,更具理论意义。杨奂主张南北朝时期应以进入中原地区的北魏政权为"正统",他说,"舍刘宋取元魏何也,痛诸夏之无主也……进于中国则中国之也"⑤,认为北魏进入"中国"(中原)地区就是"中国",应以"正统"视之。同一道理,金人进入"中国"(中原)即为"中国",也应该是理所当然的事情。金人对"中国"的这种认识,虽然不为大多数宋人所接受,但宋人中也有人依据中原即中国的理念,承认金人占据的中原地区是中国,并引申金朝为中国。如陈亮就曾在上孝宗皇帝书中,劝皇帝不要"忘君父之大仇,而置中国于度外",建议经略荆襄,"则可以争衡于中国矣"⑥。陈亮在这里所说的"中国",就是指中原地区以及占据中原地区的金朝。

二

金人自称"中国"的另一理论依据是"夷狄用'中国'(中原)之礼则

---

①元好问:《赵公墓志铭并引》,见赵秉文《闲闲老人滏水文集·附录》,四部丛刊初编本。

②脱脱等:《金史》卷119《完颜娄室传》,中华书局,1975年版,第2599页。又见《汝南遗事》卷2。

③元好问:《遗山先生文集》卷27《赠镇南军节度使良佐碑》,四部丛刊初编本。

④脱脱等:《金史》卷126《李纯甫传》,中华书局,1975年版,第2735页。

⑤杨奂:《正统八例总序》,见苏天爵《国朝文类》卷32,四部丛刊初编本。

⑥陈亮:《陈亮集》卷1《书疏·上孝宗皇帝第一书》,中华书局,1974年版,第4、8页。

中国之""有公天下之心，宜称曰汉。"① 历史上"中国"一词除了指中原地区以外，还是一个文化概念。关于历史上"中国"一词的文化意义，学者们多有论述，均认为孔子十分注意以"礼"区分中国和四夷，并认为中国和四夷可以互相转变。韩愈在概括孔子这一思想时说："孔子之作《春秋》也，诸侯用夷礼则夷之，进于中国则中国之"②，也就是说，不管你原来的种族如何，只要遵循中原之礼就是中国华夏，遵循夷礼就是夷狄。这种用"礼"来区分中国和夷狄以及中国和夷狄可以互相变化的思想，为后来许多思想家所接受，董仲舒就曾指出，"《春秋》无通辞，从变而移。今晋变而为夷狄，楚变而为君子"③。唐朝的皇甫湜也说，"所以为中国者，以礼义也，所以为夷狄者，无礼义也，岂系于地哉。杞用夷礼，杞即夷矣。"④ 北宋李觏也持这一观点，"夷夏奚若？曰：所谓夷者，岂被发衣皮之谓哉？所谓夏者，岂衣冠裳履之谓哉？以德刑政事为差耳。德勉刑中，政修事举，虽夷曰夏可也，反是，则谓之夏可乎？"⑤ 程颢和程颐也说过，中国"礼一失则为夷狄，再失则为禽兽"⑥，赋予"中国"以文明之意，文化的意义大于种族意义⑦。

辽人即接受了这种懂礼即为中国的观点，为学者们所熟知的《松漠纪闻》曾记载，"大辽道宗朝，有汉人讲《论语》""至'夷狄之有君'，疾读不敢讲"，道宗曰"上世獯鬻、猃狁，荡无礼法，故谓之夷。吾修文物彬彬，

---

①赵秉文：《蜀汉正名论》，见《闲闲老人滏水文集》卷14，四部丛刊初编本。这里所说的"汉"已从三国时期的蜀汉政权引申为"中国"。宋人朱彧在《萍洲可谈》中说"汉威令行于西北，故西北呼中国为汉，唐威令行于东南，故蛮夷呼中国为唐"（见《萍洲可谈》卷2）；元胡三省为《资治通鉴》作注时说："汉时匈奴谓中国人为秦人，至唐及国朝则谓中国为汉，如汉人、汉儿之类，皆习故而言"（见《资治通鉴》卷22），又说"鲜卑谓中国人为汉"（见《资治通鉴》卷167），又称"汉家威加四夷，故夷人率谓中国人为汉人，犹汉时匈奴谓汉人为秦人也"（见《资治通鉴》卷202），又在为契丹"朝廷制度，并用汉礼"作注时说"北方谓中国为汉"（见《资治通鉴》卷285）。说明汉代以后多谓"中国为汉"。胡阿祥认为"域外特别是中亚地区及其以西诸国，往往称汉朝及汉朝以后的中国为汉""汉"是"域外有关中国的一种习惯称谓"（见胡阿祥《中国历史上的汉国号》，《江苏行政学院学报》，2005年第5期），所论甚有道理。实际上，不仅域外称中国为"汉"，汉朝以后域内也称"中国为汉"。

②韩愈撰，朱熹考异：《朱文公校昌黎先生文集》卷11《原道》，四部丛刊初编本。

③董仲舒：《春秋繁露》卷2《竹林第三》，四部丛刊初编本。

④皇甫湜：《皇甫持正文集》卷2《论序·东晋元魏帝正闰论》，四部丛刊初编本。文渊阁四库全书本《皇甫持正文集》作《皇甫持正集》，《东晋元魏帝正闰论》作《东晋元魏正闰论》，"所认为夷狄者"作"所谓夷狄者"。

⑤李觏：《直讲李先生文集》卷22《庆历民言三十篇·敌患》，四部丛刊初编本。

⑥程颢，程颐：《二程全书·遗书》卷2上，四部备要本，第21页。

⑦冯友兰先生曾指出，中国一词在古代文化意义上最甚，民族意义较少，国体意义尚无。忻剑飞也认为，古代区分"中国"与"夷狄"主要强调的是文化，而不是种族。参见忻剑飞《世界的中国观——近二千年来世界对中国的认识史纲》，学林出版社，1991年版，第2页。

不异中华（中国），何嫌之有！"①　即将"礼法""文物"亦即文明视为区分"中国"和"四夷"的标志，认为契丹文明已同"中国"无异，也属于"中国"。

金人继承了这种按文明区分"中国"与"夷狄"的思想，进入中原以后，受汉儒思想影响，有时不将夷狄看成是一种种族，而认为夷狄是汉人所说的野蛮落后的代名词，不愿意称自己为夷。据许亢宗《宣和乙巳奉使金国行程录》记载，宣和七年（1125 年），许亢宗等出使金朝祝贺金太宗即位，行至咸州（今辽宁开原），"及赐宴毕，例有表谢"，许亢宗遂按照惯例，拟就一表，其中有"祗造邻邦"一语，金使援引《论语》有关"蛮貊之邦"的记载，认为宋使有"轻我大金国"之意，要求许亢宗改掉"邦"字，重新撰写谢表奉上②。后来，许亢宗虽然没有重新撰写谢表，但从中可以看出，那时的金人已经了解汉儒有关"中国尊贵，夷狄卑贱"的思想，耻言自己为夷狄蛮貊，开始有了不承认自己落后，认为自己也是"中国"的思想意识③。到了金熙宗即位前后，随着女真汉化的深入，特别是受汉族儒士的影响，金人更是将中国和夷狄看成尊贵和卑贱的代名词。如，《金房节要》一书曾记载，金熙宗完颜亶，"自童稚时，金人已寇中原，得燕人韩昉及中国（此为宋人的中国观，指汉人及中原王朝）儒士教之。其亶之学也，虽不能明经博古，而稍解赋诗翰，雅歌儒服，烹茶焚香，奕（弈）棋战象，徒失女真之本态耳。由是则与旧大功臣，君臣之道殊不相合，渠视旧大功臣则曰：'无知夷狄也。'旧大功臣视渠则曰：'宛然一汉家少年子。'"④　作为女真贵族的完颜亶，因为自己学习汉文化，即自视为尊贵的汉人，视那些没有学习汉文化的女真人为"无知夷狄"，而那些没有学好汉文化的女真贵族也视完颜亶为

①洪皓：《松漠纪闻》，吉林文史出版社，1986 年版，第 22 页。

②许亢宗：《宣和乙巳奉使金国行程录》，见赵永春编注《奉使辽金行程录》，吉林文史出版社，1995 年版，第 153 页。该行程录作者，据陈乐素等先生考证，应为钟邦直，考论精确，已为学界所接受。然愚意以为，宋人出使辽金"语录"的实际执笔者，往往并非大使本人，但却以大使名义上奏，如同今日著录论著作者只看论著署名（并非考证实际作者为谁）以及整理古籍多出注尽量不改原文一样，还是遵从有关史书之记载仍署名许亢宗为好。

③关于金人何时开始出现自称"中国"的思想意识，学界多认为自熙宗和海陵王时期开始，太祖、太宗时期尚无自称中国的思想意识。从此段文字记载来看，太祖末期、太宗初期，金人已经有了自称中国的思想意识。另据辽天祚帝在保大五年（1125 年）二月被金人俘获以后向金人所上降表中有"奄有大辽，权持正统"（见《大金吊伐录·辽主耶律延禧降表》）之语，《三朝北盟会编》记载，靖康元年（1126 年）正月金人给宋的国书中有"今大金皇帝正统天下"一语，说明金太宗即位之初，受辽人正统思想的影响，已经开始有了继承正统为正统的思想意识了。

④徐梦莘：《三朝北盟会编》卷 166 引张汇《金房节要》，上海古籍出版社，1987 年版，第 1197 页。

"汉家少年子",即认为完颜亶变成了汉人。显然,金熙宗和女真旧贵族在这里所使用的"汉"和"夷狄"的概念并非是种族概念,而是先进与落后的文化概念,"汉"即是"中国"的代名词,也是汉族文明的代名词,夷狄蛮貊则成了野蛮落后的代名词,成了女真由夷变汉以后女真称那些相对落后之人以及少数民族的代名词,有时也成了金人攻击和谩骂南宋等国的代名词①。

完颜亮更是反对以种族为标准来区分尊贵和卑贱,认为应该以文化和事功为标准来区分尊贵和卑贱。他对汉儒中流行的"华夏尊贵,夷狄卑贱"的传统思想十分反感,一天,他对翰林承旨完颜宗秀、参知政事蔡松年说:"朕每读《鲁论》,至于'夷狄虽有君,不如诸夏之亡也',朕窃恶之,岂非渠以南北之区分、同类之比周而贵彼贱我也"。对汉儒视"夷狄"为卑贱的民族大为不满,他认为中原儒士或按照南北地区、或按照民族来区分贵贱尊卑是不对的,主张按文化区分贵贱尊卑,认为被中原汉人视为卑贱的女真人,特别是他这个女真皇帝也是尊贵之人,并不比中原汉人差。史书记载,一天,完颜亮"读《晋书》至《苻坚传》,废卷失声而叹曰:'雄伟如此,秉史笔者不以正统帝纪归之,而以列传第之,悲夫。'"②对史家所修《晋书》没有把苻坚放到记载皇帝之事的《本纪》中去写,而是放到与将相大臣同等地位的《载记》中去写,大为不满,在完颜亮看来,苻坚等少数民族在中原地区建立政权,并取得了"雄伟"的事功,也应该是中国正统。显然,在完颜亮那里,区分中国和夷狄的标准也不是种族,而是文化和事功。

金人虽然一再自称为中国正统,但仍不被金朝以外的受"华夷之辨"思想影响很深的一些汉族人士所承认,于是,完颜亮又援引《春秋公羊传》"君子大居正""王者大一统"的"大一统"观念,试图统一全国,让金朝以外的各族人心服口服地承认他是中国的正统皇帝。因此,他曾多次谈到"自古帝王混一天下,然后可为正统"③,"天下一家,然后可以为正统"④ 等思想观念和主张,并在这种思想支配下,在条件并不成熟的情况下发动了灭亡南宋的战争。

完颜亮攻宋失败以后,金人自称"中国"的思想意识不但没有削弱,反

①譬如,金章宗时期,赵秉文在《平章左副元帅谢宣谕赐马铰具兔鹘匹段药物表》中称"提虎旅之三千,破岛夷之数万",将南宋视为"岛夷";在《谢宣谕生擒贼将田俊迈表》中称"丑虏望风而奔",将南宋视为"丑虏"(见《闲闲老人滏水文集》卷10,四部丛刊本)等,均为此意。

②徐梦莘:《三朝北盟会编》卷242,引张棣《正隆事迹记》,上海古籍出版社,1987年版,第1740页。

③脱脱等:《金史》卷84《耨盌温敦思忠传》,中华书局,1975年版,第1883页。

④脱脱等:《金史》卷129《李通传》,中华书局,1975年版,第2783页。

而更加强烈了。到了金朝末年，经赵秉文等人进一步论述，更加理论化和系统化了。

赵秉文在《蜀汉正名论》一文中，援引韩愈的话说"春秋诸侯用夷礼，则夷之；夷而进于中国，则中国之。"认为中国采用夷狄之礼就是夷狄，夷狄采用中国之礼就是中国。在此基础之上，赵秉文又进一步提出了"有公天下之心，宜称曰汉。汉者，公天下之言也"① 的区别中国正统和非正统的理论。赵秉文在这里所说的"汉"，就是"中国"。他认为，是否应该称曰"汉"以及是否应该称为中国正统，标准在于是否"有公天下之心"，不管你种族如何，只要"有公天下之心"即是"汉"，认为应该以"道德"作为区分中国正统和非正统的标准。可见，赵秉文进一步发挥了用文化来区别中国正统和非正统的理论，亦即发挥了用文化区别中国和夷狄思想。金末元初的杨奂，也大体上提出了与赵秉文相同的理论，他认为，"王道之所在，正统之所在也"，即认为，只要行"王道"即可以称中国正统，反对"以世系土地为之重"，即反对用种族世系和占有地域的情况作为区别中国正统和非正统的标准。所论"王道"，强调得"天下臣民之心""敦道义之本"② ，显然与赵秉文所论"有公天下之心"即为中国正统的思想，具有异曲同工之意。

以上可以看出，金人反对以种族区分中国和夷狄，主张按文化区分中国与夷狄，认为，夷狄只要懂礼，由后进变为先进，就可以称为"中国"，反之，"中国"也就变成了夷狄。金人认为他们懂礼，就应该称"中国"，这就是金人自称"中国"的另一种理论依据。

三

有人认为，金人自称"中国"，将其他政权排除在"中国"之外，陷入"非华即夷""非夷即华"的二元悖论中，不能确立共同为"华"、平等相待的意识，具有一定的狭隘性和历史局限性③ 。其实，这是一种误解，金人虽然援引历史上"中原即中国""懂礼即中国"等思想和主张，极力称自己为"中国"，但并没有将其他政权排除在"中国"之外。

众所周知，金人元好问曾将自己编撰的有金一代诗歌总集命名为《中州集》。元好问在这里所用的"中州"一词并非源于他的诗作"中州万古英雄

---

① 赵秉文：《蜀汉正名论》，见《闲闲老人滏水文集》卷14，四部丛刊初编本。

② 杨奂：《正统八例总序》，见《国朝文类》卷32，四部丛刊初编本。

③ 刘扬忠：《论金代文学中所表现的"中国"意识和华夏正统观念》，《吉林大学社会科学学报》，2005年第5期；董迪《论金代政治文化的勃兴》，《江海学刊》，2005年第3期。

气，也到阴山敕勒川"，而是取历史上"中州"即为"中国"之意。据《汉书》记载，司马相如所作《大人赋》有"世有大人兮，在乎中州"一语，唐颜师古注曰"中州，中国也。"① 北宋邢昺为《尔雅》作注疏时也曾说"中州，犹言中国也。"② 元好问将其编撰的诗歌总集命名为《中州集》，显然寓有金朝就是"中国"之意。元好问虽然以金朝为"中国"，但他并未将金朝以外的有关人物排除到"中国"之外。据由宋入元的南宋遗民家铉翁所说，元好问不仅将那些"生乎中原，奋乎齐鲁汴洛之间者"视为"中州人物"，也将那些"生于四方，奋于遐外，而道学文章为世所宗，功化德业被于海内"的人物视为"中州人物"，认为"壤地有南北，而人物无南北，道统文脉无南北，虽在万里外，皆中州也"。说明元好问不仅以中原为中国，以金朝为中国，还按照"道统文脉"的文化标准，将那些"虽在万里外"，但"道学文章为世所宗"，有"功化德业"者称为"中国"，并没有按照南北地域观念去区分中国。按照这一思想认识，元好问在他的《中州集》中不仅收录金朝诗人的作品，也收录了"宋建炎以后"，出使金朝被留以及"留而得归者"的作品。家铉翁对元好问"生于中原而视九州四海之人物犹吾同国之人，生于数十百年后而视数十百年前人物犹吾生并世之人"，十分感慨，曾满怀深情地说"若元子者，可谓天下士矣！数百载之下，必有谓予言为然者。"③ 从家铉翁的论述中，可以看出，元好问不仅用"中州"指代中国（金朝），也用"中州"指"九州四海"，指"天下"，赋予"中州""中国"以"九州四海"及"天下"之义。充分说明，元好问虽然以金朝为"中国"，但他并没有将金朝以外的政权排除在"中国"之外。

王若虚也是一位主张以金朝为正统，但并不将金朝以外的政权排除在"中国"之外的学者。学界均认为，金朝争正统的意识十分强烈，其实，金人争正统，并不是为了将同时存在的其他政权排除在"中国"之外，不过是为金朝争得一定的政治地位，以便得到各个政权的承认，更有利于他们的统治而已。纵观中国古代历史上的正统之争，均是如此，并非是中国和外国之争④，而是"中国"内部各个政权的政治地位及其所谓的政权合法性之争。比如，班固《汉书》以汉朝为"正统"，以王莽的新朝为"非正统"，并非认

① 班固：《汉书》卷 57 下《司马相如传》，中华书局，1962 年版，第 2592-2593 页。

② 邢昺：《尔雅疏》卷 7《释地第九》，四部丛刊初编本。

③ 家铉翁：《题中州诗集后》，见苏天爵《国朝文类》卷 38，四部丛刊初编本。

④ 当然，也有人认为，中国历史上的正统和非正统之争是中国与外国之争，如梁启超在总结历代正统之辨的标准时，就曾将"以中国种族为正，其余为伪也"作为区别正统与非正统的标准之一（见梁启超《饮冰室文集》第 3 集《新史学·论正统》，云南教育出版社，2001 年版，第 1640 页）。

为王莽的新朝不属于"中国"。隋朝以继北朝为中国正统,并非认为南朝不是中国。实际上,古人所说的正统多指中国正统,非正统则是指中国的非正统,除一些持少数民族政权为非正统亦非中国的汉族儒士以外,多认为,无论是正统还是非正统,都属于中国。就连华夷之辨思想比较严重的宋末元初文人郑思肖也表达了这方面的思想,他曾指出,有些朝代可以称"中国",但不能称"正统",如,"三皇、五帝、三代、西汉、东汉、蜀汉、大宋"可以称正统,"两晋、宋、齐、梁、陈,可以中国与之,不可列之于正统",唐朝也"不可以正统言",认为夷狄所建政权可以称"中国",但不能称正统,"夷狄行中国之事曰僭"①。明确表示包括少数民族在内的非正统政权也可以称中国,但不能称正统。其实,早在郑思肖之前,司马光等人就从另一角度表达了分裂时期各个政权都是"中国"的思想,比如,他在《资治通鉴》一书中就曾指出,"苟不能使九州合为一统,皆有天子之名而无其实者也。虽华夷仁暴,大小强弱,或时不同,要皆与古之列国无异,岂得独尊奖一国谓之正统,而其余皆为僭伪哉!"②认为在政权分立割据之时,不必区分正统与非正统,对待各个政权应该像对待"古之列国"如春秋时期的周、卫、齐、鲁、晋、宋等政权皆被视为"中国"一样,也应该承认这些政权的合法性。司马光的分裂时期不必区分正统与非正统的思想,可以解释成分裂时期的各个政权都不是正统,也可以解释成都是正统,即承认这些政权的合法性,实质上是一种多统思想,也就是说,司马光已将分裂时期的各个政权,都看成是中国内部的分裂政权了。金人王若虚对司马光的这一论述十分赞赏,谓"天下非一人之所独有也,此疆彼界,容得分据而并立,小事大,大保小,亦各尽其道而已。有罪则伐,无罪则已,自三代以来莫不然,岂有必皆扫荡使归于一统者哉!"③宣称"正闰之说,吾从司马公"④,认为天下非一人之天下,允许有分立割据之时,而分立割据时期的各个政权都有存在的合理性,不应该区分正统与非正统。可见,王若虚也没有将分立割据时期的各个政权排除在中国合法政权之外。

实际上,这一认识,并非仅仅是元好问、王若虚两个人的认识,而是金朝大多数人的认识。从史书记载来看,金人自从建立政权之始,就没有将辽、宋排除在"中国"之外。

---

①郑思肖:《心史·杂文·古今正统大论》,上海广智书局光绪三十一年(1905年)版,第106-107页。

②司马光:《资治通鉴》卷69,黄初二年三月条,中华书局,1956年版,第2187页。

③王若虚:《滹南遗老集》卷26《君事实辨》,四部丛刊初编本。

④王若虚:《滹南遗老集》卷30《议论辨惑》,四部丛刊初编本。

据《大金德运图说》记载，金朝后期，章宗和宣宗曾组织"德运"问题讨论，"秘书郎吕贞幹、校书郎赵泌以为，圣朝先辽国以成帝业，辽以水为德，水生木，国家宜承辽运为木德"，明确提出金朝应该继承辽朝水德以为木德的观点，这不仅说明金人已经明确地自称中国正统，也说明吕贞幹等人承认辽朝的中国正统地位，并没有将辽朝排除在"中国"之外。当时，持金朝应该承辽统以为正统观点的人虽然不多，但也反映出这种思想仍有一定影响，就连金章宗都曾表示"吕贞幹所言继辽底事，虽未尽理，亦可折正"①。实际上，金朝前期一直以辽朝的继承者自居。据《三朝北盟会编》记载，金政权建立不久，就曾"遣人使大辽，以求封册"②，无疑是对辽政权的一种承认。金人灭亡辽朝，辽天祚帝耶律延禧在其所上降表中称"伏念臣祖宗开先，顺天而建业；子孙传嗣，赖功德以守成。奄有大辽，权持正统"③，公开以中国正统自居。那时的金人也应该从辽人那里接触到有关中国"正统"的观念并开始以取代辽朝正统而自居了，这从天会四年（1126 年）金军攻至北宋首都东京（今河南开封）给宋钦宗的国书中称"今皇帝正统天下，高视诸邦"④ 等记载中完全可以看出来。此后，金朝多数人都没有放弃继承辽朝的立场。陈学霖认为金章宗在泰和二年（1202 年）十一月"更定德运为土"⑤ 之前，曾一度以水德为运，可能是袭用辽朝之水德⑥。刘浦江认为"袭用前朝之德运在五运说上是讲不通的"，但他在此论之前讲述辽承晋统之时，说"唐为土德"，五代时的后唐"中兴唐祚，重兴土运"，在此论之后讲述北魏承继曹魏之统时，又引用何德章的观点说"一说（北魏）尚土德的真正原因是曹魏承汉火德为土德，故北魏亦从土德之运"⑦，既然历史上已有袭用德运之说，那么，在金初金人对德运学说尚缺乏深入理解的情况下袭用辽朝水德以表达其继承辽朝正统的思想也不是不可能的。其实，刘浦江所承

①（金）佚名：《大金德运图说》，文渊阁四库全书本。

②徐梦莘：《三朝北盟会编》卷3，重和二年正月十日条，上海古籍出版社，1987 年版，第 22 页。

③（金）佚名编，金少英校补、李庆善整理：《大金吊伐录校补》第 198 篇《辽主耶律延禧降表》，中华书局，2001 年版，第 508 页。

④（金）佚名编，金少英校补、李庆善整理：《大金吊伐录校补》第 34 篇《回札子》，中华书局，2001 年版，第 117 页

⑤脱脱等：《金史》卷 11《章宗纪三》，中华书局，1975 年版，第 259 页。金章宗时期的"德运"讨论，曾想否定金人继承辽朝为正统的观点，但仍存在不同意见。

⑥陈学霖：《宋金二帝弈棋定天下——〈宣和遗事〉考史一则》，《刘子健博士颂寿纪念宋史研究论集》，京都：同朋舍，1989 年。

⑦《德运之争与辽金王朝的正统性问题》，《中国社会科学》，2004 年 2 期。

认的金朝前期以"金德"为运,也没有按五运学说去承袭,在五运说上也是讲不通的。刘浦江虽然反对陈学霖金朝前期承辽的观点,但他又注意到,按照中国史学的传统观念,某个王朝纂修前朝的历史,就无异于承认本朝是前朝法统的继承者。金朝曾两度纂修《辽史》,其中第二次从大定二十九年(1189年)至泰和七年(1207年),前后竟达18年之久。据金朝末年的修端说,章宗"选官置院,创修《辽史》,后因南宋献馘告和,臣下奏言靖康间宋祚已绝,当承宋统,上乃罢修《辽史》"①。这里将金章宗罢修《辽史》的原因说成是金人欲承宋统。说明在此之前,金朝有很多人主张不论所继或继承辽统,而以继承辽统为相当有影响的说法,不然不会再有"欲承宋统"之说。直至金朝灭亡的那一年(1234年),几位金朝遗民在讨论将来应该如何修撰国史时,修端极力反对将辽、金二史附于宋史以为载记的观点,认为"辽自唐末,保有北方,又非篡夺,复承晋统,加之世数名位,远兼五季,与前宋相次而终,当为北史;宋太祖受周禅,平江南,收西蜀,白沟迤南悉臣于宋,传至靖康,当为《宋史》;金太祖破辽克宋,帝有中原百余年,当为《北史》;自建炎之后,中国非宋所有,宜为《南宋史》。"②修端认为将来修史时,辽史应为《北史》,金史也应为《北史》,就是一种金继辽为正统的思想。可见,自金人建立政权之初直至金末,一直有人主张金朝应该继承辽统,这不仅表明金人以中国正统自居,也说明金人承认辽朝的中国正统地位,就是在金章宗御定金朝继承宋统以后,仍然有人主张金朝应该继辽为正统,仍然没有将辽朝排除在"中国"之外。

金人在承认辽朝为中国以及自称中国的同时,也没有将宋朝排除在"中国"之外。据史书记载,金人在初起之时,一直以北宋为中国,如:金人进据燕山(今北京)以后,宋使赵良嗣再次使金向金太祖请求归宋燕山等地,金太祖回答说"我自入燕山,今为我有,中国安得之?"宋使"又索云中(今山西大同)一路",金人则回答说"云中久为我有,中国安得之?"③后经宋金反复交涉,金人同意将燕京等地交还北宋,但要将燕地人户北迁,遂于"宣和五年(1123年),驱燕山士庶,多有归中京、辽水者,云:'我与

---

①修端:《辨辽宋金正统》,见苏天爵《国朝文类》卷45,四部丛刊初编本。

②修端:《辨辽宋金正统》,见苏天爵《国朝文类》卷45,四部丛刊初编本。关于修端《辨辽宋金正统》之系年,学界有不同认识,李治安依据文中有"今年春正月,攻陷蔡城"一语,考订其文撰于元太宗六年甲午(1234年),即金朝灭亡的那一年(参见李治安《修端〈辨辽宋金正统〉的撰写的年代及正统观考述》,《内陆亚洲历史文化研究》,南京大学出版社,1996年),今从其说。

③徐梦莘:《三朝北盟会编》卷16,引蔡絛《北征纪实》,上海古籍出版社,1987年版,第112页。

中国约，同取燕云，中国得其地，我得其人。"① 这几条史料所说的中国，都指北宋。金人灭辽以后，虽然开始以继承辽朝正统自居，但仍称北宋为中国。如：金人第二次攻宋，完颜希尹等主张先取两河，再取北宋首都东京（今河南开封），宗翰不同意说，"东京，中国之根本，我谓不得东京，两河虽得而莫守。"② 可见，金人在灭辽以后仍然称北宋为中国，表明金人不仅承认辽朝的正统地位，也承认北宋的正统地位。金人灭亡北宋以后，自称中国正统的意识不断强化，但仍以北宋为中国，同时，南宋是北宋继承者的事实，又使他们意识到很难将南宋排除到中国之外。海陵王完颜亮曾说，"自古帝王混一天下，然后可为正统"，实际上等于说，没有统一南宋，就不能成为正统，无疑是他对南宋不得不承认的一种哀叹。世宗虽然声称"我国家绌辽、宋主，据天下之正"③，意欲向天下表明，金朝没有统一南宋，也可以称正统，但他也没有将南宋排除在中国之外，如：大定八年（1168 年）金世宗在册命皇太子的《册命仪》中说"绍中国之建储，稽礼经而立嫡"④，无疑是在说金人学习"中国"的立太子制度，这里的"中国"绝不会指女真，应该指汉人，汉人只有建立政权才会有立太子制度，因此，这里的"中国"应该指汉人政权，北宋是汉人建立的政权，南宋也是汉人建立的政权，按此理解，金世宗在这里所说的"中国"就应该指包括南宋在内的一切汉人建立的政权，应该不会将南宋排除在外。金章宗倒想将南宋排除在正统之外，在他组织的"德运"问题大讨论中，甚至有人主张越过北宋直接继承唐朝为正统，将北宋也列入闰位。金人争正统，无非是想将自己的政权纳入华夏正统传承序列之中，与汉文化接轨，以便让各个政权承认金朝的合法地位，但他们将自己曾经承认过正统地位的北宋政权排除到正统序列之外，显然有失金人争夺正统地位之旨意，不会为大多数人所接受。至于将南宋排除到正统之外，倒符合金章宗的主旨，但如何割断北宋与南宋的联系，又成了难题。因此，章宗时期的德运讨论虽然轰轰烈烈，但一些人试图将南宋排除到"中国正统"之外的观点，并未为大多数人所接受。大多数人都没有将南宋排除在"中国"之外。比如，金末刘祁曾说，显宗完颜允恭"高明绝人，读书喜文，欲变夷狄风俗，行中国礼乐如魏孝文"⑤，刘祁在这里所说的"中国"，有文化之涵义，但不会指女真文化，而是指"汉文化"，汉文化就

---

①徐梦莘：《三朝北盟会编》卷 24，引《金虏节要》，上海古籍出版社，1987 年版，第 181 页。

②徐梦莘：《三朝北盟会编》卷 57，引《金虏节要》，上海古籍出版社，1987 年版，第 425 页。

③脱脱等：《金史》卷 28《礼志一》，中华书局，1975 年版，第 694 页。

④张玮：《大金集礼》卷 8《大定八年册命仪》，文渊阁四库全书本。

⑤刘祁：《归潜志》卷 12《辩亡》，中华书局，1983 年版，第 136 页。

是汉人及其所建政权的文化，南宋是汉人建立的政权，所创建的文化应该属于汉文化范围，按此理解，刘祁所说的“中国”应该是指包括南宋在内的汉人及汉人建立政权的文化，如此说来，刘祁在这里所说的“中国”也没有将南宋排除到中国之外。再如，历史上的正统之争，多寓为现实政治服务之义，葛兆光先生曾指出“宋代特别是南宋”“几乎一致地帝蜀寇魏”[①]，以为北宋“几乎一致地帝蜀寇魏”似乎不确，但以为南宋“几乎一致地帝蜀寇魏”，无疑是一种远见卓识。因为北宋立国中原，在其没有完成统一“十国”之时，与曹魏相似，“故北宋诸儒，皆有所避，而不伪魏”，多主“魏正蜀闰”之论，而南宋则偏居南方，与当年的蜀汉相似，所以多主“蜀正魏闰”之说，“纷纷起而帝蜀”[②]，皆具有为自己争正统之意。在南宋时期兴起的魏蜀正闰讨论中，金人并没有反对南宋人的观点，也多持“蜀正魏闰”之说。赵秉文就在《蜀汉正名论》中，极力反对陈寿等人“以魏为正，以蜀为闰”的观点，认为蜀汉“上则为三王之学，下不失为汉光武”，有“公天下之心”，虽为“僻陋之国”，但仍为中国正统[③]。金末杨奂也主“蜀正魏闰”之说[④]，据说，杨奂读司马光《资治通鉴》，“至论汉魏正闰，大不平之”[⑤]，对司马光“《通鉴》帝魏”大为不满[⑥]，“遂修《汉书》，驳正其事。因作诗云：风烟惨淡驻三巴，汉烬将燃蜀妇鬟。欲起温公问书法，武侯入寇寇谁家”。后来，杨奂见到朱熹的《通鉴纲目》已将司马光《资治通鉴》“以魏为正”改为“以蜀为正”“其书乃寝”[⑦]。由于杨奂没有完成其驳正司马光《资治通鉴》以魏为正的论著，我们无从知道他在其书中是如何论述自己的观点的，但从他所作《正统八例总序》中可以看出，杨奂反对以“世系土地”作为区别正统与非正统的标准，主张以“王道”作为区别正统与非正统的标准，认为“（王）莽（曹）操之恶均”，都应该列入闰位，可历史上多“却莽而纳操”[⑧]，以曹魏为正统，是不公平的，主张以蜀汉为正统。赵秉文和杨奂都

---

①葛兆光：《宋代“中国”意识的凸显——关于近世民族主义思想的一个远源》，《文史哲》，2004年第1期。

②永瑢等：《四库全书总目提要》卷45《史部·三国志》，中华书局，1965年版，第403页。

③赵秉文：《蜀汉正名论》，见《闲闲老人滏水文集》卷14，四部丛刊初编本。

④实际上，杨奂反对正统之说，认为“正统之说，祸天下后世甚矣。”（杨奂《正统八例总序》，见苏天爵《国朝文类》卷32，四部丛刊初编本）。

⑤司马光虽然表示国家分裂之时不分正闰，“与古列国无异”，但他取魏、宋、齐、梁、陈纪年以纪诸国之事，且有“诸葛亮将入寇”等书法，实际上仍以曹魏、宋、齐、梁、陈等国为正统。

⑥永瑢等：《四库全书总目提要》卷88《史部·通鉴问疑》，中华书局，1965年版，第752页。

⑦陶宗仪：《南村辍耕录》卷24《汉魏正闰》，中华书局，2008年版，第291页。

⑧杨奂：《正统八例总序》，见苏天爵《国朝文类》卷32，四部丛刊初编本。

是视金朝为正统之人，但他们又都主张"蜀正魏闰"，无疑含有并不否定南宋之意。直至金朝灭亡的那一年，金朝遗民在讨论将来如何修撰国史时，仍然有人认为"自唐已降，五代相承，宋受周禅，虽靖康间二帝蒙尘，缘江淮以南，赵氏不绝"，仍主张以宋（包括南宋）为正，以金为闰，"金于《宋史》中亦犹刘、石、苻、姚一载记尔"[①]，即主张将来撰写辽宋金历史时，应以两宋为正统，像《晋书》一样，将辽金列入载记。说明，金章宗意欲将南宋排除在正统之外的作法并没有收到预期效果，仍然有人主张以南宋为正统，以金朝为非正统。实际上，即使金章宗等人意欲将南宋排除在正统之外的主张为多数金人所接受，也没有将南宋排除在"中国"之外，因为中国古代历史上的正统之争并非是"中国"和外国之争，所论正统皆指中国正统，非正统则指中国非正统，正统和非正统都是中国，历史上的莽汉正闰之争、魏蜀正闰之争等均含此义，直至金朝灭亡的那一年仍有金朝遗民主张金朝是非正统，也是这个意思，并非是说金朝不是中国。从这一思路和认识出发，我们可以看出，金朝虽然有人主张将宋朝排除到正统之外，但并非是将宋朝排除到"中国"之外。

实际上，这时的金人已经萌生了多统意识，即比较宽泛的"中国"意识。金朝初年，在他们对华夏正统思想没有深刻认识的情况下，附会华夏正统思想，以继承辽朝正统自居，但同时又不否认宋朝为中国正统，就是一种多统意识。金人灭亡北宋以后，仍以继承辽朝正统自居，虽然有人主张以继承北宋正统为正统，似乎没有占据主流，社会上仍然无法否定南宋的正统地位，也是一种多统意识。后来，随着金人对正统思想理解的深入，出现了章宗试图变多统为一统的"德运"问题大讨论，并下诏以继承北宋之统自居，但并没有收到预期效果，因此又有了宣宗时期的"德运"问题的再次大讨论，也以不了了之而告终。直至金朝灭亡的那一年，修端提出以辽史、金史为《北史》，北宋史为《宋史》，南宋史为《南宋史》的修史方案，正式提出了辽、宋、金均为"正统"的多统思想。这种思想对元朝产生了重要影响，元朝几经争论之后，终于由脱脱拍板确立了辽、宋、金"三国各与正统，各系其年号"[②]的修史方案。脱脱等人所确立的辽、宋、金均为正统的多统思想，是对金人多统意识的继承和发展，实质是对辽、宋、金都是中国的一种承认。

综上所述，可以看出，金人虽然援引"中原即中国""懂礼即中国"等

---

① 修端：《辨辽宋金正统》，见苏天爵《国朝文类》卷45，四部丛刊初编本。
② 权衡撰，任崇岳笺证：《庚申外史笺证》卷上，中州古籍出版社，1991年版，第44页。

汉儒学说和理论，自称中国，但他们并没有将辽、宋排除到中国之外。作为分立对峙政权，他们承认辽、宋、金分别是各自独立的不同政权，各有自己的国号，互为外国。但作为"中国"，他们又认为辽、宋、金都是"中国"。这就是中国古代比较宽泛的"中国"意识，或称"大中国"意识，也就是我们常说的"中国多元一体"意识，或称"中华多元一体"意识。金人的这种认识，无疑具有进步意义。

　　原载《中国边疆史地研究》2009 年第 4 期；中国人民大学复印报刊资料《宋辽金元史》2010 年第 2 期全文转载。

金人自称"中国"的阶段性特点及其发展进程

何谓"中国"？学界虽然几经讨论，仍然有人认为少数民族及其政权不是中国。其实，历史上的少数民族及其政权多自称"中国"，女真族建立的金朝就是这样。学界对金代华夷观和正统观问题讨论比较热烈[①]，但对金人自称"中国"问题的讨论则显得有些薄弱[②]，且多将金人自称"中国"和自称"正统"问题混为一谈。不仅存在对金人自称"中国"探讨不够深入的问题，也有认识不甚一致之处。笔者曾撰有《试论金人的"中国观"》一文，探讨了金人依据"中原即中国""懂礼即中国"而自称"中国"以及并不反对宋朝称"中国"等几个问题，试图说明金人自称"中国"已是毋庸置疑之事，但没有从发展变化的视角对金人自称"中国"意识的起源、发展和演变分阶段进行讨论，总有一些言犹未尽之感。因作此文，对金人自称"中国"意识的萌生及其发展演变分阶段作进一步讨论，以期对金人自称"中国"的起源、发展和演变有一个比较清晰的认识。不正确之处，敬请读者批评指正。

一、金人自称"中国"意识的孕育和萌生

学界多认为金朝自熙宗和海陵王时期开始自称"正统"，少有涉及金人自称"中国"问题的专文问世。如果我们根据学界多将金人自称"中国"和自称"正统"混为一谈进行推论，也可以认为学界将金人自称"中国"的时间确定在金熙宗和海陵王时期，其中将金人自称"正统"（即自称"中国"）确定在海陵王时期的学者占多数。实际上，金人自称"正统"与自称"中国"的时间并不完全一致，金太宗时期已经有了继承辽统为正统的思想，而

[①] 有关金代正统观、华夷观的论著主要有：陈学霖《金国号之起源及其释义》，《辽金史论集》，第3辑，北京书目文献出版社，1987年；陈学霖《中国史上之正统：金代德运仪研究》（英文版），美国西雅图华盛顿大学出版社，1985年；宋德金《正统观与金代文化》，《历史研究》，1990年第1期；齐春风《论金朝华夷观的演化》，《社会科学辑刊》，2002年6期；刘浦江《德运之争与辽金王朝的正统性问题》，《中国社会科学》，2004年2期。

[②] 齐春风：《论金人的中州观》（《辽宁师范大学学报》，1995年第3期）；刘扬忠《论金代文学中所表现的"中国"意识和华夏正统观念》（《吉林大学社会科学学报》2005年第5期）；赵永春《试论金人的"中国观"》（《中国边疆史地研究》2009年第4期）论述了金人的"中国观"及文学中所表现的"中国"意识等问题。今在其基础之上，对金人自称"中国"问题作进一步讨论。

金人明确自称"中国"的史料虽然明确见于海陵王时期，但结合各种史料分析，金熙宗时期金人已经开始自称"中国"了。因此，我们将金太祖和金太宗时期视为金人自称"中国"意识的孕育和萌生时期。

女真初起，只知有辽、宋、夏、高丽等政权，而对"中国"一词的众多内涵还没有比较清晰的认识。因此，他们一直称辽、宋、夏等政权为大辽、大宋、大夏，或称作辽、宋、夏，辽国、宋国、夏国，辽朝、宋朝、夏朝，等等。后来，金太祖完颜阿骨打在与宋人交往过程中，发现宋人自称"中国"，因此，也称宋人为"中国"。如：宋与金订立海上之盟后，曾一度中断联系，后见金人径取辽中京（今内蒙古宁城西大明城）、辽西京（今山西大同）等地，害怕得不到燕京（今北京）等地，遂派遣童贯率大军进取燕京。金人听说宋人径自出兵进攻燕京，害怕得不到宋人所允诺的岁币，又派遣乌歇等人出使宋朝，对宋人说"中国礼义之地，必不爽约"①，所说"中国"即指宋朝。天辅七年（1123 年），金人进据燕京以后，宋使赵良嗣再次使金向金太祖请求归宋燕京等地，金太祖回答说："我闻中国大将独仗刘延庆将十万众，一旦不战，兵散而溃，中国何足道。我自入燕山，今为我有，中国安得之？"宋使"索云中（今山西大同）一路"，金人则回答说："云中久为我有，中国安得之？"②宋使"索营平二州"，金人回答说："海上元约：石晋所割则属中国，契丹旧地则归我。"③后经宋金反复交涉，金人同意将燕京等地交还北宋，但要将燕地人户北迁，遂于"宣和五年（1123 年），驱燕山士庶，多有归中京、辽水者，云：'我与中国约，同取燕云，中国得其地，我得其人。'"④这几条史料中金人所使用的"中国"一词，都指北宋。

金太宗时期也称宋朝为"中国"。如：辽人张毅降金后又叛金，宋人招纳之。金人派遣宗望（斡离不）等人率军平叛，曾移檄宋人曰："中国既盟矣，我来讨叛臣，当饷我粮。"又扬言曰："中国与大辽誓好久，一旦灭之，我如何哉！今设盟才罢，诱张毅，毁我仪物等，使我立国不得，要当取中国法物仪仗来立。"⑤后来，天祚帝逃亡夹山，金朝大将宗翰以为宋人私自收

---

①杨仲良撰，李之亮校点：《皇宋通鉴长编纪事本末》卷 143《金盟下》，黑龙江人民出版社，2006 年版，第 2395 页。

②徐梦莘：《三朝北盟会编》卷 16，引蔡絛《北征纪实》，上海古籍出版社，1987 年版，第 112 页。

③杨仲良撰，李之亮校点：《皇宋通鉴长编纪事本末》卷 143《金盟下》，黑龙江人民出版社，2006 年版，第 2411 页。

④徐梦莘：《三朝北盟会编》卷 24，引《金虏节要》，上海古籍出版社，1987 年版，第 181 页。

⑤徐梦莘：《三朝北盟会编》卷 18，引《北征纪实》，上海古籍出版社，1987 年版，第 131 页。

留天祚帝,遂派遣使者向童贯索取天祚帝,说:"海上元约,不得存天祚,彼此得即杀之,今中国违约招来之,今又藏匿,我必要也。"[①] 金太宗第一次出兵攻宋,宗翰派遣小使对宋人童贯说:"中国违盟,本朝方吊民伐罪。"[②] 当金宗望军攻到庆源府一带,与宋人沈琯谈到"赵氏(指赵宋政权,即北宋)社稷未必衰乱"时,宗望说:"你中国自相杀,干我甚事。"[③] 金军第二次攻宋,完颜希尹等主张先取两河,再取北宋首都东京(今河南开封),宗翰不同意说,"东京,中国之根本,我谓不得东京,两河虽得而莫守。"[④] 南宋建立以后,金人完颜昌(挞懒)曾对金太宗说,"我初与中国议,可以河为之界尔。"[⑤] 这些史料中金人所使用的"中国"一词,无疑都指宋朝。

此外,金人灭亡北宋,令宋钦宗出东京城至青城金军营中,在青城斋宫向金人递上降表,金军统帅宗翰曾说:"天生华夷,自有分域,中国岂吾所据。况天人之心,未厌赵氏,使他豪杰四起,中原亦非我有。但欲以大河为界,仍许宋朝用大金正朔。"[⑥] 金军统帅宗翰在这里所说的"中国",主要指中原,也有指宋朝统治地区的意思,但无论怎么说,也不会指金朝。说明,此时金人并没有自称"中国",再从宗翰"天生华夷,自有分域"的说法分析,说明这时的金人仍然以"夷"自居。

金太祖、太宗时期,虽然没有明确自称"中国",仍然以"夷"自居,但同时也萌生了视自己为"中"并逐渐产生了不愿意称自己为蛮貊夷狄的思想,金人自称"中国"的思想意识开始萌生。

如,天辅五年(1121年)十二月,金太祖完颜阿骨打在占领辽上京、辽中京等地的基础之上,发动了最后灭亡辽朝的战争。他在下令进取辽朝中京(今内蒙古宁城西大明城)时,曾下诏说:"辽政不纲,人神共弃。今欲中外一统。"[⑦] 金太祖在这里所说的"中外一统"中的"外"应该指辽朝,"中"无疑是指金朝。我们虽然不能说金太祖所说的"中"是指"中国",但

---

①徐梦莘:《三朝北盟会编》卷21,引《北征纪实》,上海古籍出版社,1987年版,第154页。

②徐梦莘:《三朝北盟会编》卷23,引《北征纪实》,上海古籍出版社,1987年版,第170页。

③徐梦莘:《三朝北盟会编》卷26,引沈琯《南归录》,上海古籍出版社,1987年版,第193页。

④徐梦莘:《三朝北盟会编》卷57,引《金虏节要》,上海古籍出版社,1987年版,第425页。

⑤徐梦莘《三朝北盟会编》卷197,引张汇《金虏节要》,上海古籍出版社,1987年版,第1421页。

⑥徐梦莘:《三朝北盟会编》卷71,靖康二年十二月二日癸亥条,上海古籍出版社,1987年版,第536页。

⑦脱脱等:《金史》卷2《太祖纪》,中华书局,1975年版,第36页。此诏文又见卷76《完颜杲传》

完全可以认为金太祖时期金人已经有了视自己为"中"视辽朝为"外"的思想,产生了以我为中心的思想意识,为后来金人自称"中国"打下了一定的基础。

在金太祖时期视自己为"中"的基础上,金太宗时期已经产生了不愿意称自己为蛮貊夷狄的思想。据许亢宗《宣和乙巳奉使金国行程录》记载,宣和七年(金太宗天会三年,1125 年)正月,宋使许亢宗等受任出使金朝祝贺金太宗即位①,到达咸州(今辽宁开原),"及赐宴毕,例有表谢",许亢宗按照惯例,写出谢表,表中使用了"祗造邻邦"一词,金使引用《论语》有关"蛮貊之邦"的记载,认为许亢宗使用"邦"字,是将金国视为"蛮貊之邦"的意思,有"轻我大金国"之意,要求许亢宗改掉"邦"字,重新撰写谢表奉上。许亢宗反驳说,"《书》谓'协和万邦','克勤于邦',《诗》谓'周虽旧邦',《论语》谓'至于他邦'、'问人于他邦'、'善人为邦'、'一言兴邦',此皆'邦'字,而中使(指金使)何独只诵此一句以相问也?表不可换!须到阙下,当与曾读书人理会,中使无多言!"② 后来,许亢宗虽然没有重新撰写谢表奉上,但从中可以看出,那时的金人已经知道汉儒有关"中国尊贵,夷狄卑贱"的思想,认为宋使称金国为夷狄蛮貊之邦就是对金国不尊重,开始产生了不承认自己卑贱、不愿意称自己为蛮貊夷狄的思想认识。

据《礼记·王制篇》记载,"中国戎夷,五方之民,皆有性也,不可推移。东方曰夷,被发文身,有不火食者矣;南方曰蛮,雕题交趾,有不火食者矣;西方曰戎,被发衣皮,有不粒食者矣;北方曰狄,衣羽毛穴居,有不粒食者矣。中国、夷、蛮、戎、狄,皆有安居,和味,宜服,利用,备器。五方之民,言语不通,嗜欲不同。"③ 称中国和夷、蛮、戎、狄为五方之民,将"中国"与"夷蛮戎狄"对举。金人耻言自己为夷狄蛮貊,那么他们希望称自己为什么呢?如果按照《礼记·王制篇》"五方之民"的认识去理解的话,不是"夷蛮戎狄",就是"中国",金人显然是希望称自己为"中国"。据此,可以看出,金太祖、太宗时期,金人虽然没有明确自称"中国",但说他们已经萌生了自称"中国"的思想意识,似乎不会有什么太大问题。

---

①关于许亢宗出使金朝时间,《宋史·徽宗纪》记载为宣和六年(1124 年)七月,许亢宗《宣和乙巳奉使金国行程录》谓"乙巳年(1125 年)春正月戊戌(26 日)陛辞",《三朝北盟会编》亦谓宣和七年(1125 年)正月,这里采纳《宣和乙巳奉使金国行程录》《三朝北盟会编》之说。

②许亢宗:《宣和乙巳奉使金国行程录》,见赵永春编注《奉使辽金行程录》,吉林文史出版社,1995 年版,第 153 页。

③《礼记》卷 12《王制》,中华书局,《十三经注疏》本,1980 年版,第 1338 页。

二、金人自称"中国"观念的确立和发展

金太祖、太宗时期，金人虽然萌生了自称"中国"的思想意识，但我们没有找到他们自称"中国"的文献和石刻记录。到了金熙宗时期，虽然也未见到金人明确自称"中国"的文献和石刻记录，但根据金熙宗进行汉化改革以及重塑金朝"正统"形象等现象分析，金熙宗时期应该已经自称"中国"了。到了海陵王完颜亮时期，有关金人自称"中国"的记载明确见诸于有关文献，到了金世宗和金章宗时期，有关金人自称"中国"的记载越来越多，因此，我们将金熙宗完颜亶至金宗章完颜璟时期，视为金人自称"中国"的确立和发展时期。

金熙宗自幼以汉人韩昉为老师，悉心学习汉文化，对汉文化有关中国尊贵、夷狄卑贱等思想有着比较深入的了解。在汉族儒士的影响下，也形成了中国尊贵、夷狄卑贱的思想认识。据《金虏节要》一书记载，金熙宗完颜亶，"自童稚时，金人已寇中原，得燕人韩昉及中国（此"中国"为宋人所称，主要指辽、北宋汉人及中原政权）儒士教之。其亶之学也，虽不能明经博古，而稍解赋诗翰，雅歌儒服，烹茶焚香，奕（弈）棋战象，徒失女真之本态耳。由是则与旧大功臣，君臣之道殊不相合，渠视旧大功臣则曰：'无知夷狄也。'旧大功臣视渠则曰：'宛然一汉家少年子。'"[1] 作为女真贵族的完颜亶，因为自己学习汉文化，即自视为尊贵的"汉人"，视那些没有学习汉文化的女真人为"无知夷狄"，而那些没有学好汉文化的女真贵族也视完颜亶为"汉家少年子"，即认为完颜亶变成了汉人。金熙宗和女真旧贵族在这里所使用的"汉"和"夷狄"的概念并非是种族概念，而是先进与落后的文化概念。在中国古代，"汉"或"汉人"常常是"中国"的代名词[2]，也是汉族文明的代名词，夷狄蛮貊则成了野蛮落后的代名词，成了女真由夷变汉以后女真称那些相对落后之人以及少数民族的代名词，有时也成了金人攻

---

①徐梦莘：《三朝北盟会编》卷 166 引张汇《金虏节要》，上海古籍出版社，1987 年版，第 1197 页。

②宋人朱彧在《萍洲可谈》中说"汉威令行于西北，故西北呼中国为汉，唐威令行于东南，故蛮夷呼中国为唐"（见《萍洲可谈》卷 2）；元胡三省为《资治通鉴》作注时说："汉时匈奴谓中国人为秦人，至唐及国朝则谓中国为汉，如汉人、汉儿之类，皆习故而言"（见《资治通鉴》卷 22），又说"鲜卑谓中国人为汉"（见《资治通鉴》卷 167），又称"汉家威加四夷，故夷人率谓中国人为汉人，犹汉时匈奴谓汉人为秦人也"（见《资治通鉴》卷 202），又在为契丹"朝廷制度，并用汉礼"作注时说"北方谓中国为汉"（见《资治通鉴》卷 285）。说明汉代以后多谓"中国为汉"。

击和谩骂南宋等国的代名词①。汉化女真人视自己为"汉人",即是视自己为"中国"人的意思。说明,这时的女真人已经产生了女真人学习汉文化即非"无知夷狄",也是"中国"的思想认识,以金熙宗为代表的一部分女真人向自称"中国"迈出了十分可喜的一步。

金熙宗继位以后,全面进行汉化改革。在中央废除以勃极烈共治国政为主要内容的女真官制,仿汉官制实行三省六部制;地方上将汉人的路、府、州、县制度向全国推广;仿汉制进一步改革科举制度,重视对官吏的考核;又仿汉文化中的法制观念,制订和颁行《皇统新制》等法律文件,注意以法治国,等等。

在金熙宗全面进行汉化改革当中,礼制改革,汉化程度尤为深入。金熙宗按照儒家五礼制度,兴建宗庙、社稷、宫殿等,详定各种礼仪,"宗社朝会之礼亦次第举行矣"②,金朝的一些重要礼仪逐步建立起来。尤其是金熙宗在兴建太庙,改革祭祀祖先之礼时,通过追尊祖宗谥号,重塑了金朝正统形象,表达了金朝自称"中国"的思想意识。

实际上,女真人在金太宗时期,已经标榜金朝继承辽朝正统为正统,但那时的正统,只是继承辽朝也就是继承中国北部半壁江山的正统。金熙宗即位以后,尤其是迫使南宋向金朝称臣以后,就不以继承辽朝正统为满足了,而是主张继承辽朝和北宋为整个中国之正统。金熙宗在《皇统五年增上太祖尊谥》中,为表明金朝"传序正统",增上金太祖"尊谥曰太祖应乾兴运昭德定功睿神庄孝仁明大圣武元皇帝"③,他们在解释尊谥"兴运"时说,"肇启皇图,传序正统,谓之'兴运'"。又在解释尊谥"定功"时说,"拯世利民,底宁区夏,谓之'定功'",将金太祖完颜阿骨打的武功说成是"底定区夏""传序正统",无疑是将金太祖塑造成了"底定区夏"的"中国正统"皇帝。金熙宗又在皇统五年闰十一月七日令尚书省议定增上祖宗尊谥诏书中说:"朕闻创业垂统""我国家千龄应运,累圣重光",强调"应运"与"垂统"。宗弼等人也在其所上《增上祖宗尊谥》中,称金朝列圣"创业垂统""大宝终归于正统",又为了表明金朝"传序正统",为金熙宗之父完颜宗峻拟定谥号为"允恭克让孝德玄功佑圣景宣皇帝",并在解释尊谥"佑圣"时

①譬如,金章宗时期,赵秉文在《平章左副元帅谢宣谕赐马铰具兔鹘匹段药物表》中称"提虎旅之三千,破岛夷之数万",将南宋视为"岛夷";在《谢宣谕生擒贼将田俊迈表》中称"丑虏望风而奔",将南宋视为"丑虏"(见《闲闲老人滏水文集》卷10,四部丛刊本),均为此意。

②脱脱等:《金史》卷28《礼志》一,中华书局,1975年版,第691页。

③张玮等:《大金集礼》卷3《皇统五年增上太祖尊谥》,广雅书局本。

说，“诞生圣嗣，传序正统，曰‘佑圣’”①。金熙宗和宗弼等人在这里所说的“正统”，虽有王位传承之“正统”的含义，但也有彰显金政权是“正统”的意思，这里所说的“正统”，绝不是仅仅继承辽朝的“正统”，而是继承辽朝和北宋的“正统”，也就是整个中国的正统。金熙宗通过追尊祖宗谥号，重塑祖先的正统形象，其目的是为了说明当朝皇帝也是中国正统。这说明金人自称“中国”的观念在金熙宗时期已经确立，应该是毋庸置疑之事了。

金熙宗时期主要通过反对称女真人为“无知夷狄”，而自称“中国”。海陵王完颜亮则不这样认为，他承认自己是“夷狄”，但认为夷狄并不卑贱，夷狄有文化也一样高贵。反对以种族为标准来区分尊贵和卑贱，认为应该以文化和事功为标准来区分尊贵和卑贱。史书记载，他对汉族儒士中流行的“华夏尊贵”“夷狄卑贱”的传统思想观念十分反感，曾对翰林承旨完颜宗秀、参知政事蔡松年说：“朕每读《鲁论》，至于‘夷狄虽有君，不如诸夏之亡也’，朕窃恶之，岂非渠以南北之区分、同类之比周而贵彼贱我也”。对汉族儒士视“夷狄”为卑贱的民族大为不满，他认为汉族儒士或按照南北地域、或按照民族来区分贵贱尊卑是不正确的，应该按文化区分贵贱尊卑，认为被中原汉人视为卑贱的女真人，特别是他这个女真皇帝是有文化之人，也是尊贵的，并不比中原汉人差。在此基础之上，完颜亮极力反对以种族为标准来区分“正统”和“非正统”，主张以文化和事功为标准来区分“正统”和“非正统”。史书记载，一天，完颜亮“读《晋书》至《苻坚传》，废卷失声而叹曰：‘雄伟如此，秉史笔者不以正统帝纪归之，而以列传第之，悲夫。’”② 对史家所修《晋书》没有把苻坚放到记载皇帝之事的《本纪》中去写，而是放到与将相大臣同等地位的《载记》中去写，将少数民族皇帝降为臣下，大为不满。在完颜亮看来，苻坚等少数民族在中原地区建立政权，并取得了“雄伟”的事功，也应该是“中国正统”，也应该承认他们是皇帝。言外之意，女真人也建立了“雄伟”事功，也应该是“中国正统”。

海陵王完颜亮时期，在这种反对以种族为标准来区分尊贵和卑贱，主张以文化和事功为标准来区分尊贵和卑贱的思想支配下，金人开始明确地自称“中国”了。如，海陵王完颜亮意欲伐宋，以实现天下一统，其嫡母徒单氏则表示反对，特劝谏说：“国家世居上京（今黑龙江阿城），既徙中都（今北

---

①张玮等：《大金集礼》卷3《皇统五年增上祖宗尊谥》，广雅书局本。

②徐梦莘：《三朝北盟会编》卷242，引张棣《正隆事迹记》，上海古籍出版社，1987年版，第1740页。

京),又自中都至汴(今河南开封),今又兴兵涉江、淮伐宋,疲弊中国"①,认为金朝兴兵攻宋,只能给金朝带来灾难,不会给金朝带来好处,显然,这里所说的"中国"是指金朝;梁珫则怂恿完颜亮出兵伐宋,"议者言珫与宋通谋,劝帝伐宋,征天下兵以疲弊中国"②,这条史料中所说的"中国",无疑也是指金朝。

到了金世宗时期,金人自称"中国"的思想意识得到了进一步发展,有关金人自称"中国"的史料屡见于史书记载。如:金世宗时期,由于北部边疆地区的蒙古逐渐兴起,不断南下侵扰,成为金朝北部边疆地区的威胁,有人提出应该在北部边界地区"穿深堑(修界壕)以御之",在讨论此事时,李石与丞相纥石烈良弼不同意,说"古筑长城备北,徒耗民力,无益于事。北俗无定居,出没不常,惟当以德柔之。若徒深堑,必当置戍,而塞北多风沙,曾未期年,堑已平矣。不可疲中国有用之力,为此无益"③。李石和纥石烈良弼称金朝征发民众去修筑界壕是"疲中国有用之力",所说"中国"应该是指金朝。金世宗时期,还发生了这样一件事,即依附于宋朝的吐蕃族系人青宜可等"以宋政令不常,有改事中国之意"④,青宜可等人对宋朝不断改变政令甚为不满,意欲从宋朝来到金朝,因此,这条史料中所说的"中国",无疑也是指占据中原地区的金朝。

到了金章宗时期,金人自称"中国"的意识更加强烈。金章宗为了表明金政权是中国正统的接续者,曾三次大规模组织官员对金朝德运问题进行讨论,就是要强化金朝是"中国"的思想意识,强化金朝是中国正统的接续者。在这种情况下,金人自称"中国"的观念迅速漫延和扩展,逐步发展成了金人的普遍共识。史书中有关金人自称"中国"的记述越来越多。如:宋朝权臣韩侂胄为了树立盖世功名,积极准备北伐金朝,而金章宗和一些大臣则认为宋金和好日久,不相信宋人会无故败盟,完颜匡劝谏金章宗等人说:"彼(指宋朝)置忠义保捷军,取先世开宝、天禧纪元(指南宋改年号为"开禧"),岂忘中国者哉"⑤;独吉思忠也说:"宋虽羁栖江表,未尝一日忘中国,但力不足耳"⑥。毫无疑问,这两条史料中所使用的"中国"一词,都是指金人所占据的原北宋的中原之地,并引申为整个金朝。后来,韩侂胄

①脱脱等:《金史》卷63《后妃传·海陵嫡母徒单氏》,中华书局,1975年版,第1506页。
②脱脱等:《金史》卷131《梁珫传》,中华书局,1975年版,第2808页。
③脱脱等:《金史》卷86《李石传》,中华书局,1975年版,第1915页。
④脱脱等:《金史》卷98《完颜纲传》,中华书局,1975年版,第2175页。
⑤脱脱等:《金史》卷98《完颜匡传》,中华书局,1975年版,第2167页。
⑥脱脱等:《金史》卷93《独吉思忠传》,中华书局,1975年版,第2064页

发动北伐战争，宋将吴曦叛宋投金，《金史》说吴曦"恃中国为援"①，也是指吴曦要以金朝为援，所说"中国"也指金朝。金章宗后期，由于金人大量购买宋人茶叶，引起国家财政紧张，有人上书金章宗说："茶乃宋土草芽，而易中国丝绵锦绢有益之物，不可也。"②认为用"中国"的丝绵锦绢有益之物去换取宋朝的茶叶是不合适的，建议金朝不要购买宋朝的茶叶。这条史料将宋与"中国"对举，"中国"一词指金朝，是非常明显的。后来，蒙古为了进攻金朝而先发兵进攻西夏，西夏遣使向金朝求援，金章宗说："敌人相攻，中国之福，吾何患焉"③，没有答应西夏的请求。金章宗在这里所说的"中国"无疑也是指金朝。可见，金章宗时期，金人自称"中国"的意识得到进一步发展和强化。

三、金人自称"中国"意识的全面发展和普及

卫绍王至金哀宗时期，金朝逐步走向衰落，但金人自称"中国"的意识非但没有走向衰落，反而更加高涨。不论是身居高位的王公贵族，还是一般的平民百姓，都很自然地称金朝为"中国"，金人自称"中国"的观念得到了全面发展和普及。

金宣宗继位之后，对金章宗经过大规模德运问题讨论之后，所确立的以继承北宋正统为中国正统的思想观念不甚满意，于是，又于贞祐二年（1214年）再次选定朝官依据"五德终始"学说对金朝德运问题进行讨论。此次讨论，朝官们对金朝正统的嗣统问题虽然仍然存在"不论所继只为金德""继唐土运为金德""继辽水运为木德""继宋火运为土德""继刘齐土运为金德""继宋土运（认为宋以火为运自失其序）为金德"等不同观点，但持"不论所继只为金德"一派的观点逐渐占据上风。说明，金人在嗣统及其自称中国"正统"的理论支持上有了新的认识。也就是说，他们在金人自称"中国正统"问题上，不仅寻求"五德终始"学说的理论支持，还提出了"不必以五行相生为序"，应"以德之衰旺见其运"的有德者当为中国"正统"的思想，认为金朝"奕世载德，遂集大统"④，即认为金朝有德，可以称正统。这种主张按道德来区分正统和非正统的思想，在一些金人的著述中也有反映。比如，赵秉文在《蜀汉正名论》一文中，就提出了"有公天下之心，宜称曰

---

① 脱脱等：《金史》卷98《完颜纲传》，中华书局，1975年版，第2180页。
② 脱脱等：《金史》卷49《食货志四》，中华书局，1975年版，第1109页。
③ 宇文懋昭撰，崔文印校证：《大金国志校证》卷21《章宗皇帝下》，中华书局，1986版，第288页。
④ 金尚书省佚名编：《大金德运图说》，文渊阁四库全书本。

汉。汉者,公天下之言也"① 的区别中国正统和非正统的思想。他认为,是否应该称曰"汉"以及是否应该称为"中国正统",标准在于是否"有公天下之心",不管你的种族如何,只要"有公天下之心"即是"汉",即是中国,即是"中国正统",即认为应该以"道德"作为区分中国正统和非正统的标准。金朝末年的杨奂,也提出了与赵秉文大体相同的理论,他在其所作《正统八例总序》中指出,"王道之所在,正统之所在也",即认为,只要行"王道"即可以称中国正统,反对"以世系土地为之重",即反对用种族世系和占有地域的情况作为区别中国正统和非正统的标准。所论"王道",强调得"天下臣民之心""敦道义之本"②,显然与赵秉文所论"有公天下之心"即为中国正统的思想,颇为相似。这种主张按道德来区分正统和非正统的思想,与汉儒们所说的"道统"思想并无二致。

在这种思想支配下,金朝朝野内外都很自然地称自己的国家为"中国",金人自称"中国"的观念得到全面发展和普及。

史书记载,金宣宗贞祐初年,"中国仍岁被兵",谓金朝连年遭受北方蒙古的进攻。在蒙古的进攻下,金宣宗不敢留驻中都(今北京),赵秉文乘时上书言三事,"一迁都,二导河,三封建。大约谓中国无古北之险则燕塞,车驾幸山东为便"③。这两条史料中所说的"中国",无疑都是指金朝。金人元好问在其《赵闲闲真赞二首》中说:"人知为五朝之老臣,不知其为中国百年之元气"④,称赞金人赵秉文代表了金朝百余年来民族的基本精神。又在其撰《资善大夫吏部尚书张公神道碑铭并引》中说:张公理(张氏字公理)曾论"公大夫士仕于中国全盛时,立功立事,易于取称,故大定明昌间多名臣"⑤,将"大定(金世宗年号)明昌(金章宗年号)"时说成是"中国全盛时",所说"中国"无疑是指金朝。元好问又在其为杨云翼所撰《神道碑》中说:"识者以为中国之大,平治之久,河岳炳灵,实生人杰,非宏衍博大之器如公者,曷足以当之"⑥,称金人杨云翼为"中国"之人杰。在《聂孝女墓铭》中说:"中国之大,百年之久,其亡也,死而可书者……与孝女十数人而已,且有妇人焉"⑦,谓金人聂孝女是中国百余年来死节可书者

①赵秉文:《蜀汉正名论》,见《闲闲老人滏水文集》卷14,四部丛刊初编本。
②杨奂:《正统八例总序》,见《国朝文类》卷32,四部丛刊初编本。
③元好问:《赵公墓志铭并引》,见赵秉文《闲闲老人滏水文集·附录》,四部丛刊初编本。
④元好问:《遗山先生文集》卷38《赞·赵闲闲真赞二首》,四部丛刊初编本。
⑤元好问:《遗山先生文集》卷20《资善大夫吏部尚书张公神道碑铭并引》,四部丛刊初编本。
⑥元好问:《遗山先生文集》卷18《内相文献杨公神道碑铭》,四部丛刊初编本。
⑦元好问:《遗山先生文集》卷25《聂孝女墓铭》,四部丛刊初编本。

"十数人"之一。金哀宗即位,元好问又撰《贺登宝位表》,祝贺金哀宗即位,文中称"中国之有至仁,无思不服,圣人之得,大宝咸与维新"①,称赞金哀宗为中国圣人。可见,元好问在这些史料中所使用的"中国"一词,都是指金朝。

金哀宗即位之后,面对蒙古的进攻,形势越来越不利,但他们仍然不把宋人放在眼里,哀宗曾说"北兵(指蒙古兵)所以常取全胜者,恃北方之马力,就中国之技巧耳。我实难与之敌,至于宋人,何足道哉"②,这里将蒙古、宋人与"中国"对举,"北兵"指蒙古,"中国"一词指中原地区以及占据中原地区的金朝,也是毋庸置疑之事。后来,金将完颜陈和尚与蒙古战败被俘,不屈而死,一些将士曾说"中国百余年,唯养得一陈和尚耳!"③说明金朝的一般将领和士兵都十分习惯地称金朝立国百余年的历史为百余年的"中国"历史。金朝晚期的李纯甫著《中庸集解》《鸣道集解》等书,号称"中国心学,西方文教"④,将"中国"与"西方"对举,以金朝为"中国",更为治金史和思想史的学者所经常引用。

可见,金朝末年,金人对金朝即是"中国"的认识,并非是一个人两个人的认识,已经成为金朝朝野上下十分普遍的认识,无论是身居高位的王公贵族,还是一般平民百姓,都很自然地称金朝为"中国",并无疑义。金人自称"中国"的思想意识得到了全面发展和普及。

四、金人自称"中国"的包容性特点及其影响

金人初起之时,一直称宋人和宋朝国家为中国。到了金熙宗时期,金人开始自称"中国",但并没有反对宋人自称"中国"。比如,《宋史》记载,"粘罕病笃,语诸将曰:'自吾入中国,未尝有敢撄吾锋者,独张枢密与我抗。我在,犹不能取蜀;我死,尔曹宜绝意,但务自保而已。'"⑤粘罕(宗翰)于天会十五年(宋绍兴七年,1137年)病逝,金熙宗则于天会十三年(1135年)即位,开始进行汉化改革并进行"中国正统"形象塑造,金人自称"中国正统"的观念已经确立,宗翰仍然称宋朝境内为"中国",说明金人在自称"中国"的同时,并没有将他们一向称为"中国"的宋朝排除到

---

①元好问:《遗山先生文集》卷15《拟贺登宝位表》,四部丛刊初编本。

②脱脱等:《金史》卷119《完颜娄室传》,中华书局,1975年版,第2599页。又见《汝南遗事》卷2。

③元好问:《遗山先生文集》卷27《赠镇南军节度使良佐碑》,四部丛刊初编本。

④脱脱等:《金史》卷126《李纯甫传》,中华书局,1975年版,第2735页。

⑤脱脱等:《宋史》卷361《张浚传》,中华书局,1977年版,第11301页。

"中国"之外。绍兴十四年（1144年）宋人宋之才受命出使金朝祝贺金熙宗生辰，回国后撰成《使金贺生辰还复命表》，称他出使金朝期间，金熙宗曾问他"宋国，大国，小国？"宋之才回答说："非大国，非小国，乃中国耳。"[①]文中没有记载金熙宗对宋朝使者自称"中国"问题持何种态度，也就是说，金熙宗并没有对宋人自称"中国"问题持反感态度，说明金熙宗在金人自称"中国"的同时，也不反对宋人称"中国"。海陵王完颜亮时期自称"中国"，自称"正统"，已经得到学界普遍承认，但完颜亮仍然称宋朝为"中国"。比如，绍兴二十一年（金天德三年，1151年），宋朝派遣巫伋、郑藻等出使金朝祈请山陵等，完颜亮问宋朝使者"所请者何来？"巫伋首言"乞修奉陵寝。"完颜亮令译者传言"自有看坟人。"巫伋第二言"乞迎请靖康帝（指宋钦宗）归国"。完颜亮又令译者传言"不知归后甚处顿放？"巫伋第三言"本朝称'皇帝'两字。"完颜亮又令译者传言说："此是汝中国事，当自理会。"[②]完颜亮在这里所说的"中国"无疑是指宋朝。说明完颜亮在自称"中国"的同时，也称宋朝为"中国"。金世宗时期，金人自称"中国"有了新的发展，但也没有将南宋排除在"中国"之外，如大定八年（1168年）金世宗在册命皇太子的《册命仪》中说："绍中国之建储，稽礼经而立嫡。"[③]这句话无疑是在说金人学习"中国"的立太子制度，按照礼经的思想立嫡子为太子。这里所说的"中国"绝不会指女真，应该指汉人，汉人只有建立政权才会有立太子制度，因此，这里的"中国"应该指汉人政权，北宋是汉人建立的政权，南宋也是汉人建立的政权，按此理解，金世宗在这里所说的"中国"就应该指包括南宋在内的一切汉人建立的政权，应该不会将南宋排除在外。金朝末年，金人自称"中国"得到了全面普及，但也没有将南宋排除到"中国"之外。比如，金末刘祁曾说，显宗完颜允恭"高明绝人，读书喜文，欲变夷狄风俗，行中国礼乐如魏孝文"[④]，刘祁在这里所说的"中国"，有文化的涵义，但不会指女真文化，而是指"汉文化"，汉文化就是汉人及其所建政权的文化，南宋是汉人建立的政权，所创建的文化应该

---

①《平阳县志》卷63《文征内编》，台湾成文出版社，1970年影印本，第640页。

②徐梦莘：《三朝北盟会编》（丁集）炎兴下帙119，台湾大化书局排印，袁祖安光绪四年（1878年）活字本，1979年版，第254页。上海古籍出版社影印许涵度光绪三十四年（1908年）《三朝北盟会编》刻本（1987年版）"中国"则作"国中"。据学者研究，袁祖安光绪四年（1878）活字本是据巴陵方功惠所藏钞本加以校勘后排印，许涵度光绪三十四年（1908年）刻本所据彭元瑞家藏抄本，是四库全书所用底本，查四库全书，此处也作"中国"，因此，应该以大化书局本和四库全书本的记载为准。

③张玮：《大金集礼》卷8《大定八年册命仪》，文渊阁四库全书本。

④刘祁：《归潜志》卷12《辩亡》，中华书局，1983年版，第136页。

属于汉文化范围，按此理解，刘祁所说的"中国"应该是指包括南宋在内的汉人及汉人建立政权的文化，如此说来，刘祁在这里所说的"中国"，也没有将南宋排除到中国之外。

至于王若虚和元好问在自称金朝为"中国"的同时也承认"九州四海"为"中国"的思想，已为大家所熟知，就不再赘述了。

金人自称"中国"的理论根据是什么？笔者认为，主要是因为中国古代没有一个政权用"中国"一词作为自己政权的国号，"中国"一词未成为某一个民族和政权所独有的专有名词，而援引中国传统文化"中原即中国""懂礼即中国"等理论，认为他们既占据中原又"懂礼"，因而很自然地称自己为"中国"[①]。当然，金人自称"中国"也有对"中国"文化认同的意思，也有便于统治汉族等各族人民之用意，等等。但在这些原因之中，最重要的原因则是那时的各个政权没有一个政权用"中国"一词作为自己政权的国号，因此，"中国"一词并未成为哪一个民族和政权所独有的专有名词，因此，大家都可以称"中国"，这也是金人在自称"中国"的同时，也承认宋朝是"中国"的主要原因。

金人自称"中国"，对后来产生了十分重要的影响。元人在撰写《金史》时，即承认金朝为"中国"，并用"中国"一词指称金朝。比如《金史·哀宗纪》中说："太祖、太宗威制中国"，《金史·兵志》中说"及其得志中国"等史料中的"中国"，就是指中原，并引申为金朝。《金史·宣宗纪》又记载，宣宗兴定元年（1217年）十二月"戊申，即墨（山东东路济南府莱州隶下的县，今山东即墨）移风砦（莱州莱阳县管辖下的一个镇，在今崂山湾沿岸）于大舶中得日本国太宰府民七十二人，因粜遇风，飘至中国。有司覆验无他，诏给以粮，俾还本国"[②]。即墨为金朝山东东路济南府莱州管辖下的一个县，因此，这里所说的"中国"无疑也是指金朝。说明，元人在撰写《金史》时，已经用"中国"一词指称金朝了。显而易见，金人自称"中国"，对中国以及中华民族的最终形成和发展作出了不可磨灭的贡献，值得我们认真探索和研究。

综上所述，可以看出，金朝太祖、太宗时期，虽然以继承辽统为由而自称正统，但没有自称"中国"，是金人自称"中国"意识的孕育和萌生时期。熙宗完颜亶迫使南宋奉表称臣，开始自称"中国"，金人自称"中国"观念正式确立。海陵王完颜亮时期，不以宋人奉表称臣为满足，意欲灭亡南宋，

---

① 赵永春：《试论金人的"中国"观》，《中国边疆史地研究》，2009年第4期。

② 脱脱等：《金史》卷15《宣宗纪中》，中华书局，1975年版，第333页。

统一全国,名正言顺地作全中国的正统皇帝,金人自称"中国"的意识有了新的发展,已明确见诸于史书记载。金世宗时期,又将完颜亮时期试图灭亡南宋以后才可以称正统的思想发展为没有灭亡南宋也可以称中国正统的思想,金人自称"中国"的思想意识得到了进一步发展。金章宗时期,通过"德运"问题大讨论,又将金世宗没有灭亡南宋也可以称中国正统的思想发展为,没有灭亡南宋也要以继承北宋正统为整个中国正统的思想意识,金人自称"中国"的思想意识得到了新的发展和强化。金宣宗时期,通过"德运"问题的重新讨论,金人又不以继承辽宋之统为满足了,多数人逐步产生了抛开"五德终始"的嗣统学说,赞成"不论所继"只为中国正统的思想,将金人自称"中国正统"的思想向前推进了一步。在这种思想影响下,金朝末年,形成朝野上下自觉称金朝为"中国"的思潮,无论是身居高位的王公贵族,还是一般平民百姓,都很自然地称金朝为"中国",金人自称"中国"思想意识得到了全面发展和普及。金人自称"中国"的理论根据,主要是因为那时没有一个政权用"中国"一词作为自己政权的国号,"中国"一词未成为某一个民族和政权所独有的专有名词,而援引历史上"中原即中国""懂礼即中国"等理论而自称"中国",当然,金人自称"中国",也有对"中国"文化认同以及方便统治汉族等各族人民之用意。金人自称"中国",对多民族中国以及中华民族的最终形成作出了不可磨灭的贡献。

该文与马溢澳合作,载《黑龙江社会科学》2017 年第 2 期。

金人自称"正统"的理论诉求及其影响

近年来，学界对金代正统观问题颇为关注，发表了一系列文章①，对金人自称"正统"问题已经取得了共识，但对金人自称"正统"的理论依据及其理论建设则缺少深入研究。

关于衡量"正统"与"非正统"的理论标准问题，古人并没有形成统一认识，梁启超曾总结出六条标准，谓："一曰以得地之多寡而定其正不正也，凡混一宇内者，无论其为何等人，而皆奉之以正，如晋、元等是；二曰以据位之久暂而定其正不正也，虽混一宇内，而享之不久者，皆谓之不正，如项羽、王莽等是；三曰以前代之血胤为正，而其余皆为伪也，如蜀汉、东晋、南宋等是；四曰以前代之旧都所在为正，而其余皆为伪也，如因汉而正魏，因唐而正后梁、后唐、后晋、后汉、后周等是；五曰以后代之所承者、所自出者为正，而其余为伪也，如因唐而正隋，因宋而正周等是；六曰以中国种族（主要指汉族，笔者注）为正，而其余为伪也，如宋、齐、梁、陈等是。"② 正如梁启超所说，古人虽然对所谓的"正统"问题津津乐道，但对衡量"正统"问题的理论标准则存在很大分歧。金人正是利用了这一没有形成统一认识的理论，以为古人所说的"正统"理论对自己有用，就拿来应用，认为对自己不利的理论则予以摒弃，在不同时期，不同情况下，运用不同的"正统"理论为其自称"正统"服务。下面即按金人自称"正统"之进程，对金人不同时期自称"正统"的理论依据及其对后世的影响等问题作一初步探讨。不正确之处，敬请读者批评指正。

---

① 近年来，发表的有关金代正统观的论著主要有：陈学霖《中国史上之正统：金代德运仪研究》（英文版），美国西雅图华盛顿大学出版社，1985 年；宋德金《正统观与金代文化》，《历史研究》，1990 年第 1 期；刘浦江《德运之争与辽金王朝的正统性问题》，《中国社会科学》，2004 年 2 期；刘扬忠《论金代文学中所表现的"中国"意识和华夏正统观念》，《吉林大学社会科学学报》，2005 年第 5 期；赵永春《关于辽金的"正统性"问题—以元明清辽金宋金"三史分修"问题讨论为中心》，《学习与探索》，2013 年第 1 期等。

② 梁启超：《梁启超文集·论正统》，线装书局，2009 年版，第 118 页。梁启超对古人所津津乐道的"正统论"问题，持反对意见，认为古人所确定的衡量"正统"与"非正统"的六条标准"互相矛盾"，不足为据。

一、金初政权合法性之诉求

女真反辽并建立金政权之初,就已经开始考虑自己所建政权的合法性问题。但由于他们长期接受辽朝统治,一直视辽朝为自己的宗主国。因此,那时的金人,不但没有产生自称"正统"的思想意识,反而害怕辽朝等政权不承认其开国所建大金政权的合法性。于是,一些人开始考虑如何才能让辽朝等政权承认金朝开国的合法性问题。在这种情况下,杨朴遂向金太祖完颜阿骨打建议说"自古英雄开国,或受禅或求大国封册。遣人使大辽,以求封册。"也就是说,杨朴认为,历史上英雄开国,不是有如尧、舜、禹实行禅让制一样,接受前任皇帝的禅让,就是接受大国的"封册",其政权才具有合法性。而当时的完颜阿骨打要想让辽天祚帝将皇位禅让给自己是不可能的,因此,要想让辽朝承认自己所建政权的合法性,就只能走请求辽朝"封册"的路子。完颜阿骨打采纳了杨朴的建议,派遣使者出使辽朝,请求辽朝"封册",并提出了请求辽朝"封册"的十项条件:"乞徽号大圣大明者,一也;国号大金者,二也;玉辂者,三也;衮冕者,四也;玉刻印御前之宝者,五也;以弟兄通问者,六也;生辰、正旦遣使者,七也;岁输银绢十五万两匹者,八也;割辽东、长春两路者,九也;送还女真阿鹘产、赵三大王者,十也。"①

完颜阿骨打采纳了杨朴的建议,遣使请求辽朝"封册",就是同意遵行古代"封贡体系"的封贡理论精神,以取得其政权的合法地位。但阿骨打并未按古人"封贡体系"的理论精神以臣下的地位去请求辽人封册,而是提出

---

①徐梦莘:《三朝北盟会编》卷3,重和二年正月十日条,上海古籍出版社,1987年版,第22页。关于杨朴建议阿骨打请求辽朝封册之事,《三朝北盟会编》记在金收国元年(1115年),《辽史》记在辽天庆七年(1117年),《契丹国志》《裔夷谋夏录》谓辽天庆八年(1118年)八月"阿骨打遣人诣天祚求封册"。陈述《全辽文》认为"阿骨打始议求册,当在天庆七年、金天辅元年(1115年)",天庆八年(1118年)八月是辽遣奴哥、突迭使金议礼的时间。所论甚是。据《辽史》记载,金人于天庆七年(1117年)始议求册以后,辽人于天庆八年正月"丁亥,遣耶律奴哥等使金议和",二月,"耶律奴哥还自金,金主复书曰:'能以兄事朕,岁贡方物,归我上、中京、兴中府三路州县,以亲王、公主、驸马、大臣子孙为质,还我行人及元给信符,并宋、夏、高丽往复书诏表牒,则可以如约。'"显然是在讨论封册条件,说明,在天庆八年八月之前辽金就已经频繁讨论封册之事了,绝非天庆八年八月金人始议求册。关于金人请求辽人册封的第八项条件,《三朝北盟会编》谓"岁输银绢十五万两匹者",并在其下小字注曰"盖分大宋岁赐之半"。宋真宗与辽圣宗签订"澶渊之盟"时,宋每年给辽岁币银绢30万两匹,到了宋仁宗与辽兴宗时期,宋人每年给辽岁币银绢又增加了20万两匹,共为50万两匹。"分南宋岁赐之半"应该为25万两匹。叶隆礼《契丹国志》卷10《天祚皇帝上》记载此事应该是据《三朝北盟会编》编写,但此句改作"岁输银绢二十五万匹两,分南宋岁赐之半",应该是正确的。

了具有宗主国地位的封册条件，而辽人也未能放下宗主国的架子，仍然按照君主封册臣下的理论精神，册封完颜阿骨打为"东怀国皇帝"，再加上当时宋人的介入，金人请求辽人封册活动很快就以失败而告终了。

阿骨打试图通过请求辽人册封以取得其政权合法性的活动失败以后，不再考虑请求任何国家封册之事，开始考虑取代辽朝"正统"而自为"正统"的事情了。

阿骨打在请求辽人封册期间，对辽人自称"正统"之事，开始有所了解。天庆九年（1119 年），辽天祚帝耶律延禧在册封金太祖完颜阿骨打为"东怀国皇帝"的册文中曾说"朕对天地之闳休，荷祖宗之丕业，九州四海属在统临"[1]，明确标榜辽朝是"正统"王朝。这让阿骨打对辽人自称"正统"之事有了进一步了解和认识。因此，当金人请求辽朝封册失败以后，金人就产生了取代辽朝"正统"地位的思想认识。

据史书记载，天辅五年（1121 年）十二月，金太祖完颜阿骨打在占领辽上京、辽东京等地的基础之上，发动了最后灭亡辽朝的战争。他在下令进取辽朝中京（今内蒙古宁城西大明城）时，曾下诏说："辽政不纲，人神共弃。今欲中外一统"[2]。金太祖在这里所说的"中外一统"中的"外"应该是指辽朝，"中"无疑是指金朝。他所提出的"中外一统"的目标显然是要灭亡辽朝，以取代辽朝的"正统"地位。

辽天祚帝一再标榜自己是"正统"，就是在保大五年（1125 年）向金人投降时所上投降书，也没有忘记写上"伏念臣祖宗开先，顺天而建业；子孙传嗣，赖功德以守成。奄有大辽，权持正统"[3] 等话语，仍在念念不忘地说自己是"正统"。

在阿骨打看来，辽人自称"正统"，他大金王朝灭亡了辽朝，就应该取代辽朝的"正统"地位，自然也是"正统"了。到了金太宗即位以后，金人这种认识有了进一步发展。天会四年（1126 年），金军攻至北宋首都东京（今河南开封）城下，金人在给宋钦宗的国书中明确地写上了"今皇帝正统

---

[1] 徐梦莘：《三朝北盟会编》卷 3，重和二年正月十日条，上海古籍出版社，1987 年版，第 22 页。

[2] 脱脱等：《金史》卷 2《太祖纪》，中华书局，1975 年版，第 36 页。此诏文又见卷 76《完颜杲传》。

[3] 佚名编，金少英校补，李庆善整理：《大金吊伐录校补》第 198 篇《辽主耶律延禧降表》，中华书局，2001 年版，第 508 页。

天下，高视诸邦"① 等话语，说明，金人灭亡辽朝以后，就已经明确地以辽朝继承者自居而自称"正统"了。

金太宗时期，具有取代辽朝"正统"而自为"正统"的思想，我们从他们对待西夏和高丽的态度中，也能看出来。

西夏一直向辽人称臣，在金人反辽过程中，曾一度想帮助辽人，后来，在金人的压力下，不得不与金人和好。但是，金太宗不同意与西夏按对等地位建立和好关系，极力主张按照原来辽夏所建立的君臣关系的格局，重建金夏的君臣关系。西夏没有办法，只好于金天会二年（1124 年）向金朝俯首称臣。

金朝对待高丽的态度也是这样。高丽虽然向辽朝称臣，但开始与女真人交往之时，则希望以宗主国的身份与女真人交往，在金人严辞拒绝以后，高丽又提出按对等地位的"兄弟之国"的关系建立外交往来关系，女真人仍然没有同意，坚持按照"高丽世臣于辽，当以事辽之礼事我"② 的辽丽关系所确定的君臣关系模式建立外交往来关系。高丽无奈，被迫于金天会四年（1126 年）也向金朝俯首称臣。

金太宗坚持西夏和高丽必须向金朝称臣，即是他们以辽朝为榜样，试图取代辽朝地位的一种表现。在金朝统治者看来，他们灭亡辽朝，所做之事应该超过辽朝，不能低于辽朝，因此，他们坚决主张按辽朝所确立的外交模式重建当时的国际关系。显然，这也是金人以取代辽朝"正统"而自为"正统"的一种表现。

二、金熙宗重塑"正统"形象

金太宗以继承辽朝"正统"而自居"正统"，无疑比金太祖时期试图通过请求辽朝封册以取得金政权的合法地位前进了一步。但由于辽朝是以契丹族为统治者建立的王朝，契丹人在历史上被中原汉人视为夷狄，因此，辽人自称"正统"并未得到宋人的承认。在这种情况下，金人以继承辽人"正统"自居"正统"，无疑也得不到宋人的承认。因此，金熙宗即位以后，不再强调金人以继承辽人"正统"为"正统"的政权定位，而要对金政权的"正统"形象重新进行塑造。

女真人如同契丹人一样，也被中原汉人视为夷狄。在中原汉人的眼里，

①佚名编，金少英校补、李庆善整理：《大金吊伐录校补》第 34 篇《回札子》，中华书局，2001年版，第 117 页。

②脱脱等：《金史》卷 135《高丽传》，中华书局，1975 年版，第 2885 页。

女真人的夷狄地位比契丹人还差，甚至被视为"夷狄中至贱者"①。但随着历史的发展，金人逐渐产生了不愿意称自己为"至贱"的蛮貊夷狄的思想，据许亢宗《宣和乙巳奉使金国行程录》记载，宣和七年（1125 年）正月，许亢宗等受任出使金朝祝贺金太宗即位②，行至咸州（今辽宁开原），"及赐宴毕，例有表谢"，许亢宗遂按照惯例，拟就一表，其中有"祗造邻邦"一语，金使援引《论语》有关"蛮貊之邦"的记载，认为宋使有"轻我大金国"之意，要求许亢宗改掉"邦"字，重新撰写谢表奉上③。后来，许亢宗虽然没有重新撰写谢表，但从中可以看出，金太宗时期的金人已经知道汉儒有关"中国尊贵，夷狄卑贱"的思想，开始产生不愿意称自己为蛮貊夷狄的思想了。

金熙宗也是一样，据史书记载，金熙宗完颜亶"自童稚时，金人已寇中原，得燕人韩昉及中国（此"中国"为宋人的"中国观"，主要指辽、北宋汉人及中原政权）儒士教之。其亶之学也，虽不能明经博古，而稍解赋诗翰，雅歌儒服，烹茶焚香，奕（弈）棋战象，徒失女真之本态耳。由是则与旧大功臣，君臣之道殊不相合，渠视旧大功臣则曰：'无知夷狄也。'旧大功臣视渠则曰：'宛然一汉家少年子。'"④ 作为女真贵族的完颜亶，因为自己学习汉文化，即自视为"汉人"，视那些没有学习汉文化的女真人为"无知夷狄"，而那些没有学好汉文化的女真贵族也视完颜亶为"汉家少年子"，即认为完颜亶变成了汉人。在中国古代，"汉"或"汉人"常常是"中国"的代名词。受汉文化影响很深，几乎变成了汉人的金熙宗即位以后，即仿照汉文化及其制度确立了金朝各项制度，他不但不愿意称自己为夷狄蛮貊，也不愿意称自己的政权为夷狄蛮貊政权，自然不会以继承属于夷狄的辽政权的"正统"为满足了，而是要把自己的政权打造成与汉族政权没有什么两样的政权，重新塑造金政权的"正统"形象。

金太宗时期，与宋朝连年争战。金熙宗即位之后，即主张与宋议和，但他坚持宋朝必须向金朝称臣，必须接受金朝的封册，方许议和。宋朝没有办

---

①徐梦莘：《三朝北盟会编》卷 244，引张棣《金虏图经》，上海古籍出版社，1987 年版，第 1753 页。

②关于许亢宗出使金朝时间，《宋史·徽宗纪》记载为宣和六年（1124 年）七月，许亢宗《宣和乙巳奉使金国行程录》谓"乙巳年（1125 年）春正月戊戌（26 日）陛辞"，《三朝北盟会编》亦谓宣和七年（1125 年）正月，这里采纳《宣和乙巳奉使金国行程录》《三朝北盟会编》之说。

③许亢宗：《宣和乙巳奉使金国行程录》，见赵永春编注《奉使辽金行程录》，吉林文史出版社，1995 年版，第 153 页。

④徐梦莘：《三朝北盟会编》卷 166 引张汇《金虏节要》，上海古籍出版社，1987 年版，第 1197 页。

法，只好于金皇统元年（宋绍兴十一年，1141年）答应了金人的议和条件，与金人签订了"皇统和议"（也称绍兴十一年和议）。皇统二年（1142年）三月，金"遣左宣徽使刘筈以衮冕圭册册宋康王为帝"①，册文中有"俾尔越在江表""世服臣职，永为屏翰"② 等语，视南宋为"越在江表"的偏安一隅的臣下政权，明确地以"中国正统"地位自居。宋朝皇帝对金人封册，并无异言，一再表示"世世子孙，谨守臣节"③。金熙宗令南宋称臣纳贡，不仅改变了原来辽宋对等交往的格局，也改变了历史上由中原政权（主要是汉族政权）封册周边少数民族政权的"封贡体系"的基本精神，被西方学者称作"倒过来的朝贡（逆向朝贡）"④。金熙宗就是依据这种"倒过来的朝贡"的理论和思想，彰显金王朝的"正统"地位。

金熙宗封册康王赵构为宋朝皇帝之后，又于皇统五年（1145年）追尊列祖列宗及太祖、太宗谥号，并在天会三年（1125年）尊谥金太祖为"大圣武元皇帝"的基础上，又"增上尊谥曰太祖应乾兴运昭德定功睿神庄孝仁明大圣武元皇帝"，他们在解释尊谥"兴运"时说，"肇启皇图，传序正统，谓之'兴运'"。又在解释尊谥"定功"时说，"拯世利民，底宁区夏，谓之'定功'"⑤，将金太祖完颜阿骨打的武功说成是"底定区夏""传序正统"，无疑是将金太祖塑造成了"底定区夏"的"中国正统"皇帝。金熙宗又在皇统五年闰十一月七日令尚书省议定增上祖宗尊谥诏书中说："朕闻创业垂统""我国家千龄应运，累圣重光"，强调"应运"与"垂统"。宗弼等也在其所上《增上祖宗尊谥》中，称"恭以列圣创业垂统，以艰难勤俭，保国子民，积累百年，迄成大业""大宝终归于正统"。又为金熙宗之父完颜宗峻拟定谥号为"允恭克让孝德玄功佑圣景宣皇帝"，并在解释尊谥"佑圣"时说，"诞生圣嗣，传序正统，曰'佑圣'"⑥。金熙宗和宗弼等人在这里强调的"正统"，虽有王位传承之"正统"的含义，但也有彰显金政权是"中国正统"的精神和内涵。

金熙宗将金太祖及祖宗"列圣"塑造成"正统"皇帝，无疑具有为现实

①脱脱等：《金史》卷4《熙宗纪》，中华书局，1975年版，第78页。

②脱脱等：《金史》卷77《宗弼传》，中华书局，1975年版，第1756页；又见佚名《呻吟语》，赵永春编注《奉使辽金行程录》，吉林文史出版社，1995年，第208页。

③脱脱等：《金史》卷77《宗弼传》，中华书局，1975年版，第1755页。

④西方学者杨联陞等人认为，宋人向辽交纳岁币是"倒过来的朝贡（逆向朝贡）"。见费正清主编：《中国的世界秩序—传统中国的对外关系》，哈佛大学出版社，1968年。转引自田浩《西方学者眼中的澶渊之盟》，见张希清主编《澶渊之盟新论》，上海人民出版社，2007年版，第93页。

⑤张玮等：《大金集礼》卷3《皇统五年增上太祖尊谥》，广雅书局本。

⑥张玮等：《大金集礼》卷3《皇统五年增上祖宗尊谥》，广雅书局本。

政治服务之用意，也就是说，金熙宗是想通过将列祖列宗塑造成"正统"皇帝而彰显他金熙宗所控制的金政权的"正统"形象。金熙宗所塑造的金政权的"正统"形象，无疑与金太宗时期以取代辽朝北部半壁江山的"正统"而自居的"正统"不同，而是指占据中原的"中国正统"。其称"中国正统"的主要理论根据就是金朝在古人"封贡体系"理论中居于主导地位，为了强调其在东亚各国中的居尊地位而自称"中国正统"。

三、海陵王"自古帝王混一天下，然后可为正统"之追求

金熙宗通过强调金人在"封贡体系"理论中居于主导地位而自称"正统"，但无论他如何强调金政权的君主地位和南宋政权的臣下地位，其政权的"正统"性还是不为宋人所承认。于是，海陵王完颜亮即位以后，又另寻蹊径，试图让天下人都承认金政权的"正统"地位。

海陵王完颜亮不像金熙宗那样反对称自己为"夷狄"，他承认自己是"夷狄"，但认为夷狄并不微贱，夷狄有文化也一样高贵。他对汉族儒士中流行的"华夏尊贵""夷狄卑贱"的传统思想观念十分反感，他曾对翰林承旨完颜宗秀、参知政事蔡松年说："朕每读《鲁论》，至于'夷狄虽有君，不如诸夏之亡也'，朕窃恶之，岂非渠以南北之区分、同类之比周而贵彼贱我也"。对汉族儒士视"夷狄"为卑贱的民族大为不满，他认为汉族儒士或按照南北地区、或按照民族来区分贵贱尊卑是不对的，主张按文化区分贵贱尊卑，认为被中原汉人视为卑贱的女真人，特别是他这个女真皇帝是有文化之人，也是尊贵的，并不比中原汉人差。在此基础之上，完颜亮极力反对以种族为标准来区分"正统"和"非正统"，主张以文化和事功为标准来区分"正统"和"非正统"。史书记载，一天，完颜亮"读《晋书》至《苻坚传》，废卷失声而叹曰：'雄伟如此，秉史笔者不以正统帝纪归之，而以列传第之，悲夫。'"[1] 对史家所修《晋书》没有把苻坚放到记载皇帝之事的《本纪》中去写，而是放到与将相大臣同等地位的《载记》中去写，将少数民族皇帝降为臣下，大为不满。在完颜亮看来，苻坚等少数民族在中原地区建立政权，并取得了"雄伟"的事功，也应该是"中国正统"，也应该承认他们建立政权的合法性。言外之意，女真人也建立了"雄伟"事功，也应该是"中国正统"。

由于辽人自称"正统"以及金人一再表白自己继承辽统为"正统"，并不为那些受"华夷之辨"思想影响深重的汉族人士所承认，而金熙宗所强调

---

① 徐梦莘：《三朝北盟会编》卷 242，引张棣《正隆事迹》，上海古籍出版社，1987 年版，第 1740 页。

的以金朝在古代"封贡体系"中的居尊地位而自称"正统",也不为南宋等政权所承认,于是,完颜亮又不以继承辽统的北方半壁江山的"正统"以及臣属南宋政权为满足了。开始拾取《春秋公羊传》"君子大居正""王者大一统"的"大一统""正统"观念,试图灭亡南宋,统一全国,让金朝以外的各族人心服口服地承认他是中国的"正统"皇帝。因此,他曾多次谈到"自古帝王混一天下,然后可为正统"①,"天下一家,然后可以为正统"② 等思想观念和主张,并在这种思想支配下,在条件并不成熟的情况下发动了欲"使海内一统"③ 的灭亡南宋的战争,由于时机不成熟,最后以失败而告终。

四、金世宗"有德"者为"正统"的思想

金世宗时期,金人也自称"正统"。大定二年(1162 年),段子卿撰《大金国西京大华严寺重修薄伽藏教记》,就称金朝之兴为"大开正统"④。金世宗在大定二十七年册封皇太孙的册文中称"庆袭灵源,系承正统"⑤,所说"正统",不仅具有皇位传承之"正统"的含义,也具有皇太孙继承金朝"正统"的含义。金世宗称金朝为"正统",并不像海陵王完颜亮那样强调"混一天下"才能称"正统",他认为,金朝没有灭亡南宋仍然可以称"正统"。金世宗称金朝为"正统"的理论依据,虽然也强调"我国家绌辽、宋主,据天下之正"⑥,即像金熙宗一样强调金朝在"封贡体系"中的优势地位,但并非将这一标准作为他自称"正统"的唯一的理论标准。史书记载,金世宗即位不久,就答应了宋人不再向金人称臣、以对等国家进行交往的请求,将金宋"君臣之国"变成了"叔侄之国"。金世宗取消宋人向金称臣,并非是放弃了金朝的"正统"地位,而是他对"正统"的理论有着不同于金熙宗和海陵王的理解和认识。我们从金世宗一生的言行中,可以看出,金世宗虽然也强调金朝"绌辽、宋主"的优势地位,但更多的则是表达了"有德"者应该为"正统"的思想。

史书记载,金世宗"天资仁厚"⑦。早在其即位之前,曾被任命为三路

---

①脱脱等:《金史》卷 84《耨盌温敦思忠传》,中华书局,1975 年版,第 1883 页。

②脱脱等:《金史》卷 129《李通传》,中华书局,1975 年版,第 2783 页。

③徐梦莘:《三朝北盟会编》卷 242,引张棣《正隆事迹》,上海古籍出版社,1987 年版,第 1740 页。

④段子卿:《大金国西京大华严寺重修薄伽藏教记》,胡聘之《山右石刻丛编》卷 20,《石刻史料新编》第 1 辑第 20 册,台北新文丰出版公司,1982 年版,第 15380 页。

⑤张玮等:《大金集礼》卷 8《大定二十七年册皇太孙仪》,广雅书局本。

⑥脱脱等:《金史》卷 28《礼志一》,中华书局,1975 年版,第 694 页。

⑦刘祁:《归潜志》卷 12《辨亡》,中华书局,1983 年版,第 136 页。

都统知归德府,他在知归德府任上,"秋毫无扰,甚得人心"。后来,金世宗按照天眷元年(1138年)宋金"和议"的要求将归德府交还南宋时,"悉遣其吏士先行",自己"最后乃出""即下钓桥,极为肃静"①,对老百姓没有任何惊扰。完颜宗弼于天眷三年(1140年)撕毁"天眷和议",重新发动攻宋战争以后,再次任命金世宗为归德府知府,并让他率军前往收复。金世宗受命以后,"以数千骑至宋王台,遣人谕都人、官吏、学生,告以不杀不掠之意",并请出宋朝任命的南京(归德)留守路允迪,设宴款待之后送至汴京(今河南开封),随后"鼓吹入城,秋毫不犯"②,兵不血刃,重新占领归德。

金世宗即位以后,即将这种"仁德"思想确定为他的施政纲领,多次表达"天下大器归于有德""但务修德"③,"朝廷行事苟不自正,何以正天下"④ 等思想。他下令用女真文翻译《五经》也是"欲女直人知仁义道德所在耳"⑤,在训诫皇太子时强调"以勤修道德为孝"⑥,在给宋朝三省枢密院的牒文中,称完颜亮攻宋为"正隆失德,师出无名"⑦,为其父完颜宗辅上尊谥为"立德显仁启圣广运文武简肃皇帝",将"立德"放在头等重要位置,并在册文中写上了"上合天心,下从民欲"⑧ 等话语。在为金熙宗平反所上谥号时也强调"有功有德"⑨。大定十一年(1171年)十一月行册礼所奏《和宁之曲》中的歌词也写上了"天开有德"⑩ 的话,一再强调"有德"。群臣为世宗所上尊号"应天兴祚仁德圣孝皇帝""应天兴祚钦文广武仁德圣孝皇帝"⑪,也强调"仁德"。就是要彰显金朝是一个讲求"仁德"的王朝,金世宗是一个"有德"的皇帝。就是在强调金朝"有德"就应该称"中国正统"。

金世宗强调"仁德"的思想,与汉儒所强调的"仁德"思想以及在"正

---

① 李心传:《建炎以来系年要录》卷127,绍兴九年三月丙申条,中华书局,1988年版,第2063页。
② 李心传:《建炎以来系年要录》卷135,绍兴十年五月丁亥条,中华书局,1988年版,第2168页。
③ 脱脱等:《金史》卷7《世宗纪中》,中华书局,1975年版,第157页。
④ 脱脱等:《金史》卷6《世宗纪上》,中华书局,1975年版,第148页。
⑤ 脱脱等:《金史》卷8《世宗纪下》,中华书局,1975年版,第185页。
⑥ 脱脱等:《金史》卷6《世宗纪上》,中华书局,1975年版,第150页。
⑦ 徐梦莘:《三朝北盟会编》卷246,《金国遗牒三省枢密院》,上海古籍出版社,1987年版,第1768页。
⑧ 张玮等:《大金集礼》卷4《大定三年增上睿宗尊谥》,广雅书局本。
⑨ 张玮等:《大金集礼》卷4《大定十九年奉上孝成皇帝谥号》,广雅书局本。
⑩ 脱脱等:《金史》卷40《乐志下》,中华书局,1975年版,第913页。
⑪ 脱脱等:《金史》卷6《世宗纪上》,中华书局,1975年版,第136、150页。

统"问题讨论中所强调的"道统"传承观念十分相似,这是他"有德者"当为天下"正统"思想形成的十分重要的理论根源。

五、金章宗以"德运"为理论依据的"正统"追求

金熙宗依据"封贡"理论以及金朝在东亚各国"封贡体系"中的优势地位而自称"正统",但不为宋人所承认。完颜亮不以继承"夷狄"族建立辽朝的"正统"为满足,试图取代宋朝为整个中国之"正统"的追求,最后也以失败而告终。金世宗强调"有德"者当为中国之"正统"的思想,无疑是思想理论上一个新的亮点,但仍然不为那些"华夷之辨"思想严重的宋朝等国的汉儒所认可。面对这种形势,金人自称"正统"意识更趋强烈的金章宗,开始寻求新的理论支持。后来,他在一些汉儒的帮助下,试图拾取历史上影响最大且意义深远的"五德终始"学说,作为金人自称"正统"的新的理论支持,为金人自称"正统"增加理论砝码。

据《大金德运图说》记载,金章宗曾于明昌四年(1193年)十二月,集省台寺监七品以上官员大规模讨论金朝德运。承安四年(1199年)十二月,又选定朝官十余员再次讨论金朝德运。承安五年(1200年)二月,又选定"本朝汉儿进士知典故官员"四十余员第三次大规模讨论金朝德运。泰和元年(1201年),尚书省将众人讨论德运问题的议论文字编类成六大册存档,可惜这些材料没有保存下来,使我们无法知道金章宗时期三次大规模讨论德运问题的详细情况,但据宣宗时期再次大规模讨论德运问题时保留下来的信息,可知,金章宗时期,众人对金朝应该继承哪一个朝代为"正统"的问题,意见分歧很大,主要有五种意见。第一种意见主张"不论所继,只为金德",主要代表人物是刑部尚书李愈、翰林学士承旨党怀英等人;第二种意见主张"继唐土运为金德",主要代表人物是户部尚书孙铎、侍讲学士张行简、太常卿杨庭筠等人;第三种意见主张"继辽水运为木德",主要代表人物是秘书郎吕贞幹、校书郎赵泌等人;第四种意见主张"继宋火运为土德",主要代表人物是太常丞孙人傑、大理卿完颜萨喇、直学士温特赫、大兴应奉完颜乌楚、弘文校理珠嘉珠敦等人;第五种意见主张"继刘豫齐国土运为金德",大约是没有人同意这种意见,因此,《大金德运图说》中没有留下持这种观点的代表人物。后来,金章宗采纳了孙人傑以及尚书省的意见,决定"继宋火运为土德",并于泰和二年(1202年)十一月下诏"更定德运为土"[①],确立了金朝以继承北宋"正统"为"正统"的思想。

---

① 脱脱等:《金史》卷11《章宗纪三》,中华书局,1975年版,第259页。

《金史》记载金章宗于泰和二年下诏"更定德运为土"时，使用了"更定"的词汇，似乎以前已经确定了"德运"，此次下诏是更改了以前的"德运"，这与《大金德运图说》所透露出来的信息有所不同。

首先，《大金德运图说》以及各种史书，并未透露金章宗以前朝廷曾经讨论过金朝"德运"问题。《金史·张行信传》记载，张行信曾说，国初"以大金为国号，未尝议及德运。近章宗朝始集百僚议之，而以继亡宋火行之绝，定为土德。"① 即认为金章宗以前，朝廷并未讨论过"德运"问题，章宗时期则是首次讨论德运问题。如果金章宗以前曾经讨论过金朝"德运"问题，那么，在金章宗和金宣宗时期四次大规模讨论金朝"德运"之时，参加官员如此之多，他们在发表各自见解之时，不能不有所引用和涉及。而在《大金德运图说》所保留的众人议状中对此没有透露任何信息，说明金章宗以前，金廷并未大规模讨论金朝"德运"问题。

其次，有人说，在金章宗之前，金朝已经确定以"金德"为运，但《大金德运图说》对此却没有透露出任何肯定的信息。五运学说认为，"金行之君，以酉祖丑腊"②，即认为以"金德"为运，则"以丑为腊"。《大金德运图说》记载，金章宗时刑部尚书李愈曾"以为本朝太祖以金为国号，又自国初至今八十余年，以丑为腊"，党怀英、孙铎、张行简、杨庭筠等也说"依旧为金德"，宣宗时应奉翰林文字黄裳曾主张"复金德之旧"，翰林修撰舒穆噜世勣、刑部员外郎吕子羽也曾主张"不论所继，只为金德"，谓"仍旧以丑为腊"，朝请大夫应奉兼编修穆颜乌登等人也曾说"钦惟太祖，一戎衣而天下大定，遂乃国号大金，以丑为腊"，右拾遗田庭芳也说过金朝"以丑为腊者八十余年"，似乎金朝自太祖时期就确定了"以丑为腊"的"金德"之运。但这些说法随即便为尚书省及一些官员所否定，如尚书省官员谓"李愈所论太祖圣训，即是分别白黑之姓，非关五行之叙"，即认为金太祖以"金"为国号，并非是按五运学说确定金朝为"金德"之运。穆颜乌登虽然说金太祖定"国号大金，以丑为腊"，但接着又说"是时虽未尝究其德运，而圣谋自得其正"，也认为金太祖以"金"为国号，"以丑为腊"并非是按五运学说确定金朝的德运，不过是与五运学说中的"金德"偶然相合而已。编修官王仲元也说"太祖皇帝以金为国号，取其不变之义，非取五行之术也"。张行

①脱脱等：《金史》卷107《张行信传》，中华书局，1975年版，第2366-2367页。
②祝穆：《古今事文类聚前集》卷12《天时部·腊》引高堂隆《魏台访议》之语，元泰定三年庐陵武溪书院刻本。

信也曾说，有人谓"太祖本不言及五行之叙，难便据之为运"①，是说这些人也认为金太祖以"金"为国号，"以丑为腊"，并非是按五运学说确定了金朝的"金德"之运。说明，当时虽然有人试图附会金太祖所建"大金"的国号，谓自金太祖之时，金朝已经确定以"金德"为运，但遭到众多人员反对，后来，这些人不得不转而主张，确定金朝的"金德"之运只是与金太祖定国号为金，崇尚白色，以丑为腊完全相符而已，作为他们主张以"金德"为运的一个依据。这说明，金太祖时期并没有按五运学说确定金朝的"金德"之运。

金太祖时期没有按五运学说确定金朝的"金德"之运，那么，之后的金熙宗，亦或海陵王完颜亮，或金世宗时期，会不会按照五运学说确定金朝的"金德"之运呢？《大金德运图说》对此也没有透露出任何肯定的信息。如果金熙宗至金世宗时期，通过讨论确定了金朝的"金德"之运，《大金德运图说》不会一点反映也没有，那些主张以"金德"为运的官员，决不会将这么重要的证据故意遗弃，而不加以引用。说明，金章宗之前并未确定金朝的"金德"之运。刘浦江认为金章宗之前金朝就已经确定以"金德"为运了②，这不仅与他自己在其文章之后所说的金朝两修《辽史》承认辽朝的"正统性"以承袭辽运的说法相矛盾，而且很难按五运学说的承袭关系说清楚金朝"金德"之运的承袭关系，如果说不清楚金朝的"金德"之运上承何朝之"德运"的问题，那么，这种说法在五运学说上也是说不通的。至于说宣宗朝讨论德运时，黄裳所说"泰和之初……改金为土"，中的"金"，仍然是黄裳在前面所说的"完颜部色尚白，则金之正色"，金"自丑日为腊以来，时和岁丰，中外褆福，干戈偃息者八十余年"③的金太祖时期所确定的"金德"，如前所述，这种观点早已为当时参与讨论"德运"的官员所否定，不能作为金章宗之前已经确定以"金德"为运的依据。再如，说《大金集礼》中记载的金世宗长白山册文"厥惟长白，载我金德"④中的"金德"之语，除了解释成五运学说中的"金德"之运以外，或许还可以有另外一种解释，即"金朝之仁德"或"有德之金朝"之意，因为金世宗一直强调"有德"者为正统，大力倡导仁德，主张以仁治国，这正与金世宗的一贯思想相吻合，也与金人张行信所说"本朝始祖已肇迹于东气，王于长白，祚衍于金源，奕

---

① 金尚书省佚名编：《大金德运图说》，文渊阁四库全书本。

② 《德运之争与辽金王朝的正统性问题》，《中国社会科学》，2004 年 2 期。

③ 金尚书省佚名编：《大金德运图说》，文渊阁四库全书本。

④ 张玮等：《大金集礼》卷 35《长白山·封册礼》，广雅书局本，1920 年。另见《金史》卷 35《礼志》，中华书局，1975 年版，第 820 页。

世载德，遂集大统"① 之语中的"载德"之意大体相同。如是，这里所说的
"金德"就与五运学说没有关系了。

其实，金章宗之前，金廷并没有通过"议德运"而确定金朝的"德运"
问题，因此，那时，对金朝的"德运"问题，才出现了各种各样的说法，如
有人说金朝以"金德"为运，有人说金朝以"水德"为运②，还有人说金朝
以"火德"为运③等等，都是个别人或部分人，包括皇帝、大臣以及民间的
没有文本依据的各种附会的说法而已。

不管怎么说，金章宗开展德运问题大讨论，都为金朝自称"正统"提供
了新的理论根据，将金朝自称"正统"的理论建设向前推进了一步，并在朝
野内外产生了重要影响。

六、金宣宗重议"德运"

金宣宗继位之后，又在金章宗三次大规模讨论金朝"德运"问题的基础
上，于贞祐二年（1214 年）再次选定朝官 22 人，依据"五德终始"学说对
金朝"德运"问题重新进行讨论。此次重新讨论金朝"德运"的原因，应该
是金宣宗和朝中大臣对金章宗经过大规模讨论"德运"问题之后所确立的
"更定德运为土"，即以继承北宋正统为中国正统的思想观念不甚满意所致，
这从《大金德运图说》所记载的贞祐二年《省判》所透露出来的信息中也能
看出来。比如，《省判》在归纳总结金章宗朝"德运"讨论的各种意见时，
说主张"继宋运而为土德"的孙人杰"造为倾险之论"，并称孙人杰"作此
险语"是"忮心求胜故也"④，所使用的词语并非是褒义的，而是带有一定
贬意的，说明，这次重新讨论德运的原因，是对金章宗所确定的"土德"之
运，存有异义，目的是想更改金朝的"土德"之运。

在这次大讨论中，虽然完颜乌楚、王仲元、赵秉文等 4 人仍然坚持"继
宋火运为土德"，但显然在参与讨论的 22 位朝官中占少数，在今日保存下来
的 18 人所上议状中有 14 人主张金朝应该以"金德"为运，甚至出现 6 人为
了附会金朝的"金德"之运而认为北宋自己所确定的"火德"之运是自失其
序的观点，主张更改北宋的"火德"之运为"土德"之运，再由金朝继承北

---

①金尚书省佚名编：《大金德运图说》，文渊阁四库全书本。

②徐梦莘《三朝北盟会编》卷 244，引张棣《金虏图经》，上海古籍出版社，1987 年版，第
1752 页；《新编宣和遗事前集》，商务印书馆《丛书集成初编》本，第 48 页。

③脱脱等：《金史》卷 107《张行信传》记载，参议官王浍尝言"本朝初兴，旗帜尚赤，其为火
德明矣"，中华书局，1975 年版，第 2366 页。

④金尚书省佚名编：《大金德运图说》，文渊阁四库全书本。

宋的"土德"之运,而为"金德"之运。

在这些主张金朝应该以"金德"为运的一派官员中,在继统问题上并没有形成一致的意见,仍然存在"不论所继只为金德""继唐土运为金德""继刘齐土运为金德""继宋土运(认为宋以火为运自失其序)为金德"等多种观点,但在这些观点之中,有5人持"不论所继只为金德"的观点,无疑越来越引人注目。说明,金人在继统及其自称"中国正统"的理论支持上又有了新的认识。也就是说,他们在金人自称"中国正统"问题上,不仅寻求"五德终始"学说的理论支持,还提出了"不必以五行相生为序",应"以德之衰旺见其运"的有德者当为"中国正统"的思想,认为金朝"奕世载德,遂集大统"①,即认为金朝有德,可以称正统。

这种"不必以五行相生为序"的观点,实际上是对"五德终始"学说的一种挑战。应该说,"五德终始"学说并非是一种具有科学依据的说法,而是一种毫无道理的唯心主义的谬说。金人提出不按"五德终始"学说的理论确定金朝的"德运",是金人不为传统观念所束缚的一种表现,也是金人主张"自立"的一种思想表现。这种思想的出现,对于消解"五德终始"的五运学说,以及促使"五德终始"学说走向终结,起到了极其重要的作用。

金人在提出"不必以五行相生为序"的理论确定金朝"德运"的同时,主张按道德来区分"正统"和"非正统"的思想,这是对金世宗"有德"者为"正统"思想的继承和发展。这一思想,在金朝后期,为越来越多的人所赞同,并作了进一步发挥。这从金人的一些著述中完全可以看出来。比如,赵秉文在《蜀汉正名论》一文中,就提出了"有公天下之心,宜称曰汉。汉者,公天下之言也"②的区别中国"正统"和"非正统"的思想。他认为,是否应该称曰"汉"以及是否应该称为"中国正统",标准在于是否"有公天下之心",不管你的种族如何,只要"有公天下之心"即是"汉",即是中国,即是"中国正统",即认为应该以"道德"作为区分中国"正统"和"非正统"的标准。金朝末年的杨奂,也大体上提出了与赵秉文相同的理论,他在其所作《正统八例总序》中指出,"王道之所在,正统之所在也",即认为,只要行"王道"即可以称中国正统,反对"以世系土地为之重",即反对用种族世系和占有地域多寡等情况作为区别中国正统和非正统的标准。所

---

①以上未注出处者均出自金尚书省佚名编:《大金德运图说》,文渊阁四库全书本。另见碧琳琅馆丛书、芋园丛书、台北新文丰出版公司《丛书集成续编》本,后三种版本有缺佚。

②赵秉文:《蜀汉正名论》,见《闲闲老人滏水文集》卷14,四部丛刊初编本。

论"王道",强调得"天下臣民之心""敦道义之本"①,显然与赵秉文所论"有公天下之心"即为中国正统的思想,具有相同之处。这种主张按道德来区分"正统"和"非正统"的思想,与汉儒们津津乐道的所谓的"道统"思想并无二致,应该是与汉儒所说的"道统"思想产生了对接,并对后世产生了十分重要的影响。

七、金人自称"正统"理论诉求对后世的影响

金人在初建大金政权之时,曾依据"封贡体系"的封贡理论,请求辽朝封册,试图取得辽政权对自己所建政权合法性的承认。当他们灭亡辽政权之后,又依据继承辽政权之"正统"的理论和思想,而自称"正统"。到了金熙宗时期,又不以继承属于夷狄的辽政权的半壁江山的"正统"为满足了,又依据金政权在"封贡体系"中臣属南宋、西夏、高丽的优势地位,即"倒过来的朝贡"的理论和思想,重新塑造金政权的"中国正统"的形象。到了海陵王完颜亮时期,对金朝已经令南宋等各个政权俯首称臣的地位仍不满足,又依据"自古帝王混一天下,然后可为正统"的理论和思想,发动了对南宋的战争,试图让整个"天下"都承认他大金王朝的"中国正统"地位。金世宗则依据"我国家绍辽、宋主,据天下之正"以及"有德"者应该为"正统"的理论和思想,向天下宣示,金朝没有统一天下,仍然是"中国正统"。金章宗和金宣宗大规模开展"德运"问题大讨论,是想依据"五德终始"的"正统"学说,试图为金政权自称"中国正统"再加理论依据的砝码。他们在强调金政权的"正统"性符合五运学说理论的同时,又逐步发展了金世宗以来的"有德"者为"正统"的思想,与汉儒所津津乐道的"道统"理论产生了对接。以上可以看出,金人自称"正统"的理论依据,虽然主要是依据和运用历史上以汉儒为代表的学者和政治家们所提出来的传统的"正统"理论,并无太多创新之处,但也时而出现对传统的"正统"理论进行一些改造和发挥之处,仍然提出一些值得我们关注的理论亮点和思想主张,并对后世产生了十分重要的影响。

首先,在金章宗组织的"德运"问题大讨论时,刑部尚书李愈、翰林学士承旨党怀英曾提出"不论所继,只为金德"的观点,即主张不按"五德终始"学说的五行相生或相克的往复循环序列的理论去确定金朝的"德运",这绝不是"女真人的汉化还不够彻底"的一种表现,并非是李愈、党怀英等人不懂"五德终始"学说的内涵,而是他们主张不采用传统的"五德终始"

①杨奂:《正统八例总序》,见《国朝文类》卷32,四部丛刊初编本。

学说,而主张金朝不必受传统观念所束缚而极力主张金朝独立自主的"自立"的一种表现。这种思想,到了金宣宗再次大规模讨论"德运"时,又有了新的发展和提升。金宣宗再次大规模讨论"德运"时,在主张以"金德"为运的 14 人之中,有 5 人主张"不论所继,只为金德",其中,右拾遗田庭芳更是明确地提出了"不必以五行相生为序",应"以德之衰旺见其运"的"不论所继,只为金德"①的观点,他认为金朝"奕世载德,遂集大统",也就是认为,金朝"有德",应该称"正统"。这种思想认识,实际是对传统的"五德终始"学说的神秘性开始进行公开挑战,是对运用"五德终始"学说确定各个朝代"正统"地位的理论体系的一种否定。有人说,欧阳修、朱熹在其"正统"理论中提出了"绝统说"和"无统说""彻底否定了五德终始说的理论体系""是五德终始说的掘墓人"。实际上,欧阳修和朱熹并不反对"五德终始"的五运学说,他们所提出来的"绝统说"和"无统说",都是主张在"绝统"和"无统"期过后,再重新按"五德终始"学说接续"正统",这显然不是在反对"五德终始"学说,而是在弥合"五德终始"学说的不足,意欲使"五德终始"学说对历史上正统王朝更替的解释更加合理而已,并没有从根本上动摇"五德终始"学说的理论基础。而金人所提出来的"不必以五行相生为序",应"以德之衰旺见其运"的理论认识则是对五运学说的根本背叛。这种思想主张虽然未能为金朝皇帝所采纳,但为元朝统治阶级所继承,元朝统治者不再依据"五德终始"学说去确定元朝的"德运",以彰显元朝的"正统"性,而是依据"大一统"以及"有德"者应为"正统"的观念而自称"正统"。这种思想也为后来的明朝和清朝所继承,明朝和清朝也不再根据"五德终始"学说确定本朝的"德运",以"五德终始"学说确定王朝"正统"的理论最终退出官方视野。说明,欧阳修、朱熹等宋儒并非是"五德终始说的掘墓人",而李愈、田庭芳等人才是"五德终始说的掘墓人",正是这些主张金朝"不论所继,只为金德"的金人,才为人们依据"五德终始"学说确定本朝"正统"地位的传统认识敲响了丧钟,为"五德终始"学说的终结作出了重要贡献。

其次,在一些汉人眼里,判断历史上所建政权是"正统"还是"非正统",其中有一条十分重要标准,那就是"以中国(主要指汉人)种族为正,其余为伪也",并成为这些人否定少数民族政权"正统"性的唯一标准。这些人主要是强调"华夷之辨""夏尊夷卑",并依据《春秋》内华夏、外夷狄,尊华夏、斥夷狄等理论,确定"正统"与"非正统"。在这些人眼里,

---

① 金尚书省佚名编:《大金德运图说》,文渊阁四库全书本。

少数民族是夷狄，不是"中国"，他们所建立的政权自然就不是"正统"了。金人极力反对按"华夷之辨""夏尊夷卑""以中国种族（主要指汉族）为正，而其余为伪也"的标准确定"正统"和"非正统"。他们认为夷狄也是人，夷狄有文化也一样高贵，有文化、有道德的夷狄建立的政权也应该是"正统"。上述完颜亮对史家所修《晋书》没有把建立"雄伟"事功的苻坚放到记载皇帝之事的《本纪》中去写，而是放到与将相大臣同等地位的《载记》中去写，大为不满，就是一个典型的例子。后来，越来越多的金人也都依据韩愈"孔子之作《春秋》也，诸侯用夷礼则夷之，进于中国则中国之"[①]的理论，为金人自称"正统"大造舆论。说明金人彻底摒弃了"以中国（主要指汉人）种族为正，其余为伪也"的区分"正统"和"非正统"的理论。金人在极力反对按种族区分"正统"与"非正统"理论的同时，又提出了按照"仁德"来区分"正统"和"非正统"的理论和思想，对后世产生了十分重要的影响。后来的元人和清人也都反对按照种族来区分"正统"和"非正统"的理论认识，明朝虽然没有摒弃按照种族区分"正统"和"非正统"的理论认识，但他们并不反对按"仁德"来区分"正统"和"非正统"。一些华夷之辨思想比较严重的汉人，虽然仍然坚持"夏尊夷卑"，夷狄所建政权不能称"正统"的观点，但也有一些汉人，虽然赞成"华夷之辨""夏尊夷卑"，但当他们建立起大一统王朝之后，则能够从多民族国家立场出发，主张淡化"华夷之辨"。如，明太祖朱元璋受"华夷之辨"的影响，曾提出过"驱逐胡虏，恢复中华"[②]等严夷夏大防的口号，但当他们灭亡元朝统一全国以后，很快便转到"蒙古、诸色人等，皆吾赤子，果有材能，一体擢用"[③]的笼络少数民族的立场上来，承认元朝的正统地位，并进而承认辽宋金"各与正统"的地位。孙中山在"反满""反清"之时也提出过"驱除鞑虏，恢复中华"[④]的口号，但很快便转到"五族共和"，维护"民族之统一""合汉、满、蒙、回、藏诸地为一国，即合汉、满、蒙、回、藏诸族为一

[①]韩愈撰，朱熹考异：《朱文公校昌黎先生文集》卷 11《原道》，四部丛刊初编本；赵秉文在《蜀汉正名论》中说"夷狄用'中国'（中原）之礼则中国之"，参见《闲闲老人滏水文集》卷 14，四部丛刊初编本；杨奂也说"中国而用夷礼则夷之，夷而进于中国则中国之"，杨奂《正统八例总序》，见苏天爵《国朝文类》卷 32，四部丛刊初编本。所说与韩愈概括孔子之语完全相合。

[②]《明太祖高皇帝实录》卷 26，吴元年十月乙丑条，台湾"中研院"历史语言研究所，1962 年校印本，第 402 页。

[③]《明太祖高皇帝实录》卷 51，洪武三年四月甲子条，台湾"中研院"历史语言研究所，1962 年校印本，第 1000 页。

[④]《孙中山全集》第 1 卷，中华书局，1981 年版，第 20 页。

人"① 的立场上来，也主张淡化"华夷之辨"。从这些汉人的"正统观"来看，最初，他们多具有"排他"性，只承认汉族政权为"正统"，但当他们建立起大一统王朝之后，也由"排他"转向了"包容"，注意淡化"华夷之辨"，注意笼络少数民族，逐渐承认了女真等少数民族的"中国性"及其政权的"正统性"，并成为中国历史发展的主流。

实际上，古人所津津乐道的"正统"问题，并无科学依据，梁启超曾指出"中国史家之谬，未有过于论正统者也"②。我们今天运用民族平等的原则去研究历史，毫无疑问，应该从我国是一个多民族国家的前提出发，明确认识，汉民族在历史上建立的政权是"中国"，少数民族建立的政权也是"中国"，也具有合法性。如果说"正统"的话，汉族和少数民族建立的政权都应该是"正统"，如果说"非正统"的话，汉民族和少数民族建立的政权就都应该是"非正统"，对历史上各个民族及其所建政权同等看待，这才是一个史学工作者所应有的态度和认识。

原载《学习与探索》2014 年第 1 期；《辽金西夏研究年鉴 2013》（中国社会科学出版社，2015 年版）转载；《中国辽夏金研究年鉴 2014》（中国社会科学出版社，2016 年版）摘编。

---

① 《孙中山全集》第 2 卷，中华书局，1982 年版，第 2、438 页。
② 梁启超：《梁启超文集·论正统》，线装书局，2009 年牌，第 118 页。

关于辽金的"正统性"问题

——以元明清时期"辽宋金三史分修"问题讨论为中心

辽宋金对峙时期，宋人自称"中国"、自称"正统"，辽人和金人也自称"中国"、自称"正统"。元人自从议修辽宋金三史之始，就围绕着纂修义例问题，展开了长达百余年的激烈争辩，绝非仅仅是史书编纂体例问题，而是有关辽宋金"正统性"的大问题。直至元朝末年，才由脱脱拍板，最终确立了辽宋金"三国各与正统，各系其年号"①的修史方案，承认了辽金的"正统"地位。明清时期，有人反对辽金的"正统性"，也是围绕着辽宋金"三史分修"问题展开。有人认为，"明代士人普遍否认辽金正统""彻底颠覆宋辽金三史的正统体系"，"清朝统治者从北方民族王朝立场转向中国大一统王朝立场之后，最终也否定了辽金正统"，"从一个侧面彰显了近千年来华夷观念的演变轨迹"。这种说法恐怕与史实相去甚远。实际上，关于辽金正统性问题，在明清时期仍然是一个存有争议的话题。明代确实有人意欲通过"颠覆宋辽金三史的正统体系"而否认辽金的正统性，但并非是"普遍否认辽金正统"，甚至可以说试图否认辽金正统一派的观点在明代并非占据主流地位，主流观点仍然承认辽宋金"各与正统"的地位，"宋辽金三史的正统体系"并未被颠覆。清朝也没有"颠覆宋辽金三史的正统体系"，不管是在坚持北方民族王朝立场阶段还是转向中国大一统王朝立场之后，多数人都赞成辽宋金三史分修，并认为"辽宋金三史分修""各与正统"问题，早已经成为定论，仍然承认辽金的正统性。其实，古人所津津乐道的"正统"问题，今天看来，已经没有什么意义了，但他们所说的"正统"，主要指政权的合法性②，涉及到辽金历史地位以及华夷之辨等问题，不可不辨。因作此文，就

---

①权衡撰，任崇岳笺证：《庚申外史笺证》卷上，中州古籍出版社，1991年版，第44页。

②古人所说"正统"，涵义很多，有帝统（即君统，帝王受命之统）、治统（正位以统理天下）、法统、道统、一统等等。此外，还有所谓的儒有儒统（也称道统）、佛有佛统，道有道统，文有文统（即文化正统和文学正统），乐有乐统，天有天统，地有地统，人有人统，史有史统，历法也有"正统"，等等。本文所讨论的"正统"问题，主要指政权的合法性问题。

教于方家。不正确之处，欢迎批评指正。

一、辽人自称"正统"

辽人自从建立政权之初，就以"炎黄子孙"自居，自称"中国"，但没有自称"正统"。直至圣宗以后才开始自称"中国正统"①。

据《辽史》记载，太平元年（开泰十年，1021年）七月，辽圣宗"遣骨里取石晋所上玉玺于中京"②，是辽圣宗以"中国正统"自居的典型事件。《辽史·仪卫志》记载，"会同九年（946年），太宗伐晋，末帝表上传国宝一、金印三，天子符瑞于是归辽。"将辽太宗从后晋手中得到的传国宝视为"秦始皇作"③的传国玺。历代王朝均以为得秦传国玺者为"中国正统"，因此"往往模拟私制"④，据宋人所纂《册府元龟》记载，后周太祖广顺三年（953年）有司曾言，南北朝时期，北朝和南朝均传有"神玺"（传国宝），并认为真玺由唐传后梁，后梁传后唐，后唐末帝兵败"以传国宝随身自焚而死，其宝遂亡失"，后晋高祖石敬瑭在天福初年"以传国宝为清泰（后唐末帝李从珂）所焚，特置宝一坐"，后在辽太宗灭晋时，由晋出帝"皇子延煦等奉国宝并命印三面送与辽主"，辽太宗知"其国宝即天福初所造"之假传国宝，称"所进国宝，验来非真传国宝"，令晋出帝将"其真宝速进来"，晋出帝奏称"真传国宝因清泰末伪主从珂以宝自焚，自此亡失，先帝登极之初，特制此宝，左右臣寮备知，固不敢别有藏匿"⑤。说明辽太宗知道他们从晋人手中得到的传国宝是假宝，再加上那时的辽人大约是不知道历史上有关得到秦传国玺者即为"中国正统"的说法，或者是那时的辽人根本就没有自称"中国正统"的意图，因此，对他们得到的假传国宝并未十分重视。直到太平元年（1021年），辽圣宗萌生了称"中国正统"的思想意识，才想起这枚假传国宝，特派遣骨里等"驰驿取石晋所上玉玺于中京（今内蒙古宁城西大明城）"⑥，并作《传国玺诗》云："一时制美宝，千载助兴王。中原既

①赵永春：《试论辽人的"中国"观》，《文史哲》，2010年第3期。
②脱脱等：《辽史》卷16《圣宗纪七》，中华书局，1974年版，第189页。
③脱脱等：《辽史》卷57《仪卫志三》，中华书局，1974年版，第913页。
④脱脱等：《辽史》卷57《仪卫志三》，中华书局，1974年版，第913页。
⑤王钦若等：《册府元龟》卷594《掌礼部·奏议》，中华书局，1960年版，第7115页。
⑥脱脱等：《辽史》卷57《仪卫志三》，中华书局，1974年版，第913页。

失守，此宝归北方。子孙宜慎守，世业当永昌"①。辽圣宗为何突发奇想，派遣使者将这枚假传国宝取至中京，并作《传国玺诗》，一定是接受了传统中国以为得到秦朝传国玺即为"中国正统"的思想，就是想利用这枚假传国宝，假戏真做，用以标榜自己从后晋手中得到了传国宝，就应该成为继承后晋正统的"中国正统"王朝。

辽人自称中国"正统"，我们还可以从辽朝按五德终始学说确立自己继承后晋金德为水德之事看出来。关于辽人按五德终始学说"以水为德"以承后晋金德之事，《辽史》中不见记载，但我们从金人讨论德运问题时的有关议论完全可以看出来。金章宗泰和年间，为了争正统，开展了一场德运问题大讨论，吕贞幹、赵泌等人主张金朝应该继承辽朝为正统，谓"辽以水为德，水生木"，金朝应该"承辽运为木德"②。说明辽朝确实曾按照"五德终始学说"以继承后晋"金"德自居，确定自己的德运为"水"。辽人主张继承后晋为"中国正统"，实际上是按"五德终始学说"，将后汉、后周以及北宋列入所谓的"非正统"的"闰位"，不承认后汉、后周和北宋政权为"中国正统"。这从后来辽圣宗的一些表现中也能看出来。如，辽圣宗太平七年（1027年），萧蕴、杜防等使宋与宋朝馆伴使程琳等争论使者坐次时说"大国之卿，当小国之卿，可乎？"③足见辽人已经不将宋辽平等的"兄弟之国"的规定放在眼里，开始以"大国"自居而卑视宋朝了。

辽兴宗即位以后，自称中国"正统"的意识进一步增强，意欲高于宋朝的愿望与日俱增，重熙七年（1038年），辽兴宗"以《有传国宝者为正统》赋试进士"④，利用辽人从后晋手中得到的这枚假传国宝，为辽人承晋为"中国正统"大造声势。辽人这种正统观念在后来宋辽"增币交涉"时表现得更加突出。据宋人记载，庆历二年（1042年）在宋辽讨论增加岁币之时，辽兴宗提出，宋人向辽交纳岁币，"须于誓书中加一'献'字乃可。"宋人富

①此诗初见宋人孔平仲《珩璜新论》，称"仁宗朝有使北者见北主传国玺诗云"，并未明确说明此诗出自辽朝哪位皇帝之手，（清）厉鹗《辽史拾遗》、周春《增订辽诗话》、近人陈衍《辽诗纪事》、陈述《全辽文》以及今人阎凤梧等《全辽金诗》均将此诗列在圣宗名下，陈述《全辽文》加有按语云"检宋仁宗当朝亘四十余年，历辽圣宗、兴宗、道宗三帝，辽主者，不得他证，未可必谓为圣宗也。"此诗虽无他证必为辽圣宗所作，但从圣宗派遣骨里等人驰驿取后晋所上传国宝来看，以其诗为圣宗所作，应当不误。
②佚名编：《大金德运图说》，文渊阁四库全书本。
③李焘：《续资治通鉴长编》卷105，天圣五年四月辛巳条，中华书局，1985年版，第2439页。《宋史》卷288《程琳传》在记载此事时则称，杜防说："大国之卿，可以当小国之君"，辽朝以大国自居之语意更加明确。
④脱脱等：《辽史》卷57《仪卫志三·符印》，中华书局，1974年版，第914页。

弼说"'献'字乃下奉上之辞，非可施于敌国。况南朝为兄，岂有兄献于弟乎?"辽兴宗又说"南朝以厚币遗我，是惧我也，'献'字何惜?"既而又说"改为'纳'字如何?"富弼仍然不同意，且于回国之时建议朝廷不要答应辽人的请求，后来，宋仁宗并未听从富弼的意见，"许称'纳'字"①。这是宋人的说法，而在辽人的记载中则说，"会宋遣使增岁币以易十县"，刘六符与耶律仁先等使宋，"定'进贡'名，宋难之。"刘六符曰："本朝兵强将勇，海内共知，人人愿从事于宋。若恣其俘获以饱所欲，与'进贡'字孰多? 况大兵驻燕，万一南进，何以御之! 顾小节，忘大患，悔将何及!""宋乃从之，岁币称'贡'"②。按辽人的说法，辽人并非是要求宋人用"献"或"纳"字，而是向宋人提出用"贡"字，且说宋人已经同意使用"贡"字，与宋人的记载差异很大。无论是辽人说用"贡"字还是宋人说用"献"字或"纳"字，都反映了辽人意欲凌驾于宋人之上以"中国正统"自居的思想愿望。

辽道宗以后，辽人声称自己是"中国正统"的史料更是频繁出现，如辽道宗咸雍八年（1072 年）刻石《创建静安寺碑铭》中宣称"今太祖天皇帝，总百年（一作"绍百世"）之正统，开万世之宝系"③。寿昌六年（1100 年），辽道宗派遣萧好古等前往高丽册封高丽太子，声称"朕荷七圣之丕图，绍百王之正统"④。天祚帝即位后又在册封高丽王的册文中称"朕祗遹先猷，绍隆正统"，在给高丽国王的诏书中称"朕绍开正统，奄宅多方"⑤。就是到了天祚帝被金人俘虏，在其所上投降书中仍然念念不忘表白"伏念臣祖宗开先，顺天人而建业，子孙传嗣，赖功德以守成，奄有大辽，权持正统"⑥。

可见，辽圣宗以后，辽人已经明确地以继承后晋为"中国正统"自居，明确地称自己为"中国正统"王朝了。

---

①李焘：《续资治通鉴长编》卷137，仁宗庆历二年九月癸亥条，中华书局，1985年版，第3292页。

②脱脱等：《辽史》卷86《刘六符传》，中华书局，1974年版，第1323页。此外，《辽史》卷19《兴宗纪二》亦记载说："宋岁增银、绢十万两、匹，文书称'贡'"；卷96《耶律仁先传》称："仁先与刘六符使宋，仍议书'贡'……乃定议增银、绢十万两、匹，仍称'贡'"；卷96《姚景行传》又记载，姚景行在道宗朝说："自圣宗皇帝以威德怀远，宋修职贡，迨今几六十年。"

③向南：《辽代石刻文编·道宗编上·创建静安寺碑铭》，河北教育出版社，1995年版，第360页。

④郑麟趾：《高丽史》卷11《肃宗世家一》，肃宗五年十月壬子条，朝鲜民主主义人民共和国科学院，1957年版，第165页。

⑤郑麟趾：《高丽史》卷12《肃宗世家二》，肃宗九年四月甲子条，朝鲜民主主义人民共和国科学院，1957年版，第173页。

⑥佚名编，金少英校补，李庆善整理：《大金吊伐录》第189篇《辽主耶律延禧降表》，中华书局，2001年版，第508页。

二、金人自称"正统"

金人自称"正统"可以分成前后两个阶段。第一阶段是在灭亡辽朝以后，主要是在原来承认辽朝为宗主国的基础上以取代辽朝"正统"自居而自称"正统"；第二阶段是在灭亡北宋以后，主要是在取代辽朝"正统"的基础上又以取代北宋"正统"自居而自称"中国正统"。

建立金朝的女真人长期接受辽朝统治，一直视辽朝为自己的宗主国。女真反辽并建立金政权以后，不断有辽人投降金朝，这些降金辽人带来了有关"正统"的观念以及辽人自称"中国正统"的信息，并建议金朝在承认辽朝"正统"的基础上，争取辽朝"册封"，以便为刚刚建立不久的金政权取得合法地区。据《辽史》记载，天辅元年（1117年），降金的辽人杨朴就曾向金太祖完颜阿骨打建议说"自古英雄开国或受禅，必先求大国封册，遂遣使议和，以求封册"①。《三朝北盟会编》在记载金人向辽人请求册封之事时说，"其事有十：乞徽号大圣大明者一也；国号大金者二也；玉辂者三也；衮冕者四也；玉刻印御前之宝者五也；以兄弟通问者六也；生辰、正旦遣使者七也；岁输银绢十五万两匹者八也（盖分大宋岁赐之半）；割辽东长春两路者九也；送还女真阿鹘产、赵三大王者十也。"② 金人请求辽人册封，无疑是对辽政权具有"正统"地位的一种承认，同时，也想通过承认辽朝"正统"并争取辽朝"册封"，以便为女真人新建立的金政权争取到合法地位。

后来，随着金辽战事的发展，金人开始不以承认辽朝"正统"并争取辽朝"册封"以取得金政权的合法地位为满足了，逐渐产生了不愿意称自己为蛮貊夷狄以及取代辽朝"正统"而自为"正统"的思想。天会四年（1126年），金军攻至北宋首都东京（今河南开封），在给宋钦宗的国书中明确地写上了"今皇帝正统天下，高视诸邦"③ 等话语，从中可以看出，金人灭亡辽朝以后，已经明确地以辽朝继承者自居而自称"正统"了。

金人自称"正统"的第二个阶段是在金朝灭亡北宋以后。金人灭亡辽朝时所自称"正统"，仅仅是取代辽朝之"正统"，也就是占据北方半壁江山之"正统"，还不具有整个"中国"意义上的"中国正统"。到了金人灭亡北宋以后，金人开始自称"中国"，并在其基础之上，产生了继承整个中国之

---

① 脱脱等：《辽史》卷28《天祚皇帝二》，中华书局，1974年版，第336页
② 徐梦莘：《三朝北盟会编》卷3，重和二年正月十日条，上海古籍出版社，1987年版，第22页。
③ 佚名编，金少英校补，李庆善整理：《大金吊伐录校补》第34篇《回札子》，中华书局，2001年版，第117页。

"正统"的思想认识。

据史书记载，金朝灭亡北宋、占据中原地区以后，即依据"中原即中国""夷而进于中国则中国之"等思想观念，自称"中国"①。受汉儒思想影响，他们开始不以继承"夷狄"族建立辽朝的"正统"为满足，逐步产生了女真人学习汉文化即非"无知夷狄"，也是"中国"的思想认识。金熙宗等"汉化"女真人，反对称自己为蛮夷戎狄，视自己为"汉人"，即是视自己为"中国"人，开始向中国"正统"化运动迈出了十分重要的一步。

完颜亮不像金熙宗那样反对称自己为"夷狄"，他承认自己是"夷狄"，但认为夷狄并不卑贱，夷狄有文化也一样高贵。他极力反对以种族为标准来区分"正统"和"非正统"，主张以文化和事功为标准来区分"正统"和"非正统"。并一再表白自己是"中国正统"，但仍不为金朝以外的受"华夷之辨"思想影响很深的汉族人士所承认，于是，完颜亮又援引《春秋公羊传》"君子大居正""王者大一统"的"大一统""正统"观念，试图统一全国，让金朝以外的各族人心服口服地承认他是中国的"正统"皇帝。因此，他曾多次谈到"自古帝王混一天下，然后可为正统"②，"天下一家，然后可以为正统"③ 等思想观念和主张，并在这种思想支配下，在条件并不成熟的情况下发动了灭亡南宋的战争，最后以失败而告终。

金世宗自称"中国正统"的思想也很强烈，但他与完颜亮强调"天下一家，然后可以为正统"的思想不同，声称"我国家绌辽、宋主，据天下之正"④，意欲向天下表明，金朝没有统一南宋，也可以称"正统"。

金章宗至金宣宗时期，金朝正统化运动发展到了高峰。据史书记载，金章宗和金宣宗为了寻求金人自称"中国正统"的理论支持，曾于明昌四年（1193 年）、承安四年（1199 年）、承安五年（1200 年）、贞祐二年（1214 年）四次选定朝官依据"五德终始"学说讨论金朝德运问题。当时，朝官们对金朝正统的嗣统问题虽然存在"不论所继只为金德""继唐土运为金德""继辽水运为木德""继宋火运为土德""继刘齐土运为金德""继宋土运（认为宋以火为运自失其序）为金德"等不同观点，但没有一个人对金人自称"中国正统"问题提出怀疑，一致赞成金人自称"中国正统"。

金章宗和宣宗时期有关金朝德运问题的讨论，不仅在金朝嗣统问题的认

① 赵永春：《试论金人的"中国"观》，《中国边疆史地研究》，2009 年 4 期。
② 脱脱等：《金史》卷 84《耨盌温敦思忠传》，中华书局，1975 年版，第 1883 页。
③ 脱脱等：《金史》卷 129《李通传》，中华书局，1975 年版，第 2783 页。
④ 脱脱等：《金史》卷 28《礼志一》，中华书局，1975 年版，第 694 页。

识上有了新的进展，而且在金朝自称中国"正统"的理论支持上有了新的认识。我们从金章宗和宣宗时期德运问题的讨论中，可以看出，金人自称中国"正统"不仅寻求"五德终始"学说的理论支持，还提出了"不必以五行相生为序"，应"以德之衰旺见其运"的有德者当为"正统"的思想，认为金朝"奕世载德，遂集大统"①，即认为金朝有德，可以称正统。这种主张按道德来区分正统和非正统的思想，与汉儒们谈的所谓的"道统"思想并无二致。

三、元朝官方承认辽宋金"各与正统"

元朝取代金宋以后，对宋人自称"正统"没有疑义，而对辽金自称"正统"则存在不同看法，后经过长时期的激烈争辩，最终由官方确定，承认了辽宋金"各与正统"的地位。

元人对辽金"正统性"问题的讨论，主要是围绕着辽宋金三史的纂修及其纂修义例问题展开。

据史书记载，金朝灭亡以后，几位金朝遗民就曾讨论过将来应该如何纂修国史的问题，有人认为"自唐已降，五代相承，宋受周禅，虽靖康间二帝蒙尘，缘江淮以南，赵氏不绝。金于宋史中亦犹刘、石、苻、姚一载记尔"，认为宋辽金对峙时期，宋是正统，辽金不是正统，主张将来撰写辽宋金历史时，以两宋为正统，像《晋书》一样，将辽金列入载记。修端极力反对以宋为正，以辽金为闰的观点，认为"宋受周禅有中原一百六十余年，辽为北朝，世数如之"，宋每年要向辽"岁贡银绢二十万两匹（当为三十万两匹，后增为五十万两匹）"。"宋自靖康已来"，向金"称臣俯，走玉帛，岁时朝贡，几于百年"。又说"若以居中土者为正，则刘、石、慕容、苻、姚、赫连所得之土，皆五帝三王之旧都也；若以有道者为正，苻秦之量，雄材英略，信任不疑。朱梁行事，篡夺内乱，不得其死。二者方之统，孰得焉？"即认为，如果"以居中土者为正""以有道者为正"，则刘、石、慕容、苻、姚、赫连亦当为正，也就是说，有如苻秦一样由少数民族建立的辽金政权亦应为"正统"。因此，他主张，将来纂修辽宋金三史时应仿照李延寿《南史》和《北史》之体例去修纂，以为"辽自唐末，保有北方，又非篡夺，复承晋统，加之世数名位，远兼五季，与前宋相次而终，当为《北史》；宋太祖受周禅，平江南，收西蜀，白沟迤南悉臣于宋，传至靖康，当为《宋史》；金太祖破辽克宋，帝有中原百余年，当为《北史》；自建炎之后，中国非宋所

---

①佚名编：《大金德运图说》，文渊阁四库全书本。

有，宜为《南宋史》。"① 这种主张按照《宋史》《北史》《南宋史》的编纂体例编写宋辽金三史，就是承认辽宋金都是"正统"的意思。修端强调宋"受周禅"、辽"承晋统"，又谈到"以居中土者为正""以有道者为正"等古人探讨正统问题的标准，绝不是谈史书修纂中的文化传承问题，而是指政权的合法性问题。这应该是最早提出了辽宋金都应该是"正统"的思想认识。

修端提出《宋史》《北史》《南宋史》三史修史方案，承认辽宋金都是正统的思想理论之后，虽未取得世人的普遍认同，但对后世产生了十分重要的影响。元世祖忽必烈即位之初，宋朝尚未灭亡，金末状元王鹗就以"宁可亡人之国，不可亡人之史"之说②，劝忽必烈设立史局，"纂就实录附修辽、金二史"③。商挺亦"建议史事，附修辽、金二史"④。忽必烈颇纳其言，"命修国史，附修辽、金二史"⑤。按照中国史学的传统观念，某个王朝纂修前朝历史，就是对前朝具有正统性以及本朝是前朝法统继承者的承认。王鹗、商挺等人建议纂修辽金二史并得到忽必烈的同意，说明他们具有承认辽金"正统性"的意思。

至元十三年（1276 年），元朝灭亡南宋以后，董文炳又建议说："国可灭，史不可没。宋十六主，有天下三百余年，其太史所记俱在史馆，宜悉收以备典礼"⑥，世祖又诏令词臣通修辽、金、宋三史。元成宗时，应奉翰林文字、兼国史院编修官袁桷上《修辽金宋史搜访遗书条例事状》，请求纂修辽宋金三史⑦。英宗时，右丞相拜住监修国史，曾下决心要修成三史。文宗以后，也是屡诏史馆纂修三史等等。元朝虽然多次下诏纂修三史，但修史工作实际上并未展开，其中主要的原因就是三史编纂体例确定不下来，也就是人们对三国"正统性"问题没有形成统一认识，而是"互以分合论正统，莫

①修端：《辨辽宋金正统》，见苏天爵《国朝文类》卷 45，四部丛刊初编本。关于修端《辨辽宋金正统》之系年，学界有不同认识，饶宗颐依据文中"书讨论此事，岁在甲午"，按"可能是至元三十一年（1294 年）"（参见饶宗颐《中国史学上之正统论》，上海远东出版社，1996 年版，第 53 页）。李治安依据文中有"今年春正月，攻陷蔡城"一语，考订其文撰于元太宗六年甲午（1234 年），即金朝灭亡的那一年（参见李治安《修端〈辨辽宋金正统〉的撰写年代及正统观考述》，《内陆亚洲历史文化研究—韩儒林先生纪念文集》，南京大学出版社，1996 年）。

②苏天爵：《元朝名臣事略》卷 12《内翰王文康公》，中华书局，1996 年版，第 239 页。

③黄淮，杨士奇编：《历代名臣奏议》卷 277《国史》，上海古籍出版社，1989 年版，第 3621 页。

④宋濂等：《元史》卷 159《商挺传》，中华书局，1976 年版，第 3740 页。

⑤苏天爵：《元朝名臣事略》卷 12《内翰王文康公》，中华书局，1996 年版，第 239 页。

⑥宋濂等：《元史》卷 156《董文炳传》，中华书局，1976 年版，第 3672 页。

⑦袁桷：《清容居士集》卷 41《修辽金宋史搜访遗书条例事状》，四部丛刊初编本。杨士奇等《历代名臣奏议》作《修辽金宋史搜访遗逸条例事状》。

克有定"①，也就是人们对有关辽宋金"正统"问题确定不下来。实际上，人们对宋朝是"正统"没有疑义，主要是对辽金是否具有"正统性"的认识存在较大分歧。据王圻《续文献通考》记载，元人在讨论纂修辽宋金三史之时，"或欲如《晋书》例，以宋为《世纪》，而辽金为《载记》。或又谓辽立国先于宋五十年，宋南渡后常称臣于金，以为不可。待制王理者，祖谢端（即修端）之说，著《三史正统论》，欲以辽金为《北史》，太祖至靖康为《宋史》，建炎以后为《南宋史》。一时士论，非不知宋为正统，然终以元承金，金承辽之故疑之，各持论不决"②。也就是说，当时虽然有人主张纂修辽宋金三史应以宋为正统，仿《晋书》体例，以辽金为《载记》，但反对的人也不在少数，所以导致"持论不决"，说明主张承认辽金"正统性"一派的势力也不容小视。

辽宋金"正统"问题长期确定不下来，引起社会各阶层士人的普遍关注。状元宋本就曾在"乡试策问"中出了一道"左氏、史迁之体裁何所法？凡例、正朔之予夺何以辨"的有关三史纂修义例问题的试题，全题如下："赵宋立国三百余年，辽金二氏与之终始。其君臣媺恶，其俗化隆污，其政事号令、征伐礼乐之得失，皆宜传诸不朽，为鉴将来。然当世史官记传丛杂，不可尽信。虞初稗官之书，又不足征。昔《晋书》成于贞观，《唐史》作于庆历，盖笔削之公，必待后世贤君臣而始定。圣天子方以人文化天下，廷议将并纂三氏之书，为不刊之典，左氏、史迁之体裁何所法？凡例、正朔之予夺何以辨？诸君子其悉著于篇，用备采择。"③ 这些参加科举考试的士人答卷持何观点，由于当时的试卷没有保存下来，我们已经不得而知，但有一点是可以肯定的，那就是这些士人的观点也不会统一，仍然存在较大分歧。

到了元统甲戌（即元统二年，1334 年），虞集又在主张仿《晋书》体例、以宋为《世纪》、而辽金为《载记》以及以宋为《宋史》、以辽金为《北史》的两种修史方案的基础上，又提出了一个新的修史方案，主张"三家各为书，各尽其言而核实之，使其事不废可也，乃若议论则以俟来者。诸公颇以为然"④。即提出了三史分修的各自成书的主张。至正三年（1343 年），右丞相脱脱再次请修三史，并在虞集提出"三家各为书"的基础上，独断曰

① 虞集：《道园学古录》卷 32《送墨庄刘叔熙远游序》，四部丛刊初编本。
② 王圻：《续文献通考》卷 176《经籍考·正史》，明万历三十年刻本。
③ 宋本：《乡试策问》，苏天爵《国朝文类》卷 47《策问》，四部丛刊初编本。
④ 虞集：《道园学古录》卷 32《送墨庄刘叔熙远游序》，四部丛刊初编本。

"三国各与正统,各系其年号"①,于是,由皇帝下诏"辽宋金各为史"②,最终由官方确立了"三史分修"各自成书的修史方案,承认了辽宋金"各与正统"的地位。

以上可以看出,元朝关于涉及辽宋金三国"正统性"的三史纂修义例的讨论,主要形成三种意见,一种意见主张独尊宋统,仿《晋书》体例,以宋为正统,以辽金为《载纪》,否定辽金的"正统性";第二种意见主张以宋和辽金为南北朝,以辽金为《北史》、两宋为《宋史》;第三种意见主张"三国各与正统",三史各自成书。后两种意见虽然在史书编纂体例上有所不同,但都承认辽金的"正统性"。可见,元朝虽然有人主张独尊宋统,但反对者大有人在,并通过激烈争辩,最终由官方确定"三国各与正统",承认了辽金的正统性。据刘浦江查证,元朝"主张独尊宋统者无一例外全是南人",而主张承认辽金正统者多为原来金朝统治下的汉人及少数民族人物,"两种对立的正统观在一定程度上反映了元代汉人和南人的政治倾向"。说明,"主张独尊宋统者"具有强烈的"夏尊夷卑"观念,他们主要是通过强调"夷夏之辨"而否定辽金的正统性,其正统观具有排他性,具有狭隘性。而主张辽宋金"三国各与正统"的学者,则激烈反对"夏尊夷卑"的传统观念,并在承认以汉族为主建立的两宋政权为"正统"的基础上,为以少数民族为统治者建立的辽金政权争得一席之地,具有一定包容性,无疑是对传统的"夷夏之辨"思想进行了有力的冲击,对传统的"正统"观念进行了新的挑战。这不仅是史学编纂思想方面的重大突破,也是有关华夷关系理论和正统思想的重大突破,是对中国是一个多民族国家的承认,无疑具有重大的历史进步意义。

四、明人并非"普遍否认辽金正统"

元人在纂修辽宋金三史时,对辽金"正统性"问题存有较大争议。当元朝史官按照辽宋金"三国各与正统,各系其年号"的编纂体例修成辽宋金三史以后,一些反对以辽金为正统的人心有不甘,极力诋毁元朝所修辽宋金三史,并伺机翻案,对明人产生了十分重要的影响。有人认为"明代士人普遍否认辽金正统",指出"明代大概是中国历史上华夷观念最为强烈的一个时代,比起元人来,明朝士大夫对于宋辽金三史更加不能容忍,必欲取代之而后快","与元朝正统之辨所不同的是,这个问题的结论在明代几乎是没有争

①权衡撰,任崇岳笺证:《庚申外史笺证》卷上,中州古籍出版社,1991年版,第44页。
②王圻:《续文献通考》卷176《经籍考·正史》,明万历三十年刻本。

议的。因此，彻底颠覆宋辽金三史的正统体系，自然是明朝士大夫汲汲于心的一件事情"①。应该说，明代确实有人意欲通过反对辽宋金三史正统体系而否定辽金的"正统性"，但并非是"普遍否认辽金正统"，主流观点仍然承认辽宋金"各与正统"的地位，"宋辽金三史的正统体系"并未被颠覆。

据史书记载，辽宋金三史成书不久，杨维桢就写成《正统辨》一文，认为"契丹之有国矣，自灰牛氏之部落始广，其初枯骨化形，戴猪服豕，荒唐怪诞，中国之人所不道也"。"金之有国矣，始于完颜氏，实又臣属于契丹者也"，因以元承宋统而排斥辽金。又以"孟子没，又几不得其传千有余年，而濂、洛、周、程诸子传焉。及乎中立杨氏，而吾道南矣。既而宋亦南渡矣，杨氏之传，为豫章罗氏、延平李氏及于新安朱子。朱子没，而其传及于我朝许文正公"等所谓的"道统"之说，而谓"道统不在辽金而在宋"②。杨维桢以辽金为外国立论，斥辽金"戴猪服豕，荒唐怪诞"，无疑具有强烈的"尊夏而外夷"的思想，又以"宋统不受周禅"而"承唐""唐之承隋、承晋、承汉""隋承陈不承周"等，亦少有人同意。至于所说"道统"，更无科学根据，任何人都可以编造出一部所谓的"道统"统系图来，尤难服人。杨维桢自己曾说"仆所著三史统论，禁林已韪余言，而司选曹者，顾以流言弃余"③。清朝四库馆臣在他们所作《辍耕录·提要》中曾指出，杨维桢所作《正统辨》"持论殊为纰缪，后维桢编《东维子集》，不载此文，盖已自悟其谬而削之"④。说明不赞成杨维桢《正统辨》观点之人不在少数，后来杨维桢未将其文收入自己的《文集》，或许有如四库馆臣所说，"自悟其谬"，亦未可知。

虽然有人不赞成杨维桢《正统辨》的观点，但其思想对明人仍然产生十分重要的影响。周以立、解缙入明以后仍持独尊宋统的观点。方孝孺也依据传统的华夷之辨理论，撰成《释统》三篇和《后正统论》等文，提出正统和变统之说，谓"有天下而不可比于正统者三：篡臣也，贼后也，夷狄也。"⑤依据"华夷之辨"和"夏尊夷卑"的思想观念及标准，将辽金等少数民族建立的政权一概斥之为非正统王朝。明宣宗和英宗以后，周叙继承其父周以立

①刘浦江：《德运之争与辽金王朝的正统性问题》，《中国社会科学》，2004年2期。
②杨维桢：《正统辨》，见陶宗仪：《南村辍耕录》卷3，中华书局，1958年版，第32-37页。
③杨维桢：《东维子文集》卷27《上宝相公书》，四部丛刊初编本。
④文渊阁四库全书本《辍耕录·提要》。清永瑢等编《四库全书总目·辍耕录》提要（中华书局，1965年版）无此段文字，大约是乾隆作《命馆臣录存杨维桢正统辨谕》之后删去。
⑤方孝孺：《逊志斋集》卷2《后正统论》，四部丛刊初编本。

"以宋、辽、金三史体例未当"①，"当以宋为正统"② 之志，对元修三史"不以正统归宋，遂分列而为三，且不曰宋辽金，而以辽金加于宋首"③，大为不满，诋毁"当时修史诸臣，学识未裕，道德未隆，既鲜世业之垂，复无位望之重"，上书请求朝廷遴选文学宏博之士重新修成一部"以宋为正史，附辽金于其后"的"明夷夏之分"的《宋史》④。

明朝前期，虽然有人多次上疏请求颠覆辽宋金三史正统体系，重修《宋史》，但均未获得朝廷支持。比如，周叙等人多次上疏请求重修《宋史》，不是为翰林院官员"西墅曾学士（棨）、东墅周（述）庶子尼"，就是"为曹（鼐）、陈（循）二学士尼"⑤。后来，奏书上达，英宗又在周叙"年衰多疾"的情况下，批复"不必择人，叙其自修"⑥，明显是不同意由朝廷设官置局重修《宋史》。周叙多次上书未获支持，仍不甘心，又提出愿意"自办家赀赡用，不费官给，以成圣明删前代不公之史，贻万世永远之规，杜夷狄猾夏之祸"⑦，朝廷的回答不是"钦奉圣旨，不准"⑧，就是"奉圣旨，未谐"⑨，还是不答应周叙等人重修《宋史》的请求。说明朝廷有人不赞成否定辽宋金三史分修"各与正统"的地位，并非是"明代士人普遍否认辽金正统"，承认辽宋金"各与正统"地位的官员和学者仍然大有人在，并且居于主导地位。

明宪宗成化以后，由于受明英宗一度被瓦剌所俘、明蒙关系激化的影响，夷夏大防思想再度抬头，出现一股试图否认元统并进而否认辽金正统的思潮。明中期，否定辽金正统也是围绕着辽宋金"三史分修"问题展开，到了嘉靖和万历时期，进入明人否定辽宋金"三国各与正统"的重修《宋史》

---

①张廷玉等：《明史》卷152《周叙传》，中华书局，1974年版，第4198页。

②金幼孜：《金文靖集》卷10《题周氏世直集》，文渊阁四库全书本。

③周叙：《石溪集》卷2《正统丙寅奏疏》，《北京图书馆古籍珍本丛刊》102册，书目文献出版社，1988年版，第36页。

④周叙：《论修正宋史书》，黄宗羲编《明文海》卷174，文渊阁四库全书本。

⑤周叙：《石溪集》卷1《与吴先生致仕都副御史》，《北京图书馆古籍珍本丛刊》102册，书目文献出版社，1988年版，第23页。

⑥《明英宗睿皇帝实录》卷165，正统十三年四月己巳条，台湾"中研院"历史语言研究所，1962年校印本，第3196-3197页。

⑦周叙：《石溪集》卷2《景泰元年奏疏第三》，《北京图书馆古籍珍本丛刊》102册，书目文献出版社，1988年版，第47。

⑧周叙：《石溪集》卷2《景泰元年奏疏第一》，《北京图书馆古籍珍本丛刊》102册，书目文献出版社，1988年版，第46页。

⑨周叙：《石溪集》卷2《景泰元年奏疏第六》，《北京图书馆古籍珍本丛刊》102册，书目文献出版社，1988年版，第52页。

的高峰期。据史书记载，成化二十二年（1486 年），蒋谊以《春秋》"尊中国而攘夷狄"之意，撰成否定辽金元正统并以明朝直接宋统的《续宋论》；嘉靖十三年（1534 年），安都撰成以宋为正统，"附辽金于宋纪"，并将《辽史》、《金史》移除中国正史系列的《十九史节定》；嘉靖二十五年（1547 年），视"夷夏之辨"为"人类禽兽之辨"的王洙，依据"辟夷狄，尊中国"的传统观念，撰成以明继宋，将"夷狄之国"辽金列于外国传并否认元朝正统的《宋史质》；嘉靖三十四年（1555 年），柯维骐以"宋辽金三史并列，尤失《春秋》之义"，重新撰成一部以宋为正统、列辽金于外国的《宋史新编》，等等。

　　这些书均从严夷夏大防、强化华夷之辨和"夏尊夷卑"的理论出发，试图通过"颠覆宋辽金三史的正统体系"而否认辽金的"正统性"。但这种思潮主要兴起于一些汉族士人之中，均属于私人修史性质，只代表个人或一部分人的观点，并不代表全部明人的观点。这种思潮虽然对朝廷产生一些重要影响，但朝野上下仍然没有形成否定元统并进而否定辽金正统的一致意见，仍然存在反对否定辽宋金"各与正统"地位的不同意见，尤其是官方，还是没有否认元统并进而否认辽宋金"各与正统"的意图。就在明中期试图通过颠覆"宋辽金三史的正统体系"而否定辽金具有"正统性"的思想形成高潮之时，由代表官方的南京国子监和北京国子监刊行了包括《辽史》和《金史》在内的中国正史"二十一史"，正式承认了辽宋金三史分修"各与正统"的地位。

　　明朝从嘉靖七年（1528 年）开始，由南京国子监负责校刊中国正史。南京国子监在宋代"十七史"的基础上增入《辽史》、《宋史》、《金史》和《元史》，正式形成中国正史"二十一史"之说[1]。至嘉靖十一年（1532 年），"二十一史"全部印行，史称南监本"二十一史"。到了万历时期，南京国子监又重新补版印刷了"南监二十一史"，同时，北京国子监也"奏请重刊二十一史"[2]，并获得万历皇帝的批准，于是，北京国子监又以"南监二十一史"为底本重新校勘了"二十一史"并进行印刷，史称"北监二十一史"。"南监二十一史"和"北监二十一史"合称监本"二十一史"。监本"二十一史"在崇祯年间又重新进行了校订和印刷[3]，在明代一直广泛流传。

---

　　①钱大昕：《十驾斋养新录》卷 6《十七史》《监本二十一史》，上海书店出版社，1983 年版，第 119-120 页。

　　②沈德符：《万历野获编》卷 25《国学刻书》，中华书局，1959 年版，第 637 页。

　　③陆启宏：《客燕杂记》，参见清王士禛《王士禛全集·杂著·居易录》，齐鲁书社，2007 年版，第 3694 页。

研究中国历史的学者都知道，中国古代有一个传统，某个王朝纂修前朝历史，就是对前朝是正统王朝的承认；某个王朝将以前某些王朝的史书列入中国"正史"系列，也是对那个王朝是正统王朝的承认。章炳麟曾指出，"正史云云，又有当论述者，正统之说是也。《隋志》于正史之外，别有霸史，以霸匹正，则正言正统，霸言僭伪割据也。"① 学界虽然对何为"正史"之说存在一些不同认识，但对凡是将某个王朝的史书列入中国正史系列，即是对该王朝具有正统地位承认的传统认识则没有异义。

嘉靖皇帝和南京国子监的官员，在一些士人试图否定辽宋金"各与正统"而主张重修《宋史》的高潮时期，将需要购求善本和重新雕版的《辽史》和《金史》列入中国正史"二十一史"之中②，足以说明那时的官方包括一些大臣和文人并不赞成否定辽宋金三史分修"各与正统"的地位。不然，他们完全可以将《辽史》和《金史》排除在中国正史系列之外，像元朝曾先之和明朝梁孟寅、安都那样，只校刊"十八史"或"十九史"③。或用重新编撰的否定辽金正统地位的《宋史》来取代辽宋金三史，均可以产生否认辽金正统地位的积极效应。如果说嘉靖时期校刊"南监二十一史"之时还没有人撰写出一部能够否定辽宋金三史分修"各与正统"地位的《宋史》的话，那么，到了万历时期重新校刊"南监二十一史"和刊行"北监二十一史"之时，王洙的《宋史质》（嘉靖二十五年成书）、柯维骐的《宋史新编》（嘉靖三十四年成书）等颠覆"宋辽金三史的正统体系"而以宋为正统的著作早已问世，万历皇帝完全可以用其中的某一种书取代辽宋金三史，只印十九史，或者在"二十一史"之外增入某一种否定辽金正统的著作，形成"二十二史"等，也可以起到否定辽金正统地位的积极效应。而嘉靖皇帝、万历皇帝及其南北国子监的官员和士人们并没有这样作，也说明嘉靖和万历时期，官方并没有否认辽宋金"各与正统"的意思。

明朝后期，虽然仍然有人试图否认辽宋金"各与正统"的地位，坚持重修《宋史》，但多未成书，只有王惟俭于天启三年（1623年）修成《宋史

---

① 章炳麟：《国学讲演录·史学略说》，江苏文艺出版社，2007年版，第111页。
② 顾炎武著、黄汝成集释：《日知录集释》卷18《监本二十一史》，上海古籍出版社，1985年版，第1371-1372页。
③ 钱大昕：《十驾斋养新录》卷6《十八史十九史》称"元曾先之撰《十八史略》二卷，盖于十七史之外益以宋事也。明初临川梁孟寅益以元事，称《十九史略》"，均未将《辽史》和《金史》列入其中（上海书店出版社，1983年版，第120页）。明中期安都撰有《十九史节定》，亦将《辽史》和《金史》排除在正史之外。

记》一书①，且未明确说明正统归属，反对对辽金用兵使用"人寇"一词，而主张使用"犯""侵"等词语，否定辽宋金"各与正统"一派的思想影响，日见衰微。而嘉靖和万历时期印行的包括《辽史》和《金史》在内的"二十一史"，则深受社会各阶层人士的重视和欢迎，"二十一史"开始成为一个专有名词迅速为社会各阶层人士所接受并迅速传播开来，一些士人不但认真学习和研究"二十一史"，而且用"二十一史"作为自己著作的名称，说明"二十一史"之说包括辽宋金"各与正统"的思想认识已为大多数人所接受②。

以上可以看出，有关辽宋金"各与正统"的问题在明代虽然是一个存在争议的话题，但试图否认辽金正统一派的观点并未为主流正统观念所采纳。我们完全可以说，以官方为代表的主流观点仍然承认辽宋金三史分修"各与正统"的地位，"宋辽金三史的正统体系"并未被颠覆。我们不能无视中国正史"二十一史"包括《辽史》和《金史》这一史学常识而随意去说"明代士人普遍否认辽金正统""彻底颠覆宋辽金三史的正统体系"，更不能说"这个问题的结论在明代几乎是没有争议的"。

五、清人赞成辽宋金"三史分修"，承认辽宋金"各与正统"

清人对辽宋金"三史分修""各与正统"问题也存在分歧意见。由明入清的一些汉人，仍然坚持"华夷之辨""夏尊夷卑"的思想观念，反对辽宋金"三史分修""各与正统"。但在清朝，这一问题成为比较敏感的颇有忌讳的话题，因此，较少有人公开地大张旗鼓地进行讨论。因此，从表面上看，辽宋金"三史分修""各与正统"似乎成了不成问题的问题。

有人认为，清朝前期，有意提高辽金王朝的历史地位，顺治二年（1645年），增祀辽太祖、金太祖、金世宗于历代帝王庙；康熙六十一年（1722年），又增祀辽太宗、景宗、圣宗、兴宗、道宗及金太宗、章宗、宣宗等于帝王庙，是"欲伪宋而正辽金"，但"到了乾隆时代，清朝统治者的正统观念已经发生蜕变"，乾隆皇帝也转向"尊宋统，抑辽金"。这位学者引用乾隆《命馆臣录存杨维桢〈正统辨〉谕》及《题〈大金德运图说〉》诗序等文中有关"宋虽南迁，正统自宜归之宋，至元而宋始亡，辽金固未可当正统也"等

---

①关于王惟俭《宋史记》成稿时间，学界存在不同意见，陈学霖《柯维骐〈宋史新编〉述论》认为成稿于万历末年（《宋史论集》，台北东大图书公司，1993年），侯虎虎、贺小娜《试论明人的〈宋史〉研究》认为成稿于天启三年（《延安大学学报》，2005年3期），这里采用后说。

②赵永春：《"宋辽金三史的正统体系"在明代未被颠覆》，《学术月刊》，2012年6月号。

论述，认为"清朝统治者从北方民族王朝立场转向中国大一统王朝立场之后，最终也否定了辽金正统"①。其实，这位学者所说的清朝前期有意提高辽金历史地位之时，并未"伪宋"，因为他们在增祀辽金皇帝于帝王庙之时就已经在帝王庙中崇祀宋太祖等宋朝皇帝，并将曹彬、潘美、韩世忠、张浚、岳飞等宋朝大臣列为配享功臣等，说明清朝初期增祀辽金帝王只是在承认宋朝历史地位的同时，也承认辽金的历史地位而已。到了乾隆时期，不但未将辽金皇帝移除历代帝王庙，又在崇祀金太祖等于帝王庙的基础上增祀金哀宗于帝王庙，为何反倒变成"否定辽金正统"了呢！实际上，乾隆皇帝在录存杨惟桢《正统辨》以及《题〈大金德运图说〉》诗序时虽然说过"辽金未可当正统"的话，但在其他场合以及有关事件中，又表达了许多与此不相一致的思想认识，其主流思想仍然承认辽宋金"三史分修""各与正统"的地位。

首先，乾隆并未"抑辽金"。

据史书记载，乾隆皇帝从未回避南宋曾经向金朝称臣称侄、地位低于金朝的历史事实，并对一些汉儒鄙视辽金十分不满。如，乾隆四十年（1775年），乾隆在如何修撰《四库全书》的有关批示中即对以前各史在翻译少数民族语言之时如"书回部者，每加犬作狪"等使用侮辱少数民族语言的行为表示强烈不满，谓那些"见小无识之徒，欲以音义之优劣，强为分别轩轾，实不值一噱。"② 对四库馆臣有关"两宋屈于强邻，日就削弱，一时秉笔之人，既不能决胜于边围，又不能运筹于帷幄，遂译以秽语，泄其怨心，实有乖纪载之体"③ 等论述表示赞同，因命馆臣在编修《四库全书》时将这些有辱少数民族的语言全部厘正。

乾隆四十二年（1777 年），乾隆又对修撰《四库全书》的馆臣们批示："前此批阅《通鉴辑览》，以石晋父事辽国，而宋徽钦之于金，亦称臣称侄。旧史于两国构兵，皆书'入寇'，于义未协，因命用列国互伐之例书'侵'，以正其误。"乾隆反对旧史有关辽金对中原用兵"皆书'入寇'"的书法，主张"用列国互伐之例书'侵'"，无疑是将辽宋金等各国均视为"列国"，认

---

① 刘浦江：《德运之争与辽金王朝的正统性问题》，《中国社会科学》，2004 年 2 期。
② 《清高宗纯皇帝实录》卷 983，乾隆四十年五月甲子条，中华书局，1985 年影印本，第 121 页。
③ 永瑢等：《四库全书总目》卷 47《史部·编年类·御定通鉴纲目三编》，中华书局，1965 年版，第 431 页。

为辽宋金之间的用兵属于"列国互伐"①，就是主张对这些政权应该同等看待，不应该歧视辽金的意思。

乾隆四十七年（1782年），乾隆皇帝在命皇子及军机大臣订正《通鉴纲目续编》时又说"朕披阅《御批通鉴纲目续编》，内《周礼发明》、张时泰《广义》，于辽金元事，多有议论偏谬，及肆行诋毁者。《通鉴》一书，关系前代治乱兴衰之迹，至《纲目》祖述麟经，笔削惟严，为万世公道所在，不可稍涉偏私。试问孔子《春秋》内，有一语如《发明》、《广义》之肆口嫚骂所云乎。""若司马光、朱子，义例森严，亦不过欲辨明正统，未有肆行嫚骂者。"对汉儒在《通鉴纲目续编》一书中鄙视辽金使用嫚骂性语言对辽金元肆意诋毁表示了强烈不满。接着，乾隆又说，"至于东夷西戎，南蛮北狄，因地而名，与江南河北，山左关右何异？孟子云：舜为东夷之人，文王为西夷之人。此无可讳，亦不必讳。但以中外过为轩轾，逞其一偏之见，妄肆讥讪""桀犬之吠，固属无当"，"至史笔系千秋论定，岂可骋私臆而废正道乎"，"如宋徽钦之称臣称侄于金，以致陵夷南渡，不久宗社为墟，即使史官记载，曲为掩饰，亦何补耶！"对史官使用谩骂性语言记叙辽金等少数民族事迹以及掩饰宋朝向金称臣称侄之事表示强烈不满。因下令"所有《通鉴纲目续编》一书，其辽金元三朝人名地名，本应按照新定正史，一体更正。至《发明》、《广义》内三朝时事不可更易外，其议论诋毁之处，著交诸皇子及军机大臣量为删润，以符孔子《春秋》体例。"②乾隆在这里所表达的主要思想是反对歧视辽金等少数民族的思想，反对在史书中对辽金等少数民族使用谩骂性质的语言，反对史官掩饰宋朝向金称臣称侄、地位低于辽金之事，根本看不到乾隆有"抑辽金"的思想倾向。

第二，乾隆允许四库馆臣在编修四库全书时持辽宋金"各与正统"的观点

明朝有一些士人，对元人所确立的辽宋金"三史分修"的"三史正统体系"十分不满，编写了一系列"颠覆宋辽金三史正统体系"的著作。四库馆臣在编修《四库全书》时，对这些著作表示强烈不满。

如：四库馆臣为明王洙《宋史质》作提要称："是编因《宋史》而重修之，自以臆见，别创义例。大旨欲以明继宋，非惟辽金两朝，皆列于外国。

---

① 《清高宗纯皇帝实录》卷1034，乾隆四十二年六月丙午条，中华书局，1985年影印本，第863页。

② 《清高宗纯皇帝实录》卷1168，乾隆四十七年十一月庚子条，中华书局，1985年影印本，第666-667页。

即元一代年号，亦尽削之。""荒唐悖谬，缕指难穷，自有史籍以来，未有病狂丧心如此人者。其书可焚，其版可斧。"① 对王洙编写的以宋为正统的《宋史质》一书大加挞伐，又为明柯维骐《宋史新编》作提要称"元人三史并修，诚定论也。而维骐强援蜀汉，增以景炎、祥兴，又以辽金二朝，置之外国，与西夏、高丽同列，又岂公论乎?"② 又为明王思义《宋史纂要》作提要称"以辽、金史附宋之后，等诸晋书之载刘、石，尤南北史臣互相诟厉之见，非公论也"③。又为明陈邦瞻《宋史纪事本末》作提要称"书中纪事，既兼及辽金两朝，当时南北分疆，未能统一，自当称宋辽金三史纪事，方于体例无乖，乃专用宋史标名，殊涉偏见。"④

可见，四库馆臣在编修《四库全书》时一直持辽宋金"各与正统"的观点，称"元人三史并修，诚定论也。"并认为强调以宋为正统"而抑辽金"的观点，"非公论也"。乾隆皇帝在修四库全书时，曾谕四库馆臣"其中书法体例，有关大一统之义者，均经朕亲加订正，颁示天下"⑤。也就是说，四库馆臣在编写《四库全书》时，凡遇到有关"正统"的问题，都需要上奏，经过乾隆皇帝亲自审定，才可以颁行天下。今天，我们在《四库全书》以及《四库全书总目提要》中仍然可以看到大量赞同辽宋金"三史分修""各与正统"的相关论述，这种现象的出现，或是四库馆臣敢于抗旨，遇到有关辽宋金"正统"问题并不上奏，私自进行改纂。或是他们已经上奏，而乾隆皇帝对四库馆臣在编修四库全书时所持辽宋金"三史分修""各与正统"的观点并未"订正"。从各种迹象分析，后一种可能性要更大一些。如是，完全可以说明，乾隆皇帝并不反对辽宋金"三史分修""各与正统"的观点，亦赞成四库馆臣有关元人"三史并修，诚定论也"的思想认识。

第三，乾隆皇帝不反对辽宋金"三史分修""各与正统"的观点，从乾隆钦定中国正史"二十二史"、"二十三史"、"二十四史"也能看出来。

元明清有关辽金正统地位的争论，主要围绕辽宋金三史纂修问题展开。元人承认辽金的"正统"地位，也是从确立辽宋金"三国各与正统，各系其年号"的三史修纂方案之时正式开始，明朝有人反对辽金"正统"地位也是

①永瑢等：《四库全书总目》卷 50《史部·别史类存目》，中华书局，1965 年版，第 454 页。

②永瑢等：《四库全书总目》卷 50《史部·别史类存目》，中华书局，1965 年版，第 454-455 页。

③永瑢等：《四库全书总目》卷 65《史部·史钞类存目》，中华书局，1965 年版，第 581 页。

④永瑢等：《四库全书总目》卷 49《史部·纪事本末类》，中华书局，1965 年版，第 439 页。

⑤《清高宗纯皇帝实录》卷 1168，乾隆四十七年十一月庚子条，中华书局，1985 年影印本，第 666 页。

反对辽宋金三史分修的"正统体系",主张重新编成一部包括辽宋金三国史事的《宋史》,清朝乾隆皇帝说过"正统在宋"的话,也是针对杨惟桢有关辽宋金三史编修问题的《正统辨》时所作出的批示,照理说,乾隆皇帝如果同意杨惟桢的"正统"思想,就应该赞成杨惟桢有关合辽宋金三国史事为一史的主张,将辽宋金三国史事修成一部《宋史》,"彻底颠覆宋辽金三史的正统体系"。然而,事实的发展并非如此,乾隆皇帝不但没有按照杨惟桢的意思,开馆置局,重新编写出一部合辽宋金三国史事为一史的《宋史》,相反,倒承认明人所确立的包括《辽史》和《金史》在内的中国正史"二十一史",又在"二十一史"的基础上,钦定了包括《辽史》和《金史》在内的中国正史"二十二史"、"二十三史"和"二十四史",说明,乾隆并不反对辽宋金"三史分修""各与正统"的修史体例,仍然承认辽宋金"各与正统"的地位。

据史书记载,清朝初年,在《明史》正式修成之前,一直沿用中国正史"二十一史"之称,曾根据社会需要,重新刊刻"监本二十一史",并"将十三经、二十一史诸书,购买颁发,交与各该学教官接管收储,令士子熟习讲贯。"[1]

乾隆即位之后,又在明朝"二十一史"的基础之上,"钦定《明史》""合之为二十二史"[2]。"又诏增《旧唐书》为二十有三。近搜罗四库,薛居正《旧五代史》,得裒集成编,钦禀睿裁,与欧阳修书并列,共为二十有四"。即在明朝"二十一史"的基础上增入《明史》以成"二十二史",又增入《旧唐书》以成"二十三史",又增入《旧五代史》以成"二十四史",均由乾隆皇帝亲自裁定。四库馆臣曾表示,"凡未经宸断者,则悉不滥登。盖正史体尊,义与经配,非悬诸令典,莫敢私增。"[3]

明代一些士人试图否定辽金的正统地位,就是不满意元人有关辽宋金"三史分修""各与正统"的修史体例,试图重新修成一部以宋为正统的《宋史》,实际上就是不满意将《辽史》和《金史》列入正史之中。乾隆皇帝所钦定的"二十二史"、"二十三史"和"二十四史"都没有将《辽史》和《金史》从正史中移除,也没有仿照增列《旧唐书》、《旧五代史》于正史之例,将明人柯维骐编写的《宋史新编》或其他否定辽金正统的书籍增列于正史,

①《钦定大清会典事例》卷 388《礼部·学校·颁行书籍》,光绪朝重修本,第 120 页。
②《清高宗纯皇帝实录》卷 286,乾隆十二年三月丙申条,中华书局,1985 年影印本,第 729 页。
③永瑢等:《四库全书总目》卷 45《史部·正史类》序,中华书局,1965 年版,第 397 页。

也没有令四库馆臣开馆再重新撰成一部以宋为正统的《宋史》并列于正史之中，完全可以说明乾隆皇帝并不反对辽宋金"三史分修"的"三史正统体系"，不反对辽宋金"三国各与正统"的正统观，也就没有否定辽金"正统性"的意思。

六、余论

通过以上论述，可以看出，辽宋金对峙时期，宋人自称"中国"，自称"正统"，辽人和金人也自称"中国"，自称"正统"，并经过一系列争论之后，最后得到了元朝官方的承认。到了明朝时期，确实有人意欲通过"颠覆宋辽金三史的正统体系"而否定辽金的正统地位，但并未获得官方支持，官方仍然承认辽宋金"三史分修"的"正统体系"，并在其基础之上确立了包括《辽史》和《金史》在内的中国正史"二十一史"。这既可以说明并非是"明代士人普遍否认辽金正统""这个问题的结论在明代几乎是没有争议的"，也可以说明在明代"宋辽金三史的正统体系"并未被颠覆，说明有关辽宋金"三史分修""各与正统"的问题在明代仍然是一个存有争议的话题，而试图否认辽金"正统"地位的一部分士人的观点不但不具有普遍性，也没有占据主导地位（主要指官方意志）。到了清朝，人们对辽宋金"三史分修""各与正统"问题仍然存在不同看法，但并非是"清朝统治者从北方民族王朝立场转向中国大一统王朝立场之后，最终也否定了辽金正统"，而是清朝统治者无论是在坚持北方民族王朝立场阶段还是从北方民族王朝立场转向中国大一统王朝立场之后，都承认辽宋金"三史分修""各与正统"的地位。乾隆皇帝并没有"抑辽金"，他允许四库馆臣在编修《四库全书》时持辽宋金"三史分修""各与正统"的观点，并钦定了包括《辽史》和《金史》在内的中国正史"二十二史"、"二十三史"和"二十四史"，说明，清朝统治者从北方民族王朝立场转向中国大一统王朝立场之后，"宋辽金三史的正统体系"亦未被颠覆，辽金的"正统"地位并未被否定。至于一些汉族士人仍然坚持反对辽金的"正统性"的观点则不占主导地位。

民国以后，由于中国受到日本帝国主义以及西方列强的侵略，一些爱国学者，为了激发人们的反侵略热情，常常把历史上的宋辽金战争与当时中外战争相比附，视辽金为外国，否定辽金"正统性"的思潮又有所抬头。如金毓黻先生在20世纪40年代出版的《中国史学史》一书中，即主张"以宋史为正史"，并对明人柯维骐所撰《宋史新编》给予极高评价，对历史上没有将柯维骐《宋史新编》列入正史表示强烈不满，谓"柯劭忞之《新元史》，藉政府之力得入正史，则维骐之作，何为而不得列入正史？前后二柯，互相辉映，吾知终必有实现之一日也"，极力主张"取柯书列于正史，而称为《新宋史》"①，肯定宋朝的正统地位，而对辽金的"正统性"则持否定态度。但到了 1949 年以后，金毓黻又改变了自己的看法，在其书再版时删去了此段文字，说明金毓黻又开始承认辽宋金"三史分修""各与正统"地位。此后，辽宋金"三史分修""各与正统"的认识得到了多数学者的普遍认同。

元明清对辽宋金"三史分修""各与正统"问题的讨论，意见分歧很大，主要原因是对所谓"正统"的标准问题认识不一。换句话说，古人虽然对所谓的"正统"问题津津乐道，但对何为正统的问题则没有形成统一认识。梁启超曾总结出古人衡量"正统"与"非正统"有六条标准："一曰以得地之多寡而定其正不正也，凡混一宇内者，无论其为何等人，而皆奉之以正，如晋、元等是；二曰以据位之久暂而定其正不正也，虽混一宇内，而享之不久者，皆谓之不正，如项羽、王莽等是；三曰以前代之血胤为正，而其余皆为伪也，如蜀汉、东晋、南宋等是；四曰以前代之旧都所在为正，而其余皆为伪也，如因汉而正魏，因唐而正后梁、后唐、后晋、后汉、后周等是；五曰以后代之所承者、所自出者为正，而其余为伪也，如因唐而正隋，因宋而正周等是；六曰以中国种族（主要指汉族，笔者注）为正，而其余为伪也，如宋、齐、梁、陈等是。"②

从梁启超总结出的古人衡量"正统"与"非正统"标准中可以看出，人们在讨论少数民族政权是否具有"正统性"问题时，并没有与汉化问题联系起来③。在一些汉人眼里，判断少数民族政权是"正统"还是"非正统"，只依据一条标准，那就是"以中国（主要指汉人）种族为正，其余为伪也"，也就是强调"华夷之辨""夏尊夷卑"，并依据《春秋》内华夏，外夷狄，尊华夏，斥夷狄等理论，确定"正统"与"非正统"。在这些人眼里，辽金是夷狄，不是"中国"，自然不是正统。元明清时期，那些反对辽宋金"三史分修""各与正统"之人，尤其是一些汉人，无不如是说。如，郑思肖即认为"君臣华夷，古今天下之大分""夷狄行中国之事曰'僭'"，谓"圣人也，

---

①金毓黻：《中国史学史》，重庆商务印书馆初印本，1944 年初印本，第 147 页。

②梁启超：《梁启超文集·论正统》，线装书局，2009 年版，第 118 页。梁启超反对古人所谓的"正统论"，认为"中国史家之谬，未有过于论正统者也"，以为古人所确定的衡量"正统"与"非正统"的六条标准"互相矛盾"，不足为据。

③笔者认为，有关辽金是否具有"正统性"（政权合法性）问题，与汉化问题没有必然联系，因此，对有关辽金是否完全汉化或奉行"草原本位"问题，不作探讨。该问题笔者曾在《关于中国古代华夷关系演变规律的理性思考》（《学习与探索》，2012 年第 1 期）一文中作过简要论述。

为正统，为中国；彼夷狄，犬羊也，非人类，非正统，非中国。"①方孝孺也强调"君臣之等，华夷之分之不可废"，认为"有天下而不可比于正统者三：篡臣也、贼后也、夷狄也""彼夷狄者，侄母烝杂，父子相攘，无人伦上下之等也，无衣冠礼文之美也，故先王以禽兽畜之，不与中国之人齿。苟举而加诸中国之民之上，是率天下为禽兽也"②。此等议论比比皆是，不再赘述。

也有一些汉人，虽然赞成"华夷之辨""夏尊夷卑"，但当他们建立起大一统王朝之后，则能够从多民族国家立场出发，主张淡化"华夷之辨"。如，明太祖朱元璋受"华夷之辨"的影响，曾提出过"驱逐胡虏，恢复中华"③等严夷夏大防之口号，但当他灭亡元朝统一全国以后，很快便转到"蒙古、诸色人等，皆吾赤子，果有材能，一体擢用"④的笼络少数民族的立场上来。明成祖也多次表示"夫天下一统，华夷一家，何有彼此之间"⑤。承认元朝的正统地位，并进而承认辽宋金"各与正统"的地位。孙中山在"反满""反清"之时也提出过"驱除鞑虏，恢复中华"⑥的口号，但很快便转到"五族共和"，维护"民族之统一""合汉、满、蒙、回、藏诸地为一国，即合汉、满、蒙、回、藏诸族为一人"⑦的立场上来，也主张淡化"华夷之辨"。从这些汉人的"正统观"来看，最初，他们多具有"排他"性，只承认汉族政权为"正统"，但当他们建立起大一统王朝之后，也由"排他"转向了"包容"，注意淡化"华夷之辨"，注意笼络少数民族。

少数民族以及由金入元的部分北方汉人则坚决反对按"华夷之辨"确定"正统"和"非正统"，他们认为"中国而用夷礼则夷之，夷而进于中国则中国之"⑧，"夷狄而中华则中华之，中华而夷狄则夷狄之，此亦《春秋》之法"⑨。这些少数民族以及由金入元的部分北方汉人，均强调辽金的国际政治地位，认为辽宋金对峙时期，辽朝曾臣服西夏和高丽，虽与宋朝为兄弟之

①郑思肖著，陈福康校点：《郑思肖集·心史·杂文·古今正统大论》《久久书》，上海古籍出版社，1991年版，第132、134、103、104页。

②方孝孺：《逊志斋集》卷2《杂著·后正统论》，四部丛刊初编本。

③《明太祖高皇帝实录》卷26，吴元年十月乙丑条，台湾"中研院"历史语言研究所，1962年校印本，第402页。

④《明太祖高皇帝实录》卷51，洪武三年四月甲子条，台湾"中研院"历史语言研究所，1962年校印本，第1000页。

⑤《明太宗文皇帝实录》卷30，永乐二年四月辛未条，台湾"中研院"历史语言研究所，1962年校印本，第533-534页。

⑥《孙中山全集》第1卷，中华书局，1981年版，第20页。

⑦《孙中山全集》第2卷，中华书局，1982年版，第2、438页。

⑧杨奂：《正统八例总序》，见苏天爵《国朝文类》卷32，四部丛刊初编本。

⑨乾隆：《通鉴纲目续编内发明广义题辞》，《御制文二集·题辞》卷28，文渊阁四库全书本。

国，但宋朝每年都要向辽朝交纳"岁币"，辽朝实际上处于当时国际中心地位。金朝更是臣服西夏和高丽，并一度臣服南宋，更是处于当时国际中心地位。因此，他们主张对待辽金应该与对待宋朝一样，都应该视他们为"正统"。从中可以看出，少数民族与部分北方汉人的"正统观"，不具有"排他"性，他们始终承认汉族政权为"正统"。当少数民族建立起大一统王朝之后，亦在不贬抑少数民族政权的基础上，注意笼络汉人，乾隆曾说过"正统在宋"的话，就是这样一种思想。

在有关"正统"和"非正统"问题讨论中，也有人主张按"道统"区分"正统"和"非正统"。独尊宋统而反对辽金具有"正统性"一派多持此种观点。杨惟桢即以"道统不在辽金"为由，否定辽金的"正统性"。其实，"道统"问题，也是一个仁者见仁、智者见智的问题。汉人及汉人政权说自己是"道统"的传承者，少数民族及其政权也强调自己的所作所为符合"道统"。金朝皇帝完颜亮就极力反对以种族为标准来区分"正统"和"非正统"，主张以文化和事功为标准来区分"正统"和"非正统"。他"读《晋书》至《苻坚传》，废卷失声而叹曰：'雄伟如此，秉史笔者不以正统帝纪归之，而以列传第之，悲夫。'"[1] 对史家所修《晋书》没有把苻坚放到为人们视为"正统"地位的记载皇帝之事的《本纪》中去写，而是放到与将相大臣同等地位的《载记》中去写，大为不满。在完颜亮看来，苻坚等少数民族在中原地区建立政权，并取得了"雄伟"的事功，也应该是"正统"。在金朝章宗和宣宗时期有关金朝德运问题讨论时，也有人提出"不必以五行相生为序"，应"以德之衰旺见其运"的有德者当为"正统"的思想，认为金朝"奕世载德，遂集大统"[2]，即认为金朝有"德"，可以称"正统"。金人赵秉文在《蜀汉正名论》一文中，提出了"有公天下之心，宜称曰汉。汉者，公天下之言也"[3] 的区别中国"正统"和"非正统"的思想。认为，是否应该称曰"汉"以及是否应该称为"正统"，标准在于是否"有公天下之心"，不管你种族如何，只要"有公天下之心"即是"汉"，即是中国，即是"正统"，即认为应该以"道德"作为区分"正统"和"非正统"的标准。金朝末年的杨奂，也大体上提出了与赵秉文相同的理论，他在其所作《正统八例总序》中指出，"王道之所在，正统之所在也"，即认为，只要行"王道"即可以称中

---

①徐梦莘：《三朝北盟会编》卷242，引张棣《正隆事迹记》，上海古籍出版社，1987年版，第1740页。

②佚名编：《大金德运图说》，文渊阁四库全书本。

③赵秉文：《蜀汉正名论》，见《闲闲老人滏水文集》卷14，四部丛刊初编本。

国正统，反对"以世系土地为之重"，即反对用种族世系和占有地域的情况作为区别"正统"和"非正统"的标准。所论"王道"，强调得"天下臣民之心""敦道义之本"①，显然与赵秉文所论"有公天下之心"即为中国"正统"的思想，具有异曲同工之妙。这种主张按道德来区分"正统"和"非正统"的思想，与汉儒们津津乐道的所谓的"道统"思想并无二致。由宋入元的南宋遗民家铉翁曾为金人元好问《中州集》作跋语称"壤地有南北，而人物无南北，道统文脉无南北"②，视金人元好问为"道统文脉"的传承者。可见，所谓"道统"问题，并没有一个大家都能认可的客观的评判标准，谁都可以编造出一个"道统"来，无法作为区分"正统"和"非正统"的依据。清人袁枚即反对所谓的"道统"说，认为"道统二字是腐儒习气语，古圣无此言，亦从无以此二字公然自任者"③，称"道者乃空虚无形之物，曰某传统，某受统，谁见其荷于肩而担于背欤"④。梁廷枏也反对"道统"说，认为"天下有正统，无道统"，谓"道本空虚无形之物耳，寄于圣贤之身，则有形，有形故曰统。圣贤在上，政即道也；圣贤在下，言即道也。以政见道，尧、舜、禹、汤、文、武之治是也；以言见道，孔、孟之《诗》、《书》、经传，虽不言统，而道亦存。"孔孟之后"诸儒不足承统，则统绝"，认为汉学宋学均不足以接"道统""统绝，则道统之名可废"⑤。饶宗颐据之认为"以道德人心为正闰区别之标准，无甚胜义"，又说"宋儒道统之说只限于极少数人之传授，有时不免标榜，未见为大公之论"⑥。因此，若用所谓的"道统"去判断"正统"和"非正统"亦即评判各个政权的合法性，恐亦难矣。

从元明清有关辽宋金"三史分修""各与正统"问题讨论中可以看出，少数民族包括一部分由金入元的北方汉人为了给少数民族政权争地位，均反对"华夷之辨"，反对按种族区分"正统"和"非正统"，承认辽宋金"各与正统"的地位。而由宋入元的一些汉人则主张强化"华夷之辨"，并主张按照"中国种族（主要指汉族）为正，而其余为伪"的标准区别"正统"和

①杨奂：《正统八例总序》，见《国朝文类》卷 32，四部丛刊初编本。
②家铉翁：《题中州诗集后》，见苏天爵《国朝文类》卷 38，四部丛刊初编本。
③袁枚：《小仓山房尺牍》卷 6《答是仲明》，上海世界书局，1936 年版，第 308 页。
④袁枚著，王英志校点：《袁枚全集·小仓山房文集》卷 24《策秀才文五道》，江苏古籍出版社，1993 年版，第 417 页。
⑤梁廷枏：《正统道统论》，清吴道镕编《广东文征》卷 31，转引自饶宗颐《中国史学上之正统论》，上海远东出版社，1996 年版，第 235-236 页。
⑥饶宗颐：《中国史学上之正统论》，上海远东出版社，1996 年版，第 65、79 页。

"非正统",否定辽金的"正统"地位。但当他们建立起大一统的多民族国家政权之后,无论是以汉族为统治者的明朝还是以少数民族为统治者的元朝和清朝,都能从维护多民族国家的稳定出发,不主张强化"华夷之辨"、"尊夏贱夷",而主张淡化"华夷之辨",因此对那些"华夷之辨"思想严重的士人试图通过强调"华夷之辨"、"尊夏贱夷"而否定辽金正统地位的作法不予支持,说明强调"华夷之辨"并通过强调"尊夏贱夷"去区别"正统"和"非正统",逐渐强化华夏的尊贵地位,贬低"夷狄"的地位,并非是近千年来华夷观念的演变轨迹,而主张逐渐淡化"华夷之辨",强调"华夷一家""华夷一体",主张华夷互相吸收,互相采长补短,逐渐否定单一的汉文化选择而强调多元文化选择,才能彰显近千年来华夷观念的演变轨迹。

原载《学习与探索》2013 年第 1 期;《辽金西夏研究 2011》(同心出版社,2013 年版)转载。

"中国多元一体"与辽金史研究

一、新中国成立前的辽金史研究

长期以来，人们一直以汉族和汉族政权为中国，视辽金为外国，特别是抗日战争时期，一些爱国学者，为了激发人们的反侵略热情，把历史上的抗金战争与当时的抗日战争相比附，导致一些不明真相之人把辽金当成外国，直至21世纪初讨论岳飞应不应该称民族英雄的问题时，仍然有人视辽金为外国。

国外学者更是以汉族和汉族政权为中国，视辽金为外国。20世纪40年代，在美国工作的德国学者魏特夫构筑了颇具影响的"征服王朝"理论，将中国古代的王朝分为五个典型的中国朝代时期和五个征服王朝、渗透王朝时期两种类型，认为"在典型的中国朝代里，秦、汉和隋、唐、宋代代表了中国古典社会在早期和后来的发展，辽、金代表两种不同征服王朝，即辽在文化上拒绝中国的文明，而金接受中国文明的两种形态。清代代表过渡的时期，即清代末期是中国古典社会解体而新社会出现的时期"[①]。魏特夫所创建的这一"征服王朝"理论就是以汉族和汉族政权为中国，以中国历史上的少数民族政权为外国，认为少数民族政权是征服中国的王朝，强调汉族政权与少数民族政权的差异性和对立性，忽视汉族政权和少数民族政权的联系性和汉文化对少数民族文化的影响。魏特夫所创建的"征服王朝"理论，在世界上影响很大。日本在接受魏特夫"征服王朝"理论之前，多用"异民族王朝"的概念称中国的辽金王朝。后来，田村实造等人将魏特夫的"征服王朝"理论介绍到日本并作了进一步发挥以后，引起了日本学界的广泛反响，多认为"异民族王朝"的概念是站在汉族立场上的用语，并非是站在征服者的立场上的用语，此后，日本学界多摒弃了"异民族王朝"的用语，而采用了"征服王朝"的用语。日本学者所发挥的"征服王朝"理论，也是以汉族和汉族政权为中国，少数民族及其政权为外国，强调中国少数民族政权与汉民族政权的对立和差异，将辽、金、元等政权视为"胡族国家"，提出要站

---

①Karl A. Wittfogel and Feng Chia-sheng：Histoty of Chinese：Liao（907—1125），Philadelphia，1949，P24。

在东北亚或亚洲民族史、政权史的立场上看待这些"征服王朝",也就是将这些政权视为东北亚史或亚洲史上具有"列国"性质的不同国家或政权,否认辽金是中国的王朝,将中国视为单一的汉民族国家。这种观点明显地存在分裂中国历史的思想倾向,不符合中国是一个多民族国家的历史实际。

在上述史学思潮影响下,中国的一些学者不敢也不愿意涉足辽金史研究。如果说近代以来在辽金史研究领域有一点研究成果的话,也主要是研究宋史的学者附带研究辽金史,且多做为宋朝的对立面进行研究,如陈乐素《宋徽宗谋复燕云之失败》(《辅仁学志》1933年)、成本俊《秦桧主和与南宋大局的关系》(《珞珈月刊》1934年)、戴博荣《辽金元征服中国后田赋制度的检讨》(《现代文学》1935年)、中一《南宋初年的军人与和战》(《华北日报史学周刊》1935年)、缪凤林《宋高宗与女真议和论》(《国风》1936年)、沈忱农《宋代伪组织始末》(《东方杂志》1936年)、张子展《两宋外祸史料》(《中流》1936年)、梁国东《南宋和战问题的分析》(《史地知识》1936年)、吴景崧《秦桧主和的动机及当时形势的分析》(《现实》1937年)、翦伯赞《论两宋的汉奸及傀儡组织》(《中国史论集》1943年)等等,而以辽金史为自己专门研究对象的学者则寥寥无几,严重地影响了辽金史研究的发展和进步。

二、新中国成立后的辽金史研究与"中国多元一体"理论的提出

新中国成立以后,学者们从中国是一个多民族国家的历史实际和民族团结的愿望出发,认为辽金史是中国历史的重要组成部分,将辽金史研究放到中国多民族国家历史中进行考察,辽金史研究开始出现新的转机,但这一时期的辽金史研究仍然多附于宋史,在一些中国通史的著作里,辽金史成为附属于宋朝历史的一部分,很少有单独确立章节对辽金史进行讨论的著作问世。直至1979年,蔡美彪主持编写的《中国通史》第六册《辽夏金史》(人民出版社)出版,才结束了辽金历史一直没有全面系统、在通史中单独成史的局面。该书虽然将辽夏金史作为《中国通史·宋辽金元时期》的一部分进行编写,但从体系和结构上改变了过去将辽金史附于宋史的研究思路和模式,对清朝以来宋、辽、金、西夏的排序进行了新的订正,恢复了辽、宋、西夏、金的历史排序,对辽金史研究自成体系,肯定了辽金史中的众多内容,第一次将辽金史放到与宋史对等的地位上进行研究,对学界影响很大。同年,张正明出版了《契丹史略》(中华书局),1984年,杨树森出版了《辽史简编》(辽宁人民出版社)、舒焚出版了《辽史稿》(湖北人民出版社)、张博泉出版了《金史简编》(辽宁人民出版社),结束了辽金史研究一直没有

全面系统论述辽朝历史和金朝历史的断代史著作的局面。

这一时期，学者们虽然多认为辽金属于中国，将辽金史纳入中国历史中进行考查和研究，但在理论上并没有解决辽金何以为"中国"的问题。

1986 年，张博泉发表了《"中华一体"论》（《吉林大学社会科学学报》1986 年 5 期）一文，提出了"中华一体"的观点。他认为中国古代社会的发展，可以分为"天下一体"和"中华一体"两个时期，"而每个时期又可分为两个阶段，即'前天下一体'、'天下一体'；'前中华一体'、'中华一体'。'前天下一体'是指秦以前，'天下一体'是指秦、汉到隋、唐，'前中华一体'是指辽、宋、金，'中华一体'是指元、明、清"。认为"不管是'天下一体'，还是'中华一体'，都包括以汉族为主体的各民族在内"。随后，张博泉又连续发表了《"中华一统"论》（《史学集刊》1990 年 2 期）《"中华一体"观念论》（《社会科学战线》1991 年 4 期）《"中华一体"与中国地方史学》（《史学集刊》1993 年 4 期）等一系列论文并出版了《中华一体的历史轨迹》（辽宁人民出版社，1995 年）一书，对自己提出的"中华一体"论作了进一步深入阐发。

1989 年，费孝通教授应邀为香港中文大学举办的"泰纳讲演"（Tanner Lecture）作了题为"中华民族的多元一体格局"的讲演①，提出了中华民族多元一体格局的理论认识。他认为今天中国"所包括的五十多个民族单位是多元，中华民族是一体"，认为中华民族多元一体格局的形成过程"是由许许多多分散存在的民族单位，经过接触、混杂、联结和融合，同时也有分裂和消亡，形成一个你来我去，我来你去，我中有你，你中有我，而又各具个性的多元统一体"，"在中华民族的统一体之中存在着多层次的多元格局，各个层次的多元关系又存在着分分合合的动态和分而未裂、融而未合的多种情状"。"泰纳讲演"之后，费孝通将他的这一论文和该文所征引的论文编集成册，出版了《中华民族多元一体格局》一书（中央民族学院出版社，1989年出版）。费孝通提出中华民族多元一体格局以后，在社会上引起了强烈反响。1990 年 5 月，由国家民族事务委员会民族问题研究中心牵头，以费孝通的这篇论文为中心议题，召开了民族研究国际学术研讨会，此后，费孝通所提出的中华民族多元一体格局就成了学术界研究探讨的热门话题。1993年，香港中文大学举办了"人类学、社会学在中国"的专题学术讲座和第四

①有关费孝通先生赴香港中文大学作了题为"中华民族的多元一体格局""泰纳讲演"的时间，有关文章称在 1988 年，但据费孝通《中华民族多元一体格局》（修订本）《代序：民族研究——简述我的民族研究经历与思考》中自称为 1989 年。该讲演稿发表在《北京大学学报》，1989 年第 4 期。

届"现代化与中国文化"学术研讨会。1996 年，日本国立民族学博物馆举办了"中华民族多元一体论"研讨会等等，使这一理论迅速风行世界，进一步扩大了这一理论的影响。

张博泉和费孝通提出的"中华一体"和"中华民族多元一体格局"的理论认识，对于解决辽金为何属于中国的问题具有重要的理论指导意义，因此引起了研究辽金史学者的高度重视，也引起了人们对辽金史研究的爱好和兴趣，不仅吸引一些研究宋史的学者涉足于辽金史研究，还吸引不少其他研究领域学者的目光。此后，人们对于研究辽金史不再有什么顾忌，辽金史研究队伍不断扩大，研究领域不断拓宽拓深，取得一批比较重要的研究成果。这一时期的辽金史研究，不仅在辽金断代史研究方面又有李锡厚《中国历史·辽史》和宋德金《中国历史·金史》（两书均由人民出版社，2006 年出版）等新的断代史研究著作问世，更为可喜的是有关辽金史研究中的专史研究取得了丰硕成果，宋德金的《金代社会生活》（陕西人民出版社，1988 年），王可宾的《女真国俗》（吉林大学出版社，1988 年），王慎荣、赵鸣岐的《东夏史》（天津古籍出版社，1990 年），詹杭伦的《金代文学思想史》（成都科技大学出版社，1990 年）、杨若薇的《契丹王朝政治军事制度研究》（中国社会科学出社 1991 年），《金代文学史》（台湾贯雅文化事业有限公司 1993 年），张博泉的《女真新论》（吉林文史出版社，1993 年），周惠泉的《金代文学学发凡》（东北师大出版社，1993 年），冯继钦、孟古托力、黄凤岐的《契丹族文化史》（黑龙江人民出版社，1994 年），漆侠、乔幼梅的《辽夏金经济史》（河北大学出版社，1994 年），张晶的《辽金诗史》（东北师范大学出版社，1994 年），王曾瑜的《金朝军制》（河北大学出版社，1996 年），田广林的《契丹礼俗考论》（哈尔滨出版社，1996 年），张国庆、朴忠国的《辽代契丹习俗史》（辽宁民族出版社，1997 年），周惠泉的《金代文学论》（东北师范大学出版社，1997 年），程妮娜的《金代政治制度研究》（吉林大学出版社，1999 年），韩茂莉的《辽金农业地理》（社会科学文献出版社，1999 年），周惠泉的《金代文学研究》（台湾文津出版社，2000 年），胡传志的《金代文学研究》（安徽大学出版社，2000 年），田广林、周锦章的《契丹货币经济史》（哈尔滨出版社，2001 年），魏志江的《辽金与高丽关系考》（香港天马图书有限公司 2001 年），武玉环的《辽制研究》（吉林大学出版社，2002 年），赵评春、赵鲜姬的《金代丝织艺术·古代金锦与丝织专题考释》（科学出版社，2003 年），薛瑞兆的《金代科举》（中国社会科学出版社，2004 年），孙伯君的《金代女真语》（辽宁民族出版社，2004 年），赵永春的《金宋关系史》（人民出版社，2005 年），张国庆《辽代社会史研究》（中国社会科学出版社，2006 年），王德朋的《金代汉族士人研究》（中国社会科学出版社，2006 年），王善军《世家大族与辽代社会研究》（人民出版社，2008 年）等一批专史研究著作相继出版，极大地丰富了辽金史研究。

三、"中国多元一体"不仅是政治概念也是学术概念

张博泉和费孝通提出"中华一体"和"中华民族多元一体格局"的理论认识以后，得到了大多数研究辽金史学者的赞赏和认同，并用以指导自己的辽金史研究，取得了重要研究成果。但也有人不同意这一理论认识，认为"所谓的'中华多元一体'观念""是一个政治概念而非学术概念"，其实，这是一种误解。实际上，"中国多元一体"观念不仅是政治概念，也是学术概念，符合中国历史发展实际。辽金时期，辽人和金人都自称"中国"，同时也承认宋朝是"中国"，就是一种"中国多元一体"的观念。

1. 辽人自称"中国"，同时也承认宋朝是"中国"

中国古代的"中国"一词，是一个比较宽泛的概念，既有"中央""中央之城""都城""京师""国中""王畿""一国之中心""天下之中心""中原及中原政权""汉族及汉族政权"等多种含义，又有"诸侯用夷礼则夷之，夷而进于中国则中国之"的文化含义等等。辽人即利用和发挥了历史上比较宽泛的"中国"概念，根据自己的需要，在不同时期取"中国"一词的不同含义附会成为自称"中国"的理论根据，形成了自己的"中国"意识和思想观念。

第一，辽人自称炎黄子孙，并不否认宋人也是炎黄子孙。

《辽史·太祖纪赞》说："辽之先，出自炎帝，世为审吉国。"《辽史·世表》也说："庖牺氏降，炎帝氏、黄帝氏子孙众多，王畿之封建有限，王政之布濩无穷，故君四方者，多二帝子孙，而自服土中者本同出也。考之宇文周之书，辽本炎帝之后，而耶律俨称辽为轩辕后。俨志晚出，盖从《周书》。盖炎帝之裔曰葛乌菟者，世雄朔陲，后为冒顿可汗所袭，保鲜卑山以居，号鲜卑氏。既而慕容燕破之，析其部曰宇文，曰库莫奚，曰契丹。契丹之名，昉见于此。"辽朝史官耶律俨在修《辽史》时，依据契丹源于东胡之后鲜卑之说，取《晋书》《魏书》等书以东胡、慕容鲜卑、拓跋鲜卑为黄帝之后的观点，认为契丹为轩辕（黄帝）后，将契丹人说成是黄帝子孙。元人编写的《辽史》认为契丹族是从鲜卑族中的宇文鲜卑直接发展而来，因此，取《周书》宇文鲜卑自称为炎帝之后的说法，将契丹说成是炎帝子孙。炎帝和黄帝是兄弟，同出于少典，有关契丹人始祖的说法虽然有黄帝和炎帝之不同，但

最终还是一源，都是炎黄子孙。

有人认为"不管是耶律俨的黄帝说，还是元朝史官的炎帝说，都是受汉文化影响的结果，与青牛白马说和三汗说这些契丹本民族的历史传说相比较，它们显然是后起的说法。"又说"耶律俨所主张的黄帝苗裔说，是在辽末天祚帝时纂修的《皇朝实录》中才出现的"①，认为有关契丹是炎黄子孙的说法并非是由契丹本民族创造出来的传说，而是由耶律俨（原名李俨，汉人李仲禧之子）于辽朝末年纂修《皇朝实录》时附会《魏书·序记》时虚构出来的，这种看法恐怕与史实相去甚远。

有关文献和出土碑刻显示，契丹人是炎黄子孙的说法并非是他族虚构出来的传说，而是契丹人自己与汉族攀亲的结果；也不是直至辽朝末年耶律俨纂修《皇朝实录》时才开始出现，而是早在辽朝建国之初契丹人就已经与汉人攀附亲戚而自称为"炎黄子孙"了。2003 年辽宁阜新蒙古族自治县平安地乡阿汉土村宋家梁屯北山辽墓出土了《永清公主墓志》，其碑文记载说"盖国家系轩辕（黄帝）皇帝之后"，认为契丹为黄帝之后。据袁海波、李宇峰研究，永清公主是辽景宗第三子辽圣宗之弟耶律隆裕（《辽史》作耶律隆祐）的孙女，其父耶律宗熙（贴不）历圣宗、兴宗、道宗三朝，该墓志撰刻于道宗寿昌元年（1095 年）②，说明在辽天祚帝之前的道宗时期，契丹人就已经明确地自称"炎黄子孙"了，并非是到了天祚帝时期才由史官耶律俨附会《魏书》而虚构了契丹是炎黄子孙的说法。问题远不止此，武玉环曾撰文引用辽圣宗《赐园空国师诏》"上从轩皇，下逮周发，皆资师保，用福邦家，斯所以累德象贤"③ 等资料，指出辽圣宗时期契丹人就已经以轩皇（黄帝）为自己的祖先了④。1989 年内蒙古赤峰巴林左旗杨家营子镇石匠沟辽墓出土的《大契丹国夫人萧氏墓志》在谈到萧氏的丈夫耶律污斡里时说"公讳污斡里，其先出自虞舜"，将黄帝之子昌意的七世孙虞舜说成是耶律污斡里的祖先，就是将契丹人说成是"炎黄子孙"⑤。萧氏丈夫耶律污斡里在辽圣宗时曾任上京留守，萧氏死于圣宗统和二十七年（1009 年），该墓志即撰刻于萧氏逝世之年，说明在辽道宗之前的圣宗时期，契丹人就已经明确地自称炎黄

---

①《契丹族的历史记忆——以"青牛白马"说为中心》，见《漆侠先生纪念文集》，河北大学出版社，2002 年版。

②袁海波、李宇峰：《辽代汉文〈永清公主墓志〉考释》，《中国历史文物》，2004 年第 5 期。

③陈述：《全辽文》卷 1，引《圆空国师胜妙塔碑》，中华书局，1982 年版，第 15 页。

④武玉环：《论契丹民族华夷同风的社会观》，《史学集刊》，1998 年第 1 期。

⑤金永田：《大契丹国夫人萧氏墓志及画像石初探》，载苏赫主编《中国北方古代文化国际学术讨论会论文集》，中国文史出版社，1995 年，第 118 页。

子孙了。

说到这里，我们仍然没能揭示出契丹自称炎黄子孙的源头。都兴智曾根据辽朝初年宗室耶律氏就以漆水为郡望封爵，太祖耶律阿保机自称刘氏，颏昱在世宗天禄三年（949 年）被封为漆水郡王等视黄帝为其远祖的资料，指出"黄帝子孙的文化心理认同从辽初就已出现"[1]，所论甚是。确实，契丹人与汉人攀亲并非是从辽圣宗时期开始，据《旧五代史》记载，辽太宗耶律德光在天显十一年（936 年）册封石敬瑭为大晋皇帝文曾说，"尔惟近戚，实系本枝，所以余视尔若子，尔待予犹父也"，与石敬瑭约为"父子之邦"。这里，辽太宗说石敬瑭是"近戚""本枝"，可能有说石敬瑭系唐明宗的"近戚""本枝"之意，但从他与石敬瑭约为父子的情况看，也有契丹与石敬瑭是"近戚""本枝"之意。石敬瑭是汉化沙陀人，沙陀人属突厥族系，与契丹人并非同一族系，辽太宗以与石敬瑭为"近戚""本枝"而约为父子，不像是与突厥人攀亲戚，倒像是看中了石敬瑭的汉化身份以及视后晋政权为汉人政权而与汉人攀亲戚的缘故。辽太宗在册文中还希望石敬瑭"补百王之阙礼""成千载之大义"[2]，就是希望石敬瑭能够继承和发展"中国"传统，成为"中国"传人，足以说明辽太宗说石敬瑭是契丹"近戚""本枝"是在与汉人攀亲戚。如是，则说明辽太宗时期，契丹人已经自视为汉人"近戚""本枝"，也就是自视为"炎黄子孙"了。根据史书记载，我们还可以看到，契丹人自视为汉人"近戚""本枝"，并非是从辽太宗时期开始的，早在辽太祖时期就已经出现了。如，《辽史·后妃传序》记载，"太祖慕汉高皇帝，故耶律兼称刘氏；以乙室、拔里比萧相国，遂为萧氏"，自视为炎黄直系子孙刘姓和萧姓的后人，无疑是在和汉人攀亲戚，这也说明契丹早在辽太祖耶律阿保机建立政权之初就以"炎黄子孙"自居了。

契丹人极力与历史上的汉人攀亲戚，自称炎黄子孙，绝对没有否认汉人是炎黄子孙的意思。辽代汉人自称"炎黄子孙"屡见有关墓志记载就是明证，如《张思忠墓志》称"其先自轩辕世，因为氏焉"[3]，《赵匡禹墓志》称

———————————

[1]都兴智：《契丹族与黄帝》，韩世明《辽金史论集》第 10 辑，中国社会科学出版社，2007 年版。

[2]薛居正：《旧五代史》卷 75《晋书·高祖纪》，中华书局，1976 年版，第 986 页。该书将此册文系于辽天显九年，陈述《全辽文》根据《辽史·太宗纪》记载，认为辽太宗册石敬瑭为大晋皇帝应在天显十一年。

[3]向南：《辽代石刻文编·兴宗编·张思忠墓志》，河北教育出版社，1995 年版，第 215 页。

"其先天水人也，轩辕之后，伯益分宗"①，《张绩墓志》称"其先出自轩
辕"②，等等。此类碑刻很多，不再赘述。契丹人自称炎黄子孙，没有否认
历史上的汉人以及辽朝境内汉人也是炎黄子孙的意思，也就没有否认宋人是
炎黄子孙的意思，这种思想应该是"契汉一体"的思想，这里的"一体"就
是"炎黄子孙"，炎黄子孙是"中国"，也就有"中国一体"的思想蕴涵
其中。

第二，辽人自称"北朝"，认为"南朝""北朝"是一家，具有"南朝"
和"北朝"都是"中国"的思想认识。

有人以为，"自重熙年间起，辽朝开始以北朝自称"③，将辽人称自己为
"北朝"的时间确定在辽兴宗以后，似乎与史实存在较大距离。实际上，辽
人自从五代时期开始，就遵循历史上称南北并立政权为"南北朝"的习惯而
自称"北朝"了，如，辽太宗于会同十年（947 年）正月，灭亡后晋以后，
曾对尚未建立后汉政权的刘知远说"汝不事南朝，又不事北朝，意欲何所俟
邪？"④ 辽太宗在这里所说的"南朝"无疑是指后晋政权，"北朝"则是指契
丹。北宋政权建立之后，辽人仍称北宋为"南朝"而自称"北朝"。如，建
隆二年（961 年），契丹涿州刺史耶律琮在致宋知雄州孙全兴的书信中称
"切思南北两地，古今所同""今兹两朝，本无纤隙"⑤，书中虽未明确称宋
辽为"南朝"和"北朝"，但书中先称"南北"后称"两朝"，似亦寓有"南
朝""北朝"之义。再如，辽景宗乾亨三年（981 年）辽人赵衡所撰《张正
嵩墓志》称"我北朝大圣皇帝，初创乾坤"⑥，则是辽人明确自称"北朝"
的实例。此后，辽人自称"北朝"的事例就更多了。到了辽圣宗与宋签订
"澶渊之盟"时，双方正式确立了"南朝"和"北朝"的称呼，后来虽然有
的宋人提出不应该与辽互称"南朝""北朝"，但由于辽人坚持自称"北朝"
以及"南朝""北朝"的称呼已经深入人心，双方有关"南朝""北朝"的称
呼一直没有改变。辽人主张与宋朝互称为"南朝"和"北朝"，具有"南朝"
是"中国"的"南朝""北朝"是"中国"的"北朝""南朝"和"北朝"都

①向南：《辽代石刻文编·道宗编上·赵匡禹墓志》，河北教育出版社，1995 年版，第 299 页。

②陈述：《全辽文》卷 8《张绩墓志铭》，中华书局，1982 年版，第 179 页。

③参见《德运之争与辽金王朝的正统性问题》，《中国社会科学》，2004 年 2 期。

④司马光等：《资治通鉴》卷 286，后汉高祖天福十二年正月癸丑条，中华书局，1956 年版，第
9336 页。

⑤徐松辑：《宋会要辑稿》蕃夷一之一、蕃夷一之二，中华书局，1957 年版，第 7673 页。

⑥向南：《辽代石刻文编·太宗、世宗、穆宗、景宗编·张正嵩墓志》，河北教育出版社，1995
年版，第 68 页。

是"中国"的意思①。

第三，袭用"中原"即"中国""九州"即"中国"的理念，以为自己部分进入中原地区且在"九州"中国之内，应该属于中国，同时，也承认宋朝在"九州"之内，也是"中国"。

历史上"中国"的含义很多，其中之一是用来指称中原地区，主要的是一个地理概念。至于中原所包括的范围，并没有人认真界定，但一般认为，幽云地区多在中原政权管辖范围之内，属于中原，属于中国。史书记载，契丹"陷中国平、营二州。石晋有国，割幽、蓟、瀛、莫、涿、檀、顺、新、妫、儒、武、云、应、寰、朔、蔚十六州赂之。周世宗复收瀛、莫，宋陷易州，后契丹尽有奚、达靼、室韦、渤海、扶余及中国十八州之地。其振武丰州，旧在胡中，而中国置吏领之，寻亦陷"②。"契丹遂入中国"③。辽人虽然没有全部占有"中国"（中原）地区，只是部分占有"中国"（中原）地区，但也算进入"中国"地区。元人所撰《辽史》说，辽"太祖帝北方，太宗制中国"④，辽"太宗兼制中国"⑤ 等，就是这个意思。宋人富弼曾说，辽人"得中国土地，役中国人力，称中国位号，仿中国官属，任中国贤才，读中国书籍，用中国车服，行中国法令""皆与中国等"⑥，如此，辽人自称"中国"也就是很自然的事了。

此外，中国古代对"中国"和世界的认识，还有"九州"和"大九州"之说。在《尚书·禹贡》较早构建的"九州"天下体系之中，冀州是中心，为"帝都"⑦ 之所在。有关冀州的地域范围，《禹贡》并没有明确论述，但冀州条下有"岛夷皮服，夹右碣石，入于河"等记载，孔安国传引"马云'岛夷，北夷国。'"孔颖达疏又引"王肃云：'鸟夷（即"岛夷"），东北夷国名也。'"又说"渤海北距碣石五百余里"⑧，按此构想，则知冀州地域范围

①赵永春：《辽人自称"北朝"考论》，《史学集刊》，2008年5期。

②曾公亮等：《武经总要·前集》卷22，文渊阁四库全书本。

③曾巩：《元丰类稿》卷10《太祖皇帝总叙》，四部丛刊初编本。

④脱脱等：《辽史》卷56《仪卫志二》，中华书局，1974年版，第905页。

⑤脱脱等：《辽史》卷58《仪卫志四》，中华书局，1974年版，第918页。

⑥富弼：《条上河北守御十二策》，《续资治通鉴长编》卷150，中华书局，1985年版，第3641页。

⑦孔颖达为《禹贡》作疏称"冀州，帝都，于九州近北，故首从冀起"，中华书局，《十三经注疏》本，1980年版，第146页。

⑧《尚书》卷6《夏书·禹贡》孔氏传及孔颖达疏，中华书局，《十三经注疏》本，1980年版，第146页。

十分广远，已达东北之地①。由于冀州地域广远，“禹治水之后，舜分冀州为幽州、并州，分青州为营州，始置十二州”②。《大明一统志》在记述此事时说“舜分冀东北为幽州，即今广宁（今辽宁北镇）以西之地；青东北为营州，即今广宁以东之地。”按此推论，则幽、并、营三州已达北方塞外及东北远夷之地。按照此种说法，远达塞外之地的幽、并等州原来都属于冀州，冀州为“九州”之中心，为“中国”，无怪乎在南宋皇帝降元之后，陆威中等人为了讨好元人，称“禹贡之别九州，冀为中国”③。元人撰写《辽史》时也持此说，谓“帝尧画天下为九州。舜以冀、青地大，分幽、并、营，为州十有二。幽州在渤、碣之间，并州北有代、朔，营州东暨辽海。其地负山带海，其民执干戈，奋武卫，风气刚劲，自古为用武之地”④。将辽人活动地域说成是《禹贡》“九州”之冀、青分出来的幽、并、营州地域，幽、并、营州地域原在“九州”之内，后在“十二州”之内，“九州”“十二州”是“中国”，辽人活动的地域自然就成了中国之地域。《礼记·王制篇》亦称“四海之内九州”，认为九州在四海之内，四海之内应该包括辽人活动地域，辽天祚帝即持此说，他曾在册封完颜阿骨打的册文中称“荷祖宗之丕业，九州四海属在统临”⑤，不仅将辽人活动地域说成在“九州四海”之内，而且将“九州四海”说成都在他的统治之下。辽人认为他们在“九州”之内，并没有将宋人排除到“九州”之外，无疑也是承认宋朝是中国的意思。

古人还把神秘的天空看作神界，将二十八宿等众星拱卫的北极看作是“天中”。认为，“二十八舍（宿）主十二州”⑥，二十八宿拱卫的北极所笼罩之地就是“中国”。辽人何时开始依据“九州”和“十二州”学说自称中国，我们已经不得而知，但《松漠纪闻》记载了一条为大家所熟知的史料，“大辽道宗朝，有汉人讲《论语》，至‘北辰居其所而众星拱之’，道宗曰：‘吾闻北极之下为中国，此岂其地邪？’”⑦ 从这则史料中可以看出，在辽道宗朝，“九州”和“十二州”学说已经广为流传了。这条史料中所称《论语》的原文是：“为政以德，譬如北辰居其所而众星共之。”各家注释多强调“北

①关于冀州分布范围，古代学者就有不同意见，众说纷纭。其实，“九州”之说本身就是一种构想，各州地域范围也就成了一种假说，很难说清楚各州实指范围。

②《尚书》卷3《虞书·舜典》孔氏传，中华书局，《十三经注疏》本，1980年版，第128页。

③周密：《癸辛杂识》别集下《德祐表诏》，中华书局，1988年吴企明点校本，第286页。

④脱脱等：《辽史》卷37《地理志一》，中华书局，1974年版，第437页。

⑤徐梦莘：《三朝北盟会编》卷3，重和二年正月十日条，上海古籍出版社，1987年版，第22页。

⑥司马迁：《史记》卷27《天官书》，中华书局，1959年版，第1346页。

⑦洪皓：《松漠纪闻》，吉林文史出版社，1986年版，第22页。

极，天之中，以正四时"①，少有直称"中国"者。辽道宗特别强调众星拱卫的北极之下为"中国"，无疑是在强调二十八宿拱卫的北极主十二州，应该包括《禹贡》"九州"及舜时的"十二州"，也就是说应该包括辽朝在内，辽朝也是中国的一部分。

辽人认为自己部分进入中原地区且在"九州"和"十二州"之内，应该属于"中国"，同时也承认北宋在"中原"，也在"九州"和"十二州"之内，也是"中国"。毫无疑义，这也是辽宋同为"中国"的思想观念。

第四，辽人袭用佛经"南赡部洲"之说，自称"中国"，但并不否认宋朝也在佛经所说的"南赡部洲"之内，也是"中国"。

辽人在其国号前加称"南瞻部州"的石刻资料很多，其义为何？是一个值得探讨的问题。有人认为"南赡部洲"指华夏之邦，且引用郑樵"释氏谓华夏为南赡部洲"之说，谓"辽人既自称为南赡部洲，则是自比于华夏之邦"②，似乎有些不妥。实际上，马端临在其《文献通考》一书中对郑樵的观点早就提出了疑义，他说"郑氏因牛、女间有十二国星，而以为华夏所占者牛、女二宿，且引释氏南赡部州说以为证，然以十二次言之，牛、女虽属扬州，而华夏之地所谓十二国者，则不特扬州而已，又扬州虽可言东南，而牛、女在天则北方宿也，与南赡部州之说异矣"③，认为牛、女二星所主之地仅为"九州"之中的扬州之地，并非全部华夏之地，与佛教所说的"南赡部洲"并非是一回事。

实际上，佛教所构想的"南赡部洲"是佛教有关大千世界地理体系构想的"四大部洲"之一，不仅包括中国，也包括天竺、日本等地，朱熹曾说"中国为南潬部洲，天竺诸国皆在南潬部内"④。因此，历史上也有人称"南赡部洲"为"中国"⑤。辽人在其国号前加称"南赡部洲"，既有辽朝属于南赡部洲之意，也有辽朝属于"中国"之意，并非是自比于郑樵所说的仅为牛女二星所主的"华夏之邦"。

辽人在其国号前加称"南赡部洲"，自诩属于"中国"的同时，并没有否认宋朝也属于"南赡部洲"，也就是没有否认宋朝也属于"中国"，这种思想就是辽人和宋人都属于"南赡部洲"，都是"中国"的意思。退一步讲，

①孔子：《论语》卷2《为政》及邢昺疏引郭璞语，中华书局，《十三经注疏》本，1980年版，第2461页。

②《德运之争与辽金王朝的正统性问题》，《中国社会科学》，2004年2期。

③马端临：《文献通考》卷279《象纬考二·二十八宿》，中华书局，1986年版，第2215页。

④黎靖德编：《朱子语类》卷86《礼·周礼·地官》，中华书局，1994年版，第2212页。

⑤佛教中也有人认为，南赡部洲为天下之中，可以称"中国"。

我们如果将辽人自称"南赡部洲"释为"自比于华夏之邦"的话，也是辽人在自比"华夏之邦"的同时，没有否认宋人是"华夏之邦"，同样是辽人和宋人都是"华夏之邦"的意思，也有辽宋同为"中国"的意思在内。

第五，承袭历史上"夷狄用'中国'之礼则中国之"的思想观念，自称"中国"，但不反对汉人懂礼亦为"中国"，具有华夷懂礼即同为"中国"的思想认识。

历史上的"中国"除了具有"华夏""汉人""中原政权""汉族政权"等含义以外，还是一个文化概念。孔子十分注意以"礼"区分中国和四夷，并认为中国和四夷可以互相转变。韩愈在概括孔子这一思想时说："孔子之作《春秋》也，诸侯用夷礼则夷之，进于中国则中国之"①，这种用"礼"来区分中国和夷狄以及中国和夷狄可以互相转化的思想，对后世影响很大。辽人即接受了历史上"中国以诗书礼乐法度为政"②，"中国尚礼义"③，"所以为中国者，以礼义也，所以为夷狄者，无礼义也"④，"中国者，礼义之所存"⑤，"中国者，礼义之所由出也"⑥ 等思想观念，"颇取中国典章礼义"⑦，"治国建官，一同中夏"⑧，"改服中国衣冠"⑨，"饮食服玩之盛，尽习汉风"⑩，使自己的文化迅速跻身于中国文化之行列，理所当然地可以称"中国"了。这方面的典型材料就是学者们十分感兴趣的《松漠纪闻》卷上所记载的史事："大辽道宗朝，有汉人讲《论语》，……至'夷狄之有君'，疾读不敢讲。（道宗）则又曰：'上世獯鬻、猃狁，荡无礼法，故谓之夷。吾修文物彬彬，不异中华（中国），何嫌之有！'卒令讲之。"⑪ 就是将"'礼法''文物'亦即文明视为区分华（中国）夷标志的，认为契丹文明已同中华无异"⑫，已经成了"中国"的一部分。

辽人在接受"诸侯用夷礼则夷之，进于中国则中国之"等赋予"中国"

①韩愈：《韩昌黎全集》卷11《原道》，世界书局，1935年版，第174页。

②司马迁：《史记》卷5《秦本纪》，中华书局，1959年版，第192页。

③司马光：《资治通鉴》卷232，唐德宗贞元三年正月丙午条，中华书局，1956年版，第7480页。

④皇甫湜：《皇甫持正文集》卷2《论序·东晋元魏帝正闰论》，四部丛刊初编本。

⑤李焘：《续资治通鉴长编》卷331，神宗元丰五年十一月条，中华书局，1985年版，第7979页。

⑥李焘：《续资治通鉴长编》卷389，哲宗元祐元年十月戊戌条，中华书局，1985年版，第9473页。

⑦李焘：《续资治通鉴长编》卷284，神宗熙宁十年八月己丑条，中华书局，1985年版，第6952页。

⑧李焘：《续资治通鉴长编》卷138，仁宗庆历二年十月戊辰条，中华书局，1985年版，第3319页。

⑨司马光：《资治通鉴》286，后汉高祖天福十二年正月癸巳条，中华书局，1956年版，第9337页。

⑩李焘：《续资治通鉴长编》卷142，仁宗庆历三年七月甲午条，中华书局，1985年版，第3412页。

⑪洪皓：《松漠纪闻》，吉林文史出版社，1986年版，第22页。

⑫宋德金：《辽朝正统观念的形成与发展》，《传统文化与现代化》，1996年第1期。

以文化意义的观点、大力张扬夷人懂礼即为"中国"的同时,并没有将汉人懂礼排除到"中国"之外,认为不论华夷,只要懂礼即为"中国",这种思想观念显然是一种华夷懂礼即同为"中国"的思想观念。

第六,辽人称自己为"中国",同时也称宋朝为"中国",具有辽宋同为中国的思想倾向。

辽人不仅通过自称"炎黄子孙"、自称"北朝"、自称"南赡部洲"、自称懂礼等表达自己是"中国"的思想意识,有时也直接称自己为"中国"。如,《辽史·耶律倍传》记载,辽太祖耶律阿保机曾"问侍臣曰:'受命之君,当事天敬神。有大功德者,朕欲祀之,何先?'皆以佛对。太祖曰:'佛非中国教。'(耶律)倍曰:'孔子大圣,万世所尊,宜先。'太祖大悦,即建孔子庙,诏皇太子春秋释奠。"[①] 这则史料,固然表达了辽太祖对"中国"的无比仰慕,但也说明他开始以"中国"自诩了。因为我们既可以将这条史料理解为辽朝统治者积极主张学习"中国"文化,也可以理解为佛非中国教,中国人不能尊崇佛教,孔子是中国的大圣人,中国人应该尊崇孔子所创立的儒教。后一种解释与唐代道士赵归真"每对,排毁释氏,言非中国之教"[②],韦氏子"自幼宗儒,非儒不言,故以释氏为胡法,非中国宜兴"[③] 等站在"中国"人的立场上讲述"佛非中国教",简直如出一辙。如果按此理解,此语应该是辽人站在中国立场上以"中国"人自居的一种表现。说明辽太祖在建立政权之初就以"中国"自居了。《辽史·刘辉传》又记载,"大安(1085—1094 年)末,(刘辉)为太子洗马,上书言:'西边诸番为患,士卒远戍,中国之民疲于飞挽,非长久之策。为今之务,莫若城于盐泺,实以汉户,使耕田聚粮,以为西北之费。'"[④] 刘辉在这里所使用的"中国"一词,就是指辽人,主要指契丹人,而"诸番"一词则指辽朝周边的少数民族,"汉户"则主要指进入契丹境内的汉人。可见,辽人自称"中国"并非虚言。

近年来,学者对契丹文字研究有了新的进展,即实先生认为 1930 年出土的《辽道宗哀册》篆盖上的契丹小字"契丹"二字于义为"大中""契丹国"就是"大中国"的意思[⑤]。刘凤翥亦认为契丹小字中"契丹"二字乃是"K'ei-duan"的音译,其原意是"中央"[⑥]。刘凤翥又从出土契丹文字中发

①脱脱等:《辽史》卷 72《义宗倍传》,中华书局,1974 年版,第 1209 页。

②刘昫:《旧唐书》卷 18 上《武宗本纪》,中华书局,1975 年版,第 600 页。

③李昉等:《太平广记》卷 101 引《续玄怪录·韦氏子》,中华书局,1961 年版,第 676 页。

④脱脱等:《辽史》卷 104《刘辉传》,中华书局,1974 年版,第 1455 页。

⑤即实:《契丹小字字源举隅》,《民族语文》,1982 年 3 期。

⑥刘凤翥:《契丹小字道宗哀册篆盖的解读》,《民族研究》,1984 年第 5 期。

现，辽人用契丹文字称自己建立政权的国号为"大中央契丹辽国""大中央辽契丹国"，在"契丹辽国"或"辽契丹国"双国号前冠有"大中央"一词。刘凤翥认为"'中央'也可视为国号'中国'的'中'。倘如此，则是同时使用'中、契丹、辽'三个国号"①。刘凤翥先生将"中央"释为"中"，没有进一步释为"中国"。其实，这些石刻契丹文字中的"大中央"以及即实、刘凤翥等人所释契丹小字"契丹"于义为"中央""大中"等就是"中国""大中国"的意思。如，刻于辽天祚帝天庆八年（1118 年）的《鲜演大师墓碑》中就有"大辽中国"一语②，这里的"大辽中国"与契丹文字中的"大中央辽国"两个词组的前后顺序不同，但无疑"中国"和"中央"出现了重合，这就为我们将石刻契丹文字中的"中央""大中央"解释成"中国""大中国"提供了旁证。如是，我们完全可以认为辽人无论是称自己的国号为"契丹"还是称自己的国号为"辽"，都有自视为"中国"的意思。

辽人自称"中国"，并没有否认宋朝是"中国"。史书中明确记载，辽朝一直称北宋为"中国"，即使在学界普遍认同的辽兴宗明确自称"中国"以后，仍然称宋朝为"中国"。如，重熙十三年（1044 年），辽兴宗欲伐夏，遣使告宋书称"元昊负中国当诛"③，宋德金先生认为，这里的"中国"应指宋朝，而非契丹自谓④。再如，重熙十七年（1048 年），宋人韩综出使契丹，"辽主问其家世，综言父亿在先朝已尝持礼来，辽主喜曰：'与中国通好久，父子继奉使，宜酌我。'"⑤ 辽兴宗在这里所说的"中国"也是指宋朝。辽兴宗的继任者辽道宗是一个明确称辽为中国的皇帝，这已得到了学界的普遍认同，但他在自称"中国"的同时，也称宋朝为"中国"，如，他在即位之前，曾在开泰寺铸银佛，铭其背曰："愿后世生中国"⑥。道宗镌于佛背的"中国"一词，虽然不能明确说指宋朝，但绝非指契丹或辽朝，应该含有汉地、汉人政权或中原、中原政权之义，北宋是汉人建立的政权，也是中原政权，如是，则应包括宋朝在内。辽道宗不但在即位前称宋朝为"中国"，在即位以后，仍然称宋朝为"中国"，如，他曾向宋朝"求仁皇帝御容"，当宋

①刘凤翥：《从契丹文字的解读谈辽代契丹语中的双国号——兼论"哈喇契丹"》，《东北史研究》，2006 年 2 期；《从契丹文字的解读探讨辽代中晚期的国号》，《辽金契丹女真史研究》，2006 年 2 期。

②向南：《辽代石刻文编·天祚编·鲜演大师墓碑》，河北教育出版社，1995 年版，第 668 页。

③李焘：《续资治通鉴长编》卷 151，庆历四年七月癸未条，中华书局，1985 年版，第 3668 页。

④宋德金：《辽朝正统观念的形成与发展》，《传统文化与现代化》，1996 年第 1 期。

⑤李焘：《续资治通鉴长编》卷 163，仁宗庆历八年二月壬午条，中华书局，1985 年版，第 3919 页。

⑥陈述：《全辽文》卷 2《银佛背铭》，中华书局，1982 年版，第 32 页。

朝派人将宋仁宗画像送到辽朝，辽道宗"盛仪卫亲出迎，一见惊肃，再拜，语其下曰："真圣主也，我若生中国，不过与之执鞭捧盖，为一都虞候耳。'"① 辽道宗在这里所说的"中国"无疑是指宋朝。李焘《续资治通鉴长编》还记载，宋人起用司马光为相，"辽人敕其边吏曰："中国相司马矣，切无生事开边隙。'"② 辽人在这里所说的"中国"一词，也是指宋朝。辽道宗朝不仅皇帝在自称"中国"的同时，仍然承认宋朝是"中国"，一般大臣也承认宋朝是"中国"，如，辽道宗大康八年（1082 年）宋朝韩忠彦使辽，辽人"使参知政事王言敷燕于馆，言敷问："夏国何大罪，而中国兵不解也?'"③，指责宋朝对夏用兵，这里所说的"中国"也是指宋朝。像这样辽人在自称"中国"以后，仍然称宋朝为"中国"的例子还有很多，不再赘述。

可见，辽人自从建国之初就以"中国"自诩，同时也承认宋朝是"中国"，无疑是"中国多元一体"的思想认识。

2. 金人自称"中国"，同时也承认宋朝是"中国"。

第一，金人进入中原以后，即援引历史上"中原即中国""懂礼即中国"等思想和主张，自称"中国"。《金史》一书，"中国"一词共出现 14 次，除了 3 次指中原地区以外，其余均指金朝。此外，"中国"一词在元好问《遗山先生文集》一书中共出现 14 次，在元好问《中州集》一书中共出现 4 次，在赵秉文《闲闲老人滏水文集》一书中共出现 5 次，在王若虚《滹南遗老集》一书中共出现 6 次，在李俊民《庄靖集》一书中共出现 2 次，在刘祁《归潜志》一书中共出现 10 次，在《大金德运图说》一书中出现 1 次，在杨奂《还山遗稿》一书中共出现 3 次，在这些金人著作中所出现的"中国"一词，除了指历史上的中原或中原政权以外，全部指金朝。说明在辽宋夏金并立时期，金人一直以"中国"自居。这方面的史料很多，仅举以下几例：

《金史》记载，海陵王完颜亮意欲伐宋，其嫡母徒单氏表示反对，曾劝谏说，"国家世居上京（今黑龙江阿城），既徙中都（今北京），又自中都至汴（今河南开封），今又兴兵涉江、淮伐宋，疲弊中国"④，梁珫在劝完颜亮伐宋时曾说，"议者言珫与宋通谋，劝帝伐宋，征天下兵以疲弊中国"⑤，所说"中国"都是指金朝。金世宗时，由于北边蒙古兴起，不断南下骚扰，逐

①邵博：《邵氏闻见后录》卷 1，中华书局，1983 年版，第 4 页。
②李焘：《续资治通鉴长编》卷 387，哲宗元祐元年九月丙辰条，中华书局，1985 年版，第 9415 页。
③李焘：《续资治通鉴长编》卷 329，神宗元丰五年八月辛未条，中华书局，1986 年版，第 7923 页。
④脱脱等：《金史》卷 63《后妃传·海陵嫡母徒单氏》，中华书局，1975 年版，第 1506 页。
⑤脱脱等：《金史》卷 131《梁珫传》，中华书局，1975 年版，第 2808 页。

渐成为金朝北边威胁,"朝廷欲发民穿深堑(修界壕)以御之",李石与丞相纥石烈良弼不同意,说"北俗无定居,出没不常,惟当以德柔之。若徒深堑,必当置戍,而塞北多风沙,曾未期年,堑已平矣。不可疲中国有用之力,为此无益"①,后来,依附于宋朝的吐蕃族系人青宜可等"以宋政令不常,有改事中国之意"②,所说"中国",都是指金朝。金章宗时期,宋人韩侂胄为了树立盖世功名,积极准备北伐,而金章宗和一些大臣不相信宋人会败盟,完颜匡说"彼(指宋朝)置忠义保捷军,取先世开宝、天禧纪元(指南宋改年号为"开禧"),岂忘中国者哉"。③ 独吉思忠也说:"宋虽羁栖江表,未尝一日忘中国"④,所说"中国"一词,无疑是指金人所占据的原北宋的中原之地,并引申为整个金朝。后来,韩侂胄发动北伐战争,宋将吴曦叛宋投金,《金史》说吴曦"恃中国为援"⑤,也是指吴曦要以金朝为援,所说"中国"仍指金朝。金章宗后期,由于金人大量购买宋人茶叶,引起财政紧张,"言事者以茶乃宋土草芽,而易中国丝绵锦绢有益之物,不可也",⑥将宋与"中国"对举,"中国"一词也是指金朝。后来,蒙古为了进攻金朝而先攻西夏,西夏遣使向金朝求援,金章宗说"敌人相攻,中国之福,吾何患焉"⑦,所说"中国"无疑是指金朝。金宣宗贞祐初年,"中国仍岁被兵",在蒙古进攻下,金宣宗不敢留驻中都(今北京),赵秉文乘时上书言三事,"一迁都,二导河,三封建。大约谓中国无古北之险则燕塞,车驾幸山东为便"⑧,元好问在这里所说的"中国",也指金朝。金哀宗时期,面对蒙古的进攻,形势越来越不利,但他们仍然不把宋人放在眼里,哀宗曾说"北兵(指蒙古兵)所以常取全胜者,恃北方之马力,就中国之技巧耳。我实难与之敌,至于宋人,何足道哉"⑨,这里将蒙古、宋人与"中国"对举,"中国"也是指金朝。后来,金将完颜陈和尚与蒙古战败被俘,不屈而死,一些将士曾说"中国百余年,唯养得一陈和尚耳!"⑩ 说明当时的将士也称金朝为"中国"。至于李纯甫著《中庸集解》《鸣道集解》等书,号"中国心学,

①脱脱等:《金史》卷86《李石传》,中华书局,1975年版,第1915页。

②脱脱等:《金史》卷98《完颜纲传》,中华书局,1975年版,第2175页。

③脱脱等:《金史》卷98《完颜匡传》,中华书局,1975年版,第2167页。

④脱脱等:《金史》卷93《独吉思忠传》,中华书局,1975年版,第2064页。

⑤脱脱等:《金史》卷98《完颜纲传》,中华书局,1975年版,第2180页。

⑥脱脱等:《金史》卷49《食货志四》,中华书局,1975年版,第1109页。

⑦宇文懋昭撰,崔文印校证:《大金国志校证》卷21《章宗皇帝下》,中华书局,1986版,第288页。

⑧元好问:《赵公墓志铭并引》,见赵秉文《闲闲老人滏水文集·附录》,四部丛刊初编本。

⑨脱脱等:《金史》卷119《完颜娄室传》,中华书局,1975年版,第2599页。

⑩元好问:《遗山先生文集》卷27《赠镇南军节度使良佐碑》,四部丛刊初编本。

西方文教"①，以金朝为"中国"的史料，更为大家所熟知。说明金人进入中原地区以后，一直自称"中国"。

金人自称"中国"，虽然不为大多数宋人所接受，但宋人中也有人依据中原即中国的理念，承认金人占据的中原地区是中国，并引申金朝为中国。如陈亮就曾在上孝宗皇帝书中，劝皇帝不要"忘君父之大仇，而置中国于度外"，建议经略荆襄，"则可以争衡于中国矣"。② 陈亮在这里所说的"中国"，就是指中原地区以及占据中原地区的金朝。

第二，金人在自称"中国"的同时，也承认宋朝是"中国"。

金人虽然援引历史上"中原即中国""懂礼即中国"等思想和主张，极力称自己为"中国"，但并没有将宋朝排除在"中国"之外。

据史书记载，金人在初起之时，一直以北宋为中国，如：金人进据燕山（今北京）以后，宋使赵良嗣再次使金向金太祖请求归宋燕山等地，金太祖回答说"我自人燕山，今为我有，中国安得之？"③ 宣和五年（1123 年）又说"我与中国约，同取燕云，中国得其地，我得其人。"④ 这里所说的中国，都指北宋。金人灭辽以后，仍称北宋为中国，如金人第二次攻宋，在讨论作战方案时，宗翰曾说，"东京（今河南开封），中国之根本，我谓不得东京，两河虽得而莫守。"⑤ 所说"中国"也是指北宋。金人灭亡北宋以后，仍以北宋为中国，同时，南宋是北宋继承者的事实，又使他们意识到很难将南宋与北宋割断并排除到中国之外。完颜亮曾说，"自古帝王混一天下，然后可为正统"，实际上等于说，没有统一南宋，就不能成为正统，无疑是他对南宋是中国正统不得不承认的一种哀叹。世宗虽然声称"我国家绌辽、宋主，据天下之正"⑥，意欲向天下表明，金朝没有统一南宋，也可以称中国正统，但他也没有将南宋排除在中国之外，如大定八年（1168 年）金世宗在册命皇太子的《册命仪》中说"绍中国之建储，稽礼经而立嫡"⑦，无疑是在说金人学习"中国"的立太子制度，这里的"中国"绝不会指女真，应该指汉人，汉人只有建立政权才会有立太子制度，因此，这里的"中国"应该指汉人政权，北宋是汉人建立的政权，南宋也是汉人建立的政权，按此理解，金

---

① 脱脱等：《金史》卷 126《李纯甫传》，中华书局，1975 年版，第 2735 页。
② 陈亮：《陈亮集》卷 1《书疏·上孝宗皇帝第一书》，中华书局，1974 年版，第 4、8 页。
③ 徐梦莘：《三朝北盟会编》卷 16，引蔡絛《北征纪实》，上海古籍出版社，1987 年版，第 112 页。
④ 徐梦莘：《三朝北盟会编》卷 24，引《金虏节要》，上海古籍出版社，1987 年版，第 181 页。
⑤ 徐梦莘：《三朝北盟会编》卷 57，引《金虏节要》，上海古籍出版社，1987 年版，第 425 页。
⑥ 脱脱等：《金史》卷 28《礼志一》，中华书局，1975 年版，第 694 页。
⑦ 张玮：《大金集礼》卷 8《大定八年册命仪》，丛书集成初编本。

世宗在这里所说的"中国"就应该指包括南宋在内的一切汉人建立的政权，应该不会将南宋排除在外。金章宗倒想将南宋排除在中国正统之外，在他组织的"德运"问题大讨论中，甚至有人主张越过北宋直接继承唐朝为正统，将北宋也列入非正统的闰位，但没有为大多数人所接受。章宗也反对将北宋排除到中国正统之外的意见，但他又想将南宋排除到中国正统之外，如何割断北宋与南宋的继承关系，无疑又成了摆在章宗等人面前的难题。因此，章宗时期的德运讨论虽然轰轰烈烈，但其意欲将南宋排除在中国正统之外的观点并未为大多数人所接受。比如，金末刘祁曾说，显宗完颜允恭"高明绝人，读书喜文，欲变夷狄风俗，行中国礼乐如魏孝文"①，刘祁在这里所说的"中国"，有文化之涵义，但不会指女真文化，而是指"汉文化"，汉文化就是汉人及其所建政权的文化，南宋是汉人建立的政权，所创建的文化应该属于汉文化范围，按此理解，刘祁所说的"中国"应该是指包括南宋在内的汉人及汉人建立政权的文化，如此说来，刘祁在这里所说的"中国"也没有将南宋排除到中国之外。

众所周知，金人元好问曾将自己编撰的有金一代诗歌总集命名为《中州集》，所用"中州"一词就是"中国"的意思②。据由宋入元的南宋遗民家铉翁所说，元好问不仅将那些"生乎中原，奋乎齐鲁汴洛之间者"视为"中州人物"，也将那些"生于四方，奋于遐外，而道学文章为世所宗，功化德业被于海内"的人物视为"中州人物"，认为"壤地有南北，而人物无南北，道统文脉无南北，虽在万里外，皆中州也"。说明元好问不仅以中原为中国，以金朝为中国，还按照"道统文脉"的文化标准，将那些"虽在万里外"，但"道学文章为世所宗"，有"功化德业"者称为"中国"。家铉翁对元好问"生于中原而视九州四海之人物犹吾同国之人，生于数十百年后而视数十百年前人物犹吾生并世之人"，十分感慨，曾满怀深情地说"若元子者，可谓天下士矣！数百载之下，必有谓予言为然者。"③从家铉翁的论述中，可以看出，元好问不仅用"中州"指代中国（金朝），也用"中州"指"九州四海"，指"天下"，赋予"中州""中国"以"九州四海"及"天下"之义。显然，当时的"九州四海""天下"也包括宋朝在内，说明，元好问虽然以金朝为"中国"，但他并没有将宋朝排除在"中国"之外。

---

① 刘祁：《归潜志》卷12《辨亡》，中华书局，1983年版，第136页。

② 班固：《汉书》卷57下《司马相如传》记载，司马相如作《大人赋》有"世有大人兮，在乎中州"一语，唐颜师古注曰"中州，中国也"；北宋邢昺《尔雅疏》卷7《释地第九》也说"中州，犹言中国也。"

③ 家铉翁：《题中州诗集后》，见苏天爵《国朝文类》卷38，四部丛刊初编本。

赵秉文在《蜀汉正名论》一文中，曾援引韩愈的话说"春秋诸侯用夷礼，则夷之；夷而进于中国，则中国之。"认为中国采用夷狄之礼就是夷狄，夷狄采用中国之礼就是中国。在此基础之上，赵秉文又进一步提出了"有公天下之心，宜称曰汉。汉者，公天下之言也"①的区别中国正统和非正统的理论。赵秉文在这里所说的"汉"，就是"中国"②。他认为，是否应该称曰"汉"以及是否应该称为中国正统，标准在于是否"有公天下之心"，不管你种族如何，只要"有公天下之心"即是"汉"，即是"中国"。言外之意，金人懂礼，有公天下之心就是"汉"，就是"中国"；宋人懂礼，有公天下之心，也是"汉"，也是"中国"。显然，这也是金宋都是"中国"的意思。

可见，金人进入中原以后，即援引"中原即中国""懂礼即中国"等汉儒学说和理论，自称中国，但金人并没有将宋人排除到中国之外。作为分立对峙政权，金人承认金、宋分别是各自独立的不同政权，各有自己的国号，互为"外国"，但作为"中国"，他们又认为金、宋都是"中国"。这就是中国古代比较宽泛的"中国"意识，或称"大中国"意识，也就是我们常说的"中国多元一体"意识。

以上可以看出，辽金时期确实存在"中国多元一体"意识。张博泉和费孝通提出的"中华一体"和"中华民族多元一体格局"的理论是从中国多民族国家历史发展实际中概括和总结出来的符合中国历史发展实际的理论。这说明，"中国多元一体"观念，不仅是政治概念也是学术概念，符合辽金自称"中国"也承认宋朝是"中国"的历史发展实际，值得我们认真学习和深入研究。

原载《中央民族大学学报》2011年第3期。

---

① 赵秉文：《蜀汉正名论》，见《闲闲老人滏水文集》卷14，四部丛刊初编本。
② 笔者认为，赵秉文在《蜀汉正名论》中所说的"汉"已从三国时期的蜀汉政权引申为"中国"。宋人朱彧在《萍洲可谈》中说"汉威令行于西北，故西北呼中国为汉，唐威令行于东南，故蛮夷呼中国为唐"（见《萍洲可谈》卷2）；元胡三省为《资治通鉴》作注时说："汉时匈奴谓中国人为秦人，至唐及国朝则谓中国为汉，如汉人、汉儿之类，皆习故而言"（见《资治通鉴》卷22），又说"鲜卑谓中国人为汉"（见《资治通鉴》卷167），又称"汉家威加四夷，故夷人率谓中国人为汉人，犹汉时匈奴谓汉人为秦人也"（见《资治通鉴》卷202），又在为契丹"朝廷制度，并用汉礼"作注时说"北方谓中国为汉"（见《资治通鉴》卷285）。说明汉代以后多谓"中国为汉"。胡阿祥认为"域外特别是中亚地区及其以西诸国，往往称汉朝及汉朝以后的中国为汉""汉"是"域外有关中国的一种习惯称谓"（见胡阿祥《中国历史上的汉国号》，《江苏行政学院学报》，2005年第5期），所论甚有道理。实际上，不仅域外称中国为"汉"，汉朝以后域内也称"中国为汉"。

明人"普遍否认辽金正统"说质疑

宋辽金对峙时期，宋人自称"中国"、自称"正统"，辽人和金人也自称"中国"、自称"正统"。元人自从议修辽宋金三史之始，就围绕着辽宋金的"正统"问题，展开激烈的争辩，直至元朝末年，才由脱脱拍板确立了辽宋金"三国各与正统，各系其年号"①的修史方案，并撰成了辽、宋、金三史，承认了辽金的正统地位。辽、宋、金三史修成以后，仍然有人对辽宋金"各与正统"问题提出质疑和申辩。近年来，有人撰文指出，"明代大概是中国历史上华夷观念最为强烈的一个时代，比起元人来，明朝士大夫对于宋辽金三史更加不能容忍，必欲取代之而后快""与元朝正统之辨所不同的是，这个问题的结论在明代几乎是没有争议的。因此，彻底颠覆宋辽金三史的正统体系，自然是明朝士大夫汲汲于心的一件事情"，认为"明代士人普遍否认辽金正统""从一个侧面彰显了近千年来华夷观念的演变轨迹"②。如果说明人对元人确立的辽宋金三史正统体系存在不同认识，无疑是正确的，但说明人"普遍否认辽金正统"，并认为"这个问题的结论在明代几乎是没有争议的"，恐怕与史实相去甚远。实际情况是，明朝确实有人反对辽宋金三史正统体系，但以官方为代表的主流观点仍然承认辽宋金"各与正统"的地位，"宋、辽、金三史的正统体系"并未被颠覆。下面即对这一问题作一简要论述，不正确之处，欢迎批评指正。

一、明前期，周叙上疏请求重修《宋史》未获支持，说明朝廷有人不赞成否定辽宋金"各与正统"的地位

元人开始修撰辽宋金三史之时，有关辽宋金"正统"问题就存有不同意见，到了元朝末年，按照辽宋金"三国各与正统，各系其年号"的编撰体例修成辽宋金三史以后，一些反对以辽金为正统的人心有不甘，极力诋毁元朝所修辽宋金三史，并伺机翻案。但在明太祖时期，未见到有人敢于上书请求重修宋史。直至明宣宗和英宗以后，才见到周叙为了完成其父周以立"以

---

①权衡撰，任崇岳笺证：《庚申外史笺证》卷上，中州古籍出版社，1991年版，第44页。
②刘浦江：《德运之争与辽金王朝的正统性问题》，《中国社会科学》，2004年2期。

宋、辽、金三史体例未当"①，欲重修宋史的建议。据周叙《景泰元年奏疏第三》记载，"臣永乐间恭由进士入翰林，屡白于管事院长，或因朝廷纂修事，多不暇留意"②，可知，周叙在初入翰林的明成祖时期就提出过重修宋史的建议，但翰林院官员"多不暇留意"，说明那时的翰林院官员对于周叙所提出的否定辽宋金"各与正统"之事不感兴趣。周叙又在其《与吴先生致仕都副御史》一文中说，他在任职翰林院期间，又以"辽金宋三史""不协正纲""两奉书钧轴前辈，举修未动。二欲疏之，初为西墅曾学士（棨）、东墅周（述）庶子尼，又为曹（鼐）、陈（循）二学士尼。比南京简静，自两请达上，未允。"③ 包诗卿根据曾棨在宣德时升任少詹事兼左春坊大学士，周述宣德时进左庶子，曹鼐正统八年（1443年）升任学士，陈循正统八年以学士入阁，断定周叙的这两次上书一次在宣德年间，一次在正统年间④，今从其说。周叙在书中说"两奉书前辈""二欲疏之"，均为前辈及曾棨、周述、曹鼐、陈循等人所阻，说明这些人在是否应该否认辽宋金"各与正统"的问题上存在不同看法。随后，周叙两书上达，所得结果仍然是"未允"，说明朝廷对周叙试图否认辽宋金"各与正统"地位的主张并不赞成。

周叙多次上书未获支持，仍不甘心，又于正统十三年（1448年）再次奏上《论修正宋史书》，周叙在上疏中表达了他对元修宋辽金三史"不以正统归宋，遂分列而为三，且不曰宋辽金，而以辽金加于宋首"⑤ 的撰修义例的强烈不满，诋毁"当时修史诸臣，学识未裕，道德未隆，既鲜世业之垂，复无位望之重"，主张"尊夏而外夷"，请求朝廷遴选文学宏博之士重新修成一部"以宋为正史，附辽金于其后"⑥ 的"明夷夏之分"的否定辽金正统地位的"有宋一代全书"。奏书上达之后，英宗批复"不必择人，叙其自修"⑦。此时周叙年事已高，英宗明知周叙"年衰多疾"，仍不答应周叙有关"择文学老成之臣一人，至南京翰林院委同与臣再选举南京文职中有学识官

①张廷玉等：《明史》卷152《周叙传》，中华书局，1974年版，第4198页。
②周叙：《石溪集》卷2《景泰元年奏疏第三》，《北京图书馆古籍珍本丛刊》102册，书目文献出版社，1988年版，第47页。
③周叙：《石溪集》卷1《与吴先生致仕都副御史》，《北京图书馆古籍珍本丛刊》102册，书目文献出版社，1988年版，第23页。
④包诗卿：《周叙与重修〈宋史〉再探讨》，《北方论丛》2008年3期。
⑤周叙：《石溪集》卷2《正统丙寅奏疏》，《北京图书馆古籍珍本丛刊》102册，书目文献出版社，1988年版，第36页。
⑥周叙：《论修正宋史书》，黄宗羲编《明文海》卷174，文渊阁四库全书本。
⑦《明英宗睿皇帝实录》卷165，正统十三年四月己巳条，台湾"中研院"历史语言研究所，1962年校印本，第3196-3197页。

员三四人，不妨本职，共加讨论"①的请求，而让他"自修"，明显是不同意设官置局重修《宋史》。周叙重修宋史的动议再次受挫，仍不死心，又于景泰元年（1450年）连续上疏，请求重修《宋史》，希望朝廷能够"许令臣自举选，不系见任及听选官，兼询访有学识进士儒士，同加讨论"，并表示愿意"自办家赀赡用，不费官给，以成圣明删前代不公之史，贻万世永远之规，杜夷狄猾夏之祸"，书后详列周叙自选纂修抄写人员及笔墨纸札等周叙准备自己承担的各项修史费用等等②。朝廷的回答不是"钦奉圣旨，不准"③，就是"奉圣旨，未谐"④，还是没有答应周叙的请求，致使周叙试图否定辽宋金"各与正统"地位的重修宋史的愿望化为泡影。

周叙屡次上疏请求重修《宋史》，并表示愿意"自办家赀赡用，不费官给"，朝廷仍然不予支持，恐怕不是经费和人力问题，而应该是那时的朝廷对于是否需要否认辽宋金"各与正统"地位问题仍然存有不同认识。

据史书记载，明朝初年，承认元朝的正统地位，并进而承认辽宋金"各与正统"的地位，官方并没有否认辽金正统的意图。明太祖朱元璋受华夷之辨的影响，曾提出过"驱逐胡虏，恢复中华"⑤等严夷夏大防之口号，但当他灭亡元朝统一全国以后，很快便转到"蒙古、诸色人等，皆吾赤子，果有材能，一体擢用"⑥的笼络少数民族的立场上来，声称"自赵宋末世，夷狄入主中国（中原），今百有余载，其运乃终"⑦，"天命归我中华"⑧，开始以继承元朝正统自居，下诏修撰《元史》，承认元朝的正统地位，并进而承认辽宋金"各与正统"的地位。明太祖朱元璋曾在洪武五年（1372年）十二

---

①周叙：《石溪集》卷2《正统丙寅奏疏》，《北京图书馆古籍珍本丛刊》102册，书目文献出版社，1988年版，第37页。

②周叙：《石溪集》卷2《景泰元年奏疏第三》，《北京图书馆古籍珍本丛刊》102册，书目文献出版社，1988年版，第47-48页。

③周叙：《石溪集》卷2《景泰元年奏疏第一》，《北京图书馆古籍珍本丛刊》102册，书目文献出版社，1988年版，第46页。

④周叙：《石溪集》卷2《景泰元年奏疏第六》，《北京图书馆古籍珍本丛刊》102册，书目文献出版社，1988年版，第52页。

⑤《明太祖高皇帝实录》卷26，吴元年十月乙丑条，台湾"中研院"历史语言研究所，1962年校印本，第402页。

⑥《明太祖高皇帝实录》卷51，洪武三年四月甲子条，台湾"中研院"历史语言研究所，1962年校印本，第1000页。

⑦《明太祖高皇帝实录》卷34，洪武元年八月己巳条，台湾"中研院"历史语言研究所，1962年校印本，第599页。

⑧《明太祖高皇帝实录》卷88，洪武七年三月己丑条，台湾"中研院"历史语言研究所，1962年校印本，第1560页。

月派人给逃居大漠的元幼主送去一封书信，信中说："自古国家，必有兴废，以小事大，理势之常，贤智者亦所乐行，而不以为辱。昔我中国赵宋将衰之际，为金所逼，迁都于杭，纳以岁币。其后金为君家所灭，君家亦遣使于宋，约纳岁币，一如金时。虽疆界有南北之分，而前后延祚百五十年，此小事大之明验也。"又在给北元权臣刘仲德、朱彦德二人书中说："昔者人臣致君以善，爱君有终，各有其道，道各有方，如赵宋事金，安享富贵百五十余年。此无他，处之各得其道也"①，劝逃居大漠的北元势力应该像"赵宋事金"一样臣属于大明王朝。这里，明太祖没有否定"赵宋事金"，又说"虽疆界有南北之分，而前后延祚百五十年"，明显是承认辽宋金"各与正统"的地位。洪武二十五年（1392年）五月，朱元璋又在给故元辽王阿札失里的信中说："昔者，二百年前，华夷异统，势分南北，奈何宋君失政，金主不仁，天择元君起于草野，戡定朔方，抚有中夏，混一南北，逮其后嗣不君，于是天更元运，以付于朕。"②承认"华夷异统"（即指宋金异统），也应该是没有否认金朝之统的意思。

明成祖朱棣也承认明朝继承元统之事实，注意笼络少数民族，反对过分强化华夷之辨。如，永乐八年（1410年）五月，诸将将成祖第一次亲征蒙古所俘获的"把秃帖木儿等男妇百余人来见"，成祖说"朕所讨者，凶渠耳，彼亦吾赤子，为贼所困久矣，命皆释之，人给口粮羊马"③。永乐二十一年（1423年）十月，成祖又对率众来归的鞑靼名王也先土干说："华夷本一家，朕奉天命为天子，天之所覆，地之所载，皆朕赤子，岂有彼此。"④在"华夷本一家"，蒙古也是"朕赤子"思想指导下，明成祖对投附过来的蒙古人表示极大信任，将他们当中的一部分人留在侍卫亲军之中，很快引起一些大臣的担心。陈恭曾上书说："侍卫防禁宜严，外夷异类之人，不宜置左右，玄宗几丧唐室，徽钦几绝宋祚，夷狄之患，可为明鉴。"明成祖回答说："天之生才何地无之，为君用人但当明其贤否，何必分别彼此？其人果贤则信任之，非贤虽至亲亦不可用。汉武帝用金曰磾、唐太宗用阿史那社尔，盖知其

---

①《明太祖高皇帝实录》卷77，洪武五年十二月庚子条，台湾"中研院"历史语言研究所，1962年校印本，第1417-1418页。

②《明太祖高皇帝实录》卷196，洪武二十二年五月癸巳条，台湾"中研院"历史语言研究所，1962年校印本，第2946页。

③《明太宗文皇帝实录》卷104，永乐八年五月辛巳条，台湾"中研院"历史语言研究所，1962年校印本，第1349页。

④《明太宗文皇帝实录》卷264，永乐二十一年十月己巳条，台湾"中研院"历史语言研究所，1962年校印本，第2407页。

人之贤也。若玄宗宠任安禄山，致播迁之祸，政是不明知人；宋徽宗自是宠任小人，荒纵无度，以致夷狄之祸，岂因用夷狄之人致败。春秋之法，夷而入于中国则中国之，朕为天下主，覆载之内但有贤才，用之不弃，近世胡元分别彼此，柄用蒙古鞑靼而外汉人南人，以至灭亡，岂非明鉴！"① 可见，明成祖具有一定的反对强化华夷之辨、反对将民族分成等级的思想，这种思想与那些强调华夷之辨并进而以"夷狄猾夏"为借口而试图否认辽金正统地位的思想是不相同的。宣德八年（1433年）明宣宗"御奉天门视朝罢"，曾对杨士奇等人说："皇祖太宗文皇帝万机之暇，燕游于此"，曾"指顾山川而谕朕曰：'此古轩辕所都，而后来赵宋之疆境也，宋弗良于行，金取而都之，金又弗良，元取而都之，元之后裔不存殷鉴，加弗良焉'"，而后为我大明所取②。从明宣宗所追述的明成祖对他的教诲中，也可以看出明成祖朱棣曾以继承宋金元自居，没有否认明人承宋金元之统的意思，也就是没有否认辽金正统的意思。

太祖、成祖之后的宣德、正统、景泰时期，由于受太祖、成祖时期的影响，也没有否定元统并进而否定辽金正统的意图，因此，周叙在宣德、正统、景泰时期连续上疏请求重新撰写一部否定辽宋金"各与正统"地位的《宋史》，才没有获得支持。这说明，宣宗、英宗和代宗时期，虽然有人试图否认辽宋金"各与正统"的地位，但并非是"普遍否认辽金正统"，承认辽宋金"各与正统"地位者仍然大有人在，并且居于以官方为代表的主流地位，这从上述周叙上疏重修宋史曾受阻于一些大臣以及未获朝廷支持就能看出来。

二、明中期"监本二十一史"印行，说明明代"宋辽金三史的正统体系"并未被颠覆，承认辽宋金"各与正统"地位的认识仍然居于主流地位

明宪宗成化以后，由于受明英宗一度被瓦剌所俘、明蒙关系激化的影响，夷夏大防思想再度抬头，出现一股试图否认元统并进而否认辽金正统的思潮，到了嘉靖和万历时期，进入明人否定辽宋金"三国各与正统"的重修《宋史》的高峰期。这一时期，安都撰成《十九史节定》，王洙撰成《宋史

---

① 《明太宗文皇帝实录》卷 134，永乐十年十一月癸卯条，台湾"中研院"历史语言研究所，1962 年校印本，第 1641-1642 页。

② 《明宣宗章皇帝实录》卷 101，宣德八年四月丁亥条，台湾"中研院"历史语言研究所，1962 年校印本，第 2259 页。

质》，柯维骐修成《宋史新编》等，均从严夷夏大防、强化华夷之辨和"夏尊夷卑"的理论出发，试图通过"颠覆宋辽金三史的正统体系"而否认辽金的正统性①。但这种思潮主要兴起于一些汉族士人之中，只代表个人或一部分人的观点，不代表全部明人的观点。这种思潮虽然对朝廷产生一些重要影响，但朝野上下仍然没有形成否定元统并进而否定辽金正统的一致意见，仍然存在反对否定辽宋金"各与正统"地位的不同意见，尤其是官方，还是没有否认元统并进而否认辽宋金"各与正统"的意图。这种思想倾向，我们从嘉靖和万历时期校刊"二十一史"就能看出来。

中国古代有一个传统，某个王朝纂修前朝历史，就是对前朝是正统王朝的承认；某个王朝将以前某些王朝的史书列入中国"正史"系列，也就是对这些王朝是正统王朝的承认。章炳麟曾指出，"正史云云，又有当论述者，正统之说是也。《隋志》于正史之外，别有霸史，以霸匹正，则正言正统，霸言僭伪割据也。"② 学界虽然对何为"正史"之说存在一些不同认识，但对凡是将某个王朝的史书列入中国正史系列，即是对那个王朝具有正统地位承认的传统认识则没有异义。

中国古代自从司马迁撰成《史记》、班固撰成《汉书》以后，就逐步形成了所谓的中国"正史"之说，《史记》、《汉书》、《后汉书》被称作"前三史"，《史记》、《汉书》、《后汉书》、《三国志》被称为"前四史"，唐代在"前四史"的基础之上，增入《晋书》、《宋书》、《齐书》、《梁书》、《陈书》、《魏书》、《北齐书》、《周书》、《隋书》，形成"十三史"，宋代又增入《南史》、《北史》、《新唐书》、《新五代史》，形成"十七史"，到了明代嘉靖时期又增入《辽史》、《宋史》、《金史》、《元史》，形成"二十一史"③。明人在确立"二十一史"之时，并未将《辽史》、《金史》排除到中国正史系列之外，而是与《宋史》一起列入中国正史之中，就是对辽宋金"各与正统"地位的承认。

明代中国正史"二十一史"之说的形成，是从嘉靖时期国子监刊行中国

---

① 王德毅：《由〈宋史质〉谈到明朝人的宋史观》，《宋史研究集》第12辑，1978年；陈学霖：《柯维骐〈宋史新编〉述论》，《宋史论集》，台北东大图书公司，1993年；刘浦江：《德运之争与辽金王朝的正统性问题》，《中国社会科学》，2004年2期；侯虎虎、贺小娜：《试论明人的〈宋史〉研究》，《延安大学学报》，2005年3期；吴漫：《明代宋史学者关于历史文化认同的思想历程》，《云南民族大学学报》，2008年6期。

② 章炳麟：《国学讲演录·史学略说》，江苏文艺出版社，2007年版，第111页

③ 钱大昕：《十驾斋养新录》卷6《三史》《十三史》《十七史》《监本二十一史》，上海书店出版社，1983年版，第119-120页。

正史"二十一史"开始的①。关于明朝国子监刊行"二十一史"的情况，清人顾炎武曾做过论述，他说："宋时止有十七史，今则并宋、辽、金、元四史为二十一史。但辽金二史，向无刻本。南、北、齐、梁、陈、周书，人间传者亦罕。故前人引书多用南北史及通鉴，而不及诸书。亦不复采辽金者，以行世之本少也。嘉靖初，南京国子监祭酒张邦奇等，请校刻史书。欲差官购索民间古本，部议恐滋烦扰。上命将监中十七史旧板考对修补，仍取广东宋史板付监。辽金二史无板者，购求善本翻刻。十一年七月成，祭酒林文俊等表进。至万历中，北监又刻十三经、二十一史，其板视南稍工，而士大夫遂家有其书，历代之事迹粲然于人间。"② 顾氏称明朝南京国子监校刻"二十一史"，始于嘉靖初年，完成于嘉靖十一年（1532 年），没有说明起始的具体时间。据成书于嘉靖二十三年（1544 年）的《南雍志》记载，"嘉靖七年（1528 年），锦衣卫间住千户沈麟奏准校勘史书，礼部议以祭酒张邦奇、司业江汝璧博学有闻，才猷亦裕，行文使逐一考对修补，以备传布"③。又载"嘉靖七年奉敕校正补刊，至十年（1531 年）乃完，奏请令工部刷印"④。因辽金二史无板，乃"于吴下（苏州）购得辽金二史，亦行刊刻"，并称辽金二史均于"嘉靖七年刊"⑤。查《明世宗实录》，确实于嘉靖七年（1528 年）十一月条下记载，"初，锦衣卫千户沈麟奉请命官校勘历代史书，刊布天下。上嘉其志，下礼部议。至是，尚书方献夫等言史书多残缺，必翻刻而后可垂示久远，若五代以上诸史惟宋板为工，多蓄于江南富民之家，宜命官购索，付之梓。上曰：翻刻书籍，虽系右文之事，但差官购索民间古板，未免骚扰，反滋奸弊，姑已之。第令南京礼工二部，将南京国子监所存旧板，用心翻阅修补，以便传布。"是知，嘉靖皇帝确于嘉靖七年（1528 年）十一月下令校刊"二十一史"等书。现中华书局、北京图书馆均藏有卷首刻"大明南京国子祭酒臣张邦奇司业臣江汝璧奉旨校刊"，版心上方刻有"嘉靖八

---

① 明代嘉靖和万历时期，分别由南京国子监和北京国子监刊行"二十一史"，世称"南监本"和"北监本"。

② 顾炎武著、黄汝成集释：《日知录集释》卷 18《监本二十一史》，上海古籍出版社，1985 年版，第 1371-1372 页。

③ 黄佐：《南雍志》卷 18《经籍考·梓刻本末》，《续修四库全书》史部第 749 册，上海古籍出版社影印本，第 421 页。

④ 黄佐：《南雍志》卷 17《经籍考·官书本末》，《续修四库全书》史部第 749 册，上海古籍出版社影印本，第 419 页。

⑤ 黄佐：《南雍志》卷 18《经籍考·梓刻本末》，《续修四库全书》史部第 749 册，上海古籍出版社影印本，第 421、433 页。

年（1529）刊”字样的《辽史》和《金史》①，与《南雍志》所载嘉靖七年（1528 年）刊《辽史》和《金史》相差一年。香港中文大学图书馆藏有明刻“二十一史”，其中《金史》匡高 21.4 公分，宽 15.5 公分，10 行 22 字，细黑口，双鱼尾，左右双边，钤有“西条邸图书记”“正德六年丙申”印，正德是明武宗年号，如果不是其钤印有误的话，则在世宗嘉靖七年以前就已经有了《辽史》和《金史》印本，大约嘉靖七年是世宗正式下令校刊“二十一史”的时间，而锦衣卫千户沈麟等人请求校勘史书的时间也就是说有关校刊“二十一史”的动议或许会更早一些。但不管怎么说，到了嘉靖七年（1528 年）之时，有关中国正史“二十一史”之说已经正式形成，恐怕不会有什么问题。到了万历时期，南京国子监又重新补版印刷了“南监二十一史”，同时，北京国子监也“奏请重刊二十一史”②，并获得万历皇帝的批准，于是，北京国子监又以“南监二十一史”为底本重新校勘了“二十一史”并进行印刷，史称“北监二十一史”。“南监二十一史”和“北监二十一史”合称监本“二十一史”。监本“二十一史”在崇祯年间又重新进行了校订和印刷③。

嘉靖时期由南京国子监负责校刊“二十一史”之时，正是一些士人试图否定辽宋金“各与正统”而主张重修《宋史》的高潮时期。而明朝政府则不怕费时费力，将需要购求善本和重新雕版的《辽史》、《金史》列入中国正史“二十一史”之中，足以说明那时的官方包括一些大臣和文人并不赞成否定辽宋金“各与正统”的地位。不然，他们完全可以将《辽史》和《金史》排除在中国正史系列之外，像元朝曾先之和明朝梁孟寅、安都那样，只校刊“十八史”或“十九史”④。或用重新编撰的否定辽金正统地位的《宋史》来取代辽宋金三史，均可产生否认辽金正统地位的积极效应。如果说嘉靖时期校刊“南监二十一史”之时还没有人撰写出一部能够否定辽宋金“各与正统”地位的《宋史》的话，那么，到了万历时期重新校刊“南监二十一史”和刊行“北监二十一史”之时，王洙的《宋史质》、柯维骐的《宋史新编》

---

①日本学者尾崎康认为“南监二十一史”的校刊工作是嘉靖七年首先从《辽史》和《金史》开始的，《辽史》和《金史》刻于嘉靖八年。参见尾崎康著，陈捷译《以正史为中心的宋元版本研究》，北京大学出版社，1993 年版，第 84 页。

②沈德符：《万历野获编》卷 25《国学刻书》，中华书局，1959 年版，第 637 页。

③陆启宏：《客燕杂记》，参见清王士禛《王士禛全集·杂著·居易录》，齐鲁书社，2007 年版，第 3694 页。

④钱大昕：《十驾斋养新录》卷 6《十八史十九史》称“元曾先之撰《十八史略》二卷，盖于十七史之外益以宋事也。明初监川梁孟寅益以元事，称《十九史略》”，均未将《辽史》和《金史》列入其中（上海书店出版社，1983 年版，第 120 页）。明中期安都撰有《十九史节定》，亦将《辽史》和《金史》排除在正史之外。

等颠覆"宋辽金三史的正统体系"而以宋为正统的著作早已问世①，万历皇帝完全可以用其中的某一种书取代辽宋金三史，只印十九史，或者在"二十一史"之外增入某一种否定辽金正统的著作，形成"二十二史"等，也可以起到否定辽金正统地位的效应。刘浦江说史学大师金毓黻曾期许于"取柯书（指柯维骐《宋史新编》）列于正史，而称为《新宋史》。柯劭忞之《新元史》，藉政府之力得入正史，则维骐之作，何为而不得列入正史？前后二柯，互相辉映，吾知终必有实现之一日也。"②刘浦江引用此段文字是想说明金毓黻期许于将柯维骐《宋史新编》列入正史，以便说明金毓黻具有否认辽金正统性的思想，那么，我们将这段话反过来说，就应该是没有将柯维骐《宋史新编》列入正史无疑就是对辽金正统的一种承认。我们都知道，柯维骐《宋史新编》未能列入正史，始作俑者应该是嘉靖皇帝、万历皇帝及其南北国子监的官员和士人们，这也说明嘉靖和万历时期并没有否认辽宋金"各与正统"的意思。

嘉靖皇帝将辽宋金三史列入中国正史"二十一史"系列，表明他对辽宋金"各与正统"地位的承认，这从他怒毁安都《十九史节定》也能看出来。

关于嘉靖怒毁安都《十九史节定》之事，《明史》和《明实录》等书均未记载，徐学聚《国朝典汇》作了简略记述，谓：嘉靖十三年（1534年）六月"太康县儒士安都撰《十九史节略》四百七十卷③，剽迁、固之失，正蜀汉之统，斥武后之奸，明充昭之弑，六朝惟存本号，朱温特去尊称，削艺祖以国名，附辽金于宋纪。至是成，进呈。上曰：'历代史书已有定论，何得掇拾妄议！'部议'焚其书'，从之。"④明人王圻《续文献通考》收有安都上奏其书时所上奏文、嘉靖皇帝谕旨和夏言所上驳奏之文，称安都撰写《十九史节定》一书，对前朝诸史有关"正统"归属问题提出了自己的新看法，主要是反对辽宋金"各与正统"的地位，这从他所定的书名将《辽史》和《金史》排除在中国正史之外就能看出来。嘉靖皇帝看了安都所上奏文以后，怒批曰："历代史书已有正定，安都这厮，掇拾妄议，礼部参看了来

①一般认为，王洙《宋史质》成书于嘉靖二十五年（1546年）；柯维骐的《宋史新编》成书于嘉靖三十四年（1555年）。

②刘浦江：《德运之争与辽金王朝的正统性问题》引金毓黻《中国史学史》1944年重庆商务印书馆初印本第147页，又称1949年后再版时已删去此段文字。用金毓黻再版时删去的文字支持自己的观点，不知有没有说服力。

③张廷玉等：《明史·艺文志》和王圻《续文献通考》均称《十九史节定》170卷。

④徐学聚：《国朝典汇》卷23《献书》，《四库全书存目丛书》第264册，齐鲁书社，1996年版，第619页。

说。"礼部奉旨经过讨论以后，由礼部尚书夏言撰写了一篇反驳安都的奏文，表达了礼部对安都《十九史节定》一书的意见。夏言在这篇驳奏之文中针对安都有关"附辽金于宋纪"的书法，指出"辽金附记，通鉴已然"①，明确表示，在正统问题上，同意司马光《资治通鉴》的观点。其实，司马光《资治通鉴》只将五代与辽并列记述了辽初的史事，并没有记述两宋与辽金的史事，但司马光在记述魏晋十六国史事时，曾表达了他对历史上有关"正闰"之说的看法，他说，"臣愚诚不足以识前代之正闰，窃以为苟不能使九州合为一统，皆有天子之名而无其实者也。虽华夷仁暴，大小强弱，或时不同，要皆与古之列国无异，岂得独尊奖一国谓之正统，而其余皆为僭伪哉！"②即认为在政权分立割据之时，不必区分正统与非正统，对待各个政权应该像对待"古之列国"一样，也应该承认这些政权的合法性。实际上，司马光在这里明确表达了分裂时期的各个政权如果确立"正统"的话就都是"正统"，如果不确立"正统"的话就都不是"正统"的思想。夏言在批驳安都的观点时也认为魏晋十六国之时"南北混淆华壤，边民虏汉相杂，而欲摈抑史传，模拟圣经，谬妄滋甚。纲目大收甲子，分注年号，各无轻重，不相主客，其得折中之宜乎。"认为在政权分立割据之时，应该仿照朱熹《资治通览纲目》之例，"大收甲子，分注年号，各无轻重，不相主客"③，这种思想与司马光的有关政权分立割据之时不必区分正统与非正统以及朱熹所谓的"无统"之说的思想是一致的，表明夏言并没有否定辽宋金"各与正统"地位的思想。夏言在所上奏文之后，建议对安都"相应惩治，用警将来"。嘉靖皇帝看了夏言的驳奏之文以后，特令法司"从重拟罪"，并毁其书④，说明嘉靖皇帝赞成夏言等礼部官员的观点，也没有否定辽宋金"各与正统"的意图。

　　嘉靖皇帝于嘉靖七年（1528 年）下令校刊"二十一史"，嘉靖十一年（1532 年）完成，过了两年怒毁安都《十九史节定》，没有否认辽宋金"各与正统"的意图。但事过两年，又出现了嘉靖皇帝令大学士李时"重修宋史"之事，是不是嘉靖皇帝没有否定辽宋金"各与正统"的思想又发生了变

---

① 王圻：《续文献通考》卷 172《经籍考·内府书》，明万历三十年刻本。

② 司马光：《资治通鉴》卷 69，黄初二年三月条，中华书局，1956 年版，第 2187 页。

③ 据《资治通鉴纲目凡例》记载，朱熹将中国古代政权分为"正统、列国、篡贼、建国、僭国、无统、不成君小国"几类，认为分裂时期如晋隋之间的"宋、魏、齐、梁、北齐、后周、陈、隋"等大国和"西秦、夏、凉、北燕、后梁"等小国并立时期为"无统"时期，指出"凡无统即为敌国，彼此均敌，无所抑扬"，所论与司马光的"正统"思想大同小异。参见朱熹著，严文儒、顾宏义校点《朱子全书》第 11 册《资治通鉴纲目·附录一·凡例》，上海古籍出版社、安徽教育出版社，2002 年版，第 3476—3477 页。

④ 王圻：《续文献通考》卷 172《经籍考·内府书》，明万历三十年刻本。

化呢？对此，我们对嘉靖皇帝下令重修宋史之事也应该作一考察，弄清历史真相。

据《明世宗实录》嘉靖十五年（1536 年）五月条记载，嘉靖皇帝曾"谕内阁：即今重书训录将完，可将皇祖御制文集、累朝文集等及四书五经、二十一史、性理大全、圣学心法，令官生各誊写一部贮藏，不必开馆，书经史各仍刊版一副。及再幸天寿山，召见大学士李时等于行宫，面谕重修宋史。至是，训录书完，时等遂请举行二事，因言：誊录前项经籍卷帙已为浩繁，又重修宋史，非时月可办。见在各馆官生，恐不敷用。"李时认为"修史一事，事体重大，非学问该博心专一者，恐不能提纲举要，芟繁就简，以成一家之言。"又说，他自己事务繁忙，"力不能专"，建议由南京吏部尚书严嵩专门负责此项事务。嘉靖皇帝采纳了李时的建议，下旨"严嵩改礼部尚书兼翰林院学士"[①]，专门负责誊录皇祖御制文集、累朝文集、四书五经、二十一史、性理大全、圣学心法等书以及重修宋史等项事务。广本《明世宗实录》虽然有"宋史开馆如例"[②] 之记载，但此后仅见"恭录皇祖列圣御制文集并圣学心法、四书五经大全及性理大全、二十一史诸书成"以及严嵩等誊录官员受赏等记载[③]，而重修《宋史》之事则不再被提及，似乎嘉靖十五年（1536 年）嘉靖皇帝试图重修宋史的动议在李时提出不同意见之后，未及运作就已经结束了。

有人说，嘉靖十五年（1536 年），嘉靖帝以"元修《宋史》，统序失正，编纂亦未尽善"为由，命大学士李时等重修《宋史》[④]。笔者遍查史书，至今也没有查到嘉靖皇帝所说此话的出处。根据上述《明世宗实录》的相关记载以及当时史事分析，嘉靖皇帝似乎不是因为"元修《宋史》，统序失正"才命令李时等人重修《宋史》的。主要理由如下：其一，从上述嘉靖帝印行"南监二十一史"、怒毁安都《十九史节定》等相关史事中可以看出嘉靖皇帝具有承认辽宋金"各与正统"地位的思想意识，这与此处所述有人认为嘉靖帝是因为反对"元修《宋史》，统序失正"，才下令重修《宋史》的思想不相

---

① 《明世宗肃皇帝实录》卷 187，嘉靖十五年五月乙卯条，台湾"中研院"历史语言研究所，1962 年校印本，第 3951-3952 页。

② 《明世宗实录校勘记》，台湾"中研院"历史语言研究所，1962 年校印本，第 1161 页。

③ 《明世宗肃皇帝实录》卷 274 嘉靖二十二年五月条；卷 294 嘉靖二十四年正月条；卷 485 嘉靖三十九年六月条。

④ 钱茂伟：《明代史学的历程》，社会科学文献出版社，2003 年版，第 173 页；侯虎虎、贺小娜《试论明人的〈宋史〉研究》，《延安大学学报》，2005 年 3 期；谢保成《二十四史修史思想的演变》，《学术研究》，2007 年 9 期。刘浦江《德运之争与辽金王朝的正统性问题》（《中国社会科学》，2004 年 2 期）虽然未引此语，但所论嘉靖重修宋史的思想与此语一致。

吻合。其二，嘉靖帝命李时重修《宋史》的同时，又令李时等誊录"二十一史"等书，且将誊录"二十一史"等书放到比重修《宋史》还重要的位置，说明嘉靖帝并非是要"颠覆宋辽金三史的正统体系"，而是在承认辽宋金三史都是"正史"的基础上重新改写《宋史》。其三，李时不同意誊录"二十一史"等书和重修《宋史》同时进行的主要原因是因为"见在各馆官生，恐不敷用"，以及需要"学问该博心专一"的学者才能重修《宋史》等，也就是说缺少修史人才，却不选那些以"颠覆宋辽金三史的正统体系"为己任而汲汲于心要重修《宋史》的学者如王洙、柯维骐等人开馆修史，也说明此次重修《宋史》并非是为了否认辽宋金"各与正统"的地位。据史书记载，王洙以私人之力修撰"辟夷狄（主经指辽金）尊中国（指宋朝）"之《宋史质》，始于"嘉靖壬辰（嘉靖十一年，1532 年），迄于丙午（嘉靖二十五年，1546 年）"①。柯维骐"发愤自宫"②，以私人之力"历二十寒暑"③ 于嘉靖三十四年（1555 年）撰成"会三史为一而以宋为正"④ 的《宋史新编》，则知其开始修书之时应该在嘉靖十四年（1535 年）左右⑤。可见，嘉靖十五年（1536 年）嘉靖帝下令重修《宋史》之时，王氏和柯氏试图"颠覆宋辽金三史的正统体系"而重新改写辽宋金三史的工作都已经开始，嘉靖皇帝不用他们修史而另选李时等人，无疑是对他们不信任，或者是不赞成他们意欲否定辽宋金"各与正统"之企图。二氏之书完成以后，无论何人吹捧柯氏之书"尊宋之统，附辽金为外国传，尤为得义例之精，于是数百年之书一旦厘正，视元人所修何啻千百，其有功于史大矣"⑥，嘉靖皇帝和万历皇帝仍然没有改变原来所定"二十一史"，未将其书列入中国正史系列以取代辽宋金三史，或者将其书增入中国正史系列，说明嘉靖帝无意否认辽宋金"各与正统"的地位。其四，李时与嘉靖帝讨论重修《宋史》一事时曾说"修史一事，事体重大，非学问该博心专一者，恐不能提纲举要，芟繁就简，以成一家之言。"这里只说"提纲举要，芟繁就简，以成一家之言"，并没有提到"统序失正"的问题，也说明嘉靖帝此次主张重修《宋史》并非是不满"元修《宋史》，统序失正"，而是不满元修《宋史》"繁芜""舛谬""芜秽"等为人所诟病之

①王洙：《宋史质》卷末《史质自序》，台北大化书局，1977 年影印本，第 470 页。
②永瑢等：《四库全书总目》卷 50《史部·别史类存目》，中华书局，1965 年版，第 454 页。
③黄佐：《宋史新编序》，明嘉靖四十三年杜晴江刻本。
④柯维骐：《宋史新编·凡例》，明嘉靖四十三年杜晴江刻本。
⑤永瑢等：《四库全书总目》卷 50《史部·别史类存目》称柯氏"家居三十载，乃成是书"，则柯氏开始修书的时间应在嘉靖四年（1525 年）左右。中华书局，1965 年版，第 454 页。
⑥康大和：《宋史新编后序》，明嘉靖四十三年杜晴江刻本。

处,试图重新修成一部"提纲举要,芟繁就简"为人们所称道的《宋史》。

以上可以看出,在明宪宗成化以后至嘉靖时期社会上出现以"颠覆宋辽金三史的正统体系"为目的而主张重修《宋史》出现高潮的同时,仍然有一些人不愿意否定辽宋金"各与正统"的地位,官方也没有否认辽宋金"各与正统"地位的意图,这从嘉靖时期中国正史"二十一史"之说正式形成就能看出来。说明,在明代中期有关辽宋金"各与正统"的问题仍然是一个有争议的话题,而试图否认辽金正统一派的意见并未为以官方为代表的主流正统观念所采纳,以官方为代表的主流观点仍然承认辽宋金"各与正统"的地位。

三、明后期"二十一史"广泛传播,"二十一史"之说深入人心,说明辽宋金"各与正统"已为多数人所承认

明朝后期,虽然仍然有人试图否认辽宋金"各与正统"地位,坚持重修《宋史》,但多未成书,只有王惟俭于天启三年(1623 年)修成《宋史记》一书①,且未明确说明正统归属,反对对辽金用兵使用"入寇"一词,而主张使用"犯""侵"等词语,否定辽宋金"各与正统"一派的思想影响,日见衰微。而嘉靖和万历时期印行的包括《辽史》和《金史》在内的"二十一史",则深受社会各阶层人士的重视和欢迎,"二十一史"开始成为一个专有名词迅速为社会各阶层人士所接受并迅速传播开来,辽宋金"各与正统"的思想认识已为大多数人所接受。

据史书记载,"世宗嘉靖十一年(1532 年)七月,南京国子监刊修二十一史成"②,嘉靖十四年(1535 年),南京国子监祭酒费采即在其"条奏太学事宜六条"中请求朝廷"将修完二十一史分给六馆以备诸生讲习。"③ 此后,"二十一史"被列于学官④,成为国子学诸生以及士人的必读之书。此后,"二十一史"在社会上的地位及其影响越来越大。皇帝为了学习历史上的治国经验,很重视"二十一史"的学习,史称崇祯皇帝"英敏笃学,诸经史毕

①关于王惟俭《宋史记》成稿时间,学界存在不同意见,陈学霖《柯维骐〈宋史新编〉述论》认为成稿于万历末年(《宋史论集》,台北东大图书公司,1993 年),侯虎虎、贺小娜《试论明人的〈宋史〉研究》认为成稿于天启三年(《延安大学学报》,2005 年 3 期),这里采用后说。

②《钦定续文献通考》卷 141《经籍考·总叙》,文渊阁四库全书本。

③《明世宗肃皇帝实录》卷 179,嘉靖十四年九月丙戌条,台湾"中研院"历史语言研究所,1962 年校印本,第 3845-3846 页。

④顾炎武:《日知录》卷 20《秘书国史·科场禁约》记载,"万历三十一年三月,礼部尚书冯琦上言""臣窃惟国家以经术取士,自《五经》《四书》《二十一史》《通鉴》《性理》诸书而外,不列于学官",是知,监本"二十一史"印行之后,即列于学官。

览。《书经大全》、《春秋》、《性理大全》、《资治通鉴》、《大学衍义补》、《贞观政要》、《皇明宝训》、《帝鉴图说》、廿一史等书，皆命司礼监提督，又将经厂印贮之书查进备览"①。明朝皇帝除了自己注意学习"二十一史"以外，还希望社会各阶层人士都学习"二十一史"，尤其是那些亲王重臣，希望他们学习历史上的治国经验以及应该如何做好一个大臣等等，因此，明朝皇帝常常将"二十一史"赠送给亲王重臣，让他们认真学习"二十一史"等等。如，崇祯八年（1635年），崇祯皇帝就曾"赐唐王《祖训》、《会典》、《五经》、《四书》、《二十一史》、《通鉴纲目》、《忠经》、《孝经》"②，让唐王认真学习《二十一史》等书。

在皇帝的倡导下，"二十一史"的信誉在社会上急剧飙升，学习"二十一史"逐渐成为社会风尚，何良俊"二十年惟闭门读书。虽二十一代全史亦皆涉猎两遍"③。蒋德璟"其谈古事则述二十一史如黄河泻水"④，成为人们学习"二十一史"的典范；曹学佺"旁通天文、禅说、字说、语录、二十一史"⑤，也受到人们的青睐；陈际泰"尝默二十一史，不三月而成"⑥，成为学习"二十一史"记诵超群的智慧象征。不懂"二十一史"则成为不学无术的代名词。于是，形成了"士大夫遂家有其书，历代之事迹粲然于人间"⑦的局面，就连诸士奇在清兵入关、仓惶逃亡日本之时，也没有忘记带上"二十一史"，足见人们对"二十一史"的重视⑧。

明代自从嘉靖印行"二十一史"以后，不仅国内形成了学习"二十一史"的热潮，就连日本、安南等国也十分珍视"二十一史"。史书记载，"日本自宽永享国三十余年，母后承之，其子复辟，改元义明，承平久矣。其人多好诗书、法帖、名画、古奇器、二十一史、十三经。"⑨说明"二十一史"在日本很受重视。明末清初思想家朱之瑜在清兵入关之际，"不甘薙发从

①李清：《三垣笔记·附识补遗》，中华书局，顾思点校本，1982年版，第246页。

②《明实录·崇祯实录》卷8，崇祯八年十二月癸卯条，台湾"中研院"历史语言研究所，1962年校印本，第266页。

③何良俊：《四友斋丛说》卷5《史一》，中华书局，1959年版，第43页。

④李清撰，顾思点校：《三垣笔记中·崇祯》，中华书局，1982年版，第50页。

⑤三余氏：《南明野史》卷中，《中国野史集成》第35册，巴蜀书社，2000年版，第61页。

⑥姚之骃：《元明事类钞》卷16《人品门二·聪敏·横看书》，文渊阁四库全书本。

⑦顾炎武著，黄汝成集释：《日知录集释》卷18《监本二十一史》，上海古籍出版社，1985年版，第1371-1372页。

⑧胡蕴玉：《发史·诸士奇》记载，清兵入关，"两京既陷，薙发令下，士奇乃载《十三经》《二十一史》入海，流寓日本终焉。"《中国野史集成》第40册，巴蜀书社，2000年版，第19页。

⑨三余氏：《南明野史》附录一《鲁监国载略》，《中国野史集成》第35册，巴蜀书社，2000年版，第109页。又见黄宗羲《海外恸哭记》附录一、李天根《爝火录》卷19。

虏",客居安南,曾和一位只会写汉字不会说汉话"不知是何官职"的知识分子讨论古文义理,期间,朱之瑜曾"问云'尊府古书多否'? 答曰:'少少足备观览'。余问《通鉴纲目》、《前后汉》、《二十一史》、《史记》、《文献通考》、《纪事本末》、《潜确类书》、《焚书》、《藏书》及《古文奇赏》、《鸿藻》等书;答云:'俱有,惟《鸿藻》无有'。"① 说明,"二十一史"在安南也比较流行。

在学习"二十一史"成为社会风尚的推动下,毕生以"二十一史"为研究对象的学者逐渐增多,并出现了一些以"二十一史"命名的著作,如,万历中诸生彭以明撰有《二十一史论赞辑要》36 卷,黄虞稷《千顷堂书目》称该书于万历庚戌年(万历三十八年,1610 年)成书,有黄起龙序。② 《四库全书总目·史部·史钞类存目》称该书"采录诸史论赞,以课其子。"虽评价其书为"钞撮之学,非读史之正法",但也反映了"二十一史"在学者心目中的地位。沈国元撰有《二十一史论赞》36 卷③,《四库全书总目·史部·史钞类存目》称其书"摘录二十一史论赞,加以圈点评识,全如批撰时文之式。"认为其书"以为评史,则纪传所载,非论赞所能该,事无始末,何由信其是非。以为论文,则晋书以下八史以及宋辽金元四史,岂可以为文式哉。"认为其书为文为史并无太多可取之处,但作者在书中将《辽史》和《金史》分别单列一卷,并以"二十一史"命名其书,也反映了作者对《辽史》和《金史》的重视。张墉撰有《廿一史识余》37 卷,④ 《四库全书总目·史部·史钞类存目》称该书"摘录二十一史佳事俊语,分类排纂。""略仿世说之体,而每条下皆注原史之名。""实稗官之流。"认为"所重乎正史者,在于叙兴亡,明劝戒,核典章耳。去其大端,而责其琐事,其去稗官亦仅矣。"认为张墉《廿一史识余》没有什么可取之处,然清人王士禛《居易录》则认为"张墉作《廿一史识余》,颇存古意。"⑤ 不管怎么说,张墉能将"二十一史"作为书名,就可以说明他对包括《辽史》和《金史》在内的"二十一史"的重视。明朝中后期学者程元初撰有《历代二十一传》(《续文

---

① 朱之瑜:《朱舜水文选·安南供役纪事·留札存案》,台湾银行经济研究室编《台湾文献丛刊》本,1963 年版,第 29 页。

② 中国社会科学院图书馆收藏有明万历三十七年(1609 年)彭惟成、彭惟直等刻本,是知,该书早在万历三十七年以前即已成书。

③ 浙图、北师大图书馆以及日本早稻田大学等均收藏有明崇祯十年(1637 年)大来堂刻本。

④ 安徽大学图书馆收藏有明崇祯十七年(1644 年)刻本。

⑤ 王士禛:《居易录》卷 13,周光培编《历代笔记小说集成·清代笔记小说》第六册,河北教育出版社,1996 年版,第 483 页。

献通考》称《历年二十一传》)一书,《四库全书总目·史部·编年类存目》称该书"略仿《资治通鉴纲目》之例。以二十一史各编年为传,故曰二十一传。"明朝后期张自勋撰有《廿一史独断》21卷,《续文献通考·经籍考·史部史评史钞》称"此书每一史为一卷,各纠其失而断以己意。然未能一一核其虚实、究其异同也。"《四库全书总目·史部·史评类存目》称是书"纠体例之失者十之三四,纠议论之失者十之六七。"纠体例之失者并非是纠辽宋金正统不明之体例,而是纠"某人之传不当在某人前,某人之传不当在某人后,及某人当与某人合传,某人不当与某人合传而已。"《辽史》和《金史》亦分别列为一卷进行讨论,应该是承认包括《辽史》和《金史》在内的"二十一史"都是正史之意。

此外,嘉靖壬辰科包节还撰有《二十一史意抄》[1];马惟铭撰有《二十一史纂略》,刻于万历四十一年(1613年)[2];戴羲撰有《二十一史文钞》,刻于崇祯十二年(1639年);周钟辑《二十一史文选》,刻于崇祯十五年(1642年)[3];等等,也都以"二十一史"为书名,足见嘉靖以来所确定的包括《辽史》和《金史》在内的"二十一史"影响之深远。

在学习和研究"二十一史"成为社会风尚的形势下,不仅学者们重视学习和研究"二十一史",就连一些并非想学习"二十一史"之人,也愿意收藏"二十一史",用以装潢门面。谢肇淛《五杂俎》记载,"建安杨文敏家藏书甚富,装潢精好,经今二百年,若手未触者。余时购其一二,有郑樵《通志》及二十一史,皆国初时物也。"杨文敏所藏"二十一史"即使装潢再好,经过二百多年仍然"若手未触者",恐怕即使翻看也不会太多,应该是谢肇淛所说"浮慕时名,徒为架上观美,牙签锦轴,装潢炫曜"[4]之类。明朝中后期,受社会上重视"二十一史"之风的影响,无论是史学家,还是文学家、医学家等社会各阶层人士,都愿意谈论"二十一史""二十一史"已经

---

①黄虞稷:《千顷堂书目》及《江南通志》《浙江通志》,《江南通志》称该书的作者为"华亭包节",查《明史·包节传》,其"先世嘉兴人,其父始迁华亭",知该书作者即是"登嘉靖十一年(1532年)进士"的包节。

②《浙江通志》卷243《史抄》引用黄氏书目称马惟铭撰有《二十一史纂署》44卷,有万历癸丑(即万历四十一年,1613年)序。黄虞稷《千顷堂书目》称马惟铭撰《二十二史纂署》44卷,明朝万历时期尚无"二十二史"之称,似黄氏误。《四库全书总目》《续通志》《续文献通考》均称马惟铭撰《史书纂略》220卷,称"是书取二十一史本纪列传各撮取大略汇成一编。"是知该书又名《史书纂略》。《明史·艺文志》称其书为100卷。

③陈先行:《打开金匮石室之门:古籍善本》上编《印本抱秀·不泥陈说,去沙见金——明崇祯刻本〈二十一史钞〉》,上海文艺出版社,2003年版,第136-137页。

④谢肇淛:《五杂俎》卷13《事部一》,中华书局,1959年版,第380、378页。

成为当时人士习用的时髦用语,如:"今二十一代史具在,其得失是非,可考而知也"①;"一部《二十一史》何处纪载"②;"百家小说未见其名,廿一史中从无此事"③;"一部廿一史,当从何处说起?"④ 等流行用语,随处可见。更有甚者,在明代以前书籍之中也窜入了"二十一史"之说,如《四库全书》收录的南宋陈言撰写的《三因极一病证方论》卷2《太医习业》条就有"为儒必读《五经》、《二十一史》、《诸子百家》,方称学者"之语,四库馆臣为其书作提要时称"二十一史""非南宋人所应见""疑明代传录此书者,不学无术,但闻有廿一史之说,遂妄改古书,不及核其时代也。"⑤ 就连明人妄改宋人医书时都窜进了"二十一史"一词,说明"二十一史"一词已经成为当时社会上流行的时髦用语,足见嘉靖以来所确立的包括《辽史》和《金史》在内的"二十一史"之说,影响深远。

以上可以看出,明朝确实有人试图"颠覆宋辽金三史的正统体系",主张重修《宋史》,否认辽金的正统地位,但他们的主张和建议并未得到朝廷的支持,他们主张重修宋史的活动虽然轰轰烈烈,但均属于私人修史性质,说明朝廷中仍然有一部分士人、官员以至皇帝不赞成"颠覆宋辽金三史的正统体系"。到了明朝中期,试图"颠覆宋辽金三史的正统体系"虽然形成高潮,但朝廷并没有受这些试图否认辽金正统地位的思潮所左右,仍然承认"宋辽金三史的正统体系",并进而将辽金二史列入中国正史序列之中,正式形成中国正史"二十一史"之说,明确地表达了明廷赞成辽宋金"各与正统"地位的态度。"二十一史"之说形成以后,很快为社会各阶层人士所接受并迅速传播开来,一些士人不但认真学习和研究"二十一史",而且用"二十一史"作为自己著作的名称,说明"二十一史"之说包括辽宋金"各与正统"的思想认识已为大多数人所接受。可见,有关辽宋金"各与正统"的问题在明代虽然是一个存在争议的话题,但试图否认辽金正统一派的观点并未为以官方为代表的主流正统观念所采纳。我们完全可以说,以官方为代表的主流观点仍然承认辽宋金"各与正统"的地位,"宋辽金三史的正统体

---

① 何良俊:《四友斋丛说》卷5《史一》,中华书局,1959年版,第41页。

② 朱之瑜:《朱舜水文选·祭王侍郎文(二)》,台湾银行经济研究室编《台湾文献丛刊》本,1963年版,第34页。

③ 罗贯中原著,冯梦龙增补:《新平妖传》第37回《白猿神信香求玄女,小狐妖飞磨打潞公》,载《冯梦龙全集》,江苏古籍出版社,1993年版,第371页。

④ 李渔:《闲情偶寄》卷3《态度》,浙江古籍出版社,1985年版,第108页。

⑤ 永瑢等:《四库全书总目》卷103《子部·医家类·三因极病证方论》,中华书局,1965年版,第866页。

系"并未被颠覆。我们不能无视中国正史"二十一史"包括辽金二史这一史学常识而随意去说"明代士人普遍否认辽金正统""彻底颠覆宋辽金三史的正统体系",更不能说"这个问题的结论在明代几乎是没有争议的"。我们从明代以官方为代表的主流观点并不赞成"颠覆宋辽金三史的正统体系"中还可以看出,逐渐强化"华夷之辨",并按照"尊夏贱夷"的思想区分正统和非正统,并未为明人所普遍接受,并不能彰显近千年来华夷观念的演变轨迹。而逐渐淡化"华夷之辨",强调华夷一家、华夷一体,主张华夷互相吸收,逐渐否定单一的汉文化选择而强调多元文化选择,才能从一个侧面彰显出近千年来华夷观念的演变轨迹。

原载《学术月刊》2012 年第 6 期;《光明日报》2012 年 7 月 12 日史学版论点摘编栏目摘录论点。该文原题为《明人"普遍否认辽金正统"说质疑》,发表时改为《"宋辽金三史的正统体系"在明代未被颠覆——兼与刘浦江商榷》,收入本书仍恢复原来题目。

试论清人的辽金"正统观"

——以辽宋金"三史分修""各与正统"问题讨论为中心

宋辽金对峙时期，宋人自称"中国"、自称"正统"，辽人和金人也自称"中国"、自称"正统"。元人自从议修辽宋金三史之始，就围绕着辽宋金的"正统"问题，展开激烈的争辩，直至元朝末年，才由脱脱最后拍板确立了辽宋金"三国各与正统，各系其年号"① 的修史方案，承认了辽金的正统地位。三史修成以后，赞成者有之，反对者亦有之，有关辽宋金"正统"问题成为人们长期争论不休的话题。

有人认为，"明代士人普遍否认辽金正统""彻底颠覆宋辽金三史的正统体系"，"清朝统治者从北方民族王朝立场转向中国大一统王朝立场之后，最终也否定了辽金正统"，"从一个侧面彰显了近千年来华夷观念的演变轨迹"。恐怕与史实相去甚远。实际情况是，明清时期，有关辽金"正统"问题，仍然是一个有争议的话题。关于明人是否"颠覆宋辽金三史的正统体系"问题，笔者已撰成《"宋辽金三史的正统体系"在明代未被颠覆》一文②，进行了质疑和辨析。这里仅就清人的辽金"正统"观问题，谈点不成熟的看法。

刘浦江在《德运之争与辽金王朝的正统性问题》一文中指出，清朝前期，有意提高辽金王朝的历史地位，顺治二年（1645 年），增祀辽太祖、金太祖、金世宗于历代帝王庙；康熙六十一年（1722 年），又增祀辽太宗、景宗、圣宗、兴宗、道宗及金太宗、章宗、宣宗等于帝王庙，"欲伪宋而正辽金"，但"到了乾隆时代，清朝统治者的正统观念已经发生蜕变"。这位学者引用乾隆《命馆臣录存杨维桢〈正统辨〉谕》及《题〈大金德运图说〉》诗序等文中有关"宋虽南迁，正统自宜归之宋，至元而宋始亡，辽金固未可当正统也"等论述，认为"清朝统治者从北方民族王朝立场转向中国大一统王朝立场之后，最终也否定了辽金正统。"其实，这位学者所说清朝前期有意

---

①权衡撰，任崇岳笺证：《庚申外史笺证》卷上，中州古籍出版社，1991 年版，第 44 页。
②赵永春：《"宋辽金三史，正统体系"在明代未被颠覆》，《学术月刊》，2012 年 6 月号。

提高辽金历史地位之时，并未"伪宋"，因为他们在增祀辽金皇帝于帝王庙之时就已经在帝王庙中崇祀宋太祖等宋朝皇帝，并将曹彬、潘美、韩世忠、张浚、岳飞等宋朝大臣列为配享功臣等，说明清朝初期增祀辽金帝王只是在承认宋朝历史地位的同时，也承认辽金的历史地位而已。到了乾隆时期，不但未将辽金皇帝移除历代帝王庙，又在崇祀金太祖等于帝王庙的基础上增祀金哀宗于帝王庙，为何反倒变成"否定辽金正统"了呢！实际上，乾隆皇帝在录存杨惟桢《正统辨》以及《题〈大金德运图说〉》诗序时虽然说过"辽金未可当正统"的话，但在其他场合以及有关事件中，他又表达了许多与此不相一致的思想认识，其主流思想仍然承认辽宋金"各与正统"的地位。

一、乾隆皇帝并没有"抑辽金"

有人在引用金毓黻先生谓《四库全书》将《宋史质》和《宋史新编》列入存目，乃是因为这两部书"尊宋统、抑辽金，大触清廷之忌，意甚显然"之后，称"清高宗同样也是'尊宋统、抑辽金'的"①。实际上，金毓黻先生所说并没有错，相反，这位学者所说清高宗也是"抑辽金"的，倒是与史实相去甚远。

乾隆在《命馆臣录存杨维桢〈正统辨〉谕》中虽然说过"尊宋统"的话，但他同时也说了宋曾"称臣称侄于金"的话，并未回避南宋曾经向金称臣称侄、地位低于金朝的历史事实，并对一些汉儒鄙视辽金十分不满。

据史书记载，乾隆四十年（1775年），乾隆在如何修撰《四库全书》的有关批示中即对以前各史在翻译少数民族语言之时如"书回部者，每加犬作猢"等使用侮辱少数民族语言的行为表示强烈不满，谓那些"见小无识之徒，欲以音义之优劣，强为分别轩轾，实不值一噱。"② 对四库馆臣有关"两宋屈于强邻，日就削弱，一时秉笔之人，既不能决胜于边围，又不能运筹于帷幄，遂译以秽语，泄其怨心，实有乖纪载之体"③ 等论述表示赞同，因命馆臣在编修《四库全书》时将这些有辱少数民族的语言全部厘正。乾隆在此之前下令重订《辽金元史国语解》④ 等也有此意。不知这些论述是否存

---

①刘浦江：《德运之争与辽金王朝的正统性问题》，《中国社会科学》，2004年2期。

②《清高宗纯皇帝实录》卷983，乾隆四十年五月甲子条，中华书局，1985年影印本，第121页。

③永瑢等：《四库全书总目》卷47《史部·编年类·御定通鉴纲目三编》，中华书局，1965年版，第431页。

④《清高宗纯皇帝实录》卷898，乾隆三十六年十二月戊寅条，中华书局，1985年影印本，第1099页。

有"抑辽金"之处?

乾隆四十二年(1777 年),乾隆又对修撰《四库全书》的馆臣们批示:"前此批阅《通鉴辑览》,以石晋父事辽国,而宋徽、钦之于金,亦称臣称侄。旧史于两国构兵,皆书'入寇',于义未协,因命用列国互伐之例书'侵',以正其误。"乾隆反对旧史有关辽金对中原用兵"皆书'入寇'"的书法,主张"用列国互伐之例书'侵'",无疑是将辽宋金等各国均视为"列国",认为辽宋金之间的用兵属于"列国互伐",就是主张对这些政权应该同等看待,不应该歧视辽金的意思,乾隆说他这样做是"一秉至公,非于辽金有所偏向"①。乾隆在这里所主张的"厘正书法",与旧史之书法相比,应该是提高了辽金的历史地位,不知如何表现出了"抑辽金"的思想倾向?

乾隆四十七年(1782 年),乾隆皇帝在命皇子及军机大臣订正《通鉴纲目续编》时又说"朕披阅《御批通鉴纲目续编》,内《周礼发明》、张时泰《广义》,于辽金元事,多有议论偏谬,及肆行诋毁者。《通鉴》一书,关系前代治乱兴衰之迹,至《纲目》祖述麟经,笔削惟严,为万世公道所在,不可稍涉偏私。试问孔子《春秋》内,有一语如《发明》《广义》之肆口嫚骂所云乎。""若司马光、朱子,义例森严,亦不过欲辨明正统,未有肆行嫚骂者。"对汉儒在《通鉴纲目续编》一书中鄙视辽金、使用嫚骂性语言对辽金元肆意诋毁的作法表示了强烈不满。接着,乾隆又说,"至于东夷西戎,南蛮北狄,因地而名,与江南河北,山左关右何异?孟子云:舜为东夷之人,文王为西夷之人。此无可讳,亦不必讳。但以中外过为轩轾,逞其一偏之见,妄肆讥讪""桀犬之吠,固属无当""至史笔系千秋论定,岂可骋私臆而废正道乎""如宋徽、钦之称臣称侄于金,以致陵夷南渡,不久宗社为墟,即使史官记载,曲为掩饰,亦何补耶!"对史官使用谩骂性语言记叙辽金等少数民族事迹以及掩饰宋朝向金称臣称侄之事表示强烈不满。因下令"所有《通鉴纲目续编》一书,其辽金元三朝人名地名,本应按照新定正史,一体更正。至《发明》《广义》内三朝时事不可更易外,其议论诋毁之处,著交诸皇子及军机大臣量为删润,以符孔子《春秋》体例。"②乾隆在这里所表达的主要思想是反对歧视辽金等少数民族的思想,反对在史书中对辽金等少数民族使用谩骂性质的语言,反对史官掩饰宋朝向金称臣称侄、地位低于辽金之事,不知这里有没有"抑辽金"的意思?

----

①《清高宗纯皇帝实录》卷 1034,乾隆四十二年六月丙午条,中华书局,1985 年影印本,第 863 页。

②《清高宗纯皇帝实录》卷 1168,乾隆四十七年十一月庚子条,中华书局,1985 年影印本,第 666-667 页。

元人所修《辽史》、《金史》与《宋史》并列，已为华夷之辨思想严重的汉儒所不容，但乾隆皇帝在其为重刊《金史》所作序文中认为"元托克托（脱脱）等之承修《金史》"，仍然存有"妄毁金朝"之事，并认为"妄毁金朝"是"狃于私智小见"①。这哪里是在"抑辽金"，分明是在抬高辽金的历史地位！

可见，乾隆一直反对歧视辽金等少数民族，反对在史书中对辽金等少数民族使用谩骂性质的语言，并在编修《四库全书》时令四库馆臣对旧史书中有关歧视和谩骂辽金等少数民族的语言进行删改。同时强调，删改史书只是厘正辱骂诋毁辽金等少数民族的用语和"译其国语之讹误者""至于其国制度之理乱，君臣之得失，未尝一字易。"他认为"盖史者信也，所以传万世，垂法戒，彼其时之史，或已不能保其必信数百年之后，无庸为之修饰。"②也就是说，乾隆主张除了谩骂诋毁辽金等少数民族的用语和"译其国语之讹误者"需要改正之外，一个字都不能改。这种"厘正书法"的作法，虽然不符合有关古籍整理之原则，却符合对待各少数民族平等看待的思想，甚至与我们国家于上个世纪 50 年代颁布的《中央人民政府政务院关于处理带有歧视或侮辱少数民族性质的称谓、地名、碑碣、匾联的批示》的思想相一致。不但能够说明乾隆并没有"抑辽金"的思想，还能说明乾隆运用对待辽金等少数民族应该一视同仁的思想去编修《四库全书》并没有什么大错，我们不能因此就认为《四库全书》的版本不好，甚至认为引用《四库全书》就是治学不严谨等等。其实，乾隆修《四库全书》反对对辽金等少数民族使用谩骂诋毁性的语言并不是错误，应该是其优点才对，只要我们引用《四库全书》的版本与其他版本的史实没有出入，就不应该视为治学不严谨的问题。

乾隆没有"抑辽金"的思想不仅表现在他主持编修《四库全书》时的一系列批示之中，还表现在其他相关著作以及乾隆所作的诗文之中。大约是在乾隆主持编修《四库全书》时读过南宋倪思所撰《重明节馆伴语录》③ 之后，作了一首《题倪思重明节馆伴语录》的七言律诗，诗曰：

> 重明馆伴纪倪思，序语无非饰强词，
> 称侄却思称彼虏，畏人反诮畏吾仪。
> 岂诚强屈弱伸也，祇以言游利啖之，

① 《清高宗纯皇帝实录》卷 987，乾隆四十年七月癸酉条，中华书局，1985 年影印本，第 177 页。
② 《清高宗纯皇帝实录》卷 1154，乾隆四十七年四月辛巳条，中华书局，1985 年影印本，第 465 页。
③ 倪思：《重明节馆伴语录》仅存于《永乐大典》之中，乾隆朝编修四库全书时从《永乐大典》中辑出，但未收入四库全书，仅列入《四库全书总目》杂史类存目之中。

南渡偷安颜忝腆，千秋殷鉴慎哉斯[①]。

《重明节馆伴语录》是南宋倪思于绍熙二年（金章宗明昌二年，1191年）馆办金使贺宋光宗生辰"重明节"时所作，文中称金为"虏"，称金使为"虏使"。《序》语则是倪思于嘉定十二年（1219）补作，称"义理所在，强者屈而弱者伸，则威力有所不行"[②]。当时，金宋已由"君臣之国"改为"叔侄之国"，到倪思为其《语录》作序时又改为"伯侄之国"，即宋朝皇帝要称金朝皇帝为"叔"为"伯"，很明显，南宋的地位一直低于金朝。乾隆在其所作诗文"称侄却思称彼虏"之后加注称"宋高宗致书金朝自称为侄[③]，而倪思此书称金为虏，外附于人以求免祸，而私逞其诋嫚，自欺欺人，不顾后世之非笑，亦何益哉！"认为宋人本来向金称臣称侄，却在私下用诋嫚轻蔑之语称金为"虏"，实属"自欺欺人"之举。又于"岂诚强屈弱伸也"之后加注称"时宋人甚畏金人，而此录所载，转自夸金使之畏宋，且如射之一事，金俗所尚，彼东南文弱之人，岂能相胜，顾盛称与使较射屡中，多见其不知量，而其自序乃云，'强者屈而弱者伸'，不亦深可笑乎！"认为，当时的宋人甚畏金人，可倪思却自夸金人畏宋，实属可笑。又对《语录》中所载宋人陪同金使赴玉津园宴射，宋人屡中而金人多不中的记载持怀疑态度。今传倪思《重明节馆伴语录》，只有金使屡射不中之记载，没有金使"畏宋"的相关记录，或许乾隆所据版本不同，也未可知。乾隆说倪思自夸金使畏宋当是诗中所表达"畏人反诩畏吾仪"的意思，也就是说，宋人认为他们在政治、军事上畏金，但在礼仪和文化方面则是金人畏宋，他们认为金人仰慕宋文化并寄希望于全盘汉化唯恐不及，恐怕这就是倪思所说"强者屈而弱者伸"的真实用意。这种思想应该说代表了当时许多宋人的思想，但从乾隆所作诗篇中可以看出，乾隆并不同意这种"强者屈而弱者伸"的思想认识，对宋人"畏人反诩畏吾仪"的妄自尊大思想进行了嘲讽。应该说，乾隆在这里不仅表达了他认为当时金人政治军事实力超过南宋、地位高于南宋的思想，也表达了少数民族文化也有可取之处、不必走全盘汉化道路的思想认识。这从乾隆的相关记述中也能看出来。比如，他曾多次说过"所谓礼不忘其本也，自北魏始有易服之说，至辽金元诸君，浮慕好名，一再世辄改衣冠，尽失其淳朴素风，传之未久，国势寖弱，洊及沦胥。盖变本忘先，而隐

---

①《清高宗御制诗文全集七·御制诗四集》卷13《题倪思〈重明节馆伴语录〉》，台北故宫博物院，1976年版，第450页。

②赵永春编注：《奉使辽金行程录》，吉林文史出版社，1995年版，第318页。

③宋高宗自继位以来就表示愿意向金称臣以便与金人达成和议，到皇统和议（绍兴十一年和议）时，金宋正式确立为"君臣之国"，宋高宗致书金朝皆称"臣"而非称"侄"。

患中之。"① "北魏辽金以及有元,凡改汉衣冠者,无不一再世而亡"②,"前代北魏、辽、金、元,初亦循乎国俗。后因惑于浮议,改汉衣冠,祭用衮冕,一再传而失国祚"③ 等话,无疑表达了他认为少数民族在学习汉文化的同时,不应该将自己的诸如尚武等优秀文化以及各有优点的服饰文化全部丢掉的思想,这正是乾隆提倡"国语骑射"政策的思想根源,充分说明,乾隆"从北方民族王朝立场转向中国大一统王朝立场之后",其文化选择并非是只选择单一的汉文化,而是主张保留少数民族的优秀文化,并没有全部否定辽金等少数民族及其文化的意思。

总之,我们从乾隆所作《题倪思重明节馆伴语录》等诗篇中,一点也看不出乾隆具有鄙视辽金等少数民族及其文化的"抑辽金"思想,反而看出他具有认为当时金朝地位高于宋朝,并对偷安一域的宋朝仍然妄自尊大进行了嘲讽的思想。

二、乾隆在编写《四库全书》时虽说过"正统在宋"的话,但又允许四库馆臣在编修《四库全书》时持辽宋金"各与正统"的观点

四库馆臣在编修《四库全书》时,认为《辍耕录》所载元末杨维桢撰写的以宋为正统"排斥辽金"的《宋辽金正统辨》"持论纰缪",上书乾隆皇帝,请求删除。乾隆皇帝特作《命馆臣录存杨维桢正统辨》一文,赞成以宋为正统,谕令四库馆臣,"不但《辍耕录》中,所载杨维桢之《正统辨》,不必删除,即杨维桢文集内,亦当补录是篇。"④ 这里,乾隆皇帝已经明确说了正统在宋的话,照理说,四库馆臣在编写《四库全书》时就应该按照乾隆的指示,以宋为正统,但事实并非如此,四库馆臣仍持辽宋金"各与正统"的观点。

明朝有一些士人,对元人所确立的辽宋金"三史分修"的"三史正统体系"十分不满,编写了一系列"颠覆宋辽金三史的正统体系"的著作。四库馆臣在编修《四库全书》时,对这些著作表示强烈不满。

如:四库馆臣为明王洙《宋史质》作提要称:"是编因宋史而重修之,自以臆见,别创义例。大旨欲以明继宋,非惟辽金两朝,皆列于外国。即元

---

① 《清高宗纯皇帝实录》卷919,乾隆三十七年十月癸未条,中华书局,1985年影印本,第320页。
② 《皇朝文献通考》卷222《经籍考·钦定皇朝礼器图式》乾隆御制序,文渊阁四库全书本。
③ 《清高宗纯皇帝实录》卷1489,乾隆六十年十月己亥条,中华书局,1985年影印本,第927页。
④ 《清高宗纯皇帝实录》卷1142,乾隆四十六年十月甲申条,中华书局,1985年影印本,第308-309页。

一代年号，亦尽削之。而于宋益王之末，即以明太祖之高祖，追称德祖元皇帝者承宋统。""至正十一年（1351 年），即以为明之元年。且于瀛国公降元以后，岁岁书帝在某地云云。仿《春秋》书公在乾侯，《纲目》书帝在房州之例。荒唐悖谬，缕指难穷，自有史籍以来，未有病狂丧心如此人者。其书可焚，其版可斧"①。对以宋为正统的《宋史质》一书大加挞伐。清末刘声木在其《苌楚斋续笔》中也说："此等议论识见，实千古所罕见罕闻，不谓王洙竟公然以之改削史书，刊行于世。"② 说明不仅四库馆臣赞成辽宋金"各与正统"的观点，其余清人也多赞成这种观点。

四库馆臣又为明柯维骐《宋史新编》作提要称"托克托等作《宋史》，其最无理者，莫过于道学、儒林之分传。其最有理者，莫过于本纪终瀛国公，而不录二王。及辽金两朝，各自为史，而不用岛夷、索虏互相附录之例。""辽起滑盐，金兴肃慎，并受天明命，跨有中原，必似元经帝魏，尽黜南朝，固属一偏。若夫南北分史，则李延寿之例，虽朱子生于南宋，其作《通鉴纲目》，亦沿其旧轨，未以为非。元人三史并修，诚定论也。而维骐强援蜀汉，增以景炎祥兴，又以辽金二朝，置之外国，与西夏高丽同列，又岂公论乎？"③

又为明王思义《宋史纂要》作提要称"以辽、金史附宋之后，等诸《晋书》之载刘、石，尤南北史臣互相诟厉之见，非公论也"④。

又为元末明初周闻孙（即周以立，周叙之父）所撰《鳌溪文集》作提要称"自晋以来，南北史并传。朱子作《纲目》，亦南北朝分注。闻孙必尊宋比蜀汉，而抑辽金，不得比北魏。不知辽金各自立国，与曹氏孙氏以汉之臣子，乘时篡窃不同，闻孙所执，殊为偏驳。"⑤

又为元王恽《秋涧集》作提要称王恽在《玉堂嘉话》中"论辽金不当为载记，尤为平允。"⑥

又为明陈邦瞻《宋史纪事本末》作提要称"书中纪事，既兼及辽金两朝，当时南北分疆，未能统一，自当称宋辽金三史纪事，方于体例无乖，乃专用宋史标名，殊涉偏见。"⑦

①永瑢等：《四库全书总目》卷 50《史部·别史类存目》，中华书局，1965 年版，第 454 页。
②刘声木：《苌楚斋续笔》卷 5《明王洙〈宋史质〉》，中华书局，1998 年版，第 350 页。
③永瑢等：《四库全书总目》卷 50《史部·别史类存目》，中华书局，1965 年版，第 454-455 页。
④永瑢等：《四库全书总目》卷 65《史部·史钞类存目》，中华书局，1965 年版，第 581 页。
⑤永瑢等：《四库全书总目》卷 174《集部·别集类存目》，中华书局，1965 年版，第 1546 页。
⑥永瑢等：《四库全书总目》卷 166《集部·别集类》，中华书局，1965 年版，第 1433 页。
⑦永瑢等：《四库全书总目》卷 49《史部·纪事本末类》，中华书局，1965 年版，第 439 页。

可见，四库馆臣在编修《四库全书》时一直持辽宋金"各与正统"的观点，称"元人三史并修，诚定论也。"并认为强调以宋为正统"而抑辽金"，"非公论也"。

乾隆皇帝已经说了"正统在宋"的话，四库馆臣为何还敢在编修《四库全书》时持辽宋金"各与正统"的观点，并强调辽宋金"各与正统"，已成定论。是不是四库馆臣胆大包天，敢于抗旨，还是有什么其他原因？我们一时搞不清楚，但有一点是可以搞清楚的，那就是乾隆在编写《四库全书》时，曾强调"有关大一统之义者，均经朕亲加订正，颁示天下。"① 说不定，四库馆臣在编修《四库全书》时持辽宋金"各与正统"的观点以及《四库全书总目提要》保留下来的有关辽宋金"三史分修""各与正统""已成定论"的话，是经过乾隆皇帝默许或审议通过的。如果这一推论能够成立的话，我们完全可以说，乾隆皇帝并不反对辽宋金"各与正统"的观点，这从乾隆并未"抑辽金"以及钦定中国正史"二十二史"、"二十三史"、"二十四史"也能看出来。

三、乾隆时期形成的中国正史"二十二史"、"二十三史"、"二十四史"之中，都包括《辽史》和《金史》，说明，清朝的主流正统观念仍然承认辽宋金"各与正统"的地位

有关辽金正统地位的争论，主要围绕辽宋金三史编修问题展开。元人承认辽金的正统地位，是从确立辽宋金"三国各与正统，各系其年号"时正式开始，明朝有人反对辽金正统地位也是反对辽宋金三史分修的"正统体系"，主张编成一部包括辽宋金三国史事的《宋史》。清人对辽宋金"三史分修""各与正统"问题也存在分歧意见。由明入清的一些汉人，仍然坚持"华夷之辨""夏尊夷卑"的思想观念，反对辽宋金"三史分修""各与正统"。如黄宗羲曾主张"改撰《宋史》，置辽金元于四夷列传"②。但更多的人并不反对辽宋金"三史分修"的正统体系。乾隆皇帝说过"正统在宋"的话，也是针对杨惟桢有关三史编修问题的《正统辨》时所作出的批示，照理说，乾隆皇帝如果同意杨惟桢的"正统"思想，就应该赞成杨惟桢有关合辽宋金三国史事为一史的主张，将辽宋金三国史事修成一部《宋史》，"彻底颠覆宋辽金三史的正统体系"。然而，事实的发展并非如此，乾隆皇帝不但没有按照杨惟桢的意思，开馆置局，重新编写出一部合辽宋金三国史事为一史的《宋

---

① 《钦定大清会典事例》卷 1051《翰林院·职掌·纂修书史》，光绪朝重修本，第 124 页。
② 黄宗羲：《留书·史》，《黄宗羲全集》第十一册，浙江古籍出版社，2005 年版，第 12 页。

史》,相反,倒承认明人所确立的包括《辽史》和《金史》在内的中国正史"二十一史",又在明人确立的中国正史"二十一史"的基础上,钦定了包括《辽史》和《金史》在内的中国正史"二十二史"、"二十三史"和"二十四史",说明,乾隆并不反对辽宋金"三史分修""各与正统"的修史体例,仍然承认辽宋金"各与正统"的地位。

据史书记载,清朝初年,在《明史》正式修成之前,一直沿用包括《辽史》《金史》在内的中国正史"二十一史"之称,曾根据社会需要,重新刊刻"监本二十一史",并"将十三经、二十一史诸书,购买颁发,交与各该学教官接管收储,令士子熟习讲贯。"①

乾隆即位之后,也曾根据协办大学士三泰奏请,下令"颁发十三经、二十一史各一部于各省会府学中,令督抚刊印,分给府州县学。"② 乾隆十二年(1747年),重新刊刻的"《十三经注疏》、二十一史刻成",乾隆又亲为《重刻二十一史》作序称"朕既命校刊《十三经注疏》定本,复念史为经翼,监本亦日渐残阙,并敕校雠,以广刊布,其辨讹别异,是正为多。卷末考证,一视诸经之例。"又说"《明史》先经告竣,合之为二十二史,焕乎册府之大观矣。"③ 乾隆刊刻"二十一史"并颁发各级各类学校,又在明人所定包括《辽史》和《金史》在内的中国正史"二十一史"的基础之上,加上清修《明史》,钦定为"二十二史",说明乾隆赞成元人三史分修以及明人所确定的包括《辽史》和《金史》在内的"二十一史"之说,说明乾隆根本没有否认辽宋金"各与正统"的思想和认识。

不仅中国正史"二十二史"由乾隆钦定,"二十三史"、"二十四史"也由乾隆钦定,但有二说。赵翼《廿二史劄记》称,宋太祖开宝六年(973年),薛居正等奉诏修《旧五代史》,其后,欧阳修私撰《五代史记》,"二史并行于世。至金章宗泰和七年(1207年),诏止用欧史,于是薛史渐湮。惟前明《永乐大典》多载其遗文,然已割裂淆乱,非薛史篇第之旧。恭逢我皇上开四库馆,命诸臣就《永乐大典》中甄录排纂,其缺逸者则采宋人书中之徵引薛史者补之。于是薛史复为完书,仍得列于正史,遂成二十三史之数。"④ 即认为,在"二十二史"的基础之上,再加上《旧五代史》以成"二十三史"。

---

① 《钦定大清会典事例》卷 388《礼部·学校·颁行书籍》,光绪朝重修本,第 120 页。
② 《清高宗纯皇帝实录》卷 14,乾隆元年三月丁未条,中华书局,1985 年影印本,第 405 页。
③ 《清高宗纯皇帝实录》卷 286,乾隆十二年三月丙申条,中华书局,1985 年影印本,第 729 页。
④ 赵翼:《廿二史劄记》卷 21《五代史·薛居正五代史》,中华书局,1984 年版,第 451 页。

　　然四库馆臣在作《四库全书总目提要》时则称"正史之名，见于隋志，至宋而定，著十有七。明刊监版，合宋、辽、金、元四史为二十有一。皇上钦定《明史》，又诏增《旧唐书》为二十有三。近搜罗四库，薛居正《旧五代史》，得裒集成编，钦禀睿裁，与欧阳修书并列，共为二十有四。今并从官本校录，凡未经宸断者，则悉不滥登。盖正史体尊，义与经配，非悬诸令典，莫敢私增。"① 即认为，经过乾隆皇帝批准，在"二十二史"之中增入《旧唐书》以成"二十三史"，再增入《旧五代史》以成"二十四史"，与赵翼所说以《旧五代史》为"二十三史"之说不同。

　　赵慎畛《榆巢杂识》称"宋开宝中，诏修《五代史》。卢多逊诸人同修，宰相薛居正监修。书成，凡五十卷（当为一百五十卷）。其后欧阳修别撰《五代史记》七十五卷，藏于家。修殁后，官为刊印，与薛史并行。当时以薛史为旧史，欧史为新史。至金章宗泰和时，始诏学官专用欧阳史，于是薛史遂微。元、明以来，传本渐就湮没。我朝修《四库全书》，词臣于《永乐大典》各韵所引甄录条系，得十之八九，复采《册府元龟》、《太平御览》、《通鉴考异》、《五代会要》诸书，以补其缺，卷帙悉符原书。允馆臣请，仿刘煦《旧唐书》之例，列于《二十三史》，刊布学宫。"② 《清史稿·邵晋涵传》亦称，邵晋涵"在史馆时，见《永乐大典》采薛居正《五代史》，乃荟萃编次，得十之八九，复采《册府元龟》《太平御览》诸书，以补其缺。并参考《通鉴长编》诸史及宋人说部、碑碣，辨证条系，悉符原书一百五十卷之数。书成，呈御览，馆臣请仿刘昫《旧唐书》之例列于廿三史，刊布学宫，诏从之。"③ 二书均称将《旧五代史》列于"二十三史"，似乎"二十二史"加上《旧五代史》为"二十三史"，但他们又说，列《旧五代史》于"二十三史"是仿照列刘煦《旧唐书》为正史之例，又似先已列《旧唐书》为正史，之后才有仿照《旧唐书》之例列《旧五代史》于正史之事，如此，则是"二十二史"加上《旧唐书》为"二十三史"，再加上《旧五代史》为"二十四史"，所说与四库馆臣作《四库全书总目提要》时所说相一致。

　　不管是以《旧唐书》还是以《旧五代史》为"二十三史"或"二十四史"之数，在乾隆所钦定的"二十二史"、"二十三史"和"二十四史"之中都包含有《辽史》和《金史》。

　　明代一些士人试图否定辽金的正统地位，就是不满意元人有关辽宋金三

---

① 永瑢等：《四库全书总目》卷 45《史部·正史类》序，中华书局，1965 年版，第 397 页。
② 赵慎畛撰，徐怀宝点校：《榆巢杂识》下卷《旧五代史》，中华书局，2001 年版，第 231-232 页。
③ 赵尔巽等：《清史稿》卷 481《儒林二·邵晋涵传》，中华书局，1976 年版，第 13210 页。

史分修的修史体例，试图重新修成一部以宋为正统的《宋史》，实际上就是不满意将《辽史》和《金史》列入正史之中。乾隆皇帝所钦定的"二十二史""二十三史"和"二十四史"都没有将《辽史》和《金史》从正史中移除，也没有仿照增列《旧唐书》、《旧五代史》于正史之例，将明人柯维骐编写的否定辽金正统的《宋史新编》等书增列于正史，也没有令四库馆臣重新开馆再重新撰成一部以宋为正统的《宋史》并列于正史之中，完全可以说明乾隆皇帝并不反对辽宋金三史分修"各与正统"的正统观，并没有否定辽金正统地位的意思。

乾隆虽然说过"正统在宋不在辽金"的话，但他的所作所为又承认辽宋金"各与正统"的地位，无疑是陷入自相矛盾的困境之中。乾隆并非无知之辈，在他身上为什么会出现这一矛盾现象呢？确实值得我们深思。

据史书记载，乾隆四十二年（1777 年），乾隆在批阅《通鉴辑览》反对"旧史于两国（宋辽、宋金）构兵，皆书入寇"时强调"朕之厘正书法，一秉至公，非于辽金有所偏向。"① 乾隆四十七年（1782 年），乾隆命皇子及军机大臣订正《通鉴纲目续编》有关谩骂辽金等少数民族用语时，称"谕存杨维桢《正统辨》，使天下后世，晓然于春秋之义，实为大公至正，无一毫偏倚之见。"② "明使后世臆说之徒，谓本朝于历代帝王，未免区分南北，意存轩轾，甚失皇祖降谕之本意也"③。一再强调"一秉至公""大公至正""无一毫偏倚"，以免后人说他"于历代帝王，未免区分南北，意存轩轾"等等，将其谕存杨维桢《正统辨》之时所说的"正统在宋不在辽金"之语的用意说得很明白了。

原来，建立清朝的满族与建立金朝的女真人有一定关联，明人即认为建立后金的女真以及后来建立清朝的满族"为金余孽"④，当清军攻取辽东之后，曾"惑于形家谬说，疑金代陵寝与本朝王气相关，将房山县金陵拆毁。"⑤ 努尔哈赤也说过"我本大金之裔"⑥，又说"昔大辽帝欲杀忠顺安分

---

① 《清高宗纯皇帝实录》卷 1034，乾隆四十二年六月丙午条，中华书局，1985 年影印本，第 863 页。
② 《清高宗纯皇帝实录》卷 1168，乾隆四十七年十一月庚子条，中华书局，1985 年影印本，第 666 页。
③ 《清高宗纯皇帝实录》卷 1210，乾隆四十九年七月乙卯条，中华书局，1985 年影印本，第 219 页。
④ 李东阳等纂，申时行等重修：《大明会典》卷 107《礼部·朝贡·东北夷》，文海出版社影印万历刊本，第 1606 页。
⑤ 《钦定大清会典事例》卷 435《礼部·中祀·帝王陵寝修葺陵庙》，光绪朝重修本，第 134 页。
⑥ 《后金檄明万历皇帝文》，载《清人关前史料选辑》第 1 辑，中国人民大学出版社，1984 年版，第 295 页。

之人，故我金汗兴师征辽""昔尔赵徽宗、赵钦宗二帝，为我金汗所掳"①，等等。皇太极时，崔应时在上书中也说"今大金之后天聪皇帝出师而御世，是为英明皇帝。"② 乾隆也说过"金源即满洲也"③。如同后来清人为了避开汉人对金人的仇恨而避讳人们称他们为金朝女真人后裔一样，乾隆也害怕人们说他偏向辽金，心存疑忌，因而说了"正统在宋不在辽金"的话，以表现他具有"大公至正，无一毫偏倚之见"④，对待各族一视同仁的思想。这就是他所说"正统在宋不在辽金"的真实用意，并非是不承认辽宋金"各与正统"的地位。

当然，乾隆说"正统在宋不在辽金"的话，也有承认汉族是中国主体民族以及汉文化在中华文化中居于主体地位的意思，但他在承认汉族和汉文化在中华民族和中华文化中居于主体地位的同时，并没有否定少数民族文化对中华文化形成和发展所起到的重要作用，其文化选择并非是仅仅选择汉文化之一元文化，而是选择了包括少数民族文化在内的多元文化。实际上，他反对汉儒过分强调"华夷之辨"，过分强调"夏尊夷卑"，而主张淡化"华夷之辨"，他所说的"正统在宋不在辽金"的话，也有笼络汉人以及提醒满族等少数民族不必斤斤计较所谓正统问题以致影响满汉合作的用意，并没有否定辽宋金"各与正统"的意思，而是在承认宋朝是正统王朝的基础上也承认辽金是正统王朝的意思。

综上所述，可以看出，清朝统治者自始至终，并没有人提出"颠覆宋辽金三史的正统体系"的重修《宋史》的建议，一直认为"元人三史并修，诚定论也"。并非是"清朝统治者从北方民族王朝立场转向中国大一统王朝立场之后，最终也否定了辽金正统"，而是清朝统治者无论是在坚持北方民族王朝立场阶段还是从北方民族王朝立场转向中国大一统王朝立场之后，都承认辽宋金"各与正统"的地位。乾隆皇帝并没有"抑辽金"的思想，他允许四库馆臣在编修《四库全书》时持辽宋金"各与正统"的观点，并钦定了包括《辽史》和《金史》在内的中国正史"二十二史""二十三史"和"二十

---

① 中国第一历史档案馆、中国社会科学院历史研究所译注《满文老档》（太祖朝）第20册，中华书局，1990年版，第180、186页。

②《崔应时上书请进兵》，载孔昭明《台湾文献史料丛刊》第四辑第二五五种《满洲秘档选辑》，台湾大通书局，1984年版，第74页。

③《清高宗纯皇帝实录》卷295，乾隆十二年七月丙午条，中华书局，1985年影印本，第863页。

④《清高宗纯皇帝实录》卷1168，乾隆四十七年十一月庚子条，中华书局，1985年影印本，第666页。

四史",说明,清朝统治者从北方民族王朝立场转向中国大一统王朝立场之后,"宋辽金三史的正统体系"亦未被颠覆,辽金的正统地位并未被否定。说明清朝统治者如同其他王朝的统治者一样,在其建立起大一统的多民族国家政权之后,十分注意维护多民族国家的稳定,不主张强化"华夷之辨""尊夏贱夷",而主张淡化"华夷之辨",因此对那些"华夷之辨"思想严重的士人试图通过强调"华夷之辨""尊夏贱夷"而否定辽金正统地位的作法不予支持,说明强调"华夷之辨"并通过强调"尊夏贱夷"去区别正统和非正统,逐渐强化华夏的尊贵地位,贬低"夷狄"地位,并非是近千年来华夷观念的演变轨迹,而主张逐渐淡化华夷之辨,强调华夷一家、华夷一体,主张华夷互相吸收,逐渐否定单一的汉文化选择而强调多元文化选择,才是近千年来华夷观念的演变轨迹。

原载《社会科学》2014 年第 1 期;中国人民大学复印报刊资料《明清史》2014 年第 3 期全文转载。

不能用"国族"或"族群"颠覆"民族"

　　自从 1913 年斯大林提出"民族是人们在历史上形成的一个有共同语言、共同地域、共同经济生活以及表现于共同文化上的共同心理素质的稳定的共同体"的民族定义，以及民族形成于"资本主义上升时代"①的观点以来，学界就进行了持续不断的热烈讨论。在 20 世纪 80 年代以前，多数学者不赞成斯大林民族形成于"资本主义上升时代"的观点，认为民族形成于古代，但对斯大林的民族定义则没有疑义。到了 20 世纪 80 年代以后则出现了否定斯大林民族定义的思潮。以至于中央民族工作会议重新提出了"民族是在一定的历史发展阶段形成的稳定的人们共同体。一般来说，民族在历史渊源、生产方式、语言、文化、风俗习惯以及心理认同等方面具有共同的特征。有的民族在形成和发展的过程中，宗教起着重要的作用"的民族定义。中央民族工作会议提出的民族定义与斯大林的民族定义具有一致性。进入 21 世纪以后，一些学者又援引西方学者和日本学者有关民族"是一个政治共同体"的定义以及"族群"概念，强调民族是政治概念，族群是文化概念，民族于近现代构建民族国家时产生，一个国家只能有一个民族，中国就只能有一个中华民族（即"国族"）。主张将中国内部的 56 个民族都改称为"族群"，以便"去政治化"，出现了用"国族"或"族群"颠覆"民族"的思想倾向。到底应不应该用"国族"或"族群"颠覆"民族"？确有进一步讨论的必要。下面就此问题谈点看法，以就教于各位读者。不正确之处，敬请批评指正。

一、民族应该区分为狭义民族和广义民族

　　20 世纪 80 年代以前，多数学者主张用斯大林的民族定义去认识民族问题，但不赞成斯大林有关民族四特征必须全部具备以及民族形成于"资本主义上升时代"的观点，认为民族形成于古代，并在改进斯大林民族理论的基础上逐步形成了我们自己的民族理论体系。近年来，有人认为，将中华民族和中华民族内部的各个民族都称为民族，混淆了两个层面上的民族，造成了民族概念的上下位混乱与矛盾。其实，只要我们将民族区分为狭义民族和广

---

　　①斯大林：《马克思主义和民族问题》，《斯大林全集》第二卷，人民出版社，1953 年版，第 294-301 页。

义民族，就会较好地解决这一问题。

在 20 世纪以来有关民族形成问题大讨论时，也有学者提出过广义民族和狭义民族的概念及其划分问题。如杨堃就曾指出，"民族一词具有广狭二义，广义的民族或民族共同体，包括氏族、部落、部族和民族四种型类""狭义的民族，却仅指资产阶级民族和社会主义民族两种类型而言。"① 应该说，杨堃将民族区分为广义民族和狭义民族是可取的，但他将氏族、部落、部族和民族四种型类说成是广义民族，而将资产阶级民族和社会主义民族两种类型说成是狭义民族，等于将马克思和恩格斯所说的从"部落发展成了民族和国家"的"古代民族"说成是广义民族，而将斯大林所说的资产阶级民族和社会主义民族说成是狭义民族。这种划分广义民族和狭义民族的方法对解决民族形成问题有一定启迪，但解决不了民族形成问题，当时就受到了浩帆等人的指责。② 后来仍然有人按照这种方法划分广义民族和狭义民族，如吴仕民等人就认为"广义的民族概念，是指人们在历史上形成的、处于不同社会发展阶段的各种人们共同体（如古代民族、近代民族、现代民族等）；或作为多民族国家内所有民族的总称（如中华民族）；或作为一个地域内所有民族的统称（如美洲民族、非洲民族、阿拉伯民族等）。狭义的民族概念，则专指资本主义民族和社会主义民族。"③ 按照这种划分，不知在狭义的资本主义民族和社会主义民族中是否包涵有广义的现代民族、中华民族、美洲民族等，如果包涵的话，恐怕还是混淆了广义民族和狭义民族的区别。何叔涛将民族划分为"单一民族"和"复合民族"，是十分可取的，但他也赞成杨堃将古代民族说成是广义民族、将资产阶级民族和社会主义民族说成是狭义民族的观点④，不知古代的单一民族如汉族以及金朝境内所包括的汉族、女真族、契丹族、渤海族等多民族的金朝民族（即国族）的复合民族是否都可以称为广义民族，而近现代的单一民族如汉族以及中华民族的复合民族是否都可以称之为狭义民族，如是，其有关"单一民族"和"复合民族"的划分又失去了意义。

翁独健等人也提到广义民族和狭义民族问题，他们认为"可以把民族区分广义的和狭义的。广义的民族指具有或某种程度地具有民族特征的人们共

---

① 杨堃：《关于民族和民族共同体的几个问题》，《学术研究》，1964 年第 1 期。

② 浩帆：《关于"民族形成问题"的一些意见——并与杨堃同志商榷》，《学术研究》，1964 年第 3 期。

③ 吴仕民主编：《民族问题概论》，四川人民出版社，2007 年版，第 3 页。

④ 何叔涛：《民族概念的含义与民族研究》，《民族研究》，1988 年第 5 期；《汉语"民族"概念的特点与中国民族研究的话语权——兼谈"中华民族""中国各民族"与当前流行的"族群"概念》，《民族研究》，2009 年第 2 期。

同体,不管它处于原始社会、阶级社会,还是社会主义社会。狭义的民族是在原始社会末期或原始社会向阶级社会过渡期形成的,国家的产生则是它形成的标志。"① 翁独健等人认为广义的民族是指具有或某种程度地具有民族特征的人们共同体,是可取的,但他们将狭义的民族限制在原始社会末期或原始社会向阶级社会过渡期,恐怕就有些问题了,因为,按照这种认识,不仅原始社会向阶级社会过渡以后不会再有新的狭义民族的形成,就连有些学者所提出的广义民族如原始民族、蒙昧民族、野蛮民族、文明民族也都成了狭义民族,这样的划分也容易混淆广义民族和狭义民族的区别。

早在 20 世纪初,梁启超较早使用了"中华民族"一词,最初"从语境分析约指华夏—汉族"②,后来则称"吾中国言民族者,当于小民族主义之外,更提倡大民族主义。小民族主义者何?汉族对于国内他族是也。大民族主义者何?合国内本部属部之诸族以对于国外之诸族是也"③。认为汉族是小民族,国内各民族(即中华民族)是大民族,已经认识到广义民族与狭义民族的不同,只是没有使用广义民族和狭义民族的概念而已。近年来,叶江曾指出"中华民族人们共同体是一个由多民族(ethnic groups)共同构成的民族(nation),而汉民族与构成中华民族的其他少数民族是在同一层次上的人们共同体",他认为"当年汉民族形成问题讨论""忽视了称之为汉民族的人们共同体仅仅只是构成中华民族这一更大的人们共同体的一分子而不是全部,而只有中华民族才是与建立统一国家——中国直接相关的'民族'(нация/nation)"④。叶江提出第一层次的民族(nation)与第二层次的民族(ethnic group)的概论,并认为中华民族与汉民族是两个层次上的民族,是一种具有远见卓识的认识。但他也没有使用广义民族和狭义民族的概念,又忽视了中华民族形成的问题,认为"只有中华民族才是与建立统一国家——中国直接相关的'民族'",不知将建立统一国家的夏朝的华夏族和建立统一国家汉朝的汉族是否视为汉族还是视为中华民族?如果将建立统一国家汉朝的汉族视为中华民族,那么,华夏族或汉族与中华民族不是又回到同一个层次上来了吗?此外,叶江在讲到二个层次的民族时,忽视了汉族和中华民族以外的其他民族,是不全面的。

据此,我们认为应该将民族区分为广义民族和狭义民族两种,狭义民族

①翁独健:《中国民族关系史纲要》,中国社会科学出版社,2001 年版,第 5 页。

②冯天瑜:《"中国""中华民族"语义的历史生成》,《河南大学学报》,2012 年第 6 期。

③梁启超:《政治学大家伯伦知理之学说》,《饮冰室合集》第 5 册《文集之十三》,上海中华书局,1936 年版,第 75 页。

④叶江:《对 50 余年前汉民族形成问题讨论的新思索》,《民族研究》,2009 年第 2 期。

应该指具备斯大林所说的民族四大特征或中央民族工作会议上提出的民族六大特征的具体的某一个民族共同体,如华夏族、汉族、匈奴族、鲜卑族、蒙古族、满族等等。广义民族则指具有或某种程度具有民族特征的包括两个狭义民族以上的多个狭义民族的人们共同体。也就是说,广义民族应该包括处于不同社会发展阶段的各种人们共同体,如古代民族、近代民族、现代民族、原始民族、奴隶社会民族、封建社会民族、前资本主义民族、资本主义民族、社会主义民族、蒙昧民族、野蛮民族(其实,马克思和恩格斯所说的蒙昧民族和野蛮民族,是指蒙昧时期的人类和野蛮时期的人类)、文明民族等等;包括某一语系的民族,如汉藏语系民族、阿尔泰语系民族、印欧语系民族、斯拉夫语系民族、拉丁语系民族;包括某一种经济类型的民族,如采集民族、渔猎民族、游牧民族、农业民族、工业民族等等;包括某一区域的民族,如山区民族、滨海民族、东北民族、西北民族、南方民族、亚洲民族、美洲民族、大洋洲民族;包括某一政治地位的民族,如统治民族、被统治民族、压迫民族、被压迫民族等等;也包括某一个政权内部的多个狭义民族,如唐朝民族、宋朝民族、元朝民族、中华民族、印度民族、美利坚民族等等,这些国家或政权的民族并非都由一个狭义民族构成,而是由多个狭义民族构成,台湾学者王明珂将这些国家或政权的民族称之为"国族"[①],应该是有一定道理的,但我们觉得,"国族"只能称以国号为代表的各个政权的民族,无法概括其他各种广义的民族,因此,还是用"广义民族"的概念进行概括为好。叶江在谈到"当年汉民族形成问题讨论中争论双方的失误"时曾指出,当年汉民族形成问题讨论的失误"在于将两个外延和内涵不同的'民族'概念相互混淆的同时,把外延较小的汉民族概念当作外延较大的中华民族概念来进行讨论"[②],也是认识到了广义民族和狭义民族的不同,但他并未按广义民族和狭义民族的概念进行论述,又仅仅认为当年民族形成问题大讨论是将汉族和中华民族两个概念混淆了,实际上,当年有关民族形成问题大讨论,不仅将汉族和中华民族两个概念混淆了,而是将整个广义的民族概念和狭义民族的概念混淆了。有人探讨的是广义的民族的形成,如蒙昧民族、野蛮民族、古代民族、资本主义民族的形成等等,有人探讨的则是狭义民族的形成,如华夏民族的形成、汉民族的形成等等,将两种本来不属于

---

①王明珂:《论攀附:近代炎黄子孙国族建构的古代基础》,《历史语言研究所集刊》73本3分册,2002年;《英雄祖先与弟兄民族:根基历史的文本与情境》,中华书局,2009年版。目前,"国族"的概念已被学者们广泛应用,是十分有益的。

②叶江:《对50余年前汉民族形成问题讨论的新思索》,《民族研究》,2009年第2期。

同一种类型的概念放到一起讨论,自然不会形成统一认识。因此,我们主张对狭义民族和广义民族的形成问题应该有所区别地进行讨论。

按照这种广义民族和狭义民族的认识,我们认为,中华民族属于广义的"国族",中华民族内部的 56 个民族则属于狭义的民族。虽然都称作民族,但民族的层次涵义是清楚的:"民族"是指具有普遍意义的全部民族的概念,而广义民族和狭义民族则是具体地指称某一些民族的概念,三者之间的关系并未混淆。如同我们称"马"一样,并没有混淆"白马"和"黑马"的区别,我们将中华民族和中华民族内部 56 个民族都称为"民族",也不会混淆广义民族和狭义民族的区别。如同不应该得出"白马非马"的结论一样,也不应该说广义民族或狭义民族不是民族。

二、不能用"政治共同体"的"国族"概念颠覆民族概念

近年来,一些学者引用西方和日本学者有关"民族是一个政治共同体"的民族定义,试图对民族重新进行定义。

美国学者本尼迪克特·安德森在其《想象的共同体》一书中说,"我主张对民族作如下的界定:它是一种想象的政治共同体—并且,它是被想象为本质上有限的(limited),同时也享有主权的共同体。"[1] 英国学者安东尼·吉登斯(Anthony Giddens)认为,"在我看来,'民族'指居于拥有明确边界的领土上的集体,此集体隶属于统一的行政机构,其反思监控的源泉既有国内的国家机构又有国外的国家机构。民族和民族主义均是现代国家的特有属性。"[2] 英国学者埃里克·霍布斯鲍姆更是强调"民族主义早于民族的建立。并不是民族创造了国家和民族主义,而是国家和民族主义创造了民族。"[3] 等等。旅日学者王柯认为中国所使用的"民族"一词,是从日本传入的。他认为日本国粹主义代表人物提出的"民族"概念,是指"政治共同体",是"国民"的意思,所表达是"一个国家只能有一个民族""'一个民族'所构成的'一个国家'才是最优秀国家"的思想。王柯虽然不赞成"民族"一词从西方传入,但又说"日语中的'民族'一词来自于英语的 na-

---

① (美)本尼迪克特·安德森著,吴叡人译:《想象的共同体—民族主义的起源与散布》(增订本),上海人民出版社,2011 年版,第 6 页。

② (英)安东尼·吉登斯著,胡宗泽、赵力涛译:《民族—国家与暴力》,生活·读书·新知三联书店,1998 年版,第 141 页。

③ (英)埃里克·霍布斯鲍姆著,李金梅译:《民族与民族主义》,上海人民出版社,2006 年版,第 9 页。

tion"，所表达的涵义"既是民族，又是国民"①。

在引用西方学者民族"是一个想象的政治共同体""一个民族一个国家""主权民族"等强调民族政治性与国民性民族定义的基础之上，宁骚认为"世界各国都普遍地在'全体国民形成一个统一的国族'这一含义上使用民族（nation）一词""在中国，只有一个民族才能称作民族（nation）"，因此他主张将"中华民族"译成英文的"Chinese nation"，使"民族"与"nation"对应起来；同时把"少数民族"改称为"少数族群"（ethnic minorities），与"ethnic groups"对应起来。认为中华民族内部的 56 个"民族"只能称"族"（如汉族、蒙古族等）或族群，不能称民族（如"汉民族""蒙古民族"等）②。

马戎赞成宁骚的观点，他引用美国学者沃勒斯坦"'种族'是'以基因遗传的群体'，'民族'是'历史的社会—政治群体'，而'族群'是'文化群体'"的相关论述，认为"只有在翻译'中华民族'时才使用 nation 一词，在翻译 56 个'民族'或其中一族时，只应使用 ethnic group (s)。如中国的'少数民族'应译为 ethnic minorities，不宜译为 minority nationalities，在涉及具体族群（如藏族）时，应译为 ethnic Tibetans，避免译作 Tibetan nationality，因为目前国际上对 nationality 的通常理解是国籍"，建议保留"'中华民族'的提法，同时把 56 个'民族'在统称时改称为'族群'或'少数族群'，在具体称呼时称作'某族'（如'汉族'、'蒙古族'）而不是'某某民族'（如'汉民族'、'蒙古民族'）"。认为这样改称可以将民族问题"政治化"，而将族群问题"去政治化"即"文化化"，有利于中华民族的整体认同③等等。

兰林友也认为"用民族指称包容性的中华民族是适宜的"，主张"以族

---

①王柯：《民族主义与近代中日关系："民族国家""边疆"与历史认识》，香港中文大学出版社，2015 年版，第 47-64 页。

②宁骚：《民族与国家：民族关系与民族政策的国际比较》，北京大学出版社，1995 年版，第13-14 页。

③马戎：《关于"民族"定义》，云南民族学院学报 2000 年第 1 期；《评安东尼·史密斯关于"nation"（民族）的论述》，《中国社会科学》，2001 年第 1 期；《理解民族关系的新思路——少数族群问题的"去政治化"》，《北京大学学报》，2004 年第 4 期；《〈从大清到民国〉：解读"中华民族"近代构建的一个视角》，《国家行政学院学报》，2016 年第 1 期；《中华民族的共同文化与"黄帝崇拜"的族群狭隘性》，西北民族研究，2010 年第 2 期；《重启"中华民族"新的大融合》，《长江日报》，2014 年 5 月 29 日；《民族与社会发展》，民族出版社，2001 年版；《民族社会学：社会学的族群关系研究》，北京大学出版社，2004 年第 1 版；《西方民族社会学经典读本：种族与族群关系研究》，北京大学出版社，2010 年版。

群概念替代 56 个民族的概念"①。徐杰舜赞成马戎的观点,认为"'国权'和'族权'应该统一,现在已经到了确立中华民族是'国族'地位的时候了""一个重要原因,是因为现在有了族群概念作理论基石",他认为"所谓族群,是对某些社会文化要素认同而自觉为我的一种社会实体",也强调"族群"的文化属性,与"民族"所强调政治属性相区别②。

周平强调"'民族'(nation)这个词来源于拉丁语'Natio',意为'一个出生物'(a born creature),后来意指以真实或虚构的同一血统或种族的生活团体为基础的社会集团,这一集团共同体只限于超越于每个家庭之外的部族。""中世纪的中后期,随着王朝国家的普遍化,王朝国家通过政治方式、经济方式和文化方式对国内居民的整合也日渐突出。这样一些由王朝国家的居民整合而成的群体,也被称为民族(nation)",认为"'民族'(nation)概念的广泛使用是以民族国家(nation-state)的建立和普遍化为前提的,'民族'(nation)概念包含着深厚的国家内涵,所以常常被作为国家的代名词使用""民族,并不是单纯的'nation',而是与民族国家结合在一起的'nation',即'nation-state'中的'nation',是典型的政治民族"③,也强调民族是一个政治共同体,与国民、公民的涵义相同。

这些学者多赞成西方学者民族"是一个想象的政治共同体""国家创造了民族""一个民族一个国家"等相关论述,强调民族的政治属性,试图通过引进西方学者的民族理论,"跳出斯大林设定的有关'民族'定义的 4 条特征(共同语言、共同地域、共同经济生活、表现于共同文化上的共同心理素质)的框架"④,重新对"民族"进行定义。

其实,这些西方学者的民族定义存在很大的局限性。首先,个别学者在论述"民族是一个政治共同体"时,存在自相矛盾之处。如埃里克·霍布斯鲍姆提出了"并不是民族创造了国家和民族主义,而是国家和民族主义创造了民族""民族主义早于民族的建立"的著名论断,被一些人视为经典。实际上,鲍姆的说法就存在自相矛盾之处。按照鲍姆的说法,民族是国家创造的,没有国家即没有民族。按此理解,是不是可以说,没有民族就不应该有民族主义呢?如是,"民族主义早于民族的建立","国家和民族主义创造了

①兰林友:《论族群与族群认同理论》,《广西民族学院学报》,2003 年第 3 期。

②徐杰舜:《论中华民族从多元走向一体》,《西北民族大学学报》,2007 年第 6 期。

③周平:《论中华民族建设》,《思想战线》,2011 年第 5 期;《中华民族的性质和特点》,《学术界》,2015 年第 4 期;《再论中华民族建设》,《思想战线》,2016 年第 1 期;《民族政治学 22 讲》,中央编译出版社,2014 年版。

④徐杰舜:《论中华民族从多元走向一体》,《西北民族大学学报》,2007 年第 6 期。

民族",岂不就成了天大的笑话。实际上,民族是一个客观存在的人类群体,历史上的不同人类群体都是自然形成的,如他们所使用的不同的语言及生活习俗等,并不是人为构建的,人们只是对这些客观存在的人类群体进行理性认识、并在一定程度上进行引导和改造而已,包括新中国成立初年的民族识别也是对这些客观存在的人类群体进行识别和认识,至于这些识别和认识是否正确则是另外一回事,但无论如何都不是主观的无中生有的人为的随心所欲的构建出来的。

其次,这些西方学者有关民族"是一个想象的政治共同体"的说法,在国外并没有获得普遍认同,早在 1903 年梁启超向国人介绍的伯伦知理的"其始也同居一地""其始也同一血统""同其肢体形状""同其语言""同其文字""同其宗教""同其风俗""同其生计(经济)"八个特征的民族概念就与这些概念有很大不同,相反倒与后来斯大林提出的民族概念十分接近[①]。美国学者马拉达特也不赞成"民族是一个政治共同体"的说法,他曾说"'民族'(nation)一词经常被当成'国家'(state)或'国度'(country)的同义词来使用。严格说来这是不正确的,但这种误用经常见诸政治领袖和一般民众。准确地说,'民族'一词不具有任何政治含义。事实上,民族的概念并不是政治性的,它是社会性的。"[②] 认为"民族"不具有政治属性。美国学者鲁尔克不完全赞成"一个民族一个国家"的说法,他认为,民族与国家的关系,有五种基本类型,"第一种是理想的一个民族一个国家模式。其他四种'龃龉'型关系包括:一个国家多个民族;一个民族多个国家;一个民族没有国家;多个民族多个国家",他认为"仅有 10% 的国家接近理想型民族国家(即一个民族一个国家),其人口的 90% 以上同属一个民族,而且这个民族 90% 以上的人口生活在这个国家"[③],认为一个民族一个国家的国家类型不过占全部国家类型的十分之一而已。斯大林在提出民族四特征的民族定义之后,梅什柯夫、柯瓦里楚克等人也曾向斯大林建议,在民族的"给民族的四个特征,加上第五个特征,这就是:具有自己的单独的国家",

---

①梁启超:《政治学大家伯伦知理之学说》,《饮冰室合集》第 5 册《文集之十三》,上海中华书局,1936 年版,第 71 页。伯伦知理认为民族与国民并非是一个相同的概念。梁启超赞成伯伦知理的观点,在其文中单列《论国民与民族之差别及其关系》一节,对"往往以国民与民族混为一谈"的观点进行了申辩。

②(美)利昂·P.马拉达特:《意识形态起源和影响》,世界图书北京出版公司,2010 年版,第 49 页。

③(美)鲁尔克著,白云真、雷建锋译:《世界舞台上的政治》,世界图书北京出版公司,2012 年版,第 122 页。

斯大林不同意，批评梅什柯夫等人说："你们所提出的、给'民族'概念加上新的第五个特征的那个公式，是大错特错的，不论在理论上或者在实践上——政治上都不能证明是对的"①。说明斯大林的民族定义，不具有"一个民族一个国家"的涵义，没有强调民族的政治属性，也就是说，斯大林的民族定义并非是"一个政治共同体"的定义，不是一个"政治化"的概念，而是"一个历史——文化概念"②。

以上可以看出，上述学者所说的"政治共同体"的民族概念，并非是具有普遍意义的民族概念，不过是广义民族中的"国族"概念而已。这些学者试图用"国族"的概念取代民族的概念，实际上是不合适的。因为，"国族"只是广义民族中的一部分，既不包括狭义的民族，也不包括其他众多的广义民族，不具有普遍意义，与斯大林所说的具有普遍意义的民族不属于同一层次。因此，"国族"概念不能代替具有普遍意义的民族概念。

有的学者已经认识到西方学者的相关民族定义是指"国族"，因此又对"国族"重新定义，谓"国族是特定的人群共同体，它以一定的历史文化为基础，更由于与国家内部结合而具有突出的政治属性，实质上就是政治共同体"③。这些学者对"国族"重新定义，说明他们已经认识到"国族"与"民族"的不同，无疑是十分可取的。

无论怎样给国族定义，"国族"都应该是指一个国家的民族。按照这一认识，我们完全可以说，只要有国家，就会有"国族"。上述引用的一些学者的观点，多认为"国家"和"国族"都是近现代以后形成的，古代没有国家，也就没有国族。其实不然，中国古代也有国家④，也应该有国族。我们认为，中国古代的"国家"可以分为占据中原的统一的或大体统一的"国"、分裂时期的"国"和边疆民族政权三类，这三类政权都已经"按地区来划分它的国民"，并且完成了"公共权力的设立"⑤，设有管理民众的一套官僚机

---

① 斯大林：《民族问题与列宁主义——答梅什柯夫、柯瓦里楚克及其他同志》，《斯大林全集》第11卷，人民出版社，1955年版，第287页。

② 翟胜德：《"民族"译谈》，《世界民族》，1999年第2期。

③ 周平：《论中华民族建设》，《思想战线》，2011年第5期。

④ 英国学者安东尼·吉登斯根据世界各国历史发展状况，将国家分为传统国家、绝对主义国家(16—17世纪出现于欧洲)、现代民族国家三种类型(参见(英)安东尼·吉登斯著，胡宗泽、赵立涛译，王铭铭校：《民族-国家与暴力》，北京：生活·读书·新知三联书店，1998年版)。笔者以为国家可以分为古代国家、近代国家和现代国家三种类型。有人称中国古代国家为王朝国家，或帝国国家，甚至有人认为中国古代自宋朝始可以称之为民族国家，等等，都认为中国古代存在国家。

⑤ 恩格斯：《家族、私有制和国家的起源》，《马克思恩格斯选集》第4卷，人民出版社，1972年版，第166、167页。

构和军队、法庭、监狱等国家机器，具备一般国家形态，可以称之为古代的"国"或"国家"[①]。既然古代也有国家，那么，古代就应该有"国族"。如，唐王朝境内不仅生活有汉人，还有鲜卑人、内附的契丹人、突厥人、高句丽人等等，"唐朝民族"的概念就应该包括这些列入唐朝户籍的各族人，因此，"唐朝民族"就是"国族"；辽朝境内不仅包括契丹人，还包括大量汉人、奚人、渤海人、女真人等等，因此，"辽朝民族"也是国族；其余王朝，如宋朝、金朝、元朝、明朝、清朝等，也都不是单一民族国家，而是多民族国家，因此，这些王朝的民族也都是国族。也就是说，"国族"的概念不仅是指近现代民族国家的民族，也应该包括古代国家的民族。因此，仅仅将"国族"说成是近现代的产物，并试图用"国族"颠覆"民族"，无疑是不合适的。

以上可以看出，西方和日本的一些学者所提出的"政治共同体"的民族定义，不过是指国族而已，不具有普遍意义，不能取代具有普遍意义的民族定义。有的学者虽然已经意识到一些西方和日本学者所说的民族是指国族，因此，又为"国族"重新定义，但这些学者又试图用"国族"概念取代"民族"概念，不仅混淆了广义民族与狭义民族的区别，还将广义的民族与狭义的民族对立起来，认为二者必居其一，不能共存，是不正确的。其实，广义民族与狭义民族可以共存，且二者身份可以兼备，并非是完全对立的。如中华民族内部的 56 个民族都是狭义民族，每一个狭义民族不仅具有狭义的各个民族的民族身份，同时也具有广义的中华民族（国族）的身份。狭义的民族不具有政治属性，只有广义的"国族"才具有政治属性，狭义的民族认同必须服从广义的国族认同。国族（如中华民族）与狭义民族（如中华民族内部的 56 个民族）之间的关系，如同国家与各省市自治区的关系一样，属于高层次民族与低层次民族之间的关系或上下位的关系。如果国族与狭义民族之间的关系出现问题，如同国家与各省市自治区的关系出现问题一样，绝不是通过改变族称或改变省市自治区的名称所能解决的。因此，我们试图通过用"国族"颠覆"民族"的办法来解决民族关系问题，也是不切合实际的。

三、不能用"族群"颠覆"民族"

"族群"是 20 世纪 60 年代以后由西方传入中国的概念，很快受到一些学者青睐，并被炒得火热。但至今我们也不清楚"族群"这一概念都包括哪

---

①赵永春：《中国古代"中国"与"国号"的背离与重合——中国古代"中国"国家观念的演进》，《学习与探索》，2008 年第 4 期。

些涵义?

其中有一种观点认为民族"是一个政治共同体"概念,"族群"是一个"文化体"的概念。他们认为"在'民族'定义上出现的问题,很可能就是当前民族分裂主义运动的理论基础"①,因此,他们热衷于通过改变民族定义和引进西方的"族群"概念来解决我国的民族问题。他们认为,民族"是一个政治共同体"概念,"族群"是一个"文化体"的概念,用"族群"取代原来的"民族"概念,可以"去政治化",以解决民族分裂问题。其实,名称不过是一个符号而已,通过改换民族名称以便去掉中华民族内部各个民族的"政治化",不过是一个美好的愿望而已。实际上,这些民族的"政治化"通过改名是解决不了的,因为原来我们采用的斯大林的民族定义就不存在这样的政治内涵②,但这些民族的"政治化"问题并没有得到解决,说明,民族问题的解决与改换民族称谓是没有关系的。相反,用"族群"概念代替"狭义民族"概念,恐怕会事与愿违,更难解决民族问题。按这些学者所说,"族群"是个文化概念③,民族是个政治概念,但族群是静态的还是动态的?族群和民族是什么关系?族群的发展前景是什么?这些学者并没有展开充分论述。如果族群是民族形成之前的一种人类群体,不是静态的,而是处于不断发展变化之中,那么这些族群的发展前景是什么?如果这些"族群"的发展前景是"民族"④,那么按照"民族是一个政治共同体""一个民

①马戎:《如何认识"民族"和"中华民族"——回顾1939年关于"中华民族是一个"的讨论》,《中南民族大学学报》,2012年第5期。

②翟胜德即认为"汉语中的'民族'与国家没有必然的联系,它基本上是一个历史——文化概念"。《"民族"译谈》,《世界民族》,1999年第2期。

③其实,西方学者并没有认为"族群"完全是一个文化概念,也有一些政治含义。有的学者认为"族群"存在"边界",王明珂曾引用1969年巴斯主编的论文集《族群及其边界》(Ethnic Groups and Boundaries)一书中"导论"的话说:巴斯称,"'族群'是由它本身组成分子认定的范畴,造成族群最主要的是它的'边界',而非包括语言、文化、血统等的'内涵'。一个族群的边界,不一定指的是地理的边界,而主要是'社会边界'。在生态性的资源竞争中,一个人群强调特定的文化特征,来限定我群的'边界'以排除他人"(参见《华夏边缘:历史记忆与族群认同》,社会科学文献出版社,2006年版,第16页;马戎也曾引用美国社会学家沃勒斯坦(Immanuel, Wallerstein)的话说:"尽管'族群'是个文化群体,但'在实际中,族群这一概念与民族一样与国界相关联'"不同之处仅仅是一个国家通常只有一个民族,但可能有很多族群"。(参见《民族社会学:社会学的族群关系研究》,北京大学出版社,2004年版,第610页)。

④马戎认为族群是动态的,他曾指出,"'族群'(Ethnic groups)作为具有一定文化传统与历史的群体,和作为与固定领土相联系的政治实体的'民族'(Nation)之间,存在重要的差别。但两者之间并没有一道不可逾越的鸿沟。通过一定的内、外部条件的影响,两者之间可以相互转化""'族群'转变为'民族'"。(参见马戎《理解民族关系的新思路——少数族群问题的"去政治化"》,《北京大学学报》,2004年第4期)。

族一个国家",每个民族都有民族自决权,都有通过民族革命建立独立的民族国家的权力等说法去认识民族问题的话,"族群"是否也存在发展成为民族、也就是发展成为独立的"民族国家"的问题,如果是那样的话,我们用"族群"概念代替中华民族内部各个民族概念,会不会成为鼓励他们分别将本族"族群"发展成为"民族"并建立自己的"民族国家"的问题。如果是那样的话,这种试图用"族群"理论取代"民族"理论以解决民族分裂的美好愿望正好走向反面,反倒成了"族群"发展成为"民族"并分别建立"民族国家"而走向分裂的理论基础,有百害而无一益。如果我们保留原来中华民族内部各个民族的称谓则与此大不相同,因为按照斯大林以及多数学者的认识,民族最终要走向消亡,也就是说民族的发展前景是走向消亡,我们完全可以按照这种"民族最终要走向消亡"的民族发展进步理论,淡化民族意识,倡导民族融合,并按照民族融合的理论制定民族政策,逐步缩小民族之间的差别,增进各民族之间的共同意识和民族友谊,促进各个民族逐渐融合在一起。这才是符合历史发展实际且有利于国家和中华民族团结的理论认识。新中国成立初期,我们就是以斯大林的并非"政治化"的民族定义为指导,倡导民族团结和民族融合,内地大力支援边疆民族地区,民族自治区域范围逐渐缩小(如,内蒙古自治区的东三盟划归辽宁、吉林和黑龙江三省管辖等),少数民族改从汉民族身份的人越来越多,"五十六个民族,五十六朵花,五十六个民族是一家"的思想深入人心,民族团结进入一个新的历史时期。后来,改变了这种民族政策,逐渐扩大少数民族自治地方,少数民族自治县、自治乡纷纷建立,内蒙古的东三盟也重新划回内蒙古管辖,同时,撤回汉族在边疆少数民族地区工作人员,已经改从汉族民族身份的少数民族重新改回少数民族身份形成一股浪潮,甚至出现一些汉族想方设法改从少数民族身份的现象,民族意识增强,民族情绪高涨,民族分裂思想抬头。这完全是由民族政策引起的,可我们的一些人却说成是由民族定义引起的,无疑是一种"误诊",弄错了病根。在这种情况下,试图通过改"民族"为"族群"和重新进行民族定义来解决问题,也是吃错了药,起不到治病的效果。因此,这种主张将中华民族内部 56 个民族改称为"文化化"的"族群"是没有任何意义的。

第二种观点认为,"族群概念的使用,实际上主要为学术界在研究民族形成与发展进程中提供了位于'民族'之下的工作平台"①。如果使用"族

———————
① 徐杰舜,周建新主编:《人类学与当代中国社会》,黑龙江人民出版社,2003 年版,第 348 页。

群"的学者认为民族是一个"政治共同体"的"国族"的话，那么处于"民族"之下的"族群"具有发展成为"政治共同体"的"民族"并建立自己民族国家的必然前景，则有如上述所论，是十分有害的。如果认为"民族"是指斯大林所说的具有四特征的民族，那么处于"民族"之下的"族群"就应该是斯大林所说的"部族"，不知使用"族群"一词比斯大林所说的"部族"一词高明多少？且按照斯大林所说民族形成于近代（或谓"资本主义上升时代"），古代没有民族，那么，古代的人类群体是不是都成了处于"民族"之下位的"族群"，不知这一"族群"的概念又与斯大林所说的"部族"概念有何区别？如果没有区别，那么，在五六十年代一些少数民族坚决反对称新中国成立之前的本民族为"部族"的情况，是不是又会死灰复燃？上个世纪五六十年代有关民族形成问题大讨论时，多数学者不赞成民族形成于"资本主义上升时期"，认为民族形成于古代的研究成果也将付之东流了。显而易见，将"族群"视为"政治共同体"的"民族"下位是不合适的，将"族群"视为斯大林四特征的"民族"下位，不见得比斯大林所说的"部族"概念高明多少。

第三种观点，有的学者认为，"ethnic group（族群）的含义与汉语'民族'一词所表达的广义概念和狭义概念是一致的"①。既然"族群"的概念与我们所说的"民族"一词的涵义大体一致，那就更没有必要用"族群"一词取代"民族"一词，无端地制造一些混乱。

综上所述，我们认为，民族应该划分为狭义民族和广义民族两种，狭义民族是指具备斯大林所说的民族四大特征或中央民族工作会议上提出的民族六大特征的具体的某一个民族共同体，如汉族、匈奴族、蒙古族等等；广义民族则指具有或某种程度具有民族特征的包括两个狭义民族以上的多个狭义民族的人们共同体，如原始民族、古代民族、游牧民族、中华民族（即国族）等等。一些西方和日本学者所说的"政治共同体"的民族概念，不过是广义的"国族"的概念而已，既不包括狭义民族，也不包括其余的广义民族，不能颠覆具有普遍意义的民族概念。西方学者所说的"族群"，如果是处于"政治共同体"的"民族"下位的话，那么，"族群"就具有发展成为"政治共同体"的"民族"并建立自己民族国家的必然前景，是十分有害的；如果"族群"是指斯大林所说的具有四特征的"民族"下位的话，不见得比斯大林所说的"部族"高明多少；如果"族群"是指斯大林四特征的民族的话，更没有必要用"族群"颠覆"民族"。实际上，我国学者已经在吸取、

---

① 翟胜德：《"民族"译谈》，《世界民族》，1999 年第 2 期。

改造斯大林民族理论的基础之上形成了我们自己的民族理论体系，没有必要以西方没有形成统一认识的民族理论为圭臬，并按照他们的理论用"国族"和"族群"去颠覆民族，应该形成我们自己的有关民族理论的话语权。

关于中国古代华夷关系演变规律的理性思考

——华夷关系的历史定位、演变轨迹与文化选择

华夷关系问题，不仅是古人津津乐道的焦点问题，也是近现代学者十分关注的敏感问题。虽经几千年来不断讨论，但至今也没有形成统一的认识，仍然是仁者见仁，智者见智，歧义迭出，莫衷一是。近见张碧波、庄鸿雁《华夷变奏：关于中华多元一体运动规律的探索》（黑龙江人民出版社，2009年版）一书，对中国古代华夷关系演变规律进行了全面系统的梳理和研究，论述了他们对中国古代华夷关系的基本看法，提出了一系列引人深思的问题。因作此文，拟就华夷关系基本格局的历史定位以及华夷关系演变的轨迹、华夷关系体系中的文化选择等问题，谈点不成熟的看法，权作阅读该书之后的几点感想。不正确之处，敬请读者批评指正。

一、关于华夷关系基本格局及其历史定位问题

关于华夷关系基本格局的历史定位问题，自古以来就存在较大分歧。有人强调华夷之辨，尊夏贱夷，视华夏为"中国"，视四夷为外敌，认为这些"外夷"只有加入华夏汉族之后才是"中国"，没有加入华夏汉族之前则属于"外夷"，不是"中国"，将"中国"说成是单一的华夏汉族国家。有人不同意这种观点，认为中国自古以来就是多民族国家，强调"胡汉一家""华夷一体"，即认为在"中国"内部存在华、夷两大方面的势力，并通过两大方面势力的碰撞、冲突和交融，影响和促进中国历史发展的进程以及华夷格局的变化、发展和进步。上个世纪 80 年代，张博泉、费孝通提出了"中华一体"和"中华民族多元一体格局"的命题，将这一认识提升到新的理论高度，赢得了海内外多数学者的赞誉和认同。但也有人认为"所谓的'中华多元一体'观念""是一个政治概念而非学术概念"。其实，这是一种误解，"中华（中国）多元一体"观念不仅是一个政治概念，也是一个学术概念。张碧波等《华夷变奏》一书，即在张博泉、费孝通提出"中华一体"和"中华民族多元一体格局"理论的基础上，对"中华多元一体格局"问题作了进一步讨论，对这一概念的学术性质作了肯定性回答。确实，"中华多元一体"

理论是对中国多民族国家历史的高度概括和总结，符合中国历史发展实际。

只要我们翻开中国历史，就会看到，早在先秦时期的夏商周时代，就形成了"天下一体""华夷一体"（中国一体）的观念。

据《尚书·禹贡》记载，夏朝禹平水土，分天下为九州，将东至海、西至流沙（即当时人所认知的"天下"）的广大地区分为甸、侯、绥、要、荒"五服"，形成"九州""五服"的"天下一体"体系。

学者们对禹平水土，更制九州，列天下为五服的"天下"体系的理解有所不同。有人认为，在先秦"九州""五服"这一"天下"体系之中，分"中国"，分"四夷"，由"中国"和"四夷"构成"天下"，也就是说，"四夷"在"中国"之外，不属于"中国"。

其实，中国古代"中国"一词的涵义十分广泛，其中之一就是用来指称夏商周三代所确立的"九州"和"十二州"。按此理解，夏商周三代所确立的"九州""十二州"和"五服"等服事体系所代表的"天下"，包含有"四夷"。

比如，《尚书·禹贡》记载的"禹别九州"分别是"冀州既载""济河惟兖州""海岱惟青州""海岱及淮惟徐州""淮海惟扬州""荆及衡阳惟荆州""荆河惟豫州""华阳黑水惟梁州""黑水西河惟雍州"①。在《禹贡》所构建的"九州"天下体系中，冀州是中心，为"帝都"②之所在。有关冀州的地域范围，《禹贡》并没有明确论述，但冀州条下有"岛夷皮服，夹右碣石，入于河"等记载，孔安国传引"马云'岛夷，北夷国。'"孔颖达疏又引"王肃云：'鸟夷（即"岛夷"），东北夷国名也。'"孔颖达疏又称"渤海北距碣石五百余里"③，按此构想，则知冀州地域范围十分广远，已达东北之地④。由于冀州地域广远，"禹治水之后，舜分冀州为幽州、并州，分青州为营州，始置十二州"⑤。马融亦谓"禹平水土，置九州。舜以冀州之北广大，分置

---

①《尚书》卷6《夏书·禹贡》，中华书局，《十三经注疏》本，1980年版，第146-150页。关于"九州"州名，史书记载不一，《尔雅·释地》有幽州、营州，无青州、梁州；《周礼·夏官·职方氏》有幽州、并州，无徐州、梁州；《吕氏春秋·有始览·有始》有幽州，无梁州。

②孔颖达为《禹贡》作疏称"冀州，帝都，于九州近北，故首从冀起"，中华书局，1980年版十三经注疏本，第146页。

③《尚书》卷6《夏书·禹贡》孔氏传及孔颖达疏，中华书局，《十三经注疏》本，1980年版，第146页。

④关于冀州分布范围，古代学者就有不同意见，众说纷纭。其实，"九州"之说本身就是一种构想，各州地域范围也就成了一种假说，很难说清楚各州实指范围。

⑤《尚书》卷3《虞书·舜典》孔氏传，中华书局，《十三经注疏》本，1980年版，第128页。

并州。燕、齐辽远，分燕置幽州，分齐为营州。于是为十二州也"①。按照此种说法，幽州及并州皆是从冀州中分割出来，营州则是从青州或齐州中分割出来。《大明一统志》在记述此事时说"舜分冀东北为幽州，即今广宁（今辽宁北镇）以西之地；青东北为营州，即今广宁以东之地。"清人顾炎武在论述此问题时，称"禹别九州，而舜又肇十二州，其分为幽并营者，皆在冀之东北"，认为"幽则今涿易以北，至塞外之地，并则今忻代以北，至塞外之地，营则今辽东大宁之地"②。按此推论，则幽、并、营三州已达北方塞外及东北远夷之地。《周礼·职方》称"东北曰幽州，其山镇曰医无闾"，虽然没有说幽州是从冀州中分离出来，但将幽州直接列在"九州"之内，郑玄为其作注称"医无闾在辽东"③，说明《周礼》"九州"也包括辽东之地。孔颖达在为《尚书·舜典》作疏时则称"《职方》幽、并山川于《禹贡》皆冀州之域，知分冀州之域为之也"，朱熹也说，"及舜即位，以冀青地广，始分冀东恒山之地为并州，其东北医无闾之地为幽州。又分青之东北、辽东等处为营州"④，也赞成幽、并从冀州分离出来的说法。宋人袁燮又说，"观《禹贡》可见冀州天子之都，而曰岛夷皮服，舜居深山之中，戎狄之与居，正冀州之地也"⑤，说明远达塞外之地的幽、并等州原来都属于冀州，且包括"岛夷""戎狄"等少数民族。冀州为"九州"之中心，为"中国"，无怪乎在南宋皇帝降元之后，陆威中等人为了讨好元人，称"禹贡之别九州，冀为中国"⑥。按照此种说法，"冀州"无疑包括了东北地区的少数民族，后来由冀州、青州分离出来的幽、并、营三州也远达东北少数民族之地。既然"冀州"是"中国"，那么从冀州等州分离出来的幽、并、营三州也应该属于"中国"，这就是古人所形成的"九州""十二州"为"天下"，为"中国"的说法。在这里，"天下"和"中国"无疑出现了重合，"中国"包含有"夷狄"。此外，《禹贡》青州条下有"嵎夷既略"，徐州条下有"淮夷蠙珠暨鱼"，扬州条下有"岛夷卉服"，豫州条下有"和夷底绩"，雍州条下有"西

①司马迁：《史记》卷1《五帝本纪》裴骃集解引马融之语，中华书局，1982年版，第27页。关于十二州之说，史书亦记载不一，《汉书·地理志》等书谓禹平水土之前已有十二州。

②顾炎武著、黄汝成集释：《日知录集释》卷22《九州》，上海古籍出版社，1985年版，第1637-1638页。顾炎武虽有此论述，但同文又称"幽、并、营三州在《禹贡》九州之外"，认为"先儒以冀青二州地广而分之殆非也。"

③《周礼》卷33《夏官·职方氏》，中华书局，《十三经注疏》本，1980年版，第863页。

④明丘浚著，林冠群、周济夫校点：《大学衍义补》卷19《治国平天下之要》引，京华出版社，1999版，第185页。

⑤袁燮：《絜斋家塾书钞》卷1《尚书·虞书·舜典》，文渊阁四库全书本。

⑥周密：《癸辛杂识》别集下《德祐表诏》，中华书局，1988年吴企明点校本，第286页。

戎即叙"等记载,也说明"禹别九州"所构建的"九州"天下体系包含有
夷狄。

《尚书·禹贡》在记载夏朝禹平水土,分"天下"为"九州"的同时,
又将东至海、西至流沙(即当时人所认知的"天下")的广大地区分为甸、
侯、绥、要、荒"五服",在构建"九州"天下体系的同时,又构建了"五
服"天下体系。《禹贡》所构建"五服"天下体系中的甸服主要指王畿地区,
也就是中央及其附近地区,侯服、绥服主要指地方诸侯封国地区,要服和荒
服则指边疆的蛮夷戎狄地区。《禹贡》将"要服"和"荒服"地区的蛮夷戎
狄列在"五服"之内,说明当时的"五服"天下体系也包含蛮夷戎狄等少数
民族。《周礼·夏官·职方氏》在《尚书·禹贡》"五服"制的基础上又构建
了周代王畿及其侯、甸、男、采、卫、蛮、夷、镇、藩"九服"的天下体
系,仍然包含蛮夷戎狄等少数民族。

孟子曾说:"舜生于诸冯,迁于负夏,卒于鸣条,东夷之人也。文王生
于岐周,卒于毕郢,西夷之人也。地之相去也千有余里,世之相后也千有余
岁,得志行乎中国,若合符节。先圣后圣,其揆一也。"赵岐注称"诸冯、
负夏、鸣条,皆地名也,……在东方夷服之地,故曰东夷之人也""岐周、
毕郢,地名也,……近畎夷,……故曰西夷之人也"[1]。宋罗泌称诸冯"即
春秋之诸浮,冀州之地"[2],冀州向来被视为"中国"。虞舜和周文王都被视
为"中国"圣人,显而易见,这里的"中国"应该包含"东夷之人"和"西
夷之人"。

夏商周三代的统治者均遵循"溥(普)天之下,莫非王土。率土之滨,
莫非王臣"[3] 的理念,视"九州""十二州"以及"五服"之"天下"为己
有。而夏商周三代又被人们视为典型的"中国",毫无疑问,这里的"天下"
与"中国"也实现了重合。可见,先秦时期形成的"九州""十二州"和
"五服"的"天下一体"体系,也有"中国(中华)一体"的涵义[4]。

---

①《孟子》卷8上《离娄章句下》,中华书局,《十三经注疏》本,1980年版,第2725页。

②罗泌:《路史》卷36《发挥五·辩帝舜冢》,文渊阁四库全书本。

③《诗经》卷13《小雅·北山》,中华书局,《十三经注疏》本,1980年版,第463页。

④古人所说的"天下"涵义很多,有广义和狭义之分,有人认为,狭义的"天下"指"中国"
或指某一个政权的统治范围,广义的"天下"如战国时期邹衍所构建的"大九州"的"天下"则指
世界。日人安部健夫认为,中国古代"天下"一词绝大多数都是狭义的,指"中国"或指某一政权
的具体的统治疆域,认为邹衍等人将"天下"视为世界是一种非常态的观念(参见安部健夫《中国
人的天下观念——政治思想史的讨论》,载《元代史的研究》,东京创文社,1972年)。"中国"的概
念也有很多,也有广义和狭义之分,有时狭义的"中国"与狭义的"天下"或"华夏""汉族"及
其政权相重合,有时广义的"中国"与广义的"天下"相重合,等等。

夏商周所构建的"九州""十二州"和"五服"天下体系虽然存在一定的构想成份，但其中所反映的"华夷一体""天下一体""中国一体"的观念，仍然值得我们重视。这种"华夷一体""天下一体""中国一体"的观念对后世产生了重要影响。

春秋时期的孔子虽然认为"诸夏"和"夷狄"是不平等的，但他又在《论语》中表达了有关子夏所说"四海之内皆兄弟"的观点，邢昺在为此语作疏时称"能此疏恶而友贤，则东夷、西戎、南蛮、北狄，四海之内，九州之人，皆可以礼亲之为兄弟也。"① 将"诸夏"和"夷狄"说成是"四海""九州"一体之内的"兄弟"。

战国时期的荀子也有这种"天下一体"的思想，他曾针对世俗有关"楚越不受制"的说法，指出"诸夏之国同服同仪，蛮、夷、戎、狄之国同服不同制。封内甸服，封外侯服，侯卫宾服，蛮夷要服，戎狄荒服。甸服者祭，侯服者祀，宾服者享，要服者贡，荒服者终王。日祭、月祀、时享、岁贡、终王，夫是之谓视形埶而制械用，称远近而等贡献，是王者之至也。"② 在这里，荀子进一步发挥了夏商周以来逐步形成的"五服制"理论，认为"诸夏"和"夷狄"同处"五服"一体之内，吴越也是"五服"之内受制之国，"诸夏之国同服同仪，蛮、夷、戎、狄之国同服不同制。""诸夏"和"夷狄"在同处于"天下为一"的"五服"之内是相同的，只是在各自的管理体制和文化风俗等方面"不同制"而已。他又说："天子不视而见，不听而聪，不虑而知，不动而功，块然独坐而天下从之如一体，如四肢之从心，夫是之谓大形"③。认为包括中央和地方的"天下"为"一体"，荀子在这里所指的地方，应该包括他所说的"五服"中的"要服"和"荒服"，他将以天子为代表的中央比喻成人的"腹心"，将包括"要服"和"荒服"的地方比喻成人的"四肢""腹心"和"四肢"在构成一个完整的人所起到的作用虽然不同，但都是构成一个完整的"人"所不可缺少的部分。荀子用腹心和四肢的关系来形容华夏和夷狄的关系，不仅有华夏和夷狄地位不平等的民族不平等思想，也有用以喻指"诸夏"和"四夷"同处于"天下一体"之中的思想。

汉代的贾谊进一步发展了荀子用腹心和四肢的关系来形容中央和地方、华夏和夷狄的"一体"关系的思想，称"凡天子者，天下之首，何也？上

---

①《论语》卷12《颜渊》"司马牛问仁"，中华书局，《十三经注疏》本，1980年版。

②《荀子》卷12《正论篇第十八》，中华书局，《新编诸子集成》本，1988年版，第329—330页。

③《荀子》卷8《君道篇第十二》，中华书局，《新编诸子集成》本，1988年版，第239页。

也。蛮夷者，天下之足，何也？下也"①，将天子所代表的华夏及其管辖的中原地区比喻成一个完整人体的"头"，将"蛮夷"及其分布地区比喻成一个完整人体的"足"，虽然"头"和"足"在一个完整人体中的地位不同，但都是一个完整人体这一统一体不可分割的一部分，缺少了哪一部分，这个"人"都不会成为一个完整的"人"。贾谊在这里所表达的思想虽然有"尊夏贱夷"的思想，但他用完整人体中"头"和"足"的关系来说明汉人和四夷的"一体"关系，仍具有重要意义。

汉代思想家杜钦还用"阴阳一体"来比喻"华夷一体"，他曾说，"臣者，君之阴也；子者，父之阴也；妻者，夫之阴也；夷狄者，中国之阴也"②。把中国（中原，这里主要指汉人）比喻为阳，把夷狄比喻为阴。虽然杜钦在这里想说的仍然是"尊夏贱夷"的思想，但他把华夏和夷狄说成是阴阳对立统一体中不可缺少的两个组成部分，仍然是"华夷一体"的思想。

唐代君臣则用根干和枝叶构成一棵完整大树的关系来比喻"华夷一体"的关系。据《贞观政要》记载，唐太宗曾说过"中国（中原，这里主要指汉人及其政权）百姓，实天下之根本，四夷之人，乃同枝叶"③，又说"治国犹如栽树，本根不摇，则枝叶茂荣"④。将汉人比喻成大树的根干，将夷狄比喻成枝叶。唐太宗在这里想说的也有"尊夏贱夷"的意思，但他将华夏和夷狄的关系比喻成同根共生、根干和枝叶连为一体的一棵大树，无疑也有"华夷一体"的意思。

辽人自称"中国"，同时也承认宋朝是"中国"，也是一种"中国多元一体"的观念。这从以下几个方面完全可以看出来。第一，据《辽史》及出土的辽代《永清公主墓志》《大契丹国夫人萧氏墓志》等文献和考古资料记载，辽人自称炎黄子孙，但他们并不否认宋人也是炎黄子孙。第二，辽人自称"北朝"，并积极主张与宋朝互称"南北朝"，认为"南朝""北朝"是一家，具有"南朝"和"北朝"都是"中国"的思想认识⑤。第三，辽人袭用"中原"即"中国""九州"和"十二州"即"中国"的理念，以为自己部分进入中原地区且在"九州"和"十二州"中国之内，应该属于中国，同时，也承认北宋在"中原"，也在"九州"和"十二州"之内，也是"中国"，具有辽宋同为"中国"的思想观念。第四，辽人袭用佛经"南赡部洲"之说，自

①班固：《汉书》卷48《贾谊传》，中华书局，1962年版，第2240页。
②班固：《汉书》卷60《杜周传附杜钦传》，中华书局，1962年版，第2671页。
③吴兢：《贞观政要》卷9《安边第三十六》，上海古籍出版社，1978年版，第277页。
④吴兢：《贞观政要》卷1《安边第三十六》，上海古籍出版社，1978年版，第22页。
⑤赵永春：《辽人自称"北朝"考论》，《史学集刊》，2008年第5期。

称"中国",但并不否认宋朝也在佛经所说的"南赡部洲"之内,也是"中国"。第五,辽人承袭历史上"夷狄用'中国'之礼则中国之"的思想观念,自称"中国",但不反对汉人懂礼也是"中国",具有华夷懂礼即同为"中国"的思想认识。因此,辽人在自称"中国"的同时,也称宋朝为"中国",具有辽宋同为中国的思想倾向。毫无疑问,这就是"中国多元一体"的思想观念[①]。

金人也是这样,也在自称"中国"的同时,承认宋朝是"中国",也有"中国多元一体"的思想观念。比如,梁珫在劝金海陵王完颜亮伐宋时说,"议者言珫与宋通谋,劝帝伐宋,征天下兵以疲弊中国"[②]。金世宗时,依附于宋朝的吐蕃族系人青宜可等"以宋政令不常,有改事中国之意"[③]。金章宗时期,宋人韩侂胄准备北伐,而金章宗和一些大臣不相信宋人会败盟,完颜匡则说宋朝"岂忘中国者哉"[④],独吉思忠也说:"宋虽羁栖江表,未尝一日忘中国"[⑤]。金章宗后期,"言事者以茶乃宋土草芽,而易中国丝绵锦绢有益之物,不可也"[⑥]。金宣宗贞祐初年,"中国仍岁被兵",在蒙古进攻下,金宣宗不敢留驻中都(今北京),赵秉文乘时上书言三事,"大约谓中国无古北之险则燕塞,车驾幸山东为便"[⑦]。金哀宗时期,金将完颜陈和尚与蒙古战败被俘,不屈而死,一些将士曾说:"中国百余年,唯养得一陈和尚耳!"[⑧] 这些材料中所显示的金人所说的"中国",都指金朝,说明金人一直以"中国"自居。金人在自称"中国"的同时,并不反对宋人称"中国",比如,金人主要是援引历史上"中原即中国""懂礼即中国"等思想观念,自称中国,但他们并不反对北宋占据中原为"中国",也不反对南宋人"懂礼"为"中国"。因此,在自称"中国"的同时,也承认宋朝是"中国",如金世宗在册命皇太子的《册命仪》中曾说"绍中国之建储,稽礼经而立嫡"[⑨],金末刘祁也曾说,显宗完颜允恭"欲变夷狄风俗,行中国礼乐如**魏孝文**"[⑩],所说"中国"应该包括南宋在内,说明金人在自称"中国"的同

①赵永春:《试论辽人的"中国"观》,《文史哲》,2010 年 3 期。

②脱脱等:《金史》卷 131《梁珫传》,中华书局,1975 年版,第 2808 页。

③脱脱等:《金史》卷 98《完颜纲传》,中华书局,1975 年版,第 2175 页。

④脱脱等:《金史》卷 98《完颜匡传》,中华书局,1975 年版,第 2167 页。

⑤脱脱等:《金史》卷 93《独吉思忠传》,中华书局,1975 年版,第 2064。

⑥脱脱等:《金史》卷 49《食货志四》,中华书局,1975 年版,第 1109 页。

⑦元好问:《赵公墓志铭并引》,见赵秉文《闲闲老人滏水文集·附录》,四部丛刊初编本。

⑧元好问:《遗山先生文集》卷 27《赠镇南军节度使良佐碑》,四部丛刊初编本。

⑨张玮:《大金集礼》卷 8《大定八年册命仪》,丛书集成初编本,商务印书馆,1936 年版,第 99 页。

⑩刘祁:《归潜志》卷 12《辩亡》,中华书局,1983 年版,第 136 页。

时，也承认宋朝是"中国"，这就是我们所说的"中国多元一体"的思想意识①。

元人也有"天下一体""华夷一体""中国一体"的思想观念。元世祖忽必烈曾说他"建元中统"以"见天下一家之义"②，改国号为大元是"绍百王而纪统"③，明确提出了"天下一家"的思想，并表示"绍百王而纪统"，就是要继承中华传统，无疑是以"中国之主"自居的表现。元世祖忽必烈还在给日本的国书中称"朕惟日本自昔通好中国"④，明确地称元朝为"中国"。毫无疑问，元世祖忽必烈所建立的元朝应该形成了包括蒙古等少数民族在内的"中华（中国）多元一体格局"。

明朝也强调"华夷一体"，明太祖朱元璋曾在北元蒙古之主爱猷识理达刺病逝，遣使致祭时说"帝王以天下为一家，彼不出覆载之外，何远之有？"⑤ 明成祖朱棣也曾遣使赍敕往谕瓦刺蒙古马哈木等曰："夫天下一统，华夷一家，何有彼此之间"⑥。鞑靼（蒙古）首领俺答汗也曾在所上明朝的谢表中说："今方普天率土，天朝皇明为尊，实上天之元子，为华夷之正主，九夷八蛮，各受封贡"⑦，赞成明朝有关"华夷一家"的说法，并承认明朝天子为"华夷之正主"，主动地将自己纳入"中华多元一体格局"之中。

清朝勃兴，也以继承中华正统自居，强调"满汉一家""华夷一体"。清太祖努尔哈赤曾说"今满汉既为一家，若以汉人为新附，恣行劫掠，是残害我降附之国人也"⑧。清太宗皇太极也说过"满汉之人，均属一体"⑨。顺治皇帝在赐西域阐化王王舒克等贡使琐诺木必拉式号妙胜慧智灌顶国师时更加明确地说："今天下一家，虽远方异域，亦不殊视。念尔西域从来尊崇佛教，臣事中国，已有成例，其故明所与敕诰印信，若来进送，朕即改授，一如旧例不易。"⑩ 不仅认为满族属于中国，而且认为西域各族等少数民族都是中

①赵永春：《试论金人的"中国"观》，《中国边疆史地研究》，2009 年 4 期。

②宋濂等：《元史》卷 4《世祖纪一》，中华书局，1976 年版，第 65 页。

③宋濂等：《元史》卷 7《世祖纪四》，中华书局，1976 年版，第 138 页。

④宋濂等：《元史》卷 208《外夷·高丽传》，中华书局，1976 年版，第 4618 页。

⑤严从简著、余思黎点校：《殊域周咨录》卷 16《鞑靼》，中华书局，1993 年版，第 527 页。

⑥《明太宗文皇帝实录》卷 30，永乐二年四月辛未条，台湾"中研院"历史语言研究所，1962 年校印本，第 533-534 页。

⑦郑振铎辑：《玄览堂丛书初集·北狄顺义王俺答谢表》，台北图书馆、正中书局，1981 年版，第 22 页。

⑧《清太祖高皇帝实录》卷 10，天命十一年七月乙亥条，中华书局，1985 年影印本，第 141 页。

⑨《清太宗文皇帝实录》卷 1，天命十一年八月丙子条，中华书局，1985 年影印本，第 26 页。

⑩《清世祖章皇帝实录》卷 39，顺治五年七月已丑条，中华书局，1985 年影印本，第 315 页。

国。雍正更是强调"天下一统，华夷一家"，对曾静、吕留良等人"妄判中外"，视满族为外夷，大为不满①。乾隆也以"天下一家，何分彼此"②，为治国方略。嘉庆也强调"天下一家，勿存歧视"③。他们在这里所说的"天下"并非是"世界"的概念，而是"中国"的概念，在这里"天下"与"中国"一词已出现重合④。可见，他们强调"满汉一家""华夷一家""天下一统""天下一家"，应该蕴含有"中国（中华）多元一体"的观念。清朝对我国多民族国家的贡献，不仅在于他们继承中华传统，建立起"中华多元一体格局"的国家，还在于他们在以前各朝对"华夷一体"中的"夷狄"未做严格区分的基础上⑤，根据历史发展变化的实际，将"夷狄"明确地划分出了"内藩"和"外藩"两大部分⑥，并视"内藩"为"中华多元一体格局"之内属，视"外藩"为"中华多元一体格局"之外围，明确了"中""外"的划分，使古人所构建的"中华多元一体格局"最终定位。

以上可以看出，"中华（中国）多元一体"观念不仅是一个政治概念，也是一个学术概念，符合中国多民族国家历史发展的实际。应该说，"中华多元一体"观念，是一个博大精深的课题，值得我们认真研究。《华夷变奏》一书在张博泉、费孝通提出了"中华一体"和"中华民族多元一体格局"的基础上，对"中华（中国）多元一体"问题作了进一步探索，值得称赞。

二、华夷族团势力的消长与中国古代华夷格局的变化

中国古代形成的"中华多元一体格局"，主要由华夏（汉族）和四夷等多元因素构成"中华一体"⑦，在这一格局之中，包含有华夏汉族和夷狄两大方面的势力。这两大方面的势力是一种什么样的关系，他们之间的碰撞和交融对华夷关系格局的变化以及中国历史的发展有何影响，一直是学界所关

①《清世宗宪皇帝实录》卷86，雍正七年九月癸未条，中华书局，1985年影印本，第148页。

②《清高宗纯皇帝实录》卷398，乾隆十六年九月戊寅条，中华书局，1985年影印本，第243页。

③《清仁宗睿皇帝实录》卷292，嘉庆十九年六月条，中华书局，1985年影印本，第1004页。

④李大龙：《"中国"与"天下"的重合：古代中国疆域形成的历史轨迹》，《中国边疆史地研究》，2007年3期。

⑤清代以前各朝对"华夷一体"中的"夷狄"也有所区分，如"五服"之内和"五服"之外，《禹贡》"九州"和邹衍"大九州"等，但没有十分明确和严格的划分。

⑥郭成康：《清朝皇帝的中国观》，《清史研究》，2005年4期。

⑦中国古代"中华"一词的涵义不一，本文将"华夏"和"中华"做了区分，"华夏"一词主要指华夏汉族，"中华"一词则主要指包含华夏和四夷及其文化在内的"华夷一体"的格局及其文化，与文中所使用的"中国"一词的涵义大体相同。

心的话题,但时至今日,也没有形成统一的认识。张碧波等《华夷变奏》一书,在吸取学界相关研究成果的基础上,对此话题提出了自己的看法,他们认为"华夏与夷狄两大方面的力量消长、发展演变、碰撞融合,直接影响着中华历史进程,直接影响着中华历史格局,决定性地影响着中华多元一体格局的形成与确立,影响并推动中华文明史的前进。"确实,华夷两大方面势力的消长直接影响中国古代华夷格局的发展和变化,并对中华民族的形成和发展产生了十分重要的影响。

如前所述,夏商周时期形成的以"九州""十二州""五服制"为代表的"天下一体"格局,包含有华夷两大方面的势力。那时,华夏地处中原,政治、经济、文化比较先进,夷狄地处四裔,政治、经济、文化比较落后。于是,便形成了华夏文明先进,夷狄野蛮落后的华夏中心观和"内诸夏而外夷狄"的华夷格局。在这一华夷格局之中,华夏居于主导和领袖地位,而地处边疆地区属于要服和荒服的夷狄,则处于被动和服从的地位。受这种华夏中心观主导意识的影响,夏商周时期逐步形成了华夏影响和控制四夷,四夷要接受华夏政权册封并向华夏政权朝贡的华夷体系,在这一"封贡"体系下,华夏政权被视为君主之国,四夷及其政权则被视为臣下之邦,双方所建立起来的关系是一种具有君臣关系特征的不平等关系。

最初,四夷仰慕华夏文明,积极主动向华夏君主"朝贡",心甘情愿地接受华夏政权的笼络和控制,但随着华夷势力的不断消长和变化,四夷逐步产生了不甘心于永远居住在地理条件较差的边疆地区,也想进入中原地区参预中原地区事务并试图打破"内诸夏而外夷狄"的华夷格局的想法,于是,便出现了"南夷与北狄交,中国(中原)不绝若线"[①]的局面。但在隋唐以前,华夏(汉族)在"中华多元一体格局"中的主导地位以及"内诸夏而外夷狄"的华夷格局并没有完全打破,华夏在"中华多元一体格局"中的强势地位和中心地位仍然无法动摇。

比如,夏商周时期确立了华夏中心观以后,即确立了华夏的中心和主导地位,形成了夷狄向华夏进行朝贡的所谓"万国来朝"的局面。到了春秋战国时期,四夷势力试图进入中原参预中原事务,虽然取得了一定的成效,但华夏的主导地位和中心地位并未被动摇,"内诸夏而外夷狄"的格局未被打破。秦汉时期,北边的匈奴虽然一度与秦汉形成为对等之国,但最终仍然免不了走向向汉朝称臣纳贡的命运,华夏汉族的中心地位不但没有受到多少损失,反而通过融入部分四夷的势力得到了进一步的加强和巩固。

---

①《春秋公羊传》卷10,僖公四年,中华书局,《十三经注疏》本,1980年版,第2249页。

魏晋南北朝时期，出现了以匈奴、鲜卑、羯、氐、羌为代表的四夷和华夏争夺中原领导权的斗争。先由匈奴人进入中原灭亡西晋，再由鲜卑人中的慕容鲜卑建立前燕、氐人建立前秦等，令南方以华夏汉族为主建立的东晋政权刮目相看。接着由鲜卑人中的拓跋鲜卑建立了控制北方并强盛一时的北朝政权，开始打破了华夏一统天下的局面和部分打破"内诸夏而外夷狄"的华夷格局，夷狄纷纷进入中原争做中国的主人，第一次取得了与华夏平分天下的对等的地位。这一时期，属于"夷狄"的氐人和鲜卑人虽然取得了与华夏对等的地位，但还没有出现高于华夏的趋势，在人们的心目中，华夏仍然高于夷狄，这从很多人主张以东晋和南朝的宋齐梁陈为中国正统的主张就能看出来。

隋唐在华夷融合的基础上重建华夏汉族政权，不但重新恢复了华夷格局中华夏的中心和主导地位，而且强化了"内诸夏而外夷狄"的华夷格局，再次形成四夷心甘情愿地接受华夏汉族君主为"天可汗"的万国来朝的局面，华夏汉族在华夷格局中的中心地位在不断发展中得到了进一步巩固和加强。

隋唐以前这种以华夏为君主、四夷为臣下的华夏中心地位和"内诸夏而外夷狄"的华夷格局，到了辽宋夏金元以后终于被打破。

辽朝是开始打破这一格局的重要朝代。属于夷狄的契丹人建立的辽政权，在景德元年（1004年）与宋签订"澶渊之盟"时与北宋约为兄弟之国，对等交往，正式开启了夷狄与华夏汉族平起平坐的新时代。同时，澶渊盟约又规定宋朝每年要向辽朝交纳岁币30万，实际上，辽朝不仅是与宋朝平起平坐的问题，而是出现了辽朝的地位开始优于宋朝的势头。到了庆历年间，辽人又以索取"关南地"为借口，迫使宋人派遣富弼出使辽朝，以同意增加岁币20万的代价与辽朝议和，在双方讨论增加岁币之时，辽人提出须于誓书中加一"献"字，宋人以为"献"字乃"下奉上之辞"，没有同意，后来同意使用"纳"字[1]。《辽史》则称宋人同意使用"贡"字[2]。无论是使用"贡"字还是"献"字或"纳"字，都说明辽朝的实际地位要高于宋朝。国外有些学者称夷狄契丹所建立的辽朝与华夏汉族所建立的北宋的这种"贡""纳"岁币的关系是"倒过来的朝贡（逆向朝贡）"[3]。实际上，称宋辽这种以"贡""纳"岁币为特征的贡纳关系为"倒过来的朝贡"关系并不合适，

---

① 李焘：《续资治通鉴长编》卷137，庆历二年九月癸亥条，中华书局，1985年版，第3292页。
② 脱脱等：《辽史》卷86《刘六符传》，中华书局，1974年版，第1323页。
③ 西方学者杨联陞等人认为，宋人向辽交纳岁币是"倒过来的朝贡（逆向朝贡）"。见费正清主编《中国的世界秩序：传统中国的对外关系》，哈佛大学出版社，1968年。转引自田浩《西方学者眼中的澶渊之盟》，见张希清主编《澶渊之盟新论》，上海人民出版社，2007年版，第93页。

因为古代的"贡纳"关系是以君臣关系为主要特征的一种不平等关系，而辽宋一直以对等之国相称，北宋一直没有向辽朝称臣，不具备臣下对君主进行"朝贡"的性质，不宜称之为"倒过来的朝贡"。但我们通过宋辽这种贡纳岁币的关系不难看出，属于夷狄的契丹在当时的华夷格局之中已经明显地占据了优势地位，足以反映出华夷关系及其格局的重大变化。

辽朝开创了打破华夏汉族在华夷格局中居于主导地位的局面，对后世产生了重要影响。继之而起的女真人建立金朝，以摧枯拉朽之势，灭亡了强大的辽朝和北宋政权，随即又与南宋签订"皇统和议"（也称"绍兴和议"），迫使南宋向金称臣纳贡，第一次正式完成了由四夷向华夏"朝贡"到华夏向四夷"倒过来朝贡"的华夷秩序及其格局的转化。后来，宋金又重新签订"隆兴和议"和"嘉定和议"，虽然取消了南宋向金人称臣的规定，但南宋皇帝仍然要称金朝皇帝为"叔"为"伯"，每年仍然要向金人交纳大量的岁币，金朝的地位仍然高于宋朝。金朝在我国历史上无疑正式开启了夷狄的政治地位高于华夏汉族的新时代。

属于夷狄的蒙古族兴起以后，灭金取宋，完成了统一全国的任务，不仅打破了"内诸夏而外夷狄"的华夷秩序和格局，而且开创了夷狄主宰包括华夏汉族在内的整个中国历史的先河，将中国古代由华夏汉族占据主导地位的华夷关系和格局转化为由夷狄占据主导地位的新型的华夷关系和格局，并将这种华夷秩序扩大到全国，先秦以来形成的华夏汉族中心观被彻底颠覆。

明朝兴起以后，试图按照"华夏之辨""尊夏贱夷"和"用夏变夷"的传统思想观念重建以华夏汉族为主导的华夷秩序和"内诸夏而外夷狄"的格局，他们虽然将部分蒙古人赶回蒙古高原，重新恢复了华夏汉族在华夷格局中的主导地位，但留居内地的蒙古等各族人与华夏汉族混居、华夷融合的历史大势已经无法改变，明朝皇帝只能高举"昔胡汉一家，胡君主宰""迩来胡汉一家，大明主宰"的大旗，在标榜对包括蒙古高原的蒙古族在内的各个民族"一视同仁"[①] 的前提下，对"中华多元一体"的华夷格局表示认可和赞同，对华夷格局中所出现的新型的华夷关系表示支持，对无法实现先秦以前那种"内诸夏而外夷狄"的华夷格局表示哀叹而已。华夷格局中所出现的新型的华夷关系以不可逆转之势继续向前发展。

属于夷狄的女真人重新兴起以后，在 1616 年努尔哈赤建立后金政权的基础上，改族名为满洲，改国号为清，正式建立起大清王朝。随即灭亡以华夏汉族为主宰的大明王朝；又于 1681 年平定三藩之乱；1683 年统一台湾，

---

① （明）火原潔译：《华夷译语》刘三吾序，涵芬楼秘集第四集影印明经厂刊本，1918 年。

并在台湾设置一府二县；1689 年与沙俄签订《中俄尼布楚条约》，确立中俄东段边界；1696 年打败漠西蒙古噶尔丹，在漠北蒙古地区实行盟旗制度；1726 年开始在云贵地区实行"改土归流"；1727 年设置驻藏大臣，加强对西藏地区的管辖；1728 年与沙俄签订《恰克图条约》，确定中俄中段边界；1733 年设置乌里雅苏台将军，统辖漠北喀尔喀蒙古和科布多、唐努乌梁海等地；1758 年平定阿睦尔撒纳叛乱；1762 年设置伊犁将军，管辖包括巴尔喀什湖在内的整个新疆地区。终于将包括华夏汉族和四夷在内的全部中国人纳入中央一元化政治领导体制管辖之下，再次建立起由夷狄主宰包括华夏汉族在内的整个中国的大一统王朝。清朝统治者在高扬"满汉一家""华夷一体""天下一家"的民族一统的旗帜之下，在"中华多元一体格局"之内建立起新型的多元化的华夷关系和华夷秩序。中国古代的华夷关系进入了一个新的发展时期。

以上可以看出，中国古代"华夷一体"格局中的华夷两大方面的势力，确实存在一定的矛盾和冲突，并在矛盾和冲突中呈现出此消彼长、互为主导之势，由此引起"中华多元一体格局"中的华夷关系不断发展和变化。也由于华夷两大方面势力的碰撞和冲突，才打破了"内诸夏而外夷狄"的华夷格局，逐步冲破了在夏尊夷卑、用夏变夷的华夏中心观指导下建立的华夷秩序，"华夷之辨""尊夏贱夷"等思想观念在夷狄的冲击下逐渐走向淡化，"用夷变夏"思想也随之悄然兴起。中国古代的华夷两大势力就是在这种"用夏变夷"和"用夷变夏"的互相转换中，加深了双方的了解和民族之间的认同，并在双方联系不断增强的基础上，逐渐凝聚到一起，为中华民族的最终形成作出了重大贡献。

三、关于华夏和夷狄王朝的文化选择问题

长期以来，人们一直以为华夏汉文化先进、夷狄文化落后，于是便形成一种华夏汉族对夷狄等少数民族文化不屑一顾而一心固守自己的传统文化，夷狄则羡慕汉文化，一定要走上"汉化"道路的传统思维定式。按照这种传统的思维定式，无论是华夏汉族还是夷狄等少数民族，在其发展过程中都只有一种文化选择，那就是选择先进的汉文化。近年来，有人又从建立在五德终始学说基础上的正统观念中所反映出来的如北魏孝文帝将北魏承前秦为土德改为承西晋为水德，以及金章宗没有选择继辽为木德而选择继承北宋为土德的观念，指出夷狄等少数民族及其政权从北方民族王朝立场转向中原王朝立场之后，均否定了包括本民族文化在内的夷狄文化，走上了选择汉文化的一元化的文化选择的道路。即认为夷狄等少数民族只有走上"全盘汉化"的

一元化的文化选择道路，才是他们发展的唯一出路①。

其实，这种一元化的汉文化选择的"汉化"思维模式并不符合中国历史发展实际，存在一定的局限性。张碧波等《华夷变奏》一书，即对这种传统的"汉化"观提出了质疑，认为"在中华历史文化上，无论统一王朝，还是分裂王朝；无论华夏—汉族王朝，还是夷狄族王朝，在其建国后的文物典章制度建设中，均对前代所构成的文化与文化传统做出继承、吸收与整合工作，这是一个历史文化发展规律，概莫能外。"②

确实，中国古代各民族的文化选择完全可以证实这一论断的正确性。比如，殷商即是出于夷人的族团、周人也长期生活在戎狄之间，他们进入中原建立典型的华夏国家，即在吸取夷人、戎狄和华夏等多元文化的基础上，发展了商代具有新质特征的华夏文化。秦人也是兴起于西戎的族团，统一全国建立起强大的秦朝之后，不仅将西戎文化融入华夏文化之中，也将属于南蛮的荆楚吴越文化、以及进入燕赵等国的北狄文化融入华夏文化之中，确立了秦朝多元文化的基本格调。汉政权建立之后，其文化选择也不仅仅是华夏汉族一元文化，既有对夏商周春秋战国以来百家文化的整合，又有对秦文化的吸收和扬弃，既纳入部分西南夷两越文化，又有对北狄匈奴文化的吸收等等，汉代文化也是多元文化继承、吸纳和整合。

进入魏晋南北朝之后，各个政权的文化继承更加丰富多彩。魏晋和南朝虽然主要以光大华夏汉文化为己任，但也多受西夷、南蛮和北狄文化之影响。十六国和北朝虽然以学习汉文化并走向"汉化"为其文化发展的主导方面，但也保留不少北方少数民族文化，尤其是十六国中的汉人出现汉胡融合趋势以及北朝中的汉人出现胡化趋势，更成为这一时期引人注目的独特景观。

隋唐政权继承了北朝多元文化的基础，杨隋和李唐甚至被称为是"胡化了的汉族政治集团"。隋文帝杨坚长期生活在鲜卑人之中，并娶匈奴鲜卑化之独孤氏为妻，所生之子隋炀帝起码有一半胡人血统。唐太宗李世民的祖父也娶鲜卑化之独孤氏为妻，其父李渊则娶鲜卑纥豆陵氏（窦氏）为妻，自己也娶鲜卑长孙氏为妻，到了其子唐高宗李治之时，已经很少汉人血统了。无怪乎有人不承认隋唐为汉人建立的政权，称其为夷狄之裔，如鼎鼎大名的朱

---

① 《德运之争与辽金王朝的正统性问题》，《中国社会科学》，2004 年 2 期。
② 张碧波，庄鸿雁：《华夷变奏——关于中华多元一体运动规律的探索》，黑龙江人民出版社，2009 年版，第 284 页。

熹就曾说"唐源流出于夷狄"①,宋末元初的郑思肖也说,"李唐为《晋·载记》凉武昭王李暠七世孙,实夷狄之裔"②。这种生活经历使隋唐统治者对夷狄文化有了新的认识,一改传统的"贵中华(主要指华夏汉族),贱夷狄"政策,开始从多元文化选择方面对传统的华夷文化进行大整合。他们不仅敞开胸怀大量吸收草原游牧文明,也大量吸收中亚绿洲城邦文明,同时又对华夏汉族传统文化进行了大改造、大整合,形成了"草原穹庐文明、中亚绿洲城邦文明与中华华夏文化的大交融、大交会,构成有唐一代的'唐室大有胡气'③的文化景观。"④

宋辽金各朝亦非单一文化选择。宋朝既有对隋唐五代文化的继承,又有对南唐、后蜀、南汉、吴越以及北汉等文化的整合,又受夷狄契丹、党项、回鹘、吐蕃、大理等各族影响,吸收了不少夷狄文化。即使我们仅仅承认宋朝继承隋唐五代文化,也并非是单纯的继承华夏汉文化,因为隋唐文化亦是"大有胡气",五代的"后唐、晋、汉皆出于夷狄"⑤,继承隋唐五代的文化,就应该包含有继承部分夷狄文化在内。至于夷狄契丹建立的辽朝,确实逐步走上了"汉化"的道路,但并非是"全盘汉化",他们不仅大量吸收唐宋文化,也保留不少本民族的文化,同时,对党项、回鹘等文化也多有吸收。女真人建立的金朝也是这样,也没有走上"全盘汉化"的道路,他们不仅注意吸收宋文化,也注意保留本民族优秀文化,同时也注意吸取辽文化,并在此基础之上"欲跨辽、宋而比迹于汉、唐"⑥,又吸取大量汉唐文化,也是多元文化选择。我们不能因为金章宗选择继承北宋为正统,就认为金朝仅有一元的"汉文化"继承和选择。其实,金章宗以前一直存在继辽为正统(即继承北方民族思想文化传统)和不论所继自为正统(主要是强调女真本民族的思想和文化)以及继承唐宋为正统的多元文化继承和选择的思想观念,金章宗朝讨论"德运"问题时,这些多元文化继承和选择的思想观念仍然存在,章宗于泰和二年(1202)选择了以继承北宋为正统一派的意见,"更定德运为土"⑦,但仅仅维持 12 年,宣宗又重新组织大臣进行德运讨论,后虽因战

①黎靖德编,王星贤点校:《朱子语类》卷 136《历代三》,中华书局,1994 年版,第 3245 页。

②郑思肖著,陈福康校点:《郑思肖集·杂文·古今正统大论》,上海古籍出版社,1991 年版,第 134 页。

③鲁迅:《鲁迅书信集》上卷《致曹聚仁》,人民文学出版社,1976 年版,第 379 页。

④张碧波,庄鸿雁:《华夷变奏·前言》,黑龙江人民出版社,2009 年版,第 7 页。

⑤马端临:《文献通考》卷 93《宗庙考三·天子宗庙》,中华书局,1986 年版,第 845 页。

⑥脱脱等:《金史》卷 12《章宗纪四》赞语,中华书局,1975 年版,第 285-286 页。

⑦脱脱等:《金史》卷 11《章宗纪三》,中华书局,1975 年版,第 259 页。

争问题而未宣布改变德运,但从讨论中多数人主张"不论所继只为金德"①来看,金人中仍有相当多的人没有放弃北族王朝的立场,仍然存在民族自立的思想意识,并非全部赞成一元化的"汉文化"继承和选择。也就是说,金朝从建立到灭亡,一真奉行的是多元文化继承和选择的政策。

蒙古族建立的元朝也是这样。蒙古族进入中原以后,逐步走上"汉化"道路,但没有走上"全盘汉化"的道路,仍然保留不少本民族的文化,也吸取了大量的西域文化以及中亚西亚等国的文化等等。无怪乎有人说元朝"改行汉法"仅仅是"附会汉法"而已,并没有全部采用汉法②。也有人说,大元帝国在草原文化与农耕文化的碰撞、冲突、交流与融合过程中,试图将北方草原文化融入农耕文化之中,将蒙古族文化融入汉文化之中,但"终未能达到水乳交融的程度"③。充分说明元朝也没有走上一元化的汉文化继承和选择的道路。

明朝如果从正统继承的文化选择来看,主要有两种意见,一种意见是主张继承宋朝为正统,重提已被一些少数民族及其有识之士多次质疑和消解的华夷正闰之论,以复兴华夏汉文化相号召,试图走上排斥夷狄文化的一元化的"汉文化"继承和选择的道路。另一种意见则从历史发展实际出发,承认明朝继承元统之事实,主张近承元朝文化,远承辽宋金文化以及夏商周以来的传统文化。朱元璋曾说过"天更元运,以付于朕"④的话,承认明承元统,就是主张在继承元朝文化的基础上发展大明文化,应该代表了这一派的意见。其实,无论是以继承和选择宋文化相标榜,还是在承元的基础上继承夏商周以来的传统文化,都无法改变明朝承元的历史实际,都无法消解和清除元朝文化的影响,没有办法走上单一的汉文化选择的道路,明朝历史发展实际表明,仍然是一种多元文化选择。

清朝兴起以后,也走上了"汉化"的道路,但也没有走上一元化的"汉文化"选择的"全盘汉化"的道路,他们一直奉行"国语骑射"政策,成为学者们质疑清朝"全盘汉化"的重要依据和话题。确实,清朝的文化继承和选择仍然体现出多元化的特点。比如,他们不仅将夏、商、周、汉、隋、唐、宋、明等华夏汉族帝王纳入历代帝王庙崇祀,也将辽、金、元等夷狄族

---

①《大金德运图说》,文渊阁四库全书本。

②白钢:《关于忽必烈"附会汉法"的历史考察》,《中国史研究》,1981 年 4 期。

③陈得芝:《耶律楚材、刘秉忠、李孟合论——蒙元时代制度转变关头的三位政治家》,《元史论丛》第九辑,中国广播电视出版社,2004 年。

④《明太祖高皇帝实录》卷 196,洪武二十二年五月癸巳条,台湾"中研院"历史语言研究所,1962 年校印本,第 2946 页。

帝王列入历代帝王庙进行崇祀。从祀大臣之中不仅有华夏汉族的有功之臣，也有夷狄族的名臣将帅。"从祀文庙"的选择也是如此，"洵足跨唐、宋、辽、金、元、明六代也"①，并没有将夷狄族建立的辽、金、元等王朝排除到他们文化继承之外，以此表明他们对历史上华夏汉族和夷狄族多元文化继承和选择的态度。

以上可以看出，中国历史上各个朝代一元化的"汉文化"选择是不存在的，无论是统一王朝，还是分裂王朝，无论是华夏汉族王朝，还是夷狄族王朝，其建国后的文化选择都是多元的，都是对前朝的多元文化作出重新选择、吸收和整合工作，从而建立起一种新质文化。

国外有些学者对这一现象早有注意，旅美德人魏特夫等人早在上个世纪40年代就提出了"征服王朝"和"第三文化"的理论，他们把中国古代的王朝分为典型的中国王朝和征服、渗透王朝两类，认为"在典型的中国朝代里，秦汉和隋唐宋代代表了中国古典社会在早期和后来的发展，辽金代表两种不同征服王朝，即辽在文化上拒绝中国（指汉族王朝）的文明，而金接受中国文明的两种形态。清代代表过渡的时期，即清代末期是中国古典社会解体而新社会出现的时期。"② 而"五胡乱华和南北朝时期华北的野蛮王朝"大都是北方民族"渗透到中国境内，在中央政府瓦解以后所建立起来的"王朝，"可以叫做渗透王朝"③。他们认为"所谓野蛮民族并不像一般所相信的那么文化低落，侵略中国而获得成功的边疆民族都有他们一套相当可观的文化"④，提出"汉族不能全部同化入侵中原的边疆民族"的观点，认为"中国史家所持的边疆民族全部汉化的意见是传说或神话。"⑤ 并在此基础上提出"第三文化"的理论，认为"本地文化与外来文化双方，在接触后都有所改变，从而在相互调整中产生出第三文化。这种文化保留了某些原来的成

---

①刘声木撰、刘笃龄点校：《苌楚斋续笔》卷2《国朝奏请从祀文庙诸人》，中华书局，1998年版，第256页。

②Karl A. Wittfogel and Feng Chia-sheng, Histoty of Chinese：Liao（907—1125），Philadelphia，1949，P24，转引自陶晋生《边疆民族在中国历史上的重要性》，《边疆史研究集——宋金时期》，台湾商务印书馆，1971年版，第2页

③陶晋生：《边疆民族在中国历史上的重要性》，《边疆史研究集——宋金时期》，台湾商务印书馆，1971年版，第6页。

④赖德懋（O. Lattimore），lnner Asian Frontiers of China，New York：Beacon Press，1962，P238-251，542-549. 转引自陶晋生《历史上汉族与边疆民族关系的几种解释》，《边疆史研究集——宋金时期》，台湾商务印书馆，1971年版，第17页。

⑤K. A. Wittfogel, Oriental Despotism，New Haven，1957，P326. 转引自陶晋生《历史上汉族与边疆民族关系的几种解释》，《边疆史研究集——宋金时期》，台湾商务印书馆，1971年版，第16页。

分，而另一些成分则以新的面貌出现或完全消失。""第三文化很难使各种成分完全融合，'织物的缝合处'常常是历历可见。"①

应该说西方学者对夷狄文化给予一定程度的重视，以及认为"中国不尽能同化异族"② 的观点，具有一定的可取之处。但这种"征服王朝"和"第三文化"理论的缺陷也是十分明显的。

首先，西方学者按照他们所建构的"征服王朝"理论，将北方少数民族"夷狄"及其建立的政权视为外族和外国，将"中国"说成是单一的华夏汉民族国家，是不符合历史实际的。如前所述，中国具有"多元一体"的特点，在其"一体"格局之中，主要有华夏汉族和夷狄两大方面的势力，华夏汉族自称"中国"，夷狄族也利用和发挥历史上比较宽泛的"中国"概念，根据自己的需要，在不同时期取"中国"一词的不同涵义而自称"中国"③，也就是说，中国历史上的夷狄族从来没有自外于"中国"，将夷狄族及其建立的政权说成是外族和外国，视中国为单一的华夏汉民族国家是不合适的。

其次，西方学者提出的"第三文化"理论，主要是针对他们所谓的"征服王朝"亦即夷狄族所建立的王朝提出来的，是一种不同意中国学者有关少数民族及其政权"全盘汉化"的思想观念。其理论虽然指出"征服王朝"亦即夷狄族王朝的文化选择具有多元文化选择的特点，但并没有指出华夏汉族及其建立的政权，也存在多元文化继承和选择的问题，也有对夷狄族文化的继承和吸收问题。张碧波等《华夷变奏》一书认为，中国古代不仅存在"用夏变夷"的问题，也存在"以夷变夏"的问题，不仅夷狄族王朝存在多元文化选择问题，华夏汉族王朝也存在多元文化选择问题。书中指出，商朝吸取了东夷文化，已不是夏朝时期的华夏文化；西周吸取戎狄文化，也不再是商朝时期的华夏文化；秦朝整合西戎和南蛮文化，更与夏商周时期的华夏文化有很大区别；至于汉唐文化，更是在对前朝各族文化进行整合的基础上建立起来的新文化。毫无疑问，这种无论是夷狄族还是华夏汉族王朝都存在多元文化的继承和整合的认识，才是正确的，无疑比西方学者所提出的仅仅强调

---

① 魏特夫：《中国社会史——辽（907—1125）·总论》，唐统天等译《辽金契丹女真译文集》，吉林文史出版社，1990 年版，第 34-35 页。

② 费正清、赖世和：《东亚：伟大的传统》（East Asia：The Great Tradition，1958）、费正清：《中国沿海的商务和外交》（Trade and Diplomacy on the China Coast：The Opening of the Treaty Ports，1842-1854，Cambridge，Mass. 1953. 转引自陶晋生《历史上汉族与边疆民族关系的几种解释》，《边疆史研究集——宋金时期》，台湾商务印书馆，1971 年版，第 17 页。

③ 赵永春：《试论辽人的"中国"观》，《文史哲》，2010 年 3 期；《中国古代的"中国"与"国号"的背离与重合——中国古代"中国"国家观念的演进》，《学习与探索》，2008 年 4 期。

"征服王朝"亦即夷狄族王朝具有多元文化选择的"第三文化"理论，更加切合中国历史发展的实际。

再次，西方学者提出的"第三文化"理论，主要强调"本地文化与外来文化双方，在接触后都有所改变，从而在相互调整中产生出第三文化"，即认为"第三文化"是本地文化与外来文化经过对等的"缝合"之后产生，并没有指出，这两种文化在"缝合"之后产生"第三文化"过程中，是否存在一个文化主体（或称主体文化）的问题。实际上，中国古代无论是华夏汉族建立的王朝还是夷狄族建立的王朝，在对前代多元文化吸收和整合过程中，一直存在一个文化主体问题。纵观中国历史发展，可以看出，华夏汉文化在中国历史发展中一直扮演文化主体的角色。新建的华夏汉族王朝，在对前代和同时代的夷狄文化进行整合时，均以华夏汉族文化为文化主体，并在此基础上对前代华夏汉文化以及夷狄文化进行选择和吸收，结果建立了一种不同于前代华夏文化和夷狄文化的新文化，但这一新文化仍然是以华夏汉文化为文化主体；新建的夷狄族王朝也是这样，他们在进入中原以后，常常是以华夏汉文化为楷模，并在其基础之上对华夏汉文化和夷狄文化进行选择、吸收和整合，所建新文化既不是原来的华夏汉文化，也不是原来的夷狄文化，但他们在对华夏汉文化和夷狄文化进行整合过程中，两种文化的地位并不是平等的，实际上，华夏汉文化的地位更优越一些，因此，夷狄族王朝重行整合后的文化也应该是一种以华夏汉文化为主体文化并保留和吸收夷狄文化在内的新文化。

可见，西方学者所提出的"第三文化"的理论，虽然较中国学者提出的"汉化"理论为优，但仍然难以概括出中国古代华夏族王朝和夷狄族王朝文化的丰富内涵。因此，《华夷变奏》一书，在不同意西方学者提出的"第三文化"理论的基础上，强调了"新质文化"的提法。

早在1993年，张碧波就在《中国古代北方民族文化史·民族文化卷·绪论》中提出了"新质文化"的概念，如今又在《华夷变奏》一书中对"新质文化"问题做了进一步深入讨论，认为"在中华文明史上，任何一个朝代（勿论其民族性质）建立之后终究要对前一代或前前一代的历史文化进行一番去粗取精、去伪存真的分析鉴别，终要在鉴别中加以吸收、继承、改造与扬弃，这就是文化上的整合工作，这种文化整合就是'以一个否定另一个的方式彼此联系着'的文化发展史，不论是统一时期还是分裂时期，整合自始至终在进行着。整合包含着选择、改造、融合而成为新质文化，母体文化在整合中吸收了异质文化，这个母体文化形态改变、变化为新质文化，中华文化正是在这不断地整合中丰富多样而成为多元化一体化的一个文化体系。这个体系我们称之为中华文化体系,而不是什么'第三文化'"①。又说"任何两种异质文化经过碰撞、交流与融合,最后经过整合而成新质文化,其新质文化仍以主导历史的民族文化为中心主线"②。应该说,《华夷变奏》一书所强调的这种"新质文化"的理论,弥补了西方学者所提出的"第三文化"理论的不足,比起"第三文化"的提法更加符合中国历史实际,应该是更加科学的提法。

综上所述,可以看出,"中华(中国)多元一体"观念不仅是一个政治概念,也是一个学术概念,符合中国多民族国家历史发展实际。"中华多元一体格局"之内的华夷两大势力经过碰撞、冲突,以至此消彼长、互为主导,加深了双方的了解和民族认同,淡化了"华夷之辨""尊夏贱夷"等歧视少数民族的观念,各民族逐步凝聚在一起,最终形成了中华民族。"中华多元一体格局"中华夏汉族王朝和夷狄族王朝的文化建设,都不仅仅是一元化的"汉文化"继承和选择,而是对前朝及同时并立的各民族王朝的多元文化作出重新选择、吸收和整合工作,从而建立起一种有别于以前的"汉文化"也不同于西方学者所说的"第三文化"的新质文化。中华民族的文化正是在这种多元文化的不断选择、吸收和整合过程中发展起来的。这种多元文化的选择、吸收和整合,对促进中华民族的形成起到了极其重要的作用。

原载《学习与探索》2012 年 1 期;中国人民大学复印报刊资料《历史学》2012 年第 4 期全文转载。

---

① 张碧波,庄鸿雁:《华夷变奏》,黑龙江人民出版社,2009 年版,第 214 页。
② 张碧波,庄鸿雁:《华夷变奏》,黑龙江人民出版社,2009 年版,第 237 页。

关于中国历史疆域问题的几点认识

关于如何认识中国历史上的疆域问题，人们存在着不同认识。长期以来，人们多以历代中原汉族王朝代表中国，认为历代中原汉族王朝控制的土地才是中国历史上的疆域。1951 年，白寿彝在《光明日报》上发表《论历史上祖国国土问题的处理》一文，对上述观点提出了不同看法，认为"用皇朝疆域的观点来处理历史上的国土问题是错误的办法，用中华人民共和国的国土范围来处理历史上的国土问题，是正确的办法。"文章发表以后，有人不同意白寿彝的意见，认为这是用一个固定不变的框子，来套中国历史上历代不断变化的祖国疆域，是不正确的。于是，学者们纷纷撰写文章，参与这场学术讨论。有人仍然坚持原来的观点，认为认识中国历史上的疆域，应该以历代中原汉族王朝的疆域为历代国土的范围，少数民族只有与汉族融合或加入汉族王朝以后，才能成为中国疆域不可分割的一部分①。随后，又有学者提出，认识中国历史上的疆域，应该以中国历史上的秦、两汉、隋、唐、元、明、清或者是 1840 年以前清朝的疆域作为确定历史上中国疆域范围的主要标志②，等等。直至现在，人们对于如何认识中国历史上的疆域问题也没有形成统一看法，因此，笔者不避浅陋，也想就这一问题，谈点不成熟的看法，不正确之处，敬请专家学者批评指正。

一

笔者认为，认识中国历史上的疆域应该以今天中国的疆域所包括的民族为出发点去上溯中国各个民族的历史和疆域，凡是今天生活在中国疆域内的民族以及历史上生活在今天中国疆域内而今天已经消失了的民族都是中华民族的组成部分，他们的历史（内向迁徙的外来民族作为中国民族的历史只能从他们迁入中国之后算起）都是中国历史的组成部分，他们在历史上活动的

---

① 孙祚民：《中国古代史中有关祖国疆域和少数民族的问题》，《文汇报》，1961 年 11 月 4 日；《处理历史上民族关系的几个重要准则——读范文澜〈中国历史上的民族斗争与融合〉》，《历史研究》，1980 年第 5 期。

② 杨建新：《沙俄最早侵占的中国领土和历史上中国的疆域问题》，《中俄关系史论文集》，甘肃人民出版社，1979 年版；谭其骧：《历史上的中国和中国历代疆域》，《中国边疆史地研究》，1991 年第 1 期。

地区及其建立政权的疆域也都是中国历史上疆域的组成部分。

为什么要这样说呢？其中主要的原因就是"中国"的含义在历史上所指不一，并处在不断发展变化之中，无法用历史上的"中国"概念来代表中国，只能用今天中国的概念来代表中国，并由此上溯中国的历史，才能正确认识历史上的中国及其疆域。

关于历史上"中国"的含义问题，许多学者都进行过讨论①，笔者也曾撰文谈过自己的看法②。各家论述的主旨和方法虽然不尽相同，但有一点是相通的，那就是，认为"中国"的含义在历史上有很多种，在不同的历史时期和不同的场合所指内容并不一致。

历史上"中国"的一个含义是用来指一国的中心，即"都城""京师""国中""王畿"的意思。如《史记·五帝本纪》记载，舜"夫而后之中国，践天子位焉"，《史记集解》引刘熙的话解释说："帝王所都为中，故曰中国"，就是说，这时"中国"的含义是指一国之中心的都城。此后，中国的含义不断发展变化，但作为"都城"这一含义，仍时而被人们使用。如，《汉书·扬雄传》记载，扬雄（娄敬）"建不拔之策，举中国徒之长安"，颜师古解释说"中国谓京师"，说明这里的中国也是指京师。陈连开曾指出"直到清朝，此义一直在沿用"③。显然，我们不能以"中国"的这种含义来代表中国和中国历史上的疆域。

历史上"中国"的另一含义是指中原和中原王朝，也是用地域作为划分中国的标准。比如，春秋时期，人们将地处中原地区的周、卫、齐、鲁、晋、宋、郑等看成是中国，而将中原以外的秦、楚、吴、越看成是夷狄。楚国国王熊渠自己也承认"我蛮夷也，不与中国之号谥"④。《史记·秦本纪》记载说，秦"僻在雍州，不与中国诸侯之会盟，夷翟遇之"，《史记·吴太伯世家》说，"中国之虞灭二世，而夷蛮之吴兴"，《史记·越王句践世家》说

---

①于省吾：《释中国》，《中华学术论集》，中华书局，1981年。顾颉刚、王树民：《"夏"和"中国"——祖国古代的称号》，《中国历史地理论丛》第1辑，陕西人民出版社，1981年版。杜荣坤、白翠琴：《试论古代少数民族政权与祖国的关系》，《民族研究》，1979年第1期。陈连开：《怎样阐明中国自古是多民族国家》，《历史教学》，1979年第2期；《中国·华夷·蕃汉·中华·中华民族》，《中华民族多元一体格局》，中央民族大学出版社，1999年版。张博泉：《中华史论》，《民族研究》，1993年3月。杨建新：《沙俄最早侵占的中国领土和历史上中国的疆域问题》，《中俄关系史论文集》，甘肃人民出版社，1979年版。谭其骧：《历史上的中国和中国历代疆域》，《中国边疆史地研究》，1991年第1期。

②《关于如何处理中国历史上民族政权之间关系的几点看法》，《四平师院学报》，1981年第4期。

③费孝通等：《中华民族多元一体格局》，中央民族大学出版社，1999年第二版，第229页。

④司马迁：《史记》卷40《楚世家》，中华书局，1959年版，第1692页。

"越兴师北伐齐，西伐楚，与中国争强"，都说秦、楚、吴、越是夷狄，不属于中国。到了秦朝占据中原，统一六国以后，秦又成了中国的代表，此后，人们常常"谓中国人为秦人"①。两汉据有中原，也是中国。到了三国时期，因为魏国据有中原，被看成是中国，蜀国虽然声称继承汉室，也不被看成是中国，吴国更被视为边鄙，比如，孙资曾说"数年之间，中国日盛，吴蜀二虏必自罢弊"②，就把魏国说成是中国，把吴蜀二国说成是夷虏。隋唐都占有中原，被看成是中国，没有疑义。五代十国，又出现了分歧，当时，占据中原的梁、唐、晋、汉、周被视为中国，而视"四夷、十国，皆非中国"③。北宋、明朝都占有中原，被视为中国。可见，历史上曾将中原政权说成是中国，把中原以外的政权说成不是中国，但有时又不如此，比如，五胡十六国和北朝，有好多政权都据有中原，但却不被东晋和南朝视为中国。女真人建立的金朝，也占有了中原地区，可南宋还是不承认他们是中国。以蒙古人为主建立的元朝，虽然统一了全国，可还是有人要"驱逐胡虏，恢复中华"④。以满族为主建立的清朝，也统一了全国，也有人说他们是"鞑虏"，不承认他们是中国。而有一些政权如南朝和南宋都没有占据中原地区，可仍被一些人看成是中国。可见，以中原王朝代表中国的概念，在历史上就是混乱的，所以我们不能用这一概念来代表中国并以此为根据去认识中国历史上的疆域。

历史上"中国"的又一个含义是指华夏汉族和华夏汉族王朝，是用民族作为划分中国的标准。如西汉、东汉、西晋、东晋、隋、唐、北宋、南宋、明朝等都把自己看成是"中国"的唯一代表，而视匈奴、乌桓、鲜卑、羯、氐、羌、回纥、突厥、南诏、女真等为外族，把他们建立的政权视为外国。但是历史上又不完全用汉族王朝代表中国，如前所述，三国时期的吴、蜀虽然是汉族建立的政权，可在当时不被一些人称为中国；十六国时期的前凉、冉魏、西凉、北燕等政权也是汉人建立的政权，可东晋政权也不承认他们是中国；五代十国时期的后唐、后晋、后汉政权虽然不是汉人建立的政权，而是沙陀部人所建立的王朝，但仍然被视为中国；秦朝是由西戎建立的、元朝是由蒙古人建立的、清朝是由满族人建立的，可大多数人都承认他们是中国，等等。可见，历史上用汉族王朝来代表中国的概念也是混乱的，我们研

---

① 班固：《汉书》卷 96《西域传下》，颜师古注，中华书局，1962 年版，第 3914 页。
② 陈寿：《三国志》卷 14《刘放传附孙资传》引《资别传》，中华书局，1959 年版，第 458 页。
③ 欧阳修：《新五代史》卷 71《十国世家年谱第十一》，中华书局，1974 年版，第 881 页。
④《明太祖高皇帝实录》卷 26，台湾"中研院"历史语言研究所，1962 年校印本，第 402 页。

究历史也不能用这一概念来代表中国，更不能按照这一概念去认识中国历史上的疆域。

事实上，不但华夏汉族王朝在历史上称中国，就是一些少数民族建立的政权，也自称中国。比如，十六国时期，羯族建立的后赵就曾自称"中国"，《晋书·载记第五·石勒下》记载了徐光向后赵皇帝石勒说，"陛下既苞括二都，为中国帝王"，就把羯族石勒建立的后赵看成了中国，相反把"司马家儿"建立的东晋看成为偏鄙，不承认东晋是中国。慕容鲜卑建立的前燕也自称中国，《晋书·慕容儁载记》记载，慕容儁曾对东晋的使者说"汝还白汝天子，我承人乏，为中国所推，已为帝矣"，明确以中国皇帝自居。建立前秦的统治者氐族苻坚也把自己说成是中国之主①。北朝时期鲜卑族建立的北魏、东魏、西魏、北周也都把自己看成是中国。契丹族建立的辽有时也自称中国，比如，辽太祖耶律阿保机曾说"佛非中国教"②，就把自己的政权看成了中国。以女真人为主建立的金朝也自称中国，《金史·梁珫传》记载"议者言珫与宋通谋，劝帝伐宋，征天下兵以疲弊中国"，就把金朝说成是中国。以蒙古族为统治者建立的元朝也把自己说成是中国，《元史·铁木儿塔识传》记载，"有日本僧告其国遣人刺探国事者"，铁木儿塔识说"正可令睹中国之盛"，明确把元朝说成是中国。以满族为统治者建立的清朝，更把自己说成是中国，并在与沙俄签订《尼布楚条约》时使用了"中国"一词，使历史上"中国"一词的含义逐步向近代"中国"一词的含义转化。正像陈连开所指出的那样，"'中国'的称号为各民族所共有"③，这是十分正确的。正是在这一基础上，孙中山领导辛亥革命胜利以后，才正式把国号定为"中华民国"，简称"中国"，这是我国以"中国"作为国号的开始，真正使"中国"一词具有了近代国家的含义。新中国成立以后，定国名为"中华人民共和国"，简称中国，这就是我们今天所说"中国"最典型、最完备的概念。我们所说的"中国历史"中的"中国"就是指今天中国的概念，"历史"则是指中国的昨天。研究中国历史和疆域就是要按照今天中国的概念去探究中国的昨天及其疆域。

今天的中国，包括56个民族及其辽阔的陆地和海疆，在这块陆地和海疆上生活的56个民族都是中国的民族，他们的历史（外来民族要从他们迁入之时算起）都是中国历史的组成部分。历史上在这块土地上生活过但今天

---

①房玄龄等：《晋书》卷114《苻坚载记下》，中华书局，1974年版，第2914、2935页。

②脱脱等：《辽史》卷72《义宗耶律倍传》，中华书局，1974年版，第1209页。

③费孝通等：《中华民族多元一体格局》，中央民族大学出版社，1999年第二版，第238页。

已经消失了的民族也是中国历史上的民族，他们的历史也是中国历史的组成部分。毫无疑问，这些民族在历史上活动的地区及其建立政权的疆域就都是中国历史上疆域的组成部分①。所以，我们以今天中国疆域包括的民族（外来迁入民族另作别论）为出发点去探究今天中国的历史和疆域，就会对中国历史上的疆域问题获得比较明确的认识。

比如，我们说，满族是中国的少数民族，满族是由历史上的肃慎、挹娄、勿吉、靺鞨、女真族逐步发展而来，肃慎、挹娄、勿吉、靺鞨、女真和满族的历史及其活动区域就是中国历史及其疆域的组成部分，粟末靺鞨建立的渤海政权、女真族建立的金政权、女真族建立的后金政权、满族建立的清政权都是中国历史上的政权，他们所控制的疆域就都是当时中国疆域的组成部分。蒙古族是中国的少数民族，蒙古族是由东胡族发展而来，东胡族的历史和活动地区也是中国历史和疆域的组成部分，由东胡族分出来的乌桓和鲜卑当然也是中国历史上的少数民族，他们的活动区域及其后来建立的前燕、后燕、南燕、北燕、西燕、北魏、西魏、北周等政权所控制的疆域就都是中国历史上疆域的组成部分，源于鲜卑族并由宇文鲜卑发展而来的契丹族也是中国历史上的少数民族，由契丹族建立的辽政权以及由契丹族耶律大石在辽末率众西迁建立的西辽政权也都是中国历史上的政权，他们所控制的疆域也是当时中国疆域的组成部分，我们不能因为西辽政权所控制的疆域有一部分今天不在中国境内，就说他们不是中国历史上的政权。由鲜卑族发展而来的室韦、蒙古族都是中国历史上的少数民族，蒙古族建立的元政权是中国历史上的政权，元朝所控制的疆域，包括元朝侵占西方的四大汗国的疆域，就都是当时元朝的疆域，也就是中国历史上的疆域，我们不能因为四大汗国中有很大一部分现在已经不在今天中国的疆域之内就不承认四大汗国是元朝的疆域。如同沙俄将他们侵占我国的大片领土说成是他们的领土（当然，我们要指出，这些领土是沙俄侵占中国的领土）一样，四大汗国也是当时元朝的领土，也就是中国历史上的疆域。我们这里说四大汗国是中国历史上的疆域，并没有说那些地区是我们今天的疆域，而是将中国今天的疆域和中国历史上不同时期的疆域作了严格的区分，所以，我们还是应该采取历史唯物主义的态度，当时是怎么回事，就是怎么回事。维吾尔族是中国的少数民族，维吾尔族的历史就是中国历史的组成部分，维吾尔族是由历史上的回纥族（后来改称回鹘）发展而来，因此，回纥政权以及回鹘西迁以后建立的甘州回鹘、

---

① 新中国成立以后，我们编写了 55 个少数民族的简史，将 55 个少数民族的历史都看成是中国历史的组成部分，就是按照这种认识中国历史疆域的基本思想和原则进行的。

西州回鹘和黑汗王朝就都是中国政权,他们所控制的区域就都是当时中国疆域的组成部分。藏族是中国的少数民族,藏族的历史及其在历史上所控制的疆域就都是中国历史和中国历史上疆域的组成部分。箕氏朝鲜是我国汉族的先民商朝遗民箕子建立的政权,最初政权建在辽西、辽东,即在今天中国疆域范围之内,后来进入朝鲜半岛,当然是中国的政权,卫氏朝鲜是箕氏朝鲜的继续,也是由我国汉族的先民即战国时期的燕国遗民卫满建立的政权,当然也属于中国。

还有一些历史上生活在今天中国疆域之内而今天已经消失了的民族,他们的历史也是中国历史的组成部分,他们所建立政权的疆域也是中国历史上疆域的组成部分。比如,匈奴族是由殷周以来的鬼方、荤粥、猃狁发展而来,战国时期居住在黄河河套和阴山(今内蒙古阴山)一带,即今天内蒙古自治区中部、南部及鄂尔多斯草原一带,后来建立了政权,也就是说匈奴政权是建立在今天中国疆域之内的政权,匈奴政权所控制的疆域就是中国历史上疆域的组成部分,不管匈奴所控制疆域的某一部分今天在不在中国境内,也都是当时中国的疆域。高句丽民族是在中国唐朝时期消亡了的民族,但她也是历史上生活在今天中国疆域之内并最早在今天中国疆域之内、当时汉朝郡县之内建立政权的民族,因此,高句丽也是中国历史上的少数民族,高句丽政权就是当时中国的政权,高句丽政权的疆域也就是当时中国疆域的组成部分,不管高句丽政权是否跨越了今天的国界,也都是当时中国的疆域。我们这里只是将高句丽政权跨越今天国界的部分说成是历史上中国的疆域,并没有把这部分土地说成是今天中国的土地,这就是历史唯物主义的态度。

这里有一点需要说明,就是中国历史上的民族外迁以及外族内迁问题,按照上述标准,笔者认为,中国历史上的少数民族在外迁当时并在中国历史上疆域的接壤地区建立政权,属于向外发展,其政权仍属于历史上的中国,前文所述的葱岭回鹘建立的黑汗王朝、契丹族建立的西辽、蒙古族建立的四大汗国等都属于这一类。如果中国历史上的少数民族在外迁时没有建立政权,而是加入了外族政权,这就不属于历史上的中国,而属于中国移民,或称侨民。匈奴族的一支在外迁当时没有在与中国历史上疆域接壤地区建立政权,"后来又与外国民族结合以至融合,形成为另一个民族共同体",过了200年以后才在顿河以东重新建立政权,期间已经经过了几代人,正如林幹所说,这部分人,"可以认为他在离开中国国境之后,逐渐演变为外国民族"[①],如同高句丽政权灭亡200多年以后王氏高丽政权建立一样,两者之

---

①林幹:《中国古代北方民族通论》,内蒙古人民出版社,1998年版,第83页。

间没有必然联系，因此，西迁之后的匈奴只能算作侨民，他们后来建立政权
所管辖领域也不能算作中国历史上的领土。至于外族内迁问题，她们只有内
迁中国以后才开始成为中国民族，所以，她们作为中国民族的历史只能从迁
入中国之时算起，迁入中国之前的历史不能算作中国历史，毫无疑问，她们
迁入中国以前的活动区域也不能算作中国历史上的疆域。中国的朝鲜族和俄
罗斯等民族就是这样，作为中国民族，她们的历史只能追溯到迁入中国之
时，迁入中国之前的历史及其活动区域不能算作中国的历史及其疆域。

综上所述，可以看出，我们以今天中国疆域所包括的民族为出发点去认
识中国历史上的疆域，并没有把历史上中国的疆域固定化，因为我们仅仅是
按照今天中国疆域所包括的民族（外来迁入民族另作别论）去探究中国历史
上的疆域，而不是用中国今天的疆域去代替中国历史上的疆域，毫无疑问，
土地是静态的，但中国历史上的民族则是动态的，因此中国历史上的疆域也
会随着民族的移动处在不断发展变化之中，我们只有按照这种发展变化的观
点，实事求是地去认识中国历史上的疆域，才会得出比较正确的结论。

二

我们说中国历史上各个民族建立的政权都是历史上中国的组成部分，并
不是说各个政权的地位和作用都是一样的，实际上，中国历史上的民族和政
权还有一个主体民族和主体政权的问题，弄清楚主体民族和政权与其他民族
和政权的关系，对于我们理解中国历史上的疆域问题大有补益。

我们认为，中国历史上的主体民族是汉族，主体政权是各族建立的中原
政权，其他政权主要指边疆民族政权。在中国历史上，中原政权与边疆民族
及其政权存在着直接管辖、间接管辖或者某种隶属关系，边疆民族及其政权
与中原政权总是有着千丝万缕的联系，这也是我们认识中国历史上疆域问题
的原则之一。

司马迁根据《尚书·禹贡》等书记载，记述了夏朝禹平水土，更制九
州，列天下为五服的情况，他说："令天子之国以外五百里甸服：百里赋纳
緫，二百里纳铚，三百里纳秸服，四百里粟，五百里米。甸服外五百里侯
服：百里采，二百里任国，三百里诸侯。侯服外五百里绥服：三百里揆文
教，二百里奋武卫。绥服外五百里要服：三百里夷，二百里蔡。要服外五百
里荒服：三百里蛮，二百里流"。"东渐于海，西被于流沙，朔、南暨：声教
讫于四海。"① 就是说，禹平水土以后，将东至海、西至流沙的广大地区分

①司马迁：《史记》卷2《夏本纪第二》，中华书局，1959年版，第75、77页。

为甸、侯、绥、要、荒五服，按照孔安国的解释，甸服"为天子服治田"并承担秸藁禾穗粟米等贡赋，当指王畿之地；侯服"斥候而服事"，承担服事王侯之事，当指王畿附近的中央管辖地区；绥服"服王者政教"，即按照王者的政令行事，当指地方，亦即后来的诸侯封国地区；要服"要束以文教"，即天子可以通过文教加以约束，使之服从，当指靠近地方的边疆地区；荒服，马融解释说"政教荒忽，因其故俗而治之""来不距，去不禁"[1]，司马迁说戎狄"以时入贡，命（名）曰'荒服'"[2]，颜师古说"戎狄荒服""言其荒忽去来无常也"[3]，可知荒服是指比较边远的不定期前来朝贡的边疆地区。

夏朝的五服实际上分为三个层次，即中央、地方和边疆，甸服、侯服指中央；绥服即《国语》《荀子》等书所说的宾服，指地方；要服和荒服指边疆的蛮夷戎狄地区。无论是中央、地方，还是边疆，都是当时夏朝疆域的组成部分。从此，我国便形成了五服都要服事中央，定期或不定期向中央贡纳赋役的贡纳制度，形成了五服之内都是中国疆域的认识，这种思想对后世产生了深远影响。《周礼·夏官·职方氏》记载了周代王畿之外分为侯、甸、男、采、卫、蛮、夷、镇、藩九服的情况，实际上也是将周朝直接和间接管辖的地区分为三个层次，王畿指中央，侯、甸、男、采、卫指地方诸侯封国，蛮、夷、镇、藩指边疆地区。

夏商周所确立的五服制度中的里数，并非实际里数，而是一个约数，实际上是根据各地方距离京师的远近所制定的一种地方服事中央的贡纳制度，距离中央比较近的地区，要直接向中央交纳赋税，距离中央比较远的地区，要定期或不定期地向中央朝贡。这种五服制度，也是国王管理国家的一种形式，其中，甸服、侯服为国王直接管辖地区；绥服（即宾服）为国王分封的诸侯王管辖地区，也可以称为国王间接管辖地区，到了秦朝改分封制为郡县制以后，绥服也成了中央直接管辖地区；要服和荒服地区则是国家通过文教约束使之服从并以时入贡的民族和地区，特别是荒服地区，前来入贡者即为荒服，不来入贡者，就属于五服之外，五服之内属中国，五服之外不属于中国。

那时，哪些民族和政权属于荒服？由于当时还没有一个十分确切的区分荒服的标准以及史料的欠缺，我们很难一下子说清楚，但从后人的一些记述

---

① 以上均见司马迁：《史记》卷 2《夏本记第二》集解，中华书局，1959 年版，第 76 页。

② 司马迁：《史记》卷 110《匈奴列传》，中华书局，1959 年版，第 2881 页。

③ 班固：《汉书》卷 4《文帝纪》，中华书局，1962 年版，第 129 页。

中，我们还是可以看到一些蛛丝马迹。比如，《史记·五帝本纪》记载："唯禹之功为大，披九山，通九泽，决九河，定九州，各以其职来贡，不失厥宜。方五千里，至于荒服。南抚交阯、北发，西戎、析枝、渠廋、氐、羌，北山戎、发、息慎，东长、鸟夷，四海之内咸戴帝舜之功"。《大戴礼记·少间》记载，商汤"服禹功以修舜绪……海之外肃慎、北发、渠搜、氐、羌来服"。《春秋左传》记载，周初大夫詹桓伯曾说："我自夏以后稷，魏、骀、芮、岐、毕，吾西土也，及武王克商，蒲姑、商奄，吾东土也；巴、濮、楚、邓，吾南土也；肃慎、燕、毫，吾北土也"。说明，交阯、发、西戎、山戎、氐、羌、肃慎、长夷、鸟夷等都在五服之内。《宋史·蛮夷传》说"西南溪峒诸蛮皆盘瓠种，唐虞为要服"。《旧唐书·地理志》说"五岭之南，涨海之北，三代已前，是为荒服"。《尔雅》说"孤竹、北户、西王母、日下谓之四荒"。《清史稿·地理志》还说，台湾是"古荒服之地"。说明这些地区都在五服之内，属于中国的疆域。商朝遗民箕子建立的箕氏朝鲜，接受周朝册封，"箕子既受周之封，不得无臣礼，故于十三祀来朝"①，应该与周朝所封各个诸侯国的性质一样，《旧唐书·李密传》记载说，"辽水之东，朝鲜之地，《禹贡》以为荒服"，说明箕氏朝鲜在五服之内，也应属于周朝的领土范围。

夏商周对要服和荒服地区的管理主要是通过文教加以约束，使之称臣纳贡，这种贡纳制的管理方式，到了战国秦汉时期，进一步发展为直接管理、间接管理和称臣纳贡三种形式。第一种形式是在原来的要服荒服地区像内地一样设置郡县，进行直接管辖。比如，战国时期燕国北击东胡、东击朝鲜，取地二千余里，设置右北平、辽西、辽东等郡，秦始皇经营岭南，设置南海、桂林、象郡等，汉武帝在秦朝基础上继续经营岭南，设置南海、苍梧、郁林、合浦、交阯、九真、日南、儋耳、珠崖等郡，又出兵灭掉卫氏朝鲜，设置乐浪、玄菟、临屯、真番等郡，昭帝调整郡县设置，将临屯、真番两郡并入乐浪、玄菟郡，东汉又分乐浪郡南部另置带方郡，这些都是将原来属于要服和荒服的文教约束地区，纳入中央王朝直接管理系统。第二种形式是设置属国，对内附的少数民族进行间接管理，比如，西汉为了管理内附的匈奴等族，设置了西河、北地、上郡、朔方、云中、张掖、五原等属国，为了管理内附羌人，设置金城等属国，东汉为了管理内附匈奴又增设了广汉等属国，为了管理内附的乌桓和鲜卑人，在东北地区设置了辽东属国，为了管理内附的西南夷，设置犍为等属国。《后汉书·窦融传》说，"汉边郡皆置属

①《尚书》卷12《周书·洪范》，中华书局，《十三经注疏本》，第75页。

国"。汉朝所设置的这些属国的性质是什么？颜师古曾解释说，"不改其本国之俗而属于汉，故号属国"①。这些属国虽然不改本国之俗，但由中央设置的属国都尉等官员管理，而且许多属国杂错在郡县之间，所以，这些属国的性质应该与郡县差不多，但内附的少数民族仍有相对的独立性，与内地的郡县又多少有所区别，所以，我们还是把这类"属国"划入汉朝间接管辖范围。此外，汉朝还在西域地区设置西域都护等官员，对西域各族及其政权进行管理，也属于这种性质。第三种形式是对称臣纳贡的政权及民族采取册封以及文教约束等形式进行管辖，比如，高句丽民族虽然生活在战国秦汉以来设置的郡县之中，但他们后来自己建立了政权，与夫余、乌桓、鲜卑一样，具有一定的独立性，中央政权不是通过派遣官员进行管理，而是通过册封令其称臣纳贡进行管理，比如，夫余、高句丽都向汉朝"遣使朝贡"②，国王即位都要经过汉朝皇帝册封，接受汉朝皇帝颁发的印玺并承担一定的义务，以及汉朝的玄菟郡对其有一定的节制权力，等等。可见，这些政权虽然具有一定的独立性，但其独立性是极其有限的，也属于汉朝通过称臣纳贡管理的范围。东北地区的挹娄等民族也向汉朝称臣纳贡，但他们尚未建立政权，属于汉朝文教约束范围。

到了唐朝时期，这种对边疆民族及其政权的管辖形式，又有了新的发展，主要是通过设置羁縻府州的方式对边疆地区进行管理。唐朝在全国设置了安西都护府（府治龟兹，今新疆库车）、安南都护府（府治安南府，今越南河内）、安东都护府（府治平壤）、安北都护府（府治木剌山，今蒙古杭爱山东端）、单于都护府（府治单于台，今内蒙古呼和浩特西）、北庭都护府（府治在庭州，今新疆吉木萨尔北）等机构，加强对边疆地区的管理。都护府以外还设置了众多的都督府和州县等，比如，在东北地区设置松漠都督府管理契丹等族，设置饶乐都督府管理奚族等，设置黑水都督府管理黑水靺鞨，设置室韦都督府管理室韦，设置忽汗州都督府管理渤海等。渤海虽然建立了政权，但当时仍然纳入唐朝边疆管理系统，渤海要向唐朝称臣纳贡，渤海国王即位必须得到唐朝中央政府的册封，实际上就是唐朝羁縻府州的一个地方官。唐朝的羁縻政策是古代五服制的一个发展，北魏以来，人们一直把高句丽等中国的少数民族划在五服之内，说高句丽所控制的"辽东之地，周为箕子之国，汉家之玄菟郡耳。魏、晋已前，近在提封之内"③，对百济的

---

①班固：《汉书》卷55《霍去病传》注，中华书局，1962年版，2483页。

②陈寿：《三国志》卷30《乌丸鲜卑东夷传》，中华书局，1959年版，第844页。

③刘昫等：《旧唐书》卷61《温大雅传附弟彦博传》，中华书局，1975年版，第2360页。

看法则不同，认为百济"处五服之外"①。因此，唐朝君臣主张出兵灭掉高句丽，对其地进行直接管辖。应该说，北魏以来对高句丽和百济所作出的区别划分，是比较符合历史实际的。

辽金元时期，东北边疆地区已经发展为内地，辽金在东北地区直接设置路（道）府州县，元朝在东北地区设置行省，正式将东北边疆地区纳入和内地一样的由中央直接管理的系统，从此，东北边疆地区开始和内地浑然成为一体。

明朝在东北地区设置辽东都指挥使司和奴儿干都指挥使司两个都指挥使司，下设卫、所，对东北边疆地区进行军政合一的统治。其中在兀良哈地区设置泰宁卫、福余卫、朵颜卫，在建州女真地区设置建州卫、建州左卫、建州右卫等，加强对兀良哈蒙古及建州女真等少数民族的管辖。辽东都指挥使司和奴儿干都指挥使司虽然具有军政合一的特点，但和内地比较起来，仍属于省一级行政机构，表明明朝对东北地区也进行了直接管辖。明朝在西南地区实行土司制度，用少数民族头人管理少数民族，实际上是唐朝羁縻府州制度的一个发展，带有间接管辖性质。

清朝在内地设置了18省，在边疆地区则设置了7区，即盛京将军、吉林将军、黑龙江将军、伊犁将军、乌里雅苏台将军五个将军辖区以及西藏办事大臣、青海办事大臣两个办事大臣辖区，又在西南地区实行改土归流，收复台湾并在其地设置府县，对边疆地区的直接管辖进一步增强，为中国多民族国家及其边疆的巩固作出了重要贡献。

以上可以看出，中国历史上主体民族和政权与边疆民族和政权始终存在着一种管辖和隶属关系，从夏商周时期的五服制开始，中原政权对边疆民族地区的直接管辖和间接管辖就开始了，此后，中原政权对边疆民族及其政权的直接管辖一步一步扩大并逐步强化起来，到了清朝最终完成了中央政权对边疆民族及其政权的直接管辖过程，使中国的边疆地区进一步巩固起来。这既说明中国历史上的中原主体民族及其政权与边疆民族及其政权是一个统一的整体，也说明中原民族及其政权与边疆民族及其政权的联系日益密切。应该说，这也是中国历史上民族及其疆域国内性质和国外性质的区别之一。

三

历史上，中原民族与边疆民族不仅在政治上存在着隶属关系，联系紧密，在思想文化方面也存在着"华戎一族"②的思想认识和文化认同，这也

---

①魏收：《魏书》卷100《百济传》，中华书局，1974年版，第2218页。
②李延寿：《南史》卷4《高帝纪》，中华书局，1975年版，第108页。

是我们认识中国历史上民族及其疆域问题的一个条件。

史书记载，中原各族和边疆各族均认为华夷同祖，都是炎黄子孙。比如，司马迁在《史记·五帝本纪》中就记载了华夏族和各少数民族都是炎黄子孙的情况，他认为汉族的先民华夏族出于黄帝，说"黄帝者，少典之子"，黄帝生有昌意、玄嚣等25子，昌意生高阳（即颛顼）；玄嚣生蟜极，蟜极生高辛氏（即帝喾），高辛氏生帝尧（放勋）。司马迁说建立夏朝的禹是"黄帝之玄孙而帝颛顼之孙也"，把夏朝说成是黄帝的直接后裔。说殷商始祖契为帝喾次妃所生，也就是说殷商的始祖契是帝喾的儿子，殷商也是黄帝的后裔。司马迁又说周朝的始祖后稷（弃）为帝喾元妃所生，也就是说周朝的始祖后稷也是帝喾的儿子，周朝也是黄帝的后裔。司马迁明确指出，"自黄帝至舜、禹，皆同姓而异其国号""黄帝为有熊，帝颛顼为高阳，帝喾为高辛，帝尧为陶唐，帝舜为有虞。帝禹为夏后而别氏，姓姒氏。契为商，姓子氏。弃为周，姓姬氏。"把夏商周都说成是黄帝的子孙。

司马迁不仅将华夏族说成是黄帝的子孙，把中国的少数民族也说成是黄帝的子孙，他认为少数民族与华夏族有着重要的渊源的关系，认为舜请求尧"流共工于幽陵，以变北狄；放驩兜于崇山，以变南蛮；迁三苗于三危，以变西戎；殛鲧于羽山，以变东夷。"把后来的蛮夷戎狄都说成是由中原的炎帝族和黄帝族发展而来。他在《史记·秦本纪》中说"秦之先，帝颛顼之苗裔"，把人们向来认为属于戎狄的秦朝先人说成是黄帝的孙子高阳氏颛顼的后人。在《史记·楚世家》中说，"楚之先祖出自帝颛顼高阳"，把人们认为属于南蛮的楚说成是黄帝的后裔。在《史记·越王句践世家》中说，"越王句践，其先禹之苗裔，而夏后帝少康之庶子也"，属于夏后氏的禹是黄帝玄孙（也有人认为是黄帝的九世孙），也就是说被人们视为夷蛮的越王句践也是黄帝的后人。在《史记·东越列传》中说"闽越王无诸及越东海王摇者，其先皆越王句践之后也"，越王句践是黄帝的后裔，两越的夷蛮是越王句践的后裔，自然也就是黄帝的后裔了。《史记·吴太伯世家》太史公曰："余读《春秋》古文，乃知中国之虞与荆蛮句吴兄弟也"，认为建立句吴的吴太伯是周太王的儿子、周文王的伯父，周武王时分封吴太伯之后周章建立吴国，在"夷蛮"；分封周章的弟弟虞仲建立虞国，在"中国"。虞向来被看成属于中国，吴则被视为荆蛮，在司马迁看来，虞和吴都是周朝太王的后人，周王又是黄帝的后人，属于荆蛮的吴也就成了黄帝的后人。司马迁在《史记·匈奴列传》中又说"匈奴，其先祖夏后氏之苗裔也，曰淳维"，《史记·匈奴列传·索隐》引乐产《括地谱》云"夏桀无道，汤放之鸣条，三年而死。其子獯粥妻桀之众妾，避居北野，随畜移徙，中国谓之匈奴"，认为匈奴是夏桀之子的直接后裔，也就是夏后氏大禹的后裔，禹是黄帝的后裔，匈奴自然也就成了黄帝的后裔。

关于中国历史上少数民族都是炎黄子孙的说法，可能出于当时少数民族广泛流传的有关他们始祖的神话传说，司马迁曾对少数民族地区作过调查，搜集到这些资料，并将这些资料写到《史记》一书之中，这不但说明司马迁关于中国少数民族出自炎黄子孙的说法是中国历史上少数民族自己的认识，也说明司马迁等汉族人士对少数民族出于炎黄子孙的承认，说明，无论是汉族还是少数民族都具有"华戎一族"的思想认识。

司马迁关于中国各个民族均为炎黄子孙的说法，对后世产生了深远影响，不仅为众多史学家所采纳，也得到了中国少数民族的普遍承认和赞赏。后来的少数民族大多沿袭司马迁的说法，强调自己是炎黄子孙。比如，《晋书·赫连勃勃载记》记载，十六国时期，匈奴人赫连勃勃建立的大夏政权，"自以匈奴夏后氏之苗裔也"，因此定国号为大夏。赫连勃勃曾强调自己是"大禹之后"，要"复大禹之业"，完全把自己说成是黄帝的后人。十六国时期氐人苻洪曾建立前秦政权，《晋书·苻洪载记》说苻洪"其先盖有扈之苗裔，世为西戎酋长"，《史记·夏本纪》记载，"禹为姒姓，其后分封，用国为姓，故有夏后氏、有扈氏、有男氏、斟寻氏、彤城氏"等，可知有扈氏为大禹之后，也就是说氐人也称自己为黄帝的后人。《晋书·姚弋仲载记》记载十六国时期建立后秦的羌人"其先有虞氏之苗裔"，有虞氏即帝舜，他们认为"禹封舜少子于西戎，世为羌酋"。卢水胡人沮渠蒙逊也说，羌人姚氏"舜后，轩辕之苗裔也"[1]，轩辕即黄帝，说明不但羌人把黄帝看成了自己的始祖，就是其他少数民族也承认羌人是黄帝的后裔。《晋书·慕容廆载记》认为慕容鲜卑"其先有熊氏之苗裔，世居北夷，邑于紫蒙之野，号曰东胡"，《十六国春秋·前燕录》则更加具体地说"昔高辛氏游于海滨，留少子厌越以君北夷，邑于紫蒙之野，世居辽左，号曰东胡"，有熊氏即黄帝，高辛氏帝喾是黄帝的后代，东胡族是帝喾少子厌越的后代，也就是黄帝的后代，由东胡族分出来的鲜卑自然也就是黄帝之后了。《魏书·序纪》又称"昔黄帝有子二十五人，或内列诸华，或外分荒服，昌意少子，受封北土，国有大鲜卑山，因以为号"，建立北魏政权的拓跋鲜卑人以黄帝之子昌意少子为自己的直接祖先，他们认为"黄帝以土德王，北俗谓土为托，谓后为跋"[2]，因称自己为鲜卑拓跋氏。控制西魏政权的鲜卑人宇文泰则称"其先出自炎帝神

---

① 房玄龄等：《晋书》卷 129《沮渠蒙逊载记》，中华书局，1974 年版，第 3198 页。
② 魏收：《魏书》卷 1《序纪》，中华书局，1974 年版，第 1 页。

农氏,为黄帝所灭,子孙遁居朔野"①。宇文泰的儿子建立北周政权的宇文觉更明确地说"予本自神农"②。炎帝和黄帝是兄弟,同出于少典,鲜卑人有关始祖的说法虽然有黄帝和炎帝之不同,但最终还是一源。从鲜卑族中分出来的契丹族也承认自己是炎黄子孙,《辽史·世表》记载说:"庖牺氏降,炎帝氏、黄帝氏子孙衆多,王畿之封建有限,王政之布濩无穷,故君四方者,多二帝子孙""考之宇文周之书,辽本炎帝之后,而耶律俨称辽为轩辕后",也就是说《周书》认为契丹是炎帝之后,耶律俨所作《辽史》则将契丹说成是黄帝之后,脱脱主持编写的《辽史》经过考证,认为契丹出于"炎帝之裔曰葛乌菟者",主张契丹为炎帝之后。生活在东北地区的高句丽也把自己说成是黄帝的后裔,《晋书·慕容云载记》记载,被冯跋拥立建立北燕政权高云的祖父高和,本是"高句骊之支庶,自云高阳氏之苗裔,故以高为氏焉",高阳氏颛顼是黄帝的孙子,说明,高句丽也把黄帝看成了自己的祖先。西南蛮夷,多谓自己出于槃瓠,槃瓠虽非炎黄直接后裔,但据《后汉书》记载,也与黄帝的后人高辛氏帝喾有关。《后汉书·南蛮西南夷列传》说,高辛氏时期,犬戎常来寇掠,帝喾深以为患,遂下令说,如果有人能取得犬戎吴将军之头,赏赐黄金千镒,封邑万家,并将自己心爱的女儿嫁与他为妻。帝喾养有一条名叫槃瓠的五彩狗,据《后汉书》引《魏略》说:"高辛氏有老妇,居王室,得耳疾,挑之,乃得物大如茧。妇人盛瓠中,覆之以槃,俄顷化为犬,其文五色,因名槃瓠"。这条名叫槃瓠的狗,听说帝喾悬赏捉拿犬戎吴将军,遂将犬戎吴将军的头取来,交给了帝喾,帝喾见是一条狗杀死了犬戎吴将军,有意毁弃前言,不想将自己的爱女许配给这条狗。帝喾的女儿听说其事,以为帝喾不应该违背前言,失去信誉,遂自愿请求嫁给槃瓠。于是,槃瓠与帝喾的爱女走入南山,居住在一个石室中,生了6男6女,后来子孙繁衍,号曰蛮夷。按照这一传说,西南蛮夷虽非黄帝子孙,但却是黄帝曾孙帝喾外甥的子孙,如果将女儿也按照父亲的世系计算的话,那么西南蛮夷也就成了高辛氏帝喾的直接后裔。这只是一种传说,还有的传说,说西南夷蛮是禹或舜的直接后人,如《汉书·地理志》说,粤地,包括苍梧、郁林、合浦、交阯、九真、南海、日南等地,"其君禹后,帝少康之庶子",把古代百越地区的少数民族说成是禹的后人少康的直接后裔。《明史·土司列传》则说"西南诸蛮,有虞氏之苗,商之鬼方,西汉之夜郎、靡莫、邛、莋、僰、爨之属皆是也",把西南蛮夷说成是帝舜有虞氏的直接后

①令狐德棻等:《周书》卷1《文帝纪》上,中华书局,1971年版,第1页。
②令狐德棻等:《周书》卷3《孝闵帝纪》,中华书局,1971年版,第46页。

裔。可见，关于中国历史上西南少数民族始祖的传说，虽然不甚一致，但都与炎帝和黄帝的后裔有关。

以上可以看出，中国历史上的各个民族均主张自己的始祖出于炎帝和黄帝，而炎帝和黄帝都出于少典氏，又与盘古开天辟地有关，这种中华民族起源于一个祖先的一源论说法，今天看来，是不科学的，因为中华民族和文明的起源并非一源，而是多源，具有多元一体的特点，这已为中国长江流域、黄河流域、燕辽地区丰富的远古人类考古及其文化所证明，已经成为学界的普遍共识。[①]

关于"华夷同祖"的中华民族起源的一源论说法，虽然是不科学的，但他却可以说明中国历史上的中原民族和边疆民族在血缘上是比较接近的民族，反映了中华各民族在发展过程中逐渐混血融合的趋势，反映了中国历史上"华戎一族"或"胡越一家"[②]思想的源远流长，反映了中原民族对边疆民族自古以来就是一家的思想认可，也反映了中国历史上少数民族对炎黄文化的心理趋同。确实，中国历史上各个民族在思想文化方面具有一定的同一性，中原文化不断向边疆地区辐射并不断吸收边疆文化中的有益成份，边疆民族则对中原文化有着一种似乎母体文化的心理认同，他们都崇尚以儒家思想为主要内容的汉文化，并将其作为自己修身、齐家、治国、平天下的指导思想，使得他们的文化成为中华文化的有机组成部分。

比如，渤海就十分崇尚汉文化，他们在中央设置的六部就以忠、仁、义、智、礼、信命名，充分反映了他们对儒学思想的尊崇，从出土的贞惠公主墓和贞孝公主墓等碑文来看，渤海人在社会生活中广泛使用汉语文字，有关社会风俗文化均与汉文化相一致，"疆理虽重海，车书本一家"，渤海文化无疑属于中华文化系统。高句丽也是这样，耿铁华、杨春吉曾指出，"出现在集安五盔坟四、五号墓藻井上的伏羲、女娲、神农氏、奚种造车、黄帝出巡等图像，完全是中华民族古代传说中的人物""在高句丽各时期的壁画中，先后出现青龙、白虎、朱雀、玄武四神的图像，无不来自中华文化的本体"[③]，再从出土的好太王碑等碑文来看，高句丽也是使用汉字崇尚中原文化的民族，这一切都无可辩驳地说明了高句丽民族对汉文化的思想认同。至于其他少数民族，同样如此，已有多种论著论及，本文就不一一赘述了。

孔子曾将"文化"作为区分华夏和夷狄的标准，凡是按照"礼"的要求

①王钟翰主编：《中国民族史》，中国社会科学出版社，1994年版，第33-42页。
②司马光：《资治通鉴》卷194《唐纪十》，中华书局，1956年版，第6140页。
③杨春吉、耿铁华主编：《高句丽归属问题研究》，吉林文史出版社，2000年版，第59页。

办事的人，就是中国华夏；凡是违背"礼"的要求者，就是夷狄。韩愈在概括孔子这一思想时说："孔子之作《春秋》也，诸侯用夷礼则夷之，夷而进于中国则中国之"①，也就是说，不管你原来的民族如何，只要采用中原之礼就是中国华夏，采用夷礼就是夷狄。这种民族可以变化的思想，为后来许多思想家所接受，董仲舒就曾明确指出，"今晋变而为夷狄，楚变而为君子"②。按照孔子等思想家所说的标准，各个少数民族与中原民族在思想文化上具有一定的趋同性，均认为自己是炎黄子孙，均采用儒家思想作为自己的指导思想，在社会生活中均采用汉文化和汉礼，毫无疑问，他们都应该属于中国人。按照这一理论，我们把中国历史上少数民族活动的地区及其建立政权所管辖的地区说成是中国历史上的疆域也就是理所当然的了。

　　综上所述，可以看出，我们认识中国历史上的疆域，以今天中国疆域包括的民族（外来迁入民族作为中国民族的历史只能从他们迁入中国之后算起）以及历史上在这块土地上生活过而今天已经消失了的民族作为认识问题的出发点，上溯中国各个民族的历史，并将中国历史上少数民族作为中华民族的组成部分，把中国历史上少数民族活动地区及其政权管辖的疆域作为中国历史上疆域的组成部分，不仅在理论上说得通，也符合中国历史上边疆民族及其政权隶属于中原政权以及边疆民族与中原民族具有思想文化趋同性等史实，应该说这种认识具有一定的合理性。有人主张，认识中国历史上的疆域应该确定一个标准，或主张以 1840 年以前清朝的疆域作为确定历史上中国疆域范围的主要标志，或强调边疆民族与中原政权的隶属关系等等。笔者认为，认识中国历史上的疆域，不必仅仅确定一个标准，不但要考虑到按照今天中国疆域内的民族上溯他们的历史和疆域，还要考虑到中原民族及其政权与边疆民族及其政权的隶属关系，以及边疆民族对中华思想文化的心理认同等，按照这些原则和条件进行综合考查分析，对于我们正确认识中国历史上的疆域，不难得出比较公允的结论。

　　原载《中国边疆史地研究》2002 年 3 期；《新华文摘》2003 年第 1 期全文转载。

---

①（宋）魏仲举编：《五百家注昌黎文集》卷 11《原道》，文渊阁四库全书本。
②董仲舒：《春秋繁露》卷 2《竹林第三》，文渊阁四库全书本。

认识中国历史疆域的几个原则

关于如何认识中国历史疆域问题，日益引起人们的重视，但时至今日，仍然众说纷纭，莫衷一是。笔者曾撰写《关于中国历史上疆域问题的几点认识》① 一文，对这一问题谈了自己的看法，但细细想来，仍有许多言犹未尽之处，因此，再作此文，对认识中国历史疆域的原则问题做进一步研究和探讨。

笔者认为，认识中国历史上的疆域，应该确立一个总原则（或者称"根本原则"、"基本原则"）及如何运用总原则去认识中国历史疆域时所需要把握的三个具体原则，下面分别作一简要论述。

一、一个总原则

一个总原则（或称"根本原则"）就是，认识中国历史上的疆域，应该以今天中国的疆域所包括的民族为前提去上溯中国各个民族的历史和疆域，凡是生活在今天中国疆域之内的民族以及历史上生活在今天中国疆域之内而今天已经消失了的民族都是中华民族的组成部分，他们的历史（内向迁徙的外来民族作为中国民族的历史只能从他们迁入中国之后算起）都是中国历史的组成部分，他们在历史上活动的地区及其建立政权所管辖的地区都是中国历史疆域的组成部分。这一观点，笔者已在《关于中国历史上疆域问题的几点认识》一文中作了论述，此处不再赘述，仅对其合理性补充三点理由：

第一，这一认识，符合今天中国疆域与历史上中国的疆域既有联系又有区别的历史实际。有人不同意以今天中国的疆域为标准去认识中国历史上的疆域，毫无疑问，把今天中国的疆域作为一个固定不变的框子去括套中国历史上的疆域是不正确的，但以今天中国的疆域所包括的民族为前提去上溯中国历史上的民族和疆域则是无可非议的。试想，如果取消今天世界各国的国号及其疆域，是不是全世界就没有国家与国家的区别了，各个国家都没有了，何谈某国的历史疆域呢？实际上，我们今天所说的"中国历史"中的"中国"就是指"今天的中国""历史"则是指今天中国的"昨天"，研究中国历史上的民族和疆域就是要以今天中国疆域所包括的民族为前提去上溯中

---

①《中国边疆史地研究》，2002 年第 3 期。

国历史上的民族和疆域（不是用今天中国的疆域去上溯中国历史上的疆域，而是通过中国的民族去上溯中国各个民族的历史和疆域）。这样，既没有把今天的中国和历史上的中国混为一谈，又注意到了今天的中国和历史上中国的继承性和联系性，是符合历史实际的。

第二，这一认识，符合中华民族"多元一体"的历史实际。因为中国是一个多民族国家，不是汉族一个民族的国家，因此，我们认识中国历史疆域不能仅仅按照汉民族一个民族去认识中国历史上的疆域，不能仅仅去追述汉民族一个民族的历史和疆域，而应该分别追溯各个民族的历史和疆域。不能认为历史上的少数民族只有加入汉族政权才算加入"中国"，没有加入汉族政权就不是"中国"，而应该认为，中国是包括少数民族在内的中国，历史上少数民族加入汉族政权只能说成是他们在某一时期归属于某一汉族政权，不能说成是归属"中国"，因为他们本身就属于中国，用不着加入之后再属于中国，所以，没有加入汉族政权的少数民族只能说他们没有归属于汉族政权，但仍属于中国。这种认识符合中国是一个多民族国家的实际，符合中华民族"多元一体"的实际，对认识中国历史上的疆域具有一定的指导意义。

第三，这一认识，符合中国历史疆域不断发展变化的实际。以今天中国疆域包括的民族为前提去上溯中国历史上的民族和疆域，就是对中国历史疆域进行动态考察。因为土地是静态的，民族是动态的，历史上某个民族政权（不仅仅指单一民族政权，更重要的是指多民族政权，因为在历史上单一民族政权是很少的，多民族政权才是多数）控制的土地到哪里，其民族政权的疆域就应该到哪里，按照这种认识，就会看到，中国历史上的疆域处在不断发展变化之中，一个时期的疆域大一些，另一个时期的疆域可能又会小一些，整个历史时期的疆域不是固定不变的。因此，我们不同意用今天中华人民共和国的疆域来限定历史上中国的疆域，不同意用1840年以前清朝的疆域来限定整个历史时期的中国疆域，也不同意用历史上某几个统一皇朝的疆域来限定历史上中国的疆域，而主张以今天中国疆域包括的民族为前提去上溯中国历史上的民族和疆域，对中国历史疆域进行动态考察，根据各个历史时期的实际情况实事求是地认识各个不同历史时期的不断发展变化的中国历史疆域。我们认为按照这种动态的、发展变化的观点去认识中国历史上的疆域，是符合历史实际的。

二、三个具体原则

笔者认为，认识中国历史上的疆域，除了确立一个总原则（或称"根本原则"、"基本原则"）之外，还应该确立如何按照这一总原则去认识中国历史疆域时需要把握的三个具体原则，即最早发现和占有原则、行政管辖原则和民族发展变化原则。这三个具体原则受总原则规范、指导和制约，既附属于总原则，又对总原则起到深化和补充的作用。下面对这三个具体原则分别作一简要论述。

（一）最早发现和占有原则

"最早发现和占有原则"，是指某一民族或政权最早发现、占有和开发了那些荒无人烟的地区，按照现行国际关系通行的惯例，该地区就应该归属于那个民族或政权。毫无疑问，这一原则也应该成为我们认识中国历史疆域的原则之一，但我们运用这一原则认识中国历史上的疆域时，必须在上述一个总原则指导下进行，也就是说，我们认识中国历史上的疆域时，不能仅仅将汉族或汉族政权在历史上最早发现和占有的地区看成是中国历史上的疆域，也应该将少数民族或少数民族政权最早发现和占有的地区看成是中国历史上的疆域。

比如，南海诸岛就是我国人民最早发现和占有的地区，早在汉代，班固撰写的《汉书·地理志》就记载了汉武帝派遣使臣从南海航行海外各国的情况。东汉杨孚在《异物志》（也称《交州异物志》）一书中提到："涨海（就是南海，因为南海经常涨潮而得名）崎头（就是岛屿、礁石），水浅而多磁石。"[①] 三国时期的康泰在《扶南传》一书中说："涨海中倒（到）珊瑚洲，洲底有盘石，珊瑚生其上也"[②]，明确记载了南海诸岛的一些情况。唐宋以后记载南海诸岛的史籍就更多了，并将南海诸岛命名为"九乳螺洲""石塘""长沙""千里石塘""千里长沙""万里石塘""万里长沙"等[③]。元代郭守敬为了制订《授时历》主持"四海测量"的南海测点就在今中沙群岛的黄岩岛[④]。明清以后我国海南岛渔民不仅以南海诸岛作为他们从事渔业生产的基地，而且开始在那里修建房屋，从事捕捞等渔业生产。明朝曾将南海诸岛区分为"南澳气""七洲洋""千里长沙""万里石塘"四大岛群，与我们今天划分的东沙、西沙、中沙、南沙群岛，基本一致，由当时设在海南的琼州府下的万州管辖。郑和下西洋所绘制的《郑和航海图》，明确地标绘出南海诸岛各群岛之间的相对位置，分别称之为"石星""石塘""万生石塘屿""石

---

①转引自韩振华：《我国南海诸岛史料汇编》，东方出版社，1988年版，第2页。

②李昉等：《太平御览》卷69《地部三十四》引《扶南传》，中华书局，1960年影印本，第327页。

③周去非：《岭外代答》；赵汝适：《诸蕃志》；汪大渊：《岛夷志略》等。

④韩振华：《元代"四海测验"中的中国疆宇之南海》，《南海诸岛史地考证论集》，中华书局，1981年；李金明：《元代"四海测验"中的南海》，《中国边疆史地研究》，1996年第4期。

星石塘"等①，此后，中国所绘制的各种地图，都将南海诸岛标绘在我国疆域之内。上述史实充分说明，我国是最早发现和占有南海诸岛的国家，对南海诸岛享有无可争辩的领土主权。

钓鱼岛也是中国最早发现和占有的。隋朝时陈棱、张镇周率兵进入琉球，途中经过钓鱼岛。南宋乾道七年（1171年）镇守福建的汪大猷在澎湖建立军营，遣将分屯各岛。台湾及其包括钓鱼岛在内的附属岛屿在军事上隶属于澎湖统辖，行政上由福建泉州晋江管理。明洪武二十五年（1392年）三十六姓移居琉球时留下的抄本《指南广义·三十六姓所传针本·针路条记》称钓鱼岛为钓鱼台，谓"琉球往福州：……二十更，见钓鱼台""又钓鱼台开船，北风辰巽针取北木山尾小琉球头"②。永乐元年（1403年）成书的《顺风相送》称钓鱼岛为钓鱼屿，谓之福建往琉球针路"用甲卯及单卯取钓鱼屿"③。嘉靖十三年（1534年）成书的陈侃《使流球录》也称钓鱼岛为钓鱼屿④，嘉靖四十一年（1562年）成书的郭汝霖《使琉球录》称过了钓鱼屿再往前行的"赤屿者，界琉球地方山也"⑤，万历七年（1579年）成书的萧崇业《使琉球录》称"过平嘉山、钓鱼屿，过黄毛屿，过赤屿""见古米山，乃属琉球者"⑥，明确记载了有关赤屿一带的古米山是明朝与琉球分界的史实。嘉靖四十一年（1562年）成书的郑若曾《筹海图编》，将"钓鱼屿"列为福建管辖的海防区域⑦。清乾隆三十二年（1767年）绘制的《坤舆全图》使用闽南语发音称钓鱼岛为"好鱼须"（即钓鱼屿）。清《浮生六记》第五记沈复《海国记》（1808年）"十三日辰刻见钓鱼台，形如笔架"。1884年，日人古贺辰四郎称"发现"该岛，1885年日外务卿井上馨称"清国已命其岛名"。说明早在日人声称发现钓鱼岛之前，中国早就发现了钓鱼岛，并最早对钓鱼岛进行了命名。

再如，黑龙江和乌苏里江流域也是中国人民最早居住和生活的地区。早

---

①向达校注：《郑和航海图》，中华书局，1961年，第40页。

②程顺则：《指南广义·三十六姓所传针本·针路条记》，琉球大学图书馆藏抄本。

③向达校注：《两种海道针经·顺风相送》，据英国牛津大学鲍德林图书馆（Bodleian Library）所藏抄整理，中华书局，1961年版，第96页。

④陈侃：《使琉球录》，《台湾文献丛刊》第287种，台湾银行1957—1972年版，第11、13、46页。

⑤郭汝霖：《使琉球录》，见萧崇业：《使琉球录》，《台湾文献丛刊》，第287种，台湾银行1957—1972年版，第74页。

⑥萧崇业：《使琉球录》，《台湾文献丛刊》第287种，台湾银行1957—1972年版，第71页。

⑦郑若曾：《筹海图编》，中华书局，2007年版。

在二三千年以前，满族的先人肃慎族就生活在黑龙江流域①，并向中原地区的西周政权进贡"楛矢石砮"②。此后，属于肃慎族系的挹娄、勿吉、靺鞨、女真以及属于东胡系的乌桓、鲜卑、室韦、契丹、蒙古等民族相继生活在黑龙江流域，对黑龙江地区的开发作出了一定贡献。明朝时期，女真、达斡尔等民族生活在黑龙江流域，散布在北至外兴安岭、东至大海的广大地区，分别受明朝政府在东北设置的辽东都指挥使司和奴儿干都指挥使司管辖。后来，以女真族为主建立的后金政权，到了皇太极统治时期又改称为大清，努尔哈赤和皇太极在统一东北及其入关的过程中，相继招抚了"乌苏里江东南瑚叶河流域的瑚叶路、绥芬河流域的绥芬路、牡丹江一带的宁古塔路、海参崴以东西林河流域的西林路和雅兰河流域的雅兰路、乌苏里江下游的阿万部、乌苏里江以东尼满河流域的尼满部、阿库里河流域的阿库里部、锡霍特山以东额勒河流域的厄勒部和约色河流域的约瑟部"，以及"黑龙江流域的萨哈连部、萨哈尔察部、虎尔哈部、索伦部、乌扎拉部、使犬部、使鹿部，以及居于鄂嫩河流域尼布楚一带的茂明安等部"③。皇太极曾明确宣布，"自东北海滨（鄂霍次克海），迄西北海滨（贝加尔湖），其间使犬使鹿之邦，及产黑狐黑貂之地，不事耕种，渔猎为生之俗，厄鲁特部落，以至斡难河源远迩诸国，在在臣服。蒙古大元及朝鲜国，悉入版图"④，说明皇太极时期已经在继承明代对边疆地区管辖的基础上，完成了对外兴安岭以至黑龙江等地区的统一，并进行了有效的管辖。后来，沙俄越过外兴安岭，强占雅克萨以及桂古达尔等城堡时，曾强行要求当地居民向沙皇交纳"毛皮贡赋"，当时，中国的达斡尔族的一位头人桂古达尔曾严辞拒绝说"我们向中国顺治皇帝进贡，哪有给你们的贡品"⑤，托尔加等人也说"清朝皇帝不久前派人来，我们把毛皮向他们进贡了"⑥，沙俄也知道黑龙江沿岸达斡尔头人的驻地"都

---

①满族先人在黑龙江流域的活动还可以提前到十七八万年以前，参见张泰湘：《从最新考古学成果看满族先世的历史与发展》，《满族研究》，2002年第2期。

②《国语》卷5《鲁语下》，四部丛刊初编本。

③吕一燃著：《中国北部边疆史研究》，黑龙江教育出版社，1991年版，第35页。

④《清太宗文皇帝实录》卷61，崇德七年六月辛丑条，中华书局，1985年影印本，第829页。

⑤巴赫鲁申：《哥萨克在黑龙江上》第39页，转引自中国社会科学院近代史研究所《沙俄侵华史》第1卷，人民出版社，1978年版，第108页。

⑥巴赫鲁申：《哥萨克在黑龙江上》第37页，转引自中国社会科学院近代史研究所《沙俄侵华史》第1卷，人民出版社，1978年版，第110页。

是清朝皇帝沙姆沙汗（即顺治皇帝）的进贡者"[①]。上述史实充分说明，北至外兴安岭、东至大海的广大的黑龙江流域一直是中国的少数民族世代居住和生活的地方，中国人民是黑龙江流域的最早占有者和开发者，按照最早发现、占有和开发原则，毫无疑问，中国早就对北至外兴安岭、东至日本海等广大地区拥有领土主权。后来，沙俄通过《瑷珲条约》《北京条约》等不平等条约割去中国大片领土，并将沙俄民族迁入该地区，自然是一种侵略。

（二）行政管辖原则

行政管辖原则是指某一政权在其地设置军政机构或者派遣官员对其地进行管辖和巡视，其地就应该归属于该政权的原则，就是我们经常说的管到的地方就是该政权的领土，管不到的地方就不是该政权的领土。这一原则是学界在处理中国历史疆域问题时普遍赞同的原则，也是国际社会在处理领土和疆域问题时所通行的原则。笔者也赞同处理历史疆域问题应该遵循行政管辖原则，但在如何认识中国历史疆域时，仍然主张在上述一个总原则的规定和指导下进行，即不同意按照汉族政权或者中原政权的管辖范围来确定中国历史疆域的观点，认为历史上的汉族政权和少数民族政权或者说中原政权和边疆民族政权都属于中国，不仅汉族政权或中原政权的行政管辖范围属于中国历史上的疆域范围，少数民族政权或边疆民族政权的行政管辖范围也是中国历史疆域的组成部分。

按照这一认识，笔者认为，认识中国历史上的疆域应该遵循"行政管辖"原则，但要将这一原则分成中原政权的行政管辖范围和边疆民族政权的行政管辖范围两个层次。其中第一个层次的行政管辖范围毫无疑问应该属于中国，这是学界没有争议的普遍认识，关键是这个层次中的汉族政权或中原政权没有管到的地方，是不是也应该属于中国，学界则有不同看法。笔者认为，在上述认识中国历史疆域的一个前提（总原则）所涉及的范围之内，属于第一个层次中的汉族政权或中原政权管到的地方属于历史上中国的疆域，管不到的地方也是中国历史疆域的组成部分。比如，两汉时期，汉朝管不到匈奴，也就是说匈奴不归属于汉朝，但匈奴是中国历史上的少数民族，仍然归属历史上的中国，其行政管辖范围也应该归属于中国历史上的疆域范围。魏晋南北朝时期，东晋管不到十六国，南朝管不到北朝，但十六国和北朝的建立者也都是中国历史上的民族，都归属于历史上的中国，这些政权的行政

---

① 瓦西里耶夫：《外贝加尔哥萨克》第1卷第68页；齐赫文斯基主编《十七世纪俄中关系文件集》第1卷第591页"世祖"条注。转引自中国社会科学院近代史研究所：《沙俄侵华史》第1卷，人民出版社，1978年版，第106页。

管辖范围自然也就应该归属于历史上的中国。宋辽金时期,宋朝管不到辽和金,也就是说辽金不归属于宋,但辽金仍然归属于中国,所以,辽和金的行政管辖范围也就都是中国历史疆域的组成部分。

至于第二个层次,也就是少数民族政权或边疆民族政权的管辖范围,则必须是该政权管到的地方才属于中国历史疆域的组成部分,管不到的地方(与其同时并立的中原政权以及其他少数民族政权除外)就不再属于中国历史上的疆域了。比如,匈奴、十六国、北朝、渤海、辽、金等政权管到的北方和东北地区属于中国历史上的疆域,管不到的北方和东北地区,就不再属于历史上中国的疆域了。

因为汉族政权(或中原政权)和少数民族政权(或边疆民族政权)都属于中国,所以我们主张,认识历史上中国政权的行政管辖范围,不应该用第一个层次政权(元清等大统一时期的中原政权除外,这里主要指分裂时期的第一个层次的政权)的行政管辖范围来代表整个历史中国的行政管辖范围,而应该用同一历史时期两个层次政权的行政管辖范围来代表那个历史时期整个中国的管辖范围,只有在这一前提下去探讨疆域理论中的行政管辖原则,才能对中国历史疆域作出比较正确的评判。

学者们在运用行政管辖原则解决中国历史上的疆域问题时,除了在上述应该以哪个政权代表中国的原则问题上没有形成一致的看法以外,还在如何确定行政管辖的标准问题上存在意见分歧,也就是说,学者们在历史中国采用何种管辖方式才算对那一地区行使了行政管辖权,应该列入中国历史疆域范围之内,何种管辖方式还不能算对那一地区行使了行政管辖权,不应该将那一地区列入中国历史疆域范围之内等问题上,还没有形成一致的认识。

笔者认为,历史上中国政权的行政管辖形式多种多样,不能一概而论,我们应该采取实事求是的态度,根据当时管辖的程度去判定中国政权是否行使了行政管辖权,凡是当时真正管到的地方就应该列入当时中国的管辖范围,凡是当时没有真正管到的地方就不应该列入当时中国的管辖范围。

概括起来,历史上的中国对边疆地区的行政管辖,主要有以下三种形式:

第一种形式,即历史上的中国采取设置郡县的方式,对边疆地区进行直接管辖。设置郡县是历史中国对内地进行直接行政管辖的主要管辖形式,其管辖的有效性是没有人怀疑的,同一道理,历史中国在边疆地区设置的郡县进行直接管辖的有效性也是不应该怀疑的。比如,秦始皇经营岭南,设置南海、桂林、象郡,汉武帝继续经营岭南,设置南海、苍梧、郁林、合浦、交阯、九真、日南、儋耳、珠崖等郡,又出兵灭掉卫氏朝鲜,设置乐浪、玄菟、临屯、真番等郡，均对其地进行了有效管辖，其地自然应该列在秦朝和汉朝疆域范围之内，我们不能因为这些郡县的某些地区不在今天中国疆域范围之内，就不承认那些地区属于历史上中国的疆域。

按照前述一个前提的总原则去认识中国历史疆域，我们不但要承认历史中国第一个层次的政权即汉族政权或中原政权在边疆地区设置的郡县地区行使了有效的行政管辖，属于历史中国的疆域，也要承认第二个层次的政权即少数民族政权或边疆民族政权在边疆地区设置的郡县同样行使了有效的行政管辖，也属于历史中国的疆域。比如，辽朝在边疆地区设置的保州、宣义州、定远州等，金朝在边疆地区设置的恤品路、蒲与路、胡里改路等，都对其地进行了有效管辖，其地区也就应该列入历史中国的疆域范围之内。此外，我们还应该看到，历史中国属于第二个层次的政权所设置的带有民族特点的军政机构虽然不称郡（州）县，但其性质和郡县差不多，我们也应该将这些军政机构与州县一样看待，也应该视为历史中国有效的行政管辖范围，比如，金朝就曾实行猛安谋克制度，其猛安相当于州，谋克则相当于县，猛安谋克所管辖的地区就应该和州县管辖的地区一样看待，也属于金朝有效管辖地区，也应该列在历史中国疆域之内。《金史·地理志》记载金朝的疆域北边到达 "火鲁火疃谋克地"，火鲁火疃谋克是金朝设在外兴安岭一带的谋克，毫无疑问，金朝时期，中国的北部疆域就应该到达外兴安岭一带。

第二种形式，即历史中国采用设置羁縻府州等形式对边疆地区进行管辖。羁縻府州是历史中国为了加强对少数民族或边疆民族的管辖所采取的一种管辖形式，从唐朝文彦博主张仿照中原郡县制度的精神在少数民族地区设置羁縻府州以后正式定名，后来我们就把与此具有相同精神所设置的管辖少数民族的机构统称为羁縻府州制。如西汉为了管理内附的匈奴等族，设置了西河、北地、上郡、朔方、云中、张掖、五原等属国，为了管理内附羌人，设置金城等属国，东汉为了管理内附匈奴又增设了广汉等属国，为了管理内附的乌桓和鲜卑人，设置辽东属国，为了管理内附的西南夷，设置犍为等属国，唐朝为安置归附的靺鞨、契丹、奚、突厥、室韦等族设置的燕州、辽州、归义州、顺州以及安西都护府、松漠都督府、饶乐都督府、黑水都督府、室韦都督府等，明朝为了安置内附的女真和兀良哈等族设置的自在州和安乐州等，都属于这种类型。这些羁縻府州或设在少数民族内迁后的侨居地区，杂错在中央直接管辖的州县之间，或者设在原来的少数民族地区，与内地的州县相比，具有一定的自治性。中原政权所设置的这些羁縻府州，算不算实行了有效的行政管辖，应不应该列入历史中国的疆域范围，人们有不同看法。有人认为，中原政权对这些羁縻府州实行了有效的行政管辖，应该列入历史中国的疆域之内；有人则认为没有行使有效的行政管辖，不应该列入中原政权的疆域范围之内；也有人主张将历史上的羁縻府州分别看待，有的可以列入中国的疆域之内，有的则不能列入中国的疆域之内；等等[①]。笔者认为，这些羁縻府州虽然不改本族之俗，具有一定的自治性，但这些羁縻府州均由中央设置的属国都尉、都督、刺史等官员统领，中原政权还可以派遣汉官监督，或者委派某官代为监督等，所以，这些羁縻府州不具备享有主权的"自治性"和"独立性"，仍然属于历史中国行使有效管辖地区，属于中国历史疆域的组成部分。

在历史中国采用设置羁縻府州这种形式行使行政管辖权的问题上，我们仍然不能忘记历史中国第二个层次的政权所设置的与羁縻府州类似的机构所管辖的地区也应该归属于历史中国的事实。比如，辽朝就曾在州县以外采用设置属国、属部等形式管辖少数民族，这些少数民族也是不改本族之俗，由中央设置的部族节度使、王府大人等统领，并纳入道的管辖之下，显然，辽政权对这些属国、属部行使了有效管辖权，应该列入辽朝疆域范围之内，也就是说，应该列在历史中国的疆域范围之内。

第三种形式，即历史中国采用册封藩属的方式对边疆民族或民族政权进行间接管辖。关于历史中国对藩属是否行使有效行政管辖权的问题，学界争议更大。笔者认为，对历史中国册封藩属应该根据其对藩属控制的实际情况区别对待，凡是册封为不是国王一级而是校尉、都督、郡王、刺史、指挥使一级的藩属，均应视为国内性质，因为这种册封并非是对等的国与国之间的册封，而是上级对下级的册封，其受封的民族或政权的自治性和独立性受到了一定的限制，应该视为历史中国对这些藩属行使了一定的管辖权，应该列在历史中国的疆域范围之内。在那些册封为国王一级的藩属中，也不能不加区别地一律看成是独立国家，而应该有分析地区别对待。笔者认为，历史中国册封的国王一级的藩属，只要不是形式上而是融入某些实际管辖内容的册封，就应该视其为隶属于历史上的中国，可以将其管辖的范围列入中国历史疆域的范围。比如，受封藩属国的国王不是藩属国自己选拔，而是历史中国的中央政权为之选拔并进行册封，就应该看成是历史中国对其政权实行了某种程度的管辖，就不应该作为外国政权看待。反之，历史中国册封的国王不是由历史中国的中央政权选拔，而是由藩属国自己选拔，中国的中央政权仅

---

①刘统：《唐代羁縻府州研究》，西北大学出版社，1995 年版；孙进己：《我国历史上疆域形成、变迁的理论研究》，《中南民族大学学报》，2003 年第 2 期；葛剑雄：《中国历代疆域的变迁》，中共中央党校出版社，1991 年版；葛剑雄：《统一与分裂——中国历史的启示》，三联书店，1994 年版。

在形式上或在名义上对其册封,又没有派驻军队或派官巡视等,也就是说,没有任何实际管辖内容,这样的藩属就不具有国内性质,应该作为独立政权看待。此外,我们在分析这些受封为国王一级的藩属时,还要运用发展变化的观点对这些藩属进行动态考察,比如,大蒙古国和元朝初年对四大汗国的册封,就具有实际管辖内容,不仅汗国的汗王由大蒙古国和元朝皇帝选任册封,其内政管理也要受到大蒙古国和元朝的一些干预,大蒙古国和元朝可以派遣部分官员赴汗国参预管理,也可以从汗国调用一些官员或科技人才等,实际上与内地的分封(如成吉思汗分封的东道诸王)没什么两样,应该属于国内性质。后来,汗国逐步与元朝脱离,走上了独立发展的道路,就不再具有国内性质,而应视为独立政权了,其领土也就不应该算作历史中国的领土了。

这里有一点需要说明,就是历史中国册封的部分藩属虽然具有独立政权的性质,但他们如果在我们认识中国历史疆域一个前提的总原则所包括的范围之内的话,那他们还应该属于历史中国,也就是说他们不属于历史中国第一个层次的政权,但属于历史中国的第二个层次的政权,仍然是历史中国的一部分。只有那些在一个总原则所包括范围之外的藩属才具有外国性质,其领土不属于历史中国。

(三)民族发展变化原则

斯大林曾为民族下了一个定义,他说:"民族是人们在历史上形成的一个有共同语言、共同地域、共同经济生活以及表现于共同文化上的共同心理素质的稳定的共同体"[1]。大家都知道,同一血统是民族的重要内容之一,可斯大林在为民族定义时,并没有把同一血统列为民族的特征之一,而是强调了共同地域的重要性,这是因为,民族在形成过程中即有不同血统的氏族或部落的融合,或称为不同种族的融合,至于民族形成以后,民族之间的混血情况就更加普遍了,可以说,世界上没有一个民族是单一血统的民族,所以,斯大林在为民族定义时没有强调血统,而是强调了地域的重要性。后来的研究者虽然对斯大林的民族定义有一些不同认识,但多认为同一血统可以不列入民族定义之中,都承认共同地域在民族形成过程中的作用[2]。由此可见,民族在其形成之初,就与地域结下了不解之缘,在其以后的发展过程

---

[1] 斯大林:《斯大林全集》第2卷,《马克思主义和民族问题》,人民出版社,1953年版,第294页。

[2] 敬东:《关于"民族"一词的概念问题》,《民族研究》,1980年第4期;杨堃:《论民族概念和民族分类的几个问题》,《中国社会科学》,1984年第1期;都永浩:《论民族概念》,《北方民族》,1990年第1期;熊锡元:《地缘关系的确立是民族形成的基本前提》,《云南社会科学》,1982年第6期。

中，民族与地域的联系性仍然处处可见。但由于民族具有一定的流动性，在其发展过程中，又会打破原来的地域界限而出现民族杂居的现象，由此引起的民族与地域不相统一的情况，又为我们认识历史上民族政权的领土和疆域问题带来了麻烦。为了解决这一问题，我们认为，认识中国历史疆域还应该掌握民族发展变化的原则。

民族是可以变化的，早在两千多年以前的孔子就已经认识到了这一点，他曾用"文化"作为区分华夏和夷狄的标准，主张凡是按照华夏之"礼"办事的人，就是中国华夏，凡是不按照华夏之"礼"办事的人，就是夷狄。韩愈在概括孔子这一思想时说："孔子之作《春秋》也，诸侯用夷礼则夷之，夷而进于中国则中国之"①，也就是说，不管你原来的民族如何，只要采用华夏之礼就是中国华夏，采用夷礼就是夷狄。孔子这种以"文化"为标准来认识民族及其民族变化的思想，应该说具有一定的合理性，因为这种认识实际上已经涉及到了"表现于共同文化上的共同心理素质"或称"共同的民族意识"等民族特征方面的一些内容，也就是说，当一个民族改变了自己的文化及风俗习惯而接受了另一个民族的文化和风俗习惯以后，即在心理素质及民族意识等方面发生了变化，开始接受另一个民族的思想和意识，并逐步纳入那个民族的共同心理素质之中，也可以说与那个民族一起形成一种新的民族共同心理素质，这样就出现了我们经常说的民族融合的现象。根据民族形成和发展的历史实际，我们可以看到，民族形成以后，由于民族流动等原因打破了原有的地域界限以后，共同经济生活和共同语言也将随之发生变化，于是，在识别和区分民族的标准中，共同地域、共同语言、共同的经济生活等民族特征就显得不那么突出和重要了，而共同的民族意识则成为民族特征中最为重要的因素了。因此，一个民族的心理素质和民族意识发生了变化，其民族的民族属性也随之发生变化，就成了很自然的事情了。

我们这里所说的民族的变化，主要是指狭义的民族，即指某个具体的民族，在有关民族及民族理论研究中，学者们还认为，在狭义民族以外还应该有广义的民族，比如，我们经常说的古代民族、近代民族、现代民族、中华民族、美利坚民族等等，都属于广义民族，此外，历史上所形成的非单一民族政权的民族，也应该列在广义民族的范围之内，如我们经常用秦人或秦朝民族来代表秦朝统治下的各族人，用唐人或唐朝民族来代表唐朝统治下的各族人，用金人或金朝民族来代表金朝统治下的各族人，用中国人或中国民族来代表中国管辖下的各族人等。在历史发展的过程中，这些广义的民族也会

---

① (宋) 魏仲举编：《五百家注昌黎文集》卷11《原道》，文渊阁四库全书本。

发生变化，比如，由于某种原因，历史上一个政权的民族进入另一个政权境内并加入了另一个政权，在比较短的时间内，这些民族作为狭义民族的属性和特征可能没有发生变化，但他们作为原有政权的广义民族的身份则发生了变化，即由一个政权的民族变成了另一个政权的民族，从广义的民族概念出发，也可以说这些人的民族身份发生了变化。

由于民族处于动态之中，民族的变动就成为极其普遍和经常的事情了。正由于这种民族的不断变动，特别是民族政权之间广义民族的变动，经常会给原来民族政权的领土和疆域带来新的变动，使历史上民族政权的疆域处于不断的发展和变化之中。因此，我们要想正确地认识历史上中国的领土和疆域，就要运用这种民族发展变化的原则去考察和认识中国历史上的民族、民族政权及其疆域。

那么，应该如何运用这种民族发展变化的原则去考察和认识中国历史上的疆域呢？笔者认为，也应该在上述一个前提的总原则的规定和指导下去考察和认识，也就是说，在上述一个前提的总原则所包括范围之内的民族政权，都是历史上中国的民族政权，因此，无论是第一个层次民族政权之间的民族变动，还是第二个层次民族政权之间的民族变动，或者是第一个层次民族政权和第二个层次民族政权之间的民族变动，都属于历史中国内部的民族变动，由此引起的民族政权之间的疆域变动也就都属于历史中国内部各个政权之间的疆域变动，不涉及历史上中国疆域的变动，所以不属于我们考察中国历史疆域的范围。只有那些属于历史中国的民族政权和外国政权之间所发生的民族变动并由此引起的疆域变动，才与中国历史疆域的变动有关，才是我们研究和认识中国历史疆域所应该考察的内容。

历史中国的民族政权和外国民族政权之间的民族变动，主要是由于民族迁徙引起的，因此，弄清楚这些迁徙民族（也就是变动中的民族）的归属问题，对于认识中国历史疆域无疑会起到极其重要的作用。笔者认为，要弄清楚历史上中国的民族政权与外国民族政权之间的民族变动及其归属和国家疆域问题，应该根据历史发展实际情况的不同而区别对待。

第一，如果某一民族或某一民族政权所属民族向外迁徙时，迁入地区没有民族活动，或者说是一片荒地，在历史上从未为任何民族占据过，也未隶属过任何一个民族政权，这些民族迁入该地之后，不会发生民族属性的变化，所以，这些民族仍然归属于原来的民族和民族政权，其占领地区应该属于原来民族或民族政权的向外发展，根据国际关系中通行的最先占有和开发的原则，其地区就应该归属于原来的民族政权。

第二，如果某一民族或某一民族政权所属民族外迁时，迁入地区有民族活动，但那些民族并未建立政权，也未被任何一个民族政权管辖过，外迁民族迁入其地时建立了政权并控制了那里的民族，不但没有在民族变动过程中改变自己原来民族的身份和属性，反而将迁入地区的民族变化为自己政权的民族，也应该属于原来民族政权的向外发展，其民族及其领地就应该归属于外迁民族建立的民族政权或外迁民族原来归属的民族政权。比如，"在周灭殷以前，殷宗室贵族箕子（箕侯），由山东迁到孤竹附近地方，在今喀左再建箕侯国"①，即箕氏朝鲜。箕氏朝鲜是由殷商遗民箕子在中国历史疆域之内建立的臣属于周朝的政权，属于历史上中国内部的民族政权，后来，燕将秦开率军打败箕氏朝鲜，箕氏朝鲜逃至鸭绿江以东的朝鲜半岛北部，那里虽然已经有濊人活动，但那里的濊人并未建立政权，也未隶属过历史上任何一个民族政权，箕氏朝鲜控制了那里的濊人，不但没有改变箕氏朝鲜原来的民族及其政权性质，反而将那里的濊人变化为箕氏朝鲜民族，箕氏朝鲜的这种向外迁徙（或者说向外扩张）就应该属于箕氏朝鲜向外发展，其民族及其政权仍然归属于中国历史上的民族和政权，其管辖范围也就应该属于那个历史时期中国的疆域范围。

第三，如果外迁民族迁入原来民族政权管辖以外地区，且那里有民族活动或建立了政权，并且早有所属，迁入民族对这一地区的占有就属于侵略性质。比如，蒙古西征建立钦察、伊利等汗国，虽然在短时期内蒙古民族的身份和归属没有改变，并将当地民族变为钦察和伊利汗国民族，也可以说当时的钦察和伊利等汗国应该归属于当时的中国（当地民族归属于钦察和伊利汗国，钦察和伊利汗国归属于大蒙古国和元朝，大蒙古国和元朝属于中国，所以说钦察和伊利汗国应该归属于历史中国），但属于侵略性质。后来，蒙古民族并没有保证本民族特征的不再变化而直线发展，反而在当地民族的影响下融入外国民族之中，并使汗国逐步走上独立发展的道路，其民族及其政权就不再归属于历史中国了。

第四，如果外迁民族在外迁当时没有建立政权，而是加入了外族政权，其民族即归属于外族政权，不再归属于原来的民族和政权。比如，朝鲜半岛的辰韩人曾自称是秦朝人为了逃避苦役而迁过去的，但他们在迁入朝鲜半岛之时，并没有建立自己的政权，而是先流入马韩境内，后来才建立辰韩政权，毫无疑问，这些秦人流入马韩活动的范围之内，就应当属于加入了马韩民族，不再归属于原来的秦朝民族，后来他们所建立的辰国也就应该属于外

---

① 张博泉：《论中国东北各民族加入一体国家的同一性发展过程》，《辽金史论丛》，吉林人民出版社，2003 年版，第 6 页。

国政权了。再如，按照前述原则，高句丽无疑也应该归属于历史中国，唐朝灭亡高句丽以后，有一部分高句丽人南迁新罗，属于历史中国民族外迁，他们在外迁时没有建立自己的政权，而是加入了新罗政权，就不再归属于高句丽政权，而应该归属于新罗政权，那些迁入新罗境内的高句丽民族也就变成了新罗民族。同一道理，16世纪初从越南等地迁入中国的京族、18世纪以后从西伯利亚等地迁入中国的俄罗斯族、19世纪初从伏尔加河流域迁入中国的塔塔尔族以及19世纪以来从朝鲜半岛迁入中国的朝鲜族等，都不再归属于原来的民族和政权，而应该归属于中国民族和政权。

第五，如果外迁民族在外迁当时并没有建立政权，而是隔了一段时间以后又重新建立政权，应属于加入外族以后重新建立政权，其民族应该归属于外族，其政权也应该归属于外族政权，不再归属于原来的民族和政权。比如，属于历史中国的匈奴族，被东汉政权打败以后，有一部分西迁，但他们在西迁当时并没有在与历史上中国民族政权接壤地区建立政权，"后来又与外国民族结合以至融合，形成为另一个民族共同体"①，过了200年以后才在顿河以东地区重新建立政权，应该视为中国的匈奴族在加入外国民族或演变为外国民族以后才建立政权，因此，这部分匈奴人不再属于中国民族，他们所建立的政权也不再属于中国政权，其政权所控制的疆域自然就不属于中国历史疆域了。

综上所述，我们认为，认识中国历史疆域可以确立一个总原则（或称根本原则）和三个具体原则，一个总原则是认识中国历史疆域的根本原则，对三个具体原则起规范、指导和制约的作用，三个具体原则既附属于总原则，又分别对总原则起进一步深化和补充的作用，两者相辅相成，共同构成认识中国历史疆域的理论架构。按照这种理论架构去考察和认识中国历史疆域时，既可以强调某一原则，也可以对这些原则进行综合运用，只要符合其中一项原则，就应该对我们认识中国历史疆域具有一定的指导意义，如果全部符合，那么，该地区作为中国历史上的疆域应该确定无疑。当然，我们这里说的是中国历史上的疆域，不是今天中国的疆域，历史上中国的疆域和今天中国的疆域，既有一定的联系性，也有一定的区别性，不能把两者完全混淆起来。我们认为，按照这种理论架构对中国历史疆域进行综合考查分析，应该不难对中国历史疆域获得比较正确的认识。

①林幹：《中国古代北方民族通论》，内蒙古人民出版社，1998年版，第83页。

　　原载《高句丽历史问题研究论文集》，延边大学出版社，2005 年。

　　附言：该文认为认识中国历史疆域需要确立一个总原则和如何按照这一总原则去认识中国历史疆域时需要把握的三项具体原则，加上以前发表的《关于中国历史疆域问题的几点认识》（《中国边疆史地研究》2002 年 3 期）一文提出的"民族自我认同"原则和后来补充的"历史共享"原则（《论认识历史疆域的"历史共享"原则》，《黑龙江社会科学》2015 年第 5 期），共为五项具体原则。参见《从复数"中国"到单数"中国"——中国历史疆域理论研究》（黑龙江教育出版社，2014 年出版）一书。

关于中国历史疆域理论界定的再思考

——兼答殷丽萍《论中国历史疆域的理论界定》一文的质疑

　　历史是回溯以前的事情，研究中国历史就是回溯中国人所走过的道路，同一道理，研究中国历史疆域也是回溯中国历史上各个历史时期的历史疆域①。在这种认识的基础之上，笔者撰写了《认识中国历史疆域的几点认识》一文，提出了我们认识中国历史疆域的基本看法，认为"认识中国历史上的疆域，应该以今天中国疆域所包括的民族为出发点去上溯中国各个民族的历史和疆域，凡是今天生活在中国疆域内的民族以及历史上生活在今天疆域内而今天已经消失了的民族都是中华民族的组成部分，他们的历史（外来民族迁入之前的历史另作别论）都是中国历史的组成部分，他们在历史上活动的地区及其建立政权的疆域也都是中国历史上疆域的组成部分"②。文章发表以后，赞成者有之，反对者亦有之。近见殷丽萍《论中国历史疆域的理论界定》（以下简称"界定"）一文③，将笔者的观点列为孙祚民"以我国历史上历代王朝的实际疆域为历代国土的范围"④、白寿彝等"研究历史上中国疆域应以现代中国疆域为基本出发点"⑤ 二种观点之外的第三种观点，这种评价对于笔者这样一个小人物来说，确实十分荣幸。但同时作者也对笔者

---

　　①孙祚民认为"'以今天中华人民共和国国土的范围为标准'，由此上溯研求我国今天和历史上各民族活动的历史，是正确的。但同样以此为依据，判定我国历史上历代王朝的疆域，就是错误的了"（《建国以来中国民族关系史若干理论问题研究评议》，《东岳论丛》，1987 年第 1 期）。孙先生赞成研究中国历史可以用"上溯法"，但不同意研究中国历史疆域用"上溯法"。实际上，中国历史和中国历史疆域是紧密联系在一起的，不知如何才能将中国历史和中国历史疆域区分开来？

　　②赵永春：《关于中国历史疆域问题的几点认识》，《中国边疆史地研究》，2002 年 3 期；《新华文摘》，2003 年 1 期转载。

　　③殷丽萍：《论中国历史疆域的理论界定》，《广东教育学院学报》，2008 年 1 期。

　　④孙祚民：《中国古代史中有关祖国疆域和少数民族的问题》，《文汇报》1961 年 11 月 4 日；《开创中国民族关系史研究的新局面》，载朱绍侯主编：《中国古代民族关系史研究》，福建人民出版社，1989 年版。

　　⑤白寿彝：《论历史上祖国国土问题的处理》，《光明日报》1951 年 5 月 5 日；何兹全：《中国古代历史教学中存在的一个问题》，《光明日报》1951 年 5 月 5 日；陈育宁：《中华民族凝聚力的历史探索》，云南人民出版社，1994 年版。

的观点提出了一些质疑，因作此文，对中国历史疆域的理论界定问题进行再思考，并对殷丽萍《界定》一文的质疑作一简要解答。

一

《界定》对笔者有关"生活在今天中国疆域的民族，其祖先在历史上所建政权的疆域，是历史上的中国疆域"的观点提出质疑，称"在我国现代56个民族中，回族、撒拉族、乌兹别克族、俄罗斯族等是外来民族，但它们都是'今天生活在中国疆域之内的民族'。目前，在我国澳门也有 1 万多葡萄牙人在居住，无疑也属于'今天生活在中国疆域之内的民族'。按照赵永春的观点，上述外来民族的先民在历史上所建政权的疆域都是历史上的中国疆域。然而，历史的事实并非如此。这些外来民族在迁入中国以前居住在中国疆域之外，不是中国民族。他们的一切历史活动当然都不是中国历史的组成部分，他们在历史上活动的地区及其政权所统辖的疆域也不应当是中国的历史疆域。显然，赵永春的观点是难以成立的。为了克服自身提出的观点不符合历史实际的缺陷，作者又提出了'外来民族迁入之前的历史活动另作别论'作为补充。然而这么一来，不把外来民族迁入中国之前的历史活动及其政权所辖疆域列入中国历史和中国疆域，又违背了作者原来'以现代中国境内民族为出发点'的原则，从而使他陷入捉襟见肘、自相矛盾的困境之中。况且，为了自圆其说而把与自己观点相抵牾的历史事实'另作别论'则是一种削足适履的论证方法，是不可取的"。

作者在这里提出了对"外来民族"应该如何认识的问题，实际上，很简单，外来民族在迁入"中国"以前都是外国民族，不是中国民族，因此，在他们迁入"中国"之前的活动地区及其他们的政权所统辖的疆域当然不是中国的历史疆域。

笔者在论述"凡是今天生活在中国疆域之内的民族都是中华民族的组成部分，他们的历史（外来民族迁入之前的历史另作别论，后来的文章也称"内向迁徙的外来民族作为中国民族的历史只能从他们迁入中国之后算起"）都是中国历史的组成部分，他们在历史上活动的地区及其建立政权的疆域也都是中国历史上疆域的组成部分"时，有几个限定条件，一是今天中国疆域，一是今天中国民族（也可以称中华民族），一是今天中国民族的先民（指历史上的中国民族，不包括历史上的外国民族）建立政权所统辖的疆域。也就是说，我们上溯中国历史疆域，只能上溯到历史上属于中国民族所建立政权的疆域，那些原来属于外国民族以及中国民族变成外国民族以后的活动地区及其控制的疆域，不在我们上溯的范围之内。笔者在这里是将今天中国疆域包括的民族作为研究中国历史疆域的出发点（或称依据），出发点不等于落脚点，不是用今天中国的疆域代替历史上的中国疆域，也不是用今天的中国民族代替历史上的中国民族，而是将今天中国的疆域和历史上的中国疆域作了区别，也是将今天中国的民族和历史上的中国民族作了区别，是依据今天中国民族所走过的道路去回溯中国民族在各个不同时期所走过道路的不同的落脚点，不是用今天的中国疆域和民族来固定中国历史上的疆域和民族。

笔者另在《认识中国历史疆域的几个原则》①一文中曾根据从孔子到斯大林等学者和政治家的相关论述，说明民族是可以变化的。民族的变化可以分为狭义的民族身份的变化和广义的民族身份的变化两个方面。狭义的民族是按斯大林等人的民族定义所划分的民族，如今天中国的 56 个民族等等，狭义民族身份的变化是指一个民族被另一个民族所同化，即其原来的民族特征丧失（其中最重要的是共同心理素质的变化）而融入到另一个民族之中的现象，这种变化短期内难以完成，一般要经过较长时期的民族交融才能完成。广义的民族则指包括几个狭义民族的民族，如今天的中华民族以及历史上的秦人、唐人、金人等等，我们经常用秦人或秦朝民族来代表秦朝统治下的各族人，用唐人或唐朝民族来代表唐朝统治下的各族人，用金人或金朝民族来代表金朝统治下的各族人，用中国人或中国民族来代表中国统辖下的各族人等等，这些民族都属于广义民族。广义民族身份的变化主要是指一个政权的民族变成另一个政权民族的现象，一个民族从某一个政权迁居到另一个政权之初，其狭义的民族身份虽然没有变化，但其广义的民族身份则发生了变化，即由原来的广义的民族变成了另一个广义的民族，如宋辽金时期，宋朝境内的汉人迁入金朝境内定居，其汉族身份没有改变，但其宋人的身份则变成金人的身份等等。我们所说的"外来民族"的变化最初都指广义民族的变化，即外来民族变成"中国民族"的现象。

外来民族变成中国民族的现象，主要是由民族迁徙引起的。笔者曾在《关于中国古代民族内外迁徙及其归属问题》②一文中，将中国古代民族的内向迁徙，亦即外来民族向历史上中国的民族政权及其活动区域迁徙的情况划分为四种：

第一种情况是外来民族来中国经商、留学等，后来留居中国，如新罗的

---

①赵永春：《认识中国历史疆域的几个原则》，载厉声等主编：《高句丽历史问题研究论文集》，延边大学出版社，2005 年版。

②赵永春：《关于中国古代民族内外迁徙及其归属问题》，《东北史地》，2004 年 3 期。

入唐留学生以及信奉伊斯兰教的一些中亚西亚人，自唐朝以后逐步迁居中国经商的人员等等，这些民族在迁居中国之初，狭义的民族身份没有变化，但广义的民族身份已经发生了变化，即由外来民族变成了历史上"中国"的民族。后来，他们逐步与汉族融合到一起或与历史中国的某些民族融合到一起而形成一个新的狭义的中国的民族，如《界定》一文所说的回族等等。这些民族从迁居中国之后才变成历史上中国的民族，而迁居中国之前并非是历史中国的民族，因此，他们在迁居中国之前的活动区域及其政权统辖范围自然不属于历史中国的疆域范围。

第二种情况是由中国政府强行迁徙过来的外来民族，如蒙古在西征过程中，曾将中亚西亚和东欧的大批工匠、炮手以及部分士兵、平民等迁入中国，让他们为蒙古和元朝贵族服务。这些人迁居中国之初，狭义的民族身份没有变化，但广义的民族身份也发生了变化，即变成了历史中国的民族。后来，他们很快与中国民族融合在一起，狭义的民族身份才发生了变化。这些民族在蒙古西征将他们迁入历史中国之前，仍然是外国民族，外国民族的活动区域及其政权所统辖地区自然也不属于历史上的中国。

第三种情况是有些外来民族因天灾人祸等各种原因，无以为生，或为了寻求新的生活空间而大批来到中国。如十九世纪以来朝鲜族大量迁入我国延边地区，就属于这种情况。16世纪初从越南等地迁入中国的京族、18世纪以后从西伯利亚等地迁入中国的俄罗斯族、19世纪初从伏尔加河流域迁入中国的塔塔尔族以及《界定》一文所说的乌兹别克族等，都属于这种情况。这些民族迁入中国以后，即加入了历史上的中国民族政权，狭义的民族身份虽然没有变化，但广义的民族身份则发生了变化，即变成了中国民族。这些民族在变成中国民族之前亦即在他们迁入历史中国之前则不属于历史上的中国，不是中国民族，虽然这些民族是今天中国民族的一个组成部分，但在他们不属于历史中国民族之前，其活动区域及其政权所统辖区域都不是中国历史疆域的组成部分，这种道理应该是显而易见的。

第四种情况是外来民族采用民族征服手段进入中国，比如，沙皇俄国从16世纪以来，越过外兴安岭进入我国黑龙江流域，声称对其地区进行开发，为其占据其地制造理论根据。如果说，当地一直没有民族活动，自古以来就是一片荒地，说成是对当地开发是可以的；如果当地已有民族活动，但其民族没有归属，沙俄将其民族发展成为自己的民族也说得过去；如果当地已有民族活动，并且早就有了归属，换句话来说，就是其地早已有政权进行管辖，再强行占据其地，毫无疑问就是一种侵略行为。沙俄越过外兴安岭进入黑龙江流域就是一种侵略。因为那一带土地自古以来就是中国的少数民族活动地区,中国早就对其地进行了有效管辖。远的不说,就从唐朝时期的渤海政权、宋辽金时期的金政权以及后来的元政权来说,都在其地设置了行政机构,对该地区进行了直接有效的管辖。明朝政府除了设置辽东都指挥使司管辖东北的一部分地区以外,又在黑龙江下游设置了奴儿干都指挥使司,下设数百个卫所,管辖东至库页岛、西至鄂嫩河、北至外兴安岭、南至日本海的广大地区。后金政权兴起于东北,努尔哈赤早就开始了对东北地区的经营,清太宗皇太极曾明确宣布,"自东北海滨(鄂霍次克海),迄西北海滨(贝加尔湖),其间使犬使鹿之邦,及产黑狐黑貂之地,不事耕种,渔猎为生之俗,厄鲁特部落,以至斡难河源远迩诸国,在在臣服。蒙古大元及朝鲜国,悉入版图"①,说明皇太极时期对外兴安岭至黑龙江流域已经进行了有效的管辖。后来,沙俄越过外兴安岭,强占雅克萨以及桂古达尔等城堡时,曾强行要求当地居民向沙皇交纳"毛皮贡赋",当时,中国的达斡尔族的一位头人桂古达尔曾严辞拒绝说"我们向中国顺治皇帝进贡,哪有给你们的贡品"②,托尔加等人也说"清朝皇帝不久前派人来,我们把毛皮向他们进贡了"③,沙俄也知道黑龙江沿岸九个达斡尔头人的驻地"都是清朝皇帝沙姆沙汗(即顺治皇帝)的进贡者"④。充分说明当地居民早已归属于历史上的中国。沙俄进入早已有了明确归属的中国民族地区,自然是一种侵略。后来,沙俄又通过《瑷珲条约》《北京条约》等不平等条约割去中国大片领土,将沙俄民族迁入该地区,这些民族迁入历史中国曾经统辖的地区,其狭义和广义的民族身份都没有变化,是一种侵略式的迁移和占有。

此外,还应该补充一种情况,即《界定》一文所说的1万多葡萄牙人进入澳门的情况。首先需要说明的是,今天中国的56个民族中并没有葡萄牙人。其次,如果按照广义民族身份变化来认识问题的话,也可以说这些长期居住在澳门的葡萄牙人变成了中国人,但需要说明的是,这些葡萄牙人或这些葡萄牙人的先人在澳门成为葡萄牙殖民地时进入澳门应该是以外国侵略者的身份进入澳门,其狭义的民族身份没有改变,广义的民族身份也应该是葡属殖民地人,直至中国收回澳门主权以后,他们仍然留居澳门并加入澳门户籍,其广义的民族身份才变成中国人。因此,在他们变成中国人之前,并不

---

① 《清太宗文皇帝实录》卷61崇德七年六月辛丑条,中华书局,1985年影印本,第829页。

② 谢·弗·巴赫鲁申:《哥萨克在黑龙江上》,商务印书馆,1975年版,第39页。

③ 谢·弗·巴赫鲁申:《哥萨克在黑龙江上》,商务印书馆,1975年版,第37页。

④ 瓦西里耶夫:《外贝加尔哥萨克》第1卷第68页,齐赫文斯基主编:《十七世纪俄中关系文件集》第1卷第591页"世祖"条注。转引自中国社会科学院近代史研究所《沙俄侵华史》第1卷,人民出版社,1978年版,第106页。

是中国民族,因此,我们没有必要去上溯不是中国民族的民族历史及其政权统辖的疆域。

至于《界定》一文所说的撒拉族,情况有点特殊,一般认为,撒拉族是古代西突厥的后裔(突厥是中国历史上的少数民族之一),在唐代即居住在中国境内,后西迁中亚,元代取道撒马尔罕东返中国。是知,撒拉族并非是由外国民族迁居中国之后才变成中国民族的,而是自南北朝隋唐以来就是中国的少数民族之一。后来他们虽然一度外迁,但在外迁时并没有建立自己的政权,而是加入外族政权,应该属于客居外国,在他们客居外国之时,其狭义的民族身份虽然没有变化,但广义的民族身份也发生了变化,即变成了外国民族,只能归属于外国政权,等到他们迁回中国以后,属于重回中国怀抱,广义的民族身份也重新恢复为历史上的中国民族,她们做为中国民族的历史只能计算她们是中国民族时期的历史,不属于中国民族时期的活动区域不是中国历史上的疆域。

由此可见,笔者所说的以今天中国疆域所包括的民族为出发点去上溯中国各个民族的历史和疆域,是指由今天的中国民族去上溯历史上中国民族建立政权所统辖的疆域,并非是要上溯到历史上的外国民族及其统辖的疆域。那些由外国民族迁入中国的民族,作为中国民族的历史只能从他们迁入中国之时算起,在他们迁入中国之前不是中国历史上的中国民族,不在我们上溯的范围之内。

二

《界定》一文说"'以今天中国疆域所包括的民族为出发点去判断中国历史上的疆域'之说,不仅不符合外来民族的历史实际,而且也不符合外迁民族的历史实际。匈奴是世居我国北方大漠南北的游牧民族,公元 1 世纪前后被汉朝打败后分裂为南北两部。北匈奴被迫西迁进入欧洲。公元 5 世纪,匈奴人阿提拉建立起了一个东起咸海,西至大西洋东岸,北达波罗的海,南到多瑙河流域的强大帝国,被欧洲人称为'上帝之鞭'。既然匈奴人是现代汉族的祖先之一,西迁的匈奴人又与留居中国境内的匈奴人同族,那么依据'以现代中国民族的祖先所建立的政权来判定中国的历史疆域',似乎就可以认为匈奴人西迁后,在欧洲建立的匈奴帝国,甚至现代的匈牙利都是中国的历史疆域。但是,这样荒唐的认识,不仅匈牙利不会同意,中国人也不会认同。同样,古代蒙古族是现代中国蒙古族的祖先,公元 13 世纪初成吉思汗统一蒙古各部后进行西征,他的儿子窝阔台建立四大汗国,统治了包括今天伊朗、土耳其、中亚诸国、俄罗斯和南欧诸国在内的欧亚广大地区。然而,迄今为止没有哪个历史学家认为当年蒙古帝国统辖的地区是中国历史上的疆域。1771 年旅居东南亚的华侨在婆罗洲（今加里曼丹）建立了兰芳共和国，1886 年被荷兰殖民者所灭。兰芳共和国虽然是 200 多年前华人建立的国家，但并不属于历史上的中国疆域。这些都说明了以现代中国民族的祖先在历史上建立的政权来断定中国的历史疆域是不正确的"。

历史上，既然有外国民族变成中国民族的现象，也应该有中国民族变成外国民族的现象，毫无疑问，历史上中国民族变为外国民族也是由民族迁徙引起的。笔者在《关于中国古代民族内外迁徙及其归属问题》《认识中国历史疆域的几个原则》等论文中曾将历史上的民族外迁概括为五种情况，此不赘述，仅就《界定》一文所提出的问题，作一简要回答：

第一，关于匈奴人西迁问题。笔者在有关论文中论述历史上民族外迁类型时，曾指出，如果外迁民族在外迁当时没有建立政权，而是隔了一段时间以后又重新建立政权，应属于加入外族以后重新建立政权，其民族应该归属于外族，其政权也应该归属于外族政权，不再归属于原来的民族和政权，其政权所控制的疆域不属于历史中国的疆域。西迁的匈奴族即属于这一类型。毫无疑问，匈奴人是中国历史上的民族，匈奴政权是中国历史上的民族政权之一。匈奴分裂为南匈奴和北匈奴之后，南匈奴附汉，成为今天中华民族的祖先之一。北匈奴在被东汉政权打败以后，大部分内迁或加入鲜卑民族政权之中，属于历史上中国民族政权之间的民族迁徙和流动，其广义的民族身份没有变化，也成为今天中华民族的祖先之一。只有其中一小部分西迁的匈奴人，才属于历史上中国民族向外迁徙，但他们在西迁当时并没有在与历史上中国民族政权接壤地区建立政权，"后来又与外国民族结合以至融合，形成为另一个民族共同体"，过了 200 年以后才在顿河以东地区重新建立政权，期间已经经过了几代人，正如林幹先生所说，"这部分人，可以认为他们在离开中国国境之后，逐渐演变为外国民族"[1]，这部分已经演变为外国民族的匈奴人所建立的政权与原来的属于中国的匈奴政权已经没有必然联系。也就是说，匈奴族在他们西迁之初，虽然其狭义的民族身份没有变化，但其广义的民族身份已经发生了变化，后来建立政权时已经经过了几代人，早已与西方民族融合在一起，其狭义的民族身份也发生了变化，即不再属于原来的中国民族了，因此，他们所建立的政权也不再属于中国政权，其政权所控制的疆域自然就不属于中国历史疆域了。

第二，关于蒙古人西征建立四大汗国问题。笔者在有关论文中论述历史

---

[1] 林幹：《中国古代北方民族通论》，内蒙古人民出版社，1998 年版，第 83 页。

上民族外迁类型时，曾指出，如果外迁民族迁入原来民族政权管辖以外地区，且那里有民族活动或建立了政权，并且早有所属，迁入民族对这一地区的占有就属于侵略性质。蒙古西征建立四大汗国就属于这种类型。蒙古族是由中国历史上的东胡、鲜卑、蒙兀室韦发展而来，属于中国的少数民族。蒙古族建立政权之后，发动三次西征并建立四大汗国，曾有大量蒙古及其他各族人进入钦察、伊利等汗国境内，这些蒙古民族在短时期内其蒙古民族的身份和归属没有改变，并将当地民族变为钦察和伊利汗国民族。应该说当时当地的民族归属于钦察和伊利汗国，而钦察和伊利汗国则归属于大蒙古国，大蒙古国属于中国历史上以蒙古族为统治者建立的一个王朝，从这个意义上也可以说钦察和伊利汗国应该归属于当时的中国，但属于侵略性质。后来，钦察和伊利汗国逐步走上独立发展的道路，进入钦察和伊利汗国境内的蒙古民族也没有保证本民族特征的不再变化而直线发展，反而在当地民族的影响下融入外国民族之中，变成了外国民族，走上独立发展道路且演变成外国民族所控制的政权就不再归属于历史中国了。

《界定》一文说"迄今为止没有哪个历史学家认为当年蒙古帝国统辖的地区是中国历史上的疆域"，其实，这是一种误解。学者们都承认蒙古控制的大漠南北地区以及灭亡西夏、灭亡金朝和进攻南宋所占领地区，属于中国历史上的疆域，而在蒙古帝国西征建立的四大汗国之中，窝阔台汗国和察合台汗国主要建立在今天中国疆域之内，也建立在清朝初年的疆域之内，当时也没有独立出去，一直受大蒙古国和元朝政府管辖，学者们对窝阔台汗国和察合台汗国属于中国疆域也是没有疑义的。只是对建立在今天中国疆域之外的钦察汗国和伊利汗国是否属于当时中国的问题上，学者们存在疑义。实际上，我们应该承认大蒙古国对这一地区的侵略，承认大蒙古国对这一地区的暂时占有，即承认这一地区是大蒙古国的疆域，也就是承认这一地区是中国的疆域。如果我们将这一地区说成是大蒙古国的疆域不易被人接受的话，那么我们改换一种说法，即将这一地区说成受大蒙古国控制，恐怕是符合历史事实的吧，受大蒙古国控制和成为大蒙古疆域似乎没有太大区别，我们好像不必避讳这一问题。至于钦察和伊利汗国走上独立发展道路以后即不再归属于元朝以后，就不再归属于历史中国的疆域了。这里，我们将四大汗国说成是大蒙古时期的中国疆域，并没有说那些地区一直都是中国的疆域，而是认为钦察汗国和伊利汗国独立出去以后即不再属于中国疆域，也没有认为那些地区全部是我们今天的疆域，而是将中国今天的疆域和中国历史上某一时期的疆域作了严格的划分。所以，我们还是应该采取历史唯物主义的态度，当时是怎么回事，就是怎么回事。

第三，关于兰芳共和国问题。老实说，我对兰芳共和国的情况不甚清楚，但从《界定》一文所论来看，"兰芳共和国是旅居东南亚的华侨在婆罗洲（今加里曼丹）建立的政权"，既然是"旅居"婆罗洲的"华侨"建立的政权，就说明这些华人在建立政权之前就已经从中国迁至婆罗洲，并加入了婆罗洲政权，变成了婆罗洲人。有关材料也说建立兰芳共和国的罗芳伯等"华侨"曾帮助浡泥王（即婆罗洲王）平叛，又说罗芳伯曾与当地皇族婆罗洲苏丹结为兄弟，又说自南朝梁政权以来，婆利（即婆罗洲）一直遣使向中国朝贡等等，说明在罗芳伯等人移居婆罗洲之前，婆罗洲地区已经出现了婆罗洲政权。罗芳伯等华人移居婆罗洲即加入婆罗洲政权，在短时期内其狭义的汉族人身份没有改变，但广义的中国民族的身份则出现了变化，即由中国民族变成了婆罗洲民族。清朝乾隆皇帝称他们为"天朝弃民"①，也是不承认他们是中国管辖的"中国人"，只承认他们是"华侨"或"客家人"的意思。"客家人"就是客居于他家之人，在当地不过是客人而已，其地区还应该属于主人控制地区，也就是说其疆域不应该属于客人而应该属于主人。既然罗芳伯等"华侨"在其变成婆罗洲管辖之人（也可以说变成了外国人）以后再建立政权，其政权无疑不再归属于中国，这与前述匈奴在西迁以后建立政权即不再归属于历史中国应该属于同一种类型。

笔者主张以今天中国疆域所包括的民族为出发点去上溯中国各个民族的历史和疆域，并非是要上溯到历史上的外国民族及其统辖的疆域，既然罗芳伯等"华侨"在迁居婆罗洲之后，其广义的民族身份已经变成了婆罗洲人，不再属于中国人，也就是变成了外国民族，就不在我们追溯的范围之内了。况且，这些变成外国民族的后裔主要的并不在中国，今天中国疆域包括的民族与他们并没有血缘关系。所以，无论从哪一个方面说，我们在上溯中国历史和疆域时，都不应该包括这些变成外国民族以后的民族及其建立政权的历史和疆域。

三

《界定》一文说，"把现代中国民族的祖先在历史上的'活动地区'一概看作历史上的中国疆域也是不妥当的"，认为"'活动地区'（又称'活动范围'）与国家疆域是两个内涵不同的概念。中国历史疆域是指历史上中华各民族国家统治权力所达到的范围，即中央王朝、地方政权和少数民族政权行

---

① (澳) 颜清湟撰，粟明鲜，贺跃夫译：《出国华工与清朝官员》，中国友谊出版公司，1990 年版第 18 页。

使国家权力的区域。这种国家权力包括行政管辖权、军事控制权和赋税征收权等"，所论甚是。

确实，我们讲疆域就是指国家权力所控制的区域，没有国家（政权）就没有疆域，只有建立政权才会有疆域，这恐怕是众人皆知的道理。然而，历史是复杂的，常常会出现这一界定之外的难以处理的历史疆域问题。比如，中国古代夏、商、周时期，东北的息慎（肃慎）、发、长夷、鸟夷等，西方的戎、氏、羌、昆夷等，南方的荆、越、庸、濮、蜀、髳、微、卢、彭等少数民族均未建立政权，夏、商、周政权对这些地区还难以实现行政管辖权、军事控制权和赋税征收权，严格说来，这些少数民族活动地区并非是夏、商、周的行政管辖范围；还有，由西羌发展而来的吐蕃在唐朝时期才建立政权，如果按照行政管辖权、军事控制权和赋税征收权的标准来看，吐蕃也不是唐朝管辖范围，不属于唐朝的疆域，只是到了元朝时期，吐蕃才正式纳入元朝中央政权管辖范围；等等。

应该如何认识这些少数民族活动地区的归属问题，无疑是摆在我们面前的一大难题。有人说，这些少数民族活动区域在没有正式纳入中央政权管辖范围之前，不属于中国历史疆域，也就是说，在元朝以前吐蕃等活动地区并非是中国的领土等等。对此，我们也可以反问一句，这些少数民族活动区域不归属于中国，那么这些地区应该归属于哪一个国家呢？可能有人会说，他们的活动地区谁也不归属，只能归属他们自己。其实，我们现在谈归属问题，主要的是指归属于现代哪一个国家的问题，而现在联合国承认的国家中并没有肃慎、吐蕃等国家，如果我们说肃慎、吐蕃活动地区谁也不归属，只能归属于他们自己，就等于说没有了归属问题，没有了归属问题，也就没有了疆域问题，我们再谈什么疆域和归属问题就已经没有意义了。

笔者认为，历史上所出现的像这些尚未建立政权，也未被当时某个政权管辖过的民族活动地区，无法确认当时的归属，但可以看其后的归属情况，其后归属某一政权，不仅仅是将这些尚未建立政权或建立政权未有归属的活动区域划入了这个政权，同时也将他们的历史（这里是指这些民族活动地区从来未隶属过某个政权，有隶属者不在此范围之内）一并归属于这个政权。如，吐蕃在元朝时正式成为中央行政管辖的一部分，吐蕃既然归属了元朝，其活动地区也就成了元朝的组成部分。元朝是中国历史上的一个王朝，吐蕃也就成了中国历史王朝管辖的一部分，其历史也就成了中国历史的组成部分等等。我们这样认识问题，符合有关历史继承性原则。实际上，我们所说的"以今天中国疆域所包括的民族为出发点去上溯中国各个民族的历史和疆域"，就是按照这种继承性原则提出来的有关认识中国历史疆域的一种理论。

　　笔者在有关文章中所讲的"活动地区"只是局限在上述没有建立政权也没有隶属于哪一个政权的民族活动地区，并没有《界定》一文作者所说的明末蒙古族土尔扈特部西迁伏尔加河与乌拉尔河流域其活动地区就是中国的领土，张骞出使西域、唐僧取经于古印度和郑和下西洋所活动地区都是中国疆域的意思。实际上，《界定》作者所举出的这些事例，均与笔者的观点无涉。笔者承认水平很低，但恐怕不会低到连一个小孩子也不会把中国商船出国所到之处、华侨在外国所到之处都说成是中国疆域的程度吧。其实，中国商船出国所到之处、华侨所到之处的地区早就有了归属，并无争议，我们怎么能把那些地区说成是中国的疆域呢！

四

　　《界定》一文主张"以中华多民族统一国家最后确立时期清初的国家疆域为标志：西跨葱岭，西北达巴尔喀什湖北岸，北接西伯利亚，东北至黑龙江以北的外兴安岭和库页岛，东临太平洋，东南至台湾以及附近岛屿，南抵南海诸岛"，应该说主张以清初国家疆域为标志去认识中国历史疆域的用意是好的，但也存在一些问题：

　　其一，这种认识不无以中国历史上最大的疆域为疆域的嫌疑。《界定》一文说"这一疆域不是最大的，也不是最小的"。但她又在文中不承认蒙古和元朝时期建立的四大汗国是中国的领土（实际上，四大汗国中的窝阔台汗国和察合台汗国主要在清朝疆域之内，也在今天中国疆域之内），不知中国历史上哪一个朝代的疆域还会比清朝初年的疆域大？实际上，《界定》一文以清初疆域为中国历史疆域，仍然是以她认为的中国历史上最大的疆域为中国疆域。应该说，我们愿意以中国历史上最大时期的疆域为中国疆域，但若有人问道：你们为什么以中国历史上最大的疆域为中国疆域呢，为什么不以中国最小的疆域为疆域呢？我觉得这在理论上并不是一个很好回答的问题。

　　其二，以清初的国家疆域为中国历史疆域的标志，容易将中国历史疆域固定化。实际上，中国历史疆域有一个发展、变化和形成过程，如果将中国历史疆域按清初的疆域固定下来，势必会出现《界定》一文所说的"秦代的象郡，汉代的交趾、乐浪、临屯、玄菟和真番等郡，唐宋的南安等，虽然当时是中原王朝的辖地，但这些地区在清初中华多民族统一国家确立时期已不在中国境内，因而也就不可以看作中国的历史疆域了"等情况。实际上，这种说法是不科学的，也与《界定》作者所说的中国民族"在这块土地上建立的政权所统辖的区域，都是历史上的中国疆域"的论点相矛盾。既然已经承认历史上中国民族建立政权统辖的区域都是中国历史上的疆域，那么，秦代的象郡，汉代的交趾、乐浪、临屯、玄菟和真番等中国民族政权所设的郡为什么就不是中国历史疆域了呢？应该怎样说明象郡并不在秦朝政权管辖范围之内，交趾、乐浪、临屯、玄菟和真番等郡不在汉朝政权管辖范围之内呢？如果承认这些郡县在中国历史上的秦朝、汉朝管辖范围之内，就应该按照作者所说的历史上的中国民族"在这块土地上建立的政权所统辖的区域，都是历史上的中国疆域"的理论，承认这些土地在秦汉时期是中国的疆域。我们在这里所说的象郡、交趾、乐浪、临屯、玄菟、真番等郡属于秦汉的管辖范围，属于秦汉的疆域，并没有说这些地区也属于清朝的疆域。清朝时期，这些地区已经独立出去，我们就应该按历史发展的实际情况实事求是地承认清朝的疆域不包括这些土地就可以了，没有必要削足适履，说秦汉时期这些地区也不是中国疆域。可见，用清初疆域将中国历史上的疆域固定化，有好多问题不好解释，很难解决中国历史上复杂的疆域问题。

其三，或许有人说，以清初的国家疆域为中国历史疆域的标志，只是以那个时期的中国疆域做为我们认识中国历史疆域的一个标志，并非是将中国历史上的疆域固定化。这种说法无疑是一种颇有见地的说法。但也存在如何认识清初以前的中国疆域和清初以后的中国疆域的问题。有人主张认识清初以前的中国历史疆域应该采取追溯的办法去认识清初以前各个历史时期的中国疆域，应该说这种认识是一种十分正确的认识。但也存在一个认识标准的问题，即如何去追溯的问题。笔者认为，土地是静态的，民族是动态的，只有某一民族占有了某地并建立了政权控制了那些土地，才会有疆域问题，否则是没有疆域问题的，所以笔者认为，以清初的国家疆域为中国历史疆域的标志去追溯清初以前各个历史时期的疆域，也应该按照民族去追溯。此外，既然对清初以前的疆域应该采取追溯的办法去认识清初以前各个历史时期的疆域，那么，对清初以后的中国疆域应该如何认识呢？我想，如果我们以清朝初年的疆域为中国疆域标志的话，那么，认识清朝初年以后的中国疆域的办法不外乎以下二种，一是将清初以后中国历史疆域固定化，即将清初以后各个历史时期的疆域都说成与清初的疆域一样，没有变化。二是按照清初以后中国历史疆域发展和变化情况按照时间发展顺序去认识各个不同历史时期的不同疆域，一句话，即认识清初以后的中国历史疆域不采取追溯的办法。认识清初以前的中国历史疆域采取追溯的办法，认识清初以后的中国历史疆域不采取追溯的办法，会不会造成认识中国历史疆域的二元理论呢？我想，不如将二套理论合而为一，都采用追溯的办法去认识中国历史疆域，以保持中国历史疆域理论认识的一致性。这就是笔者所形成的"以今天中国疆域所包括的民族为出发点去上溯中国各个民族的历史和疆域"的思想基础。

综上所述，可以看出，有关以清初的国家疆域为中国历史疆域标志的认识中国历史疆域的理论容易将中国历史疆域固定化，或出现认识清初以前和认识清初以后历史疆域理论的不一致性，不如统一"以今天中国疆域所包括的民族为出发点去上溯中国各个民族的历史和疆域"，以保持认识中国历史疆域理论的一致性（其实，不仅中国认识本国历史疆域应该采取"以今天中国疆域所包括的民族为出发点去上溯中国各个民族的历史和疆域"，世界各国认识本国的历史和疆域，也应该以今天该国疆域包括的民族为出发点去上溯本国的历史和疆域）。笔者认为，土地是静态的，人（民族）是动态的，只有土地被人（民族）占有才会有政权，才会有疆域，只有人（民族）占有土地的情况出现变化才会有疆域的变化，如果离开人（民族）去认识中国历史疆域问题，恐怕难以认识清楚。因此，我们主张"以今天中国疆域所包括的民族为出发点去上溯中国各个民族的历史和疆域"，但这种上溯是有条件的，即由今天的中国民族上溯到历史上的中国民族，并非是要上溯到中国历史上的外国民族，那些外迁变成外国民族的民族及其建立政权的统辖区域不在我们上溯的范围之内，那些内迁变成中国民族以前尚处于外国民族阶段的民族及其建立政权所统辖的区域也不在我们上溯的范围之内，只有那些内迁变成中国民族以后的民族以及外迁变成外国民族以前的中国民族及其建立政权的统辖区域才包括在我们上溯的范围之内。

原载邴正主编《东北边疆历史与文化研究》，吉林人民出版社，2009年12月出版。

论认识历史疆域的"历史共享"原则

2006 年，在延边召开的"高句丽问题学术研讨会"上，厉声、马大正等人提出运用"历史共享"原则解决高句丽的归属问题，确有自己独到见解和认识。笔者虽然不赞成运用"历史共享"原则解决高句丽的归属问题，但赞成他们所提出来的认识历史疆域的"历史共享"原则。

2002 年，笔者在《关于中国历史疆域问题的几点认识》一文中提出："认识中国历史疆域应该以今天中国的疆域所包括的民族为出发点去上溯中国各个民族的历史和疆域，凡是今天生活在中国疆域之内的民族以及历史上生活在今天中国疆域之内而今天已经消失了的民族都是中华民族的组成部分，他们的历史（原来括号注"外来民族迁入之前的历史另作别论"，后来改为"内向迁徙的外来民族作为中国民族的历史只能从他们迁入中国之后算起"）都是中国历史的组成部分，他们在历史上活动的地区及其建立政权的疆域也都是中国历史疆域的组成部分"①。

笔者所提出来的认识中国历史疆域的原则，虽然是为了解决中国历史和疆域时提出来的一种观点和认识，但笔者以为，这一原则不仅适合中国认识本国的历史和疆域，也适合世界各国认识本国的历史和疆域。也就是说，世界各国认识本国的历史及其疆域，也应该依据今天该国疆域所包括的民族为出发点去上溯本国的历史和疆域。各国按照这一原则追溯本国的历史和疆域时，如果没有出现与其他国家的历史和疆域重合的现象，则其历史与疆域就应该为那个政权所独有；如果各个国家在追溯本国历史和疆域时，与其他国家的历史和疆域出现重合现象时，则可以共用其历史和疆域，即"历史共享"原则；各国在追溯高句丽和渤海的历史和疆域时，不会出现重合现象，因此，高句丽和渤海的历史及其疆域不属于"共享"范围。

一、各国追溯本国历史和疆域时，如果没有出现与其他国家的历史和疆域重合现象，则其历史和疆域应该归该政权所独有

以中国为例：今天的中国，包括 56 个民族及其辽阔的陆地和海疆，在

---

①赵永春：《关于中国历史疆域问题的几点认识》，《中国边疆史地研究》，2002 年第 3 期，《新华文摘》，2003 年第 1 期转载。

这块陆地和海疆上生活的 56 个民族都是中国的民族，他们的历史（内向迁徙的外来民族作为中国民族的历史只能从他们迁入中国之后算起）都是中国历史的组成部分。历史上在这块土地上生活过但今天已经消失了的民族也是中国历史上的民族，他们的历史也是中国历史的组成部分。毫无疑问，这些民族在历史上建立政权所控制的疆域就都是中国历史疆域的组成部分。

比如，我们说，汉民族是中国民族，汉民族是由历史上的华夏民族发展而来，华夏民族和汉民族在历史上建立政权所控制的疆域就是中国历史疆域的组成部分。箕氏朝鲜是我国汉族的先民商朝遗民箕子建立的政权，最初政权建在辽西、辽东，即在今天中国疆域范围之内，后来进入朝鲜半岛，也是中国的政权。卫氏朝鲜是箕氏朝鲜的继续，也是由我国汉族的先民即战国时期的燕国遗民卫满建立的政权，也属于中国。我们在追溯汉民族的历史及其疆域时，不会出现与其他国家的历史和疆域重合的现象，因此，汉民族的历史及其所建政权控制的疆域就为中国所独有。再如，满族是中国的少数民族，满族是由历史上的肃慎、挹娄、勿吉、靺鞨、女真族逐步发展而来，肃慎、挹娄、勿吉、靺鞨、女真和满族的历史及其所建政权控制的疆域就是中国历史及其疆域的组成部分，粟末靺鞨建立的渤海政权、女真族建立的金政权、女真族建立的后金政权、满族建立的清政权等都是中国历史上的政权，他们所控制的疆域就都是中国历史疆域的组成部分。我们在追溯这些民族的历史和疆域时，也不会与其他国家追溯自己国家历史和疆域时出现重合现象，因此，满族的历史及其建立政权所控制的疆域也为中国所独有。再如，藏族是中国的少数民族，藏族的历史及其所建政权在历史上控制的疆域就都是中国历史和中国历史疆域的组成部分。我们在追溯藏族历史和疆域时，也不会与其他国家追溯自己国家历史和疆域时出现重合现象，因此，藏族的历史及其所建政权控制的疆域也为中国所独有。

还有一些历史上生活在今天中国疆域之内而今天已经消失了的民族，他们的历史也是中国历史的组成部分，他们所建立政权控制的疆域也是中国历史疆域的组成部分。比如，鲜卑族是今天已经消亡了的民族，但鲜卑族是由东胡族发展而来，最初建立的政权在今天中国疆域之内，也属于中国历史上的政权，他们的历史及其所建政权控制的疆域也就是中国历史和疆域的组成部分，且为中国所独有。再如，匈奴族也是今天已经消亡的民族，但匈奴族是由殷周以来的鬼方、荤粥、猃狁发展而来，战国时期居住在黄河河套和阴山（今内蒙古阴山）一带，即今天内蒙古自治区中部、南部及鄂尔多斯草原一带，后来建立了政权。也就是说匈奴政权是建立在今天中国疆域之内的政权，匈奴政权所控制的疆域也就成了中国历史疆域的组成部分。

这里有一点需要说明，就是中国历史上的民族外迁以及外族内迁问题。笔者曾在《关于中国历史疆域问题几点认识》《关于中国古代民族内外迁徙及其归属问题》等文中指出：中国历史上的少数民族在外迁当时并在中国历史疆域的接壤地区建立政权，属于向外发展，其政权仍属于历史上的中国，前文所述的箕氏朝鲜和卫氏朝鲜就属于这一类。如果中国历史上的少数民族在外迁时没有建立政权，而是加入了外族政权，这就不属于历史上的中国，而属于中国移民，或称侨民。上述匈奴族中的北匈奴，在被东汉政权打败以后，其中的一支西迁了，但他们在西迁当时没有在与中国历史疆域的接壤地区建立政权，"后来又与外国民族结合以至融合，形成为另一个民族共同体"，过了 200 年以后才在顿河以东重新建立政权，期间已经经过了几代人，正如林幹所说，"这部分人，可以认为他在离开中国国境之后，逐渐演变为外国民族"。[1] 因此，西迁之后的匈奴只能算作侨民，这些侨民又在与其他民族结合后变成了外国民族，匈奴族变成外国民族之后所建政权控制的疆域就不能算作中国历史上的疆域了。至于外族内迁问题，应该说，只有这些民族内迁中国之后才开始成为中国民族，所以，她们作为中国民族的历史只能从她们迁入中国之时算起，迁入中国之前的历史不能算作中国历史，毫无疑问，她们迁入中国以前的活动区域及其所隶属政权控制的疆域也就不能算作中国历史上的疆域了。中国的朝鲜族和俄罗斯族等民族就是这样，作为中国民族，她们的历史只能追溯到他们迁入中国之时，迁入中国之前的历史及其所隶属政权控制的疆域就不能算作中国的历史及其疆域了[2]。

二、各个国家追溯本国历史和疆域时，如果出现与其他国家的历史和疆域重合现象，则可以共用其历史，即"历史共享"

我们按照今天各国疆域所包括的民族去上溯各个国家的历史和疆域时，如果各国在追溯本国历史和疆域时，与其他国家的历史和疆域出现重合的现象，则那几个国家可以共用那段历史，即"历史共享"。

比如：中国按照今天中国所包括的民族追溯各个民族的历史和疆域时，无疑会追溯到清朝时期的蒙古族及其所建政权、明朝时期的蒙古族及其所建政权以及蒙古族统一大漠南北及其建立大元王朝等等。而蒙古国按照今天蒙古国所包括的民族追溯他们的历史和疆域时，也会追溯到清朝时期的漠北蒙

①林幹：《中国古代北方民族通论》，内蒙古人民出版社，1998 年版，第 83 页。
②赵永春：《关于中国历史疆域问题的几点认识》，《中国边疆史地研究》，2002 年第 3 期；《关于中国古代民族内外迁徙及其归属问题》，《东北史地》，2004 年 3 期。

古、明朝时期的瓦剌和鞑靼,以及蒙古族统一大漠南北及其建立大元王朝等等。这样,清朝时期的漠北蒙古、明朝时期的瓦剌和鞑靼,蒙古族统一大漠南北及其建立大元王朝的历史和疆域在中国和蒙古国各自追溯本国历史时出现了重合,那么,这一时期的历史及其所建政权控制的疆域就应该为中国和蒙古国所"共享"。

再如:法国、德国和意大利在他们按照今天各国包括的民族去上溯他们各自国家的历史和疆域时,至法兰克王国和查里曼帝国时,则出现了重合。众所周知,5世纪末日耳曼法兰克人在西欧建立了法兰克王国,768年进入查理大帝统治时期,版图西南至厄布罗河,北临北海,东到易北河和多瑙河,南面包括意大利北半部。查理大帝死后,帝国陷入内战,843年,根据《凡尔登和约》,查理曼帝国分裂为三部分:莱茵河以东地区称东法兰克王国;斯海尔德河、默兹河以西地区称西法兰克王国;北起北海,循莱茵河而南,直至中部意大利称中法兰克王国,大体上奠定了近代德意志、法兰西、意大利三国雏形。因此,查理曼帝国和法兰克王国的历史就应该为法国、德国、意大利三个国家所共有,即"历史共享"。

同一道理,今天朝鲜和韩国按照今天他们各自国家包括的民族上溯他们各自国家的历史和疆域时,至李氏朝鲜、王氏高丽、新罗、百济和三韩的历史时,则出现了重合,因此,李氏朝鲜、王氏高丽、新罗、百济和三韩的历史,就应该为朝鲜和韩国所"共享"。

这样的事例在世界历史上是很多的,不一一列举。

三、高句丽、渤海的历史不属于"共享"范围

我们所说的"历史共享",是指在各国追溯本国历史和疆域时,与其他国家的历史和疆域出现重合时,则可以共用其历史,即"历史共享",如果各国在追溯本国历史和疆域时,没有与其他国家的历史和疆域出现重合现象,则不适用于"历史共享"原则,其历史及其疆域只能为某个政权所独有。高句丽和渤海的历史就是这样,在我们按照今天中国、朝鲜和韩国疆域所包括的民族上溯各国的历史和疆域时,不会出现重合现象,因此,高句丽和渤海的历史不属于"共享"范围。

前一段时期,有学者曾提出高句丽历史应该"一史两用"的问题。确切地说,这种思想和主张最早是由谭其骧先生提出来的。谭其骧先生在《历史上的中国和中国历代疆域》一文中主张,以"18世纪50年代到19世纪40年代鸦片战争以前这个时期的中国版图作为我们历史时期的中国的范围。"认为"超出了这个范围,那就不是中国的民族了,也不是中国的政权了"。

1840 年以前，中朝已经确立以鸭绿江为中朝国界的各自疆域，按照谭其骧所提出的这一标准，高句丽政权的历史无疑就成了跨越中朝两国疆界的历史上的政权，应该如何处理高句丽历史归属问题就成了一个十分棘手的难题。在这种情况下，谭其骧主张，当高句丽政权"在鸭绿江以北的时候，我们是把它作为中国境内一个少数民族所建立的国家的，这就是始建于西汉末年，到东汉时强盛起来的高句丽，等于我们看待匈奴、突厥、南诏、大理、渤海一样。当它建都鸭绿江北岸今天的集安县境内，疆域跨有鸭绿江两岸时，我们把它的全境都作为当时中国的疆域处理。但是等到 5 世纪时它把首都搬到了平壤以后，就不能再把它看作中国境内的少数民族政权了，就得把它作为邻国处理。不仅它鸭绿江以南的领土，就是它的鸭绿江以北辽水以东的领土，也得作为邻国的领土"①。谭其骧这种处理高句丽历史的办法，是以1840 年以前清朝的版图以及各个政权的首都在哪国境内作为政权归属的标准，将高句丽首都在 1840 年以前的中国境内时作为中国史处理，而将高句丽首都在 1840 年以前的朝鲜境内时则作为朝鲜史处理，是将高句丽历史分成前后两个时期分别为两国所用，实际上也是一种"一史两用"的意思。

　　有的学者不赞成谭其骧将高句丽历史（一史）分成前后两个时期分别为两国所用（两用）的观点，又提出了一种新的"一史两用"观念。这种新的"一史两用"观念最早是由刘子敏先生提出来的，他在 1995 年发表的《高句丽国与南北朝的关系》一文中，就提出了高句丽的历史应该"一史两用"的问题。他说："凡现在在中国版图以内的古代民族或国家，都应视为中国古代的民族或国家，凡现在在朝鲜版图之内的古代民族或国家，都应视为朝鲜古代民族或国家。而至于跨越现今国境的古代民族或国家，则应视为两国的共同历史，只是在叙述两国共同历史时，要按照其历史的真实情况搞清其来龙去脉、因果关系罢了。"因之，刘子敏认为"高句丽的历史应是中朝两国共同的历史，中国史可以写，朝鲜史也可以写"。② 到了 1999 年，姜孟山在《朝鲜封建社会论》一书及《高句丽史的归属问题》一文中，明确使用了"一史两用"的概念，他认为：高句丽建国之后，从初期开始占领了朝鲜半岛的北部地区，到了 4 世纪，高句丽推行南进政策，到 5 世纪初，已占领了朝鲜半岛的中北部地区。所以高句丽在几百年期间，不仅在中国东北地区活动，而且也在朝鲜半岛的中北部地区活动。"以现今国界为准，高句丽是跨

---

　　①谭其骧：《历史上的中国和中国历代疆域》，《中国边疆史地研究》，1991 年第 1 期。
　　②刘子敏：《高句丽国与南北朝的关系》，见金龟春主编《中朝韩日关系史研究论丛》，延边大学出版社，1995 年版，第 87 页。

中朝两国版图的古代国家"。又认为"古代国家的政治、经济、文化中心在
哪里",也应该以现今国界为标准作为处理民族归属问题的一个标准,他认
为高句丽于 427 年迁都平壤,至 668 年高句丽灭亡,共有 240 余年的时间,
高句丽的政治、经济、文化中心移到朝鲜半岛,占高句丽历史的三分之一的
时间。因此,他主张,应该"把高句丽归属于我国东北地方史,又归属于朝
鲜史,即'一史两用',这是完全符合历史事实的""总之,高句丽首先是中
国史,其次是朝鲜史,所以,高句丽史应'一史两用'。"① 可见,刘子敏、
姜孟山所提出来的高句丽历史应该"一史两用"的观点,都是依据今天中国
疆界为标准而立论的,即认为高句丽的历史跨越了今天中国和朝鲜的边界,
是一个跨国政权,其历史就应该为两国所共用。

　　刘子敏、姜孟山提出高句丽历史应该"一史两用"的观点以后,得到一
些学者的赞扬,但也有人反对,如张碧波等人就不赞成他们的观点。也有人
大体上赞成他们的观点,但认为不够完美,需要作一些修正,如有人认为,
高句丽的历史不仅是中国和朝鲜两国"两用"的问题,还应该为韩国所用,
也就是应该为中国、朝鲜、韩国三国所用,应该是"一史三用"的问题,还
有人认为历史上的事情非常复杂,有的历史不仅是"两用""三用"的问题,
而是"多用"的问题,于是,又有了"一史多用"的提法。在这种情况下,
厉声、马大正等人又提出了"历史共享"的原则,就是说,有关高句丽的历
史可以为中国、朝鲜、韩国所共享。厉声、马大正等人提出的运用"历史共
享"原则解决高句丽的历史归属问题,与刘子敏、姜孟山等人提出的"一史
两用"的问题,在内涵上并没有太大不同,不过是其提法更全面更准确
而已。

　　其实,不论是"一史两用",还是"历史共享",在高句丽历史问题上都
不适用。

　　首先,谭其骧提出来的"一史两用"思想所依据的都城在 1840 年中朝
疆域中哪个国家境内,那个政权的历史就应该归属哪个国家所有的理论是不
合适的。按照谭其骧的说法,高句丽政权前期的都城在中国辽宁桓仁的五女
山城(纥升骨城)和吉林省的集安(国内城、丸都山城),那么,高句丽前
期的历史和疆域就应该归属中国。高句丽后期的都城在朝鲜境内的平壤(高
句丽于 427 年迁都平壤,至 668 年灭亡,都城一直在平壤),高句丽政权的
历史和疆域就应该归属于朝鲜。这种以都城所在地为标准的历史归属理论,

---

　　① 姜孟山:《朝鲜封建社会论》,延边大学出版社,1999 年版,第 250 页;《高句丽史的归属问
题》,《东北民族与疆域研究动态》,1999 年。

确实是一种少见的、具有自己独到见解的理论，也可以说，具有一定的合理性。但这种以都城所在地为标准而将一个政权一分为两半的历史归属理论，恐怕是不合适的。正像张碧波所说的那样，高句丽于 427 年所迁都城平壤"在汉乐浪郡疆域内，在作为汉之'外臣'——属国卫氏朝鲜疆域之内，在臣服于周、秦的箕子朝鲜疆域内，也就是说在中华历史疆域之内，高句丽迁都平壤是在中华历史疆域之内的政治、文化中心东移，其民族属性、政权性质未变，最终仍属中华民族的地方区域政权。"① 确实，高句丽在建都于 1840 年以前的中国疆域之内与建都于 1840 年以前的中国疆域之外的两个历史时期，其政权性质并没有发生变化，都是一个高句丽政权，不是两个高句丽政权。如同明太祖朱元璋建都南京，明成祖朱棣又迁都北京一样，其政权性质并没有发生变化，都是中国的明朝政权。我们应该用同一标准看待建都于 1840 年以前中国疆域之内的高句丽与建都于 1840 年以前中国疆域之外的高句丽，应该视这两个历史时期的高句丽政权为一个政权的历史，不能因一个政权的前后两个时期的首都所在地不一致，而将一个政权完全割裂开来。显然，用建都于何地而将一个政权一分两半来判定其政权的归属是不合适的。

其次，刘子敏、姜孟山等人提出的"一史两用"思想，则是建立在以今天中国疆域作为认识中国历史疆域的标准以及以今天朝鲜的疆域作为认识朝鲜历史疆域标准的基础之上进行立论的。按照他们所确立的认识中国历史疆域的标准，那就成了，凡是跨越今天中国疆界的历史都可以"一史两用"或"历史共享"了。应该说，他们所提出来的"一史两用"或"历史共享"理论本身并没有错误，只是他们所施用的用今天中国的疆域去框套中国历史疆域的理论是不合适的。如果我们用今天中国疆域去框套中国历史疆域，并依据是否跨越今天中国疆界为标准去确定某些政权的历史是否适用于"一史两用"或"历史共享"的话，毫无疑问，对高句丽历史可以说得通，但对其他的历史就说不通了。如，汉武帝灭亡卫氏朝鲜，在朝鲜半岛设置四郡时期，汉朝的疆域无疑跨越了今天的中国疆界，是不是汉朝的历史也可以"一史两用"或"历史共享"呢？唐朝于 668 年灭亡高句丽以后至 698 年渤海政权建立之前的一段时期内，唐朝的疆域也跨越了今天的中国疆界，是不是唐朝的历史也可以"一史两用"或"历史共享"呢？辽朝的疆域、金朝的疆域、元朝的疆域和清朝前期的中国疆域也有一部分跨越了今天的中国疆界，是不是这些政权的历史也可以"共享"呢？我想，这样认识问题恐怕是不合适的。

---

① 张碧波：《关于历史上民族归属与疆域问题再思考——兼评"一史两用"史观》，《中国边疆史地研究》，2000 年第 2 期。收入氏著《东北民族与疆域论稿》（上），黑龙江教育出版社，2002 年。

　　实际上，我们认识中国历史疆域，不能用今天的中国疆域去框套中国历史疆域而将中国历史疆域一成不变地固定下来，而应该"以今天中国的疆域所包括的民族为出发点去上溯中国各个民族的历史和疆域"，动态地认识各个历史时期的不同的疆域。应该说，今天生活在中国疆域之内的民族都是中华民族的组成部分，历史上生活在今天中国疆域之内而今天已经消失了的民族也是中华民族的组成部分，他们的历史也是中国历史的组成部分，他们在历史上活动的地区及其建立政权所控制的疆域也是中国历史疆域的组成部分。按照这一理论去认识高句丽的历史，我们可以看到，高句丽民族属于在中国唐朝时期消亡了的民族，但这个民族也是历史上生活在今天中国疆域之内并最早在今天中国疆域之内、当时汉朝玄菟郡之内建立政权的民族，因此，高句丽也是中国历史上的少数民族，高句丽政权就是当时中国的政权，高句丽政权的疆域也就是当时中国疆域的组成部分。后来，高句丽政权向南发展，跨越了今天的中朝国界，属于高句丽政权向外发展和扩张，其政权性质并没有发生变化，因此，那时高句丽政权所控制的疆域也应该是当时中国疆域的组成部分。我们这里只是将高句丽政权跨越今天国界的部分说成是历史上中国的疆域，并没有把这部分土地说成是今天中国的土地，将今天和历史作了严格区分，这应该是一种历史唯物主义的态度。

　　同一道理，朝鲜和韩国在追溯他们的历史和疆域时，则无法追溯到高句丽政权的历史。大家都知道，朝鲜和韩国是由历史上的新罗、王氏高丽、李氏朝鲜发展而来。毫无疑问，他们在追溯他们的历史时，只能追溯到李氏朝鲜、王氏高丽及王氏高丽的前身新罗，新罗的前身是三韩等，无法追溯到与新罗同时共存的高句丽。我们说朝鲜和韩国在追溯他们的历史和疆域时追溯不到高句丽，并非是说他们与高句丽一点关系也没有，而是说他们只与高句丽灭亡时流入新罗境内的高句丽人有关。

　　高句丽政权于唐总章元年（668 年）灭亡，据学者们研究，高句丽灭亡后，高句丽大约有三分之一以上的人口被唐朝迁入内地，后来，这部分人口全部汉化，成为中华民族的组成部分。还有大约三分之一左右的人口为后来的渤海政权所继承，这部分人口后来也融入到中华民族之中。只有不足三分之一的人口流入新罗，后来成为今天朝鲜和韩国人的祖先①。

_____

　　①杨保隆认为，高句丽灭亡以后，被唐朝迁往中原各地的高句丽人近 30 万人，并入新罗的高句丽人约 10 万人，其后投归渤海政权的高句丽人约 10 万人（《高句骊族族源与高句骊人流向》，《民族研究》，1998 年第 4 期；苗威认为高句丽灭亡前后，迁入唐朝内地的高句丽人约有 1552700 人，流入新罗的高句丽人约 338500 人，流入渤海的高句丽人约 350000 人（《高句丽移民研究》，吉林大学出版社，2011 年版，第 229-230 页）。

　　与朝鲜、韩国有关系的这些流入新罗的不足三分之一的高句丽人口的性质应该如何判定？是一个值得研究的问题。我们认为，流入新罗境内的不足三分之一的高句丽人，在流入新罗境内、加入新罗国籍之后，短时期内，他们狭义的高句丽民族的身份没有变化，但作为广义的民族身份已经发生了变化，即他们已经变成了新罗人，或称新罗政权的人[①]。这部分"新罗人"，到918年王建建立高丽政权之时，已经在新罗境内生活了250年，早已与新罗人融合在一起，在王氏高丽建国之前，这部分狭义的高句丽人的民族身份也变成了狭义的新罗人，也就是说，从原来的中国的高句丽民族变化为外国的新罗民族了。因此，我们在认识高句丽灭亡时迁入新罗境内的不足三分之一的高句丽人口的性质时，就应该像认识19世纪以后有大批的朝鲜人迁入中国一样，属于外族迁入的性质，如同我们认识中国的朝鲜族的历史只能从他们迁入中国时算起一样，迁入新罗境内的高句丽人作为朝鲜和韩国的历史只能从他们迁入新罗时期算起，如同我们不能将19世纪以后迁入中国的朝鲜族的历史作为中国史追溯到朝鲜一样，朝鲜和韩国也不能将迁入新罗境内的高句丽人的历史作为朝鲜和韩国的历史追溯至中国的高句丽，也就是说，如同19世纪的朝鲜的历史不能为一部分迁入中国的朝鲜族或中国所"共享"一样，高句丽的历史也不能为其中一部分迁入新罗的新罗及其以后的王氏高丽、李氏朝鲜以及今天的朝鲜和韩国所"共享"。可见，中国在追溯中国各民族的历史时可以追溯到高句丽，而朝鲜和韩国在追溯他们的历史时，则无法追溯到高句丽政权的历史。也就是说，高句丽历史，在朝鲜和韩国追溯他们的历史时不会和中国追溯中国的历史时出现重合。因此，高句丽的历史不属于"共享"范围。只有李氏朝鲜、王氏高丽、新罗、百济、三韩等历史才能为朝鲜和韩国所"共享"。

　　与高句丽政权一样，渤海政权也是跨越今天中朝疆界和1840年以前中朝疆界的民族政权，朝鲜和韩国在追溯他们的历史和疆域时，也不会与中国

　　[①]笔者认为，民族应该区分为广义民族和狭义民族。狭义民族是指具备斯大林所说的具有共同语言、共同地域、共同经济生活、共同心理素质四大特征，或具备中央民族工作会议上提出的具有共同历史渊源、生产方式、语言、文化、风俗习惯、心理认同六大特征的具体的某一个民族共同体，如汉族、高句丽族等等。广义民族则是指具有或某种程度具有民族特征的包括两个狭义民族以上的多个狭义民族的人们共同体，如古代民族、近代民族、现代民族、原始民族、奴隶社会民族、封建社会民族、前资本主义民族、资本主义民族、社会主义民族、蒙昧民族、野蛮民族、文明民族、狩猎民族、游牧民族、农业民族、东北民族、西北民族、南方民族、美洲民族、大洋洲民族、唐朝民族、中华民族、印度民族、美利坚民族等等。台湾学者王明珂将用国号所称的民族如唐朝民族、宋朝民族等称为"国族"，笔者认为，"国族"只能称以国号为代表的政权的民族，无法概括其他如游牧民族等各种广义的民族，因此，还是用"广义民族"的概念进行概括为好。

追溯中国历史和疆域时出现重合现象，因此，渤海政权的历史和疆域也不属于"共享"范围。其道理，与高句丽政权的性质大体一样，不再赘述。

综上所述，笔者赞同厉声、马大正等人提出来的认识历史疆域的"历史共享"原则，但认为，各国按照今天各国疆域包括的民族去追溯本国的历史和疆域时，只有与其他国家追溯本国历史与疆域发生重合现象时，才适用"历史共享"原则，如果各国在追溯本国历史和疆域时，没有与其他国家追溯本国历史和疆域时发生重合现象的时候，则其历史与疆域就应该归属于那个政权所独有。按照这一思想理论去追溯高句丽和渤海的历史时，不会出现重合现象，因此，高句丽和渤海的历史及其疆域不属于"共享"范围。

原载《黑龙江社会科学》2015年第5期。

关于中国古代民族内外迁徙及其归属问题

民族归属问题与国家疆域问题紧密联系在一起，是我们研究边疆历史和国际关系史所无法回避的问题。然而，对于这样一个重要问题，学界还没有形成一个比较一致的看法，还存在不少模糊认识，因此，有必要花些气力，把这些问题搞清楚。

笔者认为，认识中国历史上的民族归属及其疆域问题，应该以今天中国的疆域所包括的民族为出发点去上溯中国各个民族的历史和疆域，凡是生活在今天中国疆域内的民族以及历史上生活在今天中国疆域内而今天已经消失了的民族都是中华民族的组成部分，他们的历史（内向迁徙的外来民族作为中国民族的历史只能从他们迁入中国之后算起）都是中国历史的组成部分，他们在历史上活动的地区及其建立政权的疆域也都是中国历史疆域的组成部分①。

按照中国所包括的民族去追溯中国民族的历史及其疆域，应该说具有一定的道理，因为民族是动态的，土地是静态的，某个民族政权（不仅仅指单一民族政权，更重要的是指多民族政权，因为在历史上单一民族政权是很少的，多民族政权才是多数）控制的土地到哪里，其民族政权的疆域就应该到哪里。按照这样动态的、发展变化的观点去认识中国历史上的疆域，可以解决一些认识不清的问题。但由于民族是动态的，经常处于不断流动之中，这就会经常出现某一民族政权的民族不断地流动到该政权之外，也就是出现许多跨界民族问题，这又为我们认识民族归属及其疆域问题带来一些麻烦，应该说，这个麻烦是一个不小的麻烦，作为笔者这样一个小人物，要想解决这个大麻烦，显然有些不自量力，但笔者总觉得这个麻烦不解决，对我们研究疆域史终究是一个障碍，因此，不避浅陋，想就这一问题谈点不成熟的看法，敬请各位专家学者不吝赐教。

一

笔者认为，与中国及中国历史有关系的跨界民族主要有以下三种：一种是当代的跨界民族，即当代中国与世界各国因民族迁徙而形成的跨界民族。

---

① 赵永春：《关于中国历史上疆域问题的几点认识》，《中国边疆史地研究》，2002 年第 3 期。

由于当代各国基本上遵循国际关系中有关维持国家边界现状以及用和平协商的方式解决各国历史上遗留下来的边界争端问题的原则，各国基本上维持现有国界，可以说当代各国所维持的国界现状是清楚的，因此，属于当代的跨界民族也是清楚的，这些民族的归属也不会成为问题，即跨越国界的民族如果没有加入当地国家的国籍，就属于侨民，如果加入了当地国家的国籍，就变成了当地国家的民族或公民，无论是侨民还是加入了他国的跨界民族，都属于他国的民族成员，在民族归属及国家疆域问题上不会出现任何争议，因此，关于这类跨界民族，不在本文讨论范围之内。

第二种跨界民族是指历史上中国内部民族政权之间因民族迁徙而出现的"跨界民族"。按照笔者有关今天中国所包括的民族以及历史上生活在这一疆域内今天已经消失了的民族在历史上建立的政权都是中国内部民族政权的认识，这类"跨界民族"及其归属也是清楚的，比如，中国历史上的两汉与匈奴、夫余、高句丽、乌桓、鲜卑政权，东晋与十六国政权，南朝与北朝政权，隋唐与高句丽、渤海政权，宋与辽、金、蒙古政权，明朝与后金政权等都是中国内部的民族政权，都具有"国中之国"的性质[1]，因此，他们之间因为民族迁徙而出现的"跨界民族"都属于中国内部的民族流动，在民族归属问题上是不成问题的，都属于中国。因此，本文所要探讨的问题也不包括这类"跨界民族"。

第三种跨界民族是指历史上中国的民族政权与外国的民族政权之间因民族迁徙而出现的跨界民族，这类跨界民族的归属直接与历史上的国家疆域联系在一起，是最不容易认识清楚的问题，也是当代有关民族归属与历史疆域讨论中争议最大的问题，本文所要论述的民族内外迁徙与归属问题就指这一类跨界民族及其归属问题。

笔者认为，要弄清楚历史上中国的民族政权与外国民族政权之间因民族迁徙而出现的跨界民族的归属与国家疆域问题，首先必须弄清楚这些民族在外迁时是否建立了民族政权。如果某一民族或某一政权所属民族在外迁当时并在与其原来所属政权的接壤地区建立政权，应该属于向外发展，其民族及其政权仍然归属于原来的民族政权和国家；如果某一民族或某一政权所属民族在外迁时没有建立政权，且迁入地区从来没有隶属过任何一个民族政权，这些外迁民族及其活动地区仍然归属于原来的民族政权；如果某一民族或某一政权所属民族在外迁时没有建立自己的政权，而是加入了他族政权，那么，这些民族就应该归属于其隶属的外国民族政权；如果某一民族或某一政

---

①赵永春：《关于中国历史上疆域问题的几点认识》，《中国边疆史地研究》，2002年第3期。

权所属民族在外迁当时没有建立政权，而是过了一段时间以后又重新建立政权，就应该视为外迁民族在加入了外国民族以后又重新建立政权，其民族和政权也不应该归属于原来的民族和政权，而应该归属于外国民族和政权。下面就按中国古代民族的内向与外向迁徙情况分别作一简要论述。

二

中国古代民族的内向迁徙，亦即外来民族向历史上中国的民族政权及其活动区域迁徙，主要有以下四种情况：

一是外来民族来中国经商、留学等，后来留居中国，如日本、新罗的入唐留学生以及信奉伊斯兰教的一些中亚西亚人，自唐朝以后逐步迁居中国经商的人员等等。这部分内向迁徙的外来民族数量较少，迁居中国以后基本上与中国民族融合在一起，其民族归属于中国是清楚的，并不存在疆域纠纷问题。

第二种情况是由中国政府强行迁徙过来的外来民族，如蒙古在西征过程中，曾将中亚西亚和东欧的大批工匠、炮手以及部分士兵、平民等迁入中国，让他们为蒙古和元朝贵族服务。这些人迁居中国以后，很快与中国民族融合在一起，也成了中国民族的一部分，其民族自然归属于中国。

第三种情况是有些外来民族因天灾人祸等各种原因，无以为生，或为了寻求新的生活空间而大批来到中国。如十九世纪以来朝鲜族大量迁入我国延边地区，就属于这种情况。延边地区是我国早就行使主权的地区，朝鲜族来到这一地区，自然是加入中国。毫无疑问，这些朝鲜人在加入中国之前不属于中国，其活动区域也不是中国的疆域。但他们来到中国以后，从民族归属来看，就归属于中国了，自然成为中国的少数民族之一，其后的历史也就成为中国历史的组成部分了。

16世纪初从越南等地迁入中国的京族、18世纪以后从西伯利亚等地迁入中国的俄罗斯族以及19世纪初从伏尔加河流域迁入中国的塔塔尔族等，也属于这种情况，他们迁入中国以后，即加入中国民族，自然归属于中国。

第四种情况是外来民族采用民族征服手段进入中国，比如，沙皇俄国从16世纪以来，越过外兴安岭进入我国黑龙江流域，声称对其地区进行开发，为其占据其地制造理论根据。如果说，当地一直没有民族活动，自古以来就是一片荒地，说成是对当地开发是可以的；如果当地已有民族活动，但其民族没有归属，沙俄将其民族发展成为自己的民族也说得过去；如果当地已有民族活动，并且早就有了归属，换句话来说，就是其地早已有政权进行管辖，再强行占据其地，毫无疑问就是一种侵略行为。沙俄越过外兴安岭进入黑龙江流域就是一种侵略。因为那一带土地自古以来就是中国的少数民族活动地区，中国早就对其地进行了有效管理。远的不说，就从唐朝时期的渤海政权、宋辽金时期的金政权以及后来的元政权来说，都在其地设置了行政机构，对该地区进行了有效的管辖。明朝政府除了设置辽东都指挥使司管辖东北的一部分地区以外，又在黑龙江下游设置了奴儿干都指挥使司，下设数百个卫所，管辖东至库页岛、西至鄂嫩河、北至外兴安岭、南至日本海的广大地区。后金政权兴起于东北，努尔哈赤早就开始了对东北地区的经营，到皇太极时期，清朝已经"招服了乌苏里江东南瑚叶河流域的瑚叶路、绥芬河流域的绥芬路、牡丹江一带的宁古塔路、海参崴以东西林河流域的西林路和雅兰河流域的雅兰路、乌苏里江下游的阿万部、乌苏里江以东尼满河流域的尼满部、阿库里河流域的阿库里部、锡霍特山以东额勒河流域的厄勒部和约色河流域的约琐部"，又"招服了黑龙江流域的萨哈连部、萨哈尔察部、虎尔哈部、索伦部、乌扎拉部、使犬部、使鹿部，以及居于鄂嫩河流域尼布楚一带的茂明安等部"[1]。清太宗皇太极明确宣布，"自东北海滨（鄂霍次克海），迄西北海滨（贝加尔湖），其间使犬使鹿之邦，及产黑狐黑貂之地，不事耕种，渔猎为生之俗，厄鲁特部落，以至斡难河源远迩诸国，在在臣服。蒙古大元及朝鲜国，悉入版图"[2]，说明皇太极时期对外兴安岭至黑龙江流域也进行了有效的管辖。后来，沙俄越过外兴安岭，强占雅克萨以及桂古达尔等城堡时，曾强行要求当地居民向沙皇交纳"毛皮贡赋"，当时，中国的达斡尔族的一位头人桂古达尔曾严辞拒绝说"我们向中国顺治皇帝进贡，哪有给你们的贡品"[3]，托尔加等人也说"清朝皇帝不久前派人来，我们把毛皮向他们进贡了"[4]，沙俄也知道黑龙江沿岸九个达斡尔头人的驻地"都是清朝皇帝沙姆沙汗（即顺治皇帝）的进贡者"[5]。充分说明当地居民早已归属了清朝。沙俄侵占早已有了明确归属的民族地区，自然是一种侵略。后来，沙俄又通过《瑷珲条约》《北京条约》等不平等条约割去中国大片领土，将沙俄民族迁入该地区，更是赤裸裸的强盗式的掠夺和占有。

---

①吕一燃：《中国北部边疆史研究》，黑龙江教育出版社，1991年版。第35页。

②《清太宗文皇帝实录》卷61，崇德七年六月辛丑条，中华书局，1985年影印本，第829页。

③巴赫鲁申：《哥萨克在黑龙江上》第39页，转引自中国社会科学院近代史研究所《沙俄侵华史》第1卷，人民出版社，1978年版，第108页。

④巴赫鲁申：《哥萨克在黑龙江上》第37页，转引自中国社会科学院近代史研究所《沙俄侵华史》第1卷，人民出版社，1978年版，第110页。

⑤瓦西里耶夫：《外贝加尔哥萨克》第1卷第68页；齐赫文斯基主编《十七世纪俄中关系文件集》第1卷第591页"世祖"条注。转引自中国社会科学院近代史研究所《沙俄侵华史》第1卷，人民出版社，1978年版，第106页。

三

中国古代民族的外向迁徙，即中国历史上的民族向中国历史上民族政权以外的地区迁徙，主要有以下三种情况：

第一种情况是历史上有些中国人因生活所迫为了寻求新的生活空间而迁徙到历史上中国民族政权以外地区，比如，明代特别是郑和下西洋以后，江浙闽广等地的中国人大批迁往三佛齐、文莱、吕宋以及婆罗洲等南洋地区，这些人迁居南洋地区之时，并没有建立自己的政权，而是加入了当地民族政权，因此，他们只能称作华侨，时间久了，自然与当地民族融合在一起，成为当地民族的一部分，从民族归属方面来说，已经不属于历史上的中国民族政权，而属于当地的外国民族政权了。

第二种情况是在中国历史上民族政权斗争中失败或失意的一些中国人率众向外迁徙，这类外向迁徙的中国人的民族归属问题比较复杂，应该具体问题具体分析。

比如，"在周灭殷以前，殷宗室贵族箕子（箕侯），由山东迁到孤竹附近地方，在今喀左再建箕侯国"[①]，即箕氏朝鲜。箕氏朝鲜是由殷商遗民箕子在中国历史上疆域之内建立的臣属于周朝的政权，属于历史上中国内部的民族政权，毫无疑问，这种迁徙不属于本节所谈的外向迁徙，而属于中国历史上民族政权之间的迁徙，在民族归属问题上不会出现性质变化。到了战国时期，燕将秦开率军打败箕氏朝鲜，箕氏朝鲜逃至鸭绿江以东的朝鲜半岛北部则属于外向迁徙了，如果该地早已建立了不属于中国历史上民族政权管辖范围的民族政权，那么我们可以说，箕氏朝鲜侵略了那个政权。事实并非如此，箕氏朝鲜到达朝鲜半岛北部之时，那里虽然已经有濊人活动，但并未建立政权，与南方的古韩族自然有所不同，所以箕氏朝鲜进入朝鲜半岛北部，应该属于原来箕氏朝鲜政权向外发展，其政权性质仍然属于中国历史上的民族政权，其管辖范围也属于历史上的中国。后来由中国的燕人卫满建立的卫氏朝鲜灭亡了箕氏朝鲜，仍属于中国历史上内部的民族政权之间的更迭，在民族归属问题上没有变化，仍然属于中国。

朝鲜半岛的辰韩人曾自称是因为逃避秦朝的苦役而迁去的，说明中国秦朝时期也有一些人迁到朝鲜半岛，但他们在迁入朝鲜半岛之时，并没有建立自己的政权，而是先流入马韩境内，后来才建立辰韩政权。毫无疑问，这

---

①张博泉：《论中国东北各民族加入一体国家的同一性发展过程》，《辽金史论丛》，吉林人民出版社，2003年版，第6页。

些秦人流入马韩的活动范围之内,就应当属于加入了马韩民族,不再归属于原来的秦朝的民族,后来他们所建立的辰国也应该属于外国政权,这与箕氏朝鲜和卫氏朝鲜是不同的。

高句丽与三韩、百济也不相同。高句丽是建立在汉朝郡县之内(也可以说建立在中国历史疆域之内)的臣属于汉朝的中国边疆民族政权,到唐高宗总章元年(668年)被灭亡以后,高句丽人大部分内迁或加入后来的渤海以及突厥等政权,这种迁徙仍然属于历史上中国内部的民族政权之间的迁徙,其民族归属仍然属于中国。在高句丽灭亡之时,也有一少部分高句丽人南迁新罗,这部分南迁新罗的高句丽人则属于外向迁徙,他们在外迁时没有建立自己的政权,而是加入了新罗政权,所以从民族归属上来说,应该归属于新罗,后来,他们逐步与新罗民族融合在一起,就变成了外国(即新罗)民族。到了918年,王建又重建高丽政权,其间已经经过了250余年,也就是说距高句丽人加入新罗政权时已经经过了几代人,原来的高句丽人早已新罗化了,所以,王氏高丽与原来的高句丽政权根本没有必然联系,应该说王氏高丽是在新罗政权的基础上建立的,直接成为李氏朝鲜的前身。

渤海也是中国的少数民族粟末靺鞨在历史上中国疆域之内建立的政权,辽灭渤海以后曾将大批渤海人内迁辽西等地,也有一部分渤海人流入中原及女真地区,这种迁徙属于历史上中国内部的民族政权之间的迁徙,其民族归属于中国是没有疑义的,后来这些民族全部融入汉族之中,到了元朝都被称为汉人了。在渤海政权灭亡之时,也有一部分渤海人亡入高丽,这些亡入高丽的渤海人则属于外向迁徙,他们在外迁时没有建立自己的政权,而是加入了王氏高丽政权,后来全部融入高丽之中,自然归属于高丽民族及其政权,并成为后来李氏朝鲜的先人之一。

月氏最先活动于金山(今阿尔泰山)西南,秦汉时期居于敦煌、祁连之间,自然是中国的少数民族。后来因为受到匈奴的攻击,一部分西迁,一部分南下。其中,南下祁连山区的月氏被称为小月氏,逐渐与当地的羌族等各族人民融合,毫无疑问,这部分月氏人的迁徙应当属于历史上中国民族政权内部的迁徙。另一部分西迁中亚西亚的月氏被称为大月氏,他们几经迁徙之后,才在妫水(今中亚阿姆河)流域建立王庭,后来建立贵霜王朝,当属于中国的月氏民族逐渐加入外族之后所建立的政权,其民族及其政权不再归属于历史上的中国。

匈奴政权也是中国历史上民族政权之一,其中,北匈奴被东汉政权打败以后,大部分内迁和加入鲜卑政权之中,属于历史上中国民族政权之间的民族迁徙和流动。也有一部分匈奴人西迁,属于历史上中国民族向外迁徙,但他们在西迁当时并没有在与历史上中国民族政权接壤地区建立政权，"后来又与外国民族结合以至融合，形成为另一个民族共同体"，过了200年以后才在顿河以东地区重新建立政权，期间已经经过了几代人，正如林幹所说，"这部分人，可以认为他在离开中国国境之后，逐渐演变为外国民族"[①]，所建立的政权与原来的匈奴政权已没有必然联系，因此，西迁之后的匈奴族只能算作侨民，归属于他们所隶属的政权，后来他们融入外族就成了外国民族，所建立的政权及其管辖区域也不能算作中国历史上的疆域了。

突厥族也是中国的少数民族之一，早在552年就在历史上中国的疆域之内建立了政权，其政权占有原来匈奴活动地区属于历史上中国民族政权之间的更迭，而向西发展占有在此之前不属于历史上中国民族政权管辖范围以内的地区，则具有某种侵略性质，但在当时诸国纷争的形势下，灭亡哪一个政权或被哪一个政权所灭亡，并不奇怪，我们不能因此就不承认突厥当时对当地的占有，而应该将其看成是突厥政权的一种外向发展。突厥政权属于中国，其向西发展的地区在当时自然也就属于中国，关于这一点，就连唐朝时期的亚美尼亚人都承认，他们曾称里海北面的突厥曷萨部人为中国人[②]，这就充分说明突厥民族及其政权归属中国是没有错误的。西突厥灭亡以后，又出现后突厥政权，后突厥灭亡，一部分突厥人迁入唐朝和回纥境内，属于历史上中国民族政权内部的民族迁徙，另有一部分西迁中亚，逐渐与外族融合，后来建立的奥斯曼王朝就不应该属于中国了。

回鹘被黠戛斯人击溃以后，有二支南下，三支西迁，南下的回鹘与西迁的甘州回鹘、西州回鹘基本上在历史上中国民族政权的疆域范围内活动，属于历史上中国内部民族政权之间的迁徙流动。西迁到葱岭以西的回鹘建立了黑汗王朝（也叫喀喇汗王朝），虽然所控制地区超出了今天中国的疆域，但其活动范围主要在原来中国的西突厥以及唐朝安西都护府和北庭都护府管辖范围之内，仍属于历史上中国内部民族政权之间的民族流动，其民族归属仍然属于中国。这不仅是我们今天的认识，也是当时黑汗王朝自己的认识。史书记载，黑汗王朝一直称自己的王朝是中国王朝，经常使用"桃花石"（即中国）的称号，比如，1031年左右把黑汗王朝的领域扩大到河中地区的阿里特勤宣布自己为河中的可汗时，即在发行的钱币上自称"桃花石·博格拉汗"，其后统治河中的伊不拉音·本·纳赛尔也自称为"桃花石·博格拉汗"，并在发行的钱币上直称"东方与中国之王"，他的儿子纳赛尔也称为

[①]林幹：《中国古代北方民族通论》，内蒙古人民出版社，1998年版，第83页。

[②]张星烺编注：《中西交通史料汇编》第四册，中华书局，1978年版，第293页。

"东方与中国之苏丹"①。此外，由八拉沙衮人玉素甫·哈斯·哈吉甫在1069年写成的《福乐智慧》古典长诗《散文体序言》中，也提到当时统治喀什噶尔的哈三·本·苏来曼的称号为"桃花石·布格拉汗"②。可见，黑汗王朝的民族归属是清楚的。

其后，辽朝贵族耶律大石因与金人斗争失败，率众西迁，建立西辽，西辽占有原来黑汗王朝的土地，属于历史上中国民族政权内部更迭，而征服黑汗王朝统辖以外的土地则具有一定的侵略性质，但也属于西辽向外发展。西辽是辽朝的继续，耶律大石及其嗣君不仅沿袭中原王朝的帝号、庙号、谥号和建元之法，官制也如辽王朝一样分为南北面官③。境内行用契丹语和汉语，而"汉语在商业往来上是官方语言，他们带来了中国（中原）的行政原则"④。毫无疑问，西辽管辖地区应该归属历史上的中国。

第三种情况是历史上中国民族政权因对外征服而大量向外迁徙。如蒙古西征建立四大汗国，曾有大量蒙古及其他各族人进入四大汗国境内，就属于这种情况。蒙古民族虽然是中国的少数民族之一，但他所建立的四大汗国超出了原来属于中国历史民族政权的管辖范围，毫无疑问，属于对外侵略。但我们又不能不说当时的四大汗国属于蒙古，当时的中亚西亚和东欧的一部分地区被蒙古人占领，也就是说，当时的中亚西亚以及东欧的一部分土地成了蒙古四大汗国的疆域。以蒙古人为主建立的元朝属于中国，以蒙古人为主建立的四大汗国在当时也应该属于中国，毫无疑问，最初迁入四大汗国的蒙古及其他各族人也应该归属于中国。但四大汗国归属元朝管辖的时间很短，不久即走上了独立发展的道路，到了十四世纪以后逐步走向解体，于是，其地又成了外国统治范围，进入四大汗国境内的蒙古等各族人民也因与当地民族的逐步融合变成了外族人，从民族归属方面看，则不再属于中国的民族了。我们应该采取历史主义的态度，运用发展变化的观点，实事求是地看待这些民族及其政权的归属问题。

通过以上论述和分析，我们可以形成以下一些认识：当某一民族或某一政权所属民族向外迁徙时，如果迁入地区没有民族活动，或者说是一片荒

---

①《巴托尔德文集》第一卷第367页，转引自林幹《中国古代北方民族通论》，内蒙古人民出版社，1998年版，第413页。

②耿世民、魏萃一译：《福乐智慧》，新疆人民出版社，1979年版，第2页。转引自林幹《中国古代北方民族通论》，内蒙古人民出版社，1998年版，第413页。

③林幹：《中国古代北方民族通论》，内蒙古人民出版社，1998年版，第419页。

④威廉·巴托尔德著，罗致平译：《中亚突厥史十二讲》，中国社会科学出版社，1984年版，第128页。

地，在历史上从未隶属过某一个政权，毫无疑问，按照国际关系中通行的最先占有和开发的原则，其地应该归属于原来的民族政权，其民族也应该归属原来的民族政权或原来隶属的民族政权；如果某一民族或某一政权所属民族外迁地区有民族活动，但那些民族并未建立政权，也未被某个民族政权管辖过，外迁民族建立了政权并控制了那里的民族，其民族及其地区也应当属于该民族的原来政权；如果外迁民族迁入地区有民族活动并建立了政权，但其政权并未隶属过任何政权，外迁民族政权将其占有，当地民族及其政权表示认可，也应该承认其占领地区应该归属外迁民族原来的民族及其政权；如果外迁民族迁入地区有民族活动并建立了政权，其政权早有所属，迁入民族对这一地区的占有就属于侵略性质；如果外迁民族在外迁当时没有建立政权，而是加入了外族政权，其民族即归属于外族政权，不再归属于原来的民族和政权；如果外迁民族在外迁当时并没有建立政权，而是隔了一段时间以后又重新建立政权，应属于加入外族以后重新建立政权，其民族应该归属于外族，其政权也应该归属于外族政权，不再归属于原来的民族和政权。笔者以为，按照这种原则去处理跨界民族的归属问题，是符合历史实际的，应该能够帮助我们解决历史上跨界民族的纠纷问题。

原载《东北史地》2004 年 3 期。

"炎黄子孙"与中华各族心理认同

一

有人以为,"炎黄子孙"主要指华夏、汉族及其后裔,认为"'炎黄'是我国上古两个部族领袖炎帝和黄帝的总称。炎、黄两个部族长期生活在黄河流域,繁衍生息逐渐形成以后华夏族即汉族的主体。如从历史发展的眼光和读者的心理看,由'炎黄'派生出来的'炎黄子孙'一词显然是指代汉族"。认为我国"不少民族的老祖宗不是炎帝或黄帝"。主张"慎用'炎黄子孙'一词"①。其实不然,在中国历史上,"炎黄子孙"不仅指华夏族和汉族,也包括周边的少数民族,"炎黄子孙"实为中华各族所共有。

比如,司马迁在《史记·五帝本纪》中就记载了华夏族和各少数民族都是炎黄子孙的情况,他认为汉族的先民华夏族出于黄帝,说建立夏朝的禹是"黄帝之玄孙而帝颛顼之孙也",把夏朝说成是黄帝的直接后裔。说殷商始祖契为帝喾次妃所生,也就是说殷商的始祖契是帝喾的儿子,帝喾高辛氏是黄帝的后人,殷商也就是黄帝的后裔。说周朝的始祖后稷(弃)为帝喾元妃所生,也就是说周朝的始祖后稷也是帝喾的儿子,周朝也是黄帝的后裔。

司马迁不仅将华夏族说成是炎黄子孙,把中国的少数民族也说成是炎黄子孙,认为舜请求尧"流共工于幽陵,以变北狄;放驩兜于崇山,以变南蛮;迁三苗于三危,以变西戎;殛鲧于羽山,以变东夷。"把后来的蛮夷戎狄等少数民族都说成是由中原的炎帝族和黄帝族发展而来。他在《史记·秦本纪》中说"秦之先,帝颛顼之苗裔",把人们向来认为属于戎狄的秦朝先人说成是黄帝的孙子高阳氏颛顼的后人。在《史记·楚世家》中说,"楚之先祖出自帝颛顼高阳",把人们认为属于南蛮的楚说成是黄帝的后裔。在《史记·越王句践世家》中说,"越王句践,其先禹之苗裔,而夏后帝少康之

---

①刘国荣:《慎用"炎黄子孙"一词》,《秘书之友》,2007 年 5 期;乌凤兰:《"炎黄子孙"一词如何用》,《新闻战线》,1990 年第 7 期;葛剑雄:《炎黄子孙不是中华民族中国人民的同义词》,《光明日报》,1989 年 7 月 5 日第 3 版;刘竹孙:《请慎用"炎黄子孙"词语》,《新闻通讯》,1997 年第 9 期;李新《不能用炎黄子孙代表全中华民族的后代》,《同舟共进》,1997 年第 7 期;宋友权《新闻传媒应慎用"炎黄子孙"的提法》,《中国广播电视学刊》,1998 年第 2 期;马戎《中华民族的共同文化与"黄帝崇拜"的狭隘性》,《西北民族研究》,2010 年第 2 期。

庶子也",属于夏后氏的禹是黄帝玄孙(也有人认为是黄帝的九世孙),也就是说被人们视为夷蛮的越王句践也成了黄帝的后人。在《史记·东越列传》中说"闽越王无诸及越东海王摇者,其先皆越王句践之后也",越王句践是黄帝的后裔,两越的夷蛮是越王句践的后裔,自然也就是黄帝的后裔了。司马迁又在《史记·吴太伯世家》中说:"余读《春秋》古文,乃知中国(中原)之虞与荆蛮句吴兄弟也",认为建立句吴的吴太伯是周太王的儿子,周武王时分封吴太伯之后周章建立吴国,在"夷蛮";分封周章的弟弟虞仲建立虞国,在"中国(中原)"。虞向来被看成属于中国华夏,吴则被视为荆蛮,在司马迁看来,虞和吴都是周朝太王的后人,周太王是黄帝的后人,属于荆蛮的吴也就成了黄帝的后人。司马迁在《史记·匈奴列传》中又说"匈奴,其先祖夏后氏之苗裔也,曰淳维",《史记·匈奴列传·索隐》引乐产《括地谱》云"夏桀无道,汤放之鸣条,三年而死。其子獯粥妻桀之众妾,避居北野,随畜移徙,中国(中原)谓之匈奴",认为匈奴是夏桀之子的直接后裔,也就是夏后氏大禹的后裔,禹是黄帝的后裔,匈奴自然也就成了黄帝的后裔。

司马迁关于中华各族均为炎黄子孙的说法,对后世产生了深远影响,不仅为众多汉族史学家所认可,也得到了中国少数民族的普遍承认和赞赏。后来的少数民族大多沿袭司马迁的说法,强调自己是炎黄子孙。比如,《晋书·赫连勃勃载记》记载,十六国时期,匈奴人赫连勃勃建立的大夏政权,"自以匈奴夏后氏之苗裔也",特定国号为大夏,赫连勃勃曾强调自己是"大禹之后",要"复大禹之业",完全把自己说成是黄帝的后人。《晋书·苻洪载记》说建立前秦政权的氏人苻洪"其先盖有扈之苗裔,世为西戎酋长",有扈氏为大禹之后,也就是说氏人也称自己为黄帝的后人。《晋书·姚弋仲载记》记载十六国时期建立后秦的羌人"其先有虞氏之苗裔",有虞氏即帝舜,他们认为"禹封舜少子于西戎,世为羌酋"。卢水胡人沮渠蒙逊也说,羌人"姚氏舜后,轩辕之苗裔也"[1],轩辕即黄帝,说明不但羌人把黄帝看成了自己的始祖,就是其他少数民族也承认羌人是黄帝的后裔。《晋书·慕容廆载记》认为慕容鲜卑"其先有熊氏之苗裔,世居北夷,邑于紫蒙之野,号曰东胡",《十六国春秋·前燕录》则更加具体地说"昔高辛氏游于海滨,留少子厌越以君北夷,邑于紫蒙之野,世居辽左,号曰东胡",有熊氏即黄帝,高辛氏帝喾是黄帝的后代,东胡族是帝喾少子厌越的后代,也就是黄帝的后代,由东胡族分出来的鲜卑族自然也就是黄帝之后了。《魏书·序纪》

---

①房玄龄等:《晋书》卷129《沮渠蒙逊载记》,中华书局,1974年版,第3198页。

又称"昔黄帝有子二十五人,或内列诸华,或外分荒服,昌意少子,受封北土,国有大鲜卑山,因以为号",建立北魏政权的拓跋鲜卑人以黄帝之子昌意少子为自己的直接祖先,他们认为"黄帝以土德王,北俗谓土为托,谓后为跋"①,因称自己为鲜卑拓跋氏。控制西魏政权的鲜卑人宇文泰则称"其先出自炎帝神农氏,为黄帝所灭,子孙遁居朔野"②。宇文泰的儿子建立北周政权的宇文觉更明确地说"予本自神农"③。炎帝和黄帝是兄弟,同出于少典,鲜卑人有关自己始祖的说法虽然有黄帝和炎帝之不同,但最终还是一源。从鲜卑族中分出来的契丹族也承认自己是炎黄子孙,《辽史·世表》记载说:"庖牺氏降,炎帝氏、黄帝氏子孙众多,王畿之封建有限,王政之布濩无穷,故君四方者,多二帝子孙""考之宇文周之书,辽本炎帝之后,而耶律俨称辽为轩辕后",也就是说《周书》认为契丹是炎帝之后,耶律俨所作《辽史》则将契丹说成是黄帝之后,元朝脱脱主持编写的《辽史》经过考证,认为契丹出于"炎帝之裔曰葛乌菟者",主张契丹为炎帝之后。有人认为生活在东北地区的"满族之祖源肃慎为黄帝之孙'殷'的后代"④,康有为也曾说过"满洲云者,古为肃慎,亦出于黄帝后"⑤,严复亦认为满汉"同是炎黄贵种,当其太始,同出一源"⑥ 等等。认为肃慎族系也是"炎黄子孙"。商末周初箕子东走建立的"箕子朝鲜",也声称"本自神农"⑦。生活在东北地区的高句丽也把自己说成是黄帝的后裔,《晋书·慕容云载记》记载,被冯跋拥立建立北燕政权的慕容云(高云)的祖父高和,本是"高句骊之支庶,自云高阳氏之苗裔,故以高为氏焉",高阳氏颛顼是黄帝的孙子,说明,高句丽也把黄帝看成了自己的祖先。

西南蛮夷,多谓自己出于槃瓠,槃瓠虽非炎黄直接后裔,但据《后汉书》记载,也与黄帝的后人高辛氏帝喾有关。《后汉书·南蛮西南夷列传》说,高辛氏时期,犬戎常来寇掠,帝喾深以为患,遂下令说,如果有人能取得犬戎吴将军之头,赏赐黄金千镒,封邑万家,并将自己心爱的女儿嫁与他为妻。帝喾养有一条名叫槃瓠的五彩狗,据《后汉书》引《魏略》说:"高

---

① 魏收:《魏书》卷1《序纪》,中华书局,1974年版,第1页。
② 令狐德棻等:《周书》卷1《文帝纪上》,中华书局,1971年版,第1页。
③ 令狐德棻等:《周书》卷3《孝闵帝纪》,中华书局,1971年版,第46页。
④ 参见王明珂:《炎黄子孙是谁?——中华民族的历史记忆与民族认同》,《中华读书报》,2009年11年11日。
⑤ 杨志钧编:《康有为政论集》,中华书局,1981年版,第669页。
⑥ 王栻主编:《严复集》,中华书局,1986年版,第1245页。
⑦ 胡渭:《禹贡锥指》卷1,文渊阁四库全书本。

辛氏有老妇，居王室，得耳疾，挑之，乃得物大如茧。妇人盛瓠中，覆之以槃，俄顷化为犬，其文五色，因名槃瓠"。这条名叫槃瓠的狗，听说帝喾悬赏捉拿犬戎吴将军，遂将犬戎吴将军的头取来，交给了帝喾，帝喾见是一条狗杀死了犬戎吴将军，有意毁弃前言，不想将自己的爱女许配给这条狗。帝喾的女儿听说其事，以为帝喾不应该违背前言，失去信誉，遂自愿请求嫁给槃瓠。于是，槃瓠与帝喾的爱女走入南山，居住在一个石室中，生了6男6女，后来子孙繁衍，号曰蛮夷。按照这一传说，西南蛮夷虽非黄帝子孙，但却是黄帝曾孙帝喾外甥的子孙，如果将女儿也按照父亲的世系计算的话，那么西南蛮夷也就成了高辛氏帝喾的直接后裔。这只是一种传说，还有的传说，说西南夷蛮是禹或舜的直接后人，如《汉书·地理志》说，粤地，包括苍梧、郁林、合浦、交阯、九真、南海、日南等地，"其君禹后，帝少康之庶子"，把古代百越地区的少数民族说成是禹的后人少康的直接后裔。《明史·土司列传》则说"西南诸蛮，有虞氏之苗，商之鬼方，西汉之夜郎、靡莫、邛、筰、僰、爨之属皆是也"，把西南蛮夷说成是帝舜有虞氏的直接后裔。可见，关于中国历史上西南少数民族始祖的传说，虽然不甚一致，但都与炎帝和黄帝的后裔有关。

以上可以看出，中国历史上的各个民族都主张自己的始祖出于炎帝或黄帝，都是"炎黄子孙"。说明中国历史上关于"炎黄子孙"的说法，不仅仅指华夏、汉族及其后裔，也包括周边的少数民族。"炎黄子孙"实是中华各族的共同称谓。

二

中国历史上把中华各族都说成是"炎黄子孙"的中华各族起源的"一源论"说法，今天看来，是不科学的，因为中华民族和文明的起源并非一源，而是多源，具有"多元一体"的特点，这已为中国长江流域、黄河流域、燕辽地区丰富的远古人类考古及其文化所证明，已经成为学界的普遍共识[①]。

中华各族都是"炎黄子孙"的一源论说法，虽然是不科学的，但她却可以说明中国历史上"华戎一族"[②]"胡越一家"[③] 思想的源远流长和中华各族密不可分的血肉联系。

---

①王钟翰主编：《中国民族史》，中国社会科学出版社，1994年版。
②李延寿：《南史》卷4《高帝纪》，中华书局，1975年版，第108页。
③司马光：《资治通鉴》卷194《唐纪十》，贞观七年十二月条，中华书局，1956年版，第6140页。

首先,"炎黄子孙"的说法,反映了中国历史上中原民族和边疆民族是一个血缘比较接近的民族(即中华民族)的历史事实。根据古人类学和人种学研究成果表明,中华各族虽有长江流域、黄河流域和燕辽等地区起源的不同,但他们都属于蒙古人种,即我们常说的黄色人种,也就是说,中华各族在人种方面同属于一个人种,说明中华各族是血缘比较接近的民族。

其次,"炎黄子孙"的说法,反映了中华各族在形成和发展过程中逐渐混血融合的趋势。历史事实表明,中华各族在形成过程中,均吸收有其他部族的成分,很少有一个部族单独形成为民族的情况。比如,华夏族在形成过程中,就吸取了属于少数民族的蚩尤集团等部族的成分,梁启超在总结华夏族的形成时曾说:"华夏民族,非一族所成。太古以来,诸族错居,接触交通,各去小异而大同,渐化合以成一族之形,后世所谓诸夏是也"①,这种说法是很有道理的。中国少数民族的形成也是这样,比如,蒙古族就是在吸取了东胡系各部族和突厥系各部族的基础上逐步形成的民族。其他的少数民族也是如此,不再一一赘述。中华各族不仅在形成过程中互相吸收,在发展过程中更是存在着混血融合的趋势。比如,中国各少数民族都曾与汉族"和亲",至于民间的通婚和杂居,就更加普遍了,无疑使各少数民族大量吸取了汉族的血统。汉族更是这样,大量吸取少数民族的血统,历史上的乌桓、鲜卑、契丹等少数民族在发展过程中逐步融入汉民族之中,匈奴、女真、满族、高句丽等少数民族也大部分融入汉民族之中。按照梁启超的说法,中华各族"无一不杂异种之血"②,基本上反映了中华各族混血的历史事实。

再次,"炎黄子孙"的说法,说明中华各族在民族心理素质方面均具有心理认同的思想和认识。司马迁关于中国历史上少数民族都是炎黄子孙的记述,决不是他的主观臆造,而是出于当时少数民族广泛流传的有关他们始祖的神话传说。后来,少数民族都承认自己是"炎黄子孙",更说明了中国历史上少数民族都是"炎黄子孙"的说法是他们自己的认识,说明中国的少数民族都认为他们是中华民族的一员。而那些汉学家把少数民族自己认为是"炎黄子孙"的情况写进了史书,也说明汉族对少数民族是"炎黄子孙"的承认。以上可以看出,无论是汉族还是少数民族,都具有"华戎一族"的心理认同,这是中华各族"表现于共同文化上的共同心理素质"③ 的一种重要

---

① 梁启超:《饮冰室合集》专集之四十三《太古及三代载论》,中华书局,1989 年版,第 14 页。

② 梁启超:《饮冰室合集》专集之四十二《中国历史上民族之研究》,中华书局,1989 年版,第 23 页。

③ 斯大林:《马克思主义和民族问题》,《斯大林全集》第二卷,人民出版社,1953 年版,第 294 页。

的民族特征。梁启超曾指出，在全世界范围内，"凡遇一他族而立刻有'我中国人'之一观念浮于其脑际者，此人即中华民族之一员也"①，中国历史上各少数民族均说自己是"炎黄子孙"，就无可辩驳地说明各少数民族在历史上就和汉族属于一个整体，是中华民族不可分割的一部分。

以上可以看出，在中国历史上，"炎黄子孙"不仅指华夏族和汉族，也包括周边的少数民族。这种中华各族均出于炎帝和黄帝的"一源论"说法，今天看来虽然是不科学的，但她却反映了历史上中原民族和边疆民族是一个血缘比较接近的民族、各民族在形成和发展过程中逐渐混血融合的历史事实，说明中华各族均具有"我们同是中华民族"的心理认同和思想认识，是中华各族"表现于共同文化上的共同心理素质"的一种重要的民族特征。

原载《东北史地》2005 年第 1 期。

---

① 梁启超：《饮冰室合集》专集之四十二《中国历史上民族之研究》，中华书局，1989 年版，第 1、2 页。

也论中国古代历史上的"双边疆"

研究中国民族史，首先要解决的理论问题就是历史上哪些民族的历史属于中国民族史研究范畴，哪些民族的历史属于中外关系史研究的范畴，要解决这一问题，就要对中国历史疆域有一个比较清晰的认识。有关中国历史疆域的研究，学界发表了众多成果，但一直众说纷纭，莫衷一是。近年来，美国学者拉铁摩尔、巴菲尔德等人提出的"双边疆"理论又被炒的火热，对此，笔者也想就中国古代历史上的"双边疆"问题谈点不成熟的看法，以就教于方家。

一、拉铁摩尔、巴菲尔德"双边疆"理论及其困境

美国学者拉铁摩尔较早地提出了"双边疆"的理论，他以清代长城内外与蒙古地区为例，认为有一个"帝国从中心向外发展的限度"的边疆，中国长城就是"一个被认为是防御性的、用以隔绝少数民族的帝国界线，实际上有两种作用：它不但防止外面的人进来，也阻止里面的人出去"，而"维持边界的国家必然要干预到边界以外的本来要隔绝的人们的事务。于是，显然会出现一个很重要的现象：线状边界概念中的限制或隔绝意义，会渐渐变得缓和中立，而且这种边界也会从一条物理边界的本身转变为边疆地带的人群"，"这样，绝对边界的概念，在管理上及政治上就变成一个地区体系，它包括边界的本身与其不同的居民、邻近边界的边疆部落"①，于是，又形成了另外一重边疆。在这些边疆部落中，属于农牧混合区的"过渡地区"（或称"过渡地带"，"边缘地带"，"边缘团体"，"边缘社会"）是内边疆地区，这些边疆部落的外缘即典型的游牧地区是外边疆地区。也就是说，拉铁摩尔将长城及其邻近地区视为内边疆，而将蒙古草原游牧地区视为外边疆。

应该说，拉铁摩尔所提出的这种"双边疆"理论，具有一定的合理性。首先，这一理论，将长城以外的蒙古草原游牧地区、东北地区、西北的绿洲与沙漠、西藏高原纳入外边疆讨论范围，与西方一些学者所提出的"长城以外非中国"的理论有所不同，承认了清朝对长城以外的"外边疆"地区实施

---

①拉铁摩尔著，唐晓峰译：《中国的亚洲内陆边疆》，江苏人民出版社，2005年版，第159、157、160、160-161页。

有效统治的事实。其次，拉铁摩尔将边疆地区分为"内边疆"和"外边疆"二个层级，分别探讨这两个边疆地区的相同和不同，尤其是对二个层级之间互相关联、互相影响的论述，具有重要的理论意义。

拉铁摩尔所提出的"双边疆"理论，虽然应用于清朝，具有一定的合理性，但若应用于整个中国古代的边疆研究，则暴露出一定的理论缺陷。首先，这种"双边疆"理论，不具有应用于整个中国古代边疆研究的"普适性"，难以解决中国古代极其复杂的边疆问题。众所周知，关于"边疆"概念，是相对于国家统治中心区域或内地而言的概念，一般是指一个国家统治的领土边缘地区①，也就是说，"边疆"概念是以"国家"政权建立为前提的，只有有了国家政权，才会有边疆，如果没有国家政权，就没有边疆。马大正曾指出，"边疆"有一个"硬件条件""就是这个地区它具有跟邻国相交界的边界线"②，也强调边疆是一个国家政权与邻国交界的地方。中国古代的某些时期，由于邻国还没有来到与中国接壤地区，还没有形成明确的与邻国相交界的边界线，但这并不影响我们对"边疆"的认识，应该说，中国政权远离中心区域（或称内地）的边缘地区仍然可以视为边疆地区，边缘地区活动人群所到达的地方，就应该是那时的边界线③。也就是说，不管中国古代有没有明确的与邻国相交界的边界线，只要有政权，就会存在这一政权管辖的边疆地区，只有没有政权建立才会没有边疆，也就是说，谈边疆问题，必须以国家政权建立为前提，离开国家政权是不存在边疆问题的。

然而，拉铁摩尔创建的"双边疆"理论，所强调的却是生产方式和民族的不同，忽略了"国家"政权这一硬件条件④。严格地说，离开国家政权这一硬件条件去谈"边疆"问题，其理论是不成立的。如果我们将拉铁摩尔的"双边疆"理论应用于中国清朝这一统一的国家政权统治时期，还能说得过去，但他试图将这一理论推衍至整个中国历史时期，则是忽略了中国古代同

---

① 郑汕：《中国边疆学概论》指出："边疆概念是由多种因素、多层缘由所组成的概念，国家疆土由陆、海、空、底土所组成，边疆概念的形成既包括了地理因素、行政因素、政治因素、国防因素在内，也包括了地缘政治学、社会学、民族学、历史学、军事学的学科理论交叉形成的综合概念。但追根溯源，边疆概念的缘起，必然追溯到国家学说上去，因为边疆毕竟是指国家疆土远离统治中心的边缘部分。"云南人民出版社，2012年版，第4页。

② 马大正：《热点问题冷思考：中国边疆研究十讲》，上海辞书出版社，2013年版，第177页。

③ 英国学者安东尼·吉登斯将这类边界称之为"人口聚居区和无人居住区之间的分界"。（英）安东尼·吉登斯著，胡宗泽、赵立涛译，王铭铭校：《民族—国家与暴力》，北京：生活·读书·新知三联书店，1998年版，第60页。

④ 姚大力概括唐晓峰的观点，谓拉铁摩尔"对地域的分割不以国家论""超越政治与民族"。参见姚大力《拉铁摩尔的"内亚视角"》，《读书》，2015年第8期。

时存在多个国家政权的事实，即忽略了"边疆"学说中"国家"政权这一硬件条件，推衍至中国古代各个历史时期，这一理论的适用性就会大打折扣。比如，五代十国时期的后梁、后唐、后晋、后汉、后周五代，有的政权北部边缘地区到达长城一带，有的政权根本没有到达长城一带，那么，这些政权长城内外的"内边疆"和草原游牧地区的"外边疆"的"双边疆"又该如何表述呢？是不是这些政权不存在边疆呢？显然是一件麻烦的事情。再如，辽宋夏金时期，辽朝占据了今北京、山西大同以北地区，长城在辽政权统治范围之内，如果按拉铁摩尔的"双边疆"理论，将辽政权长城一带视为内边疆，长城以北游牧地区视为外边疆的话，那么，整个辽政权是不是就都成了边疆了，已经没有中心区域了。那么，只有与中心区域或内地相对应才出现的"边疆"概念又该如何界定呢？显然，离开具体的国家政权去谈长城内外的"内边疆"和游牧地区的"外边疆"的"双边疆"，是不合适的。

其次，拉铁摩尔"双边疆"理论，虽然与西方一些学者的"长城以外非中国论"有所不同，但仍然没有脱离其影响的窠臼，仍然是囿于蒙古等游牧民族不属于"中国"的成见而提出来的理论。大家都知道，清朝统一了蒙古游牧地区，拉铁摩尔所说的长城主要是"防止外面的人进来，也阻止里面的人出去"的功能已经不存在了，可拉铁摩尔还是一再地强调长城的内边疆属性，实际上，他也将长城视为"中国"的边疆了。比如，他在书中使用了"中国的世界"与"亚洲内陆的世界"两个概念，主张"中国亚洲内陆边疆的问题，一定要从亚洲内陆及中国这两方面来看""亚洲内陆部分，可以分为绿洲部分和草原部分""中国是巩固、辽阔、统一的，它发展到北方并建立了长城边疆，给整个亚洲内陆历史以特殊并有力的影响"，又说"长城以外的王朝的起源与中国王朝非常相似"①，等等。说来说去，仍然将长城以外的亚洲内陆地区说成是非中国地区了。拉铁摩尔的这种思想意识，到了巴菲尔德时期，则表达得更加清楚了。巴菲尔德继承了拉铁摩尔的"双边疆"理论，但进行了一些改造。他认为中国历史上以"近似于一个绝对边界"的长城为界线，将游牧帝国与中原政权分开，边疆游牧帝国在处理与中原政权的关系时所采取的策略和措施，属于"外部边界战略"问题，而边疆游牧帝国（草原联盟）在利用中原奉贡的基础上处理边疆游牧帝国内部分立政权或

---

① 拉铁摩尔著，唐晓峰译：《中国的亚洲内陆边疆》，江苏人民出版社，2005 年版，第 316、305、316、330、346 页。

各派事力关系的问题，属于"内部边界战略"问题①。明确地将游牧帝国与中原政权说成是两个国家，并以游牧帝国为中心，依据亚洲内陆向外发展的理路，提出了"内部边界战略"和"外部边界战略"的"双边疆"战略的思想，这与拉铁摩尔以中国为中心，依据中国向外发展的理路所提出来的"内边疆"和"外边疆"的"双边疆"理论是不同的。可以说，拉铁摩尔还存有"中国中心论"的影响，而到了巴菲尔德时期则完全转向了"亚洲内陆中心论"（即以内亚为中心的"内亚"视角），完成了从"中国中心论"向"内亚中心论"的转变。他们依据这种从"内亚视角"看中国的理路所提出来的"内边疆"和"外边疆"的"双边疆"理论，表面上看是在谈中国内部的民族关系，实际上已经将"内边疆"和"外边疆"的关系纳入中外关系讨论范畴了。显然，无论是拉铁摩尔将长城内外视为"内边疆"，还是巴菲尔德将长城内外视为"外边疆"的"双边疆"理论，都不适合中国古代政权发展的历史实际，存在认识中国边疆问题的理论困境。

近年来，杨军先生又提出了中国古代存在郡县区的内边疆和郡县区以外的非汉族居住区的外边疆的"双重边疆"理论②。这种以国家政权建立为前提、重视国家行政管辖的"双重边疆"理论，比起拉铁摩尔和巴菲尔德过分强调生产方式、民族文化而忽略国家政权管辖的"双边疆"理论，显然要进步得多。但由于中国古代国家政权极其复杂，笔者又在杨军先生"双重边疆"理论的基础上，提出中国古代存在"各个政权的边疆"以及"中国的边疆"的一种新的"双边疆"理论及其研究思路，希望得到读者的批评指正。

二、中国古代各个政权都有自己的边疆

中国古代，政权众多，难以历数。笔者在《中国古代"中国"与"国号"的背离与重合》一文中将中国古代的政权分为占据中原的统一的或大体统一的"国"、分裂时期的"国"和边疆民族政权三类，认为这三类政权都已经"按地区来划分它的国民"，并且完成了"公共权力的设立"③，设有管理民众的一套官僚机构和军队、法庭、监狱等国家机器，具备一般国家形

---

①巴菲尔德著，袁剑译：《危险的边疆——游牧帝国与中国》，江苏人民出版社，2011年版，第62、79页。

②杨军：《双重边疆：古代中国边疆的特殊性》，《史学集刊》，2012年第2期。

③恩格斯：《家族、私有制和国家的起源》，《马克思恩格斯选集》第4卷，人民出版社，1972年版，第166、167页。

态,可以称之为"国"或"国家"①,当然,这些"国"和"国家"并非近代意义上的国家,但称之为古代国家应该是没有问题的②。

这些政权既然可以称之为古代国家,那么,这些政权就应该都有自己的边疆。如上所述,属于第一类的"国"或"国家",虽然有的政权一时外缘边界不甚清晰,但史书中还是留下了有关这些政权所控制疆域的记载。如:《尚书·禹贡》称夏禹时期的疆域是"东渐于海,西被于流沙,朔南暨,声教讫于四海"③,战国时期的吴起曾称夏桀时期的居住范围是"左河济(黄河与济水),右泰华(华山),伊阙(今河南洛阳)在其南,羊肠(今山西太原)在其北。"④《战国策》记载了商朝的疆域:"左孟门而右漳、滏,前带河,后被山。"⑤ 汉代贾捐之称商朝和周朝的疆域"东不过江、黄,西不过氐、羌,南不过蛮荆,北不过朔方"⑥。周朝的詹桓伯曾说"我自夏以后稷,魏、骀、芮、岐、毕,吾西土也,及武王克商,蒲姑、商、奄,吾东土也;巴、濮、楚、邓,吾南土也;肃慎、燕、亳,吾北土也。"⑦ 秦朝的疆域"其地则西临洮而北沙漠,东萦西带,皆临大海"⑧。汉武帝"攘却胡、越,开地斥境,南置交阯,北置朔方之州"⑨,"南兼百越,东定三韩"⑩。隋朝的疆域"东南皆至于海,西至且末,北至五原"⑪。唐朝的疆域"东至安东,西至安西,南至日南,北至单于府"⑫。元朝的疆域"北逾阴山,西极流沙,东尽辽左,南越海表"⑬。明朝的疆域"东起朝鲜,西据吐番,南包安南,北距大碛"⑭。清朝的疆域"东极三姓所属库页岛,西极新疆疏勒至于葱岭,

①赵永春:《中国古代"中国"与"国号"的背离与重合——中国古代"中国"国家观念的演进》,《学习与探索》,2008年第4期。

②英国学者安东尼·吉登斯根据世界各国历史发展状况,将国家分为传统国家、绝对主义国家(16—17世纪出现于欧洲)、现代民族国家三种类型(参见(英)安东尼·吉登斯著,胡宗泽、赵立涛译,王铭铭校:《民族—国家与暴力》,北京:生活·读书·新知三联书店,1998年版)。笔者以为国家可以分为古代国家、近代国家和现代国家三种类型。

③《尚书》卷6《夏书·禹贡》,中华书局,《十三经注疏》本,1980年版,第153页。

④司马迁:《史记》卷65《孙子吴起列传》,中华书局,1959年版,第2166页。

⑤刘向集录,何建章注释:《战国策》卷22《魏策一》,中华书局,1990年版,第813页。

⑥班固:《汉书》卷64《贾捐之传》,中华书局,1962年版,第2831页。

⑦《左传》昭公九年二月庚申条,中华书局,《十三经注疏》本,1980年版,第2056页。

⑧房玄龄等:《晋书》卷14《地理志》,中华书局,1974年版,第406页。

⑨班固:《汉书》卷28《地理志》,中华书局,1962年版,第1543页。

⑩魏征等:《隋书》卷29《地理志》,中华书局,1973年版,第806页。

⑪魏征等:《隋书》卷29《地理志》,中华书局,1973年版,第808页。

⑫欧阳修等:《新唐书》卷37《地理志》,中华书局,1975年版,第960页。

⑬宋濂等:《元史》卷58《地理志》,中华书局,1976年版,第1345页。

⑭张廷玉等:《明史》卷40《地理志》,中华书局,1974年版,第882页。

北极外兴安岭,南极广东琼州之崖山。"① 史书对各朝代疆域的记载虽然各有不同,也不一定十分准确,但已充分说明古人已经认为这类政权都有自己的疆域。既然这些政权都有自己的疆域,就都有各自政权远离中心区域的边缘区域的边疆。

属于第二类的"国",即分裂或民族政权并立时期的"国",虽然疆域变动频繁,但多经过政权之间的"分疆画界"②"画野分疆"③,疆域常常是比较清楚的。比如,战国时期的齐国"南有泰山,东有琅邪,西有清河(洹水下游入河之水),北有勃海"④;楚国"西有黔中、巫郡,东有夏州、海阳,南有洞庭、苍梧,北有汾陉之塞、郇阳,地方五千里"⑤;秦国"西有巴、蜀、汉中之利,北有胡、貉、代、马之用,南有巫山、黔中之限,东有殽、函之固"⑥;燕国"东有朝鲜、辽东,北有林胡、楼烦,西有云中、九原,南有呼沱、易水,地方二千余里"⑦;韩国北"有巩、洛、成皋之固,西有宜阳、商坂之塞,东有宛、穰、洧水,南有陉山"⑧;赵国"西有常山,南有河、漳,东有清河,北有燕国"⑨;魏国"南有鸿沟、陈、汝南,有许、鄢、昆阳、邵陵、舞阳、新郪,东有淮、颍、沂、黄、煮枣、海盐、无疏,西有长城之界,北有河外、卷、衍、燕、酸枣,地方千里"⑩。三国时期的魏国领有十三州,"于时中原所有一十二州中分郡国六十有八";蜀国"仅置二州二十二郡";吴国"五州四十三郡",交州统有交趾、九真、九德、日南、珠崖等郡,广州统有南海、苍梧、郁林、桂林、合浦等郡⑪。

五代十国时期,后梁"有七十八州",后唐有"一百二十三州""营、平二州陷于契丹",后晋有"百九州""献十有六州于契丹",后汉有"一百六州",后周"一百一十八州"。"自江以南二十一州为南唐,自剑以南及山南西道四十六州为蜀,自湖南北十州为楚;自浙东西十三州为吴越,自岭南北

---

① 赵尔巽等:《清史稿》卷54《地理志》,中华书局,1977年版,第1891页。
② 萧子显:《南齐书》卷1《高帝纪》,中华书局,1972年版,第16页。
③ 令狐德棻等:《周书》卷39《杜昊传》,中华书局,1971年版,第702页。
④ 司马迁:《史记》卷69《苏秦列传》,中华书局,1959年版,第2256页。
⑤ 刘向集录,何建章注释:《战国策》卷14《楚策一》,中华书局,1990年版,第508页。
⑥ 刘向集录,何建章注释:《战国策》卷3《秦策一》,中华书局,1990年版,第74页。
⑦ 刘向集录,何建章注释:《战国策》卷29《燕策一》,中华书局,1990年版,第1081页。
⑧ 马端临:《文献通考》卷149《兵考一》,中华书局,1986年版,第1306页。
⑨ 刘向集录,何建章注释:《战国策》卷19《赵策二》,中华书局,1990年版,第656页。
⑩ 刘向集录,何建章注释:《战国策》卷22《魏策一》,中华书局,1990年版,第819页。
⑪ 洪亮吉:《补三国疆域志》及严长明后序,清刻本。

四十七州为南汉，自太原以北十州为东汉，而荆、归、峡三州为南平。"①

辽宋夏金时期，辽宋澶渊之盟划定辽朝疆界"东至于海，西至金山，暨于流沙，北至胪朐河，南至白沟，幅员万里"②。北宋建国后，"取荆南""平湖南"，再经过"陈洪进献地""李继捧来朝"之后，"疆理几复汉、唐之旧，其未入职方氏者，唯燕、云十六州而已"，南宋"中原、陕右尽入于金，东画长淮，西割商、秦之半，以散关为界"③。"金之壤地封疆，东极吉里迷兀的改诸野人之境，北自蒲与路之北三千余里，火鲁火疃谋克地为边，右旋入泰州婆卢火所浚界壕而西，经临潢、金山，跨庆、桓、抚、昌、净州之北，出天山外，包东胜，接西夏，逾黄河，复西历葭州及米脂寨，出临洮府、会州、积石之外，与生羌地相错。复自积石诸山之南左折而东，逾洮州，越盐川堡，循渭至大散关北，并山入京兆，络商州，南以唐邓西南皆四十里，取淮之中流为界，而与宋为表里。"④ 可见，在古人眼里，分裂或民族政权并立时期的政权也都有自己的疆域和缘边地区的边疆。

属于第三类的"国"，即边疆民族政权，也有自己的疆域。如两汉时期的夫余"在长城之北，去玄菟千里，南与高句丽，东与挹娄，西与鲜卑接，北有弱水，方可二千里"⑤；高句丽"在辽东之东千里，南与朝鲜、濊貊，东与沃沮，北与夫余接。地方二千里。"⑥ 匈奴冒顿"灭东胡王""西击走月氏，南并楼烦、白羊河南王"，其疆域"东接秽貉朝鲜""西接月氏氐羌"，南"与汉关故河南塞（指战国秦昭襄王所筑陇西、北地、上郡长城的边塞，其故迹西起今甘肃岷县西，东北达内蒙古托克托西南黄河侧畔）至朝那（今甘肃固原东南）、肤施（今陕西榆林东南）"一线与汉朝分界。继而又"北服浑庾、屈射、丁灵、鬲昆、薪犁之国"，西定"楼兰、乌孙、呼揭及其旁二十六国"⑦，控地西达葱岭，北至贝加尔湖，南抵长城，将"诸引弓之民并为一家"⑧。

魏晋南北朝时期的柔然"西则焉耆之地，东则朝鲜之地，北则渡沙漠，穷瀚海，南则临大碛""敦煌、张掖之北"小国"羁縻附之"⑨。南北朝后期

①欧阳修：《新五代史》卷60《职方考》，中华书局，1974年版，第713-714页。
②脱脱等：《辽史》卷37《地理志》，中华书局，1974年版，第438页。
③脱脱等：《宋史》卷85《地理志》，中华书局，1977年版，第2093-2096页。
④脱脱等：《金史》卷24《地理志》，中华书局，1975年版，第549页。
⑤陈寿：《三国志》卷30《魏志·东夷传》，中华书局，1959年版，第841页。
⑥范晔：《后汉书》卷85《东夷·高句骊传》，中华书局，1965年版，第2813页。
⑦司马迁：《史记》卷110《匈奴列传》，中华书局，1959年版，第2896页。
⑧班固：《汉书》卷94上《匈奴传上》，中华书局，1962年版，第3757页。
⑨魏收：《魏书》卷103《蠕蠕传》，中华书局，1974年版，第2291页。

的突厥"东自辽海以西,西至西海(今里海,一说咸海)万里,南自沙漠以北,北至北海五六千里,皆属焉"①。

隋唐时期的吐谷浑"其先居于徒河之清山,属晋乱,始度陇,止于甘松之南,洮水之西,南极白兰,地数千里"②。回纥的疆域"东际室韦,西抵金山,南跨大漠,尽有突厥故地"③。吐蕃"尽收羊同、党项及诸羌之地,东与凉、松、茂、嶲等州相接,南至婆罗门,西又攻陷龟兹、疏勒等四镇,北抵突厥,地方万余里,自汉魏已来,西戎之盛,未之有也"④。南诏"东距爨,东南属交趾,西摩伽陀,西北与吐蕃接,南女王,西南骠,北抵益州,东北际黔、巫"⑤。渤海"地直营州东二千里,南比新罗,以泥河(今朝鲜半岛龙兴江)为境,东穷海,西契丹"⑥。

辽宋夏金时期,西夏李元昊建国时期的疆域"东据河(河套),西至玉门(在沙州西),南临萧关(在兜岭以南葫芦河西),北控大漠,延袤万里"⑦。东夏"其地南接高丽,北界混同江,与留哥东西楼接壤通聘"⑧。大理的疆域"东接宋境,西距蒲甘,北抵吐蕃,南届交趾,地方千里者五"⑨。

史称"海南、东夷、西北戎诸国,地穷边裔,各有疆域"⑩。可见,在古人眼里,属于第三类的边疆民族政权也有自己的疆域和缘边地区的边疆。

以上可以看出,古人非常重视"分疆画界"⑪,有关"古有分土"⑫"古者立国居民,疆理土地"⑬"恢我疆宇,外博四荒""自昔黄唐,经略万国,爕定东西,疆理南北"⑭"恢复疆宇"⑮"先王疆理天下,画界分境"⑯"拓土

①令狐德棻等:《周书》卷50《异域下·突厥传》,中华书局,1971年版,第909页。
②刘昫等:《旧唐书》卷198《西戎传·吐谷浑》,中华书局,1975年版,第5297页。
③司马光:《资治通鉴》卷215《唐纪》,天宝四年正月庚午条,中华书局,1956年版,第6863页。
④刘昫:《旧唐书》卷196《吐蕃传》,中华书局,1975年版,第5224页。
⑤欧阳修等:《新唐书》卷222《南诏传》,中华书局,1975年版,第6267页。
⑥欧阳修等:《新唐书》卷219《渤海传》,中华书局,1975年版,第6179页。
⑦顾祖禹:《读史方舆纪要》卷7,《历代州域形势》,中华书局,2005年版,第320页。
⑧魏源:《元史新编》卷17《太祖平服各国传》,台湾文海出版社,1984年版,第709页。
⑨赵子元:《赛平章德政碑》,方国瑜主编《云南史料丛刊》第六卷,云南大学出版社,2000年版,第327页。
⑩姚思廉:《梁书》卷54《诸夷传》,中华书局,1973年版,第818页。
⑪陈寿:《三国志》卷9《魏志·夏侯玄传》,中华书局,1959年版,第296页。
⑫班固:《汉书》卷28《地理志》,中华书局,1962年版,第1660页。
⑬班固:《汉书》卷29《沟洫志》,中华书局,1962年版,第1692页。
⑭班固:《汉书》卷100《叙传》,中华书局,1962年版,第4243页。
⑮范晔:《后汉书》卷40《班彪传》,中华书局,1965年版,第1360页。
⑯范晔:《后汉书》卷64《史弼传》,中华书局,1965年版,第2110页。

分疆"① "分土画疆"② "拓境开疆"③ "定疆界"④ "分画疆界"⑤ 等记载比比
皆是，说明中国古代的各类政权都十分重视自己政权的疆域建设，均有自己
的疆域和缘边之地的边疆。

三、中国古代的边疆应该包括各个政权的"外边疆"

中国古代各个政权是指以国号为代表的各自不同的政权，而中国古代
"中国"一词的含义则有很多，既有指称一国之中心的"京师"、指称天下之
中心的中原、指称"华夏""汉族"的含义，又有指称"诸侯用夷礼则夷之，
夷而进于中国则中国之"的文化含义等等，虽然也用来指称政权，但与以国
号为代表的中国古代各个政权的名称并非是一对完全相同的概念。

有人依据中国古代"中国"一词主要的并非是一个政权的概念以及中国
古代各个政权都没有用"中国"作为自己政权的国号，认为中国古代没有
"中国"这样一个国家政权，自然就没有"中国"的边疆了。

其实，中国古代的各个政权虽然没有用"中国"作为自己政权的国号，
但在中国古代，"中国"一词也用来指称国家政权，也是国家政权的名称。
笔者曾将中国古代用"中国"一词指称政权的情况分为各个政权自称和他称
两种情况：从各个政权自称方面看，不仅华夏汉族建立的政权自称"中国"，
少数民族建立的政权也自称"中国"。从他称方面看，主要有三种情况：一
种是几个政权并立之时，地处中原之外的政权常常依据"中原即中国"的地
理观念称占据中原地区的政权为"中国"；第二种情况是当时和后来的"域
外"政权（即中国之外的政权）对中国历史上某一政权或有相互递嬗关系的
各个政权的通称；第三种情况是后来的政权对以前某一个政权的称呼或后来
的政权在追述本朝历史、议论以前各个朝代时，对历史上以中原地区为主且
有相互递嬗关系或没有递嬗关系但为自己政权所继承的多个政权的通称⑥。

我们认为，在中国古代用"中国"一词指称政权的自称和他称的各种情
况之中，"后来的政权在追述本朝历史、议论以前各个朝代时，对历史上以
中原地区为主且有相互递嬗关系或没有递嬗关系但为自己政权所继承的多个

①房玄龄等：《晋书》卷14《地理志》，中华书局，1974年版，第406页。
②房玄龄等：《晋书》卷38《齐王攸传》，中华书局，1974年版，第1131页。
③房玄龄等：《晋书》卷127《慕容德传》，中华书局，1974年版，第3171页。
④脱脱等：《宋史》卷13《英宗纪》，中华书局，1977年版，第257页。
⑤脱脱等：《宋史》卷17《哲宗纪》，中华书局，1977年版，第331页。
⑥赵永春：《中国古代"中国"与"国号"的背离与重合——中国古代"中国"国家观念的演进》，《学习与探索》，2008年第4期。

政权的通称"（即继承性的中国）的观点是比较切合历史实际的，比如，夏朝和商朝并没有自称"中国"①，西周出现的"中国"一词也主要是指"京师"②，不过是一个地域概念而已，但后来的各个朝代皆以夏、商、周三代为典型的"中国"，以尧、舜、禹、汤、文、武为中国圣人，并无疑义。三国时期，以中原和中原王朝的魏国为"中国"，不承认蜀、吴为"中国"，但后来的各个政权在使用"中国"一词指称三国政权时，皆承认三国都是"中国"，少有疑义③。再如，中国古代有些人不承认辽、金、元是"中国"，但明太祖朱元璋和高丽王交涉时则说：

"凡所交往，此以诚交，彼以诈合。将以罢交，彼又卑辞，若此之为，朕不知其何心？且朕观累朝征伐高丽者，汉伐四次，为其数寇边境，故灭之。魏伐二次，为其阴怀二心，与吴通好，故屠其所都。晋伐一次，为其侮慢无礼，故焚其宫室，俘男女五万口奴之。隋伐二次，为其寇辽西阙蕃礼，故讨降之。唐伐四次，为其弑君并兄弟争立，故平其地置为九都督府。辽伐四次，为其弑君并反复寇乱，故焚其宫室，斩乱臣康兆等数万人。金伐一次，为其杀使臣，故屠其民。元伐五次，为其纳逋逃、杀使者及朝廷所置官，故兴师往讨，其王窜耽罗捕杀之。原其衅端皆高丽自取之也，非中国帝王好吞并而欲土地者也。"④

明确地将辽、金、元帝王与汉、魏、晋、隋、唐的帝王并列而共同视为"中国帝王"，无疑是对辽金元是"中国"的承认。如果我们将这一思路延展至今天的话，那么，凡是为今天中国所继承的政权，就都是历史上的中国政

---

①当然，也有人认为"中国"称谓始于商朝：胡厚宣即认为，商也称中商，"当即后世中国称谓的起源"（见胡厚宣《论五方观念及中国称谓之起源》，《民国丛书》第一编《甲骨学商史论丛初集》，上海书店出版社，1989年版，第4页）；田倩君也认为商称大邑商就是称中国之义，"准此'中国'称谓的起源定然是从商代开始的"（见田倩君《"中国"与"华夏"称谓之寻原》，台湾《大陆杂志》，1966年，第31卷第1期）。然商朝毕竟没有出现"中国"一词，不能作为商朝始称"中国"之依据。

②1963年在陕西宝鸡出土的《何尊》铭文，记周武王克商，廷告上天曰："余其宅兹中或（国），自之义民。"《尚书·周书·梓材》记载周成王说"皇天既付中国民，越厥疆土于先王。"这两则史料是目前所发现的最早出现"中国"一词的史料，多数学者将这两则史料中的"中国"一词释为"指以洛阳为中心的地区"，即京师之意。西周用"中国"一词指称"京师"的史料很多，不再赘述。

③后人对三国何为正统问题争议较大，有人主张以魏国为正统，有人主张以蜀汉为正统，他们所说的正统都是指中国正统，非正统也是中国非正统，正统和非正统都是中国。

④郑麟趾：《高丽史》卷137《辛禑传》，朝鲜民主主义人民共和国科学院，1958年版，第756页。

权，都应该视为中国历史上的中国国家政权①。

既然中国古代历史上，"中国"一词也用来指称政权，那就说明中国古代仍然存在被称为"中国"的国家政权。中国古代存在被称为"中国"的国家政权，就存在中国的边疆。我们认为，按照后来政权称"历史上以中原地区为主且有相互递嬗关系或没有递嬗关系但为自己政权所继承的多个政权通称""中国"的"继承性中国"的思路出发，就应该承认为今天中国所继承的中国古代的各个政权都是中国政权，也就是说中国古代的"中国"政权经历过一个由复数"中国"向单数"中国"的演进过程，这些"复数"中国政权的疆域就都是当时中国的疆域。

如上所述，中国古代的各个政权都有自己的疆域和边疆，但中国政权的疆域和边疆则不应仅仅指某一个政权的疆域和边疆，而应包括各个政权的疆域和边疆。按照这一思路认识问题，中国古代不仅存在"各个政权的边疆"和"中国的边疆"的"双边疆"，还应存在着另外一种形式的"双边疆"，即各个政权缘边的边疆地区如果在中国内部，则可以称之为中国内部的边疆，即中国的"内边疆"，如果这些政权的缘边地区与外国政权接壤或因外国政权还没有来到与中国接壤地区的该政权管辖下的人群所到达的外部边缘地区，就是中国的外部边疆，可以简称为中国的"外边疆"。

比如：西汉武帝时期，西汉与匈奴接壤的边疆地区是中国内部的边疆，即中国的"内边疆"；而西汉南部外边地区设置的益州、犍为、牂柯、越巂、沈黎、汶山、武都、南海、苍梧、郁林、合浦、交阯、九真、日南、儋耳、珠崖、乐浪、玄菟、临屯、真番等郡及所属海域，以及匈奴西达葱岭北抵贝加尔湖的北部地区则是中国的外部边疆，即中国的"外边疆"。三国时期，魏与蜀、吴交界的边疆地区为中国内部的"内边疆"，蜀汉控制的朱提、牁牂、建宁、兴古、云南、越巂、永昌，吴国控制的交阯、九真、九德、日南、珠崖、南海、苍梧、郁林、桂林、合浦等郡及其所属海域，以及魏国北部的挹娄、鲜卑、西域长史府等控制以及外缘人群活动地区则为中国的"外边疆"。辽宋夏金时期，辽、宋、夏、金、大理、西辽之间的交界地区是中国内部的"内边疆"，辽、宋、金、大理、西辽与域外政权交界地区或外缘人群活动地区则是中国的"外边疆"等等，不再赘述。

由于中国古代各个政权极具复杂性，并非所有的中国政权都存在"内边疆"和"外边疆"的"双边疆"，而是有一些政权只有"内边疆"而无"外

①赵永春：《关于中国历史上疆域问题的几点认识》，《中国边疆史地研究》，2002年3期；《从复数"中国"到单数"中国"——中国历史疆域理论研究》，黑龙江教育出版社，2014年版。

边疆",有些政权则只有"外边疆"而无"内边疆"。比如,战国时期的韩、赵、魏等国就只有与中国内部各个政权(包括少数民族及其政权)接壤的"内边疆",而无与外国政权接壤的"外边疆"。五代十国时期的后梁、后唐、后晋、后汉、后周和前蜀、后蜀、楚、南平等政权都只有"内边疆"而无"外边疆"。辽宋夏金时期的西夏也只有"内边疆"而无"外边疆"等等。但元朝和清朝则统一了全国,复数"中国"变成了单数"中国",以国号为代表的"元"和"清"政权与"中国"政权实现了重合,因此,元朝和清朝只有"外边疆",没有"内边疆"。元朝和清朝的疆域就是中国的疆域,元朝和清朝的边疆就是中国的边疆。

按照这一思路认识问题,我们所说的"内边疆",有时与长城有关,有时则与长城无关。比如,秦汉所修长城主要是为了防御匈奴,长城内外就成了秦汉和匈奴交界的边疆,属于中国内部的"内边疆";明朝修筑长城主要是为了防御鞑靼和瓦剌,长城内外就成了明朝和鞑靼、瓦剌交界的边疆,也属于中国内部的"内边疆"。这几个朝代的"内边疆"与拉铁摩尔所说的长城内外是中国的"内边疆"的观点在某种程度上(即承认匈奴等政权属于中国的前提下)相一致。但在中国古代,有更多的时间,长城内外都与中国的"内边疆"无关,比如,辽朝统治时期,长城内外地区主要在辽朝南京(今北京)和西京(今山西大同)管辖范围之内,南京和西京在辽朝五京之中是比较重要的两京,是辽朝的先进地区,也是辽朝两个政治、经济、文化发展的中心地区,不是辽朝缘边的边疆地区;金朝时期,长城的主要地区在中都(今北京)路管辖范围之内,中都是金朝的首都,不但不是金朝缘边的边疆地区,反而成了金朝的政治、经济和文化的中心地区;元朝时期,首都在大都(今北京),长城内外地区在中央中书省直接管辖的腹里地区控制的范围之内,无疑是元朝的中心地区之一;清朝时期,首都也在北京,长城内外也在中央及北直隶管辖范围之内,也是清朝的中心地区之一。这些朝代的长城,按照拉铁摩尔所说的"不但防止外面的人进来,也阻止里面的人出去"[1]的功能已经不存在了,因此,不能称之为中国的"内边疆"。

以上可以看出,中国古代应该存在"各个政权的边疆"和"中国的边疆"二种边疆,即"双边疆",这种双边疆之间存在着分离和重合现象。各个政权的边疆仅代表本政权的边疆,除了元朝和清朝以外,不是整个中国边疆的全部。而中国的边疆则包括中国各个政权的边疆,但也不包括中国各个政权内部的"内边疆",只能包括中国各个政权的"外边疆"。

---

[1]拉铁摩尔著,唐晓峰译:《中国的亚洲内陆边疆》,江苏人民出版社,2005年版,第159页。

中国内部的各个政权之间的"内边疆",仅仅是中国内部各个政权之间分疆划界的边疆,不是中国的边疆,与中国的边疆存在分离现象。而各个政权的"外边疆",在各个政权分立时期也只能分别构建中国东、西、南、北四面八方中某一方向或某一区域的"外边疆",也不能构成整个中国的边疆,也就是说,各个分立政权的"外边疆"仅仅是中国边疆的一部分,某一个政权的"外边疆"与中国边疆的概念也不完全吻合。只有各个分立政权的"外边疆"合到一起,才能共同构成当时中国的边疆,也就是说,中国古代的边疆包括中国古代各个政权的"外边疆"。

我们将中国古代各个政权的"外边疆"说成是中国的边疆,在理论上应该是不成问题的。但由于中国古代政权繁多,大小不一,极具复杂性,有时我们又不能仅仅将本文所述第三类边疆政权的"外边疆"视为中国的边疆。也就是说,如果我们将边疆地区按照一个区域来认识问题或将这一区域稍稍放大的话,仅仅将有的边疆政权的"外边疆"作为中国的边疆显然是范围小了点。比如,唐朝时期的渤海政权,也有自己的边疆,我们将渤海的"外边疆"视为中国的边疆显然是不成问题的,但如果将渤海政权放到整个中国的大范围来看,仅仅将渤海政权的"外边疆"视为中国的边疆,显然作为中国的边疆地区过于狭窄。在这种情况下,我们既承认渤海国有自己的边疆,也可以从整个中国的大范围认识问题,将整个渤海国管辖地区视为中国的边疆地区,这也是一种可行的认识问题的方法。

可见,中国古代各个政权的边疆与中国的边疆"双边疆"之间存在分离和重合现象。在中国没有实现完全统一之前,二者是不一致的。如夏商周的边疆不能等同于中国的边疆,只有加上周边方国的边疆才能共同构成中国的边疆;秦汉的边疆不能等同于中国的边疆,只有加上匈奴等政权的边疆才能共同构成中国的边疆;隋唐的边疆不能等同于中国的边疆,只有加上突厥、回纥、吐蕃、南诏、渤海等政权的边疆才能共同构成中国的边疆;两宋的边疆不能等同于中国的边疆,只有加上辽、金、大理、西辽等政权的边疆才能共同构成中国的边疆;明朝的边疆不能等同于中国的边疆,只有加上瓦剌、鞑靼等政权的边疆才能共同构成中国的边疆。只有实现大统一的元朝和清朝的边疆才与中国的边疆实现了重合,元朝和清朝的边疆完全等同于中国的边疆。

综上所述,可以看出,拉铁摩尔创建的"双边疆"理论,主要强调生产方式和民族的不同,离开"国家"政权的硬件条件去谈边疆问题,难以解决中国古代复杂的边疆问题。我们认为中国古代存在"各个政权的边疆"和"中国的边疆"的"双边疆","中国的边疆"又存在中国内部的边疆(内边疆）和外部的边疆（外边疆）的另外一种形式的"双边疆"。中国古代各个政权的边疆与中国的边疆存在分离和重合现象，各个政权的"内边疆"不是中国的边疆，各个政权分立时期的各个政权的"外边疆"只代表中国边疆的一部分，不代表中国边疆的全部，只有各个政权"外边疆"合起来才能共同构成中国的边疆。各个政权的边疆在中国古代没有完全实现统一的情况下，与中国的边疆是不一致的，只有实现大统一的元朝和清朝的边疆才与中国的边疆重合在一起，元朝和清朝的边疆完全等同于中国的边疆。

该文与马溢澳合作，原载《陕西师范大学学报》2016年第3期。

辽金与高丽的"保州"交涉

"保州"是辽朝(契丹)准备第三次进攻高丽之时在辽朝控制的鸭绿江下游东南岸修筑的一座州城,位于今朝鲜平安北道义州一带。战后,高丽曾屡次请求毁弃保州并进而请求"收回"保州。"保州"问题逐步成为高丽与辽朝乃至金朝交涉的重要问题,直接影响辽金与高丽关系的发展和变化。因此,弄清楚辽金与高丽的"保州"交涉问题,对于认识辽金东北边疆形势以及辽金与高丽的关系都具有十分重要的意义。然而,由于种种原因,学界对此问题还没有引起足够的重视,时至今日,尚未见专文讨论,惟有日人三上次男的《金初与高丽的关系》(《历史学研究》1939 年 9 卷 4 号)以及国人魏志江先生的《辽金与高丽关系考》(香港天马图书有限公司 2001 年)《中韩关系史研究》(中山大学出版社,2006 年)等论著对此问题有所论述,但由于他们都是以论述辽金与高丽关系甚至整个中韩关系为主,对辽金与高丽"保州"交涉问题的论述尚显得有些薄弱,无论是有关史实还是观点,都有进一步探讨和研究的必要。因此,我们不避浅陋,拟在前人研究的基础上,对辽金与高丽的"保州"交涉问题,作一系统考论。不正确之处,敬请读者批评指正。

一、辽朝与高丽的"保州"交涉

1. 辽朝赐给高丽"鸭绿江东数百里"土地

唐朝后期,随着唐朝中央政权对地方控制的减弱,地方藩镇势力和民族割据势力乘势兴起,并纷纷自行建立政权。神册元年(916 年),耶律阿保机正式建立契丹政权。辽神册三年(918 年),生活在新罗境内的王建,也乘机起事建立了高丽政权。

王建在正式建立高丽政权之前,为了扩大自己的势力,有意与契丹交好,曾于辽太祖九年(915 年)十月,派遣使者赴契丹,向辽太祖进献"宝剑"[①]。又在他建立高丽政权的那一年(辽神册三年,918 年),派遣使者向

---

① 脱脱等:《辽史》卷 1《太祖纪上》,中华书局,1974 年版,第 10 页。

契丹进贡①。那时，耶律阿保机也愿意与高丽交好，曾于神册七年（922年）派遣使者赴高丽"遗橐驼、马及毡"②等，与高丽建立了平等的外交往来关系。然而，契丹与高丽这种平等的外交往来关系并没有保持多久，很快即为双方的领土争夺所打破。

原来，唐朝君臣一直认为高句丽之地，"周为箕子之国，汉家玄菟郡耳！魏、晋已前，近在提封之内"③，遂于唐总章元年（668年）出兵灭亡了高句丽（此时高句丽已改称高丽），将原来高句丽政权所辖地区全部变成唐朝直接管辖地区。随后，新罗乘渤海政权建立、唐朝对原高句丽之地控制减弱之机，出兵攻取百济及原高句丽部分地区，"置尚、良、康、熊、全、武、汉、朔、溟九州"④，到了唐玄宗开元二十三年（新罗圣德王三十四年，735年），唐玄宗又"敕赐"新罗"浿江（今大同江）以南地"⑤，于是，唐朝与新罗便形成了以浿江流域为分界线的各自疆域。渤海政权建立以后，"南边以泥河（龙兴江）为界为（与）新罗接壤。南边西部的边界，随着安东都护府从平壤撤离，唐王朝在大同江流域及其以北势力的削弱，渤海一度将势力伸入大同江流域的一部分地区"⑥，即渤海与新罗的分界基本保持在大同江流域至龙兴江流域。

辽太祖天赞五年（926年），契丹出兵灭掉渤海，将原来渤海控制地区纳入辽政权直接管辖范围，这对于正在积极进行扩张领土的高丽来说，大为不利，因此，高丽对契丹灭亡渤海，大为不满，两国关系迅速恶化。据《高丽史》记载，高丽太祖二十五年（942年），"契丹遣使来遗橐驼五十匹。王（高丽太祖王建）以契丹尝与渤海连和，忽生疑贰，背盟殄灭，此甚无道，不足远结为邻。遂绝交聘，流其使三十人于海岛，系橐驼万夫桥下，皆饿死"⑦，公开与契丹绝交。同时，高丽大量招诱渤海遗民，且遣使后晋，试图与后晋联合共同夹击契丹，以便顺利向北扩张领土。到了辽太宗耶律德光时期，为了削弱耶律倍的势力，将渤海遗民（东丹国民）大量内迁，辽朝对

---

①脱脱等：《辽史》卷1《太祖纪上》记载：神册三年二月"晋、吴越、渤海、高丽、回鹘、阻卜、党项及幽、镇、定、魏、潞等州各遣使来贡。"中华书局，1974年版，第12页。

②郑麟趾：《高丽史》卷1《太祖世家》，齐鲁社，《四库全书存目丛书》159册，1996年版，第53页。

③刘昫等：《旧唐书》卷199上《高丽传》，中华书局，1975年版，第5321页。

④欧阳修等：《新唐书》卷220《新罗传》，中华书局，1975年版，第6204页。

⑤金富轼著：杨军校勘：《三国史记》卷8《新罗本纪》，吉林大学出版社，2015年版，第120页。

⑥王承礼：《渤海简史》，黑龙江人民出版社，1984年版，第65页。

⑦郑麟趾：《高丽史》卷2《太祖世家》，齐鲁社，《四库全书存目丛书》159册，1996年版，第65页。

原渤海地区特别是对朝鲜半岛北部女真地区控制减弱之时，高丽开始出兵与辽朝控制下的女真人展开对朝鲜半岛北部地区的争夺。高丽为了在扩张领土斗争中占据有利地位，在北宋政权建立之后，频繁与北宋交往，试图与北宋建立联盟，以便共制契丹，实现其北扩的目的。

面对高丽的公开绝交、流放契丹使者、大量招诱渤海遗民、与宋建立"友好"联盟以及不断向北扩张领土等，契丹曾一度十分震怒，但由于那时的辽太宗耶律德光正忙于经略中原，后继者世宗、穆宗和景宗时代，不但内乱不断，而且还要应付后周和北宋试图收复燕云十六州等地的北伐，无暇东顾，只好对高丽的北扩采取姑息态度，未能对高丽用兵。

统和元年（983 年），辽圣宗即位，在辽穆宗和景宗时期挫败后周和北宋的北伐、内部趋于稳定的形势下，开始有意对高丽用兵，以遏止高丽的北进。据《辽史》记载，辽统和元年（983 年）十月，"上将征高丽，亲阅东京留守耶律末只所总兵马"，统和三年（985 年）七月，"诏诸道缮甲兵，以备东征高丽"，八月"以辽泽（辽河）沮洳，罢征高丽"①。其实，辽圣宗以辽河泥泞不通"罢征高丽"，不过是个借口，因为那时的宋朝，正想利用辽圣宗幼小继位、其母萧太后控制朝政之时的所谓"主少国疑"之机，大举北伐，以收复燕云十六州等地，辽圣宗完全是为了避免发动征伐高丽战争之后所形成的两面作战的不利局面，才下诏"罢征高丽"。据《高丽史》记载，高丽成宗五年（辽统和四年，986 年），"契丹遣厥烈来请和"②，也说明这一问题。正由于辽圣宗主动派遣使者赴高丽请和，宋朝遣使请求高丽出兵联合进攻契丹的愿望才没有最后实现。

辽圣宗在挫败了北宋雍熙三年（986 年）的"雍熙北伐"以后，开始腾出手来解决高丽北进的问题。

统和十年（992 年），辽圣宗以东京留守萧恒德（字逊宁）为主帅，大举征伐高丽。萧恒德率领 80 万大军，越过鸭绿江，直取高丽的蓬山郡（今朝鲜龟城西），声称"大朝（指辽朝）既已奄有高勾（句）丽旧地，今尔国侵夺疆界，是以来讨"。说明，那时的辽朝已经将其占有的原渤海占有的高句丽领土视为自己的领土，认为高丽北进收取原高句丽的部分领土是对辽朝领土的侵犯，因此率兵来攻。高丽听说辽朝大举来攻，十分害怕，甚至有人主张"割西京（今朝鲜平壤）以北与之，自黄州（今朝鲜黄海北道黄州，位

---

①脱脱等：《辽史》卷 10《圣宗纪一》，中华书局，1974 年版，第 112、115 页。

②郑麟趾：《高丽史》卷 3《成宗世家》，齐鲁书社，《四库全书存目丛书》159 册，1996 年版，第 81 页。

于大同江下游）至呫岭（即慈悲岭，在今朝鲜黄海北道黄州的凤山至瑞兴之间）画为封疆。"意欲将黄州至呫岭以北领土全部遗弃契丹，高丽中军使徐熙不同意，说"自契丹东京（今辽宁辽阳）至我安北府（治所在今朝鲜平安南道安州，位于大同江中游）数百里之地，皆为生女真所据。光宗取之，筑嘉州（今朝鲜平安北道博川一带）、松城（不详，当在嘉州附近）等城，今契丹之来，其志不过取北（此）二城，其声言取高勾丽旧地者，实恐我也"。认为契丹此次进攻高丽主要是为了收复被高丽攻占的女真之地，并不是要全面收复高句丽旧地，因此，徐熙反对割地逃跑，建议出兵迎战，并亲至辽营与萧恒德谈判。萧恒德说："汝国兴新罗地，高勾丽之地我所有也，而汝侵蚀之，又与我连壤而越海事宋，故有今日之师。若割地以献而修朝聘，可无事矣。"萧恒德在这里明确指出，第一，高丽是新罗的继承者，不是高句丽的继承者，只能占有新罗之地，原高句丽之地为渤海所继承，辽朝灭亡渤海，理应从渤海手中接管原来的高句丽之地。第二，高丽既然与契丹接壤，就应该和契丹建立友好关系，可高丽不但不与契丹建立友好关系，相反越海事宋，意欲与宋联合夹攻契丹，是对契丹不友好的表现。因此，契丹特发大兵来攻。萧恒德表示，如果高丽退出所"侵蚀"的原高句丽之地，与宋朝断交，遣使向契丹"朝聘"，契丹即可退兵。徐熙听了萧恒德的话，回答说："非也。我国即高勾丽之旧也，故号高丽，都平壤，若论地界，上国之东京（今辽宁辽阳）皆在我境，何得谓之侵蚀乎？且鸭绿江内外亦我境内，今女真盗据其间，顽黠变诈，道途梗涩甚于涉海。朝聘之不通，女真之故也。若令逐女真还我旧地，筑城堡通道路，则敢不修聘"[1]。高丽虽然兴起于新罗之地，但他们并不以继承新罗之地为满足，还想继承原高句丽之地，因此，他们越过渤海而称自己是高句丽的继承者，其意不外是为他们进取原高句丽之地寻找借口。徐熙正是按照这样一种继承理论进行推论，认为不仅朝鲜半岛北部原高句丽之地应该归属于高丽，就是包括东京（今辽宁辽阳）在内的鸭绿江以北地区原高句丽之地也应该归属于高丽。徐熙这样说，不过是其打着高句丽继承者的旗号，为本国争取利益而漫天要价的外交辞令和外交艺术而已，实际上，他并没有索取包括东京在内的鸭绿江以北地区原高句丽之地的打算，只是说女真人生活的"鸭绿江内外"都是高丽"旧地"，并说，高丽没有及时向契丹"修聘"，就是由于女真的阻隔，如果能够驱逐女真，将鸭绿江东之地交给高丽，高丽就会向契丹称臣纳贡。显然，这是徐熙在和萧

---

①郑麟趾：《高丽史》卷 94《徐熙传》，齐鲁书社，《四库全书存目丛书》161 册，1996 年版，第 409-410 页。

恒德谈判时所提出的最高要价。

由于这时契丹正在经营中原，与宋朝争夺燕云十六州的斗争还没有结束，急欲拆散宋朝与高丽的联盟，于是，萧恒德便在高丽愿意向辽朝称臣纳贡并与宋朝断交的前提下，答应将"鸭绿江东数百里地"赐给高丽，与高丽达成了和议，撤兵北返。

统和十一年（993年），高丽成宗"遣朴良柔奉表请罪"，辽圣宗按照盟约规定，"诏取女直鸭绿江东数百里地赐之"①。随后，辽圣宗派遣使者，正式册封高丽成宗王治为"高丽国王"，高丽开始使用"契丹统和年号"，正式向契丹称臣纳贡，同时断绝了同北宋的宗藩关系，高丽由"事宋"改为"事辽"。其西北地区的势力也推进至清川江流域及其以北地区。

2. 辽朝修筑"保州"

辽朝赐高丽"鸭绿江东数百里地"，是有条件的，一是高丽必须向契丹称臣纳贡；二是高丽必须与宋朝断绝关系。高丽在与契丹签订盟约得到"鸭绿江东数百里"土地之后，并没有完全履行自己的承诺。首先，高丽与契丹签订盟约之后，确曾一度按照盟约的要求，与宋朝断绝了关系，可很快又与宋朝秘密往来，遣使如宋，"自陈国人思慕华风，为契丹劫制之状"②，"仍请归附如旧"③，请求像以前一样与宋朝建立宗藩关系。其次，高丽虽然与契丹签订了盟约，但对契丹并不信任，他们在得到"鸭绿江东数百里"赐地之后，即率兵驱逐女真，修建了兴化（今朝鲜义州西南）、铁州（今朝鲜铁山）、通州（今朝鲜宣川西北东林）、龙州（今朝鲜龙川）、龟州（今朝鲜龟城）、郭州（今朝鲜郭山）六城④，以防御契丹，且"至者无时"⑤，并没有按照臣下属国的要求经常前来朝贡。后来，高丽大臣康肇（兆）废弃穆宗另立显宗，也没有像臣下属国一样向契丹请示并求得契丹的册封。再次，高丽

---

① 脱脱等：《辽史》卷13《圣宗纪四》，中华书局，1974年版，第143页。此事，《高丽史》记在成宗十三年，即辽统和十二年（994年）。

② 郑麟趾：《高丽史》卷3《穆宗世家》，齐鲁书社，《四库全书存目丛书》159册，1996年版，第93页。

③ 郑麟趾：《高丽史》卷4《显宗世家》，齐鲁书社，《四库全书存目丛书》159册，1996年版，第104页。

④ 李焘：《续资治通鉴长编》卷74，大中祥符三年十一月壬辰条。《高丽史》卷94《徐熙传》记载，高丽得到"鸭绿江东数百里"赐地之后，在其地修建了长兴镇（今朝鲜泰川郡东）、归化镇（今朝鲜龟城和泰川之间或龟城和云山间）、郭州（今朝鲜郭山）、龟州（今朝鲜龟城）、安义镇、兴化镇（今朝鲜义州西）、宣州（即通州，今朝鲜宣川西北东林）、孟州（今朝鲜孟山）等城镇。《高丽史》卷82《兵志·城堡》称成宗十三年至十五年在辽朝所赐之地修有郭州、龟州、宣州、长兴镇、归化镇、兴化镇、安义镇等。

⑤ 脱脱等：《辽史》卷115《高丽传》，中华书局，1974年版，第1520页。

与女真虽有矛盾，但为了对付契丹，高丽除了挑拨女真与契丹的关系以外，又暗中拉拢女真以便壮大自己的势力。辽圣宗得知这些情况之后，大为恼火，遂以高丽筑城，"贰于己"为借口，"遣使求六城"，高丽新立国王显宗王询"不许"六城①。辽圣宗遂于统和二十八年（1010年），以高丽大臣康肇擅杀国王诵另立国王询以及高丽"东结构于女真，西往来于宋国"②等事为借口，发动了第二次征伐高丽的战争。

辽圣宗第二次大规模征伐高丽，先胜后败，"帐族卒乘罕有还者，官属战没大半"③。辽圣宗不甘心失败，又以高丽显宗王询不亲自来朝为借口，于开泰三年（1014年）发动了第三次大规模征伐高丽的战争。

据《辽史·高丽传》记载，开泰三年（1014年）五月，辽圣宗"诏国舅详稳萧敌烈、东京留守耶律团石等造浮梁于鸭渌江，城保、宣义、定远等州"④，作为征伐高丽以及控制高丽的军事重镇，准备第三次大举征伐高丽。朝鲜史书《高丽史·地理志》记载，"义州，本高丽龙湾县，又名和义。初，契丹置城于鸭绿江东岸，称保州。文宗朝契丹又设弓口门，称抱州（一云把州）。"《新增东国舆地胜览》《大东地志》所记与《高丽史·地理志》记载相同。据此可知，保州，也称"抱州"或"把州"，确为契丹所修建。

关于契丹修建保州的时间，史书记载不一。《辽史·食货志》说，辽"（统和）二十三年（1005年），振武军及保州并置榷场"，《满洲源流考》《续通典》等书亦谓"统和末，高丽降，于此（指保州）置榷场"，均认为，辽朝在统和二十三年（1005年）就已经将保州建为与高丽交易的榷场，如果这一记载可信的话，则保州修建的时间必在统和二十三年（1005年）之前，也就是说应该在统和十一年（993年）辽圣宗与高丽议和并赐高丽"鸭绿江东数百里地"之后，如果是那样的话，保州之地必定不在辽朝赐高丽"鸭绿江东数百里地"之内，因为那时辽朝与高丽刚刚议和，双方和平相处，辽朝不可能到刚刚赐给高丽的领土上修建保州。此记载虽然透露出辽朝修建的保州不在辽朝赐高丽"鸭绿江东数百里地"之内的信息，但与史实颇有出

---

①李焘：《续资治通鉴长编》卷74，大中祥符三年十一月壬辰条，中华书局，1980年版，第1695页。

②陈述：《全辽文》卷1《致高丽问罪书》，中华书局，1982年版，第13页。关于高丽"东结构于女真"之事，《高丽史》卷4《显宗世家一》记载，显宗元年（1010）"五月甲寅，流尚书左司郎中河拱辰、和州防御郎中柳宗于远岛，拱辰尝击东女真见败，宗恨之，会女真九十五人来朝至和州馆，宗尽杀之，故并坐流。女真诉于契丹。契丹主谓群臣曰：'高丽康兆弑君，大逆也。宜发兵问罪。'"

③李焘：《续资治通鉴长编》卷74，大中祥符三年十一月壬辰条，中华书局，1980年版，第1695页。

④脱脱等：《辽史》卷115《高丽传》，中华书局，1974年版，第1521页。

入。如《辽史·圣宗纪五》在记载上述史实时则说，辽统和二十三年（1005年）"二月丙戌，复置榷场于振武军"，只说在振武军设置榷场，并没有说在保州设置榷场，恐《辽史·食货志》"（统和）二十三年（1005年），振武军及保州并置榷场"的记载有所失误，当以《辽史·圣宗纪》记载为准。

《辽史·地理志》又记载，契丹"开泰三年（1014年）取其（指高丽）保、定二州，于此置榷场"。按此记载，则保州修建的时间也在辽开泰三年（1014年）契丹第三次进攻高丽之前，且认为保州是高丽的领土，似与史实不符。因为从各种文献的记载来看，都认为保州为契丹所修建，没有人认为保州是高丽所修建。如果按《辽史·食货志》有关"（统和）二十三年（1005年），振武军及保州并置榷场"的记载，认为保州是辽朝在第一次进攻高丽并与高丽议和之后所修建，那么，辽朝的保州又在什么时候什么原因转入高丽之手，并没有任何史料来证明，说明这一记载有误。另外，这条史料说辽于开泰三年（1014年）攻取高丽的保州并建为榷场，也不准确，因为开泰三年（1014年）契丹正在忙着发动第三次大规模征伐高丽的战争，不会取其地建为榷场，辽朝将保州建为榷场只能在此之前或在此之后的和平相处时期，才有可能。

实际上，保州是辽朝准备第三次大举进攻高丽时所建，应以前述《辽史·高丽传》有关开泰三年（1014年）五月，辽圣宗"诏国舅详稳萧敌烈、东京留守耶律团石等造浮梁于鸭绿江，城保、宣义、定远等州"的记载为准。朝鲜史料《高丽史》虽然也认为保州修建于辽朝第三次大举进攻高丽之时，但在具体时间上与《辽史·高丽传》记载不同，谓显宗六年（辽开泰四年，1015年）"春正月，契丹作桥于鸭绿江，夹桥筑东、西城，遣将攻破，不克"，又称"是岁，契丹取宣化、定远二镇城之"。据谭其骧等人以及日人津田左右吉考证，认为《高丽史》所记"契丹作桥于鸭绿江，夹桥筑东、西城"与《辽史·高丽传》所记"造浮梁于鸭绿江，城保、宣义、定远等州"为一事，《高丽史》所记契丹夹桥筑东西两城，西为来远城，东即宣州（笔者认为东城为保州）。来远城位于今辽宁丹东九连城东鸭绿江中黔定岛上，保州位于今朝鲜平安北道义州与新义州之间（笔者认为保州即今朝鲜平安北道义州），宣州即宣义州，为《高丽史》中记载的宣化镇，位于今朝鲜平安北道义州（笔者认为宣州位于今朝鲜平安北道义州与新义州之间），隶保州，定州即定远州，亦即《高丽史》中所说的定远镇，位于今朝鲜平安北道义州东。①

---

①谭其骧主编：《中国历史地图集释文汇编·东北卷》，中央民族学院出版社，1988年版，第133、134、136、159页。

《高丽史》将契丹修筑保州的时间系之于辽开泰四年（1015 年），但该书又称显宗五年（辽开泰三年，1014 年）"冬十月己未，契丹遣国舅详稳萧敌烈来侵通州，兴化镇将军郑神勇、别将周演击败之，斩七百余级，溺江死者甚众。"六年春正月"癸卯，契丹兵围兴化镇，将军高积余、赵弋等击却之。甲辰，又侵通州"①。如是，则是契丹先攻高丽，后"作桥于鸭绿江，夹桥筑东、西城"，似与史实不符，因为契丹征伐高丽，必先渡鸭绿江，故当先作鸭绿江浮桥，后攻打通州等地。《辽史》和《高丽史》均称契丹作鸭绿江浮桥及修筑保州为同一时间或先后相继之事，可知，契丹修筑保州的时间应在辽开泰三年（1014 年），如是，则应以《辽史·高丽传》记载为准，《高丽史》记载不确。魏志江先生以为《辽史》记载"实误"②，似乎有些不妥。

关于保州问题，韩国学者卢启铉在其所著《高丽外交史》中称，辽统和"二十三年（1005 年），振武军及保州并置榷场"，认为辽与高丽在保州的"榷场交易一直进行到契丹第二次入侵高丽进（时）的显宗即位一年（1010 年）"③，但他又说，辽"于 1015 年 1 月架成了从来远城经黔同岛到义州的桥梁，在鸭绿江东岸（高丽领土）修成了保州城"④，前后自相矛盾，显然前说不确，后说又将保州修建的时间定在辽开泰四年（1015 年）正月并在括号中想当然地将原保州之地说成是高丽领土，并没有说明保州何时转入高丽之手，显然不确。日人三上次男认为保州城修筑于统和末年（笔者注："统和"为辽圣宗年号，983—1012 年），辽圣宗时曾一度归高丽领有，开泰元年（1012 年）辽又以武力夺取⑤，亦不确切，似多为想象之论。

根据以上分析，可知，辽朝在开泰三年（1014 年）发动第三次大规模征伐高丽之初，就修筑了保州城。保州应该是高丽在辽朝赐其"鸭绿江东数百里地"所建"六城"之外由辽朝重新修筑的一个州城，因为辽朝第二次大规模征伐高丽，大败而归，并没有收复"六城"，各种史书也没有说契丹攻

---

① 郑麟趾：《高丽史》卷 4《显宗世家一》，齐鲁书社，《四库全书存目丛书》159 册，1996 年版，第 104-105 页。

② 魏志江：《辽金与高丽关系考》，香港天马图书有限公司，2001 年版，第 26 页；《中韩关系史研究》，中山大学出版社，2006 年版，第 24 页。

③（韩）卢启铉著，紫荆、金荣国译，金龟春译审：《高丽外交史》，延边大学出版社，2002 年版，第 65 页。

④（韩）卢启铉著，紫荆、金荣国译，金龟春译审：《高丽外交史》，延边大学出版社，2002 年版，第 90-91 页。

⑤（日）三上次男：《金初与高丽的关系》，《历史学研究》，1939 年 9 卷 4 号；《金代女真研究》，黑龙江人民出版社，1984 年版，第 109 页。

取"六城"中的某一城之后将其城改建为"保州"①，后来高丽与辽人交涉时也没有说保州是辽朝赐给高丽"鸭绿江东数百里地"中的一部分。我们再从辽朝第三次大规模征伐高丽之初，并没有经过激烈战斗即进入其地，并能够比较顺利地修筑保州城分析，保州之地很可能不在辽朝赐给高丽"鸭绿江东数百里地"之内，或者是在辽朝第三次大规模征伐高丽之前就已在辽朝手中。据此可知，辽朝在赐给高丽"鸭绿江东数百里地"之后的辽朝东京道东南部与高丽西北的分界应该在宣州（今朝鲜平安北道新义州与义州之间）、保州（今朝鲜平安北道义州）、定州（今朝鲜平安北道义州东）及其以东一线，宣州、保州、定州以北属辽朝，以南属高丽。高丽在积极向西北地区拓展的同时，也积极向东北地区拓展，至高丽德宗以后，高丽已将其东北地区领土扩展至高丽定州（治所在今朝鲜咸镜南道定平，与辽属定州不在一地）一带，并开始修筑千里长城，西起鸭绿江入海口，东至高丽定州都连浦（广浦），中经威远、兴化、静州、宁海、宁德、宁朔、云州、安水、清塞、平虏、宁远、定戎、孟州、朔州 14 城，以及耀德、静边、和州等地。即以千里长城为界，定州以北地区归属辽朝控制的女真，以南归属高丽②。

可见，辽朝据有保州之地，不过是占有原来渤海之地，并非是占有高丽之地。如果说是侵略的话，也只能说是契丹对渤海的侵略，不应该说成是对高丽的侵略。然而，现存史书几乎众口一词，将辽朝占有保州之地说成是对高丽的侵略。我们以为，这可能是由于以下一些原因造成的。

首先，辽圣宗赐给高丽"鸭绿江东数百里地"之后，又出兵收取，被一些人视为不义行为，因而被人们看成是一种侵略。

其次，当时，契丹虽然声称由高丽继承新罗地，由契丹继承原高句丽之地，但很少有人响应。那时，宋朝与高丽关系很好，而与契丹正处在争夺燕云十六州等地的斗争之中，宋朝与契丹可谓仇敌之国。宋人知道，他们不可能像唐朝一样，坚持高句丽"近在提封之内"，因为原高句丽之地大部分已为契丹所有，他们不但无法占有原高句丽之地，甚至连北方的燕云十六州等地都收不回来，因此，他们不敢声称原高句丽之地应该由宋朝来继承。既然宋朝不可能继承原高句丽之地，那么，宋人应该支持谁来继承高句丽之地呢？毫无疑问，如果宋人承认契丹继承高句丽之地，只会壮大契丹的力量，

---

①郑麟趾：《高丽史》卷 4《显宗世家一》记载，高丽显宗六年（辽开泰四年，1015 年）"是岁，契丹取宣化、定远二镇城之"，当与开泰三年（1014 年）辽筑保州城为两回事。

②高丽东北与隶属于辽朝女真的分界，参见杨昭全、孙玉梅：《中朝边界史》，吉林文史出版社，1993 年版，第 111-115 页。

对正在与契丹进行斗争的宋朝来说，没有一点好处，倒不如承认高丽继承高句丽之地，那样的话，既可以加深与高丽的"友好"关系，进一步取得高丽的支持，又可以削弱契丹的势力，何乐而不为呢！于是，宋人便积极支持高丽是高句丽的继承者的观点。正由于此，在宋人所修史书之中，高丽是高句丽继承者的观点就成了勿庸置疑的定论。宋人的观点对后世影响很大，后来的史书几乎万口一词，均认为高丽是高句丽的继承者，元人所修《宋史》《辽史》《金史》都是按照这种观点写的。按照高丽应该继承高句丽之地的观点，辽朝占有保州之地也就是占有了原来高句丽之地，自然就成了一种侵略行为，高丽收取保州之地也就成了收回原有"旧地"了。这就是后人多将辽朝占有保州之地说成是对高丽侵略的主要原因。实际上则与史实不符。

3. 辽朝与高丽的"保州"交涉

辽朝在自己控制的地域之内修筑鸭绿江浮桥及保州等城，占据了进攻和控制高丽的有利位置，高丽深感不安，"欲发兵焚毁"[①]，终未成功。后来，辽朝第三次大规模征伐高丽虽然失败，"生还者仅数千人"[②]，但保州之地并未割给高丽，仍然控制在辽朝手中。为此，高丽一直耿耿于怀。

辽圣宗太平六年（1026年）曾派遣"御院判官耶律骨打"出使高丽，请求"假途，将如东北女真"，高丽虽与辽朝议和，但仍"不许"[③]契丹借道前往女真地区。太平九年（1029年）辽东京舍利军详稳渤海人大延琳起兵反辽，建立兴辽国，高丽虽然拒绝大延琳关于出兵共同反辽的请求[④]，但却以道路梗塞为借口，"与契丹不通"[⑤]，停止向契丹朝贡。辽朝平定大延琳叛乱以后，即遣使高丽，令高丽前来朝贡。高丽显宗虽然派遣使者金哿出使辽朝祝贺契丹打败大延琳收复东京（今辽宁辽阳），但迟迟不来朝贡，后于显宗二十二年（1031年）五月与世长辞，六月，辽圣宗也离开了人世。

高丽德宗即位以后，大臣王可道向高丽德宗建议说："契丹与我通好交贽，然每有并吞之志，今其主殂，驸马匹梯叛据东京，宜乘此时，请毁鸭绿

---

①李焘：《续资治通鉴长编》卷85，大中祥符八年十一月癸酉条，中华书局，1983年版，第1957页。

②郑麟趾：《高丽史》卷4《显宗世家》，齐鲁书社，《四库全书存目丛书》159册，1996年版，第110页。

③郑麟趾：《高丽史》卷5《显宗世家》，齐鲁书社，《四库全书存目丛书》159册，1996年版，第119页。

④金毓黻认为高丽曾一度应大延琳之邀，发兵攻辽鸭绿江东畔。参见《渤海国志长编》卷13。

⑤郑麟趾：《高丽史》卷5《显宗世家》，齐鲁书社，《四库全书存目丛书》159册，1996年版，第123页。

城桥，归所留我行人，若不听，可与之绝"①。高丽德宗采纳了王可道的建议，开始对辽朝采取强硬态度，于其即位当年（1031 年）十月，"遣工部郎中柳乔如契丹会葬"，又派遣"郎中金行恭"等祝贺辽兴宗"即位"，以辽所修筑鸭绿江浮桥及保州等城构成对高丽威胁，"表请毁鸭绿城桥，归我被留行人"。十一月，金行恭返回高丽，说"契丹不从所奏"，高丽德宗遂停止向辽朝派遣"贺正使，仍用圣宗太平年号"②，拒绝使用辽兴宗的景福年号，单方面宣布与辽朝断绝外交关系。辽景福元年（1032 年）正月，契丹派遣"遗留使"将辽圣宗生前的遗留物送往高丽，"至来远城"，高丽"不纳"，同时，高丽积极进行备战，意欲用武力夺取保州等地。面对高丽的不友好态度，辽朝鉴于先前多次进攻高丽均告失败的教训，未敢大动干戈，但也采取了强硬措施，将高丽德宗元年（1032 年）派往契丹的"李礼均等八人"全部扣"留不还"③。双方矛盾再次激化，边境地区不断出现小规模冲突。

高丽想用强硬态度迫使辽朝毁掉鸭绿江桥和保州，但由于高丽势单力孤，高丽靖宗即位以后，逐渐改变了对契丹的强硬政策，开始谋求与契丹恢复和好关系。

重熙四年（高丽靖宗元年，1035 年）五月，辽以来远城（设在今辽宁丹东九连城东鸭绿江中黔定岛上）长官的名义向高丽兴化镇送去一篇牒文，称高丽一直向契丹称臣纳贡，后因大延琳反辽，高丽不再来朝。现在大延琳已被平定多年，可高丽不但不来朝贡，反而"累石城而拟遮大路，竖木寨而欲碍奇兵"，称高丽此举如果"激怒于雷霆，何安宁于黎庶"，对高丽提出质问和恐吓。高丽以宁德镇长官的名义回牒辽朝，书中虽然对辽朝"累石城而拟遮大路，竖木寨而欲碍奇兵"等事进行了辩解，但明确表示高丽这样做"非欲以负阻皇化"，不是要与辽朝作对，表明了高丽意欲重新与辽和好并向辽朝贡的意向。辽朝接到高丽回牒，于重熙六年（1037 年）又向高丽宁德镇送去一牒，说"欲载修于职贡，合先上于表章，苟验实诚，别颁俞命。"于是，高丽便于靖宗三年（1037 年）十二月，派遣殿中少监崔延嘏等出使契丹，表示"当遵太后之遗言，固为藩屏。抚小邦之弊俗，虔奉阙庭；更从

①郑麟趾：《高丽史》卷 94《王可道传》，齐鲁书社，《四库全书存目丛书》161 册，1996 年版，第 425 页。

②郑麟趾：《高丽史》卷 5《德宗世家》，齐鲁书社，《四库全书存目丛书》159 册，1996 年版，第 126-127 页。

③郑麟趾：《高丽史》卷 5《德宗世家》，齐鲁书社，《四库全书存目丛书》159 册，1996 年版，第 128 页。

文轨以输诚，永效梯航而展礼。"重新"乞修朝贡"①。辽又于重熙七年（1038 年）正月派遣马保业等人出使高丽，"复寻欢盟"，双方重新恢复了和好关系，高丽主动请求使用辽朝重熙年号，靖宗也接受辽朝"高丽国王"的册封，高丽德宗以来一度中断的藩属朝贡关系再次确立起来。

高丽虽然与辽朝重新恢复了和好关系，但高丽仍以为辽朝所修保州等城对高丽是个威胁，遂于靖宗五年（1039 年）二月，再次派遣户部郎中庾先出使辽朝，以辽所修筑保州等城堡影响农耕为借口，请求"罢鸭江东加筑城堡"。辽兴宗以鸭绿江东所筑城堡"盖边隅之常，备在疆土，以何伤！朕务守成规，时难改作"② 为由，婉言拒绝了高丽有关毁弃保州等城的请求。

高丽多次请求辽朝毁弃保州，均未能如愿，高丽文宗九年（1055 年）又以辽朝在保州设置弓口门（向敌人射箭的有孔的门）和邮亭（驿舍）等事为借口，再次派遣使者致书辽朝东京留守，请求辽朝"还前赐地，其城桥弓栏亭舍悉令毁罢"③。此次高丽遣使不像以前一样仅仅请求毁弃鸭绿江浮桥和保州等，又进一步提出了"还前赐地"的问题，即高丽开始将保州之地说成是辽圣宗时赐给高丽的土地，后来被辽朝侵略和占有，理应还给高丽。由于此次高丽请还保州，仅仅是上书辽朝东京留守，没有上书辽朝皇帝，东京留守绝不敢替皇帝做主，毫无疑问，高丽的请求也会不了了之。高丽文宗十一年（1057 年）四月，高丽文宗又对大臣们说，"去年遣使请罢弓口门外邮亭，时未撤毁，又于松岭东北渐加垦田或置庵子屯畜人物，是必将侵我疆也，当亟请罢之。"高丽文宗认为辽朝在保州修建弓口门、邮亭和在保州附近开垦田地、设置庵子，是在作侵犯高丽的准备，因欲再次遣使请求辽朝毁弃保州并收回保州等地。当时，大臣们意见不一，中书省的官员认为辽朝新即位不久的道宗皇帝刚刚遣使前来册命高丽王和太子，高丽尚未遣使回谢，不宜在这个时候别有所请。高丽文宗遂决定，"先遣使谢册，继行奏请"④。后来文宗是否向辽朝"奏请"，《高丽史》没有明文记载，但据《辽史》记

①郑麟趾：《高丽史》卷 6《靖宗世家》，齐鲁书社，《四库全书存目丛书》159 册，1996 年版，第 133、134、138 页。

②郑麟趾：《高丽史》卷 6《靖宗世家》，齐鲁书社，《四库全书存目丛书》159 册，1996 年版，第 140 页。

③郑麟趾：《高丽史》卷 7《文宗世家》，齐鲁书社，《四库全书存目丛书》159 册，1996 年版，第 167 页。

④郑麟趾：《高丽史》卷 8《文宗世家》，齐鲁书社，《四库全书存目丛书》159 册，1996 年版，第 173 页。

载，高丽文宗确曾遣使向辽道宗"乞赐鸭渌江以东地"，辽道宗"不许"①，说明此次会议以后，高丽文宗确曾派遣使者出使辽朝，请求辽朝将保州等地赐给高丽。

由于高丽不像以前一样仅仅提出毁弃保州的问题，而是进一步提出了领土要求，也引起了辽朝的注意。据《高丽史》记载，高丽文宗二十九年（1075 年）七月，高丽接到"辽东京兵马都部署奉枢密院劄子，移牒请治鸭江以东疆域"，也就是说，辽朝在高丽不断提出领土要求之后，提议与高丽共同勘察和划定鸭绿江以东边界。高丽接到辽朝划界的通知以后，立即派遣"知中枢院事柳洪、尚书右丞李唐鉴"等前往鸭绿江以东辽丽边界地区，"同辽使审定地分，未定而还"②。大约是由于辽朝不承认保州等地是辽圣宗时赐给高丽的土地，而高丽则坚持说保州是辽圣宗时赐给高丽的土地，并请求收回。由于双方争议较大，难以达成一致意见，因此，这次划界也就不了了之。

辽朝和高丽的"保州"纠纷问题，虽然没有得到很好的解决，但双方都注意维持现状，保持友好往来关系。到了辽大安二年（1086 年），辽又提出在鸭绿江东保州等地设置榷场的计划，大约是高丽害怕在保州建置榷场以后会影响高丽的稳定，所以不同意在保州建置榷场，于宣宗三年（1086 年）五月派遣尚书右丞韩莹等出使辽朝，"请罢之"。后来，高丽又以为辽朝计划在保州建置榷场是对高丽别有所图，于宣宗五年（1088 年）二月，派遣"中枢院副使李颜"等，以"藏经烧香使"为名，前往"龟州（今朝鲜龟城）密备边事。"九月，高丽宣宗再次派遣"太仆少卿金先锡"等"如辽乞罢榷场"③。辽道宗对高丽的请求表示谅解，遂取消了在保州建置榷场的计划，保证了两国关系的正常发展。

后来，高丽在静州等地设置军营，增加驻军，大约与高丽害怕辽朝在保州驻军会影响高丽安全一样，辽朝也害怕高丽在静州驻军会影响辽朝的安全，遂于乾统元年（1101 年）派遣使者赴高丽"请罢静州关内军营"，高丽

---

①脱脱等：《辽史》卷115《高丽传》，中华书局，1974 年版，第 1522 页。该传将高丽文宗"乞赐鸭绿江以东地"系之于大康四年（1078 年），似为清宁四年（1058 年）之误。

②郑麟趾：《高丽史》卷 9《文宗世家》，齐鲁书社，《四库全书存目丛书》159 册，1996 年版，第 196 页。

③郑麟趾：《高丽史》卷 10《宣宗世家》，齐鲁书社，《四库全书存目丛书》159 册，1996 年版，第 217-218 页。

仿照"大安中辽欲于鸭江置亭子及榷场,我朝(指高丽)遣使请罢,辽帝听之"① 的前例,也接受了辽朝的请求,罢去静州关内军营。

辽朝后期,两国虽然都能采取一些互让政策,维护两国的和好关系,但保州问题一直未能得到很好解决,高丽意欲得到保州之心不死,到了金人起兵反辽以后,保州又成了高丽与金人交涉的一个重要问题。

二、金朝与高丽的"保州"交涉

辽朝后期,日益腐朽,女真人为了反抗辽朝统治者的剥削和压迫,于辽天庆四年(1114年)在女真首领完颜阿骨打的率领下,掀起了英勇的反辽斗争,很快就攻取了辽的宁江州(今吉林松原伯都讷古城)、出河店(今黑龙江肇源西南)、宾州(今吉林农安北)、祥州(今吉林农安境)、咸州(今辽宁开原老城)等地,并于收国元年(1115年)正月拥立完颜阿骨打即皇帝之位,正式建立金政权。

完颜阿骨打建立金政权以后,以辽政权的继承者自居,一面派遣加古撒喝率偏师前往鸭绿江下游经略保州等地,一面亲率主力大军攻取辽的达鲁古城(今郭尔罗斯前旗塔虎城)、黄龙府(今吉林农安)等地,又在护步达冈(今吉林榆树一带)大败辽军,"女真乘胜,遂并渤海、辽阳等五十四州"②。到了收国二年(1116年),金人已经将辽西及其以东地区基本上收归己有。

金太祖所率主力大军所向披靡,加古撒喝所率偏师则出师不利,他们进攻保州,"久不下",遂向金太祖请求增派援兵。金太祖在攻取黄龙府之后派遣纳合乌蠢"以百骑益之",在护步达冈打败辽天祚帝亲征大军以后,又"使斡鲁以甲士千人往"③。金太祖在进攻辽朝的关键时刻,不断派遣援兵进取保州,可见金太祖对保州的重视。

高丽对女真反辽一直十分关注,他们见辽人不断被金人打败,遂多次拒绝辽人有关联合抗金的请求,并产生了不再向辽称臣、禀辽正朔、使用辽朝年号的想法。据《高丽史》记载,高丽睿宗十一年(1116年),中书门下省官员向高丽睿宗上奏说:"辽为女真所侵,有危亡之势,所禀正朔不可行。自今公私文字,宜除去'天庆'年号,但用甲子。"高丽睿宗当即批准了中书门下官员的这一请求,自动取消了所禀辽朝正朔的年号,单方面宣布不再

①郑麟趾:《高丽史》卷11《肃宗世家》,齐鲁书社,《四库全书存目丛书》159册,1996年版,第244页。

②宇文懋昭撰,崔文印校:《大金国志校证》卷1,《太祖武元皇帝上》,中华书局,1986年版,第13页。

③脱脱等:《金史》卷135《高丽传》,中华书局,1975年版,第2884页。

向辽朝称臣。同时，高丽也产生了向金人求取他们多次向辽人请求毁弃或"收回"，但无论如何都没有办法毁弃或"收回"的保州之地，于是，高丽便于收国二年（1116年）闰正月派遣使者赴金，以"贺捷"为名，向金太祖完颜阿骨打请求说："保州本吾旧地，愿以见还。"不仅将保州说成是辽圣宗赐给高丽的土地，还以高句丽继承者自居，把保州说成是高丽的"旧地"，请求收回。金太祖虽然对保州问题的由来不甚清楚，但他还是将辽朝所有之地看成应该由金人来继承，不愿意将其地说成应该由高丽来继承。坚持认为保州原来在辽朝管辖之下，现在就应该由金人来接管的观点和主张。但当时是金军攻辽的关键时刻，金太祖一方面由于他们所占领土飞速扩展，对些小土地并不在意；一方面为了取得外援，以扩大攻辽同盟，遂对高丽采取了"友好"政策，特意对高丽使者说："尔其自取之"①，即让高丽自己去攻取保州之地。这如同宋人意欲乘金人攻辽之机，渡海请求收回燕云十六州之地一样，金太祖最初也曾和宋人说"所请之地，今当与宋夹攻，得者有之"②，也是让宋人自己去攻取。应该说，两者的性质是一样的，均反映了金太祖在攻辽的关键时刻，愿意与高丽和宋朝交好以便孤立和灭亡辽朝的愿望。

金太祖答应高丽自己去攻取保州之后，又对负责攻取保州的将帅撒喝、乌蠢等人说："若高丽来取保州，益以胡刺古、习显等军备之，或欲合兵，无得辄往，但谨守边戍"③，即告诫撒喝等将帅，不要与高丽合兵攻打保州，要在高丽派兵攻打保州之时，谨守边备，以防出现两军冲突及一些意外事故。

金太祖虽然允许高丽自己去攻取保州，但高丽并没有按照金丽之约去攻打保州，相反倒在金军攻取来远城和保州"城中食尽"之时，"遣都兵马录事邵亿送米一千石"，以接济处于穷途末路的辽军，大概是因为辽来远城统军对高丽与金人结交甚为不满，所以对高丽所献粮米，"辞不受"。到了高丽睿宗十一年（金收国二年，1116年）八月，金将撒喝等进攻保州"几陷"，高丽一面再次遣使如金，请保州，一面"遣枢密院知奏事韩曒如"等进入保州城，对保州城辽军统帅耶律宁等进行"招谕"。后来，保州守将耶律宁等

---

①脱脱等：《金史》卷135《高丽传》，中华书局，1975年版，第2884页。此事，《金史·高丽传》记在收国二年（1116年）闰正月，与《金史·太祖本纪》《金史·交聘表》记载相同；《高丽史》则记在睿宗十一年（金收国元年，1116年）八月，据考，睿宗十一年八月当为高丽再次遣使如金请求收回保州的时间。三上次男《金代女真研究》和魏志江《辽金与高丽关系考》《中韩关系史研究》均以《金史》记载为误，以《高丽史》记载为准，似不确，今不取。

②脱脱等：《金史》卷2《太祖纪》，中华书局，1975年版，第30页。

③脱脱等：《金史》卷135《高丽传》，中华书局，1975年版，第2884页。

曾再次向高丽借粮，高丽虽然没有应允，但对辽军的招抚工作一直没有停止，致使天辅元年（1117 年）三月保州城即将被金军攻下之时，保州城守将耶律宁和来远城守将常孝孙等将保州和来远城拱手献给了高丽。高丽立即遣兵"入其城，收兵仗及钱货宝物甚多"①，因此，等到金军统帅撒喝和阿实等人率军进入保州城时，"高丽兵已在城中"②。

高丽兵进入保州城以后，高丽睿宗即下诏"改抱州（保州）为义州防御使，以鸭江为界置关防"③。金太祖答应高丽自己攻取保州，是希望高丽在金人攻辽的关键时刻出兵攻取辽的保州，以造成事实上的金丽联合攻辽之势，可高丽不但没有出兵攻取保州，相反却与辽朝保持和好关系，并通过拉拢和招抚手段，在金军即将攻取保州之时，不费一兵一卒，坐享其成地占有了保州，这对于高丽来说，无疑是一大喜事，可对金人来说，不能不说是一大损失，因此，金人不能不有想法。据《高丽史》记载，高丽兵刚刚进入保州城，"金主阿骨打遣阿只等五人寄书曰：'兄大女真金国皇帝致书于弟高丽国王。自我祖考介在一方，谓契丹为大国，高丽为父母之邦，小心事之。契丹无道，陵轹我疆域，奴隶我人民，屡加无名之师。我不得已拒之，蒙天之祐获殄灭之。惟王许我和亲结为兄弟，以成世世无穷之好，仍遗良马一匹'"④。史书中没有记载此次阿骨打遣使高丽要与高丽商谈什么事情，只是说女真人曾因其始祖"从高丽来"称高丽为"父母之邦"，现在，女真人要与高丽建立"和亲"关系，并"结为兄弟"之国。根据当时金太祖遣使高丽正值高丽兵进入保州城之时分析，金太祖此次遣使高丽绝不会仅仅是商讨"结为兄弟"之国的问题，重要的是商讨保州的归属问题。根据后来的金丽交涉来看，金人在此次与高丽交涉时，并没有放弃保州的领有权，仍然坚持保州原来归辽朝所有，现有就应该归金朝所有的观点。金太祖答应高丽自己攻取保州，可高丽并没有自己攻取，而是在金人即将攻取的形势下，坐享其成的占有了保州，因此，保州不应该归属高丽，而应该归属金朝。

大约是因为金人此次遣使坚持保州应该归金朝所有，因此，高丽睿宗随后便派遣"蒲马"等人出使金朝，"请保州"。金太祖"诏谕高丽王曰：'保

---

①郑麟趾：《高丽史》卷 14《睿宗世家》，齐鲁书社，《四库全书存目丛书》159 册，1996 年版，第 296 页。

②脱脱等：《金史》卷 135《高丽传》，中华书局，1975 年版，第 2884 页。

③郑麟趾：《高丽史》卷 14《睿宗世家》，齐鲁书社，《四库全书存目丛书》159 册，1996 年版，第 296 页。

④郑麟趾：《高丽史》卷 14《睿宗世家》，齐鲁书社，《四库全书存目丛书》159 册，1996 年版，第 296 页。

州近尔边境，听尔自取，今乃勤我师徒，破敌城下。且蒲马止是口陈，俟有表请，即当别议。'"① 意思是说，保州靠近高丽边境，金太祖曾答应高丽自己攻取，但高丽自己未能攻取，"乃勤我师徒，破敌城下"，保州实际上仍由金人攻取，自然应该归属金人。但同时，金太祖又表示，保州问题不是没有商量的余地，那就是高丽必须"表请"，才可以商量，也就是说，高丽必须向金人奉表称臣，才可以"别议"。因此，金太祖首次对高丽王使用了"诏谕"一词。可见，金朝在与高丽交涉"保州"的问题上，态度开始变得强硬起来。

据史书记载，金太祖遣阿只等人出使高丽，并表示愿意与高丽"结为兄弟"之国时，一向视女真为"夷狄""人面兽心"②"贪而多诈"③的高丽就不肯接受，甚至"欲斩其使者"④，如今，金太祖提出，高丽要想得到保州，必须向金人称臣，高丽是无论如何也不能接受的，因此，他们对金太祖所提条件置之不理。

到了天辅二年（1118 年）十二月，金人反辽取得更大胜利，又遣使"诏谕高丽国王曰：'朕始兴师伐辽，已尝布告，赖皇天助顺，屡败敌兵，北自上京，南至于海，其间京府州县部族人民悉皆抚定。今遣孛菫术孛报谕，仍赐马一匹，至可领也。'"⑤ 面对金人反辽节节胜利，高丽不能无动于衷，遂于睿宗十四年（1119 年）八月遣使报聘于金，但拒绝向金人称臣，所带外交文书不但不称"表"，相反还有"况彼源发乎吾土"之语，金太祖见状，十分生气，"拒不受"⑥，双方关于"保州"的交涉陷入僵局。由于双方谈判

---

①脱脱等：《金史》卷 135《高丽传》在记载此事时，并没有明确具体时间，仅记在高丽兵进入保州城之后。《金史·太祖本纪》记载，天辅元年（1117 年）"八月癸亥，高丽遣使来请保州。"当与《金史·高丽传》所记此事为同一事。《高丽史》仅记载睿宗十二年（1117 年）三月癸丑，金主阿骨打遣阿只等五人出使高丽，未记载"蒲马"等人金。日人三上次男认为《金史·高丽传》所记此事应在收国二年（高丽睿宗十一年，1116 年）八月，实误。魏志江先生对此曾作辩证，认为高丽睿宗十一年八月和十二年八月为两次遣使，所论甚是。

②郑麟趾：《高丽史》卷 84《刑法志》，齐鲁书社，《四库全书存目丛书》161 册，1996 年版，第 262 页。

③郑麟趾：《高丽史》卷 3《成宗世家》，齐鲁书社，《四库全书存目丛书》159 册，1996 年版，第 81 页。

④郑麟趾：《高丽史》卷 97《金富仪传》，齐鲁书社，《四库全书存目丛书》161 册，1996 年版，第 469 页。

⑤脱脱等：《金史》卷 135《高丽传》，中华书局，1975 年版，第 2884 页。《高丽史》将此事系于睿宗十四年（天辅三年，1119 年）二月，但从内容分析，当在金天辅四年（1120 年）攻取辽上京之后，待考。

⑥郑麟趾：《高丽史》卷 14《睿宗世家》，齐鲁书社，《四库全书存目丛书》159 册，1996 年版，第 301 页。

不谐，高丽害怕金人发兵来攻，遂"增筑长城三尺"，加强边备。金朝边吏获悉高丽在边境地区屯兵，并增修长城，遂"发兵止之"，高丽不从。这时，正值金朝发兵灭亡辽朝的关键时期，故金太祖对高丽增筑长城，采取了忍让和克制态度，告诫边吏"毋得侵轶生事，但慎固营垒，广布耳目而已"①。

金太祖于天辅四年（1120 年）攻取辽上京（今内蒙古巴林左旗南波罗城），天辅六年（1122 年）正月攻取辽中京（今内蒙古宁城西大明城），四月又以破竹之势攻取了辽西京（今山西大同），年底，兵不血刃，占领了辽南京（即燕京，今北京），辽天祚帝西遁，辽朝基本被金人灭亡。天辅七年（1123 年），金太祖在将燕京及其六州土地交还北宋以后，在率兵北返途中病逝，其弟吴乞买继位，是为金太宗。

金太宗即位以后，即遣使高丽，"复以辽帝亡入于夏国报之"，高随、斜野奉命出使高丽，"至境上，接待之礼不逊"，即高丽反对按照臣下之礼接待金朝使者，"随等不敢往"，急忙请示金太宗，金太宗曰："高丽世臣于辽，当以事辽之礼事我，而我国有新丧，辽主未获，勿遽强之。"金太宗虽然坚持高丽应该向臣事于辽一样臣事于金，但因金太祖病逝及未能捉获辽天祚帝，不愿意激化两国矛盾，"命高随等还"②。

这时，新任高丽国王仁宗由于对金朝势力认识不足，坚决反对向金称臣，继续扩军备战，招纳保州等地人口，并试图与即将灭亡的辽朝残余势力结盟以自保，导致两国关系迅速恶化，并发生一些小规模冲突。

天会三年（1125 年）五月，高丽仁宗听说金军捉获天祚帝，大吃一惊，急忙"遣司宰少卿陈淑、尚衣奉御崔学鸾如金。金以国书非表又不称臣，不纳"。天会四年（1126 年）二月，金朝斡离不（宗望）大军迫使宋朝交纳大量金银财宝以及割让太原（今山西太原）、中山（今河北定县）、河间（今河北河间）三镇以后，率军北返。三月，高丽仁宗听说金兵打败了北宋，急忙召集大臣会议，决定向金称臣。四月，遂"遣郑应文、李侯如金"，表示愿意"称臣"③。金太宗见高丽同意称臣，非常高兴，"优诏答之"，随即派遣高伯淑、乌至忠等出使高丽，在高伯淑等人临行之前，金太宗指示说："凡遣使往来当尽循辽旧，仍取保州路及边地人口在彼界者，须尽数发还。"如果高丽"一一听从，即以保州地赐之。"高伯淑等到达高丽，高丽仁宗"附

---

①脱脱等：《金史》卷 135《高丽传》，中华书局，1975 年版，第 2885 页。

②脱脱等：《金史》卷 135《高丽传》，中华书局，1975 年版，第 2885 页。

③郑麟趾：《高丽史》卷 15《仁宗世家》，齐鲁书社，《四库全书存目丛书》159 册，1996 年版，第 313 页。

表谢，一依事辽旧制"①，即高丽按照向辽称臣礼仪接待金使，但在附表中强调保州本高句丽旧地，应该归属高丽，引起金太宗不满。金太宗坚持对原辽朝领土具有所有权，称将保州之地交与高丽，是"朝廷不爱其地，特行割赐"②，不能以为理所当然。同时，要求高丽归还保州等地流入高丽的女真人户，并令高丽向金朝献上称臣誓表。在金朝强势压力之下，高丽于仁宗七年（金天会七年，1129 年）十一月，"遣卢令琚、洪若伊如金进誓表"，完成了向金称臣的最后一道手续。这时，金太宗正派遣完颜宗弼（兀术）等穷追逃入南海的宋高宗，见高丽遣使前来进纳誓表，自然十分高兴，但对高丽仍以保州等地流入高丽的人口皆已"物故"为借口不欲遣还，甚为不满，仍然坚持追索保州等地逃入高丽的户口。天会八年（1130 年）十二月，高丽仁宗又派遣左司郎中金瑞等人使金，"请免追索保州投入人口"③。金朝开国功臣完颜勖向金太宗上书谏曰：

"臣闻德莫大于乐天，仁莫先于惠下。所索户口，皆前世奸宄叛亡、乌蠢、讹谟罕、阿海、阿合束之绪裔。先世绥怀四境，尚未宾服，自先君与高丽通，闻我将大，因谓本自同出，稍稍款附。高丽既不听许，遂生边衅，因致交兵，久方连和，盖三十年。当时壮者今皆物故，子孙安于土俗，婚姻胶固，征索不已，彼固不敢稽留，骨肉乖离，诚非众愿。人情怨甚可愍者，而必欲求为己有，特彼我之蔽，非一视同仁之大也。国家民物繁多，幅员万里，不知得此果何益耶。今索之不还，我以强兵劲卒取之无难。然兵凶器，战危事，不得已而后用。高丽称藩，职贡不缺，国且臣属，民亦非外。圣人行义，不责小过，理之所在，不俟终日。臣愚以为宜施惠下之仁，弘乐天之德，听免征索，则彼不谓己有，如自我得之矣。"④

完颜勖以保州等地流入高丽的人口，早已"安于土俗"，以及"国且臣属，民亦非外"之说，劝金太宗不必索取保州等地流入高丽的女真人口。金太宗采纳了完颜勖的建议，答应了高丽关于"乞免索保州亡入边户"的请求，不再索取"保州亡入高丽户口""自是保州封域始定"⑤。金朝与高丽关于"保州"的交涉终于告一段落，金朝与高丽的疆域也最后确定下来：金朝

---

①脱脱等：《金史》卷 135《高丽传》，中华书局，1975 年版，第 2885 页。

②郑麟趾：《高丽史》卷 15《仁宗世家》，齐鲁书社，《四库全书存目丛书》159 册，1996 年版，第 326 页。

③郑麟趾：《高丽史》卷 16《仁宗世家》，齐鲁书社，《四库全书存目丛书》159 册，1996 年版，第 334 页。

④脱脱等：《金史》卷 66《完颜勖传》，中华书局，1975 年版，第 1558-1559 页。

⑤脱脱等：《金史》卷 135《高丽传》，中华书局，1975 年版，第 2886 页。

与高丽的分界与辽朝与高丽的分界相比，除了金朝将保州一带赐给高丽，双方以鸭绿江下游入海地段为界以外，其余分界没有变化，仍以清川江流域为界，即高丽定州（治所在今朝鲜咸镜南道定平）以北归属金朝，以南归属高丽。

三、从"保州"交涉看辽金与高丽的外交思想和政策

从上述辽金与高丽的"保州"交涉中，可以看出，辽金在土地（包括各种物质利益）和名分的问题上，更重视名分，对高丽一直采取"仁者""友善"外交；高丽在土地和名分的问题上，虽然也重视名分，但比较起来则更加重视功利（包括土地等各种物质利益），对辽金实行重视功利主义的"智者""事大"外交政策。

1. 辽金对高丽的外交思想和政策

辽金政权建立之初，以经略中原为其主要发展方向，因此对周边各族尽力拉拢，对高丽也采取"友善"的外交政策。

辽太祖耶律阿保机在高丽政权建立之后，即主动遣使高丽"遗橐驼、马及毡"[1] 等，辽太宗即位以后，也主动遣使高丽"遗橐驼五十匹"[2] 等，就是要与高丽建立"友好"关系。然而，高丽太祖王建却视契丹为"禽兽之国"[3]，对契丹灭亡渤海后阻止其北向扩张，占领原渤海的领土，大为不满，将辽太宗派往高丽的使者30余人流放海岛，对契丹实行"不友好"政策。面对高丽的不友好之举，契丹为了顾全大局，并没有马上对高丽用兵。之后，高丽北扩不已，严重地影响了契丹利益，契丹才于统和十年（992年）出兵大举征伐高丽。契丹征伐高丽的主要目的是要收回被高丽占领的原渤海之地，即按高丽人徐熙的分析也是为了收回被高丽攻占的女真之地（即安北府及其以北的嘉州、松城等地）。据《高丽史·徐熙传》记载，高丽面对契丹大举来攻，曾想"割西京（今朝鲜平壤）以北与之，自黄州（今朝鲜黄海北道黄州，位于大同江下游）至岊岭（即慈悲岭，在今朝鲜黄海北道黄州的凤山至瑞兴之间）画为封疆。"即按徐熙之意图也有意将安北府（治所在今朝鲜平安南道安州，位于大同江中游）以北的女真之地归还契丹。可在契丹

①郑麟趾《高丽史》卷1《太祖世家》，齐鲁书社，《四库全书存目丛书》159册，1996年版，第53页。

②郑麟趾：《高丽史》卷2《太祖世家》，齐鲁书社，《四库全书存目丛书》159册，1996年版，第65页。

③郑麟趾：《高丽史》卷2《太祖世家二》，齐鲁书社，《四库全书存目丛书》159册，1996年版，第66页。

与高丽谈判中，契丹不但没有收回原渤海之地或高丽攻占的女真之地，反而以高丽称臣为条件又额外"取女直鸭绿江东数百里地"赐给了高丽①。这不仅说明契丹具有与高丽交好之意，也说明契丹在土地和名分的问题上，更加重视名分。只要高丽同意称臣，两国交好，其余之事均好商量，不管是土地还是其他物资，契丹都会在所不惜。然而，高丽答应对契丹称臣以后，并没有完全履行臣下之职责，没有按时前来朝贡，康肇（兆）废弃穆宗另立显宗，也没有像臣下属国一样向契丹请示并求得契丹的册封，又秘密与宋朝往来等，根本没有像臣下一样视辽朝为"君主"之国，表面向辽朝称臣不过是一个虚名而已。辽朝发现高丽没有履行自己的承诺，大为恼怒，于是又有了反悔之意，再次出兵收取"六城"等地。契丹两次出兵失败，收回"六城"的愿望又以高丽同意称臣而不了了之。战后，辽朝虽然没有答应高丽有关毁弃和收回保州的请求，但也不再索取六城，且积极与高丽保持和好关系。对高丽不予借道进入女真地区、以大延琳叛乱为借口不来朝贡，并没有大为恼怒；对高丽与宋朝往来不再指责；就是对高丽德宗断绝外交关系也未大动干戈；对高丽请求辽朝不要在保州等地设置権场也欣然应允。充分说明辽朝对高丽确实是在实行一种"友善"的外交政策，注意保持两国的和好关系。

金人对高丽也实行"友善"的外交政策。有人以为，女真最初实行"视高丽为'父母之邦'的自卑外交政策"，其实不然，据查，在《高丽史》等著作中，女真称高丽为"父母之邦"只有两次，一次是在睿宗四年（1109年）六月，女真人裹弗、史显等出使高丽，曾向高丽王上奏说："昔我太师盈歌尝言，我祖宗出自大邦，至于子孙，义合归附。今太师乌雅束亦以大邦为父母之国"②。这是在高丽攻占曷懒甸女真地区以后修筑九城，女真派遣使者请求收回九城之地时所说的话，不无讨好和拉关系之意，也就是说，这时的女真具有愿意与高丽建立"友好"关系之意。第二次就是天辅元年（1117年）三月，在金军即将攻取保州之地时契丹人将保州献于高丽，金太祖为了求取保州（或者说是与高丽交涉保州），特利用女真始祖函普"从高丽来"的关系，向高丽王说了有关高丽是"父母之邦"的话，实际上，也不无讨好和拉关系之意。但同时，金太祖又提出了与高丽结为"兄弟之国"的问题，所以不能说女真称高丽为"父母之邦"就是自卑的外交，实际上，是

---

①脱脱等：《辽史》卷13《圣宗纪四》，中华书局，1974年版，第143页。此事，《高丽史》记在成宗十三年，即辽统和十二年。

②郑麟趾：《高丽史》卷13《睿宗世家》，齐鲁书社，《四库全书存目丛书》159册，1996年版，第271页。

在特殊的情况下，实行的一种积极主动的并希望与高丽建立"友好"关系的外交。

金太祖答应高丽自己攻取保州，也是希望与高丽建立友好关系的举措。那时，金人攻辽，前途未卜，且保州并不在金人手中，金太祖不过是用辽朝的土地卖个人情，以收到与高丽建立"友好"关系并实现联合攻辽的奇效。完全是对高丽的一种"友善"行为。但后来，高丽不但没有与金人共同攻辽，反而在金兵即将攻取保州之时，不劳而获地占领了保州，不能不引起金人的不满，但金太祖仍然采取克制态度，耐心地与高丽进行和平交涉。后来，高丽增筑长城，在边境地区增驻军队，加强边备，金太祖仍然采取忍让和克制态度，告诫边吏"毋得侵轶生事，但慎固营垒，广布耳目而已。"边将请求"益兵"，金太祖并没有答应，只是对其"分列屯戍，以固封守"，加以肯定，对于高丽可能出现的与辽朝"交通"之事，也只是告诫边将"常遣人侦伺"[①] 而已。金太宗即位以后，继续实行对高丽"友善"的外交政策。高丽仁宗即位以后，欲结辽自保，对金态度有所变化。天会二年（1124 年）五月，曷懒路军帅完颜忽剌古等向金太宗上奏说："往者岁捕海狗、海东青、鸦鹘于高丽之境，近以二舟往，彼乃以战舰十四要而击之，尽杀二舟之人，夺其兵仗。"对于高丽蓄意制造事端，金太宗仍然采取忍让态度，谓"以小故起战争，甚非所宜。今后非奉命，毋辄往。"七月，鹘实答等人又向金太宗上奏说："高丽纳吾叛亡，增其边备，必有异图。"金太宗又指示说，"纳我叛亡而弗归，其曲在彼。凡有通问，毋违常式。或来侵略，整尔行列，与之从事。敢先犯彼，虽捷必罚。"戒谕将帅，如果首先攻打高丽，即使打赢了，也要受到处罚。后来，仅仅"命南路军帅阇母，以甲士千人益合苏馆路孛菫完颜阿实赍，以备高丽"[②] 而已。正是由于金太祖和金太宗对高丽实行"友善"的忍让和克制的外交政策，才避免了金朝与高丽的军事冲突，既保证了金朝灭辽取宋战争的顺利进行，又保证了金朝与高丽关系的和平发展。

金朝虽然对高丽实行"友善"的外交政策，但在领土和名分等重大事非问题上，却不含糊。保州等地，实际上是女真人活动和生活地区（包括辽朝赐给高丽的鸭绿江东数百里所建六城等地，都是女真人活动地区），之前是渤海人控制地区，渤海人控制之前一度为唐朝直接管辖，唐朝直接管辖之前才是高句丽人控制地区。高丽人以高句丽人继承者自居，将年代如此久远的高句丽地区说成是他们的"旧地"，无论怎么说都过于牵强。因此，金太祖、

---

① 脱脱等：《金史》卷 135《高丽传》，中华书局，1975 年版，第 2886 页。
② 脱脱等：《金史》卷 3《太宗纪》，中华书局，1975 年版，第 51 页。

金太宗一直坚持对保州之地的所有权,在他们与高丽交涉过程中,从来没有说过保州之地应该归属高丽,他们同意将保州之地交给高丽,也没有说过"还"或"归还"之类的话,只是说了"赐"或"割赐"之类的话,说明,金朝对保州等地的所有权问题并没有含糊。

金朝虽然对土地所有权毫不含糊,但由于他们受中原天朝大国思想的影响,在土地和名分的问题上,更加重视名分。史载,女真人在建国之前,曾有一部分女真人臣附于高丽,但女真人建国以后,立即走上了独立发展的道路,并及时地向高丽提出"结为兄弟"之国的要求,名义上要与高丽对等交往,但金人以"兄"自居,降高丽人为"弟",实际上还是想在金丽交往中居于主导地位。随着女真反辽事业的发展,控制地区的扩大,金人开始效仿辽朝,意欲取代辽朝在东亚国际秩序中的主导地位,开始要求高丽也要像对辽朝称臣一样,向金朝称臣,并利用"保州"交涉问题,最终达到了这一目的。高丽答应向金朝称臣,金朝也就毫不犹豫地将"保州"之地"割赐"给了高丽(当然,这也与金太祖有言在先、金人不愿意失信有关)。也是因为同样的原因,金人开始将高丽臣民看成是自己的臣民,对保州等地流入高丽的女真人户也不再追索了。

可见,辽金在土地人口和名分等问题上,更加重视名分,有了名分,其余之事均好商量。这就是辽金对高丽的外交思想和政策。

2. 高丽对辽金的外交思想和政策

高丽在与辽金交往之时,虽然也重视名分,但更加重视实际利益。最初,高丽为了发展自己的势力,积极北扩,曾与后晋、北宋交往,但在北宋雍熙三年(986年)北伐辽朝之时,北宋请求高丽出兵援助,高丽知道北宋曾被辽朝打败,不敢出兵相帮,但又怕得罪宋朝,只好口头答应出兵,实际上则以种种借口拖延发兵,致使战事结束,高丽之兵仍然没有发过来。到了辽统和十年(992年),辽为了收回原渤海之地以及被高丽攻占的女真之地,大举进攻高丽,高丽亦曾向宋朝请求援助,宋朝也未出兵相帮。高丽开始意识到,在宋、辽两个政权之间,辽朝似乎是更强大的一方,于是,高丽不惜向辽称臣,倒向强大一方。高丽在向辽称臣之时,不但请求辽朝不再收取原渤海和高句丽之地以及被高丽攻占的女真之地,而且还要求辽朝将鸭绿江东数百里土地割赐高丽。辽朝则毫不犹豫地将"女直鸭绿江东数百里地"赐给了高丽。显然,高丽不过是以称臣之虚名,换取了大片土地,获得了重大实际利益。然而,高丽向辽称臣并获得了"女直鸭绿江东数百里地"以后,并没有完全倾心于辽朝,而是仍然游移于辽、宋之间,既向辽称臣,又向宋称臣,并不断根据宋辽势力的消长调整自己的对辽宋政策,意欲从辽宋两个政

从复数"中国"到单数"中国"

——试论统一的多民族的"中国"及其疆域的形成

学界对中国历史疆域问题认识不一,主要原因还是"以谁代表中国"的问题没有形成共识,有人主张以汉族及其政权代表中国,有人主张以中原王朝代表中国,也有人主张以中原统一王朝的疆域代表中国的疆域等等。笔者认为应该以华夏汉族和各个少数民族及其政权共同代表中国。按此认识问题,中国古代社会无疑存在一种"多中国"现象。罗志田先生曾依据春秋战国时期周、卫、齐、鲁、晋、宋、郑等国都称"中国"的现象指出:"居天下之中的'中国'概念""有一个由复数到单数的过程""'中国'实是一个外沿未严格界定的实体和概念"。这种认识无疑具有远见卓识,颇能给人以启发。但他同时又认为:"到中国的概念变为单数时,大致已是夷夏以地分的局势基本固定之后了",到了秦统一以后"复数的诸夏已成为单数的统一之华夏,夷夏关系由以众对众变为以一对众",也就是说,到了秦统一之后,复数的"中国"就已经变成了单数的"中国",并将"中国"限定在"华夏人居住"的"政教所及之区"[①],恐怕还有进一步研究的余地。因为,秦统一以后各个政权仍然没有用"中国"一词作为自己政权的国号,"中国"一词既是地域概念,又用来指称政权,同时又是一种美称,因此,不仅汉族及其政权自称"中国",少数民族及其政权也自称"中国""中国"的概念仍然存在复数现象,如魏、蜀、吴三国,五代十国时期的"十国"等,都存在复数"中国"的现象,应该说,直至元朝,"中国"才由复数转变为单数,明朝时期稍有反复,到了清朝,作为单数概念的"中国"最终确定下来。本文试图对这一问题作进一步探讨,以便为探讨统一的多民族的"中国"以及中国历史疆域形成问题提供一种新的思路。不正确之处,敬请专家学者批评指正。

---

①罗志田:《先秦的五服制与古代的天下中国观》,《学人》第10辑,江苏文艺出版社,1996年;收入氏著《民族主义与近代中国思想》,(台湾)东大图书股份有限公司,1998年,第1-34页。

一、中国古代少数民族及其政权多自称"中国"

中国古代"中国"一词的涵义很多，但并没有出现用"中国"一词作为国号的政权，说明"中国"一词在古代主要的并非仅仅是一个政权的名称[①]，并非为某一个民族或政权所独有。

中国古代，华夏和汉族虽然都没有建立一个以"中国"为国号的政权，但他们大多自称"中国"，这已经成为大家所熟知的事情。同时，少数民族及其政权也积极地认同于中原政权及其华夏和汉族政权，常常以华夏、汉族政权的继承者自居，也自称"中国"。

司马迁在《史记·匈奴列传》中曾说"匈奴，其先祖夏后氏之苗裔也，曰淳维"，《索隐》称"乐产[②]《括地谱》云'夏桀无道，汤放之鸣条，三年而死。其子獯粥妻桀之众妾，避居北野，随畜移徙，中国（中原）谓之匈奴'。其言夏后苗裔，或当然也。"[③]《汉书》《后汉书》沿袭司马迁的说法，胡三省《资治通鉴》音注也说"匈奴，淳维之后，本夏后氏之苗裔。"[④] 均认为匈奴是夏桀之子的直接后裔，也就是夏后氏大禹的后裔，禹是黄帝的后裔，匈奴也就成了黄帝的后裔。司马迁等人有关匈奴人是"炎黄子孙"的说法，恐非完全杜撰，应该是采自于匈奴人自己的认识。见诸于其后的记载，完全可以证明这一点。据《晋书》记载，魏晋十六国时期，建立汉政权的一支匈奴人即承认司马迁等人关于"匈奴，其先祖夏后氏之苗裔"的说法，以"汉高祖以宗女为公主，以妻冒顿，约为兄弟，故其子孙遂冒姓刘氏"[⑤]，"自谓其先本汉室之甥"[⑥]。因此，匈奴人刘渊在建立政权之时，拒绝其叔父刘宣恢复"匈奴"国号的建议，特定国号为"汉"，声称"汉有天下世长，恩德结于人心""吾又汉氏之甥，约为兄弟，兄亡弟绍，不亦可乎？且可称汉"，就是以汉高祖刘邦的传人自居，要继承两汉之统，光大两汉之业，遂"立汉高祖以下三祖五宗神主而祭之"[⑦]。

匈奴人赫连勃勃建立政权之时，也"自以匈奴夏后氏之苗裔也"，特定

---

①赵永春：《中国古代的"中国"与"国号"的背离与重合》，《学习与探索》，2008 年第 4 期。

②乐产：《资治通鉴》注作"乐彦"。

③司马迁：《史记》卷 110《匈奴列传》，中华书局，1959 年版，第 2879-2880 页。

④司马光：《资治通鉴》卷 6《秦纪一》，始皇帝三年（前 244 年）条，中华书局，1956 年版，第 205 页。

⑤房玄龄等：《晋书》卷 101《刘元海载记》，中华书局，1974 年版，第 2645 页。

⑥司马光：《资治通鉴》卷 75《魏纪七》，嘉平三年八月条，中华书局，1956 年版，第 2391 页。

⑦房玄龄等：《晋书》卷 101《刘元海载记》，中华书局，1974 年版，第 2649-2650 页。

国号为"大夏"。他曾明确表示"朕大禹之后,世居幽朔",建立大夏政权,目的就是要"复大禹之业"①。赫连勃勃强调自己是"大禹之后",要"复大禹之业",完全把自己说成是黄帝的后人,视自己所建政权为"中国"。

羯族人石勒建立后赵,"据赵旧都"②,是以战国时期被人们视为"中国"的华夏人建立的赵国为继承对象③,并按照"五德终始"学说,以继承西晋金德为水德自居,试图跻身为"中国正统"之行列。据《晋书》记载,石勒曾担心:"吴蜀未平,书轨不一,司马家犹不绝于丹杨,恐后之人将以吾为不应符箓",完全道出了他意欲为"中国正统"的意愿。徐光曾劝慰石勒说"魏承汉运,为正朔帝王,刘备虽绍兴巴蜀,亦不可谓汉不灭也。吴虽跨江东,岂有亏魏美?陛下既苞括二都,为中国帝王,彼司马家儿复何异玄德,李氏亦犹孙权。符箓不在陛下,竟欲安归?"明确表示石勒没有完成全国统一,也可以称"中国帝王"④。说明羯族人石勒建立的后赵政权,一直以"中国"自居。

据《晋书·慕容廆载记》记载,十六国时期建立五燕政权的慕容鲜卑"其先有熊氏之苗裔,世居北夷,邑于紫蒙之野,号曰东胡"。《十六国春秋·前燕录》则更加具体地说"昔高辛氏游于海滨,留少子厌越以君北夷,邑于紫蒙之野,世居辽左,号曰东胡",慕容鲜卑即是东胡之后,也就是高辛氏之后。有熊氏即黄帝,高辛氏帝喾是黄帝的后代,东胡族是帝喾少子厌越的后代,也就是黄帝的后代,由东胡族分出来的鲜卑族自然也就是黄帝之后了。以"炎黄子孙"自居的慕容鲜卑后来建立燕国,声称"远遵周室,近准汉初"⑤,即以周初封召公奭于燕建立燕国和汉初封卢绾于燕重建燕国为继承对象。慕容儁"自谓获传国玺,改元元玺",并对东晋使者说"汝还白汝天子,我承人乏,为中国所推,已为帝矣!"⑥后来又按照"五德终始"学说,以继承后赵水德为木德自居,也希望跻身于"中国正统"行列。

建立前秦政权的氐人也声称"其先盖有扈之苗裔,世为西戎酋长"⑦,有扈氏为大禹之后,也就是说氐人也称自己为黄帝的后人。苻坚建立前秦以

①房玄龄等:《晋书》卷130《赫连勃勃载记》,中华书局,1974年版,第3202、3205页。
②房玄龄等:《晋书》卷104《石勒载记上》,中华书局,1974年版,第2721页。
③司马光:《资治通鉴》卷98胡三省在为"赵人"做注时说"赵人,谓中国人也",虽非为羯人石勒建立后赵做注,但所论"赵人"为"中国人"的精神应该是一致的。
④房玄龄等:《晋书》卷105《石勒载记下·石弘》,中华书局,1974年版,第2753页。
⑤房玄龄等:《晋书》卷108《慕容廆载记》,中华书局,1974年版,第2810-2811页。
⑥司马光:《资治通鉴》卷99《晋纪二十一》,永和八年十一月丁卯条,中华书局,1956年版,第3131页。
⑦房玄龄等:《晋书》卷112《苻洪载记》,中华书局,1974年版,第2867页。

后，也按"五德终始"学说，以继承慕容燕木德为运，确立自己政权为火德，也标榜自己的政权为"中国"正统。《晋书·鸠摩罗什传》记载，符坚听说天竺佛教徒鸠摩罗什很有才学，"密有迎罗什之意。会太史奏云：'有星见外国分野，当有大智入辅中国。'"《晋书·符坚载记下》记载，符坚派兵"讨定西域，符融以虚耗中国，投兵万里之外，得其人不可役，得其地不可耕，固谏以为不可。"这两条史料所说的"中国"，都是指占据中原地区的前秦。

《晋书·姚弋仲载记》记载，建立后秦的羌人"其先有虞氏之苗裔"，有虞氏即帝舜，他们认为"禹封舜少子于西戎，世为羌酋"。卢水胡人沮渠蒙逊也说，羌人"姚氏舜后，轩辕之苗裔也"①，轩辕即黄帝，说明不但羌人把黄帝看成了自己的始祖，就是其他少数民族也承认羌人是黄帝的后裔。羌人姚苌建立后秦，也是以秦为继承对象，寓有继承华夏、汉族政权为"中国"之意。

拓跋鲜卑建立北魏，更是以"炎黄子孙"自居，标榜自己是"中国"正统。《魏书·序纪》称"昔黄帝有子二十五人，或内列诸华，或外分荒服，昌意少子，受封北土，国有大鲜卑山，因以为号"。建立北魏政权的拓跋鲜卑人以黄帝之子昌意少子为自己的直接祖先，他们认为"黄帝以土德王，北俗谓土为托，谓后为跋"②，因称自己为鲜卑拓跋氏。拓跋鲜卑人建立以"魏"为国号的北魏政权，是因为"魏者，大名，神州之上国也"，胡三省注称"战国之时，魏为大国。中国谓之神州。"③ 显然是以战国时期华夏人建立的魏国和三国时期汉人建立的曹魏为继承对象，是自称"中国"的一种表现。何德章认为拓跋鲜卑以"魏"为国号，按"五德终始"学说，先以继承符秦火德为土德自居，后改为承晋金德为水德，都是为了与晋争夺中华正统④，所论甚是。北魏自称"中国"，不但得到境内人士的认可，也得到北方少数民族的赞同。如，蠕蠕（柔然）豆仑可汗时，"其臣侯医垔、石洛候数以忠言谏之，又劝与国通和，勿侵中国"⑤，这里所说的"中国"，就是指拓跋鲜卑建立的北魏政权。西魏末年"突厥以（史）宁所图必破，皆畏惮

---

①房玄龄等：《晋书》卷129《沮渠蒙逊载记》，中华书局，1974年版，第3198页。

②魏收：《魏书》卷1《序纪》，中华书局，1974年版，第1页。

③司马光：《资治通鉴》卷110《晋纪三十二》，隆安二年六月丙子条，中华书局，1956年版，第3471页。

④何德章：《北魏国号与正统问题》，《历史研究》，1992年第3期。

⑤魏收：《魏书》卷103《蠕蠕传》，中华书局，1974年版，第2296页。

之,咸曰:'此中国神智人也'"①,所说"中国"应该指宇文泰建立的西魏政权,说明蠕蠕、突厥等少数民族承认鲜卑人建立的北魏、西魏等政权是中国。

五代十国时期,以沙陀人为统治者建立的后唐、后晋、后汉也都自称"中国"。沙陀人李克用、李存勖以唐朝的继承者自居,特定国号为"唐";沙陀人石敬瑭建立后晋,以先秦时期华夏人建立的晋国以及汉人建立的西晋、东晋为继承对象,后晋大臣景延广曾对契丹说"先皇帝北朝所立,今天子中国自册,可以为孙,而不可为臣"②,认为石敬瑭是契丹所立,石重贵则是"中国"自立,完全以"中国"自居,已经成为学界普遍承认的事实;沙陀人刘知远"居于太原,及得中国,自以姓刘,遂言为东汉显宗第八子淮阳王昞之后,国号曰汉"③,也以"中国"自居;建立北汉的沙陀人刘崇"以(汉)高祖之业一朝坠地"④,欲绍袭高祖之业,也以继承汉人建立的两汉政权自居,视自己的政权为"中国"。

宋辽金时期,契丹人建立的辽政权,自称是"中国"。《辽史·刘辉传》曾记载,辽道宗时期,太子洗马刘辉曾上书说,"西边诸番为患,士卒远戍,中国之民疲于飞挽,非长久之策。为今之务,莫若城于盐泺,实以汉户,使耕田聚粮,以为西北之费。'"⑤ 刘辉在这里所使用的"中国"一词,就是指辽人,主要指契丹人,而"诸蕃"一词则指辽朝周边的少数民族。契丹人为了表明自己是中国正统王朝,用契丹文字称自己建立政权的国号为"大中央契丹辽国"或"大中央辽契丹国",所使用的"大中央"一语就是"大中国"的意思⑥。契丹自称"中国",不但得到以后各个朝代的承认,也得到境外各个政权的承认。姚从吾先生曾指出,"大陆邻邦,如俄罗斯、波斯(伊朗)等国,称我国为 Ki-tan 或 Ki-tai""确是导源于第十第十一世纪建立辽朝的契丹,或西辽(喀剌契丹)"。又说,"蒙古文中'中国'与'乞塔'有时不分,更与'契丹'有关。至于英文德文 China 以外,在诗歌或书名中,有时

①令狐德棻等:《周书》卷28《史宁传》,中华书局,1971年版,第468页。

②欧阳修:《新五代史》卷29《晋臣·景延广传》,中华书局,1974年版,第322页。

③司马光:《资治通鉴》卷286《后汉纪一》,胡三省注,中华书局,1956年版,第9327页。

④司马光:《资治通鉴》卷290《后周纪一》,中华书局,1956年版,第9454页。

⑤脱脱等:《辽史》卷104《刘辉传》,中华书局,1974年版,第1455页。

⑥辽朝的国号,有时称辽,有时称契丹。据刘凤翥先生研究,在汉字文献称国号为契丹的时期,在契丹文字中记录的国号是"大中央契丹辽国",在汉字文献称国号为辽的时期,在契丹文字中记录的国号是"大中央辽契丹国",刘凤翥认为,"大中央契丹辽国"和"大中央辽契丹国"中"中央"的"中"也可视为"中国"的"中"。(参见刘凤翥《从契丹文字的解读探讨辽代中晚期的国号》,载《辽金契丹女真史研究》,2006年第2期)。

也称我国叫 Cathay 或 Kathay，它的意思是指'古代北中国'，自然也是契丹的转译"① 等等②。

与辽宋大体处于同一时期的回鹘人建立的喀喇汗王朝（黑汗王朝），其统治者自称"桃花石汗"，也是自称"中国"之汗的意思③。喀喇汗王朝学者麻赫默德·喀什噶里（又译马哈茂德·喀什噶里、马合木德·喀什噶里等）编写的《突厥语大词典》在对"桃花石"进行释义时，曾用"上秦"指称宋朝，"中秦"指称契丹，"下秦"指称喀喇汗王朝控制的喀什噶尔等地④。胡三省《资治通鉴注》称"汉时匈奴谓中国人为秦人"⑤，又说"秦威服四夷，故夷人率谓中国人为秦人"⑥，麻赫默德·喀什噶里称宋朝、契丹和喀喇汗王朝为"秦"，就是称这几个政权为"中国"的意思。

党项族李元昊建立的西夏，以"夏"为国号，也是袭用历史上"夏"的国号，寓有继承华夏、汉族政权之意。王炯、彭向前认为，西夏文献中记载的西夏国号"大白高国""白高大夏国"即是西夏按照"五德终始"学说，以"继唐王朝土德之后取金德为正统"⑦ 的意思，表明西夏也以中国正统自居。

金人也自称"中国"。《金史》一书，"中国"一词共出现 14 次，除了 3 次指中原地区以外，其余均指金朝。如《完颜纲传》记载，依附于宋朝的吐蕃族系人青宜可等"以宋政令不常，有改事中国之意"⑧，《独吉思忠传》记载，独吉思忠说："宋虽羁栖江表，未尝一日忘中国，但力不足耳"⑨，所说的"中国"都是指金朝。金人自称"中国"，虽不为大多数宋人所接受，但也有人依据中原即中国的理念，承认金人占据的中原地区是中国，并引申金朝为中国。如陈亮就曾在上孝宗皇帝书中，劝皇帝不要"忘君父之大仇，而

---

①姚从吾：《契丹汉化的分析——从契丹汉化看国史上东北草原文化与中原农业文化的合流》，《大陆杂志》第 4 卷第 4 期，1952 年。

②赵永春、李玉君：《辽人自称"中国"考论》，《社会科学辑刊》，2010 年第 5 期。

③关于桃花石的语源和语义，人们认识不一，主要有"大魏""唐家""大贺氏""拓跋""天子""敦煌或太岳""大汗""大汉"等多种说法。多数学者认为是"拓跋"之意。

④麻赫默德·喀什噶里，校仲彝等译：《突厥语大词典》，民族出版社，2002 年版。

⑤司马光：《资治通鉴》卷 22《汉纪十四》，征和四年三月丁巳条，胡三省注，中华书局，1956 年版，第 739 页。

⑥司马光：《资治通鉴》卷 47《汉世三十九》，章和二年十月乙亥条，胡三省注，中华书局，1956 年版，第 1518 页。

⑦王炯、彭向前：《"五德终始说"视野下的西夏国名"大白高国"》，《青海民族学院学报》，2009 年 3 期。

⑧脱脱等：《金史》卷 98《完颜纲传》，中华书局，1975 年版，第 2175 页。

⑨脱脱等：《金史》卷 93《独吉思忠传》，中华书局，1975 年版，第 2064 页。

置中国与度外",建议经略荆襄,"以争衡于中国"①,所使用的"中国"一词,也是指中原地区及占据中原地区的金朝。②

蒙古族建立的元朝也自称"中国",如元世祖忽必烈在给日本的国书中就有"朕惟日本自昔通好中国"等语③,称包括元朝在内的中国历史上的各个政权为"中国",而将日本、高丽、安南、缅国、占城、暹国、爪哇等国列为"外夷"。

满族建立的清朝更是自称"中国",康熙二十八年(1689 年),清朝在同沙俄签订《中俄尼布楚议界条约》时,正式使用"中国"一词代替"大清"。此后,"中国"一词正式成为大清的代名词。

可见,在中国历史上,被汉人视为"夷狄"不是"中国"的少数民族,并没有认为"中国"一词应该为汉人所独有,他们曾依据"中国"一词的不同概念,根据自己的需要,在不同时期取"中国"一词的不同涵义而自称"中国",表明他们也是"中国"的一部分。这应该是中国自秦统一之后仍然存在一定程度的"复数"现象的一种表现。

二、为后来"中国"所继承的政权,也被称为"中国"

中国古代有一些政权当时没有自称"中国",但他们为后来的"中国"所继承,仍被称为"中国"。

据目前掌握的资料显示,夏朝和商朝并没有出现"中国"一词,也就是说夏朝和商朝并没有自称"中国"。1963 年陕西宝鸡出土《何尊》铭文,记载周武王克商,廷告上天曰:"余其宅兹中或(国),自之义民。"《尚书·周书·梓材》记载周成王说"皇天既付中国民,越厥疆土于先王。"这两则史料是目前所发现的最早出现"中国"一词的史料,多数学者将这两则史料中的"中国"一词释为"指以洛阳为中心的地区",即京师之意,不过是一个地域概念而已。也就是说,西周时期虽然开始出现"中国"一词,但主要指"京师",并非是西周政权的自称。夏商周虽然没有自称"中国",但后来的各个朝代皆以夏、商、周三代为典型的"中国",以尧、舜、禹、汤、文、武为中国圣人,并无疑义。孟子曾说:"舜生于诸冯,迁于负夏,卒于鸣条,东夷之人也。文王生于岐周,卒于毕郢,西夷之人也。地之相去也,千有余

①陈亮:《陈亮集》卷 1《书疏·上孝宗皇帝第一书》,中华书局,1974 年版,第 4、8 页。
②赵永春:《试论金人的"中国"观》,《中国边疆史地研究》,2009 年第 4 期。
③宋濂等:《元史》卷 208《外夷·高丽传》,中华书局,1976 年版,第 4618 页。

里，世之相后也，千有余岁，得志行乎中国，若合符节。先圣后圣，其揆一也"[①]，明确将舜及其后人所建夏朝、文王及其后人所建西周称"中国"，称舜和周文王是"中国"圣人，同时认为舜和周文王分别是"东夷"和"西夷"之人，并没有将"东夷""西夷"等少数民族排除到中国之外。

春秋战国时期，地处中原地区的周、卫、齐、鲁、晋（韩、赵、魏）、宋、郑等政权被视为"中国"，秦、楚、吴、越等政权则被看成是夷狄，不是"中国"。到了秦朝"以兵灭六王，并中国"[②] 以后，按照五德终始学说，以其代周火德为水德，自称"中国"正统，不但秦朝被视为"中国"[③]，就连被秦朝所继承的春秋战国时期的秦、楚、吴、越等政权也被视为"中国"了。

三国时期，由于魏国据有中原，被看成是中国，蜀国虽然声称继承汉室，但并没有自称"中国"，吴国更被视为边鄙，也没有自称"中国"。据晋陈寿所撰《三国志》及裴松之注中所出现"中国"一词，共有 109 次，除38 次指中原和历史上中原政权、秦朝和汉朝以外，均指曹魏政权。如魏明帝"青龙中，营治宫室，百姓失农时"，陈群上疏称："今中国劳力，亦吴、蜀之所愿"[④]，所说"中国"即指曹魏。高堂隆也曾在上疏皇帝书中说："今吴、蜀二贼，非徒白地小虏、聚邑之寇，乃据险乘流，跨有士众，僭号称帝，欲与中国争衡"[⑤]，所说"中国"亦指曹魏。诸葛亮曾对孙权说："若能以吴、越之众与中国抗衡，不如早与之绝"[⑥]，称曹魏为"中国"，说明三国时期的蜀汉政权并没有自称"中国"。孙策在临终前曾对张昭等人说："中国方乱，夫以吴越之众，三江之固，足以观成败。公等善相吾弟"[⑦]，吴国大将周瑜也曾说，曹魏"舍鞍马，仗舟楫，与吴越争衡，本非中国所长。又今

①《孟子》卷 8 上《离娄下》，中华书局，《十三经注疏》本，1980 年版，第 2725 页。

②司马迁：《史记》卷 27《天官书》，中华书局，1959 年版，第 1348 页。

③颜师古在为班固《汉书·西域传下》"秦人"作注时称"谓中国人为秦人，习故言也"。欧洲多称中国为 China 或 Cina，一般认为，Cina 又译作脂那、至那、支那、震旦等，卫匡国、姚从吾、刘镇清等人均认为 China 或 Cina 是"秦"字的转译（参见忻剑飞《世界的中国观——近二千年来世界对中国的认识史纲》，学林出版社，1991 年版，第 39 页；姚从吾《契丹汉化的分析——从契丹汉化看国史上东北草原文化与中原农业文化的合流》，《大陆杂志》第 4 卷第 4 期，1952 年；刘镇清《China 和 Cathay 词源新探》，《华侨大学学报》，2000 年第 4 期），说明秦朝以后，"秦人"已经成了"中国"的代名词。

④陈寿：《三国志》卷 22《魏书·陈群传》，中华书局，1959 年版，第 636、637 页。

⑤陈寿：《三国志》卷 25《魏书·高堂隆传》，中华书局，1959 年版，第 714 页。

⑥陈寿：《三国志》卷 35《蜀书·诸葛亮传》，中华书局，1959 年版，第 915 页。

⑦陈寿：《三国志》卷 46《吴书一·孙破虏讨逆传弟一·孙坚传》，中华书局，1959 年版，第 1109 页。

盛寒，马无藁草，驱中国士众远涉江湖之间，不习水土，必生疾病"①，所说"中国"均指曹魏，说明三国时期的吴国也未自称"中国"。三国时期，蜀、吴虽然没有自称"中国"，但后来的各个政权在用"中国"一词指称政权时，皆承认魏、蜀、吴三国都是"中国"，少有疑义，甚至在魏蜀吴三国何为正统的争论中，多有主张"蜀正魏闰"②之说者③，说明蜀、吴的继承者均承认其政权为"中国"。

西晋政权占据中原，自称"中国"，东晋政权南迁后，离开中原，仍称中原地区及其政权为"中国"，也没有自称"中国"。如《晋书·五行志下》记载"元帝太兴初，有女子其阴在腹，当脐下，自中国来至江东，其性淫而不产"，认为其女子从"中国"来到东晋，显然这里的"中国"一词并非指东晋。《晋书·济南惠王遂传》记载，遂曾孙勋曾乘"石季龙（石虎）死，中国乱"之机，"遣部将刘焕攻长安"等地；《晋书·蔡谟传》也说"石季龙死，中国大乱""朝野咸谓当太平复旧"，蔡谟"独谓不然"；《晋书·孙绰传》记载"大司马桓温欲经纬中国"等等，所说"中国"均指中原地区，并非指东晋政权。投靠前燕的汉人贾坚曾对东晋大臣荀羡说"晋自弃中华"④，也认为东晋南渡之后不属于"中国"。东晋政权虽然没有自称"中国"，但后继政权皆称其政权为"中国"。唐朝房玄龄等撰《晋书》将东晋皇帝列入《帝纪》，将十六国皇帝列入《载记》，就是承认东晋政权的"中国正统"地位的一种表现。宋人司马光虽然标榜分裂时期不必区分正统和非正统，但他在《资治通鉴》一书中仍以东晋年号为纲以统目，也是承认东晋政权为"中国正统"的意思。

南朝梁沈约所撰《宋书》，使用"中国"一词共 21 次，梁萧子显所撰《南齐书》使用"中国"一词 9 次，皆指中原或以中原为主的历代政权，没有南朝宋人和齐人直接称自己为"中国"的记载。唐姚思廉所撰《梁书》"中国"一词出现 24 次，多与诸夷相对时使用，当指包括南梁在内的"中国"各个政权；姚思廉所撰《陈书》"中国"一词出现 4 次，皆指中原和中原政权；唐李延寿所撰《南史》仅有陈本纪中引用梁帝策文中使用"中国"

①陈寿：《三国志》卷 54《吴书·周瑜传》，中华书局，1959 年版，第 1261-1262 页。
②永瑢等：《四库全书总目提要》卷 45《史部·三国志》，中华书局，1965 年版，第 403 页。
③宋代曾出现魏蜀吴三国何为正统讨论高潮，北宋立国中原，在其没有完成统一"十国"之时，与曹魏相似，"故北宋诸儒，皆有所避，而不伪魏"，北宋统一"十国"之后，特别是南宋偏居南方，与当年的蜀汉相似，所以"纷纷起而帝蜀"。南宋以后，多主张"蜀正魏闰"，以三国时期的蜀汉政权为中国正统。
④司马光：《资治通鉴》卷 100《晋纪二十二》，升平二年十月条，中华书局，1956 年版，第 3172 页。

一次，当指中原。《梁书》《陈书》和《南史》中也没有出现梁人和陈人直接称自己的政权为"中国"的记载。南朝各个政权虽然较少直接称自己的政权为"中国"，但后世没有任何人说南朝不是"中国"，《宋书》《南齐书》《梁书》《陈书》《南史》一直被列入中国正史"十三史""二十一史""二十二史""二十三史""二十四史"系列，足以说明后人不仅承认南朝是"中国"，还承认他们是"中国正统"。

五代十国时期仍以中原和中原政权为"中国"，认为五代属于"中国"，而"十国皆非中国有也""四夷、十国，皆非中国之有也"①。十国等政权也称地处中原地区的"五代"为"中国"，并没有自称"中国"。如《旧五代史》和《新五代史》均未称前后蜀为"中国"，谓后唐庄宗曾遣李严"以名马入蜀，市珍奇以充后宫，而蜀法严禁以奇货出剑门，其非奇物而出者，名曰'入草物'，由是严无所得而还"，唐庄宗大怒曰："物归中国，谓之'入草'，王衍其能免为'入草人'乎？"②庄宗即以后唐为"中国"，没有称王衍控制的蜀国为"中国"。《旧五代史》和《新五代史》也未称南唐为"中国"，谓南唐"尝遣使私赂北戎（指契丹），俾为中国之患，自固偷安之计"③，周世宗赐其将佐书也称，南唐"必若自淮以南，画江为界，尽归中国，犹是远图。"④ 均以五代为"中国"，未见称南唐为"中国"之记载。《新五代史》称"吴越钱镠使者常泛海以至中国"⑤，又说"钱氏兼有两浙几百年""常贡奉中国不绝"⑥，将钱镠所建吴越政权划到了"中国"之外。《旧五代史》还称，后唐"庄宗亦不能以道制御远方，南海贡亦不至，自是与中国遂绝。"认为南汉"妄自尊大""呼中国帝王为洛州刺史"⑦，也没有称南汉为"中国"，那时，南汉也认为中原的五代是"中国"，如南汉将领邵廷琄曾对其主刘鋹说"汉乘唐乱，居此五十年，幸中国有故，干戈不及，而汉益骄于无事，今兵不识旗鼓，而人主不知存亡。""劝鋹修兵为备，不然，悉珍宝奉中国，遣使以通好"⑧，也是以中原地区的五代和北宋为"中国"，没有自称"中国"。《旧五代史考异》称"杨氏据江、淮，故闽中与中国隔

---

① 欧阳修：《新五代史》卷71《十国世家年谱第十一》，中华书局，1974年版，第873、881页。
② 欧阳修：《新五代史》卷26《唐臣传第十四·李严传》，中华书局，1974年版，第284页.
③ 薛居正：《旧五代史》卷134《僭伪列传第一·李璟传》，中华书局，1976年版，第1787页。
④ 薛居正：《旧五代史》卷116《周书七·世宗纪第三》，中华书局，1976年版，第1546页。
⑤ 欧阳修：《新五代史》卷30《汉臣传第十八·刘铢传》，中华书局，1974年版，第335页。
⑥ 欧阳修：《新五代史》卷67《吴越世家第七·钱俶》，中华书局，1974年版，第843页。
⑦ 薛居正：《旧五代史》卷135《僭伪列传第二·刘陟传》，中华书局，1976年版，第1808、1809页。
⑧ 欧阳修：《新五代史》卷65《南汉世家第五·刘鋹》，中华书局，1974年版，第818页。

越,审知每岁朝贡,泛海至登莱抵岸",也没有说王审知所建的闽政权是"中国"①。可见,五代十国时期的"十国"并没有自称"中国",但他们都为后来的"中国"所继承,都承认他们是"中国",少有疑义者。

以上可以看出,中国古代不仅存在少数民族及其政权自称"中国"的现象,也存在一些没有自称"中国"而被后来继承者称为"中国"的现象。在这些没有自称"中国"而被后来继承者称为"中国"的民族和政权中,不仅有少数民族及其政权,也有华夏汉族及其政权,如夏、商、周以及三国时期的蜀国和吴国、五代十国时期的"十国"等等,他们当时都没有自称"中国",但人们一致认为他们都是"中国"。其实,中国古代自汉代以后,"汉"就成了"中国"的代名词,如宋人朱彧曾说"汉威令行于西北,故西北呼中国为汉,唐威令行于东南,故蛮夷呼中国为唐"②。胡三省为《资治通鉴》作注时说:"鲜卑谓中国人为汉"③,称"汉家威加四夷,故夷人率谓中国人为汉人,犹汉时匈奴谓汉人为秦人也"④,又说"汉时匈奴谓中国人为秦人,至唐及国朝则谓中国为汉,如汉人、汉儿之类,皆习故而言"⑤,又在为契丹"朝廷制度,并用汉礼"作注时说"北方谓中国为汉"⑥等等,说明汉代以后多谓"中国为汉"。这就是有些汉人政权在当时没有自称"中国"而人们仍然承认他们是"中国"的主要原因。人们承认这些政权是"中国",还有一个重要原因就是这些政权后来皆被"中国"所继承,成为"中国"形成的一个远源或近源。也就是说,在中国古代历史上,凡是为"中国"所继承,并成为"中国"形成的一个远源或近源的民族及其政权,均属于历史上的中国民族和政权,都是历史中国的一部分。正由于此,秦汉以后的"中国"仍然存在复数现象。

三、中国古代复数"中国"向单数"中国"的演进

长期以来,人们习惯于说"中国自古以来就是一个统一的多民族国家"。

①薛居正:《旧五代史》卷134《僭伪列传第一·王审知传》,中华书局,1976年版,第1792页。

②朱彧撰,李伟国校点:《萍洲可谈》卷2,商务印书馆,《丛书集成初编本》,第25页。

③司马光:《资治通鉴》卷167《陈纪一》,永定二年十一月甲午条胡注,中华书局,1956年版,第5180页。

④司马光:《资治通鉴》卷202《唐纪十八》,调露元年七月己卯条胡注,中华书局,1956年版,第6391页。

⑤司马光:《资治通鉴》卷22《汉纪十四》,征和四年六月丁巳条,中华书局,1956年版,第739页。

⑥司马光:《资治通鉴》卷285《后晋纪六》,开运三年十二月己卯条,中华书局,1956年版,第9325页。

孙祚民坚决反对这一提法，认为"任何一个国家和民族都有其形成和发展的历史，而不是、也不可能是从一开始出现就成为一个永远不变的'定型'"，相反，"今天我们伟大祖国疆域的这样辽阔广大，是在长时期历史发展过程中逐渐形成的。"他认为，在中国形成统一的多民族的国家这个过程未完成以前，不能把当时一些还作为独立的民族国家如匈奴、突厥、契丹、女真、蒙古等，说成同属于一个国家。孙祚民虽然反对"中国自古以来就是一个统一的多民族国家"的提法，但他又主张"以'汉族'或'王朝'来'代替中国'"①，如果按照他这一主张去认识中国历史的话，似乎说"中国自古以来就是一个统一的多民族国家"并没有什么大错，因为按照他的观点，夏、商、周时期只有夏、商、周才是"中国"，夏、商、周以外的"方国"并不是"中国"，那么，作为"中国"的夏、商、周应该是一个统一的国家，夏、商、周在形成过程中也吸收了包括蚩尤集团在内的许多少数民族，将夏、商、周说成是多民族的国家，似乎也不错。夏、商、周据今已有四五千年的历史，不谓不古，因此，说"中国自古以来就是一个统一的多民族国家"似乎是一个正确的论题。如果我们不仅仅以华夏、汉族及其所建政权来代表"中国"，而从今天中国是一个多民族国家、历史上各少数民族均自称"中国"以及即使有一些政权没有自称"中国"但被后来继承者称为"中国"等方面认识问题的话，说"中国自古以来就是一个统一的多民族国家"倒是有些问题了。

因为夏、商、周时期，在夏、商、周之外还存在一些"方国"势力。据说，夏国建立前后，与夏国并存的部落或国家尚有"万邦""万国"等等。如：《初学记》卷九《帝王部·赞·挚虞〈黄帝赞〉》称，"黄帝在位""垂衣而治，万国乂安"；《尚书·尧典》云："协和万邦"，《大禹谟》称"野无遗贤，万邦咸宁"；《左传》哀公七年记载："禹合诸侯于涂山，执玉帛者万国"；《战国策·齐策》说："古大禹之时，诸侯万国"；《吕氏春秋·用民》说："当禹之时，天下万国"；等等。可见，夏国建立之时，"方国"众多，达到万数。后经"诸侯相兼"，方国不断减少，"逮汤受命，其能存者三千余国，方于涂山，十损其七""至周克商，制五等之封，凡千七百七十三国，又减汤时千三百矣""其后诸侯相并，当春秋时，尚有千二百国""至于战

①孙祚民：《中国古代史中有关祖国疆域和少数民族的问题》，《文汇报》，1961年11月4日；《再论中国古代史中有关祖国疆域和少数民族的问题》，《文汇报》，1962年8月2日；《处理历史上民族关系的几个重要准则：读范文澜〈中国历史上的民族斗争与融合〉》，《历史研究》，1980年第5期；《建国以来中国民族关系史若干理论问题研究评议》，《东岳论丛》，1987年第1期。

国,存者十余"①,后逐步形成七个主要诸侯国。史书所记载的这些"国",虽然有很多不具备国家形态,不过是一些部落或部族而已,但当时已有"国"之称,我们不妨仍称他们为"国"。在这些众多的国家之中,夏、商、周不过是其中最大、最具影响力的一个"国"而已,如果我们仅仅将夏、商、周视为"中国",而将其他"方国"视为外国的话,毫无疑问,"中国"是统一的,并非是分裂的。如果我们将其他"方国"按照少数民族多自称"中国"以及这些方国后来为"中国"所继承也应该称"中国"来认识问题的话,那么,这一时期的"中国"无疑是复数,也就是说,当时存在多个"中国"的现象。如果我们按照由一个政权或一个中央政府管辖才算统一的话,毫无疑问,这一时期的"中国"不是一个统一的政权,而是多个"中国"同时并立。到了春秋战国时期,这种复数"中国"的现象不仅表现在地处中原地区的宋、卫、鲁、晋(韩、赵、魏)、郑等政权均称"中国"的多个"中国"之中,也应该表现在后来为"中国"所继承的秦、楚、燕、齐等边疆民族和政权之中。

秦汉时期,东征南讨,完成了对中原及其南方的统一,以中原地区为核心的"中国"的疆域扩展到前所未有的程度。吕振羽据此指出,"从商周以来,我国就是一个多民族国家,这是没有争论的。从秦汉以来,由于有三国、十六国、南北朝、五代十国、辽金与两宋的分裂局面,还有象南诏、大理那些独立政权的存在,等等,有的同志便认为我国只是个多民族的国家,而不是统一的多民族国家。我们认为我国自秦汉以来就是一个统一的多民族国家,因为在这一长的时期中,社会历史发展的过程或总的趋势,是统一而不是分裂。"②翁独健在谈到"中国自古以来就是一个统一的多民族国家"的提法问题时也说,"'自古以来',到底'古'到什么时候?这个'古',一般是指秦汉。"③谷苞也认为"自秦汉以来,中国就是一个统一的多民族国家。"④这些学者都认为自秦汉时期开始,中国就是一个统一的多民族国家,秦汉据今二千多年,不谓不古,因此,说"中国自古以来就是一个统一的多民族国家"是从秦汉时期开始的,也是可以的。应该说,吕振羽、翁独健等学者的论述有一定道理。但这里仍然存在一个对"统一"如何理解的问题。如果认为大部分统一或基本上统一就算统一的话,说"中国自古以来就是一

①范晔:《后汉书》志第19《郡国一》,中华书局,1965年版,第3387页。

②吕振羽:《中国历史上民族关系的几个问题》,《学术月刊》,1963年第1期。

③翁独健:《民族关系史研究中的几个问题》,《中央民族学院学报》,1981年第4期;《再谈民族关系史研究中的几个问题》,《民族研究》,1985年第3期。

④谷苞:《中华民族多元一体格局赖以形成的基本条件》,《西北民族研究》,1993年第1期。

个统一的多民族国家"从秦汉开始无疑是一个毋庸置疑的命题,但若从"中国"只有在一个政权或一个中央政府管辖下才算统一的话,这一命题仍然存在一些问题。因为,秦汉自称"中国",这已成为学界的普遍认同,但同时我们还不能忽略与秦汉在北方对峙的匈奴政权也自称"炎黄子孙",且为后来的"中国"所继承,也应该属于"中国"的情况。匈奴虽然属于"中国",但他们并不归秦汉中央政府所管辖,两个"中国"并未实现统一,因此,这时期的"中国"也存在复数现象。

魏晋南北朝时期,"中国"又进入分裂和民族政权并立时期。三国时期,蜀国和吴国虽然没有自称"中国",但他们都为"中国"所继承,魏蜀吴三国都是"中国"并没有人怀疑。东晋十六国时期,东晋是"中国",进入中原地区的十六国也自称"中国"。南北朝时期,南朝是"中国",北朝也自称"中国"。这些政权后来都为"中国"所继承,因此,我们应该承认这些政权都是"中国"。如是,则魏晋南北朝时期的"中国",也存在复数现象。

隋唐时期是中国古代历史发展的一个重要时期,以中原地区为核心的"中国"地区出现了进一步扩张之趋势,因此,多数学者认为隋唐时期"中国"是统一的,因为地处边疆地区的一些少数民族及其政权均向隋唐称臣,他们要接受隋唐政府的册封,与隋唐政权是不平等的,可以称之为隋唐的地方政权。按此理解,隋唐应该是统一的。隋唐时期虽然建立了属国属部体系,但还是没有解决两个中央或多个中央并存的问题,仍然存在多政府多中央的问题。尤其是隋唐时期的吐蕃政权,仍具有一定的独立性,严格说来,隋唐时期的吐蕃并不归隋唐中央政府所管辖,仍然存在两个政权或多个政权并立的现象。吐蕃虽然不接受隋唐中央政府的管辖,但他们的祖先与古羌族有着十分密切的关系,甚至于有人说,吐蕃是由古羌族发展而来。古羌族与"炎黄子孙"有一定联系,传说"大禹出于西羌"[①],将西羌说成是大禹的后人,吐蕃也就与大禹之后有了联系。即使这一时期的吐蕃没有自称"中国",但他们为后来的"中国"所继承,也就成了"中国"形成过程中的一个来源,自然也就成了"中国"。如是,则隋唐时期的"中国"也是复数,"中国"并未完成由一个中央和皇帝所管辖的统一。

五代十国时期,中国历史再次进入分裂和民族政权并立时期,这次分裂也不是中外分裂,而是中国内部的分裂。当时,后梁、后唐、后晋、后汉、后周政权自称"中国",而吴、南唐、吴越、楚、闽、南汉、前蜀、后蜀、

---

① 陆贾:《新语·术事》。《盐铁论》卷 5《国疾》称"禹出西羌";《后汉书》卷 83《逸民·戴良传》也说"大禹出西羌",唐李贤注引《帝王纪》曰:"夏禹生于石纽,长于西羌,西夷之人也。"

荆南等政权则没有自称"中国",但这些政权多为汉族所建立,且为后来的"中国"所继承,因此,人们对这些政权的"中国"属性并没有任何怀疑,均认为这些政权是"中国""中国"仍为复数。辽宋夏金时期,宋人自称"中国",辽人、夏人、金人也自称"中国",不是"中国"内部分裂,也是"中国"民族政权并立,"中国"仍然是复数。

以蒙古族为统治者建立的元朝,也以中国继承者自居。元世祖忽必烈曾在他建元和改国号的诏书中说"建元中统"以"见天下一家之义"①,改国号为大元是"绍百王而纪统"②。这些诏书虽然出自于汉人之手,但以元世祖的名义下发,也应该是经过元世祖同意的,也能代表元世祖的一些思想。元世祖在这些诏书中明确提出了"天下一家"的思想,并表示"绍百王而纪统",就是要继承中国传统,无疑是以"中国之主"自居的表现。元世祖忽必烈在给日本的国书中称:"日本密迩高丽,开国以来,时通中国,至于朕躬,而无一乘之使以通和好。"③后"有日本僧告其国遣人刺探国事者",铁木儿塔识曰:"刺探在敌国固有之,今六合一家,何以刺探为。设果有之,正可令睹中国之盛。"④刘宣在劝谏元世祖罢征日本时也说:"日本僻在海隅,与中国相悬万里。"⑤所说"中国"都是指元朝。那时,虽然有人仍然抱着汉族和汉族政权是"中国"的观念不放,不承认元朝是"中国",要"驱逐胡虏,恢复中华"⑥,但后人多承认元朝是"中国",明人所修《元史》以及近人所修《新元史》被列入中国正史"二十一史"、"二十二史"、"二十三史"、"二十四史"和"二十五史"系列就是最好的证明。《元史·地理志》称"自封建变为郡县,有天下者,汉、隋、唐、宋为盛,然幅员之广,咸不逮元。汉梗于北狄,隋不能服东夷,唐患在西戎,宋患常在西北。若元,则起朔漠,并西域,平西夏,灭女真,臣高丽,定南诏,遂下江南,而天下为一。故其地北踰阴山,西极流沙,东尽辽左,南越海表。"吐蕃正式成为元朝控制下的一个区域,成为中国中央政府统辖的一部分,实现了中国的大统一。复数"中国"第一次变成了单数"中国"。

元朝时期,复数"中国"第一次变成了单数"中国",统一的多民族的"中国"正式形成。到了明朝,这种统一的多民族的"中国",又出现一些反

---

① 宋濂等:《元史》卷4《世祖纪一》,中华书局,1976年版,第65页。
② 宋濂等:《元史》卷7《世祖纪四》,中华书局,1976年版,第138页。
③ 宋濂等:《元史》卷6《世祖纪三》,中华书局,1976年版,第111页。
④ 宋濂等:《元史》卷140《铁木儿塔识传》,中华书局,1976年版,第3373页。
⑤ 宋濂等:《元史》卷168《刘宣传》,中华书局,1976年版,第3952页。
⑥《明太祖高皇帝实录》卷26,台湾"中研院"历史语言研究所,1962年校印本,第402页。

复。元朝灭亡后，一部分蒙古人退回大漠，仍然使用 "元" 的国号，后来分裂为瓦剌、鞑靼等，虽然他们声称 "方今普天率土，天朝皇明为尊，实上天之元子，为华夷之正主，九夷八蛮，各受封贡"①，赞成明朝有关 "华夷一家" 的说法②，并承认明朝天子为 "华夷之正主"，但他们自称为 "大汗"，另立中央的倾向是十分明显的，单数的 "中国" 又回复到复数 "中国" 的状态。

以满族为统治者建立的清朝，也自称 "中国"③，并于顺治元年（1644年）灭亡明朝；康熙二十年（1681年）平定三藩之乱；二十二年（1683年）统一台湾，加强对南海诸岛的统辖；二十八年（1689年）与沙俄签订《中俄尼布楚条约》，划定中俄东段边界；三十六年（1697年）平定准噶尔变乱；五十五年（1716年）平定策妄阿拉布坦变乱；雍正元年（1723年）平定青海罗卜藏丹津变乱，设青海办事大臣；雍正五年（1727年）设驻藏大臣；同年与沙俄签订《布连斯奇条约》《阿巴哈依图界约》《色楞格界约》，六年（1728年）与沙俄签订《恰克图条约》，划定中俄中段边界及规定通商办法等；同年与安南勘定国界；雍正十年（1732年）平定噶尔丹策零变乱；十一年（1733年）设乌里雅苏台将军，科布多参赞大臣；乾隆二十二年（1757年）平定阿睦尔撒纳变乱；二十四年（1759年）平定天山南路回部大小和卓的变乱，完成了国家的统一；二十七年（1762年）在新疆设伊犁将军并编成 "乾隆内府舆图"（又名 "清内府一统舆地秘图" "乾隆十三排图"）④，二十九年（1764年）编成《大清一统志》500卷，明确了大清统治的疆域和范围；五十七年（1792年）打败廓尔喀的入侵，尽复西藏失地。

---

①郑振铎辑：《玄览堂丛书初集·北狄顺义王俺答谢表》，台北图书馆、正中书局，1981年版，第21页。

②明太祖朱元璋曾在北元蒙古之主爱猷识理达剌病逝，遣使致祭时说 "帝王以天下为一家，彼不出覆载之外，何远之有？"（严从简著、余思黎点校：《殊域周咨录》卷16《鞑靼》，中华书局，1993年版，第527页）；明成祖朱棣也曾遣使赍敕往谕瓦剌蒙古马哈木等曰："夫天下一统，华夷一家，何有彼此之间。"（参见《明太宗文皇帝实录》卷30，永乐二年四月辛未条，台湾 "中研院" 历史语言研究所，1962年校印本，第533页）。

③郭成康：《清朝皇帝的中国观》，《清史研究》，2005年4期；黄兴涛：《清代满人的 "中国认同"》，《清史研究》，2011年第1期。

④关于 "乾隆内府舆图" 的绘制时间，学界存在不同说法。高僪以及《中国地图史纲》的作者认为绘成于1760年，翁文灏认为绘成于1760年或以后，李约瑟认为绘成于1769年，福克司认为绘成于1770年。《中国地理学史》则认为乾隆二十五年（1760年）至二十七年（1762年）绘成，笔者赞成《中国地理学史》的说法。

经过乾隆皇帝所建立的"十全武功"①，清政府最终完成和巩固了国家的统一，并在以前各朝对"华夷一体"中的"夷狄"未做严格区分的基础上②，根据历史发展变化的实际，将"夷狄"明确地划分出了"内藩"和"外藩"两大部分，并视"内藩"为"中国"之内属，视"外藩"为"中国"之外围，明确了"中""外"的划分，使复数的"中国"在明朝一度出现反复的情况下又重新转化为单数的"中国"，统一的多民族的"中国"及其疆域最终形成和确立下来。

综上所述，可以看出，中国古代不仅存在少数民族及其政权自称"中国"的现象，也存在一些当时没有自称"中国"而被后来继承者称为"中国"的现象。如夏、商、周并没称自己的政权为"中国"，但后人皆以夏、商、周为"中国"最具典型的代表者；三国时期的蜀国和吴国在当时没有自称"中国"，但后人均以其为汉族建立的政权，与曹魏一起并称"中国"；五代十国时期的十国在当时也没有自称"中国"，但后人也以他们多为汉族建立的政权，与五代并称"中国"；等等。这就使秦朝以后的"中国"仍然表现为复数。这些复数的"中国"经过秦汉、魏晋南北朝、隋唐、辽宋夏金的发展，到了元朝统一全国开始过渡为单数"中国"，明朝时期，元朝所形成的单数"中国"又出现一些反复，到了清朝统一全国，复数"中国"又重新转化为单数"中国"，统一的多民族的"中国"及其疆域最终形成和确立。笔者虽然赞成以清朝统一全国做为统一的多民族的"中国"及其疆域形成和确立的标志，但不赞成用这一时期的中国疆域将中国历史上的疆域固定下来，主张"以今天中国疆域所包括的民族为出发点去上溯中国各个民族的历史和疆域"，动态地去认识中国各个历史时期的不断发展变化的疆域③。

原载《中国边疆史地研究》2011年第3期；中国人民大学复印报刊资料《历史学》2012年第2期全文转载。

---

①乾隆皇帝所称"十全武功"为"平准噶尔为二，定回部为一，扫金川为二，靖台湾为一，降缅甸、安南各一，即今二次受廓尔喀降，合为十"，见《清实录·高宗纯皇帝实录》卷1414《御制十全记》，中华书局，1985年影印本，第1018页。
②清代以前各朝对"华夷一体"中的"夷狄"也有所区分，如"五服"之内和"五服"之外，《禹贡》"九州"和邹衍"大九州"等，但没有十分明确和严格的划分。
③赵永春：《关于中国历史疆域问题的几点认识》，《中国边疆史地研究》，2002年3期，《新华文摘》，2003年第1期转载；《认识中国历史疆域的几个原则》，《高句丽历史问题研究论文集》，延边大学出版社，2005年；《关于中国历史疆域理论界定的再思考——兼答殷丽萍〈论中国历史疆域的理论界定〉一文的质疑》，《东北边疆历史与文化研究》，吉林人民出版社，2009年版。

后　记

　　2015 年，我们申请了"中国古代的'中国'观与中国疆域形成研究"、"中国古代的'中国'认同与中华民族形成研究"国家社会科学基金项目，承蒙各位评委关爱，获准立项。

　　本书收入的有关"历史上的'中国'与中国历史疆域研究"的成果，既有本项目立项前发表的成果，也有本项目立项后完成的成果。我们将这些成果先行结集出版，主要是基于以下几个方面的考虑：一是通过对我们有关历史上的"中国"与中国历史疆域问题研究成果的整理和出版，对我们有关历史上的"中国"与中国历史疆域问题研究进行一次系统梳理，从中找出不足及今后需要继续努力的方向，以便更好地完成本项目的研究工作；二是便于课题组成员内部交流，以便集思广益，扬长避短，开拓创新；三是广泛听取学界有关方家的意见和建议，希望得到各方面的指导和帮助，以便吸取名家及众人智慧，为本项目的完成增辉益彩。真诚地希望各位专家学者，不吝赐教。

　　本书所收入的文章由于各自独立成篇发表，因此，各文章之间多有重复之处，因时间关系，收入本书时未作删改。各篇文章收入本书时，多采用各篇文章底本的电子版，可能与正式发表文章的文字有所出入。

　　有关历史上的"中国"与中国历史疆域问题，是一个十分重要的问题，是我们研究中国历史、中国民族关系史、中外关系史无法回避的问题。对于这样一个重大课题，只有学界同仁共同努力，才能取得重要成果。我们深知，仅仅依靠我们的绵薄之力，很难对这一问题的研究取得重要突破。本书所收入有关历史上的"中国"与中国历史疆域的文章，仅仅是我们对这一问题研究的初步思考，一定会存在这样和那样的错误，非常希望读者给予批评指正。非常希望得到学界同仁的帮助，争取对这一问题的研究有新的突破。

　　本书在结集、整理和出版过程中，马溢澳、李玉君、李西亚、徐洁、孙红梅、郝素娟、王观、王姝、赵丽、刘月、宋庭妤等同志协助我录入文字、核对史料和书稿校对。吉林大学出版社邵宇彤老师为本书出版做出巨大贡献。借本书出版之际，一并表示衷心感谢！

赵永春

2016 年 10 月